4·3특별법, 왜 위헌인가

4·3특별법 왜 위헌인가

대한민국 입장에서 4·3을 재조명합니다

저자 **전 민 정**

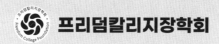 프리덤칼리지장학회

4·3특별법, 위헌결정을 바라며...

4·3은 이념 전쟁의 중요한 주제입니다. 공직자와 국민이 방심한 사이 반체제 세력의 의도대로 4·3이 재구성되어 대한민국을 정죄하는 상황이 되었습니다. 본서는 국민의 의식 속에서 희미해져 가는 안보의식과 국가 정체성을 재건하여 대한민국의 미래를 담보하기 위한 '국가정상화전략서'입니다. 본서는 역사적 진실과 헌법이념을 외면해 온 정치세력의 잘못으로 국가의 정체성이 훼손되고 기본권이 침해되는 위험한 상황에 처해 있음을 공직자와 국민에게 알리고자 하는 의도에서 집필하였습니다. 국가 정체성 회복은 대한민국의 정상화와 밝은 미래로 나아가기 위한 초석이며, 이를 위해 국민적 각성과 모든 공직자의 헌법수호 노력이 요구됩니다.

제주4·3사건이 발생한 지 어느덧 76년이 되었습니다. 현재 한국사회는 좌편향 세력에 의해 4·3역사가 모든 영역에서 왜곡되는 아픔을 겪고 있습니다. 반박되지 않는 거짓은 진실이 된다는 역사의 교훈을 아는지 모르는지 많은 국민은 대한민국의 위태로운 현실을 잘 모른 채 일상에 젖어 살아갑니다. 정치공학에 혈안이 되어있는 권력자들은 체제위기 상황을 야기하고도 양심의 가책 없이 더 판을 키워가며 국민을 속이는 이권 카르텔이 되었습니다. 2000년대 들어 반국가 세력의 끈질긴 4·3역사왜곡에 맞서 선배 애국지사들이 건국역사를 바르게 정립하려 애써보았으나 좌파가 짜 놓은 4·3사건의 정의, 희생자 심사기준 등 왜곡된 프레임에 갇혀 고전을 면치 못했고, 정치적·국민적 관심과 도움도 얻지 못했습니다. 4·3위원회에서 한광덕 장군님, 이황우 교수님, 나종삼 전문위원님 등 우파 위원은 진실과 정의를 외쳤지만 다수를 점하고 있던 좌파에 밀려 왜곡된 제주4·3사건진상조사보고서가 작성되는 것을 막지 못했습니다. 거짓을 진실로 둔갑시킨 4·3특별법은 부적격 희생자들이 넘쳐나는 불의의 나라를 만들었습니다. 이제는 4·3의 진실이 묻혀지고, 그 여파로 대한민국의 정체성이 훼손되는 것을 힘없이 지켜봐야 하는 상황에까지 와있습니다. 어둠의 시기에 4·3의 역사왜곡을 시정하려는 제주4·3사건재정립시민연대가 2021년 출범하여 4·3특별법의 위헌을 다투는 헌법소원심판청구에 참여했습니다. 통한의 세월을 보내며 전국에 흩어져 활동하던 4·3 전문가들이 제주4·3사건재정립시민연대를 중심으로 다시 모이기 시작하였고, 애국선배 여러분이 제공해주신 소송에 도움이 될 자료, 증언 그리고 진실과 정의를 회복하려는 활동이 어우러져 그 작은 성과물로 이 책을 출간하게 되었습니다.

이 책은 처음부터 출간을 염두하지는 않았습니다. 2023년 3월 30일 국회에서 열린 제주4·3사건재조명 세미나(한반도인권과통일을위한변호사모임, 사회정의를바라는전국교수모임, 제주4·3사건재정립시민연대, 트루스포럼 등 공동주최)에서 저자가 「4·3특별법의 위헌성 고찰」 논문을 발표한 바 있는데, 논문의 미흡했던 부분을 보완하여 헌법재판소에 참고자료로 제출하려고 쓰기 시작한 것이 「4·3특별법의 위헌성 고찰 2」라는 두 번째 논문이 되었고, 부록으로 자료를 추가하여 이 책이 만들어졌습니다. 이 책이 4·3특별법의 위헌성을 다투는 헌법소원에 도움이 되고, 국민에게 많이 읽혀져 4·3의 진실을 알게 되는 기회가 되었으면 합니다.

역사가 사상을 만들고 사상이 공동체를 만든다고 합니다. 해방 전후 역사는 자유민주주의와 공산·사회주의 이념의 충돌을 가져왔고, 이념대립은 대한민국과 조선민주주의인민공화국이라는 공동체를 형성하게 되었습니다. 소련의 한반도 공산화 전략 하에 남북한의 공산주의자들의 적화야욕으로 일어난 4·3공산폭동, 6·25남침 등 전쟁의 참화를 당한 우리의 선배 애국자들은 생명을 바쳐 대한민국의 체제와 이념을 지켜냈습니다. 그러나 오랜 세월이 지나 공산주의에 대한 경계심에 빈틈을 보이자 민주와 진보의 가면을 쓴 반국가세력이 인권, 화해, 상생, 민족, 평화를 앞세워 4·3 등 과거 역사를 뒤집고 우리의 이념적 토대를 뿌리채 흔들고 있습니다. 국민의 기본권 보호를 핵심가치로 여기는 대한민국의 헌법이념과 주민을 노예화하는 북한의 이념을 구분하지 않고, 마치 모든 이념은 낡고 진부하여 버려야 할 것처럼 폄하합니다. 북한에 유리한 통일로 가기위해 이념보다 민족을 중시하려는 좌경화 세력의 속삭임에 대한민국은 흔들리고 있습니다. 이 책은 대한민국의 역사관과 헌법관에 충실해야 국가가 정상화되어 계속성을 유지할 수 있음을 강조합니다.

이 책의 구성은 총 3부로 되어 있습니다. 1부와 2부에서는 4·3특별법의 위헌성을 다루면서 특별히 다음 사항에 중점을 두었습니다.

첫째, 대한민국 역사관에 입각하여 집필하였습니다. 4·3을 국가폭력, 양민학살로 보는 프레임이 북한사관에 입각한 역사왜곡임을 규명하려고 노력했습니다. 4·3위원회는 보고서를 집필하기 위해 작성한 12권의 자료집에서 남로당(공산당)에게 불리한 자료는 비공개하거나 인용하지 않았습니다. 위원회에서 우파 위원의 주장은 무시당하였습니다. 어떠한 의도로 증거의 취사선택이 이루어졌는지, 우파 위원의 올바른 주장은 왜 수용되지 않았는지 앞으로 철저히 조사하여 밝혀야 할 과제입니다.

둘째, 국가기관에 4·3을 다루는 헌법적 기준을 제시하였습니다. 헌법재판소와 법원이 사실과 규범에 대한 해석, 판단, 적용을 할 때 이 책이 도움이 될 수 있습니다. 국회가 반체제 악법인 4·3특별법을 즉각 폐지해야 하는 이유와 입법의 방향이 헌법이념에 부합해야 함을 제시하였습니다. 행정부, 국회, 법원에서 벌어지고 있는 4·3 관련 헌법위반 행위에 대해 삼권의 상호 견제는 전혀 작동하지 않았습니다. 4·3특별법이 위헌적인 배경에는 행정부가 국회에 원인을 제공한 측면도 있습니다. 보고서의 왜곡을 반박했어야 할 공직자들이 비판의식 없이 거짓을 기정사실로 받아들인 직무유기가 현 상황을 유발했습니다. 이 점에서 공직자들의 통렬한 반성과 혁신이 필요합니다. 이 책은 공직자들에게 헌법수호와 기본권 보장기관으로서의 역할을 제대로 수행하도록 발상의 전환이 될 기준과 예시들을 제공합니다.

셋째, 학자들의 후속논문을 염두하여 집필하였습니다. 대한민국 입장에서 집필된 4·3관련 서적은 대부분 역사적 사실을 기술한 내용입니다. 4·3특별법의 위헌성에 대한 논란은 많지만 법적 쟁점을 다루는 도서나 논문은 찾아보기 어렵습니다. 앞으로 이 책의 내용에서 연구주제를 선정하여 후속 연구 논문들이 많이 발표되었으면 합니다. 이 책에서는 전반적인 쟁점을 다룬 관계로 각 주제별, 사항별 심층연구는 전문 학자들의 몫이라고 생각합니다. 다양한 후속 연구를 통해 사실 규명과 법리적 해석·적용을 보다 풍부하게 발전시키는 것이야말로 대한민국의 정체성 확립에 기여할 수 있다고 봅니다.

넷째, 정부의 4·3보고서를 대체할 4·3통사는 별도의 책으로 엮을 예정입니다. 보고서가 왜곡되었다는 주장이 줄곧 있어왔으나 보고서를 대체할 만한 책은 아직 없습니다. 김영중 전 제주경찰서장님의 〈제주4·3사건 문과답〉, 현길언 교수님의 〈정치권력과 역사왜곡〉, 이선교 목사님의 〈제주4·3사건의 진상〉, 제주4·3정립연구유족회의 〈4·3의 진정한 희생자〉는 보고서를 비판적으로 고찰한 대표적인 저서입니다. 그러나 보고서를 대체할 통사를 작성한 것은 아니었으므로 제주4·3사건재정립시민연대 연구자들이 대한민국 입장에서 4·3통사를 집필 중입니다. 이 책은 주로 법적 측면의 고찰이라는 점에서 역사적 사실 위주의 내용이 될 4·3통사와 상호 보완이 될 수 있다고 생각합니다.

이 책의 3부는 부록으로서 4·3을 이해하는데 필요한 자료들을 엮어 보았습니다. 검찰의 좌익사건 수사결과를 정리한 〈좌익사건실록〉, 건국에서부터 6·25 전후 좌익수를 수감하던 교정시설 상황을 정리한 「미군정~6·25전쟁기 행형」, 4·3 희생자의 생생한 증언, 4·3역사왜곡을 시정하기 위해 좌편향 세력에 맞서 투쟁한 애국선배와 시민들의 활동사례 중 일부를 발췌하여 수록하였습니다. 특히 좌익수를 직접 다룬 검찰과 교정 분야의 1차 기록 및 역사왜곡 시정을 위한 투쟁사례는 4·3의 본질이 어떠했는지를 피부로 느끼게 할 것입니다. 이 책을 읽는 독자들은 4·3공산폭동반란이 단지 과거의 이야기만이 아니라, 현재는 민중항쟁이라는 가면을 쓰고 '통일운동'으로 정명하려는 대국민 사기극으로 진행중이며, 반대한민국적 미래권력을 형성하는데 영향을 준다는 사실을 결코 잊어서는 안 됩니다. 대한민국 국민이라면 국가 정상화를 위해서 역사전쟁과 법률전쟁에 동참하는 주인의식을 발휘해야 하며 그렇게 할 때 자유와 진실을 지킬 수 있습니다.

우리의 존재와 삶의 터전인 대한민국이 뿌리를 잃어버린 위태로운 현실을 깨닫게 되면서 슬픔의 눈물을 주체할 수 없었습니다. 그러나 슬픔을 떨치고 일어나 정신없이 뛰어다니며 남모르게 수고한 결과가 책으로 출판되어 보람을 느낍니다. 이 책을 쓰는 동안 보이지 않는 섭리에 의해 사람들의 기억 속에서 사라진 진실과 대한민국 입장에 터 잡은 정의라는 일관된 주제를 잃지 않을 수 있었습니다. 감성에 호소하는 좌파의 거짓 논리를 극복하기 위해 역사, 사상, 법, 교정 분야를 넘나들면서 4·3의 본질을 규명해내려고 노력했지만 헌법소원심판사건이 결정되기 전에 본서를 서둘러 출간하느라 발생한 부족한 부분에 대해서는 독자 여러분의 지도편달을 바라겠습니다. 평생 4·3전쟁에 앞장서 오신 이선교 목사님, 이용우 전 대법관님, 불의에 저항하며 4·3연구에 도움을 주신 제주4·3사건재정립시민연대 고문님들과 위원님들, 재정적 지원을 아끼지 않으신 프리덤칼리지장학회 회원님들, 같은 목적을 향하여 일하는 애국 동지 여러분들께 감사드립니다. 이제 무거운 짐 하나를 벗은 느낌이며 동시에 자유통일의 길을 여는 주춧돌 하나를 놓은 기분입니다. 부디 이 작은 성과물이 대한민국의 뿌리를 더욱 견고하게 하는 밑거름이 되기를 소망합니다.

2024년 1월
전민정

제주4·3사건은 대한민국을 부정하고 건국을 반대한 북한과 남한에서 활동한 남로당 무장폭력 세력들이 일으킨 국가 반역 사건이다. 역사를 조작 왜곡하는데 익숙한 좌파 세력들은 동 사건을 민중항쟁 내지는 민주화 운동이라고 강변하고 있다. 그러면서 무장반란세력을 진압한 이승만 대통령을 살인마라고 거짓 선전한다. 좌파들의 주장은 북한의 지령을 그대로 받아쓴 것처럼 그 내용이 북측 주장과 동일하다.

김대중 대통령도 제주4·3사건은 공산주의자들이 일으킨 무장폭동이라고 했고, 2001년 헌법재판소 역시 제주4·3의 본질은 남로당의 무장반란이라고 했다. 9명 재판관 전원의 일치된 의견이다.

제주4·3사건의 본질을 조작 왜곡하는데 선봉에 선 자가 문재인 대통령이라고 할 수 있다. 문재인은 2020년 제주4·3 추모사에서 제주는 먼저 꿈을 꾸었다는 이유로 처참한 죽음을 맞이했고, 저들이 꾼 꿈이 우리의 꿈이라고 했다. 대한민국을 적대한 무장폭력세력에 대해 이보다 더 한 찬사는 없을 것이다. 이듬해 문재인은 제주4·3 추모사에서 무장폭력세력을 진압한 대한민국 군경을 국가폭력이라고 함으로써, 대한민국의 정체성을 근본부터 무너뜨리면서 제주4·3의 역사를 철저히 왜곡하는 단초를 제공한 반헌법적 발언으로 기록되고 있다.

금번에 전민정 '제주4·3사건 재정립시민연대 대표'가 〈제주4·3특별법, 왜 위헌인가〉를 출간하였다. 추천사 요청을 받고 일독하였는데, 정말 귀하고 소중한 책을 출간하였다. 추천 이전에 감사하다는 말씀부터 드리고자 한다.

전민정의 위 책은

첫째, 제주4·3의 허구를 입증하는 전민정의 신앙고백이다.

전 대표는 제주4·3이 왜곡 조작되는 현실을 보면서 어떻게든 바로 잡아야 한다는 신념에 불타 있다. 사비를 털어 시민연대를 운영했고 남편 역시 법무부 공무원 시절부터 어려운 상황 속에서도 부부가 함께 4·3의 진실을 밝히기 위해 애써왔다. 이 부부의 애국에 고개가 절로 숙여진다. 저자는 문재인이 행한 역사 조작이 허구라는 사실을 입증하기 위해 자신의 양심과 신념을 이 책에 담았다.

둘째, 제주4·3을 왜곡 조작하는 거짓 세상을 꾸짖는 전민정의 시국선언이다.

지금의 대한민국은 미쳐 돌아가고 있다. 전과 4범이면서 수많은 범죄 의혹에 연루된 사람이 대선후보가 되었고, 지금도 적지 않은 사람이 맹목적으로 그를 지지하고 있다.

문재인의 제주4·3 왜곡은 역사 인식 차원에서 끝나지 않았다. 문재인은 조작된 역사 인식을 법으로 강제하면서 공고히 했다. 문재인의 이런 작태에 국민의힘이 적극 가담 공조했다는 점에 가슴을 치지 않을 수 없다. 당시 국민의힘 70여 명의 의원이 위 특별법에 찬성했다. 대한민국의 역사가 완전히 무너져 내렸다.

전민정의 위 저서는 돈과 출세와 적당주의에 미쳐 돌아가는 세상을 향해 잘못되었다고 꾸짖고 있다. 지금의 윤석열 정부도 제주4·3특별법의 문제점을 바로 인식하지 못하고 있는 상황인데, 이에 대한 꾸짖음이 필요한 시점에 저자의 꾸짖음은 매우 시의 적절하다.

셋째, 제주4·3의 거짓을 처벌해달라는 전민정 대표의 고발이다.

제주4·3특별법은 특별재심을 통해 당시 군법회의의 판결을 원천 무효화시키고 있다. 법무부 장관으로 직권재심을 하게 하면서까지 국가반역자를 무죄로 만들고 있다. 지금까지 군법회의 재판에 대한 직권재심은 43차에 걸쳐 이루어졌고, 총 1,241명이 무죄가 되었다. 이들에게는 9천만원의 보상금이 지원된다. 대한민국의 정의가 무너졌고 혈세인 세금이 사라졌다. 저자는 이러한 거짓을 처벌해달라고 국민에게 고발하고 있다.

자신의 소신을 굽히지 않고 잘못된 세상을 꾸짖고 있는 저자에게 박수를 보내고 싶다. 본서가 잘못된 제주4·3의 본질을 바르게 하고, 무너져 내린 대한민국의 정의를 바르게 세우길 기대한다. 헌법재판소는 제주4·3특별법에 대해 곧 선고할 것으로 보이는데, 이 책이 기준이 되어 대한민국의 정의를 바르게 세워주길 소망한다. 지사 진민정의 고발서를 일독하길 강권한다.

2024. 1.

강원대학교 법학전문대학원 명예교수 김학성

  제주4·3사건의 성격을 어떻게 규정할 것인가의 문제는 대한민국 건국의 정당성 여부와 직결되어 있는 근원적 쟁점이다. 그 사건은 해방정국에서 공산주의 정당인 남로당의 무장대가 대한민국의 건국을 저지하고 한반도를 김일성이 주도하는 공산주의 정부로 통일하기 위하여 미군정과 뒤를 이은 이승만 정부의 군경과 전투를 벌인 사건이기 때문이다. 그러므로 대한민국 건국의 정당성을 인정하는 입장에서는 4·3의 성격은 공산폭동이 되고, 공산주의 통일을 당위로 여긴다면 4·3의 성격은 민중항쟁이 되어 대한민국은 태어나서는 안되는 나라가 되는 것이다.

  오늘날 우리가 살고 있는 자유 대한민국은 불과 수 십년만에 세계의 최빈국에서 10위 권의 경제대국으로 비약적 발전을 하여 아직도 최빈국의 굴레에서 벗어나지 못하고 있는 북한 공산정권과는 극명한 대비를 보여주고 있다. 그럼에도 우리 사회에서는 아직도 대한민국 건국의 정당성 여부가 원초적 쟁점으로 잠재되어 있는 현실은 안타깝기 그지없다. 아직도 우리 사회에서 위세를 떨치고 있는 좌파세력 때문이다. 이들과 정치를 함께 해야 하는 대한민국 세력은 국회에서 그들과 정치적 타협을 한 결과 좌파의 민중항쟁설도 발을 붙일 수 있도록 4·3의 정의를 모호하게 규정한 4·3특별법을 제정하고, 날이 갈수록 그 개정법률을 통하여 4·3의 본질 왜곡을 심화시켜 나가고 있다.

  좌파세력이 집권했던 행정부에서는 4·3사건 진상조사보고서를 만들면서 당시 좌파 대통령의 기본방향 제시에 따라 이념을 덮어 버리고 통일과 인권의 관점에서만 조명한 결과 4·3이 국가폭력에 의한 제노사이드가 되도록 그려 놓았고, 이후 그러한 관점이 4·3에 대한 정설처럼 굳어가고 있다.

한편 사법부는 어떠한가. 재판에서 4·3의 성격 문제가 나오면 도망가기에 바쁘다. 이념적으로 첨예한 쟁점이 되고 있는 이 문제에 대하여는 온갖 구실로 본안 판단을 회피할 길만 찾는다. 대한민국의 헌법을 수호해야 할 최후의 보루라는 사법부가 오늘날 보여주고 있는 태도이다.

이러한 상황에서 저자는 분연히 일어섰다. 대한민국 건국의 당위성을 인정하는 전제에서 4·3특별법과 그 개정법률들의 위헌성을 주장하고 이를 뒷받침할 수많은 자료들을 각고의 노력으로 수집하여 한 권의 책으로 펴내고 있다.

저자는 직업적인 학자가 아니고 법률가는 더욱 아니다. 애국 시민으로서 대한민국의 정체성이 훼손당하고 있는 현실을 보고만 있을 수 없어 분연히 일어선 양심 운동가일 뿐이다. 그럼에도 이 책에서 보여주는 그의 4·3에 관한 연구 성과는 실로 대단하다. 지금까지 나온 4·3 연구자들의 단편적인 연구결과를 모두 종합하고 여기에 헌법적 관점에서 심층적인 분석을 제시하고 있다. 필시 많은 법률가들의 자문도 받았으리라 짐작된다. 4·3에 관한 한 그간 몇 건의 소송수행을 통하여 제법 통달했다고 자부하고 있는 본인도 저자의 그 광범위한 자료수집과 분석을 통한 연구결과에 찬사를 보내지 않을 수 없다.

저자는 스스로 '제주4·3사건재정립시민연대'라는 단체를 만들어 대한민국 건국의 정당성을 인정하는 입장에서 4·3의 본질을 왜곡하는 입법 행정의 사례들을 찾아 투쟁을 벌이고 있고 사법적 쟁송에까지 나서고 있다. 4·3특별법의 위헌을 주장하는 헌법소원도 제기하여 수행하는 중에 있다. 본인을 포함한 법률가들이 부끄러울 정도이다.

아무쪼록 이 책에 담긴 연구성과들이 빛을 보아 수행하고 있는 헌법소원을 비롯한 투쟁활동에서 뜻있는 성과가 나오기를 바라는 마음 간절하다.

2024. 1. 29.

이용우 전 대법관

목 차

제1부

4·3 특별법의 위헌성 고찰 1

목 차

제2부   # 4·3 특별법의 위헌성 고찰 2

목 차

목 차

제3부 **부 록**

안보의식 실천은
행복의 초석!

4·3은 남로당의 공산폭동 반란입니다.

생명을 건 군경의 4·3진압은 국가수호 행위였습니다.

강경진압 만을 부각하여 법집행 행위를 국가폭력이라 하고

가해자를 희생자로 둔갑시켜 반란을 항쟁으로 미화하는

4·3역사 왜곡은 시정되어야 합니다.

반공은 건국이념이며 제2의 4·3을 막는 백신입니다!

제1부

4·3특별법의 위헌성 고찰 1

대한민국의 정체성을 파괴하는 남로당 특혜법

CHAPTER

I

서론

제주4·3사건진상규명및희생자명예회복에관한특별법[1] (이하 4·3특별법)은 제정 당시부터 4·3사건 정의와 희생자 정의규정 등에 있어서 반국가적인 요소를 내재하고 있었다. 이러한 위헌적인 요소는 4·3특별법 제1조 법의 목적에서 밝힌 대로 진상규명을 제대로 하고 그 후 명예회복을 하였다면 시정이 가능하였을 것이다. 불행하게도 국회의원들의 국가관과 역사관 수준은 국민들의 기대 이하였다. 그 폐해는 좌편향 세력에게 둥지를 허용하는 것으로 나타나기 시작하였다. 문제의 시작은 김대중 전 대통령이 집권시에 4·3특별법을 제정하여 역사왜곡의 도구로 삼고, 4·3중앙위원회에 좌편향 진보학자들 위주로 위촉한 것에서 비롯된다. 노무현 전 대통령이 보고서 작성시 이념을 벗어나 진보학자들이 제주4·3사건진상조사보고서(이하 보고서)를 다루도록 지시한[2] 권력의 남용은 문제를 심화시켰다. 이념이란 자유민주적 기본

---

1 [시행 2022. 4. 12.] [법률 제18745호, 2022. 1. 11. 일부개정], [시행 2021. 6. 24.] [법률 제17963호, 2021. 3. 23. 전부개정], [시행 2000. 4. 13.] [법률 제6117호, 2000. 1. 12. 제정]

2 제주4·3진상조사보고서작성기획단, 2003. 2. 25. 기획단 제12차(심의 3차 토의) 회의록 p.1, 현길언, 정치권력과 역사왜곡, 태학사, 2016, p.456, 양조훈: "오늘 취임한 노무현 대통령께서 대통령 당선자의 자격으로 지난 12일 제주도를 방문한 바 있습니다. 4·3 진상규명에 대해서 두 가지 말씀을 하셨습니다. 하나는 4·3 진상규명에 대해서 이데올로기적 문제에서 벗어나서 다루어야 한

질서와 같은 헌법이념이다. 헌법은 역사성과 이념성을 특성으로 한다. 노무현 전 대통령이 지시한 대로 이념을 제거한 행정의 결과물이 바로 제주4·3사건진상조사보고서였다. 남북이 체제전쟁 상황인데 이념을 떠나서 보고서를 작성하라는 지시는 헌법을 무시하라는 말과 다르지 않다. 자유민주적 기본질서를 헌법이념으로 하고 있는 우리의 이념을 스스로 무장해제한 것이다. 헌법이념을 무시한 보고서를 작성한 결과는 공산폭동 반란군에게 면죄부를 주고 이를 진압한 행위는 국가폭력이 되어 버렸다. 우리 헌법구조하에서 있을 수 없는 자해행위이다. 대한민국은 우익이고 북한은 좌익이 분명한데 좌우 이념을 떠나 평가하다보니 모두 희생자가 되는 구조를 만들있다. 이념 무시 기조에 서서 보고서작성기획단장 박원순(전 서울시장)은 정치권력을 수단으로 4·3사건의 진상은 외면하고 인권침해 부분을 부각시킨 좌편향 정치보고서를 완성시켰다. 4·3역사왜곡을 단행하기 위해 좌파권력은 대통령을 정점으로 조직적으로 활동하였고 불공정과 횡포가 난무했다. 왜곡된 4·3보고서는 권위 있는 정부보고서로 둔갑되어 모든 국가기관이 정부보고서를 4·3인식에 있어서 맹신하게 하는 근거로 삼았다. 제주4·3사건진상규명및희생자명예회복위원회(이하 위원회)는 군사재판을 불법재판으로 날조하는데 성공했고, 이러한 역사파괴에 탄력을 받아 국회는 수형인을 희생자 반열에 추가하는 정의파괴로 발전시켰다. 즉 이념을 떠난 행정에서 이념을 떠난 입법이 자연스럽게 진척되었다. 군법회의가 불법이었다는 보고서를 근거로 국회는 군법회의 수형자를 희생자로 인정하는 법률을 2007년에 개정하였던 것이다.[3] 이러한 분위기에 장단을 맞춘 법원은 점입가경으로 치닫고 있다. 헌법과 법률에 의하여 양심에 따라 4·3재심재판을 해야 할 법관이 "이념적으로 4·3을 바라보는 시각도 있지만, 재심은 법절차에 따라 법대로 판단하는 것"[4]이라며 이념을 배제한 채 법을 적용한다든가, "오른쪽 왼쪽을 따지지 않고"[5]라고 하는 등 판결에서조차 헌법이념을 떠난 형식적 법치를 자랑스럽게 말하는 사법이 되었다. 이와 같이 온 나라가 법

다는 그런 말씀과 다른 하나는 강만길 교수 등 진보적인 학자들을 참여시켜서 의미 규정을 제대로 해야 한다는 말씀이었습니다. 이상 보고를 마치겠습니다." 박원순: "예 수고하셨습니다. 아마 굉장히 많은 부분이 수정이 되었네요."

3 국회 행정안전위원회 법안심사 제1소위원회, 제주4·3사건진상규명및희생자명예회복에관한특별법 전부개정법률안 공청회 자료집, 2020. 11. 12, p.46

4 제주의소리, 제주4·3피해자 1,000여 명에 '무죄' 선물 안긴 장찬수 판사 "폭삭 속았수다", 2023. 2. 7.

5 제주지방법원 제2형사부 판결, 2020재고합1

치파괴로 질주하는 현실을 목도하고 있는 국민은 절망의 나락에서 통탄하고 있다. 국민을 분노하게 하는 대의기관들이 자행하는 일련의 반헌법적 행위들에 대하여 견제 기능이 작동되지 않는 것도 믿기지 않는다. 위헌상태를 제거하고 헌법질서를 회복하기 위해서 각각의 권력기관들이 자율적으로 시정함이 바람직하겠으나 현실은 그렇지 못하다. 마지막으로 헌법재판소(이하 헌재)의 역할에 기대하는 단계에 와있지 않나 싶다.

국회는 위원회가 진상규명을 제대로 하지 않은 채 명예회복에 치중하여 작성한 보고서를 그대로 수용하였다. 그 결과 4·3특별법은 제정 당시의 불완전성이 시정되기는커녕 오히려 위헌성이 가중되어 헌법정신에 위반되는 규정들로 가득 차게 되었다. 보고서를 기반으로 개정을 거듭한 4·3특별법은 남로당과 그 추종세력이 대한민국 건국을 방해하고 조선민주주의인민공화국을 수립하기 위해서 일으켰던 공산폭동 반란을 민중봉기로 정당화하여 반역행위자들까지도 희생자로 둔갑시키고 있는 것이다. 더 나아가 공산폭동 반란을 진압한 군경의 행위를 국가폭력과 학살로 매도하여 국가가 일방적으로 사죄와 보상의 주체가 되게 함으로써 철저히 본질을 왜곡하고 있다. 대한민국 건국 이래 최악의 반역적인 악법에 해당하는 4·3특별법이 과연 대한민국 헌법 질서 속에서 용인이 가능한가? 2021년 국회는 여야 합의로 4·3특별법 전부개정안을 통과시켰고 대통령은 법률안 거부권을 행사하지 않고 직권재심 법률서비스까지 제공하고 있다. 법원은 반역행위자들에게 무죄를 선고하고 배보상 결정을 하고 있음이 엄연한 대한민국 현실이 되었다. 거짓에 반박하지 않으면 거짓이 진실이 된다는 역사의 교훈을 되새기며 제1부에서는 세 가지 측면에서 4·3특별법의 위헌성을 고찰하고 대안을 제시하고자 한다.

첫째, 4·3특별법이 역사적 진실에 부합하지 않음을 지적하려고 한다. 특히 4·3특별법에 정당성의 원천을 부여하는 보고서의 문제점을 보고서 자료집 등 1차 사료를 통하여 확인할 수 있도록 제시하였다.

둘째, 헌재 결정에서 4·3특별법의 위헌성을 도출하고자 한다. 헌재는 이미 2000헌마238사건[6]에서 4·3특별법이 위헌이 될 수밖에 없는 유의미한 결정을 한 바 있다.

셋째, 헌법정신에 입각해서 4·3특별법의 사건 정의, 희생자 정의, 특별재심, 보상, 처벌 규정 등의 위헌성을 조명하고자 한다.

그동안 특별법의 위헌성을 다투었던 수많은 애국지사들의 눈물겨운 사법투쟁은 진실이 패할 수밖에 없는 구조악과의 싸움이었다. 87체제[7]가 형성하여 놓은 적법절차의 원칙은 인권보장은 달성하였으나 과잉인권을 양산했고, 진실, 법적 안정성, 공익 등의 가치를 충족시켜주지 못하는 한계를 노정시켰다. 정의를 실현해야 할 사법기관은 헌법정신을 담아내지 못하는 궤변에 익숙해졌고, 공익사건에서 자기관련성을 협소하게 판단하여 국민의 문제 제기를 차단함으로써 국가 정체성은 훼손되어왔다. 명백한 반역사건에서조차 위법수집증거배제법칙 등의 이유로 오히려 배보상금을 안겨주고 있다. 이러한 형식적 법치가 대한민국을 헌법정신과 법감정(상식)에 반하는 불법국가로 전락시켜왔다. 실체와 절차를 각각 존중하면서 각자의 것을 각자에게 주는 정의의 출발점에서 진리와 헌법이 지배하는 국가의 입장은 어떠해야 하는지를 본 연구논문(제1부)에서 제시하고자 한다.

---

6 헌법재판소 2001. 9. 27. 2000헌마238 전원재판부

7 87체제란 1987년 대통령 직선제를 요구한 민주화 시위의 결과로 탄생한 제6공화국 헌정체제를 말한다. 제6공화국 헌법은 제12조 제1항에서 적법절차의 원칙 규정을 신설하였다. 적법절차의 원칙이 좌익사범에 의해 악용되는 문제가 있어 왔다. 명백히 국가보안을 위반했음에도 국가기관이 적법절차를 위반했다는 사유로 좌익에게 면죄부를 주고 심지어 국가배상까지 하게 되는 국가 자해행위가 벌어져 왔던 것이다. 87체제는 인권보장과 민주주의 발전을 이루었으나 자유민주주의체제를 훼손하여 위기를 야기하는 한계가 있다. 따라서 적법절차를 위반하는 사안이 발생하면 그 위반자에게 책임을 묻더라도 좌익사범을 면책하여 정의를 훼손하는 일이 없도록 절차와 실체를 분리해서 다루도록 개선되어야 한다.

CHAPTER

II

4·3사건 정의의 위헌성

4·3특별법은 제2조 제1호에서 "제주4·3사건이란 1947년 3월 1일을 기점으로 1948년 4월 3일 발생한 소요사태 및 1954년 9월 21일까지 제주도에서 발생한 무력충돌과 그 진압과정에서 주민들이 희생당한 사건을 말한다."라고 정의하고 있다. 사건 정의 규정은 사건의 주체, 목적, 행위 내용이 누락되어 있고 사건의 시기, 원인, 성격이 왜곡되어 있다. 이러한 정의 규정은 대한민국 국회에서 도저히 상상할 수 없는 헌법파괴였다. 친북정권이 들어설 때마다 4·3이 점차 좌편향된 것은 우연이 아니다. 우리 헌법이념을 배제한 4·3특별법을 대한민국 법률이라고 말할 수 있는가? 다루게 될 내용은 4·3특별법 사건 정의 규정에 있어야 할 내용들이 어떻게 누락되었고 왜곡되었는지를 적시하고 그 의도가 대한민국 정체성을 훼손하는 것으로서 결과적으로 4·3특별법은 위헌 법률에 해당함을 적나라하게 보여준다.

1. 사건의 주체인 남조선노동당 누락

4·3특별법은 4·3공산폭동 반란의 주체인 남조선노동당(이하 남로당)을 은폐하여 사건의 본질

을 왜곡하였다. 4·3의 주체는 소련과 북로당의 한반도 공산화 전략에 호응한 남로당이라고 할 수 있다. 남로당 중앙당과 전남도당이 남로당 제주도당에게 지령하고 남로당 제주도당이 실행하였으므로 소련과 북로당 그리고 남로당은 엄밀히 말하면 4·3의 공동정범에 해당한다. 남로당은 1946년 11월 23일 조선공산당, 조선인민당, 남조선신민당 3당이 합당한 정당이다. 제주도에는 조선공산당 제주도당만 있었고 1947년 3·1운동기념투쟁을 앞둔 2월 12일이 되어서야 형식상 남로당 제주도당으로 명칭과 간판을 바꿔 달았을 뿐이다. 4·3을 일으킨 주체는 공산당(남로당)이라고 봐도 전혀 틀리지 않다. 그래서 김대중 대통령도 1998년 미국 CNN방송의 '문답 아시아' 프로그램에 출연해서 "4·3은 공산당의 폭동으로 일어났다."고 전 세계에 천명하였던 것이다.[8]

2. 사건의 목적 누락

4·3사건의 목적은 남로당 인민유격대(무장유격대)가 투쟁 상황을 정리한 극비 보고서에 '단선단정 반대 구국투쟁의 방법으로서 적당한 시간에 전 도민을 총궐기시키는 무장 반격전을 기획 결정'[9] 하였다고 나와 있다. 4·3은 대한민국 건국을 저지하고 조선민주주의인민공화국 건설을 위해서 공산당이 폭동 반란을 일으킨 사건이다. 4·3사건의 목적은 한 달 정도 지나면 있을 5·10총선거를 방해하여 대한민국 건국을 저지하고 공산통일국가를 건설하기 위함이 명백하였다. 4·3특별법에서 4·3사건의 이러한 불순한 목적은 은폐되었다. 보고서는 4·3사건의 목적을 둘로 나누어 '경찰, 서청[10]의 탄압에 대한 저항과 단선단정 반대를 기치로'[11]라고 명시하여 민중봉기(항쟁)와 순

---

8 김영중, 제주4·3사건 문과답, 나눔사, 2022, p.53, 한라일보 1998. 11. 24. (연합인용)

9 문창송, 한라산은 알고 있다, 대림인쇄사, 1995, p.17

10 서청은 서북청년회(단)의 줄임말이다. 서청은 주로 북한의 서북지방에서 공산당의 탄압을 피해 월남한 청년들로 구성된 단체이다. "서북청년회는 해방 후에 좌익들과 싸워 대한민국을 세우는데 모든 것을 바쳤고, 6·25전쟁 때는 북한군의 남침에 대항해 대한민국을 지키는 데 모든 것을 바쳤다. 그런데도 지금은 그들의 건국, 호국의 공로는 까맣게 잊혀져 젊은 세대는 그런 사실이 있는지조차 알지 못하고 있음에 통탄할 뿐이다." 이주천, 건국 전후 우익청년단체의 활동 재평가: 서북청년회를 중심으로, 대한민국 건국 74주년 기념 학술대회 자료집, 2022. 8. 18, p.9

11 제주4·3사건진상규명및희생자명예회복위원회, 제주4·3사건진상조사보고서, 2003, p.536

수한 통일운동으로 미화하려는 의도를 보이고 있다. 공산주의 민중사관은 대한민국 국민의 근본 결단인 자유민주적 기본질서라고 하는 헌법정신에 대한 중대한 도전으로서 법률에 규정된다면 위헌이 되므로 4·3특별법에 규정할 수 없었다고 판단된다. 남로당이 꿈꾸었던 통일은 조선민주주의인민공화국(북한)으로의 통일이어서 이러한 목적을 구현하기 위한 행위는 반역이 되고 이에 대처한 국가의 행위는 탄압이 아닌 정당한 진압이 된다. 공산주의 꿈을 꾸고 활동한 것을 탄압받았다고 주장하는 것은 공산당의 입장을 대변한 것으로서 대한민국의 정통성을 부정하고 북한에게 정통성을 인정하는 주장이며 국가의 계속성을 침해한다. 이러한 맥락에서 탄압에 대한 저항, 단선단정 반대행위는 정당화될 수 없다. 따라서 4·3의 목적인 민중봉기와 통일운동은 내란행위로서 단죄받았던 것이며, 4·3특별법에 명문화시키지 못하고 '트로이 목마'처럼 잠복상태로 있으나 안보관에 취약성을 보일 때 노골적으로 활성화 될 수 있다.

3. 남로당 행위의 누락

남로당의 반역 및 부역 행위 내용은 공산폭동 반란(내란)으로 정의할 수 있다. 헌재는 4·3의 성격을 내란으로 규정하지만 군인이 반역에 가담한 사실을 감안하면 반란 성격도 있어서 4·3은 복합적 성격을 지닌다. 본서에서 반란이라 할 때는 강학상 반란을 포함하는 내란 개념에 가깝다고 이해하면 될 것이다. 다만 특별법 우선의 원칙에 따라서 내란을 반란 속에 포함하여 이해하기로 한다. 남로당은 제주도 주둔 국방경비대 내 반동으로 분류한 장교와 하사관을 합하여 18명을 숙청하고 감찰청(경찰청) 등을 공격하라는 지령과 함께 자동차까지 5대를 반란군에게 보내주었다. 4월 3일 최대 800명에서 최소 200명의 군인을 동원하여 반란을 일으키려고 하였으나 실탄 보급이 되지 않은 이유로 국경 동원에 의한 반란은 실패하였다. 그러나 남로당 프락치 국방경비대원들이 무기를 휴대한채 소규모로 연달아 탈영을 시도하여 북한 인민군에 입대한 후 군경을 공격하였다. 탈영에 가담하지 않은 일부 좌익 군인은 군대내에 잔류하여 남로당 프락치로 암약했다는 사실 등은 4·3을 반란의 근거로 보는 이유이다.[12] 그러나 4·3사건 정의 규정에는 반역 및 부역 행위를 엿볼 수 있는 용어를 찾을 수 없다. 남로당과 그 추종세력의 4·3 당시 활동 사항을 구체적으로 예시하면 대표적으로 다음과 같은 사실들을 나열할 수 있다. 대한민국 건국 선거 방해, 제주도민 52,350여 명이 북한선거 참여, 폭동 주동자 김달삼(본명 이승진)에 의해 52,350 투표지 해주대회 제출 및 보고, 이덕구의 대한민국에 대한 선전포고[13], 게릴라전, 남로당에 의한 군경 포함 우익 1,533여 명 학살, 경찰지서 습격, 무기 탈취, 수만 채 이상의 방화, 약탈, 강간, 납치, 간첩, 원조, 불고지, 님로당 중앙당의 시령, 불온 삐라, 불온 포스터, 스탈린 만세! 박헌영 만세! 김일성 장군 만세! 조선민주주의인민공화국 만세! 등 구호, 적기가, 인공기 계양, 북한 찬양, 6·25전쟁 당시 인민군환영회 조직, '동무', '인민군' 등 북한 용어 사용 등이다. 이처럼 잔인무도한 학살과 만행, 공산당 찬양이 어찌 항쟁이라 할 수 있겠는가? 위 행위들을 공산폭동 반란으로 요약하여 규정하지 않은 국회의원들의 잘못에 대해서 반드시 책임을 물어야 한다.

4. 사건의 시기 왜곡

4·3특별법은 4·3을 민중봉기로 왜곡하기 위한 의도를 시기를 조작함으로써 드러낸다. 4·3의 시기(始基)를 1948년 4·3사건 1년 전에 있었던 1947년 3·1불법시위사건으로 소급했다. 그러나 헌재 입장은 4·3의 시기를 1948년 4월 3일로 보고 있다. 2000헌마238사건에서 "이 습격으로 경찰관 사망 4명, 행방불명 3명, 선거관련인사 사망 12명 등의 피해가 발생하였는데 이것이 본격적인 제주4·3사건의 시발점이다. 물론 위에서 본 것처럼 제주4·3사건의 원인에 대한 견해를 달리하는 경우 그 발발시점을 1948년 4월 3일보다 앞선 것으로 볼 수도 있으나, 위에서 본 자료들을 종합하면 1948년 4월 3일 동시다발적·조직적·대규모 기습공격이 최초로 이루어졌고, 남로당 제주도당

---

12 제주도인민유격대투쟁보고서 268-272면에 관련 내용이 상세히 설명되어 있다.

13 김달삼 후임으로 남로당 제주도당 인민유격대 사령관이 된 이덕구는 1948. 10. 19. 여순반란사건에 고무되어 10. 24. 대한민국을 향해 선전포고를 한다.

이 남한에서의 단독정부수립 및 단독선거반대를 목적으로 이를 주도한 사실을 인정하기에 넉넉하다."고 판단함으로써 헌재는 4·3폭동과는 직접적으로 무관한 3·1시위를 4·3의 기점으로 보지 않았다. 3·1시위가 없었어도 4·3의 발발은 필연적이었음을 인정하는 많은 증거들이 있기 때문이다. 3·1시위를 끌어들여 4·3을 민중항쟁으로 유도하는 것을 차단하고 4·3을 공산폭동 내란으로 성격 규정한 헌재의 태도가 타당하다. 헌재의 태도를 뒷받침해주는 자료로서 남로당 중앙당의 지령서들이 있다. 특히 제2차 지령서에서는 3·1기념투쟁의 목표가 명확하게 제시되었다. 3·1운동 기념일을 기회로 남로당 이외의 세력을 반동으로 규정하고 이들을 철저히 숙청하라는 것이 최종 목표였다는 점을 확인할 수 있다. 이 지령은 3·1발포사건 8일 전에 내려진 지령임을 주목할 필요가 있다. 따라서 3·1발포사건이 없어도 남로당 지령은 4·3이 일어나게 되어 있었다는 증거로 충분하다. 1947년 3·1기념투쟁 당시 모든 지령서의 표어나 구호는 오직 소련과 북한의 노선과 일치한다. 3·1절 행사에서 북한 '김일성 만세'를 부른 것은 (체제전복을 위한) 분명한 이유가 있었다.[14] 다만 3·1기념투쟁이 무장투쟁 단계에 이르지 않은 점을 고려하여 4·3의 시기로 인정하지 않을 뿐이다. 4·3의 종기(終基)도 마지막 공비가 체포되었던 1957년 4월 2일로 보아야 타당하다.

5. 사건의 원인과 성격 왜곡

보고서는 사건의 원인을 '경찰 서청의 탄압에 대한 저항과 단선단정 반대를 기치로'[15]라고 하여 민중봉기(항쟁)설과 공산통일운동설에 입각하고 있다. 민중봉기는 무도한 권력에 선한 양민이 저항했다는 것이고, 통일운동은 공산통일국가를 건설하기 위해서 단선단정을 반대했다는 것이다. 2000년 4·3특별법 제정 당시는 대한민국 정체성에 부합하지 않는 민중봉기설과 공산통일운동설을 아직은 감히 동법에 수용할 수 없었던지 명문화까지는 하지 않았다. 헌재는 2000헌마238사건

---

14 김영중, 남로당 제주도당 지령서 분석, 삼성인터컴, 2014, p.110-111

15 제주4·3사건진상규명및희생자명예회복위원회, 제주4·3사건진상조사보고서, 2003, p.536

에서 4·3의 성격을 공산폭동 내란으로 규정하였지만 그 원인에 있어서 북한과 남로당 중앙당의 지령 등 공모가 있었는지를 조사하여 분명히 하기를 바랐다. 헌재 결정 이후, 위원회 조사팀에서 수집한 12권의 제주4·3사건자료집 등 수많은 자료들은 4·3이 북한 및 남로당 중앙당과 연계되어 일어난 공산폭동 반란이었음을 증명하고 있다. 그러나 국회, 정부, 법원은 이러한 증거들을 모두 무시하고 남로당 입장에 있는 좌편향된 사람들의 말에 의존한 민중봉기설에 입각하고 있다는 사실은 충격적이다.

　4·3특별법은 '공산폭동 반란'에 대한 정당한 진압행위를 '소요사태와 무력충돌'이라는 중립적 개념을 사용하여 용어의 혼란을 일으켰고, 이념의 요소를 배제함으로써 공산폭동 반란의 성격을 은폐하고 민중봉기로 왜곡하였다. 고건 전 국무총리는 보고서 서문에서 **"이 진상보고서는 ... 4·3 사건 전체에 대한 성격이나 역사적 평가를 내리지 않았습니다. 이는 후세 사가들의 몫이라고 생각합니다."**[16]라고 보고서의 핵심적인 문제점을 실토하였다. 4·3의 본질은 사건의 성격과 역사적 평가로 좌우되는 것인바, 보고서가 4·3의 본질을 규정하지 않았다는 자기 고백은 진상규명이 제대로 안 된 보고서임을 스스로 인정하였다는 뜻이다. 원인과 성격 규정이 되어야 공산폭동인지 민중봉기인지 정해지고 이를 기반으로 희생자와 반역자가 가려지며 희생자에겐 위로를 베풀고 반역자에게는 책임을 묻게 된다. 이러한 법의 상식을 건너뛴 결과로 부적격 희생자를 양산하게 되었다. 결국 진상규명 없이 부적격 희생자들에게 보상금까지 지급하는 지경에 이르게 된 것이다. 보고서 서문과는 다르게 보고서 결론에 가서는 명예회복의 정당성을 확보하기 위해서 4·3을 **"경찰·서청의 탄압에 대한 저항과 단선·단정 반대를 기치로 ... 무장봉기한 이래 ... 수많은 주민이 희생당한 사건"**으로 기술함으로써 민중봉기와 공산통일운동으로 성격을 규정[17]하고 있다. 남로당의 반란사건에 면죄부를 주려는 세력의 속내는 공산통일운동을 4·3의 성격으로 정명하고 싶겠지만 아직 대한민국 국민의 안보의식이 살아있는 한 쉽게 꺼내지 못할 민감한 내용이다. 민중봉기로 인정하는 단계에서 종국에는 공산통일운동설로 굳히려 할 것이다. 이러한 대국민 기만적 세뇌행

16　제주4·3사건진상규명및희생자명예회복위원회, 제주4·3사건진상조사보고서, 2003, p.3
17　제주4·3사건진상규명및희생자명예회복위원회, 제주4·3사건진상조사보고서, 2003, p.536

위의 일례는 남로당에 의해 희생당한 군경과 주민도 모두 국가에 의해 희생당한 것처럼 '진압과정에서 주민들이 희생당한 사건'이라고 정의함으로써 4·3을 국가폭력으로 유도한 것이다.

6. 소 결

보고서는 서문에서 4·3의 성격을 규정하지 않았다고 했으나 결론에 가서는 민중봉기로 성격 규정을 하였다. 보고서에서 내용을 차용하는 4·3특별법은 4·3의 정의 규정에서 4·3의 성격을 모호하게 규정하고 있는데, 속을 들여다보면 대한민국 정체성을 부정하는 것으로 가득차 있다. 누구도 지적하지 않는다면, '공산폭동 → 무력충돌 → 민중봉기'의 다음 단계는 '통일운동'으로 대담하게 속내를 드러내 놓고 정명하게 될 위험이 있다. 4·3의 통일운동은 공산통일운동이다. 이러한 위험을 예방하기 위해서라도 4·3특별법의 정의 규정에 사건의 본질을 명확히 규정하여 헌법이념을 반드시 포함시켰어야 한다. 애매하게 정의한 그 자체로 위헌이며 그대로 방치할 경우에 국가의 계속성에 심각한 해를 줄 수 있으므로 조속히 특단의 조치가 요구된다.

러시아 및 북한과의 연계성

헌재는 2000헌마238사건에서 국회와 정부가 북한 개입여부를 조사하리라고 예정했다. 즉 "남로당 제주도당은 1948. 5. 10에 실시되는 제헌국회의원 선거 및 남한단독정부수립을 방해키 위하여 그 해 4. 3. 02:00 제주도내의 오름(기생화산)의 봉화를 신호로 일제히 제주도내 11개 경찰지서를 습격하였다(남로당 중앙당 및 북한과의 사전 공모여부에 대하여는 추후 진상보고기구를 통하여 밝혀질 것으로 예상된다) … 무장유격대에 대한 남로당 제주도당의 역할, 무장유격대에 가담한 자들의 이념적 성향, 제주4·3사건의 확대과정과 그 이유 등에 대하여는 앞에서 본 진상조사기구를 통하여 자세히 밝혀질 것이다."라고 결정하였다. 국무총리 산하위원회는 4·3사건의 진상을 조사한 자료집을 발간하였는데 여기에는 북한 개입 여부를 입증하는 많은 자료들이 산재하여 존재한다. 그런데 보고서는 북한 개입은 물론 남로당 중앙당의 개입도 없었다는 방향으로 4·3의 역사를 왜곡하였다. 위원회는 북한과의 연계성을 입증하는 차고 넘치는 자료들이 알려지면 4·3을 민중봉기로 왜곡하기 어려워지는 동시에 공산폭동반란으로 인정하지 않을 수 없다는 점을 내다보고 북한과 관련된 자료들을 은폐하기에 급급하였다. 그래서 북한과의 연계성을 다룬 보고서 자료집 제12권 〈북한·러시아·무장대 자료편〉은 공개하지 않았다. 북한과의 연계성을 입증할 자료를 수집한 이후에 이를 공개하지 않음으로써 국민의 알권리는 침해당하였다. 남로당 측에 유리한 자료는 비중 있게 다루고 불리한 자료는 비공개하였다. 자료를 좌편향 위주로 취사선택하여 보고서를 작성하였던 것이다. 보고서 최종안을 통과시키면서, 고건 전 총리는 보고서 서문에 "4·3특별법의 목적에 따라 사건의 진상규명과 희생자 명예회복에 중점을 둬 작성됐고 사건의 성격이나 역사적 평가는 차후 새로운 사료나 증거가 나타나면 보완할 수 있다"고 밝히면서 반쪽짜리 보고서의 통과를 반대하던 보수우파 측을 설득했다고 한다.[18] 세월이 지나 2023년 2월 태영호 의원이 북한개입사실을 증언했는데, 놀랍게도 그 다음달 더불어민주당은 4·3의 진실을 증언하거나 좌편향된 4·3역사를 비판하면 처벌하겠다는 진실처벌 법안을 발의하였다.[19] 처벌규정안이 시행이 되는 날은 학문의 자유와 표현의 자유가 현저하게 침해되어 자유민주적 기본질서는 더욱 크게 훼손될 것이다. 거짓에 반박하기 위해서 4·3과 소련, 북한, 남로당 중앙당과의 연계성을 입증해줄 수 있는 자료들 가운데 일부를 발췌하여 소개한다.

1. 김달삼(제1대 남로당 제주도당 인민유격대 사령관)의 행적

김달삼은 1946년 조선공산당 경북도당 대구시당 조직책으로 10·1 대구폭동에 적극 가담하였다. 제주로 피신 후, 제주도 당책 및 군사부총책으로 4·3폭동을 주도하였다. 1948년 8월 황해도 해주 '북한 최고인민대표자대회'에 제주도민 52,350여 명의 표를 가지고 8·15 북한선거에 참가하였다. 해주대회에서 북한 최고인민회의 제1기 대의원(국회의원)에 선출되었고, 국기훈장 2급을 받았으며, 1948년 9월 김일성과 함께 49인 '조선민주주의인민공화국 헌법위원회' 헌법위원으로 선출되었다. 부인, 부모, 형도 월북하였고, 평양 인근 애국열사릉에 김달삼의 가묘가 있다.

---

18 제이누리, 4·3 그 진실을 찾아서(44) 4·3진상보고서 최종 확정까지, 고건 총리 "다수결로 통과"...끝없는 논쟁에 종지부, 2016. 2. 1. https://www.jnuri.net

19 제주4·3사건진상규명및희생자명예회복에관한특별법 일부개정법률안, 더불어민주당 송재호의원 대표발의, 발의연월일 : 2023. 3. 9. 의안번호 20529, 이 법은 공포 후 6개월이 경과한 날부터 시행한다.

김달삼의 해주인민대표자대회 연설문[20] (1948. 8. 25.)

이번 민주주의인민공화국 최고인민회의 대의원 선거투쟁을 어떻게 하였는가 하는 구체적 사실을 잠깐 말씀해 드리고자 합니다... 전 제주도 인민들의 적극적 지지 참가로써 전개된 제주도 투쟁은 드디어 5월 10일 남조선 단독선거를 완전히 실패케 하는 가장 중요한 역할을 하였습니다... 만약 부모 형제들이 적의 포위를 뚫고 정보 식량 등을 적극적으로 공급치 아니하였다면, 만약 적수공권으로 무장한 **반동경찰을** 격퇴히는 인민들의 자위적 원조가 없있다면, 산사람들의 투쟁이 오늘 같이 발전치 못하였을 것입니다... 제주도 무장 구국 항쟁은 고립된 투쟁이 아니라 전체 조선인민들 특히 남조선 전체 인민들의 위대한 구국 투쟁의 일환인 까닭입니다. 남조선 인민들의 광범한 전국적 투쟁을 전개하고 있는 환경은 적으로 하여금 우리 제주도 무장투쟁을 적극적으로 공격할 수 없게 하는 것임을 우리들은 잘 알고 있습니다. 전체 조선인민들의 노도 같은 투쟁-아것이 우리에게 빛나는 성과를 얻게 한 기본 원인의 하나입니다... 인민의 원수 매국노 리승만 김성수 리범석 도배들이 인민의 재판에서 엄중한 판결을 받을 날이 가까워 왔습니다...

여러분! 조선 최고인민회의 남조선 대의원 선거를 성공적으로 완수합시다.
조선 최고인민회의와 통일중앙정부의 깃발 밑으로 북조선 형제들과 공고한 단결로서 통일과 독립을 위하야 끝까지 매진합시다. 우리 조국의 통일과 독립국가 건설의 물질적 토대를 이루는 북조선 민주개혁을 남조선에서 하로속히 실시하도록 우리는 용감히 싸웁시다.

민주 조선 완전 자주 독립 만세! (주: 조선민주주의인민공화국 만세!)
우리 조국의 해방군인 위대한 쏘련군과 그의 천재적 영도자 쓰딸린 대원수 만세!

(NARA, RG242, 북한노획문서)

---

[20] 미군이 6·25전쟁 중 평양 정부청사에서 노획한 문서, 현길언, 정치권력과 역사왜곡, 태학사, 2016, p.380-389

2. 태영호 의원 진술 및 조선대백과사전

태영호 의원은 2023년 2월 15일 SNS에서 "북 공산당은 중앙당 유일관리제이고, 지역당의 자의적 결정도 처벌받는다."며 "김일성은 남·북 총선거와 5·10 단독선거 반대를 당 결정으로 채택하고 평양 라디오방송은 매일 거국적인 투쟁에 나서라고 선동했다. 따라서 남로당의 중앙의 직접적인 지시가 없었다는 주장은 터무니없다."고 주장하였다. 북한의 공식 조선대백과사전[21]은 제주 4·3사건을 "김일성의 호소에 의하여 촉발된 사건으로 규정하고, 김달삼·고진희·강규찬 등 4·3사건 주동자들을 '통일애국열사'로 받들고 있다.... 위대한 수령 김일성 동지께서는 북과 남의 전체 조선인민들에게 민족분열의 위기를 타개하기 위하여 조선인민의 의사를 대표하는 조선 최고입법기관을 선거하고 전 조선적인 통일적 중앙정부를 수립할 것을 호소하시었다."며 "위대한 수령님의 호소를 높이 받들고 남조선 노동계급과 함께 제주도 인민들은 '유엔 임시조선위원단'의 입국을 반대배격하는 주체 37(1948)년 2·7구국투쟁에 일어섰다."고 그 배경을 밝히고 있다. "미제 침략자들이 조작한 5·10 망국 단독선거를 반대하여 주체 37(1948)년 4월 3일 제주도 인민들이 일으킨 반미(反美) 구국항쟁... '미제를 타도하라' '단선단정 결사반대' '유엔 임시조선위원단은 철거하라' '인민의 원쑤(원수) 반동 무리들을 처단하라' '주권은 인민위원회로' 등 구호를 외치며 도처에서 경찰지서들을 습격하고 경찰들과 주구(走狗)놈들을 처단하였으며 미제에 의하여 강제해산 당하였던 인민위원회들을 다시 복구하였다."고 규정하고 있다.[22]

태영호 의원의 진술과 북한의 조선대백과사전을 종합하면, 김일성은 남로당에게 4·3 공산폭동과 북조선 정권 수립에 참여할 것을 지령하였고 실제로 남로당 제주도당은 북조선 정권 수립에 참여하는 선거에 52,350여 명이 참여하여 그 투표지를 해주대회[23]에 제출하였다. 김달삼은 김일

---

21 조선민주주의인민공화국에서 편찬한 백과사전, 2001

22 주간조선, 4·3 사건 주동자들 北에선 열사 칭호... 北 교육자료 보니, 2023. 2. 19.

23 1948년 8월 25일 북한 최고 입법기관을 구성하기 위해 해주에서 개최된 남조선최고인민회의를 말한다. 남조선인민대표자 1,080명을 지하선거로 뽑고 이들이 해주에 모여 제1기 북조선최고인민회의 대의원 360명을 뽑는다. 북한은 대의원 212명이 배정되었다. 남북 합하여 572명의 최고인민회의 대의원이 우리의 제헌국회의원과 같다는 점에서 김달삼을 비롯한 남로당 제주도당은 북한 정권수립에 기여한다.

성과 함께 49명으로 구성된 북한 헌법위원회 헌법위원이 되었다. 태영호 의원의 발언과 조선대백과사전은 김일성과 북한 정권의 자백 증거와 같은 직접적 증거로서 의미가 있다. 지금까지 북한 지령설은 정황 증거로 파악되고 있을 뿐 명백한 북한 증거를 확보하지 못하였다. 이번 태영호 의원의 증언은 정황증거를 더욱 확실하게 뒷받침하는 진술증거이다.

3. 남로당 중앙당의 지령

가. 남로당 폭동지령 문서 입수

1948년 1월 22일 제주 경찰이 남로당 비밀모임을 급습하여 입수한 지령문의 내용은 "1948년 2월 중순부터 3월 5일 사이에서 제주도 전역에서 폭동을 시작하라. 경찰을 살해하고 무기를 노획하라. 총선거, 군정을 반대하고 인민공화국을 수립하라."는 것이었다.[24] 당시 남로당 체계는 전남도당(道黨) 밑에 군당(郡黨) 개념으로 제주도당(島黨)이 있었으며, 지령문 내용에 '제주도 전역에서 폭동' '총선거와 군정 반대' '인민공화국 수립' 등은 중앙당의 소관사항으로서 남로당의 조직생리상 지방당인 전남도당이나 제주도당에서는 계획할 수 없다.

나. 4·15도당회의

제주읍 도두리 출신으로 4·3을 주동한 문국주는 일본 도쿄에서 발간한 『조선사회운동사 사전』에서 4·15도당대회에 대하여 다음과 같은 기록을 남겼다. "남로당 중앙의 지시에 따라 남로당 제주도위원회가 1948년 4월 15일에 열려 구체적 토의가 거듭된 결과 … 새로운 인민유격대를 편성하기로 결정되었다. … 개편된 인민군의 주요 목표는 반미 반이승만 구국투쟁의 일환으로 해서 5월

---

24 주한미육군971방첩대 No. 3, 1948. 2. 15. 보고, 자료집 8권 [미국자료편2], p.183

10일에 남조선 단독선거 저지에 있었다."[25] 여기서도 4·3의 목적은 5·10선거 파탄에 있었음을 확인할 수 있다. 이 4·15도당회의는 비록 4·3발발 12일 후 개최되었지만, 중앙당이 5·10선거 파탄을 지시한 것이므로 4·3의 사후 승인은 물론 계속 이어지는 지령에 해당된다.

다. 미군정 자료

1947년 4월 14일 조병옥 경무부장이 미군정청 사령부에 보고한 문서에 의하면,

이제 남조선에서 체제전복적 활동이 어떤 작용기제로 수행되는지 알아볼 필요가 있다. 먼저 모스크바 공산당이 논지(thesis)를 발표한다. 그러면 북조선 공산당이 남조선 공산당과 협의하여 그 논지를 해석하고 이를 바탕으로 일반 계획을 세운다. 남조선 공산당은 북조선의 지령을

---

25 김영중, 제주4·3사건 문과답, 나눔사, 2022, p.129, 문국주, 조선사회운동사 사전, 사회평론사, 1981, 고려서림 1991, p.112-113

받은 후 기본적인 사회적 사실에 따라 계획을 구체화하고 일종의 정치적 청산소인 민주주의민족전선이 이를 수행할 수 있도록 넘긴다. 계획을 넘겨 받은 민주주의민족전선은 인민위원회, 인민당, 전평노동조합, 농민조합, 청년연맹, 여성연맹, 학생연맹 등 다양한 정치·사회적 산하 집단에 구체적인 지령을 내린다. 좌파 운동의 작용기제 진행 순서는 아래와 같이 나타낼 수 있다.

모스크바 공산당 → 북조선 공산당 → 남조선 공산당 → 민주주의민족전선
→ 전평노동조합, 농민조합, 청년연맹, 여성연맹, 학생연맹, 인민위원회, 인민당, 문화협회 등

공산주의자들은 남한 파괴를 위해 1946년 3월에 시작하여 1947년 3월에 끝나는 연간 프로그램을 4기로 나누어 계획했다. 3기는 10월 폭동, 4기는 북조선 군대의 군사적 지원을 받아 남조선에서 사회적 혁명전쟁을 수행한다. 체제전복적 운동의 작용기제를 정리하면, 모스크바 공산당이 논지를 발표한다. 그러면 북조선 공산당이 남조선 공산당에게 지령을 내린다. 남조선 공산당은 각종 좌익단체에 지령을 내린다는 것이다. 우리 측 기록에는 공산당이 당의 산하 조직들에 체제전복적인 선전과 불법 운동의 수행을 지시하는 지령 등 직접적인 증거물이 되는 서류가 무수히 많다.[26]

또 다른 1948년 11월 21일 미군정 자료에 의하면, 일반적으로 공산주의자 활동에 관한 지령은 평양에서 해주에 있는 남로당 본부로 보내지고 해주에서 남한으로 전해진다고 하여 북한과의 연계성을 증명하고 있으며, 중앙당과 도당에서 게릴라 두목에게 직접 전달된다는 것으로 보아 중앙당의 직접적인 지령문이 현재 존재하지 않더라도 전남도당의 지령문만으로도 북한과 중앙당의 지령이 없었다고 할 수 없다. 지령의 전달이 문서보다 구두 방식 위주였던 당시 상황에서 구두지령은 물론 여러 건의 문서지령문이 발견되었다는 사실은 중앙당의 지령이 있었음을 명백히 입증한다.

---

26 제주4·3평화재단, 제주4·3사건추가진상조사자료집 [미국자료1], 2020, p.342, 346-351, NARA (RG 554)

주한미육군사령부
- 주간작전요약

수신: 미극동군사령관, 발신: 주한미군사령관

북한에 의한 지령 1948-11-21

8. Communications and control by North Korea:
For Communist activities in general, orders originate in Pyongyang. They are sent to SKLP Hq in Haeju Coordinates (870-1700) North Korea, and from that point are transmitted to South Korea through agents or smugglers who are crossing 38th Parallel daily. Unconfirmed reports have been received that communication is also effected by rad. Several C sources report that liaison is maintained from both National and Provincial SKLP central committees directly with head of each guerrilla force. (As noted in Par 1, other reports state that head of mil bureau is parallel to head of provincial central committee). Communications in South Korea (generally carried by courier, both male and female. Most of messages are oral rather than written. As another means of control North Korean auth are rptd to be sending trained organizers to ea province in South Korea to aid in preperation of plans and in tng guerrilla tactics.

8. 북한에 의한 통신과 통제[27] :

일반적으로 공산주의자 활동에 관한 지령은 평양에서 내려진다. 그 지령들은 북한 해주(좌표 870-1700)에 있는 남로당 본부로 보내지고 매일 38선을 오가는 요원들이나 잠입자들을 통해서 해주로부터 남한으로 전해진다. 라디오로도 통신을 취한다는 확인되지 않은 보고가 들어왔다. 몇 가지 C급의 보고에 의하면 연락이 중앙과 도의 남로당 중앙위원회로부터 직접 게릴라 우두머리들에게 취해진다. (첫 번째 단락에서 기록되어 있듯이 다른 보고서들은 군사부장이 각 도 중앙위원회 위원장과 대등하다는 점을 말해 준다). 남한 내에서 통신은 일반적으로 남성과 여성 연락자에 의해 수행되었다. 대부분의 전달사항은 문서보다는 구두로 이루어진다. 북한 당국의 또 다른 통제 수단은 작전 계획의 준비를 돕고 게릴라 전술을 훈련시키기 위해서 남한 각 도에 훈련받은 조직가를 파견하는 것이다.

---

27 제주4·3사건진상규명및희생자명예회복위원회, 제주4·3사건자료집7 [미국자료편①], 2003, p.255, 483

라. 소련의 자료 (2·7폭동 지령)

1948년 1월 21일 북한 점령 소련군 군사위원 스티코프[28]가 평양에 있는 소련군정 민정사령관 레베데프[29]에게 유엔한국임시위원단을 보이코트하고 5·10선거를 반대하며, 남로당을 위시한 민주주의민족전선으로 하여금 5·10선거 저지를 위한 직접적 실력투쟁을 전개하도록 투쟁전술을 전환하라는 지령을 내렸고, 이에 따라 남로당의 태도가 강경 무장투쟁으로 변한 사실 등을 보면 소련의 지령에 의해 2·7폭동이 전개되었고, 그 연장선상에서 제주4·3이 발발했다고 할 것이다.[30] 1948년 1월 21일자 레베데프 비망록의 기록은 다음과 같다.[31]

[스티코프 동무와 전화로 대화]

스티코프의 지시

- 민전의 전환 계획을 준비할 것

- 전환 (유엔한국임시위원단을) 보이코트할 것. 선거에 반대할 것. 테러를 이유로 댈 것.

(주 : 남한에서 남로당을 위시한 민주주의민족전선은 1948년 1월 말경 단선단정을 저지하기 위한 직접적인 실력투쟁을 전개하기로 결정한 바 있다. 민전의 전환계획이란 바로 이를 가리키고 있다. 이를 통하여 1월 말 남로당의 태도 변화가 소군정의 지시에 의한 것임을 알 수 있다. 이후 얼마 되지 않아 남로당은 2·7구국투쟁을 필두로 격렬한 단선단정 반대투쟁의 막을 올렸다.)

---

28 스티코프 : 소련군 연해주 군관구 정치담당 부사령관 & 북한 점령 소련군 군사위원

29 레베데프 : 북한 주재 소련 민정청장

30 김영중, 제주4·3사건 문과답, 2022, p.262

31 김영중, 레베데프 비망록, 해동인쇄사, 2016, p.73-74, 대구매일신문, 1995. 2. 2, p.9

마. 남로당 중앙당 지령서 분석

1947년 3·1절 기념투쟁의 주체는 남로당 중앙당의 지령을 받은 제주도당이었다. 조선공산당을 그대로 승계한 남로당은 당연히 공산주의 이념과 체제실현을 지향하는 정당이다. 따라서 친소, 친북, 반시장경제, 반자유민주주의, 반미, 반대한민국이라는 한계를 벗어날 수 없는 정당이다. 1947년 5월 21일 제2차 미소공동위원회 개최를 앞둔 시점에서 군중동원이 가장 좋은 3·1운동 기념일을 남로당의 이념을 실현하는 기회로 활용했다. 3·1투쟁을 위해 남로당 중앙당이 제주도당에게 내린 각종 지령서에 나타난 구호나 주장은 소련과 북한의 지령에 의한 것이다. '소련 스탈린 → 소련 연해주 군관구 스티코프 → 북조선주둔 소련군정 레베데프 → 북한 김일성과 박헌영 → 남로당 중앙당 → 남로당 제주도당'으로 일사분란하게 연결되었음을 알 수 있다.[32] 4·3 발생 1년 전 3·1행사에도 중앙당의 지령이 있었다는 사실에서 중앙당과 제주도당은 일체로 움직이고 있었음을 알 수 있다.

바. 제주도인민유격대투쟁보고서 기록

1948년 1월 하순 남로당은 전국적으로 2·7폭동 지령을 내렸으나, 제주도에서는 1월 22일 남로당 주모자 221명이 검거되어 지휘부 공백으로 2월 중순에서 3월 초 사이에 폭동을 일으키라는 지령을 실행하지 못하였다. 따라서 남로당 제주도당은 대책회의를 거듭하다 1948년 3월 신촌회의에서 무장반격전을 결정하였고, 3월 전남도당 올그[33]가 재차 입도하여 무장반격을 지시함으로써 4월 3일 새벽 2시를 기하여 무장반격전을 전개하기로 최종 결정하였다.

---

32 김영중, 남로당 제주도당 지령서 분석, 삼성인터컴, 2014, p.110-111
33 올그는 남로당 제주도당의 상급당인 중앙당 또는 전남도당에서 파견되는 지도원을 말함

사. 구두지령 : 박갑동 주장

남로당 중앙당의 지령설을 최초로 주장한 인물이 중앙당의 고위급 간부로서 한때 중앙당을 이끌었던 박갑동이다. 그의 기록에 의하면 중앙당이 제주도당의 김달삼에게 폭동을 지시했다고 한다. 박갑동의 중앙당 지령설을 부정하는 주장은 주장일뿐이다. 박갑동은 이미 그의 저서에서 남로당 중앙당의 지령을 인정했다.

"그러던 중 중앙당의 폭동 지령이 떨어졌다. 아마도 그 지령은 3월 중순쯤에 현지의 무장행동대 두목 김달삼에게 시달된 것으로 안다. 이에 따라 김달삼은 조몽구와 국방경비대 안에서 밀명을 받고 있던 문상길 중위 등과 밀회하여 치밀하게 행동계획을 짰던 것이다."[34]

아. 남로당 중앙당의 서면 격려

우리 남조선로동당 중앙위원회는 조국의 통일과 자유와 독립을 위하여 미제국주의 침략자 및 그 주구들이 음모하는 단선단정을 쳐 부수기 위하여 영웅적으로 항쟁하는 여러분(제주도당)에게 무한한 감사와 존경과 끓는 형제적인 인사를 올립니다. (중략) 우리는 기어코 이 단정을 쳐 부셔야 하겠습니다. (중략) 우리는 죽어도 단정을 쳐 부수지 않으면 우리 자손만대에 불행의 씨를 뿌리게 될 것입니다. (후략)

1948년 6월, 남조선로동당 중앙위원회[35]

---

34 박갑동, 박헌영 그 일대기를 통한 현대사의 재조명, 인간사, 1983, p.198

35 「노력인민」, 제96호, 1948. 6. 28, p.1

4. 경찰 살해 현상금

제주도 남로당 간부가 1948년 4월 4일 체포되어 경찰 살해에 보상금이 걸려있는데 순경 1만 원, 경사급 1만 5,000원, 경위급 이상 2만 원이라고 시인했다.[36] 당시 쌀 한 가마니에 330원 정도였 는데, 이러한 막대한 자금은 1947년 12월 북한 화폐개혁 후 간첩 성시백이 운반하여 전라도 지역 과 제주도 지역으로까지 흘러들어온 것이라는 정황적 증거들이 있다. 북한 화폐개혁 당시 북의 화 폐는 남한에서 여전히 통용되고 있었다.

5. 북한 인민군 파견 정황

대한민국 정부수립 이후 공산 적색분자들은 무력으로 정부를 전복시키기 위한 게릴라 활동을 전개하였다. 1948년 11월부터 1950년 3월 사이에 북한은 모두 10차에 걸쳐 2,400명의 무장 게 릴라를 남파하여 남로당의 잔비들과 합류하여 도처에서 파괴활동을 전개하였으나 정부의 토벌작 전으로 대부분 격멸되었다.[37] 이 시기에 정부 주요기관에 대한 공비들의 습격 사건이 자주 일어났 다. 1948년 6월 19일 - 6월 21일 북한 인민군 전위대가 제주도에 파견되었다는 소문이 돌았다. 무기와 장비로 무장한 김일성 전위부대원 160명이 진남포를 출항하여 제주도로 향했다고 한다. 이들의 임무는 국방경비대 내부 분열을 조장하고, 폭도들을 인민군에 규합하는 것이다.[38] 실제 제 주도에서 북한 간첩을 체포하여 수사하기도 하였다.

---

36 제주4·3사건진상규명및희생자명예회복위원회, 제주4·3사건자료집7 [미국자료편①], 2003, p.53, 1948. 4. 8. 방첩대정기보고 제83호

37 안동교도소, 안동교도소 백년 안동교도소사, 2021. 6, p.104-114

38 제주4·3사건진상규명및희생자명예회복위원회, 제주4·3사건자료집7 [미국자료편①], 2003, p.77, 위부보고, 1948. 6. 21.

6. 제주도에 소련 함정 출몰

추가진상조사보고서에 1946년 6월 29일 소련 군함 2척이 제주도 조천리에 나타나 경찰순시선이 접근하자 북동쪽으로 도주했다는 자료가 있다. 보고서에는 1948년 10월 붉은 바탕에 별 하나 국기를 단 소련 또는 북한 잠수함이 출현하였다는 자료가 있다. 1949년 1월 18일 경향신문은 내무부장관이 "해군도 보내서 가끔 나오는 소련 배를 못나오게 해야 되겠다."고 담화한 내용을 보도하였고, 1949년 3월 17일 조선중앙일보는 이범석 국무총리와 신성모 내무장관이 제주도 사태를 시찰한 후 공보처를 통해 발표한 내용을 보도했다. "... 주위 해안선에는 누차 500톤의 소련 선박이 출현하는 것을 볼 수 있다고 말한다. 선박이 상선인지 전투함인지는 확실치 않으나 반도(폭도)와 통신연락을 하고 있는 것으로 확인되며, 그 외 잠수함이 해안선 근방 1마일 지구에 출몰하고 있는데 이 출몰 목적은 무기공급과 훈련받은 반도를 입산시키는 것에 관련이 있는 것으로 추측된다..."

7. 북한 로동신문의 제주 반란 성과 격려

제주4·3사건자료집 제12권 〈북한·러시아·무장대 자료편〉에는 북한이 로동신문 등 언론매체를 통하여 제주도 폭동 반란 상황을 연일 보도하면서 제주도 폭도를 격려하고 대한민국과 미군을 성토하는 기사들이 실려있다. 이는 북로당과 남로당의 일체성을 의미한다. 보고서는 자료집 제12권의 북한·소련과 폭도와의 연계성을 전혀 언급하지 않고 있다.

8. 보고서 사건 정의의 문제점

보고서는 4·3사건을 "1947년 3월 1일 경찰의 발포사건을 기점으로 하여, 경찰 서청의 탄압에 대한 저항과 단선단정 반대를 기치로 1948년 4월 3일 남로당 제주도당 무장대가 무장봉기한 이래 1954년 9월 21일 한라산 금족지역이 전면 개방될 때까지 제주도에서 발생한 무장대와 토벌대간의 무력충돌과 토벌대의 진압과정에서 수많은 주민들이 희생당한 사건" 이라고 규정하고 있다. 지금까지 살펴 본 여러 자료를 종합할 때, 보고서는 공산폭동 반란을 제주도민의 자체 민중봉기로 왜곡하기 위해서 사건의 시기 왜곡, 경찰과 서청의 진압을 탄압으로 인식, 북한과의 연계성 부정, 무장대와의 무력충돌이라는 중립적 개념 사용, 주민들의 희생을 국가의 책임으로 전적으로 귀착시키고 있다. 이러한 결론 도출은 우리의 헌법이념인 자유민주적 기본질서를 빼고 사실관계를 파악했기 때문이다. 자유의 적에게는 관용을 베풀어서는 안 되는 방어적 민주주의를 채택하고 있는 대한민국 헌법질서하에서 도저히 용납될 수 없는 정의이다. 보고서는 역사적 조건과 상황을 가지고 4·3특별법을 제약하는 근거이자 4·3특별법 해석과 판단지침이며 개정방향을 제시하는 자료에 해당한다. 보고서의 위헌성이 그대로 4·3특별법에 반영되어 체제를 부정하는 규범으로 작용하고 있다.

9. 소 결

4·3특별법 제2조는 인민민주주의를 지향한 공산폭동 반란을 민중봉기로 규정함으로써 헌법 전문과 헌법 제4조에 규정된 자유민주적 기본질서와 동법 제66조 제2항에 규정된 국가의 계속성을 침해한다. 또한 방어적 민주주의를 채택하고 있는 우리 헌법하에서 대한민국의 정체성은 대의기관이 아닌 국민이 직접 결정해야 할 핵심가치이다. 이를 무시하고 정체성에 변질을 가져온 입법은 국민의 주권을 침해한 것이다. 자유민주적 기본질서, 국가의 계속성, 국민주권 등의 침해는 체제 불안을 야기하여 종국적으로 국민의 행복추구권을 심각하게 침해하고 있다.

희생자 정의의 위헌성

1. 현행법상 정의

국회는 2007년 4·3수형인(수형자)을 희생자 범위에 추가하는 법개정을 하였다.

제2조(정의) 이 법에서 사용하는 용어의 뜻은 다음과 같다.

2."희생자"란 제주4·3사건으로 인하여 사망하거나 행방불명된 사람, 후유장애가 남은 사람 또는 수형인(受刑人)으로서 제5조 제2항 제2호에 따라 제주4·3사건의 희생자로 결정된 사람을 말한다.

제5조(제주4·3사건진상규명및희생자명예회복위원회)

①제주4·3사건의 진상을 규명하고, 이 법에 따라 희생자 및 유족을 심사·결정하며, 그들의 명예회복에 관한 사항을 심의·의결하기 위하여 국무총리 소속으로 제주4·3사건진상규명및희생자명예회복위원회(이하 "위원회"라 한다)를 둔다. ②위원회는 다음 각 호의 사항을 심의·의결한다. ...... 2. 희생자 및 유족의 심사·결정에 관한 사항

2. 희생자 정의 및 결정의 문제점

4·3특별법 제2조 제2호는 희생자 정의에 희생자가 될 수 없는 사람들을 규정하고 있다. 4·3사건 성격 규정이 되지 않은 상태에서 희생자 정의를 하다보니 동법 제5조 제2항 제2호는 위원회가 희생자 및 유족 심사결정에 관한 사항을 심의하여 의결한다는 내용만 있다. 여기에는 2001년 헌재가 2000헌마238사건 결정에서 제시한 희생자 선정에 관한 가이드라인이 전혀 반영되어 있지 않다. 헌재의 결정은 남로당 핵심간부, 중간간부, 살인자, 방화자 등 적극 가담자 4개 유형은 명예회복 대상이 될 수 없다는 내용이었다. 국회는 헌재에서 제시한 4개 유형을 희생자 선정에서 제외한다는 희생자 선정기준을 법에 반영했어야 한다. 헌재가 제시한 희생자 기준은 보상을 전제하지 않는 정치적 희생자가 대상이어서 그 범위를 넓게 인정했다. 그러나 보상규정이 신설되면서 보상금을 지급받을 수 있는 법적인 희생자로 되기 위해서는 희생자 기준을 다시 정했어야 한다. 따라서 보상을 받을 수 있는 법적인 희생자가 되기 위해서는 단순히 명예회복의 대상으로서의 희생자보다 엄격한 요건을 갖추어야 한다. 자유민주주의를 공격하는 일에 가담하지 않은 무고한 희생자에게만 보상금이 지급되도록 희생자 범위를 다시 정했어야 한다. 그렇게 하지 않고 귀책사유를 불문하고 정치적 희생자 전원을 법적인 희생자로 전환시킨 4·3특별법 제2조 제2호 희생자 정의 규정은 헌재의 기준을 벗어나는 등 독소조항으로 위헌이다.

3. 헌법재판소 희생자 가이드라인 (2000헌마238)[39]

헌재는 "제주4·3사건과 관련되어 사망한 자 중 자유민주적 기본질서를 훼손하려고 하였던 자들을 제외할 수 있는 재량까지 위원회에 위임한 것으로 보아야 한다."라고 결정했다. 1947년 3월 1일부터 1954년 9월 21일까지(이하 '사건기간'이라 한다) 무력충돌과 진압과정에서의 사망자등 가운데 남한에서의 인민민주주의 국가건설을 내세워 무장유격대에 직간접적으로 가담하였던 자들까지 희생자로 인정하여 명예를 회복시켜 주는 것이 우리 헌법의 기본원리와 상충되는 것이 아닌지에 대하여 살펴본다.

〈다수의견〉

대한민국의 건국에 필수적 절차였던 5·10제헌의회선거와 남한의 단독정부수립을 저지하고, 자유민주적 기본질서를 부정하며, 인민민주주의를 지향하는 북한 공산정권을 지지하면서 미군정기간 공권력의 집행기관인 경찰과 그 가족, 제헌의회의원선거 관련인사·선거종사자 또는 자신과 반대되는 정치적 이념을 전파하는 자와 그 가족들을 가해하기 위하여 무장세력을 조직하고 동원하여 공격한 행위까지 무제한적으로 포용할 수는 없다. 이는 우리 헌법의 기본원리로서의 자유민주적 기본질서와 대한민국의 정체성에 심각한 훼손을 초래하기 때문이다.

다만 희생자의 범위를 정함에 있어 위에서 본 바와 같이 이 법이 제주4·3사건의 혼란 중에 군과 경찰의 과도한 진압으로 인하여 무고하게 생명을 잃거나, 상해를 입은 자들을 신원(伸寃)하고, 화해를 통하여 이데올로기의 대립으로 인한 상처를 치유함으로써 민족화해와 민주발전을

---

39 이○승 외 14인은 남로당 유격대와 경찰, 군인, 양민과 구별하지 않고 똑같이 위령하도록 규정한 4·3 특별법은 자유민주적 기본질서, 평등권 등을 침해하였다는 이유로 헌법소원을 청구하였다. 위 법령소원은 기본권침해의 직접성 요건 흠결로 각하되었으나, 헌재는 결정문에 자유민주적 기본질서를 부정하고 북한 공산정권을 지지하면서 군경과 우익을 살해, 방화한 자들은 4·3희생자로 볼 수 없다고 판시했다.

도모하며, 인도와 동포애로써 민족의 단결을 공고히 할 목적으로 제정되었고, 그 제정과정에서 많은 우여곡절을 겪었음을 감안하면 가능한 한 희생자의 범위를 폭넓게 인정함으로써 입법의 취지를 살리는 동시에 우리 헌법의 기본원리 및 대한민국의 정체성이 훼손되지 않는 조화로운 법률인식이 필요하다고 할 것이다.

이러한 입장에서 본다면 사건기간 중 제주4·3사건과 관련한 사망자등 가운데 자유민주적 기본질서와 이에 부수되는 시장경제질서 및 사유재산제도를 반대한 자 가운데 그 정도를 살펴 희생자 결정 대상에서 제외해나가는 방법을 채택하는 것이 우리 헌법의 이념과 이 법의 입법목적에 부합할 것이다.

결국 무장유격대에 가담한 자 중에서 수괴급 공산무장병력지휘관 또는 중간간부로서 군경의 진압에 주도적·적극적으로 대항한 자, 모험적 도발을 직·간접적으로 지도 또는 사주함으로써 제주4·3사건 발발의 책임이 있는 남로당 제주도당의 핵심간부, 기타 무장유격대와 협력하여 진압 군경 및 동인들의 가족, 제헌선거관여자 등을 살해한 자, 경찰등의 가옥과 경찰관서 등 공공시설에 대한 방화를 적극적으로 주도한 자들은 결코 현재 우리의 헌법질서에서 보호될 수 없을 것이고, 따라서 이 법에서의 희생자의 범위에서 제외되어야 할 것이다.

이 법문에 의하더라도 무력충돌과 진압으로 인한 모든 피해자를 희생자로 지칭할 것은 아니다. 즉, 희생자를 '주민'으로 특정하고 있고, 사망자등으로 신고된 자 중 위원회의 심사·결정이 이루어진 자를 희생자로 규정하고 있다(제2조 제2호). 위원회는 국무총리를 위원장으로, 법무부장관·국방부장관·행정자치부장관 등 여러 장관들과 국무총리가 위촉하는 유족대표·관련전문가 기타 학식과 경험이 풍부한 자 등 20인 이내의 위원으로 구성되어 있고(이 법 시행령 제3조), 구성원들의 인적구성과 그들의 지위·학식·경험에 비추어 볼 때 위원회가 단지 위 사건기간내에 제주4·3사건과 관련되어 사망하였는지 여부를 심사하는 형식적 권한만 있다고 보기는 어렵다. 오히려 사건 기간 중 제주4·3사건과 관련되어 사망한 자 중 자유민주적 기본질서를 훼손하려고 하였던 자들을 제외할 수 있는 재량까지 위임한 것으로 보아야 한다.

〈소수의견〉
북한체제를 지지하였던 자들을 모두 역사의 희생자로 간주하여 무조건적으로 관용하고, 화해하는 방편으로 그들의 명예를 회복시켜 주는 것은 우리 스스로 자유민주적 기본질서의 토대를 약화시키고, 결과적으로 현재 우리가 누리고 있는 자유와 번영을 일순간에 무너뜨릴 수 있는 단초를 제공할 수도 있다는 우려를 자아내게 하는 것이다.

헌재는 4·3의 성격을 공산폭동 내란으로 인정함에 있어서는 다수와 소수가 일치된 의견이다. 다만 다수의견은 희생자를 넓게 인정하자는 입장이고 소수의견은 무고한 희생자가 아니면 희생자가 될 수 없다는 원칙적인 입장이었다. 다수의견은 피해자가 잘못된 선택을 한 역사적(정치적) 희생을 고려하여 화합을 도모하는 차원에서 희생자를 넓게 인정하되 대한민국의 정체성을 훼손하지 않아야 한다는 조건을 제시했다. 그 조건은 국가 정체성과 국민화합 두 가치의 조화를 위해서 희생자가 절대 될 수 없는 4가지 유형을 기준으로 제시하였고, 위원회가 재량으로 자유민주적 기본질서를 훼손한 자들을 희생자에서 제외할 수 있다고 보았다.

문제는 위원회가 합리적인 희생자 심사기준을 정하지 않았다. 대한민국의 정체성을 훼손하지 않는 조건에 충실하게 합리적으로 헌재가 예정했던 재량권을 전혀 행사하지 않았다는 점이다. 위원회가 희생자에서 제외시킨 4개 유형에 해당한다고 하는 자는 고작 32명에 불과하다고 알려졌다.[40] 위원회는 재량권 불행사를 넘어 직권(재량권)을 남용하여 희생자가 될 수 없는 교전 중 사살

---

40 김영중, 제주4·3사건 문과답, 나눔사, 2022. 8. 15, p.161-163

된 자, 사형수, 수형인 등 가해자도 희생자로 선정하여 명예회복의 대상으로 삼았다. 헌재가 결정할 당시 희생자 정의규정(4·3특별법 제2조 2000. 1. 12. 제정)에 수형인은 포함되어 있지 않았기 때문에 헌재의 결정취지에 비추어 당연히 희생자 대상에서 배제되었어야 했다. 위원회가 헌재의 예상대로 희생자가 될 수 없는 4개 유형과 무고한 피해자 사이에서 조화롭게 희생자 기준을 정하였다면 32명만이 희생자 대상에서 제외되지는 않았을 것이다.

제주지방법원에서 2021년 11월 청구된 68명에 대한 재심사건 당시 검찰은 2000헌마238사건 결정문을 내세우면서 68명 중 4명은 4개 유형에 해당함을 주장하였다. 검찰은 "4·3중앙위원회의 희생자 결정을 깊이 존중한다."며 재심이 "단순한 요식절차로 평가받으면 안된다."고 말하였다. 이에 대해 당시 언론은 '사상검증' 논란을 보도했었다. 그러나 검찰은 "추가 심리를 진행한 피고인들의 경우 유족이 제출한 재심 청구서와 자료, 4·3중앙위원회 조사 결과에 의하더라도 남로당에서 간부로 활동한 사실, 간첩활동한 사실이 언급됐다. 사실관계를 더 살펴 절차적 정당성을 확보하려 한 것이지 '사상검증'을 한 것이 아니다."고 해명했다.[41] 이에 대해 재판부는 "헌재의 위헌 결정은 기속력(법원 재판이나 행정기관 처분의 효력)을 갖지만, 헌재의 각하 결정에는 기속력이 없다."고 말했다. 또한 "검찰이 문제를 제기한 4명은 핵심간부·수괴급 32명에 포함되지 않는다."고 설명했다.[42] 재판부는 다섯 가지 측면에서 오류를 범한 위법이 있다.

첫째, 헌재 결정의 기속력을 결정의 주문형식에서 구하는 오류이다. 헌법재판에서 위헌결정에 국가기관이 기속된다는 의미는 기각, 각하 등 모든 헌재의 결정에 국가기관이 기속되어야 함을 당연히 포함하는 것이다. 주문형식을 떠나서 결정문의 실질적 내용도 기속력을 인정해야 실질적 법치주의라 할 수 있다. 그렇지 않다면 굳이 헌재가 힘들게 다수와 소수로 나뉘어 심도있는 논의를 할 이유가 없다. 재판부는 헌재 결정의 기속력에 대한 법리오해의 위법이 있다.

둘째, 판단 기준의 오류이다. 희생자가 될 수 없는 4개 유형에 해당하냐 않냐의 문제를 재심개시결정 및 유무죄의 기준으로 판단한 오류이다. 희생자 선정은 위원회 소관이고, 재판부는 증거

---

41 제주의소리, '사상검증' 논란 제주 4.3재심 개시에 검찰 "절차적 정당성 확보 과정", 2022. 9. 7.

42 제주의 소리, 검찰-변호인 작심 비판한 제주4.3 재심 재판부 "모두 법 앞에 평등해", 2022. 9. 6.

를 가지고 재심개시가 가능한지와 유무죄 여부를 판단해야 한다. 희생자 선정기준에 의한 재심개시결정 및 무죄판단은 법리오해 또는 채증법칙을 위반한 위법이 있다.

셋째, 입증책임 전환의 오류이다. 재심개시결정 단계에서는 재심사유를 원고(수형인)측에서 입증을 해야 하는데 그런 절차를 배제하고 재심을 받아주어 본안에서 피고 대한민국을 대표하는 검사측에 부담시킨 위법이 있다.

넷째, 재판부는 심리미진의 위법이 있다. 재판부는 검찰이 문제제기한 4명에 대해 심리미진은 물론이고 4·3특별법을 위헌법률심판 제청하여 그 결과에 따라 재판하지 않은 위법이 있다. 4·3 재판은 군사재판과 일반재판 공히 적법한 재판이었음이 역사적 사실이다. 4·3특별법상 특별재심은 재심개시에 요구되는 증거를 요하지 않도록 되어 있어 특별재심은 명백히 위헌이기 때문에, 헌재에 직권으로 위헌법률심판제청을 하여 위헌 결정 후 형사소송법상 재심절차에 따라 재심개시에 요구되는 증거재판을 했어야 한다. 재심개시결정을 할 수 없는 사안들에 대해 부당하게 재심을 개시하여 본안에서 무죄를 선고한 위법이 있다.

다섯째, 독립유공자 또는 국가유공자보다 반역자에 특혜 부여는 평등권 침해다. 독립유공자예우에 관한 법률 제39조와 국가유공자 등 예우 및 지원에 관한 법률 제79조에 의하면 독립유공자 또는 국가유공자가 반역범죄를 범한 경우는 독립유공자 또는 국가유공자와 그 유족과 가족에 대해 보상과 예우를 하지 않는다.[43][44] 대한민국 건국에 공로가 있는 독립유공자와 대한민국에 공헌

---

43 독립유공자법 제39조(이 법 적용 대상으로부터의 배제) ① 국가보훈부장관은 이 법을 적용받고 있거나 적용받을 독립유공자가 다음 각 호의 어느 하나에 해당하면 이 법의 적용 대상에서 제외하고 이 법 또는 다른 법률에 따라 독립유공자, 그 유족 또는 가족이 받을 수 있는 모든 예우를 하지 아니한다.
  1. 「국가보안법」의 위반행위로 금고 이상의 실형을 선고받고 그 형이 확정된 자
  2. 「형법」 제87조부터 제90조까지, 제92조부터 제101조까지 또는 제103조를 위반하여 금고 이상의 실형을 선고받고 그 형이 확정된 자
  3. 독립운동 공적(功績)에 중대한 흠결(欠缺)이 있다고 증거자료에 의하여 확인된 자
  4. 다음 각 목의 어느 하나에 해당하는 죄를 범하여 금고 1년 이상의 실형을 선고받고 그 형이 확정된 자
    가. 「형법」 제250조부터 제253조까지의 죄 또는 그 미수죄, 제264조의 죄, 제279조의 죄 또는 그 미수죄, 제285조의 죄 또는 그 미수죄, 제287조부터 제292조까지 및 제294조의 죄, 제297조, 제297조의2, 제298조부터 제301조까지, 제301조의2, 제302조, 제303조와 제305조의 죄, 제332조의 죄(제329조부터 제331조까지의 상습범으로 한정한다) 또는 그 미수죄, 제333조부터 제336조까지의 죄 또는 그 미수죄, 제337조부터 제339조까지의 죄 또는 제337조·제338조 전단·제339조의 미수죄, 제341조의 죄 또는 그 미수죄, 제351조(제347조, 제347조의2, 제348조, 제350조, 제350조의2의 상습범으로 한정한다)의 죄 또는 그 미수죄, 제363조의 죄
    나. 법률 제13718호로 개정되기 전의 「폭력행위 등 처벌에 관한 법률」 제2조제1항, 제3조제3항 및 제6조(제2조제1항과 제3조

을 한 국가유공자도 범죄 전력이 있으면 예우와 보상을 박탈한다. 심지어 상훈법 제8조는 대한민국에 공로가 뚜렷하여 서훈을 수여받은 자가 범죄행위를 한 경우 서훈을 취소하고, 훈장 또는 포

　　제3항의 미수범으로 한정한다)의 죄
　다.「특정범죄 가중처벌 등에 관한 법률」 제5조, 제5조의2, 제5조의4 및 제5조의5의 죄
　라.「특정경제범죄 가중처벌 등에 관한 법률」 제3조의 죄
　마.「성폭력범죄의 처벌 등에 관한 특례법」 제3조부터 제10조까지 및 제15조(제3조부터 제9조까지의 미수범으로 한정한다)의 죄
　바.「아동·청소년의 성보호에 관한 법률」 제7조, 제8조 및 제11조부터 제16조까지의 규정에 따른 죄
　사.「군사기밀 보호법」 제11조, 제11조의2, 제12조, 제13조, 제13조의2 및 제15조의 죄
　아.「전기통신사업법」 제95조의2제1호의2 및 제1호의3의 죄
5. 상습적으로 대통령령으로 정하는 품위손상행위를 한 자
6.「일제강점하 반민족행위 진상규명에 관한 특별법」 제2조 각 호의 어느 하나에 해당하는 친일반민족행위를 한 것으로 결정된 자
7.「국가공무원법」 제2조 및「지방공무원법」 제2조에 따른 공무원과 국가나 지방자치단체에서 일상적으로 공무에 종사하는 대통령령으로 정하는 직원으로서 재직기간 중 직무와 관련된「형법」 제129조부터 제133조까지, 제355조부터 제357조까지의 죄,「특정범죄 가중처벌 등에 관한 법률」 제2조 및 제3조의 죄를 범하여 금고 1년 이상의 형을 선고받고 그 형이 확정된 사람
② 국가보훈부장관은 이 법을 적용받거나 적용받을 독립유공자의 유족 또는 가족이 제1항 각 호의 어느 하나에 해당하면 이 법의 적용 대상에서 제외하고 그가 받을 수 있는 모든 보상을 하지 아니한다.
③ 국가보훈부장관은 제1항제1호·제4호·제5호 또는 제7호에 따라 이 법의 적용 대상에서 제외된 사람이 다음 각 호의 어느 하나에 해당하게 되면 그 뉘우친 정도가 현저하다고 인정되는 경우에 한정하여 제6조에 따라 등록신청을 받아 이 법의 적용 대상자로 결정하여 보상을 할 수 있다.
　1. 금고 이상의 형을 선고받고 그 집행이 종료되거나 집행을 받지 아니하기로 확정된 날부터 3년이 경과한 경우
　2. 삭제 〈2009. 2. 6.〉
　3. 제1호 외의 경우에는 이 법의 적용 대상에서 제외된 날부터 2년이 경과한 경우
④ 국가보훈부장관은 제1항제3호 또는 제5호에 해당하는 사유로 독립유공자를 이 법의 적용 대상에서 제외하거나 제3항에 따라 이 법의 적용 대상에서 제외된 사람을 이 법의 적용 대상자로 결정할 때에는 보훈심사위원회의 의결을 거쳐야 한다.
⑤ 국가보훈부장관은 제38조제2항에 따라 보상을 정지하거나 제1항과 제2항에 따라 이 법의 적용 대상에서 제외하려는 경우에는 범죄경력자료 또는 교정시설 수용 정보를 관계 기관의 장에게 요청할 수 있다.

44 국가유공자법 제79조(이 법 적용 대상으로부터의 배제) ① 국가보훈부장관은 이 법을 적용받고 있거나 적용받을 국가유공자가 다음 각 호의 어느 하나에 해당하면 이 법의 적용 대상에서 제외하고 이 법 또는 다른 법률에 따라 국가유공자, 그 유족 또는 가족이 받을 수 있는 모든 보상을 하지 아니한다.
1.「국가보안법」을 위반하여 금고 이상의 실형을 선고받고 그 형이 확정된 사람
2.「형법」 제87조부터 제90조까지, 제92조부터 제101조까지 또는 제103조를 위반하여 금고 이상의 실형을 선고받고 그 형이 확정된 사람
3. 다음 각 목의 어느 하나에 해당하는 죄를 범하여 금고 1년 이상의 실형을 선고받고 그 형이 확정된 사람
　가.「형법」 제250조부터 제253조까지의 죄 또는 그 미수죄, 제264조의 죄, 제279조의 죄 또는 그 미수죄, 제285조의 죄 또는 그 미수죄, 제287조부터 제292조까지 및 제294조의 죄, 제297조, 제297조의2, 제298조부터 제301조까지, 제301조의2, 제302조, 제303조와 제305조의 죄, 제332조의 죄(제329조부터 제331조까지의 상습범으로 한정한다) 또는 그 미수죄, 제333조부터 제336조까지의 죄 또는 그 미수죄, 제337조부터 제339조까지의 죄 또는 제337조·제338조 전단·제339조의 미수죄, 제341조의 죄 또는 그 미수죄, 제351조(제347조, 제347조의2, 제348조, 제350조, 제350조의2의 상습범으로 한정한다)의 죄 또는 그 미수죄, 제363조의 죄
　나. 법률 제13718호로 개정되기 전의「폭력행위 등 처벌에 관한 법률」 제2조제1항, 제3조제3항 및 제6조(제2조제1항과 제3조제3항의 미수범으로 한정한다)의 죄
　다.「특정범죄가중처벌 등에 관한 법률」 제5조, 제5조의2, 제5조의4 및 제5조의5의 죄
　라.「특정경제범죄 가중처벌 등에 관한 법률」 제3조의 죄
　마.「성폭력범죄의 처벌 등에 관한 특례법」 제3조부터 제10조까지 및 제15조(제3조부터 제9조까지의 미수범으로 한정한다)의 죄

장과 이와 관련하여 수여한 물건 및 금전을 환수하기까지 한다.[45] 하물며 대한민국 건국을 방해한 자들에게 유공자와 다름 없는 희생자신분을 부여하고, 포상과 다름 없는 보상금을 지급하는 것은 역차별이자 국가 정체성에 반하는 위헌행위이다. 재판부는 판결로써 헌법과 위 법률들에 위반하여 반역행위자들을 일반국민, 독립유공자, 국가유공자보다 특별한 대우를 한 것이며 이것은 헌법 제11조 제2항의 사회적 특수계급을 창설한 것으로 위헌이다.

검사측의 논리 부족과 '사상 검증'이라는 좌파 제주 지역사회의 압박에 검사가 굴복하여 법치 파괴를 고착화시킨 치욕적인 사건으로 평가된다. 이러한 문제가 발생하게 된 원인을 제공한 것은 헌재의 결정에서 찾을 수 있다. 헌재가 가해자(내란 등 행위자)의 반성이 전제되지 않고서는 희생자가 될 수 없다는 상식을 명시적 조건으로 정하지 않은 실책이 혼돈의 여지를 불러왔다. 헌재가 4·3사건의 본질은 애써 규정해 놓고 국가의 은전을 권리로 오인하게 한 잘못이 희생자의 유형에 수형인을 추가하는 2007년 4·3특별법 일부개정을 가능하게 했고, 특별재심이 가능해진 2021년 전부개정으로 진실과 정의를 외면한 재판이 만연하게 하였다. 당시 헌재가 사건을 본안에 올려서 4·3특별법은 위헌결정하고 헌법소원 심판 청구인들의 기본권 부분은 기각하는 조화로운 방식으

바. 「아동·청소년의 성보호에 관한 법률」 제7조, 제8조 및 제11조부터 제16조까지의 규정에 따른 죄
사. 「군사기밀 보호법」 제11조, 제11조의2, 제12조, 제13조, 제13조의2 및 제15조의 죄
아. 「전기통신사업법」 제95조의2제1호의2 및 제1호의3의 죄
4. 「국가공무원법」 제2조 및 「지방공무원법」 제2조에 규정된 공무원과 국가나 지방자치단체에서 일상적으로 공무에 종사하는 대통령령으로 정하는 직원으로서 재직기간 중 직무와 관련된 「형법」 제129조부터 제133조까지, 제355조부터 제357조까지의 죄, 「특정범죄 가중처벌 등에 관한 법률」 제2조 및 제3조의 죄를 범하여 금고 1년 이상의 형을 선고받고 그 형이 확정된 사람
5. 상습적으로 대통령령으로 정하는 품위손상행위를 한 사람
② 국가보훈부장관은 이 법을 적용받고 있거나 적용받을 국가유공자의 유족이나 가족이 제1항 각 호의 어느 하나에 해당하면 이 법의 적용 대상에서 제외하고 그가 받을 수 있는 모든 보상을 하지 아니한다.

45 상훈법 제8조(서훈의 취소 등) ① 훈장 또는 포장을 받은 사람이 다음 각 호의 어느 하나에 해당될 때에는 그 서훈을 취소하고, 훈장 또는 포장과 이와 관련하여 수여한 물건 및 금전을 환수한다.
1. 서훈 공적이 거짓으로 밝혀진 경우
2. 국가안전에 관한 죄를 범한 사람으로서 형을 받았거나 적대지역(敵對地域)으로 도피한 경우
3. 사형, 무기 또는 1년 이상의 징역이나 금고의 형을 선고받고 그 형이 확정된 경우
② 제1항에 따라 서훈을 취소하고, 훈장 또는 포장 등을 환수하려는 경우에는 국무회의의 심의를 거쳐야 한다.
③ 서훈 추천권자는 훈장 또는 포장을 받은 사람에게 제1항 각 호의 어느 하나의 사유가 발생하였을 때에는 그 서훈의 취소에 관한 의안을 국무회의에 제출할 것을 행정안전부장관에게 요청하여야 하며, 행정안전부장관은 특별한 사유가 없으면 그 서훈의 취소에 관한 의안을 국무회의에 제출하여야 한다. 다만, 행정안전부장관은 서훈 추천권자의 요청이 없는 경우에도 대통령령으로 정하는 바에 따라 훈장 또는 포장을 받은 사람에게 제1항 각 호의 어느 하나에 해당하는 사유가 있는지 심의한 결과 이를 확인한 경우에는 해당자에 대한 서훈의 취소에 관한 의안을 국무회의에 제출할 수 있다.

로 결정했더라면 4·3의 근본적 해결이 가능해 국가 정체성의 혼란과 국력낭비는 없었을 것이라는 점에서 아쉽다. 아래는 2000헌마238사건에서 다수의견이 제시한 희생자가 될 수 없는 유형을 해석하여 명예회복 가능 여부와 보상 여부에 관한 의견을 표로 정리하였다.

헌재 2000헌마238 4·3 희생자 기준	명예회복 가능 여부	보상은 가능한가
희생자가 될 수 없는 위법에 적극 가담한 4개 유형 ▪ 수괴급 공산무장병력지휘관 또는 중간간부로서 군경의 진압에 적극적으로 대항한 자 ▪ 남로당제주도당의 핵심간부 ▪ 무장유격대와 협력하여 진압 군경 및 동인들의 가족, 제헌선거 관여자 등을 살해한 자 ▪ 경찰등의 가옥과 경찰관서 등 공공시설에 대한 방화를 적극적으로 주도한 자	**명예회복 대상 ×** (전체 희생자 절반 이상으로 추정) · 교전중 사살당한 자 · 사형수, 탈옥수, 옥사 · 월북자 · 행방불명자 (귀책사유 있는 자) · 수형인 4,092명(일반/군사)	**보상대상 ×**
형사처벌 받지 않은 부역자, 소극적으로 과오를 범한자, 귀순자, 집단처형된 자, 예비검속자 등	· **위원회 재량 범위** · **다수의견** : 정체성을 훼손하지 않는 범위에서 구체적 기준을 정하여 명예회복 대상인 희생자 인정가능(재량허용) · **소수의견** : 이 범주에 해당하는 자는 무고성이 입증되지 않는한 모두 희생자가 될 수 없다(재량부정)	**보상대상 ×** (장례비[46])
무고한 희생자로 증명된 자	**명예회복 대상 ○**	**보상대상 ○**

4. 희생자 규정의 위헌성

가. 포괄적위임입법금지원칙 위반

우리 헌법은 법률을 집행하기 위해서 구체적으로 범위를 정하지 않고 포괄적으로 위임하는 것

---

46 장례비 정도를 지원할 수 있다.

을 금지하고 있다. 헌법 제75조는 "대통령은 법률에서 구체적으로 범위를 정하여 위임받은 사항과 법률을 집행하기 위하여 필요한 사항에 관하여 대통령령을 발할 수 있다."고 규정하여 포괄적 위임입법금지원칙을 천명하고 있다. 헌재는 '법률에서 구체적으로 범위를 정하여'라는 의미는 법률에 이미 대통령령 등 하위규범에 규정될 내용 및 범위의 기본사항이 구체적이고 명확하게 규정되어 있어 누구라도 그 자체로부터 대통령령 등에 규정될 내용의 대강을 예측할 수 있어야 함을 의미한다[47]고 판시하고 있다. 4·3특별법에 희생자가 되어서는 안되는 가이드라인 등이 없어 반역자도 위원회가 정하면 4·3희생자가 되는 일을 차단하기 위해 헌재가 가이드라인을 제시한 바가 있다. 그러나 국회는 헌재에서 제시한 기준을 희생자 규정에 반영하지 않음으로써 희생자 선정을 위원회에 포괄적으로 위임한 것과 같게 되었다. 그 결과 위원회에서 정하기만 하면 반역 및 부역에 가담했던 부적격 희생자들도 법적인 희생자가 되는 부당한 결과를 야기하고 있다.

헌재는 2000헌마238사건 심판청구가 법률에 대한 헌법소원의 요건을 갖추지 못하여 부적법하다고 하여 기본권, 자유민주적 기본질서 침해여부, 포괄적위임입법금지원칙의 위배여부 등에 대해서 본안에서 판단은 하지 않았다. 그러나 사안의 중대성을 인식한 헌재는 청구인의 자기관련성 등의 이유로 부적법 각하하면서도 이례적으로 본안에 준하여 4·3사건의 정의를 명시하여 자유민주적 기본질서의 침해가 있었다고 다루었고, 희생자 가이드라인을 제시하여 포괄적위임입법금지원칙 위반임을 간접적으로 인정하였다. 4·3의 시기가 1947년 3월 1일이 아닌 1948년 4월 3일이라고 밝혀주기까지 하였다. 적법요건을 갖추어 본안 심판이 있었다고 하면 기본권, 자유민주적 기본질서 침해와 포괄적위임입법금지원칙의 위반을 인정하여 위헌 심판을 하였을 것이다. 헌재는 4·3특별법의 정의 규정을 실질적으로 위헌 결정한 것과 다를 바 없다. 따라서 모든 국가기관은 헌재 결정의 내용에 구속되어야 하며 그렇게 할 때 실질적 법치국가라 할 수 있다.

---

47 헌법재판소 1997. 10. 30. 선고 96헌바92, 97헌바25·32 전원재판부

나. 국가 정체성 파괴와 기본권 침해

희생자 규정은 희생자 유형에서 단순히 사망, 행방불명자, 수형인 등으로 규정하고 이들의 이념적 성향, 행위 등을 구분 없이 일률적으로 대하는 문제가 있다. 남로당 유격대 등이 교전 중에 군경에 의하여 사살된 경우, 수형인이 탈옥하여 도주 중 사살된 경우와 행방불명 된 경우, 사형집행 당한 경우, 옥사 등은 희생자가 될 수 없다. 6·25전쟁 당시 예비검속자 집단처형 등은 정당방위 내지 정당행위 차원에서 접근해야 한다. 당연히 수형인 등은 정치적 희생자도 될 수 없다. 희생자 규정은 정치적 희생자와 법적 희생자 개념을 구분하지 않은 오류가 있다. 희생자 범위가 넓은 정치적 희생자를 전부 희생자 범위가 좁은 법적 희생자로 인정한 것은 '각자의 것을 각자에게' 라고 하는 정의관념에 반한다. 명예회복 대상이면서 보상 대상이 되는 경우(무고한 희생)와 명예회복 대상이지만 보상 대상이 안되는 경우(귀책사유 있는 경우)를 구분하여 희생자 개념과 범위를 다시 정해야 한다. 개념을 구분하지 않은 결과, 보상 대상이 될 수 없는 자(귀책사유 있는 자)인데 보상 대상이 된 자가 상당히 많이 있으므로 철저한 재조사가 필요하다. 반역자 등 귀책사유 있는 자를 법적 희생자로 선정하여 보상하는 행위는 대한민국 정체성 및 계속성(헌법 전문, 제4조, 제66조)을 부정하는 것으로서 국민의 주권(헌법 제1조), 평등권(헌법 제11조), 행복추구권(헌법 제10조), 재산권(헌법 제23조 제1항)을 침해한다.

5. 희생자가 될 수 없는 경우

사형수, 교전 중에 사살된 자, 수형인, 전쟁 상황에서 중범죄 좌익수 집단처형, 옥사, 행방불명 등의 경우는 희생자가 될 수 없다. 1945년 미국의 일본에 대한 원폭은 정당방위였다. 따라서 일본의 원폭 피해자들은 미국에 대하여 배상청구를 하지 못한다. 이런 사례는 4·3 문제 해결의 선례가 될 수 있다. 좌익사범 보도연맹원에 행해진 예비검속과 집단처형은 원폭의 사례와 같이 정당방위와 정당행위라고 판단하여 국가책임을 부정함이 타당하다. 4·3수형인은 군사재판 수형자 2,530명, 일반재판 수형자 1,562명(검찰추정)을 더하여 총원 4,092명이다. 4·3평화재단 발간 추가진상조사보고서에 나온 4·3희생자 유형별 실태[48] 〈표 2-21〉는 수형자 희생자를 279명으로 분류하고 있다. 수형자 총수가 4,092명인데 279명으로 축소 집계한 이유는 무엇일까? 국민의 법감정상 수형자의 희생자 부적합성을 의식해서가 아니겠는가?

〈표2-21〉 4·3희생자 유형별 실태(2019. 기준)

구분	희생자 유형	계	사망자	행방불명자	수형자	후유장애자
조사 결과	인원(명)	14,442	9,688	4,255	335	164
	비율(%)	100	67.1	29.5	2.3	1.1
4·3 위원회 결정	인원(명)	14,442	10,389	3,610	279	164
	비율(%)	100	72.0	25.0	1.9	1.1

〈표2-24〉 행방불명자 가해별 구별에서 수형자 1,763명이 행방불명으로 처리되어 있다. 279명의 수형자를 제외한 다수의 수형자가 행방불명자로 세탁되어 있음을 알 수 있다.

〈표 2-24〉 행방불명자 유형별 실태

구분	계	토벌대 연행 후 행방불명	무장대 납치 후 행방불명	형무소 복역 중 행방불명	형무소 옥사 행방불명	사형수 행방불명	1950년 예비검속 행방불명	기타 행방불명
인원(명)	4,255	1,022	170	1,763	310	188	497	305
비율(%)	100	24.0	4.0	41.4	7.3	4.4	11.7	7.2

오늘날에도 현행 수형자 처우의 근거법인 '형의집행및수용자의처우에관한법률'상 행방불명된 수형자에게 국가가 보상하는 경우는 없다. 또한 수형자가 도주하면 동법 제101조[49]에 근거하여

---

48 〈표 2-21〉부터 〈표2-24〉까지 출처는 제주4·3평화재단, 제주4·3사건추가진상조사보고서 I, 2019, p.85-86
  제주의 소리, 4·3 희생자 유족 1만 3195명 추가 결정, 2023.10.27.
  "2002부터 결정된 4·3희생자 및 유족은 2023년 10월 25일 기준으로 4·3 희생자 14,768명, 유족 107,308명이다."

49 제101조(무기의 사용) ① 교도관은 다음 각 호의 어느 하나에 해당하는 사유가 있으면 수용자에 대하여 무기를 사용할 수 있다.
  1. 수용자가 다른 사람에게 중대한 위해를 끼치거나 끼치려고 하여 그 사태가 위급한 때

총기를 사용하게 되어 있고, 사살된 경우 정당행위로서 사살된 수형인에 대한 보상은 인정되지 않는다.

사망자 유형별 실태 〈표 2-22〉

구분	계	토벌대에 의한 사망	무장대에 의한 사망	사형수 사망	고문에 의한 사망	1950년 예비검속 사망	기타 사망
인원(명)	9,688	7,624	1,528	85	93	40	318
비율(%)	100	78.7	15.7	0.9	1.0	0.4	3.3

사망자 가해별 구분 〈표 2-23〉

가해자별	계	토벌대	무장대
인원(명)	9,370	7,837	1,533
비율(%)	100	83.6	16.4

〈표 2-22〉 및 〈표 2-23〉에서 토벌대에 의한 사망자가 7,624~7,837명으로 집계되었으나 여기에 해당하는 대부분의 경우가 정당행위에 의한 사망자라 할 수 있다. 그밖에 교정시설 내에서 현재에도 수용자[50]가 옥사하는 경우가 종종 발생하고 있으며, 이 경우 역시 국가의 과실이 없는 한 책임을 지지 않는다. 사정이 어려운 무연고자 등에 대하여 재량으로 장례비를 지원하는 정도에 그친다. 오늘날에도 이러한데 75년 전 공산폭동을 일으켜 반역행위를 하였던 4·3수형인에 한하

---

2. 수용자가 폭행 또는 협박에 사용할 위험물을 지니고 있어 교도관이 버릴 것을 명령하였음에도 이에 따르지 아니하는 때
3. 수용자가 폭동을 일으키거나 일으키려고 하여 신속하게 제지하지 아니하면 그 확산을 방지하기 어렵다고 인정되는 때
4. 도주하는 수용자에게 교도관이 정지할 것을 명령하였음에도 계속하여 도주하는 때
5. 수용자가 교도관의 무기를 탈취하거나 탈취하려고 하는 때
6. 그 밖에 사람의 생명·신체 및 설비에 대한 중대하고도 뚜렷한 위험을 방지하기 위하여 무기의 사용을 피할 수 없는 때
　　② 교도관은 교정시설의 안(교도관이 교정시설의 밖에서 수용자를 계호하고 있는 경우 그 장소를 포함한다)에서 자기 또는 타인의 생명·신체를 보호하거나 수용자의 탈취를 저지하거나 건물 또는 그 밖의 시설과 무기에 대한 위험을 방지하기 위하여 급박하다고 인정되는 상당한 이유가 있으면 수용자 외의 사람에 대하여도 무기를 사용할 수 있다.
　　③ 교도관은 소장 또는 그 직무를 대행하는 사람의 명령을 받아 무기를 사용한다. 다만, 그 명령을 받을 시간적 여유가 없으면 그러하지 아니하다.
50 수용자는 수형자·미결수용자·사형확정자 그 밖에 법률과 적법한 절차에 따라 교도소·구치소 및 그 지소(교정시설)에 수용된 사람을 말한다.

여 국가가 특별히 희생자로 선정한 것도 모자라 거액의 보상금까지 지급하는 것은 북한 정권을 대신하여 포상하는 행위로 봐야 하며 이는 일반 국민에 대한 차별이자 반헌법적인 반역이다.

　6·25전쟁 당시 정부의 철수과정에서 국가보안사범을 비롯한 반사회적 범죄인을 수용하고 있던 형무소에 대한 대책은 무엇보다 우선 고려되어야 함에도 불구하고 긴급한 상황에 처한 당시에는 대부분의 형무소를 방치(좌익사범을 처형하지 않고 후퇴)하게 됨으로써 인민군에 의해 풀려난 좌익수용자들에 의해 보복과 살육·파괴행위가 자행되어 막대한 국가적 피해를 입는 결과를 초래하였다. 경인지구에서는 반국가사범을 포함한 모든 재소자를 방치함으로써 출소 후 이들은 북한 치하에서 우익인사를 색출하여 보복살육을 감행하는데 앞장섰고 마치 제 세상을 만난 듯이 횡포를 일삼아 막대한 국가적 손실을 초래하고 말았다.[51] 이러한 경험을 겪은 정부는 그 이후에도 지속되는 급박한 전황 속에서 이송이 어려운 좌익수 중범죄자는 상부의 명령에 의하여 처형하였던 것이고 이러한 행위는 정당방위 내지는 정당행위라고 할 수 있다. 6·25전쟁 발발시 좌익 성향의 4·3 수형인은 2,500여 명이나 형무소에 수감되어 있었다. 이들 중 일부는 정치·사상범으로 분류되어 형무소가 북한군에 접수되기 전에 상부의 명에 의해 군형무관에 의해 긴급 처형되거나 또는 혼란 속에 행방불명되었고, 나머지는 형무소가 북한군에 접수되자 석방되어 북으로 가거나 북한군에 입대하여 전사하거나 행방불명되었다. 여기에 해당되는 경우는 희생자가 될 수 없으며 만일 희생자로 선정되었다면 당연히 취소되어야 한다.

---

51 법무부 교정본부, 대한민국 교정사 1권, 2010. 5. 31, p.377-381

6. 부적격 희생자 사례

가. 탈옥하여 사살된 자가 희생자가 된 목포형무소 사례

1949년 목포형무소에서 4·3수형인들이 간수들을 살해한 다음 무기를 탈취한 후 탈옥하는 사건이 발생하였다. 군경합동사령부가 (1949년) 9월 15일 발표한 내용에 따르면, "사고 당시 수용인원 수는 1,421명이었는데, 탈옥 폭동에 참가한 죄수는 1,000명이었는 바 그 후 군경합동 공격으로 500명은 즉시 진압되고 353명이 완전 탈옥했다."라고 했다.[52] … "대부분의 탈옥자들이 제주도 반란사건으로 복역 중에 있던 정치범들"이라고 했다.[53] 권승렬 법무부장관 또한 "주동자는 대개 제주도 반란사건에 참가했던 장기수이다."라고 취재기자단에게 밝혔다.[54] … 결국 9월 23일 목포경찰서에서 발표한 최종 집계에 따르면, 탈옥 죄수 413명 중 체포 85명, 사살 298명, 자수자 10명, 미체포 23명, 총기 회수 10정으로 파악되었다.[55] 탈옥사건 당시 목포형무소에는 … 두 차례 군법회의를 거친 재소자 500여 명 등 총 600여 명의 제주출신 재소자가 있었다. … 사건 당일 출소(사망처리)한 제주출신 재소자를 확인하여 보면 52명에 달한다. 이들은 탈옥 후 사살된 제주4·3사건 관련 희생자로 추정된다.[56] 하루에 사살된 4·3수형인 수가 52명이므로 추적하면 사살된 수는 더 많을 것으로 추정된다. 4·3특별법으로 교도소 폭동을 일으켜 교도관들을 살해하고 탈옥한 이러한 부적격자들을 희생자로 만들어 국민의 세금으로 보상하겠다는 적반하장의 상황이 벌어지고 있다.

---

52 한성일보, 1947. 9. 17.

53 경향신문, 동아일보, 1949. 9. 16.

54 한성일보, 1947. 9. 22.

55 호남신문, 1949. 9. 24.

56 제주4·3평화재단, 제주4·3사건추가진상조사보고서Ⅰ, 2019, p.366-367

나. 인민군 편입 등으로 희생자가 된 인천형무소 사례

1950년 6·25전쟁 당시 인천형무소 직원의 수는 126명이며 1,300여 명의 소년수형자를 수용하고 있었는데, 이 중에는 4·3사건, 여수·순천 반란사건에 관련되어 형을 선고받은 약 200명의 소년수형자도 포함되어 있었다. ... 인천소년형무소를 점령한 북한은 소년수형자들을 의용군에 편입시켜 전선으로 내보내 대부분이 왜관 부근의 전투에서 사망했다는 소식을 그 후 생존한 소년수형자가 전함으로써 철수 후의 진상을 알게 되었다.[57] 인천형무소 4·3수형인들은 거의 의용군(북한인민군)에 편입되었다.[58] 9·28 서울 수복 시기에 인민군을 따라 북한으로 가기도 했지만, 일부는 제주로 귀향하였고, 상당수가 행방불명(전사)되었다. 이러한 자들까지 명예를 회복해주고 보상을 해줄 수는 없다.

다. 월북 또는 행방불명된 자가 희생자가 된 서대문형무소 사례

서대문형무소에 복역 중이던 여성 (4·3)수형인 70여 명은 1950년 8월 18일 중앙여맹이 주도한 '조국통일민주주의전선 중앙위원회 호소문 지지 서명 궐기대회'에 참석했다. 이들 중 대부분은 서울에 머물며 북한 인민군 치하에서 집단적으로 활동하다가 월북하거나 행방불명되었다.[59] 역시 희생자나 보상의 대상이 될 수 없다.

---

57 천안소년교도소 보존자료

58 정팽종, 박동수, 이보연의 증언

59 조선인민보, 1950. 8. 20, 제주4·3평화재단, 제주4·3사건추가진상조사보고서 I, 2019, p.331

라. 제주4·3진실 도민보고서

제주4·3정립연구유족회[60]는 사실을 왜곡하고 진실을 은폐한 보고서의 내용과 그 불순한 의도에 분개하여 4·3을 직접 겪었던 유족들의 증언과 자료를 수집하여 4·3희생자로 결정된 자 중 부적격 희생자 1,300여 명을 찾아내어 그중 1차로 53명에 대한 재심사를 행정자치부에 청구하기도 하였다.[61] 그러나 제주도청에서 거부하여 아직까지 재심사가 이뤄지지 않고 있다. 6·25전쟁 때 인민군 사단장으로 참전했던 이원옥 등은 결코 희생자가 될 수 없는 사람들이다. 제주도의 시민단체에서 파악해 놓은 부적격 희생자는 언론과 〈4·3의 진정한 희생자는〉, 〈제주4·3진실 도민보고서〉에 명단이 공개되어 있다.

7. 소결

위 사례들은 예시에 불과하고 위원회가 선정한 14,768명의 희생자(2023. 10. 기준) 상당수가 부적격자에 해당한다. 국가가 정상화되면 희생자 기준을 재정립하여 철저한 재조사가 요구된다. 대한민국에 항적하였던 사형수, 수형인, 행방불명자, 사살된 자, 옥사, 자연사, 월북자, 보증인 없는 희생자 등은 희생자가 될 수 없다. 귀책사유가 있거나 무고하지 않은 자를 법적인 희생자로 선정하여 보상금을 지급한다면 이는 자유민주적 기본질서를 침해하는 것으로서 국민의 주권, 행복추구권, 재산권, 평등권 등을 침해한다. 국무총리 산하 위원회 및 국회 행정안전위원회는 진상을 재조사하여 부적격자를 찾아내 희생자에서 전원 제외시켜야 한다.

---

60 제주4·3정립연구유족회는 제주도 4·3유족들과 전문가들이 4·3역사를 바로 세워 대한민국 정체성과 정통성을 회복하는 것을 목적으로 2013년에 창립한 제주도 시민단체이다.

61 제주4·3진실규명을위한도민연대, 제주4·3진실 도민보고서, 도서출판 제주문화, 2018, p.7

재심재판의 위헌·위법성

제주도의 엄청난 피해 원인은 남로당 반역세력에 의한 만행이라는 사실은 역사적 진실이다. 당시 반역사범들의 범죄사실은 실시간으로 전 국민에게 언론보도 되었고 형사사법절차에 따라 한 치의 오차도 없이 형이 집행되었다. 그런데 문재인 대통령이 2020년 제주4·3추념사에서 '지난날 제주가 꾸었던 꿈(조선민주주의인민공화국으로의 통일)이 지금 우리의 꿈'이라고 말하고 꿈을 꾼 자를 진압한 군경의 행위를 국가폭력으로 규정하여 보상을 지시하였다.[62] 남로당 무장폭동으로 촉발된 4·3사태를 정당화하기 위해서 국회와 정부가 합법적으로 자유민주적 기본질서를 부정하고 북한이념을 은연중에 허용하는 조치(4·3특별법 제·개정, 보고서 발간 등)를 취함으로써, 최종적으로 법원에서 반체제 재판이 가능하도록 신호를 보냈다. 최근 반역행위의 죄가로 수형생활을 했던 4,092명의 수형인들에 대한 재심재판은 공소기각판결을 포함하여 거의 100% 무죄로 결론이 나고 있다. 4,092명의 수형자가 모두 무죄라면, 9년이라는 4·3기간에 반역세력에 의하여 발생한 우익 1,533명의 학살, 수만 호의 방화, 무기탈취, 약탈, 간첩, 내란행위

---

62 News Jeju, [전문] 문재인 대통령 제주4·3 추념사, 2020. 4. 3. / NEWS FIELD, [전문] 문재인 대통령 4·3희생자 추념일 추념사, 2018. 4. 3.

등의 주체는 도대체 누구란 말인가? 국민이 바보가 아니라면, 75년 전 신생 대한민국을 위태롭게 하였던 초중범죄에 해당하는 반역사범 4,092명이 75년이 지나 공소기각판결 내지는 무죄판결을 받고 형사보상과 국가배상금까지 받는 사실을 알게 된다면, 제주지방법원의 재판을 반헌법적이고 비상식적 재판으로 성토할 것이 자명하다. 제주지방법원의 재판은 심각한 문제가 되지만, 대다수 국민들은 사안의 법적 쟁점 등에 문외한인데다 정치권력의 호도로 재판 결과에 문제의식을 느끼지 못하고 있다. 수형인들이 주장했던 공산통일국가의 꿈이 현실이 된 것도 아닌데, 공직자들의 얼이 빠진 국가관, 국민의 무지와 무관심이 대한민국을 이와 같이 허술한 나라로 만들어버렸다. 충격과 분노를 넘어 자괴감마저 들게 한다. 점입가경인 것은 이러한 분위기에 편승하여 특별재심을 4·3특별법에 신설하고 직권재심으로 법률 서비스까지 해주는 악의 평범화가 되고 있다는 사실이다. 부적격 희생자들이 대한민국을 상대로 벌이는 사기극에 권력기관이 동조하는 것은 공산화 이후 북한정권이 취할 절차와 논공행상을 대행하는 꼴이다. 헌법정신을 잃어버린 대한민국 권력기관은 문제의식 없이 대국민 사기극을 진행하고 있다. 4·3역사전쟁과 법률전쟁에서 대한민국이 반체제 세력에 바르게 대응하지 못한 결과다. 더 늦기 전에 파괴된 진실과 정의를 회복해야 하는 과제를 풀어 나가기 위해 철저한 연구조사를 바탕으로 법리개발과 과감한 시정 노력이 요구된다.

1. 제주도 상황

해방 이후, 각종 보고서 분석 결과 제주도 상황은 붉은 섬(Red Island)이라는 표현이 적절하다. 1947년 3월 21일 자로 된 2건의 보고서에 따르면, "제주도의 우익 대한독립촉성국민회의와 한국독립당 제주도지부는 조직도 빈약하고 자금도 충분치 못하다. 각 당은 섬 전체에 단지 1,000명의 회원이 있을 뿐이다. 두 당은 좌익분자들의 심한 반대로 정치적 활동을 하기가 어렵다고 한다. 제주도의 좌익에 대한 여러 보고서에 따르면 좌익분자들은 제주도 인구의 60~80%에 이르고 있다."[63] 1948년 7월 1일 자의 미군정 브라운 대령 보고서에서도 제주도 주민 60,000~70,000여 명이 남로당에 실제 가입한 것으로 추정한다.[64] 당시 제주도민 52,350여 명이 남한선거는 거부하고 북한선거에 참여한 사실로 미루어 보아 브라운 대령 보고서는 신뢰할 만한 정보이다. 그런데 보고서 자료집은 제주도 남로당원의 수를 6,000~7,000여 명으로 번역하여 제주도 남로당원 규모를 10분의 1로 대폭 축소 왜곡하고 있다. 이것은 4·3사건의 남로당 책임을 희석시키기 위한 노림수로 보인다.

> 2.   It is estimated that not over six trained agitators and organizers were sent in from the outside to establish the South Korean Labor Party on the Island of Cheju-Do. It is estimated that an additional five to seven hundred sympathizers, with some real understanding of Communism and its purposes, joined these six specialized organizers in the movement. It is estimated that between sixty and seventy thousand people on the Island actually joined the South Korean Labor Party. However, it has been quite apparent that a large majority of these people had no real understanding of the background or purposes of the South Korean Labor Party, nor any real understanding of, or desire to join the Communistic movement. They were, for the main part, ignorant, uneducated farmers and fishermen whose livelihood had been profoundly disturbed by the war and the post-war difficulties, and they were easily persuaded that the South Korean Labor Party offered them increased economic security.

발신 : 주한미육군사령부 군정청 1948년 7월 1일

수신 : 주한미국육군사령부 사령관

4·3사건 이래 경찰추산 공비 수는 한때 16,900여 명에 달했고 그중 7,893명 사살, 2,004명 귀

---

63 미군정보고서 1947. 3. 25.-1947. 3. 26.(No.489), HQ USAFIK, G-2 Periodic Report, 1947. 3. 26. (주한미육군사령부, 일일정보보고) '...Various reports of Leftists on Cheju-Do state that they comprise from 60 to 80 percent of the population...'

64 제주4·3사건진상규명및희생자명예회복위원회, 제주4·3사건자료집9 [미국자료편③], p.40, 284, HQ United States Army Military Government in Korea, 1948. 7. 1. (주한미육군사령부 군정청, 브라운대령 보고서) 'It is estimated that between sixty and seventy thousand people on the Island actually joined the South Korean Labor Party...'

순, 7,000여 명을 생포하였다. 생포한 대부분의 현행범 중 군사재판과 일반재판을 거쳐 형무소에 수용된 수형인은 4,092명 정도였다. 1948년 12월 28일부터 1949년 6월 13일까지 6개월간 군사작전 결과, 게릴라사살 2,421명, 포로 4,630명의 통계에서 보여주는 바와 같이 무차별 학살이라는 주장은 터무니없다. 교전 중 게릴라사살은 정당행위에 해당한다. 포로는 사안에 따라 구속 또는 훈방하였고, 귀순자는 대부분 훈방하였다. 따라서 수형인은 명백하게 혐의가 입증된 현행범으로 재판에 회부된 자들이었다. 그렇지 않은 경우가 있었다면, 사건 발생 또는 출소 직후 증거를 제시하여 재심재판에서 시정되었어야 한다. 75년이나 미루어 둘 사안이 아니었다.

1차 군법회의

1948년 12월 공판장소 : 제주지방법원 범죄사실 : 내란죄	사형	39명	871명
	무기	67명	
	징역20년	97명	
	징역15년	262명	
	징역5년	222명	
	징역3년	4명	
	징역1년	180명	

2차 군법회의

1949년 7월 공판장소 : 제주지방법원 범죄사실 : 간첩죄	사형	345명	1,659명
	무기	238명	
	징역20년	2명	
	징역15년	308명	
	징역7년	706명	
	징역5년	13명	
	징역3년	25명	
	징역1년	22명	

총원 (1차 + 2차) 2,530명

2. 4·3재심재판의 문제점

특별재심의 위헌성을 도출하기 위한 사전 작업으로서 4·3재심재판 전반을 들여다봐야 한다. 4·3재심은 크게 형사소송법상 재심재판과 4·3특별법상 특별재심으로 구별된다. 형사소송법상 재심을 다시 종국재판의 유형에 따라서 공소기각판결 선고와 그 이후의 무죄판결 선고로 구분할 수 있어서 재심관련 위헌성 문제는 크게 세 단계로 구분하여 고찰하려고 한다.

4·3재심재판 현황 (2024년 1월 기준)   군사재판 2,530명 / 일반재판 1,500여 명

구 분	내 용
1차 **형사소송법상** (공소기각판결)	**2017년 4월, 첫 4·3재심 청구** : 생존수형인 18명 (군사재판, 내란죄 징역 1년 – 무기징역형)
	2019년 1월, 공소기각판결 : '범죄사실을 구체적으로 밝히지 않고 위법한 절차에 의해 재판에 회부하여 공소제기 자체가 무효'
	2019년 8월, 형사보상결정 : 무기징역수 14억 7천만원 포함, 18명에게 총 53억 4천만원 보상
	2019년 9월, 국가배상소송 : 18명 수형인, 가족 39명 103억대 소제기
2차 **형사소송법상** (무죄판결)	2020년 12월 생존수형인 8명
	2021년 1월 행방불명수형인 10명
	2021년 3월 생존수형인 2명, 행방불명수형인 333명 (1일 동안 335명 구형, 변론, 무죄선고한 대규모 재판)
3차 **4·3특별법상** (특별재심)	2021년 11월 광주고검 산하 제주4·3사건 **합동수행단 출범**
	2021년 11월 4·3위원회 군사재판 수형인 2,530명 **일괄 직권재심 권고**
	2022년 3월 **특별재심 첫 공판** (국가보안법과 포고령위반 수형인 33명 전원 무죄 선고)
	2022년 8월 법무부 일반재판 수형인 (1,500여명) **직권재심 확대 지시**
	군사재판 수형인 직권재심 2022년 2월 10일 첫 군사재판 직권재심 청구 2025년 상반기 재심청구 완료 예정 　　※ 2024년 1월 현재까지 1,360명 재심청구, 1,300명 무죄 선고, 60명 재판중 　　(*일반형사소송법 재심으로 추가 2명 무죄)
	일반재판 수형인 직권재심 2022년 12월 (1차) 10명 청구 2023년 5–12월 (2-7차) 60명 청구 2024년 1월 (8차) 10명 청구

구분	내용
제주지방법원 재심현황	2019년 4·3생존수형인(군사재판) **18명 공소기각판결** (제갈창 판사)
	2020-2023년 4·3수형인(군사/일반재판) **1,191명 무죄판결** (장찬수 판사) * 제주지방법원 4·3재심전담 재판부 재판장 (1대 장찬수, 2대 강건, 3대 방선옥)
	2024년 1월 기준 * 군사재판 수형인 전체 72% 1,821명 재심 청구 * 709명 재심청구 준비 중, 이들 중 84명은 신원 확인 어려움 * 일반재판 수형인 8차에 걸쳐 80명 직권재심 청구, 50명 무죄 선고

각 단계별 쟁점사항은 4 가지가 문제된다.

첫째, 형사소송법상 재심은 재심사유가 없음에도 어떠한 근거로 재심개시가 인정되었고 그것이 타당한지,

둘째 공소기각판결 이유인 군사재판의 불법은 어떠한 근거로 주장하는 것이며 그러한 주장이 타당한지,

셋째, 첫 재심재판은 공소기각판결이었으나 두 번째 재심재판부터는 무죄판결로 종국재판 종류가 달라졌는데, 제주지방법원은 과거 4·3 원판결을 두고 첫 번째 재심에서 공소제기가 불법이었다고 판결하고 두 번째 재심재판부터는 적법했다고 인정하는 자기모순에 빠졌고 결국 재심재판이 위법함을 자인한 것이 아닌지,

넷째, 그러한 모순된 재판을 한 의도가 4·3수형인에게 형사보상과 국가배상을 보장하기 위함은 아닌지 등을 고찰하여 재심재판의 위헌 위법성을 규명하고자 한다.

가. 재심개시결정의 위헌 위법성

법원이 증거 없이 위법하게 재심개시결정을 한 것은 형사소송법 제422조 단서를 위반한 것이다. 재심개시결정 단계에서 재심기각결정을 하지 않음으로써 원고(수형자)의 피해사실 입증책임을 면제하고 본안에서 검사에게 범죄사실 입증책임을 전환시킨 것은 명백한 직권남용이다. 75년 전 사건에 증거가 소실된 사안임을 감안하여 검사의 입증책임의 면제나 완화가 요구되는데도 심

리에서 전혀 고려되지 않았고 고려가 있었다고 한들 조삼모사일 뿐이며 검사는 애시당초 입증책임을 떠맡아서는 안 되는 문제였다. 법원은 재심개시결정을 하고 공소사실 특정과 그에 대한 입증책임을 검사에게 떠넘김으로써 민감한 사안으로부터 벗어나 면피하려고 한 것인지 대한민국에 손해를 주려고 하는 의도가 처음부터 있었던 것인지는 조사가 필요하다. 한편 검사가 위법한 재심개시결정에 대하여 불복하지 않은 것은 직무유기다. 재판장은 재심개시결정 단계에서 피해사실 입증책임이 있는 원고(수형자)의 입증책임을 정황적 상황만으로 인정하여 재심의 문턱을 낮춰주고 재심기각결정을 하지 않았다. 본안으로 들어가 재심재판 단계에서는 원고의 입증책임을 완전히 면제해주는 특권을 부여하고 검사에게 입증책임을 전환시킴으로써 평등권을 침해하였다. 형사상 재심이유는 형사소송법 제420조[65]에 원칙적 내용을 규정하고, 동법 제422조(확정판결에 대신하는 증명)는 "전2조의 규정에 의하여 확정판결로써 범죄가 증명됨을 재심청구의 이유로 할 경우에 그 확정판결을 얻을 수 없는 때에는 그 사실을 증명하여 재심의 청구를 할 수 있다. 단, 증거가 없다는 이유로 확정판결을 얻을 수 없는 때에는 예외로 한다."고 하여 제420조의 확정판결을 얻을 수 없는 경우 그 사실을 증명하여 재심을 청구할 수 있게 하고 있다. 하지만 증거가 없다는 이유로 확정판결을 얻을 수 없는(증명하지 못하는) 때에는 재심을 청구할 수 없다는 취지의 단서를 추가하고 있다. '확정판결을 얻을 수 없을 때'란 유죄판결을 할 수 없는 사실상 또는 법률상의 장애가 있는 경우를 말한다. 그러나 증거가 없다는 이유로 확정판결을 얻을 수 없는 때는 여기에 해당하지 않

---

65 제420조(재심이유) 재심은 다음 각 호의 어느 하나에 해당하는 이유가 있는 경우에 유죄의 확정판결에 대하여 그 선고를 받은 자의 이익을 위하여 청구할 수 있다.
　1. 원판결의 증거가 된 서류 또는 증거물이 확정판결에 의하여 위조되거나 변조된 것이 증명된 때
　2. 원판결의 증거가 된 증언, 감정, 통역 또는 번역이 확정판결에 의하여 허위임이 증명된 때
　3. 무고(誣告)로 인하여 유죄를 선고받은 경우에 그 무고의 죄가 확정판결에 의하여 증명된 때
　4. 원판결의 증거가 된 재판이 확정재판에 의하여 변경된 때
　5. 유죄를 선고받은 자에 대하여 무죄 또는 면소를, 형의 선고를 받은 자에 대하여 형의 면제 또는 원판결이 인정한 죄보다 가벼운 죄를 인정할 명백한 증거가 새로 발견된 때
　6. 저작권, 특허권, 실용신안권, 디자인권 또는 상표권을 침해한 죄로 유죄의 선고를 받은 사건에 관하여 그 권리에 대한 무효의 심결 또는 무효의 판결이 확정된 때
　7. 원판결, 전심판결 또는 그 판결의 기초가 된 조사에 관여한 법관, 공소의 제기 또는 그 공소의 기초가 된 수사에 관여한 검사나 사법경찰관이 그 직무에 관한 죄를 지은 것이 확정판결에 의하여 증명된 때. 다만, 원판결의 선고 전에 법관, 검사 또는 사법경찰관에 대하여 공소가 제기되었을 경우에는 원판결의 법원이 그 사유를 알지 못한 때로 한정한다.

는다.[66]고 하여 학설도 같은 입장이다. 즉 단서의 '증거가 없다는 이유로 확정판결을 받을 수 없는 때'는 본문의 '확정판결을 얻을 수 없는 때'에 해당하지 않는다는 것을 분명히 밝히고 있다.[67] 제422조는 제420조 제5호와 같은 내용으로 해석되어진다. 원판결의 구증거와 재심에서 제기한 신증거를 종합해서 재판을 해야 하는데 구증거가 없어서 종합평가를 내릴 수 없기 때문에 반대심문 등 재판을 할 수 없다. 따라서 이런 경우는 재심을 거부하고 덮어 두어야 할 사건이었다.

4·3 당시 내란죄(의용 형법 제77조 제1항 : 사형 등), 구원 등의 죄(구 국방경비법 제32조 : 사형 등), 간첩죄(구 국방경비법 제33조 : 사형)로 군사재판을 거쳐 수형생활을 하였던 생존 4·3수형인 18인에 대한 재심청구 사건(2017재고합4)에서 2019년 1월 17일 제주지방법원은 공소기각판결을 선고하였다. 판시 내용은 수긍할 수 없는 문제가 있다. 제주지방법원의 재심사유 인정 근거는 수형인명부 등 수형자료, 피고인 진술, 제주4·3사건진상조사보고서 등의 관련 자료들을 종합하여 군사재판에서 유죄판결이 있었다고 인정하는데서 구한다. 재판부는 형소법 제420조 제7호(직무범죄) 및 제422조에서 정한 재심사유가 존재한다고 인정한 것은 피고인이 고문한 수사관 등을 고소하여 확정판결을 받을 수 없게 되었으니, 예외적으로 형소법 제422조에 의거하여 재심사유가 된다는 판단이다. 여기서 공소장에 기재된 피고인의 간첩죄, 내란죄 등 혐의사실을 피고인들과 재판부가 인정하고 있는지 여부는 확인할 수 없다. 그러한 범죄행위 자체가 고문에 의한 자백이라는 주장 같은데 고문에 의한 자백은 증거능력이 없어서 무죄가 될 수 있다는 취지인지 아니면 처음부터 범죄행위가 없었으나 고문에 의해 범죄가 조작되었다는 뜻인지는 분명하지 않아 보인다. 재판부는 '대규모 구속재판이 이루어졌다는 상황, 구속영장의 존재를 확인하기 어렵다는 상황'으로부터 곧바로 재심사유인 '관련 공무원의 직무상 범죄혐의가 증명된 것'이라고 결론을 내리고 있다. 이와 같이 정황적 상황을 명백한 증거로 채용한 논리의 비약은 채증법칙[68] 위반이다.

상술하면 법원의 판단은 다음과 같은 이유로 위헌·위법하다. 형사소송법 제422조는 재심사유

---

66 신동운, 신형사소송법 [제4판], 법문사, 2012, p.1587

67 최희수, 제주4·3사건 재심관련 재판의 문제점에 대한 검토, 4·3학술 세미나 자료집, 2022. 4. 1, p.15

68 채증법칙 : 법관이 사실관계를 확정하기 위하여 증거를 취사선택할 때 지켜야 할 논리칙, 경험칙

인 공무원의 직무상 불법행위에 따른 범죄행위를 증명할 것을 요구하고 있고, 이때의 '증명'은 구체적 입증을 의미하는데, 피고인의 진술과 조사위원회의 조사결과와 같은 정황적 상황의 제시만으로는 '증명'으로서 턱없이 부족하다. 법원의 논리는 추정으로 일관하고 있다. 재심절차는 확정판결을 번복하는 절차이다. 단순한 추정만으로 확정판결을 파기하는 절차를 진행하는 것이 가능하다면 형사소송법이 엄격하게 제한적으로 재심을 허용함으로써 법적안정성을 유지하고자 한 취지에 정면으로 반한다. 피고인들은 법치국가 대한민국에서 고문 등 직무범죄를 범한 수사기관에 대하여 얼마든지 고소할 수 있었다. 70여 년간 고소 등을 통해 확정판결이나 그와 같은 증명력을 확보할 수 없었다는 것은 경험칙상 전혀 납득이 가지 않는다. 법원의 재심개시결정으로 원고 4·3수형인들은 확정판결에 갈음하는 사실증명(언제 어디서 누구에게 고문을 받아 진단서가 있다는 등 특정된 증거에 의한 증명)을 해야 하는 입증책임을 면제받게 되었다. 결국 법원은 4·3수형인에 대하여 형소법 제422조 단서규정을 위반하여 재심청구를 쉽게 허용하는 특혜를 부여함으로써 합리적 이유 없이 국민의 평등권을 침해한 것이다.

나. 공소기각판결의 위법성

1) 보고서 입장[69]

1948년·1949년 제주에서 치러졌다는 '군법회의'는 법률이 정한 정상적인 절차를 밟았음을 증명할 수 있는 소송기록, 즉 재판서·공판조서·예심조사서 등이 발견되지 않는다. 특히 김춘배에 대한 육군본부 보통군법회의의 판결(1963. 8. 20.)에서 군법회의 재판 근거서류가 없기 때문에 잔형 집행을 취소한 사례는 주목된다. 나아가 재판이 없었거나 형무소에 가서야 형량을 통보받는 등 형식적인 절차에 불과했다는 군인·경찰·피해자들의 증언, 관련법령에 의해 영구보존

---

69 제주4·3사건진상규명및희생자명예회복위원회, 제주4·3사건진상조사보고서, 2003, p.467

대상인 판결문이 당초부터 작성되지 않았음을 보여주는 각종 자료의 존재[70], 하루에 수백 명씩 심리 없이 처리(재판)하는 한편, 사흘 만에 345명을 사형선고 했다고 하나 이런 사실이 국내 언론에 전혀 보도되지 않는 등 제반 정황 등을 통해서도 재판절차가 지켜지지 않았음을 알 수 있다. 따라서 '4·3사건 군법회의'는 법률이 정한 정상적인 절차를 밟은 재판으로 볼 수 없다.

2) 제주지방법원 2019. 1. 17. 선고 2017재고합4 판결

제주지방검찰청 공소기각 의견 제출, 제주지방법원 공소기각판결
공소장이나 소송기록 내지 판결문 등 피고인들이 당시 구체적으로 어떠한 공소사실로 군법회의에 이르게 된 것인지 확인할 만한 자료가 없고, 검사에 의하여 복원된 피고인들에 대한 공소사실은 … 구성요건들에 부합하는 듯한 피고인들의 진술 내용 등을 공소사실의 일부로 삽입한 것에 지나지 아니하여 여전히 피고인들이 바로 그와 같은 공소사실로 재심대상판결을 받기에 이른 것이라고 단언하기에 부족하므로 피고인들에 대한 공소사실은 특정되지 아니한 것으로 볼 수밖에 없는 점, 나아가 제반 사정에 비추어 당시 피고인들에 대하여 구 국방경비법 제65조에서 정한 '예심조사' 및 같은 법 제66조에서 정한 '기소장 등본의 송달'을 통한 기소사실의 통고 절차가 이루어지지 아니하였던 것으로 보이는 점 등을 종합하면, 피고인들에 대한 공소는 각 '공소제기의 절차가 법률의 규정에 위반하여 무효인 때'에 해당한다.

---

[70] 보고서는 판결문이 작성되지 않았음을 보여주는 각종 자료라고 의혹제기만 하였지, 어떤 자료인지 제시하지 않았다.

3) 국회 공청회 자료집[71]

1. 헌법적 불법

1948년 군사재판은 계엄선포의 법적 근거(계엄법)를 갖추지 못한 가운데 계엄을 선포하고 군당국이 계엄을 빌미로 군사재판을 집행하였다. 1949년 군사재판에서는 계엄령이 해제된 다음 민간인에 대하여 군사재판을 불법적으로 진행하였다. 1949년 군사재판의 법적 기초가 된 국방경비법이 유효한 방식으로 공포되지 않았다는 점도 여전히 다투어지고 있다. 1954년 헌법 개정을 통해서 비로소 군사재판의 헌법적 지위가 확보되었기 때문에 1948년과 1949년의 제주 4·3군사재판은 헌법 외적인 현상이었다. 군사재판이 상고심으로서 대법원의 통제도 전혀 받지 않았기 때문에 이를 사법권의 행사로서 포섭하기 어렵다.

2. 1963년 김춘배 사건

김춘배 씨는 1948년 12월 13일 내란죄(군사재판의 대표적인 적용법조)로 징역 20년을 선고받았으나 한국전쟁 중 풀려나 숨어 지내다가 1961년 체포되어 다시 나머지 형기를 정하는 재판을 받게 되었다. 담당변호사는 송요찬(제주4·3사건 당시 제주지역 계엄사령관)으로부터 '군사재판은 없었다'는 증언을 얻어 법정에 제출하였고 이로 인해 김춘배씨는 자유의 몸이 되었다.

4) 군사재판의 적법성 근거

가) 계엄령의 적법성 논쟁 등

제헌헌법 제64조에는 "대통령은 법률이 정하는 바에 의하여 계엄을 선포한다."라고 하였고, 제72조에는 계엄안, 해엄안을 국무회의 의결사항의 하나로 규정하였으며, 제100조에는 "현행법

---

71 이재승, 국회 행정안전위원회 법안심사제1소위원회, 제주4·3사건진상규명및희생자명예회복에관한특별법 전부개정법률안 공청회 자료집 검토의견, 〈제주4·3사건법〉 전부개정안, 2020. 11. 12, p.10-11

령은 이 헌법에 저촉되지 아니하는 한 효력을 가진다."라고 하였다. 그런데 계엄법은 1949년 11월 24일에야 법률 제69호로 제정 공포됐다.[72] 대한민국 정부 수립 이후에도 제헌헌법 제100조는 현행법령은 이 헌법에 저촉되지 아니하는 한 효력을 가진다고 했으므로 제헌헌법 이전의 현행법령, 즉 일제 계엄법령 등 구법령이 인정된다. 의용 계엄법에 의해 선포된 것이므로 '법적 근거 없이 선포됐다'는 주장은 잘못된 주장이다. 대법원 판례[73]도 적법성을 인정하고 있다. 계엄령이 해제된 다음 군사재판을 시행 한 부분은 국가 형성기의 혼란함을 고려하여 정부에서 허가해주면 되는 통치행위로 문제가 되지 않는다. 계엄령 기간이 아닌 평시에도 일반인은 간첩죄 등 군사에 관한 범죄(군형법 제1조 제4항)를 범한 경우 군형법을 적용하여 군사재판을 받을 수 있다. 또한 계엄하의 사건이거나 계엄 이후 사건이 군사재판 관할 사항에 해당하는 경우에는 군사재판을 받을 수 있다. 국방경비법이 유효한 방식으로 공포되지 않았다는 트집은 조화로운 법률인식을 벗어나 지나치게 옥조이는 해석으로 일고의 가치도 없다. 헌재는 2001년 98헌바79·86, 99헌바36 병합 사건에서 국방경비법은 합헌으로 결정한 바가 있다. 국방경비법은 군사재판의 절차와 실체에 관한 준거법이었다는 점에서 헌법외적인 재판이라는 주장은 억지에 불과하다. 대법원의 통제를 전혀 받지 않았다는 지적은 계엄 하에서 군사재판은 사형을 제외하고 단심제로 운영되는 점에서 타당하지 않다. 무엇보다 2020년 제주지방법원이 4·3수형인에 대한 두 번째 재심재판부터는 무죄판결을 선고하여 군사재판의 적법성을 인정한 이상 더 이상의 갑론을박은 무의미하다.

나) 김춘배 사례

김춘배는 잔형 집행을 이유로 군인들에게 체포되어 재수감되었다. 이에 그의 가족은 육군본부 보통군법회의에 잔형 집행에 대한 이의 신청을 제기하였으며, 군법회의(1963. 8. 20.)는 아래와 같은 이유로 형 집행을 취소했다.

---

72 『官報』號外, 1949. 11. 24.

73 대법원 2001. 4. 27. 선고 2001다7216 판결

천재사변 등에 의하여 재판서의 원본이 멸실하여 그 등본 또는 초본을 재판의 형집행지휘서에 첨부함이 불가능할 경우에는 범행 형의 종류 및 범위를 구체적으로 명확히 함에 족한 기타의 증명자료를 첨부하여 형의 집행을 하여야 함에도 불구하고, 일건 기록과 형집행지휘서에 범행 내용을 구체적으로 명확히 함에 족한 증명자료를 첨부하지 않았으므로 검찰관의 잔형집행 처분은 부당하다.

송요찬 당시 계엄사령관의 '군사재판이 없었다'는 증언은 김춘배의 군사재판이 없었다는 건지 아니면 어떤 군사재판도 없었다는 건지 거두절미하여 그 의미가 명확하지 않다. 1963년 군법회의에서 잔형집행 처분이 부당한 이유로 재판기록이 6·25전쟁에 의해 소실되어 증명자료를 첨부할 수 없게 되었다는 점을 들었는데 이는 다음과 같은 중요한 사실을 확인하여 주고 있다. 즉 1963년 군법회의는 재판서의 원본이 적법하게 존재했음을 전제하는 판단을 한 것으로서 김춘배는 자료소실로 반사적 이익을 얻은 케이스로 해석할 수 있다.

다) 1954년도 정기성 사건

속죄를 원하는 무기죄수가 악몽의 탈옥생활을 청산하고자 경찰에 신고한 사건이 있었다. 고등군법회의에서 무기수로 마포형무소 복역 중 6·25사변(전쟁)의 혼란한 틈을 타서 탈옥한 정기성씨가 1954년 4월 1일 제주도에 입도하여 경찰에 자수했다.[74] 이는 불법재판이었다면, 자수하였을리가 없다는 점에서 군사재판의 적법성을 증명하는 사례이다.

라) 66명 국회의원의 긴급 동의안

"김OO의원 외 65명은 지난 26일 군정재판 관계 수형자에 대한 긴급 동의안을 제출하였는데 그

---

74 제주신보 1954. 4. 24.

내용은 다음과 같다. 계엄령하 군정재판에 의하여 억울한 판결로 수형 중에 있는 자들에 대한 재심을 결의함"(조선중앙일보 1949년 3월 29일). "사형으로 기록된 345명 중 249명이 총살되었는데, 나머지는 고등군법회의 설치장관의 확인 과정이나 재심의 과정에서 감형되어 죽음을 면한 것으로 보인다. 사형으로 기록된 강두삼·부을생·김남해·허남홍·김태경·강원기·홍천표·양경택·부성우 등이 마포형무소에 무기징역수로 재소 중임이 확인되기 때문이다."[75] 위의 사례들은 당시 재심 재판을 통하여 감형도 받았다는 사실을 밝혀준다. 대부분의 4·3수형인들이 이러한 절차를 활용하지 않았다면 원심 재판 결과를 수긍하였다는 뜻이다.

마) 군사재판 소송절차의 적법성

구속영장 발부 없이 구속, 고문 등 적법절차 위반이 있었다는 주장, 범죄사실을 부정하는 판단은 원고(수형자)측의 일방적 주장과 좌편향 정부보고서 만을 근거로 한다. 이는 증거가 될 수 없으며, 모든 국가자료와 국가의 사법절차는 당시 적법하게 형사소송절차가 이루어졌고 명백하게 범죄사실이 있었음을 증명하고 있다. 당시 교정시설 수용요건(구 감옥법 제11조)과 검사의 형집행지휘 요건(구 형사소송법 소화23(1948)년 법률 제131호)은 판결문, 구속영장 등 적법서류가 있었음을 증명하고 있다. 실제로도 수형인명부와 형집행지휘서가 존재한다는 사실은 적법서류 존재의 증명을 구체적으로 뒷받침하는 하나의 사례이다. 국가기록원에서 발견된 수형인명부와 형집행지휘서의 존재는 군사재판의 적법성을 증명한다. 두 종류의 문서는 당시 적법하게 형사소송절차가 이루어졌고 범죄사실을 증명하는 서류가 존재했음을 인정하는 결정적인 증거들이다. 교정시설 수용요건(구 감옥법 제11조)은 기결은 판결문과 형집행지휘서, 미결은 구속영장과 수용지휘서 등 적법서류 확인이 필수이다. 당시 4·3수형인은 모두 기결이었으므로 판결문과 형집행지휘서를 교도소에 제시했다. 교도소에서 가장 중요한 업무는 판결문과 형집행지휘서를 확인하고 신병을 인수하는 업무이다. 교도관이 신병을 인수하였다는 사실은 판결문과 형집행지휘서를 확인하였음을 뜻한다. 판결문은 확인 후 돌려주었겠지만 형집행지휘서는 현재까지 존재한다. 검사의 형집행지휘 요

---

75 제주4·3사건진상규명및희생자명예회복위원회, 제주4·3사건진상조사보고서, 2003, p.459, 「1950년도 마포형무소 재소자명부」와 「마포형무소 수용자신분장」 등에 이들 재소자 명단이 확인된다.

건[76]에는 원칙적으로 '재판의 집행은 재판이 확정된 후 그 재판을 행한 재판소의 검사의 지휘에 따르고 재판집행의 지휘는 서면으로써 행한다'고 규정하고 있다. 재판의 집행 지휘가 있었다는 것은 재판의 확정을 전제로 하므로 판결문이 당연히 있었다는 뜻이 된다. 군사재판 수형인의 판결문 부존재 사유에 대하여 군법회의 담당자(고원중 : 육군본부 법무감실 기록심사과장(중령), 후에 법무부장관이 됨)는 4·3 당시 절차대로 군사재판이 있었고 재판기록(구속영장, 판결문 등)도 모두 있었으나 6·25전쟁으로 소실되었다고 증언한 바 있고, 그러한 내용의 자필문서 내용이 제주지방법원 2017 재고합4 사건 판결문에 언급됨은 물론 사실로서 인정받았다. 그렇다면 판결문과 일체로 보관되었던 구속영장도 함께 소실되었는데도 결과적으로는 재판부의 해괴한 논리에 의해서 영장이 발부되지 않았다는 오판에 의하여 군사재판의 적법성이 부정됨으로써 공소기각판결이 선고되었다.

4·3수형인이 명백한 현행범이자 중대 범죄자였다는 사실은 수사와 공소절차에 위법성이 있었는지의 의문에 해답을 준다. 4·3수형인은 동일한 지역에서 동일한 범죄내용으로 현행범 체포된 중대 범죄자들이어서 사전 영장이 필요 없이 사후에 영장을 발부받아 적법하게 구속되었다. 발부된 영장은 판결문과 함께 보존되다가 6·25전쟁 때 소실되었다. 제주지법은 2017재고합4 사건[77]에서 "1949년 군법회의의 근거가 되었던 구 국방경비법 제63조 전단에서 "여하한 범죄 피적용자를 불문하고 본법 조항에 해당하는 범죄 중 중대한 범죄로 인하여 기소당하는 경우에는 정황에 따라 감금 또는 금족함."이라고 정하고 있으나, 위 "정황에 따라 감금 또는 금족한다는 문언이 제헌헌법이 천명한 영장주의를 배제한다거나 또는 그 예외를 설정한 취지라고 볼 수는 없다."는 판시를 하였다. 위 판시는 구 국방경비법은 현행범, 긴급체포, 긴급구속 사유와 같은 사안을 영장주의의 예외(사후 영장발부)로 처리하기 위해 합법적으로 명문화한 규정임이 너무나도 상식적인데 이러한 기초적 사실도 인식하지 못하고 '영장발부 없는 구속이 있었다'는 뜻으로 법리를 오해하는 실책을 범했다. 군사재판을 받았던 피고인들에게 구속영장이 발부되어 군사재판관이 재판서류를 모두 확인하고 재판을 진행했다. 영장이 발부되지 않았다면 당시 법원은 공소기각판결을 하였을

---

76 1954년 형사소송법 부칙 제1조 및 제8조에 따라 1954. 5. 30. 이전까지 적용되었던 '구법'인 일본 형사소송법(소화23(1948)년 법률제131호) 제534부터 제536조

77 공소기각판결을 선고한 재판관은 재판장 제갈창, 배석판사 정승진, 서영우 3명이다.

것이고 교도소에서는 수용거절을 하였을 것이다. 그런데 제주지방법원의 판결은 당시 군사재판
관이 영장이 발부되었는지 여부도 확인하지 않고 불법재판을 하였고, 불법하게 구속당한 피고인
에 대하여 공소기각판결을 하지 않고 유죄판결을 한 위법이 있었다는 뜻이다. 또한 군검찰은 적
법서류 없이 또는 위조하여 집행지휘를 하였고, 전국의 교도소장은 적법서류를 갖추지 못한 4·3
수형인을 불법수용했다는 뜻이다. 제주지방법원은 증거도 없이 대한민국 형사사법 관련 종사자
전체를 불법행위 공직자로 매도한 현대판 인민재판을 한 것이다. 동법원은 "영장이 발부된 경우
라 하더라도 수사기관에 의한 구속기간은 최장 40일을 초과할 수 없는 것으로 해석된다."는 내용
을 덧붙여 불법구속을 단정함으로써 법리오해의 위법을 추가한다. 구속기간을 수사기관에 의한
피의자 구속기간에 한정하였으나 공소제기 이후 피고인 구속기간으로 최소 2개월을 추가하지 않
은 잘못이 있다. 피고인은 심급마다 2회에 한하여 구속기간을 연장할 수도 있다(형사소송법 제92조
구속기간과 갱신). 동법원은 법리오해 뿐만 아니라 당시 군사법원이 구속영장을 발부하지 않은 증
거, 구속영장을 발부했다면 영장을 연장하지 아니한 증거를 하나도 제시하지 못하면서 추측으로
일관하는 재판을 한 것이다.

　반도(폭도) 서로가 증인이기에 예심조사(국방경비법 제65조)와 심리 및 재판이 신속하게 진행될 수
있었다. 예심조사는 명백하고 단순한 현행범 사건이라 간략하게 실시하였을 가능성이 크다. 판결문
은 수형인명부와 형집행지휘서 존재 등을 통하여 작성되었음을 인정할 수 있다. 기소장 등본 송달
은 검찰관은 불가피한 사유가 있는 경우에는 관선변호인에게 기소장 등본을 송달함을 요한다(국방
경비법 제66조)는 규정에 근거하여 당시 사실관계가 명백하고 기소장을 피고인에게 송달하면 폭동의
우려 등 부작용을 대비하지 않을 수 없는 불가피한 사유가 있어서 변호인에게 송달하였다고 추정된
다. 증인 반대심문과 자기 변호기회를 주어도 증인이 있을 수 없고 변명의 여지가 없어서 신속하게
진행되었을 것이다. 언론보도가 없는 것과 형무소 도착 후 형량 고지는 보안상 조치였다. 공소제기
입증 자료와 소송기록이 없다는 주장에 대하여는 6·25전쟁 당시 소실되었거나 소송기록 보존기간
경과로 폐기처분되는 등의 사유로 설명이 된다. 2,530명을 대상으로 단기간에 정상적인 재판 절차
가 어렵다는 주장은 2021년 3월 16일 제주지방법원에서 4·3수형인 335명을 단 하루 만에 변론, 구

형, 변호, 무죄선고한 것[78]과 무엇이 다른지 묻지 않을 수 없다. 이런 근거로 공소사실이 특정되지 않아 공소제기 절차가 법률의 규정에 위반하여 무효라는 법원의 판단은 심리미진의 위법이 있다.

4·3생존수형인 18인 재심재판(2017재고합4) 공소기각판결의 문제점

1. 제주지법 재판부는 이유 없이 재심사유를 완화하여 재심개시결정을 내렸고, 법무부와 검사는 재심개시결정에 불복하지 않음

2. 적법한 군사재판을 증거도 없이 공소제기절차를 무효로 판단하여 공소기각판결을 하였고, 이에 대해서 법무부와 검사는 항소하지 않음으로써 1심에서 확정됨

3. 재심재판의 결과, 형사보상소송에서 공소기각판결을 무죄취지로 해석하여 보상결정을 하였는데, 법무부와 검사는 이러한 보상결정에 불복하지 않음으로써 4·3무기징역수 1인에게 14억 7천만 원 등, 18인에게 총 53억 4천만 원 거액의 보상금이 지급됨

4. 4·3수형인 18인과 그 유족들은 형사보상금과 별개로 103억대 정신적 위자료 국가배상청구소송을 제기하였고, 법원의 배상금 결정이 적다는 이유로 4·3수형인 측이 항소를 하였으나 법무부와 검사는 부대항소를 하지 않음으로써 확정됨

... 판사, 검사, 변호사, 법무부 누구도 대한민국을 위한 변호는 없었다.

---

78 제주의소리, 4·3 당시 군사재판 335명 '무죄'...72년 애끊는 유족 恨 풀렸다!, 2021. 3. 16.
"군사재판 및 일반재판으로 행방불명인과 생존수형인 335명에 대한 특별공판기일로 열렸다. 재판은 재심청구인들이 무죄 판결의 역사적 현장을 방청하기를 원해 오전 10시부터 오후 6시까지 10~20명씩 순차적으로 변론을 열고 선고하는 방식으로 21회에 걸쳐 재판이 이뤄졌다. 장찬수 재판장이 피고인 유족들에게 국민참여재판 여부를 묻고, 유족들이 원하지 않는다고 답변하면 검사 모두진술, 구형, 최후변론, 선고 순으로 재판은 속전속결로 진행됐다."

다. 재심 무죄판결의 위법성

　제주지방법원은 2019. 1. 17. 2017재고합4 사건에서 군사재판의 소송절차가 법률의 규정에 위반하여 군사재판은 불법이었다는 이유로 공소기각판결을 선고했다. 같은 법원에서 있었던 4·3 행방불명 수형인 유족 등이 청구한 동일한 군사재판의 재심 2020재고합1 등 사건에서 2017재고합4 사건과는 달리 무죄판결을 선고하였다. 유무죄 실체 재판을 하기 위해서는 원재판의 적법성이 전제되어야 하므로 군사재판은 적법했다는 의미이다. 그렇다면 2019년 판결과 2020년 이후의 판결은 똑같은 군사재판을 놓고 불법과 적법으로 다르게 판단하고 있어 제주지방법원은 자기모순에 빠진 상황이다.

　군사재판은 앞에서 설명했지만 적법하였다. 또한 공소기각판결 사건과 무죄판결 사건 모두 재심개시사유가 충분하지 못한 점에서 4·3수형인 재심청구는 허용될 수 없음이 당연하다. 그럼에도 불구하고 재심개시결정이 내려졌고 법무부와 검사측이 불복하지 않아 재심재판이 진행되었다. 문제는 제주지방법원이 4·3군사재판의 불법성을 전제로 첫 재심재판에서는 공소기각판결을 선고하다가, 두 번째 재심재판부터는 태도를 바꾸어 그 군사재판의 적법성을 인정하고 실체재판에서 범죄의 증명이 없는 때에 해당한다고 하면서 무죄판결을 선고했는지, 왜 종국재판의 유형이 달라졌는지, 논리모순의 문제점을 살펴보려고 한다.

　공소제기의 절차가 법률의 규정을 위반하여 무효일 때 공소기각판결을 한다. 공소기각판결 사유와 유무죄의 실체재판이 경합할 때에는 형식재판인 공소기각판결을 해야 한다. 그런데 왜 제주지방법원은 공소기각판결을 하지 않고 무죄재판을 하였을까? 그 이유는 첫 번째, 공소기각판결 이후 4·3 당시 형사보상법상 공소기각판결은 형사보상 대상이 아님을 확인한 재판부가 위법성 시비를 피하기 위해 공소기각판결을 뛰어 넘어 무죄재판을 하는 위법을 저질렀거나, 두 번째, 공소기각판결로는 전원에게 무죄보상을 하기에는 무리가 있다는 판단 하에 무죄판결을 하여 보상을 함에 있어서 시비를 피해가기 위함이었다고 보여진다. 즉 공소기각판결은 형사보상의 대상이 될 수 없기 때문에 형사보상의 대상을 만들어 주기 위해서 공소기각판결로 재판을 끝내야 할 사안을(실제는 재심개시 불허로 공소기각판결도 될 수 없는 사안) 실체재판을 하여 무죄로 만들어 준 것이다. 군사재판의 불법성을 내세워 무효를 주장해왔던 자들이 군사재판이 적법했다는 전제로 무죄판결을 받은 의미는 그동안의 군사재판 무효화 주장이 잘못이었음을 스스로 인정한 것이다.

먼저 생존수형인에 대한 **공소기각판결 판시사항**은 "피고인들이 당시 구체적으로 어떠한 공소사실로 군법회의에 이르게 된 것인지 확인할 만한 자료가 없어 공소사실이 특정되지 아니한 점, 당시 피고인들에 대하여 구 국방경비법에서 정한 기소사실의 통고 절차가 이루어지지 아니하였던 점 등을 종합하면, 피고인들에 대한 공소는 각 '공소제기의 절차가 법률의 규정에 위반하여 무효인 때'에 해당한다."이다.

이에 대해 333명의 행방불명 수형인에 대한 **무죄판결 판시사항**은 "공소기각 판결 선고와 마찬가지로 소송서류가 없고 불법 구금된 다음 계속된 구타와 고문 등으로 자백을 강요받았고 형사소송법 제420조 제7호, 제422조에 정한 재심사유가 있다."라고 주장하며 재심을 청구한 내용은 유사하다. 다만 피고인들의 변호인은 피고인들이 군법회의에서 선고받은 **범죄사실과 같은 행위를 한 적이 없다고 주장한다.** 검사는 이 사건(무죄선고 사건) 공소사실을 입증하기 위하여 제출한 증거가 없다(이에 무죄를 구형하였다). 따라서 이 사건 공소사실은 '범죄의 증명이 없는 때에 해당하므로 무죄를 선고한다'는 점에서 차이를 보인다. 전자(공소기각판결)의 경우 생존 수형인들이 범죄사실을 부인한다면, 후자(무죄판결)의 경우는 변호인들이 거짓말을 한다는 차이가 있다. 즉 변호인은 행방불명된 333명의 수형인을 직접 만나 범죄를 저지른 적이 있는지 없는지 확인한 사실이 있는가? 확인한 바가 없으면서 그들의 범죄사실을 모두 부인하였다. 결론적으로 군사재판의 적법성이 인정된다는 점에서 공소기각판결(2017재고합4)은 위법하고, 변호인의 일방적인 추정적 의견으로 범죄증명을 부정한 무죄판결(2020재고합1) 역시 위법하다.

4·3재심재판은 수형인 측과 변호인이 공모하여 대한민국을 상대로 벌인 기망행위 사건으로 검사와 판사가 이에 동조한 국기문란 사건이다. 검사와 판사가 법과 양심에 입각하여 직무를 수행하지 않고 정치적 여론에 따라 또는 개인적 양심 내지는 감성에 따라 직무수행을 한 결과는 국가와 국민에게 막대한 피해로 나타나고 있다.

제주지방법원 제2형사부 판결공시

· 사건번호

2019재고합3 국방경비법위반

· 피고인

1. 망 오○룔, 2. 망 김○행, 3. 망 서○호, 4. 망 김○갑, 5. 망 이○수, 6. 망 양○창,

7. 망 전○식, 8. 망 문○직, 9. 망 진○효, 10. 망 이○하

위 피고인들은 국방경비법 위반죄로 기소되었으나, 증거없음을 이유로 무죄의 판결이 선고되었음을 공시함

2021. 1. 27.

판사 장 찬 수

4·3재심재판에서 무죄판결의 문제점

김○갑(25세)은 수형인명부에는 1948년 12월 29일 사형언도로 제9연대 군법회의에서 사형을 선고받았다. 사형 판결을 선고받았다는 것은 남로당 인민유격대 핵심인물이었을 것이다. 사형 선고받은 사람을 유죄의 증거가 소실된 것은 고려 없이 유죄의 증거가 없다고 무죄로 판결하였다. 서○호는 당시 17세로 남로당 인민유격대 빗개(보초) 및 연락병으로 추정되고 제9연대 군법회의에서 징역 15년형(1948. 12. 12. 언도)을 받아 인천소년형무소에서 복역하였다.

재심에서는 명백한 새로운 증거가 발견되어야 구증거와 종합해서 무죄여부를 판단하는게 대

법원 판례인데 재심에서 증거가 없다고 무죄를 선고한 것은 재심재판과 일반재판을 혼동한 것이고 채증법칙과 논리모순의 위법이 있다.

라. 형사보상과 국가배상의 위법성

제주지방법원이 4·3재심 첫 사건에서는 공소기각판결을 선고하였으나, 2회 재심재판부터 현재까지는 무죄판결을 선고하고 있다. 재판 선회 이유는 형사보상금을 지급하기 위한 의도였다고 보여진다. 4·3수형인이 구금된 당시에는 공소기각판결이 형사보상의 대상이 되지 않았다. 1958년 제정된 우리 형사보상법 시행 전에는 일제의 형법과 형사보상법이 의용되었는데, 의용 형사보상법 제1조와 형사보상사무취급규정 제1조에 의하면 형사보상 청구의 대상 기준으로 무죄판결과 면소판결만이 인정되었다. 1958년 8월 13일 형사보상법 부칙에 법 시행 전에 형사보상 원인이 발생한 경우에는 구법에 의하도록 규정하고 있는바, 이러한 태도는 1981년 12월 17일 제정 형사보상법까지 줄곧 이어져 왔다. 1988년 형사보상법에 와서는 "이 법 시행 전에 청구한 보상에 대하여는 종전의 규정에 의한다."고 혼합주의를 채택하였다. 혼합주의는 소송절차 진행 중 법의 개정이 있는 경우 신·구법 중 어느 법을 적용할 것인가의 문제이기에 형사보상법은 원칙적으로 행위시법주의임에는 변함이 없다. 따라서 구법에 의하면 공소기각판결의 경우에는 명백히 형사보상의 대상이 안 된다. 그런데 현행 형사보상법 제26조(면소 등의 경우) 제1항 제1호는 "「형사소송법」에 따라 면소(免訴) 또는 공소기각(公訴棄却)의 재판을 받아 확정된 피고인이 면소 또는 공소기각의 재판을 할 만한 사유가 없었더라면 무죄재판을 받을 만한 현저한 사유가 있었을 경우는 국가에 대하여 구금보상을 할 수 있다."고 규정한다. 검사측과 재판부는 공소기각판결로는 형사보상을 받기에 무리가 된다고 판단하여 무죄판결로 선회한 것이다. 재판부는 행위시법인 구법을 적용하여 형사보상 대상에서 제외시켰어야 한다. 재판부는 공소기각판결에 대해서 행위시의 형사보상법을 적용해야 함에도 불구하고 현행법을 적용하여 형사보상의 대상으로 삼았다. 또한 재판부는 형사보상법 문언과 그 법리에 반하여 과도한 일급(日給)을 적용하여 국고에 손실을 주는 결정을 내렸다. 이러한 일련의 행태는 명백한 법리오해로서 위법이고, 국민의 재산권을 침해하는 위헌행위로서 무효이다. 법무부는 사태가 매우 심각한 상황인데도 전혀 불복하지 않고 직무를 유기했다.

3. 소 결

제주에서 벌어지고 있는 재심재판의 결과는 첫 공소기각판결 이후 전원 무죄선고가 되고 있다. 재판부는 수형인에게 무죄선고 하는 것을 명예회복으로 착각하고 있다. 재심재판이 터무니없는 위법재판이어서 그 이후의 재판인 형사보상결정, 국가배상판결 등은 모두 위헌·위법하게 이뤄지고 있다. 제주지방법원 4·3재심재판부는 재심개시결정 단계에서 각하하지 않은 점, 재심재판 단계에서 각하하지 않고 불충분한 재심사유로 재심재판을 진행한 점, 공소기각판결로 형사보상결정을 한 점, 공소기각판결에서 무죄재판으로 전환하여 형사보상을 결정한 점, 국가배상 결정을 한 위법 등이 있다. 제주지방법원 판사는 "헌법과 법률에 의하여 그 양심에 따라 독립하여 심판한다."고 하는 헌법 제103조를 위반하였다. "판결의 선고로 피고인들과 그 유족에게 덧씌워진 굴레가 벗겨지고, … 저승에서라도 이제 오른쪽 왼쪽을 따지지 않고 … 정을 나누는 날이 되기를, 그리고 살아남은 우리는 이러한 일이 두 번 다시 일어나지 않도록 다짐하는 계기가 되기를 바란다."[79]는 판결문은 헌법과 법률에 의한 법조적 양심이 아닌 개인의 양심에 따라 판결했음을 자백한다. 좌우이념을 떠난 소설 같은 판결문에는 대한민국의 헌법이념을 전혀 고민하지도, 고려하지도 않고 있다는 점에서 판사가 직무범죄를 범하고 있다고 할 것이다. 또한 피고 대한민국을 변호해야 할 법무부와 제주지방검찰청 검사들은 위법한 재심개시결정에 대하여 불복하지 않은 점, 재심재판 단계에서 입증책임 전환에 대한 부당함을 문제제기하지 않은 점, 공소기각판결과 무죄판결에 대해 불복하지 않아 1심에서 확정되도록 한 점, 형사보상 결정에 대해 불복하지 않은 점, 국가배상 결정에 대해 불복하지 않은 점 등 직무유기의 위법에 대하여 엄중한 문책이 따라야 한다. 대한민국

---

79 제주지방법원 제2형사부, 2021. 3. 16. 판결, 2020재고합1 (판사 : 장찬수, 강민수, 강미혜)

을 공격한 반역자들과 합세하여 대한민국에 불리한 재판을 한 판사들 역시 엄중한 책임을 져야 할 것이다. 정치검사와 정치판사를 처벌하는 특별법 제정이 시급하다.

CHAPTER

VI

특별재심의 위헌성

1. 4·3특별법 규정

제14조(특별재심) ① 희생자로서 제주4·3사건으로 인하여 유죄의 확정판결을 선고받은 사람, 수형인 명부 등 관련 자료로서 위와 같은 사람으로 인정되는 사람은 「형사소송법」 제420조, 제424조 및 「군사법원법」 제469조, 제473조에도 불구하고 재심을 청구할 수 있다.

제15조(직권재심 청구의 권고) ① 위원회는 제14조제2항의 1948년 12월 29일에 작성된 「제주도계 엄지구 고등군법회의 명령 제20호」와 1949년 7월 3일부터 7월 9일 사이에 작성된 「고등군법 회의 명령 제1호」부터 「고등군법회의 명령 제18호」까지 및 각각의 명령서에 첨부된 「별지」상 에 기재된 사람에 대한 유죄판결의 직권재심 청구를 법무부장관에 권고할 수 있다.
② 법무부장관은 제1항의 권고의 취지에 따른 필요한 조치를 취할 수 있다.

2. 위헌성

4·3특별법 제2조 제2호는 희생자 정의 규정에 '수형인'을 포함시켜 희생자 선정을 가능하게 하였다. 이에 그치지 않고 동법 제14조 특별재심은 4·3수형인에 대한 '무죄선고'가 남용될 수 있게 규정되어 입법을 통한 '군사재판 무효화'의 효과를 가져와 삼권분립위반에 해당한다. 또한 이와 같은 입법형성권 행사는 합리적 이유 없이 4·3수형인을 일반 국민보다 과도하게 우대하는 차별행위로서 헌법이 명하는 과잉입법금지의 원칙과 평등의 원칙에 번하여 국민의 평등권을 침해한다. 헌법적 가치를 실현하는 수단과 절차를 선택함에 있어서 헌법에 위반되지 않는 범위 내에서 입법자의 입법형성권이 인정된다. 아래의 헌재 결정에서도 입법내용이 정의와 형평에 반하거나 자의적으로 이루어진 경우에는 평등권 등의 기본권을 본질적으로 침해한 입법권행사로서 위헌성을 면하기 어렵다고 보았다.

국회의 입법재량 내지 입법정책적 고려에 있어서도 국민의 자유와 권리의 제한은 필요한 최소한에 그쳐야 하며, ... "법 앞에 평등"(헌법 제10조, 제11조 제1항)이란 행정부나 사법부에 의한 법적용상의 평등을 뜻하는 것 외에도 입법권자에게 정의와 형평의 원칙에 합당하게 합헌적으로 법률을 제정하도록 하는 것을 명령하는 이른바 법내용상의 평등을 의미하고 있기 때문에 아무리 특정한 분야의 특별한 목적을 위하여 제정되는 특별법이라 하더라도 입법권자의 법제정상의 형성의 자유는 무한정으로 허용될 수는 없다.[80] 4·3특별법은 헌법이념을 배제시켜 보호영역을 벗어난 인권까지 보호받을 인권으로 규정하고, 증거 없이 국가공권력의 과오를 인정하도록 유도하였다.

특별재심은 4·3재심재판의 위헌·위법성 시비를 피하여 우회적인 방법으로 재심재판을 합법으로 만들려고 신설한 규정이다. 앞에서 살펴본 바와 같이 형사소송법으로는 남로당 반란 및 부역세력인 4·3수형인들에게 면죄부를 주고 포상하는 것이 법리상 가능하지 않기에 이를 가능하게 하려고 고안한 규정이다. 따라서 형사소송법상 4·3재심재판이 위헌·위법하다는 논리는 그대로 특별재심에 적용된다. 특별재심과 직권재심 규정은 평등의 원칙 위반은 물론이고 권력분립원

---

80 헌재 1992. 4. 28. 90헌바24 전원재판부

칙에도 위배되는 과잉입법으로서 위헌이다. 2020년 국회에서 4·3특별법 전부개정 법률안이 논의될 때 군사재판 무효화 규정을 신설하려고 하다가 삼권분립에 위반된다는 반대에 부딪혀 슬그머니 개정안에서 제외시켰다. 그 대신 교묘하게도 군사재판 무효화의 효과를 우회적으로 거둘 수 있게 하는 특별재심 규정을 도입하였다. 현재 2022년 2월부터 2024년 1월까지 특별재심 규정을 근거로 수형인 1,350여 명이 예외 없이 무죄판결을 받고 있어서 실질적으로 입법을 통한 군사재판 무효화와 동일한 효과를 거두고 있다. 이는 **입법에 의한 재판 취소로 본질에 있어서 명백한 삼권분립 위반**이다.

4·3특별법 제14조 특별재심과 제15조 직권재심 규정은 건국 당시 대한민국이 나치수준의 불법을 했고 수형자는 억울하게 옥살이하여 무죄라는 전제하에 재심을 도와주겠다는 뜻이다. 공산반란을 진압하고 처벌한 군경의 일체의 행위를 나치가 학살하고 폭력을 행사한 것으로 간주하는 시각은 북한의 입장이다. 대한민국 국가기관이 이러한 반헌법적 주장을 받아들여 따르는 행위는 국가 정체성과 계속성에 심각한 위해를 주는 반역행위로서 즉각 시정되어야 한다. 4·3 당시에 일부 군경에 의한 민간인 피해도 있었지만 이에 대하여는 적절한 처벌이 이루어졌고, 4·3 당시에도 군경의 행위에 법적 문제가 있었다면 이를 시정하기 위해 얼마든지 문제를 제기할 수 있었다. 70여 년이 지나 객관적 증인이나 증거가 부재한 상태에서 유책 희생자 측의 진술에만 의존하여 무죄를 선고하고 배보상하기 위해 특별재심을 허용한다는 것은 국가의 자기부정이자 자해행위로서 위헌·위법이다.

특별재심 및 직권재심은 자기방어를 할 수 있고 불리한 진술을 거부할 수 있는 피고 대한민국의 자기변호 권리를 박탈하여 대한민국에게 자해를 강요하는 규정이다. 피고 대한민국을 방어할 위치에 있는 검사가 원고 4·3수형인들의 재심청구를 조력까지 하는 특별재심과 직권재심 규정은 이해충돌을 야기하고, 권력분립의 원칙에 위배되는 입법이다. 검사가 원고 4·3수형자(가해자)와 같은 편이 되어 피고 대한민국(피해자)을 공격하는 것과 다름없기 때문이다. 또한 대한민국 건국을 부정했던 반체제 세력에게 현행 형사소송법의 재심절차상 재심개시결정 단계에서 요구되는 입증책임을 면제해주고, 절차의 편의까지 특혜를 제공함으로써 국민의 평등권을 침해하고 있다. 더나아가 법무부장관은 군사재판 수형인에게만 인정되는 직권재심을 4·3특별법에 근거도 없이 일반재판 수형인에게도 확대 적용하도록 지시하여 위법행위를 적극적으로 범한 사례도 있다. 검사가 직권재심을 청구하는 행위는 이해충돌(상반)이며. 국가의 변호를 담당할 검사의 직무를 법률로 침해한 구조적인 법치파괴이다. 피고 대한민국은 누가 변호한다는 말인가? 제주지방법원의 위법한 재판 관행으로 보아 100% 무죄재판 수순이 예정되어 있는데 이것이 현실로 나타나고 있어서[81] 공산화가 된 이후에 있을 법한 사태가 벌어지고 있다. 4·3수형인 및 이들과 한 배를 탄 정치판사와 정치검사들은 4·3수형인들에게 희생자 대우를 함으로써 베푼 은혜를 사법절차상에서도 누려야 할 당연한 권리로 인식하여 명예회복을 무죄로 착각하는 것 같다. 제주검찰의 적극적인 무죄구형과 제주지방법원의 위법한 무죄판결 등을 종합할 때 공산폭동·반란에 면죄부를 주고 국군과 경찰을 방어권 보장 없이 범죄자로 만드는 결과가 되고 있다. 이러한 위법 부당한 현실에 이의를 제기하지 않고 묵인 동조하는 공직자는 지위 고하를 막론하고 처벌되어야 마땅하다.

---

81 제주의소리, 제주4·3 수형인명부 피해자 2,530명, 2년 뒤 전원 명예회복 기대감, 2022. 11. 10.
　　"제주4·3 직권재심에 속도가 붙으면서 2년 후인 2024년에는 수형인명부에 기재된 피해자 전원의 명예가 회복될 수 있다는 기대가 커지고 있다."

보상규정의 위헌성

1. 4·3특별법 규정

제16조(보상금) ① 국가는 희생자로 결정된 사람에 대하여 사건 발생 시기와 근접한 통계자료를 기초로 산정한 희생자의 일실이익과 장기간의 보상 지연, 정신적 고통에 대한 위자료 등을 고려하여 다음 각 호의 구분에 따른 금액의 보상금을 지급한다.

1호 : 사망 또는 행방불명 희생자로 결정된 사람: 9천만 원

2. 부적격 희생자에 대한 보상은 위헌

4·3희생자 중 사망자는 10,389명이다. 이 가운데 남로당에 의한 사망 1,528명은 진정한 희생자라고 할 수 있다. 그러나 토벌대에 의한 사망 7,624명은 교전 중 사살, 탈옥수 사살, 게릴라 집

단 처형 등 대부분 부적격 희생자로 분류된다고 볼 수 있다. 철저히 조사를 요할 대상들이다. 행방불명자 3,610명 가운데 형무소 복역 중 행방불명 1,763명은 부적격 희생자로 되어야 한다. 대부분 북한군에 편입되어 전투 중 전사했거나 월북 내지는 일본으로 도주 등의 경우가 많기 때문에 이들까지 보듬어야 할 이유가 없다. 고문에 의한 사망으로 분류된 85명은 고문이 맞는지 재조사가 필요하다. 사형수 사망 85명은 적법한 형집행이었으므로 보상할 이유가 없다. 예비검속 사망 40명은 정당방위내지는 정당행위로 평가되어야 하나 개과천선의 기회를 잃어버린 점을 참작하여 장례비 등의 지급을 검토할 수 있다고 본다. 그 밖에 사형수 행방불명, 예비검속 행방불명, 옥사, 기타 행방불명 등은 국가의 불법행위가 명백히 입증되기 전에는 일률적 보상에서 원칙적 보상 불허로 수정되어야 한다. 수형인은 보상대상 희생자가 될 수 없다. 그 밖에 자연사, 보증인 없는 희생자 등도 제외되어야 한다. 이처럼 부적격 희생자가 대부분인데, 오히려 이들 부적격자들 대부분이 희생자로 인정되었다. 또한 유족의 범위가 지나치게 넓게 인정된 것도 문제이다. 4·3특별법 제2조 제3호는 "유족이란 희생자의 배우자(사실상의 배우자를 포함)와 직계존비속을 말한다. 다만, 배우자와 직계존비속이 없는 경우에는 희생자의 형제자매를 말하고, 형제자매가 없는 경우에는 4촌 이내의 방계혈족으로서 희생자의 제사를 치르거나 무덤을 관리하는 사람 중에서 제5조 제2항 제2호에 따라 유족으로 결정된 사람을 말한다."고 함으로써 묘지를 돌보는 사람들까지 유족이 되도록 하여 4·3희생자에게는 유족의 범위가 지나치게 확대되는 특혜를 주어 국민의 평등권을 침해하고, 혈세 낭비로 국민의 재산권을 침해하여 위헌이다. 명예회복은 귀순자, 훈방된 자 등 경미한 범법자 등에 대하여 정상을 참작하겠다는 뜻이지 보상을 하겠다는 뜻이 아니다. 명예회복은 누구에게 어떠한 명예회복을 해야 하는지 세부사항이 정해져야 한다. 희생자의 구분에 따라 명예회복의 내용도 달라져야 한다. 명예회복 대상에 대해 본인의 불법행위로 인한 손해배상책임 감면을 고려하는 관용을 베풀 여지가 있는지 등이 논의되어야 함에도 불구하고, 오히려 가해자들에게 배보상을 하겠다는 것은 경우에 합당하지 않다. 4·3공산폭동을 일으켜 반인륜적 만행과 피해를 입힌 가해자들에게 보상하는 행위는 국가의 자기부정이자, 피해자 및 유족, 국민의 기본권을 침해하는 것이다.

3. 거짓 희생자에 지급한 보상금 환수 규정

5·18보상법(5·18민주화운동 관련자 보상 등에 관한 법률) 제17조 (보상금 등의 환수) 등 다른 보상법에는 환수규정이 있다. 특별법은 이러한 규정이 없다가 2022년 법률 개정시 신설되었는데, 신설 전까지는 국민의 재산권이 침해당하였다는 증거이다. 부적격 희생자에 지급된 국고는 환수하여 국민의 재산권을 보호해야 한다. 교전 중 사살된 자, 수형인, 행방불명자 등을 희생자에서 제외하면 부적격 희생자는 전체 희생자의 70% 이상으로 늘어난다. 따라서 이들에 대해 의료지원금, 생활지원금, 보상금 등의 지급은 국민의 세금으로 지급되는 것으로 국민의 재산권 침해이다. 이미 지급된 보상금 등은 환수조치해야 한다.

4. 4·3수형인 등은 손해배상의 주체

공산통일국가를 꿈꾸었던 자들이 보상을 받으려면 북한정권으로부터 받아야 한다. 남로당에 부역한 자들은 국가시설과 민가를 방화, 살인, 약탈행위 등에 대한 책임을 부담해야 할 자들이다. 지난 2020년에는 탈북 국군포로 두 분이 노동력을 착취당한 피해에 대해 북한과 김정은을 상대로 우리 법원에 손해배상청구 소송을 제기하여 승소한 사실이 있다. 남북경제문화협력재단(경문협)에 추심금 청구 소송을 하여 배상금을 각각 2,100만 원씩 북한으로부터 받게 되었다. 북한과 김정은에 대해 우리 사법부의 재판권을 인정하고 손해배상을 명령한 최초의 판결이었다.[82] 이러한 사례는 4·3사건에 있어서도 남로당 가해자들과 그 유족에게 손해배상청구를 해야 책임주의 원칙에 부합함을 시사한다. 남로당 가해자들에 의해 희생된 분들에 대하여 국가가 제3자 변제를 하고 구상권을 청구해야 타당하다. 남로당 가해자가 불분명한 경우는 북한과의 공동불법행위책임을 물어 북한 자산에 집행할 수 있다. 4·3특별법에 규정되어야 할 내용은 바로 이러한 내용들이

---

82 조선일보, 김정은 상대 손해배상 승소… 탈북 국군포로 한재복씨 별세, 2021. 3. 26.

어야 한다. 명예회복은 남로당 부역자들에게 배보상을 해주는 것이 아니라 배상책임을 면하여 줄 것인지를 검토하는 것이다. 무고하지 않은 부적격 희생자에게 보상하겠다는 취지가 아니었어야 했다. 진상규명이 아닌 보상에만 초점을 맞추어 무고하지 않은 자들을 희생자로 만들려다 보니 사실을 왜곡하는 것이다.

5. 보상과 위로는 좌익에 의한 우익 피해자에게

국가 예산으로 지급되는 보상은 좌익에 의해 피해를 입은 자에게 주어져야 정의에 부합한다. 6·25전쟁 당시 전라도 지역에만 마을 좌익에 의해 학살당한 양민이 5만여 명이라고 한다. 그러나 우리 사회는 좌파들의 말도 안 되는 요구에 시달리면서 행정력을 낭비하여 정작 억울한 양민들에 대해서는 진상조차 제대로 파악하지 못하는 실정이다. 양민들의 억울한 죽음의 원인이 좌익들의 학살 때문이라는 진실이 밝혀지는 것이 두려워서 관심을 돌리려고 선수를 치고 있다고 생각된다. 정부는 좌편향된 자들의 말도 안되는 억지 주장에 예산과 국력을 소진할 것이 아니라 더 늦기 전에 좌익에 의한 양민 희생자들을 조사하여 추모와 위로를 할 수 있어야 한다.

실종선고 특례의 위헌성

민법 제27조 제1항은 "부재자의 생사가 5년간 분명하지 아니한 때에는 법원은 이해관계인이나 검사의 청구에 의하여 실종선고를 하여야 한다." 제2항은 "전지에 임한 자, 침몰한 선박 중에 있던 자, 추락한 항공기 중에 있던 자, 기타 사망의 원인이 될 위난을 당한 자의 생사가 전쟁종지 후 또는 선박의 침몰, 항공기의 추락 기타 위난이 종료한 후 1년간 분명하지 아니한 때에도 제1항과 같다."라고 규정하고 있다. 이에 반하여 4·3특별법 제20조 제1항은 위원회는 「민법」 제27조에도 불구하고 행방불명으로 결정된 희생자에 대하여 법원에 실종선고를 청구할 수 있다고 함으로써 4·3행방불명자에 대해서만 청구기간의 제한을 두지 않는 특혜를 주고 있다. 이는 4·3에 관련되지 않은 다른 국민의 평등권을 침해한 것이다.

영리목적 단체처벌 위헌성

1. 4·3특별법 규정

가. 신설 (4·3특별법 2021년 전부개정안)

제13조(희생자 및 유족의 권익 보호) 누구든지 공공연하게 희생자나 유족을 비방할 목적으로 제주 4·3사건의 진상조사 결과 및 제주4·3사건에 관한 허위의 사실을 유포하여 희생자, 유족 또는 유족회 등 제주4·3사건 관련단체의 명예를 훼손하여서는 아니 된다.

제29조(희생자 지원단체 조직의 제한) 누구든지 희생자 또는 유족을 지원한다는 명목 아래 영리를 목적으로 단체를 조직하거나 단체적인 활동 또는 개인적인 활동을 하여서는 아니 된다.

나. 개정 (4·3특별법 2022년 일부개정안)

제13조(희생자 및 유족의 권익 보호) 누구든지 공공연하게 희생자나 유족을 비방할 목적으로 제주 4·3사건의 진상조사 결과를 부인 또는 왜곡하거나 희생자, 유족 또는 유족회 등 제주4·3사건 관련 단체의 명예를 훼손하여서는 아니 된다. (개정)

제31조(벌칙) ① 다음 각 호의 어느 하나에 해당하는 사람은 5년 이하의 징역 또는 5천만원 이하의 벌금에 처한다. (개정)
② 제29조를 위반하여 영리를 목적으로 단체를 조직하거나 단체적인 활동 또는 개인적인 활동을 한 사람은 3년 이하의 징역 또는 3천만원 이하의 벌금에 처한다.

2. 위헌성

유족을 지원한다는 명목 아래 영리를 목적으로 단체를 조직하거나 단체적인 활동 또는 개인적인 활동을 한 사람을 처벌하는 제29조와 제31조 벌칙 규정은 직업의 자유, 학문연구의 자유, 표현의 자유 등에 대한 중대한 제약이 된다. 국민은 위 벌칙 규정의 시행 자체로 별도의 집행행위를 기다릴 필요 없이 행위 금지의무를 부담하게 되어 국민의 기본권을 직접 침해하는 위헌 규정이다. 2023년 최근 태영호 의원의 김일성 지령 발언과 관련해서 더불어민주당 송재호 의원 등 20명의 의원이 4·3특별법 개정안을 발의하였다. 제주4·3사건의 진상조사 결과(보고서)를 부인 또는 왜곡 및 제주4·3사건에 관한 허위의 사실을 유포하여 희생자, 유족 또는 유족회 등 제주4·3사건 관련 단체의 명예를 훼손하면 처벌하겠다는 개정안으로서 '희생자나 유족을 비방할 목적으로'가 삭제되어 더 쉽게 처벌당할 수 있게 만든 그야말로 '진실처벌법'이라고 할 수 있다. 진실을 말하면 처벌하겠다는 악법으로 양심의 자유, 직업의 자유, 학문연구의 자유, 표현의 자유 등을 심각하게 침해한다. 이 개정안이 입법예고 되었을 때 국회 입법예고사이트에 개정안 찬성자는 없었고 개정안 반대자만 9,687명에 달했다. 그만큼 4·3역사의 진실이 무엇인지를 많은 국민들이 깨닫고 있다는 증거다.

결론

　　4·3은 소련의 한반도 공산화 전략의 일환으로서 소련,
북로당, 남로당이 합세하여 일으킨 공산폭동 반란이었다. 4·3의 역사 왜곡을 주도한 자들은 이념
을 떠나 화해와 상생이라는 명분을 앞세운다. 또한 4·3의 사건 정의를 무력충돌로 호도하면서 가
해자인 남로당에게 면죄부를 주고 희생자로 둔갑시켜 대한민국을 국가폭력을 행사한 학살자로
만들어 버렸다. 그 결과는 공산폭동 반란이 민중봉기로 미화되고 폭동을 진압한 정당행위가 무자
비한 탄압으로 왜곡되었다. 그러한 인식을 갖게 하는 보고서와 4·3특별법은 대한민국 정체성을
파괴하는 도구로 변질되었고, 국민의 주권, 행복추구권, 평등권, 양심의 자유, 학문의 자유, 표현
의 자유, 재산권, 직업의 자유 등을 심각하게 침해하기에 이르렀다.

　　4·3은 명백히 좌우이념 대립에서 빚어진 6·25전쟁의 전초전으로서 게릴라전 상황이었음을 우
리는 알아야 한다. 4·3 초창기에 남로당에 부역했던 많은 사람들이 정부의 선무공작[83]과 계몽 그
리고 구호활동에 힘입어 공산당에 속았음을 뒤늦게 깨닫고 정부에 협조하게 되었던 역사를 제주

---

83 민심을 수습하여 정부정책에 협조하게 하는 활동

도민들은 기억하고 있다. 반성 없는 가해자를 희생자로 만들어 보상하거나 추모하는 행위는 진정한 희생자에 대한 2차 가해에 해당한다는 사실을 잊어서는 안 된다.

정체성 파괴의 원인은 헌법이념 소홀에 있었다. 헌법이념을 도외시한 행정의 결과물이 보고서였다면 헌법이념이 반영되지 않은 보고서를 입법에 반영한 결과물은 개정을 거듭하고 있는 4·3특별법이다. 보고서와 4·3특별법을 근거로 검찰과 법원은 한결같이 헌법이념을 무시한 재심재판을 남발하고 있다. 모든 국가권력이 대한민국 정체성을 파괴하는 방향으로 질주하고 있는 것이다. 과거 공산주의 이념을 추종하여 국가 파괴를 자행했던 4·3바이러스가 화해와 상생이라는 위선의 옷을 입고 주권자 국민의 결단으로 만들어 놓은 자유민주적 기본질서 시스템에 침투하여 헌법이념을 파괴하고 있는 상황이 된 것이다. 그런데 국민으로부터 권력을 위임받은 대의기관은 본연의 직무를 망각하고 국민의 동의 없이 헌법의 이념과 가치를 훼손하는 위헌 위법한 행위를 가속화하고 있다.

주권자인 우리가 할 일은 이것이다. 진상규명을 바탕으로 누가 진정한 희생자인지 옥석을 가려야 하고, 정치권력의 불순한 의도에 따라 왜곡되어진 역사와 파괴된 정의를 회복해야 한다. 4·3의 덫에 걸려 신음하는 대한민국을 살리기 위해서 진실을 알고 말할 수 있는 용기도 필요하다. 헌재가 헌법정신에 입각하여 법률의 위헌여부를 판단하도록 하고, 판단을 유보하거나 유탈하지 못하게 함으로써 대한민국의 법치를 다시 회복시켜야 한다. 그러기 위해서는 4·3특별법 위헌결정, 4·3재심재판 무효화, 지급된 보상금 환수, 위헌 위법에 가담했던 자들에 대해 책임부과 등의 강력한 조치가 취해지도록 주권행사가 필요하다.

헌재는 이미 2001년에 4·3의 성격을 규명한 바 있다. 그러나 국회와 정부는 헌재의 결정 취지와 상반된 방향으로 국정을 운영하여 20여 년이 지난 오늘날 다시 4·3특별법의 위헌여부가 헌법소원심판 대상[84]이 되었다. 헌재는 헌법질서가 무너지고 있는 상황을 직시하여 4·3특별법을 위헌결정하여 국가기관들의 헌법파괴행위를 중단시키고 잘못을 시정하여 본연의 업무에 충실할 수 있도록 주권자의 뜻을 받들어 규율해야 한다.

---

[84] 2021헌마514

4·3의 치유는
진실과 정의!

헌법은 자유의 적에게는 관용을 베풀지 않습니다.
반성이 없는 화해와 상생은 위선이고
죄에 대한 과잉 인권은 공익 침해입니다.
잘못에 대하여 사죄와 반성
용서에 대한 감사가 있어야
대한민국은 하나가 될 수 있습니다!

제2부

4·3특별법의 위헌성 고찰 2

대한민국의 정체성을 파괴하는 남로당 특혜법

서론

제주4·3사건진상규명및희생자명예회복에관한특별법
(이하 4·3특별법)은 2000년 제정 당시부터 법 자체에 위헌성이 내포되어 있었다. 출발부터 왜곡된
4·3특별법에 남로당에 유리하게 서술한 제주4·3사건진상조사보고서(이하 보고서)의 기조가 2003
년 이후 반영되면서 2021년 전부 개정된 4·3특별법은 남로당을 위한 특혜법이 되었다. 제2부는
4·3사건의 본질이 누구에 의해 어떻게 왜곡되었는지, 부적격 희생자들이 어떻게 양산되었는지를
제주4·3사건진상규명및희생자명예회복위원회(이하 위원회)의 활동과 관련하여 고찰한다.

위원회는 산하에 여러 기구를 두었는데, 역사적 진실의 왜곡은 주로 보고서 작성팀과 희생자
선정팀에서 이루어졌다. 보고서 작성팀은 박원순 전 서울시장을 단장으로 하는 제주4·3사건진상
조사보고서작성기획단(이하 보고서작성기획단)과 그 산하에 5인의 전문위원(우파는 1명에 불과)으로
구성된 진상조사팀이 중심이 되어 왜곡된 보고서를 작성하였고, 희생자 선정팀은 7인으로 구성
된 희생자 심사소위원회와 그 산하에 실무위원회가 중심이 되어 부적격 희생자를 양산하였다. 위
원회가 정치권력의 의도에 맞게 만들어진 보고서를 채택한 이후 4·3특별법의 위헌성은 더욱 심
화되어 남로당(공산당)과 그 부역자들, 대표적으로 4·3수형인 등이 버젓이 희생자로 대우받게 되
었고 대한민국 정체성은 심하게 훼손되었다. 이는 보고서 작성에 참여했던 좌파가 폭동·반란을

민중봉기로 변질시킨 활동과 관련이 깊다.

제2부의 목적은 첫 번째 논문(본서 제1부) 「4·3특별법의 위헌성 고찰1」에서 다루지 않은 사항을 보완하여 4·3특별법의 위헌성을 보다 분명히 제시하기 위함이다. 특히 기존의 남로당의 관점에서 벗어나 대한민국사관과 헌법이념이라는 관점에서 4·3을 재조명하였다. 새롭게 구성한 정상적인 틀에서 4·3은 국가폭력과 학살이 아닌 공산폭동 반란이고, 진압은 정당한 행위로 평가받도록 하였다. 구체적으로 다음과 같은 쟁점을 추가하였다.

첫째, 보고서와 4·3특별법이 헌법재판소(이하 헌재)의 어떤 결정을 위반했는지, 그 결과로 발생한 문제점들은 무엇인지를 알기 쉽게 정리했다.

둘째, 4·3특별법의 토대가 되는 위원회의 보고서 작성·채택 및 희생자 심사·의결 등 행정행위가 무효라는 전제하에 4·3특별법은 어떠한 헌법가치들을 침해하는지 설명했다.

셋째, 위원회가 사건의 진상은 밝히지 않고 남로당의 범죄를 덮어준 보고서와 부적격 희생자를 양산하여 4·3특별법이 결국 남로당 특혜법으로 전락하게 된 과정과 그 배후를 추적하여 보고서 채택 및 희생자 선정이 하자 있는 행정행위였음을 밝혔다.

넷째, 4·3사건의 진상을 규명하기 위해서, 위원회에서 그간 은폐하여왔던 1차 사료 등 새로운 증거들을 근거로 제시하여, 사건의 성격을 바르게 평가하는데 도움을 주고자 했다.

다섯째, 4·3사건 진압의 정당성을 설명하고, 4·3은 현재 진행되는 진지전 성격도 있어서 이에 대한 경각심을 환기시켰다.

여섯째, 4·3특별법과 4·3재심재판 등의 위헌성을 밝혀주는 증거로 최근에 있었던 피고 문재인 전 대통령의 재판사례[1]를 평석하고 정치적 중립을 오해하여 4·3 역사왜곡을 조장하거나 외면한 공직자들의 사례를 다루었다.

첫 번째 논문(제1부)과 함께 본고(제2부) 역시 4·3특별법, 동법에 근거한 행정행위, 4·3재심재판이 명백하게 위헌이라는 사실을 밝혀내는 단서가 될 수 있다. 헌법정신을 망각한 권력기관의 법치파괴로 대한민국은 국가폭력 및 학살자의 오명을 뒤집어쓰고 있음에 분노한 국민은 대한민국을 회생시킬 수 있도록 헌재의 현명한 판단을 부르는 중이다. 헌법이념은 안중에 없이 2001년 헌재 결정까지 무시하며 역대 정치권력들이 쌓아 올린 4·3역사왜곡의 거대한 거짓의 산은 송두리째 무너져야 한다.

---

1 서울중앙지방법원 제2-1민사부 사건, 2022나41913 손해배상(기)

헌재 결정을 위반한
보고서와 4·3특별법

1. 문제제기 및 해결방향

1948년 4·3공산폭동 반란이 2003년 보고서 출간과 함께 민중봉기로 왜곡되어 2024년 현재까지 합법적으로 승인되고 있다. 이것은 남로당 활동을 하였던 자들에게 불리한 자료와 증언 등이 국민에게 숨겨져 왔다는 사실과 이미 4·3의 성격을 공산폭동 반란으로 확고하게 밝힌 2001년 헌재의 결정이 있었음을 잘 모르거나 외면한 탓으로 가능하게 되었음을 주목해야 한다. 헌재 결정을 무시한 4·3특별법이 여전히 유효한 법률로 존재할 수 있는지도 국민들이 궁금해하는 주제다.

최초 4·3특별법은 사건 정의 등 모호한 내용에도 불구하고 제주도민들을 '빨갱이'(공산주의자, 영어 red)라는 낙인으로부터 벗어나게 해주자는 명예회복 취지로 법이 통과되었다. 그러나 대한민국에 항적하였던 자들에게 보상하는 4·3특별법 제16조(보상금)는 공권력 행사의 불법성을 인정하는 것을 전제로 하기 때문에 명예회복과는 다른 차원에서 국가의 정통성 및 정체성 훼손 및 군경의 범죄집단화와 직결되는 심각한 문제를 야기한다. 반역자들을 무죄로 만들어 주는 4·3특별법 제14조 특별재심 역시 우리의 헌법질서와 법적안정성을 허무는 요소는 아닌지 살펴봐야 한다.

제주도를 광기의 섬으로 만들었던 남로당은 분명 가해자가 맞는데, 어느새 무고한 민간인 희생자로 둔갑되어 버린 것이 현실이다. 남로당의 공산폭동 반란을 민중봉기로 만들어 정당화시킨 4·3 역사왜곡으로 우리는 무엇을 어떻게 속고 있었는지 파악하여 시정하려는 치밀한 연구가 필요하다. 4·3폭동 반란의 정당화는 대한민국 역사와 헌법에 대한 폭거이며, 이를 시정하려는 노력은 주권자 국민의 권리이자 의무이다. 폭동과 반란에 가담하였던 자들에게 면죄부를 주고 보상하기 위해 수많은 사실은폐와 왜곡이 이루어졌고, 그 위에 법적인 근거들이 하나 둘씩 고안되었음을 밝혀야 한다. 이제부터 어떠한 은폐와 왜곡이 있었는지, 어떠한 법규정들이 정의와 진실을 추구하는 헌법질서에 위반되는지를 검토해보기로 한다.

보고서와 4·3특별법의 잘못을 시정하기 위해 설정한 기본방향은 다음과 같다.

(1) **증거자료** : 4·3사건 인식은 허구적 소설[2]에서 구해서는 안 되고 2000헌마238사건의 헌재 결정문과 위원회에서 만든 자료집 12권에 기초해야 한다.

(2) **일반화 금지** : 공산폭동 반란을 진압하는 과정에서 민간인 피해발생이 일부 있었다고 하더라도 이를 일반화시켜 남로당이 일으킨 만행의 역사를 은폐 묵인하고 정당화시키는 것은 철저히 배격해야 한다.

(3) **관점** : 북한사관과 대한민국사관을 대립시켜 사안에 접근하도록 했다. 반역행위에 면죄부를 주고 보상하는 관점은 북한사관으로 분류했다. 북한사관은 자유민주적 기본질서를 근본적으로 부정하는 까닭에 대한민국 헌법질서에서 용납될 수 없다. 북한사관을 허용하면 국회와 정부 그리고 법원에서 공산당이 헌법 위에 군림하는 나라가 된다.

(4) **행위시법주의** : 4·3사건에 관한 역사, 법치, 인권 인식은 1948년 당시 상황을 기준으로 평가

---

2 현기영의 "순이 삼촌", 조정래의 "태백산맥", 노민영의 "잠들지 않는 남도" 등

해야 한다. 따라서 4·3주동자와 동조자에 대한 진압과 사법처리를 오늘날의 사법질서와 인권수준에서 평가하면 행위시법주의 원칙에 위반한다.

(5) **실질적 법치** : 국민의 재판받을 권리의 보장을 위해 공익사건에서 이유 없는 각하결정, 대법원의 심리불속행 등은 지양되어야 한다. 기존의 여러 다양한 4·3소송은 형식요건을 문제 삼아 진실이 패하는 구조하에 있었다. 실질적 법치를 추구하는 신선한 법창조가 모든 헌법기관에서 사실관계와 법률관계를 일관되게 지배할 수 있어야 한다.

2. 헌재 결정 위반내용 개관

헌재는 2001. 9. 27. 4·3특별법의 위헌을 다투는 헌법소원에서 청구인들의 자기관련성, 직접성을 이유로 각하했지만 사안의 중요성을 감안하여 4·3사건의 정확한 실체를 판단했으며, 내용은 위헌결정과 다를 바 없었다. 문제는 2003년 보고서와 2023년까지 수차례 개정된 4·3특별법이 헌재 결정취지에 맞게 수정되지 않아 헌법질서가 문란해졌다는 점이다. 위원회는 다수를 차지한 좌파 위원들의 수적 우세를 앞세워 4·3사건을 규명함에 있어 남로당 측에 불리한 내용은 은폐, 축소하고 유리한 내용은 확대, 부각시켜 사실을 현저히 왜곡하여 진실을 호도하였다. 위원회 구성은 의결 정족수인 과반수 이상이 좌파적 시각과 친북적 성향을 가진 자들로 구성되었기 때문에 위원회 활동 결과물인 보고서는 좌편향으로 작성되었다. 4·3특별법은 사실관계가 왜곡된 보고서를 근거로 하여 헌재 결정을 위반한 채 개정을 반복하면서 대한민국을 파괴하는 도구로 사용되고 있다.

국가기관들이 2001년 헌재 결정을 위반한 사항은 아래 표와 같으며, 그 이후로 4·3특별법이 개악된 내용까지 추가하면 국가기관들에 의해 자행되고 있는 위헌의 정도는 크게 심화되었다. 해당 국가기관 스스로 위헌사항을 시정할 수 있는 단계는 현실적으로 이미 지났다고 보여진다. **헌재가 현행 4·3특별법을 명확하게 위헌결정하여 헌법질서를 바로 잡는 길만 남아 있다.**

구분	헌법재판소 (2000헌마238 결정)	보고서 (2003 발간)	4·3특별법 개정 (2007, 2021~2023)
사건 목적	5·10 총선거 저지 건국방해	단선단정 반대 경찰·서청탄압에 저항 (건국방해를 정당화하기 위해 3·1발포 사건을 끌어들여 민중봉기로 위장)	사건 목적 은폐
4·3 성격	공산폭동 내란(반란) 자유민주질서 부정	통일운동, 민중봉기 (공산폭동 내란 은폐)	사건 성격을 무력충돌 속에 은폐
행위 주체	남로당	남로당 제주도당 (중앙당 관련 부정)	사건 주체인 남로당 은폐
사건 시작	1948. 4. 3.	1947. 3. 1.로 왜곡	1947. 3. 1.로 왜곡
희생자	핵심간부, 중간간부, 살인자, 방화자등 제외한 정치적 희생자	헌재의 기준 미반영, 피해 입은 주민 (귀책사유 불문)	헌재의 기준 미반영 (귀책사유 불문하고 법적 희생자로 승격)
희생자 처우	명예회복 (보상 예정 없음)	명예회복	명예회복 + 법적보상 (4·3수형인을 모두 무죄주는 것을 명예회복으로 착각)
북한, 남로당 중앙당 연계성	공모여부 조사 예정 (북한과 남로당 중앙당과의 공모여부 확인 제안)	조사결과 은폐·부정 (공모 입증할 자료집 제12권 비공개)	조사결과 은폐
재량권	부적격 희생자 제외할 재량권을 위원회에 위임	헌재의 취지 미반영	헌재의 취지 미반영

3. 4·3사건 정의

아래 비교표는 헌재가 결정한 4·3사건 정의를 보고서와 4·3특별법이 따르지 않아서 위헌임을 보여준다. 헌재는 4·3사건 정의를 건국을 방해한 공산주의자들의 무장폭동 내란행위로 규정했으나, 보고서와 4·3특별법은 이념을 배제하고 무력충돌, 무장봉기와 같이 중립적으로 규정하였다. 오영훈 의원 등 136인은 2020. 7. 27. 4·3특별법 전부개정법률안(의안번호 제2102388호)을 발의하였다. 특별히 제2조 제1호 사건 정의를 민중봉기와 국가폭력의 성격으로 인식되도록 구체적으로 개정하여 현행보다 위헌성을 가중시켰다. 위 오영훈 의원 등 136인이 발의한 안이 아직 명문화되지 않은 것은 개정안 16조의 '군사재판무효화' 규정이 삼권분립 위반의 소지가 있다는 행정안전부 진영 장관의 지적이 있어서 군사재판무효와 같은 효과를 노리는 특별재심조항을 원용하자는 대안이 제시되었기 때문으로 보인다.[3] 좌파가 다수당인 현 상황에서 국민들이 방심하면 공산폭동 반란이었던 진실이 민중봉기와 국가폭력(집단학살)이라는 거짓으로 왜곡될 우려가 현실이 될 수 있음은 시간의 문제이다.

[4·3사건 정의 비교]

구분	내용
헌재 결정 2001년 ~ (2000헌마238)	...남로당 제주도당은 1948. 5. 10.에 실시되는 제헌국회의원선거 및 남한단독정부수립을 방해키 위하여 그 해 4. 3. 02:00 제주도내의 오름(기생화산)의 봉화를 신호로 일제히 제주도내 11개 경찰지서를 습격하였다. 이 습격으로 경찰관 사망 4명, 행방불명 3명, 선거관련인사 사망 12명 등의 피해가 발생하였는데 이것이 본격적인 제주4·3사건의 시발점이다. 대한민국의 건국에 필수적 절차였던 5·10제헌의회선거와 남한의 단독정부수립을 저지하고, 자유민주적 기본질서를 부정하며, 인민민주주의를 지향하는 북한 공산정권을 지지하면서 미군정기간 공권력의 집행기관인 경찰과 그 가족, 제헌의회의원선거 관련인사·선거종사자 또는 자신과 반대되는 정치적 이념을 전파하는 자와 그 가족들을 가해하기 위하여 무장세력을 조직하고 동원하여 공격한 행위...
보고서 2003년 ~ (보고서 p.536)	제주4·3사건은 "1947년 3월 1일 경찰의 발포사건을 기점으로 하여, 경찰·서청의 탄압에 대한 저항과 단선단정 반대를 기치로 1948년 4월 3일 남로당 제주도당 무장대가 무장봉기한 이래 1954년 9월 21일 한라산 금족지역이 전면 개방될 때까지 제주도에서 발생한 무장대와 토벌대간의 무력충돌과 토벌대의 진압과정에서 수많은 주민들이 희생당한 사건"이다.
4·3특별법 2000년 ~ 현행 (제2조 제1호)	제주4·3사건이란 1947년 3월 1일을 기점으로 1948년 4월 3일 발생한 소요사태 및 1954년 9월 21일까지 제주도에서 발생한 무력충돌과 그 진압과정에서 주민들이 희생당한 사건을 말한다.
2020. 7. 27. 4·3 특별법 전부개정법률안 (제2조 제1호)	제주4·3사건이란 1947년 3·1절 기념행사에서 경찰발포에 의한 민간인 사망사고를 계기로 저항과 탄압, 1948년 4월 3일의 봉기에서 1954년 9월 21일 한라산 금족령의 해제까지 무력충돌과 공권력의 진압과정에서 민간인이 집단적으로 희생된 사건을 말한다.
올바른 4·3사건 정의 (입법론)	제주4·3사건이란 소련과 북한의 한반도 공산화 전략과 연계되어 대한민국 건국을 저지(5·10총선거 방해)하기 위해 1948년 4월 3일 남로당(공산당)이 일으킨 공산폭동으로서 1957년 4월 2일 완전히 진압될 때까지 9년간 대한민국에 항적한 반란을 말한다.

---

3 헤드라인제주, 정부 "4.3군사재판 무효화 어려우나, '일괄 재심청구' 대안 검토", 2020. 10. 7.

4. 4·3사건 주체

가. 4·3사건 주체 은폐

4·3특별법은 제2조 사건 정의규정에서 행위주체인 남로당을 누락시켜 누가 일으킨 사건인지 알 수 없게 하였다. 인민유격대 사령관 김달삼의 해주연설문[4], 남로당 구좌면당 선전삐라문, 인민군지원환영회, 제주도인민유격대투쟁보고서[5], 2·7폭동지령문 등 자료들을 종합하면 사건 주체는 소련, 북로당, 남로당이 공동정범이었음이 분명하다. 남로당 인민유격대에게 도움을 주었던 마을 자위대 등은 부역자라고 할 수 있다. 부역자들은 남로당 반란세력에 비하면 직접적인 위협이 되지는 않았지만 이들의 다양한 반역활동에 의해서 입은 군경의 피해는 적지 않았다. 군경의 피해는 결국 제주도 양민의 피해로 확대된다는 점에서 부역자도 반란의 주체에 포함시켜서 이해해야 한다. 부역자 처단은 더 큰 피해를 방지할 수 있었기에 그 진압의 정당성을 인정받을 수 있다. 국방부는 〈4·3사건 토벌작전사〉에서 국가와 민족의 생존을 위협하려 했던 불순세력을 '인민해방군' 또는 '무장공비' 등으로 호칭하고 있다.[6] 당시 제주도 주민 등은 불순세력을 '남로당 인민유격대' '공비' '산폭도' '자위대' '유격대' '게릴라' '산사람' '남로당 인민해방군' 등 다양하게 호칭하였다. 4·3사건이 남로당 중앙당의 지시 없이 제주도당 중심으로 발생하였다는 주장 또한 거짓이다.

1) 김점곤 및 백선엽 장군이 남로당 중앙당의 연계성을 부정했다는 주장에 대한 반박

두 분의 장군들은 남로당 공작에 대한 연구가 부족하여 중앙당의 연계성을 주장할 수 없었다.

---

4 6·25전쟁 당시 미군이 평양에 진격하여 북한 정부 청사에서 노획한 문서

5 「濟州道人民遊擊隊鬪爭報告書」는 4·3 주동자 김달삼이 작성한 보고서로 진압과정에서 압수된 4·3연구에 중요한 문서이며, 1995년 문창송이 그의 저서 〈한라산은 알고 있다〉에서 원문 그대로 소개하고 있다. 위원회는 이 자료를 확보하여 자료집 제12권에 수록해놓고 발간하지 않았다.

6 국방부군사편찬연구소, 4·3사건 토벌작전사, 대한상사, 2002, p.107-, 154-

김점곤 장군은 1974년에 출판한 그의 저서 〈한국전쟁과 노동당전략〉에서 남로당 중앙당 지령설을 인정하지 않았다. 김점곤 장군이 책을 집필할 당시는 중앙당 지령 등에 관한 자료가 파악되기 전이었다. 김점곤 장군이 4·3중앙위원으로 활동하면서 남로당 중앙당의 지령을 입증할 자료들이 많이 축적됨으로써 그의 생각도 변했다. 근거는 그가 책을 출간한 지 30년이 지난 2003년 국방부 측에서 제출한 보고서 수정안 14면 이하 내용에 남로당 중앙당 지령의 근거가 상세하게 제시되었다. 국방부와 뜻을 같이 하던 김점곤 장군은 2000년대에 와서 육사총동창회보에 남로당의 개입을 주장하는 글을 기고하는 한편, 그의 후임자인 한광덕 장군에게 4·3은 김일성의 지령에 의한 폭동 반란이었다는 사실을 주지시킨 사실이 있다.

백선엽 장군은 1992년에 그의 저서 〈실록 지리산〉에서 4·3의 남로당 중앙당과의 관련성을 희박하게 보았다. 그러나 1995년 문창송의 저서 〈한라산은 알고 있다〉[7]에서 「제주도인민유격대투쟁보고서」를 중심으로 남로당이 4·3에 개입한 극비사항이 공개됨으로써 백선엽 장군의 의견은 진부한 주장이 되었다.

2) 박갑동의 주장 번복에 대한 반박

1950년 남로당 총책임자였던 박갑동은 그의 저서에서 다음과 같이 중앙당의 지령을 인정했다. "...남한만의 단독 총선거에 대한 「적극적 보이코트」 지령에 따라 남로당이 대대적인 무장폭동 장소로 택한 곳이 제주도다. 남로당이 제주도를 택한 이유는 지리적인 특수성 때문에 해방직후부터 공산당의 조직활동이 가장 활발했고 따라서 남로당의 선전과 조직활동 등으로 도민의 사상이 자못 붉은 쪽으로 기울어져 있다고 판단되었기 때문이다. 특히 중학생을 위시해서 초등학교 아동에 이르기까지 남로당의 영향하에 있다고 보았다. ... 그러던 중 중앙당의 폭동지령이 떨어졌다. 아마도 그 지령은 3월 중순쯤에 현지의 무장행동대 두목 김달삼에게 시달된 것으로 안다."[8]

---

7 「제주도인민유격대투쟁보고서」의 내용과 김달삼이 해주대회에서 연설한 내용이 일치한다는 점에서 투쟁보고서의 저자는 4·3공산폭동 주동자인 김달삼이다.

8 박갑동, 박헌영, 그 일대기를 통한 현대사의 재조명, 인간사, 1988. 4, p.198

박갑동은 이어서 "남로당 중앙당에서는 이 사건이 터질 무렵 남로당 군사부 책임자 이중업과 남로당 군 내부의 프락치 책임자 이재복(남로당 중앙당 군사부원) 등을 현지에 파견하여 소위 현지 집중지도로서 군사활동의 확대를 기도했다. 또 폭동의 두목 김달삼의 장인이며 중앙선전부장 강문석을 정책 및 조직지도 책임자로 선정하여 현지에 보냈었다."[9]라고 기록하고 있다. 위의 내용과 관련하여 제민일보 기자와의 전화 인터뷰에서 박갑동이 중앙당 지령설을 번복하였다고 하는데, 박갑동은 현재까지 위의 책 내용을 번복하였다는 기사나 문서가 나오지 않고 있다. 1949년 1월 19일 14연대 반란 수사관 특무대 김창룡 대위가 이재복을 체포하여 빈철현 대위와 같이 조사할 때 이재복은 입을 열지 않았으나, 김지회의 애인 제주출신 전남도립병원 간호사 조경순은 조사과정에서 이재복을 제주로 안내하여 김달삼을 만나게 해주었다고 시인하였다. (빈철현 대위 증언)[10]

4·3사건은 김삼룡, 이주하, 이재복, 전남도당 책임자 김백동과 김달삼의 극비관계이며, 중앙당 이재복은 김달삼에게 직접 지령하였기에 9연대 남로당 프락치 문상길 소위에게는 지령을 내리지 않았다. 이재복은 체포되어 빈철현 대위와 김안일 소령에게 조사를 받았고 방첩대 조사관 2인의 조사내용이 일치하였다.[11] 방첩대 기록이 전쟁을 거치면서 소실되었지만 전문진술은 여러 정황상 충분한 증거가치가 있다. 김지회는 1947년 1월 13일 국방경비대 내의 북로당 프락치 총책 이병주의 도움으로 육사 3기에 입학하였고 여수 14연대 중위로 암약하다가 여순반란의 사령관이 되었다. 김지회의 처 제주사람 조경순은 제주 지리를 잘 알아 김달삼에게 중앙당 이재복의 지령을 전달하는 연락병 역할을 했다.[12] 이와 같은 자료를 종합할 때, 남한 내 좌익은 남로당은 물론이거니와 북로당의 지령을 받는 위치에 있었음을 알 수 있다. 좌파 위원들은 중앙당 지령설을 입증할 자료마저 보고서에 반영하지 않았으며, 결론으로 남로당 중앙당 지령은 없었고, 김점곤 장군, 박갑동 등도 중앙당 지령설을 인정하지 않았다며 국민을 속이고 있다.

---

9 박갑동, 박헌영, 그 일대기를 통한 현대사의 재조명, 인간사, 1988. 4, p.199 / 고문승, 박헌영과 4·3사건, 동아문화사, 1989. 3. 25, p.129

10 헌법소원 심판청구서, 송원화 외 5명

11 제주4·3사건진상규명및희생자명예회복위원회, 제주4·3사건진상조사보고서 수정의견 검토자료〈2〉, 2003. 9, p.332

12 박윤식, 대한민국 근현대사 시리즈 3, 여수 순천 사건, 도서출판 휘선, 2021. 5. 17, p.154, 159

나. 문제점

4·3의 가해자는 소련과 북로당, 남로당이다. 4·3특별법은 가해자를 은폐함으로써 4·3이 제주 지역 자체적으로 발생한 민중봉기처럼 위장한다. 그 의도는 4·3 피해의 책임을 대한민국에 돌리고 공산폭동을 면책 내지는 정당화하기 위함이다. 4·3에 관한 정책, 법률, 재판 등 일련의 국가행위들이 자유민주적 기본질서를 심각하게 침해하여 왔기 때문에, 이와 같이 본말이 전도된 상황에 대해 이의를 제기하지 않는 분위기다.

보고서에서는 사건 주체인 '반란군' 또는 '인민군'이라는 용어 대신에 '무장대'라는 용어를 쓰고 있다. '무장대'라는 호칭은 진실을 은폐하려는 꼼수다. 은행을 털기 위해서 무장했다면 은행 강도, 무장해서 사람을 죽였다면 무장 살인범, 국가에 항적했다면 반란군 등으로 이름에는 그 실체가 정의되어야 한다. 따라서 남로당 무장대, 공산무장유격대 등으로 써야 맞다. 그러나 그 실체가 보이지 않는 명칭을 구태여 사용한 것은 그 실체를 드러내기가 부끄러웠고, 그 실체를 은폐하려는 의도가 있었기 때문이다.[13] 보고서작성기획단과 위원회는 갈등을 방지하자는 차원에서 가치중립적인 용어인 '무장대'라는 표현을 사용했다고 한다. 그러나 이념이 달랐던 주체를 평가할 때 가치중립적 용어로 표현하면 후대에 가서는 역사 인식에 왜곡을 가져올 수 있다. 공산주의 이념이 인식될 수 없는 용어는 바른 표현이라 할 수 없으며, 중립적 용어 사용은 행위 주체를 숨기려는 의도라 할 수 있다.

4·3특별법은 '무력충돌'이라는 가치중립적 표현을 사용함으로써 누가 누구를 제압했는지 진압의 주체도 명시하지 않았다. 입법자의 의도가 무력충돌의 쌍방으로 주민과 군경을 설정했을 것이라고 해석되지만, 실상은 무력충돌이 아닌 남로당의 기습공격과 이어진 게릴라전에서 군경이 진압활동을 한 것이다. 남로당과 군경의 충돌이 해석상 남로당이 군경을 진압했다는 뜻은 아니겠지만 주체를 은폐하여 발생하는 개념의 혼란과 본질의 왜곡은 명확성의 원칙에 위반하여 위헌이다.

---

13 김동일, 제주4·3사건의 거짓과 진실, 노무현 정부의 제주4·3사건진상조사보고서의 7대 거짓말, 비봉출판사, 2016, p.7-8

5. 4·3사건 목적

가. 4·3사건 목적 은폐

4·3사건의 목적은 대한민국 건국을 방해하고 공산국가 건설에 있었다. 그런데 2000년 제정된 4·3특별법은 제1조 법의 목적에서 "이 법은 제주4·3사건의 진상을 규명하고 이 사건과 관련된 희생자와 그 유족들의 명예를 회복시켜줌으로써 인권신장과 민주발전 및 국민화합에 이바지함을 목적으로 한다."라고 규정한다. 보고서는 "이 같은 입법취지에 따라 발발배경, 전개과정, 피해상황을 종합적으로 조사하되 특히 주민희생 등 인권침해 규명에 역점을 둔다는 기본방향을 설정하고 조사에 착수했다."고 했다. 4·3특별법의 명예회복, 보고서의 인권침해 규명 모두 진상이 밝혀져야 가능하므로 이러한 목적을 얻기 위해서는 먼저 진상규명에 역점을 두었어야 했다.

사건 정의 규정은 진상규명을 못하게 하는 독소조항이다. 무력충돌 개념이 공산폭동 반란의 진상을 규명하기 어렵게 제한하는 작용을 하기 때문이다. 독소조항은 진압의 필요성과 정당성도 배제시키는 원인이 되었음은 물론 객관성과 공정성을 확보하지 못한 입법, 사법, 행정이 되게 하여 국민적 공감도 얻지 못하는 결과를 만들었다. 4·3특별법의 목적은 선 진상규명, 후 명예회복임을 명시했다. 그런데 4·3특별법은 '무력충돌'이라고 사건 정의를 규정하고 있어서 진상규명을 하기도 전에 이미 사건 정의를 해놓은 것이다. 이러한 사건 정의 규정은 진상규명의 방향을 공산폭동 반란으로 가지 못하도록 유도하는 차단막 역할을 한다. 그렇지 않다면 진상규명을 사실대로 한 후 그 결과를 보고서와 4·3특별법에 반영하여 정의 규정을 개정했어야 한다. 진상을 조사했다면 당연히 개정되었어야 할 정의 규정이 개정됨이 없이 오늘까지 유지되어 왔다는 사실은 사건 정의 규정은 사건의 목적을 은폐하기 위하여 의도적으로 고안된 독소조항이었음을 말해준다. 사건 정의 규정에 있어야 할 실제 4·3의 목적인 공산통일정부 수립, 대한민국 건국을 위한 5·10총선거 저지, 반미투쟁(보고서 168면[14])은 보고서의 사건 정의(보고서 536면)에서도 은폐되었다. 4·3사

---

14 첫째, 경찰과 우익청년단의 탄압에 저항
   둘째, 단독선거·단독정부의 결사반대와 조국의 통일독립 쟁취

건은 남로당 제주도당이 북한 및 남로당 중앙당과 연계하여 일으킨 건국방해 사건이다. 제주도민 52,350명이 조선민주주의인민공화국 대의원 선출을 위한 선거에 투표한 사실은 4·3사건의 목적이 공산국가 건설이었음을 보여준다. 자료집 제12권에 들어있는 「제주도인민유격대투쟁보고서(김달삼 저)」는 4·3은 조직적인 공산 폭동 반란이라는 근거를 제시한다. 그러나 보고서와 4·3특별법의 사건 정의 규정은 4·3이 공산국가 건설을 위해 일어났던 사건임을 알 수 없게 되어 있다. 오히려 무력충돌과 진압 과정에서 희생된 자들에게 보상하는 법이 되어 '민중봉기'로 정의되고 있음을 확인할 수 있다.

나. 남로당 제주도당 조직동기

"제주도에 있어서 반동 경찰을 위시한 서청, 대청의 작년 3·1 및 3·10 투쟁 후의 잔인무도한 탄압으로 인한 인민의 무조건 대량 검거, 구타, 고문 등이 금년 1월의 신촌사건을 전후하여 고문치사 사건의 연발(조천)지서에서 김용철 동무, 모슬포 지서에서 양은하 동무로써 인민 토벌 학살 정책으로 발전 강화되자 정치적으로 단선, 단정반대 UN조위 격퇴 투쟁과 연결되어 인민의 피 흘리는 투쟁을 징조하게 되었다."[15]

위 「제주도인민유격대투쟁보고서」에서 알 수 있는 사실은 남로당 제주도당 조직동기가 경찰의 탄압에서 비롯되었다는 인식을 보인다. 그러나 그 앞에 생략된 '공산주의 활동 → 단속 → 인민유격대 조직 → 폭동 반란 → 진압' 같은 전체 과정에 대한 이해가 선행되어야 한다. 남로당 조직은 공산국가 건설을 도모하기 위한 동기에서 비롯되었다. 경찰의 진압을 탄압으로 보는 입장은 북한 추종세력에 있어서는 당연한 인식으로서 북한사관이라 할 수 있다. 대한민국의 입장에서 공산국가 건설 활동에 대한 경찰의 강력한 제지는 정당행위가 된다. 강경진압을 하지 않았다면 공산화를 도모하는 자들의 행위가 만연해져서 결국은 공산국가가 되었을 것이기 때문이다. 그 근거

셋째, 반미구국투쟁

15 제주4·3사건진상규명및희생자명예회복위원회, 제주4·3사건자료집12 [북한·러시아·무장대자료편], p.226

는 남로당 제주도당이 적화통일을 위한 조직을 어느 정도로 철저히 갖추고 있었는지 살펴보면 알 수 있다.

다. 남로당 제주도당 조직규모

4·3폭동 직후의 남로당 제주도당 조직체계는 아래 표와 같으며, 이러한 위협적인 조직을 여러 차례 정비했음을 「제주도인민유격대투쟁보고서」를 통해 확인할 수 있다.[16]

체계	내용			
도투위(島鬪委)	보급부, 군사부, 선전부, 조직부, 위원장			
도사령부	경리부, 위생부, 통신부, 병기부, 참모부, 〈군책 겸임〉사령관			
면투위(面鬪委)	보급부, 군사부, 선전부, 조직부, 위원장			
면사령부	보급부, 위생부, 통신부, 병기부, 참모부, 사령관			
도특경대	군위 직속으로서 반동들의 동정감시			무장대
유격대	제주읍, 조천, 애월, 한림, 대정, 중문, 남원, 표선면에 조직			
세포특위	**자위대**	세포자위대	후속부대로서 마을에 소재	
		부락인민자위대		
	선행대, 선전부, 조직부, 위원장			

무장대는 인민유격대(인민해방군=인민민주주의 군대=남로당 군인), 자위대, 특경대로 조직되었다. 제주도는 1947년 8월에 이미 '인민해방군'이라는 무장 게릴라 소조가 결성되어 조직적인 훈련을 실시하고 있었다. 인민해방군 가운데 한라산을 중심으로 활동하는 유격대는 최상위 부대로서 4·3 직후 250명으로 정리 축소하였다. 이것은 투쟁 시 유격대와 자위대가 공동 작전, 투쟁 종료 후 다 같이 상산(上山)하여 공동생활을 하는 까닭에 일상생활 상의 혼란과 보급문제로 적정한 인원만 남기고 하산시켰기 때문이다. 그러나 그 후 재차 병력 확대의 필요성을 느껴 전원 400명 정

---

16 제주4·3사건진상규명및희생자명예회복위원회, 제주4·3사건자료집12 [북한·러시아·무장대자료편], p.228-231

도로 확충시켰고 많을 때는 500명까지 유지했다고 한다. 한라산을 거점으로 활동한 인민유격대는 전투부대 정예요원이어서 그 인원이 많지 않았다. 통상 400명 정도였지만 증감변동하였고 군경과의 교전에서 사살된 유격대원만큼 그 부족인원은 자위대 등에서 지속적으로 보충하였다. 제주도 인민해방군 규모에 관하여 가장 신뢰할 만한 자료인 브라운 대령 보고서에 의하면, 촌락에 조직된 공산주의자 세포조직 이외에 제주도를 위한 인민민주주의 군대는 2개 연대와 보충 전투대대로 구성되어 있었다. 장교요원들이 임명되었고 신병모집은 활발하였다. 폭동이 최고조에 달하였을 때 인민민주주의 군대는 약 4,000명의 장교와 사병을 보유한 것으로 추산된다.[17] 1948년 5월 27일부터 6월 18일까지 인민해방군은 약 4,000명의 병력을 가지고 있었지만 군내 남로당 프락치들의 작전명령 사전 누설로 국경과의 충돌을 피하며 박진경 연대장 암살과 탈영병 공작을 추진하는 등 게릴라 전술을 전개하였다.[18] 이들 중 10%는 총으로 무장하였고, 나머지는 일본도와 재래식 창으로 무장하였다. 산에서 활동하는 소수 정예 유격대를 제외하면 대부분의 유격대원은 마을에 은신한 채 게릴라로 활동하였다. 제주도경찰청은 제주도 인민해방군 명단을 1,604명 정도까지 밖에 집계하지 못하였는데, 그 이유는 은신 중인 인민유격대를 파악할 수 없어서였다. 남로당 제주도당이 4·3폭동을 일으킨 배경은 막강한 세력을 기반으로 5·10총선거 반대 무장폭동을 일으키면 전국에서 호응할 것이고, 남로당 프락치 조직이 있었던 국방경비대는 중립을 지킬 것이며, 미군과 소련이 곧 철수하면 북한의 김일성과 남로당의 박헌영의 강력한 세력이 머지않아 49년도에는 38선을 넘을 것이라는 판단이 작용한 결과였다. 적화통일을 위해서 제주도 전역에 치밀한 조직을 갖춘 남로당 제주도당은 전남도당 조직지도원 올그[19] 이명장과 남로당 중앙당 군사이론가 천검산[20] 등이 하달한 중앙당 지령에 힘입어 대한민국 파괴활동에 앞장선 것이다.

---

17 제주4·3사건진상규명및희생자명예회복위원회, 제주4·3사건자료집9 [미국자료편③], 2003, p.39-40

18 문창송, 한라산은 알고 있다. 대림인쇄사, 1995. 8. 15, p.33

19 올그는 남로당 제주도당의 상급당인 남로당 중앙당 또는 전남도당에서 파견되는 지도원을 말함

20 나종삼 전 4·3전문위원은 천검산은 성명미상의 올그였으며 올그는 대체로 1개월 정도 제주도 현지를 지도한 후 다른 올그와 임무교대를 하였다고 설명함

라. 문제점

4·3은 모든 공식문서가 증거하듯이 미군정과 대한민국의 법을 무시한 폭동 반란이었다. 그런데 왜 '민중봉기'로 왜곡하여 합법적 법집행을 한 군과 경찰을 학살자로 매도하고 폭도는 폭압적 공권력에 의롭게 항거한 봉기자로 만들어 명예회복을 시키려는 것인가? 여기에는 어떠한 문제가 있는가?

1) 4·3특별법의 목적과 사건 정의는 대한민국 정통성과 정체성을 부정하고 있으며, 국민화합이 아닌 새로운 갈등과 반목을 야기한다.

2) 사건 목적을 은폐한 이유는 1948년 4·3사건 1년 전에 있었던 1947년 3·1발포사건을 4·3에 결부시켜 민중봉기로 조작하기 위함이다. 3·1절 행사 시 경찰이 많은 도민을 강압적으로 연행하여 이에 불복한 제주도민들의 반발이 1년 후 단선단정 반대투쟁과 연결되어 4·3사건의 도화선이 되었다고 주장함으로써 4·3폭동이 아닌 무장봉기라고 정의하는데 준거로 활용하고 있다.

3) 4·3특별법 제1조의 주된 목적이 사건의 진상규명이었으므로 4·3진상규명을 제대로 하는 경우 사건 목적이 '단선단정 반대' 즉 '공산통일국가 수립'이었음이 자명해질 수밖에 없었다. 이러한 결과를 불편하게 여긴 정치 세력은 진실을 감추기 위해 4·3과 직접적 관련이 없는 3·1사건을 부각시켜 국민을 호도하고 있다.

4) 2001년 헌재는 4·3사건을 '공산폭동 내란'으로 '5·10 총선거 저지' 목적이었다고 분명히 밝혀 놓았는데, 국회, 위원회, 법원은 헌재 결정을 무시한 채 폭도를 희생자로, 내란을 항쟁으로 둔갑시켰고 이는 재량권 남용에 해당하여 위헌 위법이다.

5) 4·3특별법은 대한민국을 부정하는 세력을 진압한 군과 경찰, 우익의 명예를 회복하는 법이 되었어야 한다. 그러나 불행하게도 건국을 부정한 세력의 명예를 회복할 목적으로 대한민국 국가

부정 및 건국의 정당성을 파괴하는 법으로 타락하여 헌법적 정체성을 몰각한 반역의 대명사 같은 법률이 되고 말았다.

6. 4·3사건 시기

가. 3·1사건의 진실

1947년 3·1운동 기념집회는 남로당(공산당)이 주최한 불법집회였다. 남로당은 미군정의 집회 제한 및 가두시위 금지방침을 위반하면서 위협적인 불법시위를 주도하였다. 공산주의 국가건설이 목표였던 남로당과 그 예하 전위조직은 세를 과시하면서 자신들의 목적을 관철하고자 3·1운동 기념일을 선택했다. 3·1불법집회는 남로당 제주도당이 자체적으로 기획하여 추진한 순수한 기념행사가 아니라 남로당 선전선동, 당원 배가운동 및 투쟁방침을 담고 있는 정치투쟁의 장이었으며, 남로당 중앙당의 지령에 의해서 철저하게 기획되어 이루어졌다. 남로당 지령서들을 추적해 보면, '남로당 중앙당 → 북한 김일성과 박헌영 → 북한주둔 소련군정 레베데프 → 소련 연해주 군관구 스티코프 → 소련 스탈린'으로 일사분란하게 연결되었음을 알 수 있다. 이런 까닭에 3·1불법집회에서 '김일성 만세'를 부른 것이다.[21] 1947년 3월 13일 제15차 지령서인 '당투위 제10호'에는 최초로 무장반격전을 암시한 '불법탄압이면 무력으로 항쟁한다'는 구호가 등장한다.[22] 이는 남로당 제주도당이 최초로 무장투쟁 속내를 내비친 것이다. 남로당은 3·1불법집회 전후를 불문하고 오로지 공산주의 강령을 실천하는데 일로매진하였지, 이를 포기하려는 조짐이나 의지는 추호도 없었다. 남로당이 4·3무장반격전을 전개한 것은 공산주의 통일을 지향한 남로당 강령(제주경찰사, 1990. 10. 제주경찰국, 287면 '조선에 민주주의 인민공화국을 건설하기 위한 것…')에 따른 것이지, 3·1

---

21 뉴스라인제주TV, [4.3증언] (6) 현임종 회장(노형동), 현태식 전 제주시의회 의장(연동), 2023. 1. 26. https://www.youtube.com/watch?v=pEszQKS_kj0

22 김영중, 남로당 제주도당 지령서 분석, 퍼플, 2023 제2판, p.106

발포사건에 대한 저항으로 4·3무장반격전을 전개하였다는 주장은 지나친 억지다.[23] 3·1불법집회는 남로당의 지령 없이 독자적·자발적으로 일어난 민중항쟁이 아닌 남로당의 공산통일운동의 일환이었다. 3·1사건이 공산폭동 반란의 예비음모 단계라면 4·3은 실행의 착수단계였다는 차이가 있다. 이런 구조적 틀 안에서 이해할 때 불법시위를 주도한 남로당의 책임은 분명해지고, 시위대의 습격으로 오인한 경찰의 발포에 대해서만 책임을 부각시키려는 것에 동의할 수 없게 된다. 결국 3·1발포사건은 남로당을 중심으로 한 제주도 좌파세력이 미군정의 집회방침을 어기면서 무리하게 강행한 불법시위로 발생하였으며 경찰의 오인사격으로 희생자가 발생하여 제주사회에 긴장된 분위기가 조성되었다.[24]

좌파들이 선동할 때 써먹는 단골 메뉴가 있다. 즉 6살 아이가 기마경찰의 말에 치어 다쳤는데 경찰이 방치하고 가는 것을 군중이 보고 격분했다는 주장이다. 사건의 진실은 이렇다. 불법 시위대가 경찰이 탄 말의 항문을 막대기로 찔러 놀란 말이 피를 흘리며 날뛰자 구경하던 6살 아이가 피하다 넘어진 것으로 우발적 사고였다. 당시 6살 아이는 신구범 전 제주도지사 고교 동창 김구웅 씨로 다친 데가 없었다.[25] 군중들이 "경찰이 아이를 죽여 놓고 달아난다."며 흑색 선전선동과 함께 경찰서로 돌을 던지며 몰려들자 시위대의 습격으로 판단한 경찰의 공포사격(정당방위) 내지는 오인한 사격(오상방위)이었다. 사격한 경찰관으로부터 100미터 쯤 떨어진 은행건물 벽에 맞고 유탄이 되어 날아와 사상을 입었다고 당시 북초등학교 6학년생으로 시위에 참가했던 분의 증언에서도 알 수 있다.[26] 따라서 4·3을 폭동 반란으로 보는 경우 3·1불법집회의 연장이 4·3이란 점에서 양자의 연관성은 인정할 수 있다. 다만 3·1발포사건이 없었더라도 4·3은 발생했을 것이라는 측면에서 양자의 연관성은 부정된다. 3·1발포사건은 3·1불법집회에서 발생한 불상사에 불과하며, 남로당의 공산통일운동 즉 반란을 실행에 옮긴 4·3과 직접적 연관성은 없다. 남로당 입장에서

23 김영중, 남로당 제주도당 지령서 분석, 퍼플, 2017, p.12, 110-112

24 국방부, 제주4·3사건진상조사보고서 수정안, 2003, p.3

25 뉴스라인제주TV, [4.3증언] (7) 현태식 전 제주시의회 의장, 2023. 2. 27.
   https://www.youtube.com/watch?v=Z7PUQofdP2c

26 제주4·3사건진상규명및희생자명예회복위원회, 제주4·3사건진상조사보고서 수정의견 검토자료〈2〉, 2003. 9, p.213

3·1불법집회는 세력을 결집하기 위함이었다. 경찰의 발포로 6명의 사망자가 발생한 것을 계기로 남로당은 "양민을 학살한 경찰을 타도하라"는 등의 표어를 내걸고 대중을 선동하여 파업을 단행하고 민간과 경찰 사이에 이간을 조장하여 왔다.[27] 경찰의 발포사건은 남로당의 민심이반 책동에 활용되어 그들의 세력확장 수단이 되었다.

나. 4·3은 특별한 날

4월 3일은 공산주의 역사에서는 의미심장한 날로 여겨진다. 1917년 4월 3일 레닌은 스위스에서 망명생활을 하다가 러시아로 귀국한다. 러시아 공산 사회주의 혁명가 레닌이 귀국한 날이 4월 3일이다. 1922년 4월 3일은 스탈린이 소련 공산당 총서기에 취임한 날이다. 스탈린은 레닌의 귀국일 4월 3일을 특별히 기리며 그날 취임식을 거행한 것이다. 남로당을 창당한 박헌영은 1929년 국제레닌학교(International Lenin School)를 수료했으며, '조선의 레닌'이라 불렸다. 이와 같이 4·3은 남로당에게는 레닌 → 스탈린 → 박헌영이 연상되는 기념일이다. 그들의 사상적 기반은 자유민주주의가 아닌 프롤레타리아 독재였다. 5·10총선거 이전 수많은 날짜가 있었음에도 레닌이 10여 년 망명 생활에서 귀국한 날, 스탈린이 소련공산당 총서기에 취임한 날인 4월 3일을 기리며 제주도에서는 남로당이 주동이 되어 4·3폭동을 일으켰던 것이다. 헌재도 이와 유사한 사례를 파악하여 2000헌마238사건에서 "남로당 무장대가 소련혁명기념일을 기해 제주도 일원의 경찰지서와 진압군에 대하여 기습을 벌이기도 했다."고 판시한 바 있다. 1948년 10월 1일 소련혁명기념일을 기하여 남로당 폭도들은 다시 대규모 폭동을 일으켜 도순 및 오동리에 있는 경찰지서를 습격하였다. 공비들은 이를 필두로 제주도 전역에서 습격·약탈·살상 등 각종 만행을 자행함에 따라, 10월 11일 정부는 경비대사령부를 설치하고 10월 17일에는 중산간지역에 공비토벌작전을 위한 주민과 공비분리의 일환으로 포고문을 선포한 것이다.[28] 소련혁명기념일은 러시아 10월혁명 기

---

27 임동원, 혁명전쟁과 대공전술, 탐구당, 1968. 9. 20, p.231

28 육본 공비연혁, 1971, p.443, 국방부 전편위, 대비정규전사, p.60

념일을 말한다. 남로당 무장대는 러시아력으로 10월 25일, 양력으로 11월 7일인 소련혁명기념일을 제주도 적화음모거사일로 정하여 10월 1일 민가를 습격, 10월 7일 인공기 게양투쟁, 10월 24일 대한민국에 선전포고, 10월 28일 군 프락치사건, 11월 7일 경찰 프락치 사건 등을 일으킴에 따라 11월 17일 대한민국 정부는 계엄령을 선포하게 된 것이다.

다. 문제점

2001년 헌재는 결정문에서 4·3의 기점을 좌파가 주장하는 1947년 3월 1일은 배척하고 객관적인 증거에 의해 1948년 4월 3일로 판단했다. 3·1사건을 4·3사건의 기점으로 보는 좌파의 주장은 임의적인 해석이며 두 사건 사이에 직접적인 연관성은 찾을 수 없다. 4·3특별법은 제2조 제1호 사건 정의에서 **"'제주4·3사건'이란 1947년 3월 1일을 기점으로 1948년 4월 3일 발생한 소요사태 및 1954년 9월 21일까지 제주도에서 발생한 무력충돌과 그 진압과정에서 주민들이 희생당한 사건을 말한다."**라고 규정하였다. 동규정은 헌재 결정에 반하여 4·3의 시작을 1948년 4·3이 아닌 1947년 3·1로 왜곡한다. 4·3사건의 발생 기점을 경찰서에 몰려오는 남로당 시위대에 위협을 느낀 경찰이 우발적으로 발포하여 도민 사망자가 발생한 1947년 3·1사건으로 설정함으로써, 4·3사건이 경찰발포에 의한 양민사망에서 비롯된 민중항쟁이라는 왜곡된 인식을 심어 놓았다.[29] 경찰발포가 무장봉기의 도화선이 되었다는 주장을 하는 의도는 대한민국 건국을 저지한 남로당의 반역행위를 은폐하고, 4·3반란을 항쟁으로 정당화하여 책임을 국가에 전가하기 위한 술책에 불과하다. 그것이 좌파가 3·1사건을 4·3사건의 시원으로 조작하는 이유이다.

3·1발포사건에 항의하려면 발포 경찰관을 3·1 당시에 처벌하라고 하면 될 일이었다. 발포사건이 있은 지 1년이 지나서 제주도 12개 경찰지서를 습격하고 선거를 방해하는 것은 논리적으로 맞지 않는다. 3·1사건이 없었더라도 4·3은 예정되어 있었던 것이다. 1948년 1월 소련이 남로당의 투

---

29 구충서, 노무현정부 4·3보고서의 문제점, 제주4·3사건 재조명 국회 세미나 자료집, 2023, p.39

쟁전환을 지시한 '2·7폭동 지령'[30] 직후에 육지와는 달리 제주도에서 폭동을 일으키지 못한 이유는 1948년 1월 22일 남로당 제주도당 주모자 221명이 대거 검거되어 지휘부 공백상태가 되었기 때문이었다. 그러한 연유로 지령을 실행하지 못하다가 1948년 2월 신촌회의에서 무장폭동을 결의하고, 3월 중순 남로당 전남도당 올그(지도원)의 지시로 1948년 4월 3일 폭동을 일으키게 된 것이다. 1947년 3·1사건을 기점으로 한다면 3·1사건으로 추념일을 정해야 하는데, 그렇게 하지 못하는 이유는 4·3이 너무도 자명한 역사적 사실이었음을 말해준다. 4·3을 통일운동으로 미화했던 문재인 전 대통령조차 4·3의 시작을 1948년 4월 3일로 인정한 사실은 본서 뒷 부분에서 다룬다.

7. 4·3사건의 성격

사건의 성격이 반란(내란), 폭동, 봉기(항쟁) 중 무엇이냐에 따라 사건에 가담하였던 자들의 행위가 달리 평가된다는 점에서 성격 규정은 중요하다. 2001년 헌재는 4·3사건의 성격이 남로당이 저지른 건국방해사건이라고 규정하였다. 그런데 보고서와 4·3특별법은 헌재의 결정 이후에도 무력충돌이나 민중봉기를 유지하고 있다. 정부와 국회는 보고서와 4·3특별법에 반란을 배제했고 오히려 반란을 진압한 국가행위를 불법으로 간주하여 반역자들에게 보상금까지 집행하고 있다.

가. 상반된 역사관

북한사관과 대한민국사관 중 어느 사관을 취하느냐는 4·3 해결의 중요한 관건이다. 어느 입장이냐에 따라 전혀 다른 평가와 결과를 얻게 된다.

공산주의자들은 가설에 불과한 평등한 공산국가 건설을 꿈꾸고 유물사관을 창조해냈다. 유물사관은 역사발전의 원동력을 관념이 아닌 물질(경제)로 보고 계급투쟁이 근본이 된다는 역사관이

---

30 김영중, 제주4·3사건 문과답, 나눔사, 2022, p.116-121, 김영중, 레베데프 비망록, 해동인쇄사, 2016, p.73-74

다. 공산주의 이념의 전제가 되는 유물사관은 하나님과 인간의 영적 존재성을 부정한다. 4·3 주동자들은 인간의 영적 존재성을 부정하는 역사관과 이념에 경도된 자들이었기에 인간을 존엄의 대상이 아닌 물질과 같은 존재로 취급하였다. 이들은 이상사회 건설을 꿈꾸며 허구에 불과한 공산주의 유물사관을 내세워 공산국가 건설을 정당화하고 그 필연성을 주장하면서 4·3폭동 반란을 실행에 옮겼다.

북한사관은 공산주의 이념을 전제로 한 유물사관에 조선민주주의인민공화국을 정통으로 보는 역사관이다. 북한사관에 의하면 남로당의 무장투쟁은 경찰의 탄압에 맞선 의로운 항쟁으로, 이를 진압한 이승만은 집단학살범으로 평가된다. 또한 4·3은 공산국가로의 통일을 위한 의로운 투쟁이요, 이승만과 대한민국은 통일을 무산시킨 분단의 책임자요 6·25전쟁의 원인제공자로 평가된다. 대한민국은 애초에 태어나지 말았어야 할 나라가 되는 것이다.[31] "미군이 주도하는 민족분단을 막기위해 일어난 통일운동이 1948년 2·7구국투쟁이었고, 그 연장선에서 제주4·3항쟁이 일어났다."[32]는 입장도 공산주의자 관점에서 사건을 바라보는 북한사관과 맥락을 같이 한다. 북한사관은 미국과 이승만 대통령 그리고 국군과 우익은 공산통일을 방해한 반동으로 간주한다.

보고서와 4·3특별법은 기망적인 요소가 내재되어 있다. 이것은 공산주의자들이 배후에서 전략적으로 관련되어 나타나는 현상이 아닐지 의심된다. 공식문서에 직접적·명시적으로 표현하면 쉽게 들통이 날 수 있는 왜곡된 사실을 서서히 정설로 받아들이게 만든다. 비유컨대 악덕상인이 실제 1만원 상품을 정가 100만원에서 대폭 할인해 10만원으로 판매한다는 광고를 한다. 허위·과대광고에 속은 소비자가 10만원에 구매함으로써 악덕상인은 9만원의 이득을 편취하고 소비자는 9만원의 손해를 보는 경우처럼 허위·과대광고에 의한 사기세일과 어떤 면에서는 유사한 방식이다. 일례로, 보고서 536면에 나오는 "남로당 무장대가 군경을 비롯하여 민간인을 살해한 점은 분명한 과오이다."에서 '과오'라는 표현은 일종의 기망에 해당하는데, 이유는 다음과 같다.

첫째, 군경을 살해한 행위는 계획적인 고의를 갖고 자행한 초중범죄에 해당하는 국사범죄이지

---

31 이용우, 자유민주주의를 위한 일념으로, 법률신문사, 2017, p.370
32 한국전쟁전후민간인학살진상규명범국민위원회, 다 죽여라 다 쓸어버려라, 2003. 12. 31, p.43

단순한 실수로 간주되는 과오가 아니다. 범죄의 책임 정도에서 살해를 100으로, 과오는 10으로 본다면, 살해를 과오로 속여 책임을 줄여 인식하게 만들었다. 보고서는 남로당 무장대가 100을 잘못했음에도 10정도 잘못했다는 식으로 호도하여 서술하고 있다. "남로당 무장대도 10정도 잘못은 했네, 공정하게 서술했네..."라고 인식하도록 유도함으로써, 나머지 90의 잘못은 대한민국의 잘못인 것처럼 된다. 보고서와 4·3특별법은 국민을 기망하여 헌법질서를 파괴한 부류가 이익을 편취하게 하고 국가에는 손해를 입히는 구조로 만들어졌다.

둘째, 살해라는 범죄를 단지 과오로 이해한다면 폭동 반란의 공격행위 자체는 정당하다는 뜻이다. 공산주의 통일은 명분이 있다는 것이고, 공산주의를 반대하는 반동을 처벌하는 것은 정당하지만 처벌수위로 살해를 택한 점은 지나쳤다는 뜻이 된다. 공산분자를 진압하는 대한민국 군경을 공격한 행위는 정당하고 남로당 무장대가 군경, 민간인을 살해한 것은 실수인 반면에, 군경이 남로당 무장대를 사살한 것은 학살범죄라는 것이다. 이러한 시각은 북한사관에 입각한 서술이다.

보고서와 4·3특별법 전반에 걸쳐 '과오'와 유사한 기망적인 활용 사례는 수없이 많다. '과오' 표현과 같이 우회적으로 교묘하게 불순한 의도를 심어놓았다 할지라도 대한민국사관에 입각하여 주의깊게 들여다보면 거짓과 술수를 쉽게 감지할 수 있다.

북한사관은 소설이라는 도구를 동원하여 사실을 왜곡하기도 한다. 대표적인 작품은 조정래의 〈태백산맥〉이다. 조정래는 이 소설에서 4·3 당시 박진경 대령이 죄 없는 양민들을 닥치는 대로 죽이라고 명령했다는 허위 내용을 기록함으로써 박진경 대령의 명예를 훼손하였다. 이를 알게 된 박진경 대령의 아들 박익주 등은 조정래 부부와 만나 어떤 근거로 박진경 대령을 음해하는 내용을 썼는지 추궁하자, 조정래 부부는 노민영의 〈잠들지 않는 남도〉를 표절했다는 고백을 하면서 사죄를 구하였고, 삭제하겠다고 약속하였다. 〈잠들지 않는 남도〉는 4·3 관련 기존 자료를 전면 부인하는 내용들을 엮어서 출판한 책으로 좌파 운동권 학생들의 교양서가 된 책이다. 소설 〈태백산맥〉은 현대사를 왜곡하여 건국에 주도적으로 참여했거나 기여한 인사들의 명예를 손상시킴과 동시에 대한민국의 정통성마저 훼손시켰다. 뿐만 아니라 북한 김일성 정권에 정통성을 부여하며 공산주의 혁명 사상을 조장하였고, 반미감정을 고취시켜 대한민국을 미국 식민지로 인식시켰다. 조정래는 국가보안법 위반죄로 이승만 대통령의 아들 이인수 박사 등으로부터 고발당한 적이 있었다. 그러나 좌파정권을 거치면서 조정래의 처벌은 유야무야되었고 조정래는 끝내 4·3 왜곡내용을 삭제하지 않았다.[33] 반국가적 소설들에 대한 정부의 무관심과 관대함이 좌파로 하여금 허구적 역사를 무기화하여 문화영토와 국민정서를 잠식하도록 한 원인이 되었다.

대한민국사관은 민족사관을 중시하지만 그에 우선하는 자유민주주의 이념을 바탕으로 1948년 8월 15일 건국을 인정한다. 대한민국사관에 의하면 공산주의 이념을 추종하는 세력은 반국가단체가 되며 정부가 반란세력을 진압한 행위는 정당한 행위로써 헌법상 보호를 받게 된다.

어느 사관을 취하느냐에 따라 4·3사건의 성격과 군경의 진압행위에 대한 평가가 다르게 규정된다. 그 차이를 정리하면 4·3사건의 성격이 어디서 왜곡되었는지 규명할 수 있다. 4·3사건을 민중봉기로 보는 시각은 북한선거에 참여한 남로당이 사건 주체임을 은폐하고 북한사관에 입각해서 4·3사건 성격 규정을 한다. 위 내용을 도표로 정리하면 다음과 같다.

역사관 (이념)	4·3 성격	군경 행위 평가
북한 (인민민주주의, 공산주의)	– 대한민국은 반동세력 – 반동을 공격 – 인민봉기, 민중항쟁 – 남로당 중앙당 개입(남한좌파 : 부정, 북한 : 인정)	– 국가폭력행위 – 불법행위 – 인민학살
대한민국 (자유민주주의)	– 남로당은 공산세력 – 대한민국에 대한 항적 – 공산폭동 반란 – 남로당 중앙당 개입 인정	– 반역행위 진압 – 정당행위 – 반역자 처벌, 처형

나. 4·3사건의 본질

4·3은 진압군이 무고한 제주도민을 학살한 사건이 아니다. 4·3폭동이 진압되어 1948년 7월 말경 제주도는 비교적 조용해졌다. 1948년 8월경 김달삼의 월북 후 후임으로 이덕구가 인민유격대 사령관이 되면서 1948년 9월 15일 이후 남로당 무장대는 우익을 납치, 살인하는 만행을 재개하였다. 심지어 1948년 10월 19일 여수 14연대 반란에 고무된 이덕구는 1948년 10월 24일 대한민국에 선전포고를 하였다. 이어서 1948년 10월 26일 9연대 남로당원 장교 6명, 사병 80여 명이

---

33 이희범, 史實 왜곡된 〈太白山脈〉과 4·3사건 문화왜곡한 주범 조정래, 한국논단, 1994. 8.

송요찬 연대장과 이근양 중대장을 죽이고 9연대를 장악하여 반란을 일으키려다 발각되어 전원 체포되었다. 1948년 11월 1일 제주경찰 11명이 주동하고, 좌익 공무원 75명이 가담하여 제주를 적화하여 남한의 전진기지로 삼으려던 계획이 발각되었다. 1948년 11월 2일 인민유격대의 공격을 받고 9연대 3대대 6중대장 이하 14명이 전사하고 많은 군인이 부상을 당하였다. 이러한 국가 위기상태에서 정부는 1948년 11월 17일 계엄령을 선포하지 않을 수 없었다.[34]

4·3사건은 남로당 공산주의 세력이 대한민국 건국을 저지하고 한반도를 공산화로 통일하고자 일으킨 반란이었음이 틀림없는 사실이다. 그러나 좌파는 단선단정 반대와 경찰과 서청의 탄압에 대한 무장투쟁으로 주장한다. 그들은 단선단정 반대는 통일운동으로, 경찰과 서청의 탄압에 저항은 민중봉기로 성격 규정을 한다. 그러나 대한민국 관점에서는 4·3은 공산통일운동으로 반역에 해당한다. 보고서는 4·3사건을 제주 민중이 한반도 통일을 위해 이승만의 분단획책 기도에 맞서 일어선 정당한 민중항쟁처럼 미화하고 있다.[35] 보고서와 4·3특별법은 4·3의 성격이 공산폭동 반란인지 여부를 알 수 없도록 사실을 은폐하거나 적극적으로 왜곡하여 사건의 성격을 조작하였다. 4·3특별법은 제2조 사건 정의 규정에서 헌재가 결정한 공산폭동 반란(내란)을 배제했다. 4·3을 민중봉기(항쟁)로 만들기 위해 가치중립적 개념인 '소요사태'와 '무력충돌'로 중화시켜 기술한 것이다. 축소 조작된 중립적 표현과 의미 속에 공산폭동 반란이라는 실체는 감추어졌다.

4·3이 민중봉기가 될 수 없는 이유는 다음과 같이 설명할 수 있다. 봉기가 되려면 봉기의 주체가 민간인이고, 봉기의 목적과 조직이 불순하지 않으며 그 활동이 의로워야 된다. 그런데 당시 남로당과 그 부역자들은 조선민주주의인민공화국 건설이라는 불온한 정치적 목적이 있었고, 공산당(남로당), 인민유격대, 자위대 등 반국가적 조직을 갖추어 활동하였으며, 탈영한 군인들이 가세하였을 뿐만 아니라 경찰과 서청 이외의 양민들까지 학살하였다. 즉 제주도인민유격대는 조선민주주의인민공화국을 세우기 위한 목적으로 조직 및 무기를 갖추고 제주도 경찰지서 12개를 기습 공격하여 경찰과 우익인사, 그 가족까지 죽이는 폭동과 살인 만행을 저지른 반란세력이었다. 그

---

34 이선교, 진정서, 2004. 3. 12.

35 이용우, 자유민주주의를 위한 일념으로, 법률신문사, 2017, p.349

런데 보고서와 4·3특별법은 '제주도인민반란', '무장반란'이라고 하지 않는다. 보고서에는 '무장대'라는 호칭을 사용하고, 좌파들이 주장한대로 폭동이나 반란이 아닌 '무장봉기'로 기술하고 있다. 남로당 무장대는 대한민국을 적으로 보았기 때문에 선거를 방해하고 경찰과 선거관리 공무원, 그들의 가족까지 잔인하게 죽이는 만행을 저질렀다. 공권력과 양민을 일방적으로 공격한 폭동과 반란은 즉시 진압하는 것이 국가의 사명이므로 남로당의 '폭동 반란'을 '진압'했다는 용어를 사용하여야 하는데, '무력충돌과 그 진압과정에서 주민들이 희생당한 사건'으로 사건정의를 함으로써 군경과 남로당의 충돌을 군경과 주민들이 충돌한 사건으로 오해하게 하였다.

좌파는 항쟁설의 근거로 2002년 국방부에서 펴낸 〈軍史〉(「신자료에 의한 4·3사건의 실체」)에 '남로당 제주도당의 무장봉기'라는 표현을 쓰고 있음을 제시한다. 또한 과거 일부 군인들이 정보의 빈곤으로 남로당 중앙당의 지령이 없었다는 인식을 갖고 있었는데, 이를 항쟁설의 빌미로 인용한다. 우리가 오해하기 쉬운 사실은 대부분의 군인들이 전투에 관하여는 전문가이지만 북한의 대남공작, 역사 그리고 법에 대해서 전문가가 아니라는 점이다. 위원회에서 활동했던 예비역 장군조차도 4·3은 공산폭동 반란이 분명한데 남로당 중앙당 지령이나 북한과의 연계성은 위원직 사퇴 후에서야 더 명확하게 확인할 수 있었을 정도로 연구가 부족한 상태였다. 따라서 폭동, 반란, 봉기 등 4·3의 성격과 관련된 개념들이 정립되지 않은 상황에서 '무장봉기'라고 잘못 표현한 것을 좌파가 악용하고 있는 것이다. 국가 태동기에 책임 있는 위치에 있던 분들조차도 학문적으로 정립되지 않은 사안들을 다루는 문서에 부적절한 용어선택을 한 사례가 간혹 있었다. 좌파는 이러한 허점을 발굴하여 보고서에 차용하면서 자신들의 주장을 정당화하는데 악용한다.

그러나 2003년 국방부는 봉기(민중이 부당한 공권력에 대항하여 벌떼처럼 일어남)를 폭동(도당을 짜서 소동을 일으켜 사회 안녕을 어지럽힘)으로 수정해야 한다는 의견서를 위원회에 제출했었다.[36] 이에 대해 보고서 집필진은 국방부에서 과거에 '봉기'라는 표현을 사용한 적이 있다는 이유로 국방부의 수정의견을 무시하는 검토의견을 냄으로써 본질을 외면하였다. 제주일보 2000년 6월 8일 기사에 의하면, 우근민 제주지사가 평양을 방문했을 때 애국열사릉에서 4·3주동자 1대 폭도 사령관 김달

---

36 제주4·3사건진상규명및희생자명예회복위원회, 제주4·3사건진상조사보고서 수정의견 검토자료〈2〉, 2003. 9, p.211

삼[37]과 2대 폭도 사령관 이덕구의 묘를 보았다고 한다. 이러한 사실을 볼 때 4·3의 성격은 보다 분명해진다. 4·3특별법은 북한 연계설을 부정하는 보고서의 민중봉기설을 지금까지 수용하여 사건 성격 정의를 잘못 규정하고 있다. 공상폭동 반란을 민중봉기로 포장한 역사왜곡에 더 이상 침묵해서는 안 된다.

다. 문제점

보고서는 군경에 의한 주민피해 사례를 집중 부각하여 4·3사건의 성격을 국가폭력으로 왜곡하였다.

1) 사건 축소 은폐

4·3특별법 제2조 제1호 규정에서 "진압과정에서 주민이 희생당한 사건을 말한다."는 문맥은 법률의 객관성을 훼손하는 내용이다. '진압과정에서 주민이 희생당했다'는 문제는 사건의 진상을 규명하는 학술·조사 활동을 통해서 밝혀질 사안인데, 법률로 미리 정해 놓은 것은 특별한 의도가 있었다. 즉 사건을 소요사태 정도로 축소 조작함으로써 소요 수준인데도 과잉진압하여 주민의 희생이 컸다는 점을 법률에 제시해 두기 위함이다.[38] 위원회의 활동근거인 4·3특별법의 사건 정의는 정치적 의도에 맞게 처음부터 헌법파괴를 예정하였고, 위원회가 4·3의 왜곡을 합리화하는 방향에서 논의를 전개할 수 있는 구조로 되어 있었다.

가치중립적 용어혼란 전술의 또 다른 의도에 대해서 박인환 전 건국대학교 교수는 "남로당 유격대인 무장대의 불법 활동과 이를 진압하기 위한 군인, 경찰 토벌대의 적법활동을 구분하지 않고 동일하게 취급"하였음을 지적하였다. 또한 "지나치게 가치중립적으로 성격 규정한 결과 무장

---

37 1948년 9월, 김일성과 함께 49인으로 구성된 북한 헌법위원회 위원이 된다.

38 현길언, 제주4·3평화기념관 전시물에 나타난 문제점, 제주4·3추념일 지정의 문제점에 대한 세미나 자료집, 2014. 1. 20, p.27

대와 토벌대간의 무력충돌과 토벌대의 진압과정에서 발생한 사망자, 행방불명자, 후유장애자를 모두 희생자로 규정(4·3특별법 제2조 제2호)"하여 다른 것을 같게 취급하였음을 비판했다.[39]

무력충돌 표현에 대해서 구충서 변호사는 "무력충돌의 불법성을 묻어버리고, 공산무장폭동을 진압하는 우리 군경의 정당한 진압행위는 단지 무력충돌을 빚었다는 식으로 폄하(무장폭동과 진압행위를 동격으로 평가)해 버렸다... 그리고 주민들이 희생당한 사건이라고 함으로써 공산무장유격대에 의해 피살된 우리 군인, 경찰은 '주민들'에 포함되지 않는 것처럼 보이게 해 놓았다. 또한 희생당한 주민이 어떤 주민을 말하는지에 대해서는 명확하게 규정하지 않고 있다."[40]는 비판을 했다. 따라서 4·3의 이러한 왜곡은 역사적 사실, 헌법정신, 4·3을 공산폭동 내란으로 판단을 내린 헌재의 결정에 모두 배치된다.

2) 보상목적

4·3특별법의 주된 목적은 진상규명이고 부차적인 목적이 명예회복이다. 처음에 명예회복의 의도는 무고한 양민을 찾아내 공산주의자 낙인을 제거하자는 취지였으나 서서히 반역자를 보상하는 것이 명예회복처럼 변질되어 인식하였다. 반역자를 보상한다는 것은 국민 정서상 용납될 수 없기에 보상받게 할 목적으로 진상규명을 제대로 하지 않았다. 진상이 밝혀지면 사건의 성격이 공산폭동 반란으로 드러나 보상 받을 수 없을 것을 우려해서였다. 사건 성격을 공산폭동 반란으로 바르게 기술한다면 민중봉기에 참여했던 억울한 희생자처럼 위장해서 명예회복을 주장할 수조차 없기 때문이다. '폭동반란 → **진실왜곡** → 명예회복 → **보상**'의 과정에서 진상규명을 소홀히 하고 명예회복에 치중한 이유는 진실을 왜곡하여 반란자를 희생자로 둔갑시키기 위함이었다. 이러한 목적을 위해서 보고서와 4·3특별법은 4·3이 공산폭동 반란임을 증명하는 차고 넘치는 증거를 은폐하였던 것이다.

---

39 박인환, 역사왜곡과 법이념의 전개과정, 제주4·3사건 재조명 국회 세미나 자료집, 2023, p.16-17
40 구충서, 노무현 정부 4·3보고서의 문제점, 제주4·3사건 재조명 국회 세미나 자료집, 2023, p.40

3) 대한민국 부정

4·3이 통일운동·무장봉기였다는 왜곡된 주장은 분단의 책임을 이승만 대통령에게 돌리고, 폭동반란을 진압한 건국의 주역들이 학살책임자로 규탄받게 하며, 공산폭도에 의해 살해된 군경, 우익 희생자들이 반동의 오명을 쓰게 만든다. 건국의 정당성을 부정하는 이러한 주장은 대한민국을 부정적으로 인식하게 하여 국가 정체성을 훼손하는 결과를 낳고 있다. 아래는 이용우 전 대법관이 그의 저서에서 **제주4·3평화기념관의 4·3역사 왜곡에 대해 탄식하며 기록한 글의 일부 내용이다.**[41]

☞ 4·3은 통일정부를 염원하는 제주도 민중이 민족을 분단시키는 이승만의 단독정부 수립을 저지하기 위하여 불의에 맞서 일어선 저항이라는 기본 인식을 심어준다.

☞ 민중항쟁을 이승만 정부가 집단학살로 진압한 사건이라고 왜곡함으로써 대한민국 건국의 정당성을 부정한다.

☞ 평화공원의 전시물 교육은 4·3에 대하여 민중항쟁, 통일운동과 같은 평가가 나올 수밖에 없도록 교묘하게 유도한다.

☞ 4·3을 일으킨 남로당이 공산주의 정당이고, 그들이 목표로 하고 있는 통일정부란 공산주의 통일정부라는 사실 및 당시 북한에는 이미 김일성의 공산정권이 확고하게 들어서 있었던 사실 등은 일체 숨기고, 이승만 정부의 강경진압이 한반도 전체의 공산화를 막기 위한 불가피한 조치였음을 알 수 없게 한다.

☞ 4·3과는 전혀 관련이 없는 광주5·18, 유태인 학살 등 인류 역사상의 제노사이드 사례들의

---

41 이용우, 자유민주주의를 위한 일념으로, 법률신문사, 2017, p.350-351

전시를 함께 하여 4·3사건은 광주5·18과 같은 정당한 민중항쟁이고 이승만 정부의 강경진압은 유태인 학살과 같은 반인도적인 집단학살극임을 암시한다.

☞ 대한민국의 건국은 민족을 분단시킨 원인으로 정당성이 없게 되고, 진압과정에서 수많은 인명을 희생시킨 이승만은 집단학살범이 되게 한다. 결국 대한민국은 당초에 태어나지 말았어야 했고, 이렇게 태어난 대한민국은 더 이상 지킬 필요가 없는 나라가 된다.

☞ 제주도는 제주4·3평화공원 내 전시관을 한국의 현대사 역사교육장으로 쓰기로 하고, 초·중·고생들을 포함하여 매년 20만 명 이상에게 무료로 관람시키면서 현대사 교육을 하고 있다.

B. 헌재의 희생자 기준 무시

헌재는 2000헌마238사건에서 희생자 기준은 무장유격대에 가담하지 아니한 무고한 희생자를 기본적으로 인정하되, 결정문에서 제시한 4가지 유형은 희생자로 인정할 수 없다고 하였다. 다만 4·3특별법의 취지를 살려 위원회는 무고한 희생자와 4가지 유형을 제외하고 단순 가담자 중에서 희생자를 재량으로 정할 수 있다는 결정을 하였다. 4가지 유형은 구체적으로 어떤 행위자들이 포함되는지에 대하여 견해가 나뉘지만 위원회는 구체적인 심사기준을 정하지 않았으며 최소한 수형자는 헌재의 취지에 맞게 희생자에 포함시키지 않았어야 했다. 희생자 기준의 대원칙은 피해의 원인 구분에서 출발한다. 정부 측의 정당행위로 인한 피해는 대부분 추념과 보상이 필요 없는 피해이다. 반면 남로당 공산폭도에 의한 피해는 추념과 보상의 대상인 희생자로 처우받아야 한다. 원칙적으로는 남로당 가해자들에게 배상을 청구해야 한다.

2000년 4·3특별법 제정 시 희생자는 명예회복 관점에서 정의했다. 2021년 4·3특별법이 전부 개정되면서 보상을 전제로 하는 희생자가 되었는데, 이때 국회는 희생자가 되기 위한 조건으로 '무고하게' 등의 기준을 넣어서 규정했어야 했다. 2000년에 제정된 4·3특별법에는 희생자 가이드라인이 없었기 때문에 2001년 헌재에서 4·3 성격규정을 5·10선거 방해한 것으로 정하고, 적극적으로 가담한 자는 제외되어야 한다는 기준을 결정해 주었다. 헌재는 자유민주주의나 대한민국 정체성을 훼손하지 않도록 희생자 가이드라인에 관한 결정을 위원회가 잘 반영한다면 4·3특별법 자체는 위헌이 아니라고 본 것같다. 헌재에서 희생자 선정기준을 정해주었고, 그 기준에 맞게 위원회에서 희생자를 결정할 것으로 예상한 것이다. 그러나 위원회는 헌재 기준을 무시하여 희생자를 선정하였기 때문에 위원회의 결정은 위헌이 된다.

가. 국가보안법 선례

헌재가 반역에 적극적으로 가담한 자는 희생자로 용납할 수 없다는 결정을 하였으면 이에 대한 기준을 희생자 정의 규정에 넣었어야 하나 국회와 위원회는 그동안 직무유기하였다. 이 두 기관의 직무유기는 국가보안법 선례 비교와 위원회의 희생자심사기준을 정한 원칙을 통하여 설명될 수 있다.

국가보안법 제7조 제1항 반국가단체 등 찬양고무죄가 한정합헌결정(1990. 4. 2. 89헌가113) 되었을 때, 국회는 헌재가 설정한 한정합헌 기준을 입법에 반영하여 1991. 5. 31. 국가보안법 제7조 제1항을 개정하였다.

개정 전	개정 후
제7조 (찬양·고무등) ① 반국가단체나 그 구성원 또는 그 지령을 받은 자의 활동을 찬양·고무 또는 이에 동조하거나 기타의 방법으로 반국가단체를 이롭게 한 자는 7년이하의 징역에 처한다.	제7조 (찬양·고무등) ① 국가의 존립·안전이나 자유민주적 기본질서를 위태롭게 한다는 정을 알면서 반국가단체나 그 구성원 또는 그 지령을 받은 자의 활동을 찬양·고무·선전 또는 이에 동조하거나 국가변란을 선전·선동한 자는 7년이하의 징역에 처한다. 〈개정 1991. 5. 31.〉

"소정의 행위가 국가의 존립·안전을 위태롭게 하거나 자유민주적 기본질서에 위해를 줄 명백한 위험이 있을 경우에만 축소적용되는 것으로 해석한다면 헌법에 위반되지 아니한다."는 헌재의 결정이 있고나서 국회는 국가보안법 제7조를 "...자유민주적 기본질서를 위태롭게 한다는 정을 알면서 반국가단체나 그 구성원 또는 그 지령을 받은 자의 활동을 찬양·고무·선전 또는 이에 동조하거나 국가변란을 선전·선동한 자는 7년이하의 징역에 처한다."는 규정으로 개정하였다. '...위태롭게 한다는 정을 알면서'를 추가한 것이다. 그러나 헌재의 2001. 9. 27. 2000헌마238 결정 내

용은 보고서와 4·3특별법의 사건 정의, 희생자 정의 규정 등에 상반된 내용이 다수 존재하는데도 위원회와 국회는 보고서와 4·3특별법을 수정하지 않았다.

나. 명예회복 대상

4·3특별법에는 명예회복의 대상이 구체적으로 언급되어 있지 않다. 따라서 위원회의 기본적 입장정리가 필요하여 한광덕[42] 위원이 제시했던 보수 우파측 의견을 정리하면 다음과 같다. "무력충돌(A)과 진압과정(B)에서 주민들(C)이 희생당한 사건"으로 규정함으로서 명예회복의 대상은 (A), (B) 사건의 당사자가 아닌 (A), (B) 사건 과정에서 발생한 억울하게 희생을 당했던 주민(C)으로 제한하였다. 그러나 특별법에는 "무력충돌"과 "진압"이란 가치중립적 표현을 사용함으로써 누가 누구를 제압했는지 그 주체가 나타나 있지 않다. 쌍방의 충돌로 보고 (A)에 속한 자들이 희생자가 되는 것은 잘못임을 지적하였다. 이해를 돕기 위해 도표로 정리하면,

[보수 우파 의견]

구분	내용
무력충돌의 쌍방은?	남로당 무장대 vs 군인, 경찰
진압의 주체는?	남로당 무장대 (×) 군경 (○)
따라서 회복되어야 할 명예의 성격과 명예의 수여권자는?	자유민주주의 질서확립에 기여 → 명예회복 (○) (명예 수여권자 : 대한민국) 자유민주주의 질서확립을 방해 → 명예회복 (×) (명예 수여권자 : 북한)
특별법에 언급된 "주민"이란?	순수한 제주도민

헌재는 2000헌마238사건에서 희생자의 범위에 대한 의견으로 "군경의 진압과정이나 무장유격대의 공격에 의하여 사망 또는 행방불명되거나 후유장애가 남아있는 자 중 무장유격대 또는 진

---

42 한광덕 : 예비역 육군 소장, 전 국방대학원 원장, 전 4·3중앙위원회 위원, 4·3보고서는 대한민국 정부보고서로 인정할 수 없다는 기자회견 후 위원직을 사퇴하였음

압군에 가담하지 아니하였던 자"로 제시하였다.

4·3특별법 제2조 제2호 희생자 정의는 "희생자란 제주4·3사건으로 인하여 사망하거나 행방불명된 사람, 후유장애가 남은 사람 또는 **수형인(受刑人)**으로서 제5조 제2항 제2호에 따라 제주4·3사건의 희생자로 결정된 사람을 말한다."라고 규정한다.

양자를 비교할 때 4·3특별법은 무장유격대와 무장유격대에 가담하였던 수형인을 희생자 범위에 포함시키고 있음이 발견된다. 이것만으로도 4·3특별법은 헌재결정을 위반하고 있음을 쉽게 확인할 수 있다. 수형인을 희생자에 포함시킨 것은 2007년 일부개정에서였다.

헌재는 희생자의 구체적 범위를 정하는 문제에 있어서 기본원칙을 결정하였다. 즉 헌재는 4·3특별법의 입법 목적이 민족화해와 인도와 동포애로써 민족의 단결을 공고히 하기 위해 제정되었음을 감안하여 가능한 한 희생자의 범위를 폭넓게 인정함으로써 입법의 취지를 살리는 동시에 우리 헌법의 기본원리 및 대한민국의 정체성이 훼손되지 않는 조화로운 법률인식이 필요하다는 방향성을 제시하였다. 희생자의 범위를 정하는 문제는 자유민주적 기본질서와 같은 헌법의 기본원리와 대한민국의 정체성을 훼손하지 않는 조건을 반드시 충족해야 한다. 헌재의 태도는 반역행위에 단순 가담한 자들에 대해서 공산주의자 낙인을 제거하여 정치적인 명예회복을 시켜주자는 차원이었고, 정치적 명예회복의 대상자들에 대해서 금전적 보상까지 하겠다는 것은 당연히 아니었다.

다. 희생자 가이드라인 미반영

4·3사건 희생자 '심의·결정기준'에 대해서 심사소위원회 제2차 회의 결과는 헌재가 제시한 내용을 원칙이 아닌 예외로 수용하고, 헌재의 결정에 반하여 최대한 많은 희생자 선정을 목표로 하였다. 겉으로는 자유민주적 기본질서의 훼손여부와 정도를 판단하여 심사하는 것으로 기준안을 만들었지만 실제에 있어서는 자유민주적 기본질서를 공격한 자들을 대부분 희생자로 삼았다. 결과적으로 자유민주적 기본질서를 공격한 자들을 제외시켜야 한다는 헌재의 기준을 무시한 것이다.

이와 더불어 4·3특별법의 희생자 정의규정에 헌재가 희생자로 선정해서는 안 된다고 제시한 가이드라인을 반영하지 않았다. "4·3공산폭동에 가담한 자들은 희생자에서 제외한다."는 단서규정을 신설하지 않았다. 4·3특별법 어디에도 반역 및 부역행위를 하였던 가해자를 제외한다는 희생자 심사기준이 없다. 그 결과 희생자 선정은 전적으로 위원회의 결정에만 의존하게 되었으며, 이는 4·3특별법이 희생자 심사기준을 포괄적으로 위원회에 백지 위임한 것과 같게 되었다. 이로써 위원회의 자의적인 결정이 가능해진 만큼 수형자 등 수많은 가해자들이 걸러지지 않고 희생자로 선정되었다. 이는 자유민주적 기본질서를 공격한 자는 희생자에서 제외되어야 한다는 2001년 헌재의 가이드라인을 정면으로 위반한 것이다. 6·25 전초전이었던 4·3폭동의 반역자와 부역자를 희생자에서 제외하지 않는다면, 6·25전쟁 당시 사살된 북한군과 부역자들에 대해서도 보상해야 되는 문제에 직면하게 될 수 있다.

국회와 위원회 두 기관이 헌재 기준을 반영하지 않은 직무유기의 결과, 4·3사건에서 사망하거나 행방불명된 자 대부분을 희생자로 인정하게 된 것이다. 정치적 선언의 방식으로 하는 명예회복 정도를 넘어 대한민국을 공격한 자들에게 위자료 보상을 해주고, 반역행위를 진압한 적법행위는 오히려 불법행위로 되어버렸다. 헌재에서 자유민주주의를 공격한 수형자는 희생자 논의 대상도 되지 않는 그룹이었으나 군사재판 수형인 2,104명이 희생자로 신고(2002. 5. 24. 기준)하자 위원회가 헌재보다 상위 권력기관이 되어 군사재판이 무효라는 판단을 내리고 이 가운데 1,540여 명을 희생자로 결정하였다. 재심사유 없이 4·3 당시 적법했던 군사재판을 거친 반역행위자들에 대한 명예회복은 법치와 공권력 집행을 허물어 법적 안정성을 해하는 것이며, 헌재의 결정을 부정하는 것이다. 4·3수형자 등 귀책사유가 있는 자들은 헌재 결정문 상의 무고한 사람이 아니며, 따라서 이런 부적격 희생자들은 전면 취소되어야 한다.

라. 위원회의 재량권 불행사

헌재의 희생자 기준에 관한 조화로운 결정에는 아쉬운 대목이 있다. 그것은 대한민국 정체성에 훼손을 주는 행위에 단순 가담하였던 자들이 희생자가 되기 위해서는 반성이 전제되어야 했다. 헌재는 이 점을 간과한 실수로 인하여 단순 가담자들로 하여금 국가가 베푼 명예회복의 은혜를 당연한 권리로 착각하게 만들었다. 그나마 다행인 것은 헌재는 위원회에 희생자 여부를 정할 실질적 심사권한이 부여되어 있으며, 자유민주적 기본질서를 훼손한 자들을 희생자에서 제외할 수 있는 재량까지 위임받았다고 결정하였다는 사실이다. 위원회가 단순히 사건기간 내에 4·3사건과 관련하여 사망하였는지 여부에 대한 결정만을 하는 것이라면 굳이 실무위원회의 조사(특별법 제4조) 및 위원회의 희생자심사·결정이라는 이중적인 절차를 거칠 필요가 없고, 실무위원회의 조사에 대한 가부결정만으로 충분하며, 고위급 공직자와 학식 및 경험이 풍부한 전문가를 위원으로 구성할 필요성도 없기 때문이다. 그런데 위원회는 실제 적용에 있어서 4·3사건과 관련하여 사망하거나 행방불명 등의 사유만 있으면 거의 전원 희생자로 선정하였기 때문에, 위원회의 심사기준과 심사는 실질적 심사결정권 행사를 예정했던 헌재의 결정에 위배된다. 헌재는 헌법가치를 훼손하지 않는 범위 내에서 희생자를 인정하는 방향성을 제시했으나, 위원회는 헌재가 제시한 가이드라인에 따라 희생자로 인정받을 수 있는 적절한 범위를 구체적으로 정해야 하는 직무를 유기한 셈이다. 좌우를 떠나 최대한 희생자를 인정하자는 좌파 측 주장에 따라 위원회는 헌재의 결정에 반하여 재량권 불행사의 위법을 범했다.

마. 국방부의 희생자 기준

한광덕 위원은 2002년 1월 심사소위원회에서 국방부의 희생자 선정기준을 아래 표와 같이 제시했다.

[희생자가 될 수 없는 유형]

2001 헌재 결정문 기준	국방부의 희생자 선정 기준[43]
	구체적 희생자 제외대상
㉮ 수괴급 공산무장병력지휘관 또는 중간간부로서 군경의 진압에 주도적, 적극적으로 대항한 자	▪ 4·3 당시 정보기관(검경)에서 파악한 남로당 제주도당 조직 또는 인민해방군 명단에 포함된 자(1,604명)
㉯ 모험적 도발을 직·간접적으로 지도 또는 사주함으로써 제주4·3사건 발발의 책임이 있는 남로당 제주도당의 핵심간부	▪ 군경의 진압작전에 대항하여 교전 중 사망 또는 부상당한 자
㉰ 기타 주도적 적극적으로 살인 방화 등에 가담하여 자유민주적 기본질서의 본질을 훼손한 자	▪ 당시 재판과정에서 내란죄 등으로 유죄판결을 받은 자(일반 재판 수형인 1,562명)
	▪ 제주도 계엄지구 고등군법회의 판결 수형인 명부에 포함된 자(군사재판 수형인 2,530명)

---

43 한광덕, 제주4·3사건의 희생자 선정 기준(제안), 2002. 1. 10. 위원회에 제안했던 내용

한광덕 위원은 대한민국 건국 이후에도 대한민국을 거부하거나 반대하는 남로당 및 공산무장 조직체 내에서 계속 적극적으로 활동한 사람들은 순수한 대한민국 국민(주민)으로 볼 수 없으므로 건국 이후에도 대한민국을 부정하고 공산화 신념을 갖고 군경과 싸우다가 죽은 사람들을 이제 와서 억울하게 죽었다고 한다면 이는 죽은 자의 신념을 욕되게 하는 것이고 이들의 명예회복은 대한민국의 책임분야가 될 수 없다고 하였다. 그러나 위원회의 다수를 좌파가 차지하고 있는 현실에서 국방부와 한광덕 위원의 희생자 범위를 제한해야 한다는 주장은 전혀 반영되지 않았다. 좌파 위원들은 좌·우익을 가리지 않고 4·3사건으로 희생된 모두를 화해와 용서 차원에서 명예회복을 시켜주자는 취지로 희생자 범위를 넓게 인정하자는 의견이었다. 한광덕 위원은 좌파 위원들의 이와 같은 주장의 배후에는 제주4·3사건진상규명과명예회복을위한연대회의(이하 연대회의)가 있는 것으로 파악했다. 연대회의는 희생자의 범위를 최대로 넓혀 줄 것을 희망하며 신청자가 직접 4·3과 관련하여 사망했거나 행방불명 및 상해를 입었는가를 심사의 기준으로 삼을 것과 희생자가 한 일의 성격을 규명하는 것을 전제로 해서는 안 될 것을 강조하면서, 신고서의 기재내용과 유족의 피해신고와 보증인의 보증내용이 맞는 것으로 확인되면 모두 희생자로 인정해 줄 것을 요구했다. 신고된 희생자가 탈락되는 경우에는 제2의 4·3사건 발생도 막을 수 없을 것이라는 협박성 발언을 했다고 한다. 한광덕 위원은 이런 중요한 정보사항을 군 장성모임인 성우회에 알렸다. 민주노총 제주지역본부를 비롯한 총 18개 단체로 구성된 연대회의가 위원회의 소위원회에 압력을 행사하는 것으로 느낀 한광덕 위원은 소위원회의 활동이 외부에 노출되었음을 지적하였다. 한광덕 위원은 당시 연대회의 등 좌파의 의견이 반영되어 국가 정체성을 파괴하게 된 것은 위원회가 헌재가 제시한 희생자 범위 결정에 따라 우리의 헌법질서를 보호하는 방향으로 심사기준을 구체적으로 정하지 않은데 있다고 보았다. 환언하면, 근본적으로 헌재의 결정이 4·3특별법에 구체화된 심사기준으로 반영되지 않은 것이 문제가 된다. 그 배경에는 좌파의 외부압력과 이러한 압력에 다수를 차지한 좌파 위원들이 동조했기 때문이다. 심사기준 없이 희생자 선정을 하게 되면 결과가 잘못될 수 있음을 예측한 한광덕 위원은 '제주 4·3사건 희생자 신고에 따른 사실조사 및 심의지침(안)'에 대한 의견을 위원회 위원장인 국무총리와 당연직 위원인 국방부장관, 행정자치부장관에게 내용증명으로 발송하였다.(제3부 부록5)

바. 부적격 희생자

헌재의 희생자 기준은 수차례에 걸친 4·3특별법 일부·전부 개정 시에 전혀 논의되지 않았다. 오히려 명예회복을 목적으로 범위를 넓혀 놓은 정치적(역사적) 희생자를 전부 보상의 대상인 법적인 희생자로 전환하는 4·3특별법 전부개정이 2021년 이루어졌다. 그 결과 14,700여 명의 희생자 중 귀책사유 있는 부적격 희생자 10,000여 명이 법적인 희생자로 격상되었다.

부적격 희생자의 대략적인 예시를 살펴보면 다음과 같다. 인천형무소 출소자 중 북한 생존으로 확인된 자가 제주4·3추가진상보고서에는 이종성, 김경종, 김상봉, 김난추, 김동민 등 5명으로 기재되어 있다.[44] 북한군에 종군하다 북한에 거주하는 미확인 4·3수형인 생존자는 이보다 더 많을 것으로 추정된다. 4·3수형인 북한 거주 확인사례는 본서 제3부 부록4에서 소개하는데 여기에는 남파간첩이 희생자로 결정된 사례도 있다.[45] 4·3관련 수형인 모두가 집단 처형되었다는 주장이 사실이 아닌 이유는 북한군에 의해 전쟁 중 출옥하여 북한에 생존해 있거나 살다가 자연사한 사람들도 있고, 북한 의용군(인민군)에 지원하여 6·25때 전사한 사람도 많이 있을 것으로 추정되기 때문이다. 본서 부록4에서 제시한 8개 사례에서 보듯이 4·3수형인들은 북한 의용군 내지 간첩으로 북한체제에 충성하고 대한민국에 해를 끼쳤다. 4·3 당시 즉결처분된 사람들에 비하여 적법절차를 거쳤던 수형인들을 희생자로 하려면 엄격한 재심절차를 적용해야 한다. 수형인은 아니지만 반역에 가담했던 자들 상당수가 일본, 북한 등으로 도주하거나 교전 중 사살되어 시체를 수습하지 못한 경우가 있다.[46] 행방불명자는 대부분 이런 자들이라 추정된다. 이들을 포함하여 무고함이 입증되지 않은 행방불명 희생자 3,700여 명에 대하여 보상금 지급이 현실화되고 있는데 이는 당연히 위헌이며 무효인 행정행위로 취소되어야 한다. 교전 중에 사살된 자가 4,000여 명으로 추정된다. 제주신보 1957년 4월 3일 자는 "1948년 4월 3일 좌익계열에 의한 폭동사건 이래의 경찰

---

[44] 제주4·3평화재단, 제주4·3사건추가진상보고서 I, 2019, p.356

[45] 제주4·3정립연구유족회, 4·3의 진정한 희생자는 6집, 도서출판 신명, 2016. 6. 30. p.87-88

[46] 이희천, 반대한민국세력의 비밀이 드러나다, 대추나무, 2021, p.226. "4·3 주동자 일부는 체포를 피해 배를 타고 일본으로 밀항하기도 했다. 그래서 당시 일본에 있는 친북 한인단체인 조련(1955년 조총련으로 확장)에는 제주도 출신이 유난히 많았다고 한다."

기록을 더듬어 보면, 공비 수는 한때 1만 6,900여 명에 달했으며 그중 7,893명이 토벌대에 의하여 사살되었고 2,004명이 귀순, 7,000여 명이 생포되었다."라고 보도하였다. 보고서에 수록되지 않은 1949년 2연대 습격사건의 내용을 살펴보면, 폭도 1,000여 명이 2연대 본부를 밤중에 습격했으나 2연대장 함병선은 미리 연대본부를 잠자는 숙소처럼 해놓고 장소를 옮겨 습격한 폭도들을 포위해 150여 명을 사살하는 전과를 거둔 것인데, 위원회가 2연대 습격에 가담했던 폭도들을 희생자로 결정하여 헌재의 기준을 정면으로 위반하고 있다. 전체 희생자의 70% 이상이 이러한 부적격자들로, 위원회는 부적격 희생자 선정에 대한 책임을 져야 한다.

1948년 4·3사건 1년 전인 1947년 8월 제주감찰청(경찰청)이 파악해 놓은 제주도지역 '남로당 인민해방군 계도 및 명단'[47]에 의하면 인민해방군이 총 1,604명이었다.[48] 각 읍면에 소속된 수많은 남로당 자위대까지 포함하면 막강한 좌익 조직이었다. 이러한 조직을 갖춘 남로당과 전쟁 중에 순직한 군경이 수백 명에 달하였음을 상기하면 교전 중 사살된 폭도의 수가 상당히 많았음을 추정할 수 있다. 교전 중에 사살된 수천 명 역시 희생자가 되어서는 안 되는데 전원 희생자로 선정되었다. 4·3공산폭동 반란을 주도했던 수형인 4,092명 가운데 2,500여 명 이상이 희생자로 선정되었다. 나머지 수형인들도 추세로 볼때 재심을 통해 전원 무죄가 되어 희생자가 될 것이다. 제주4·3진실규명을위한도민연대에서 출판한 〈제주4·3진실도민보고서〉[49]는 부적격 희생자 107명의 명단을 일반에 공개하고 있다. 이와 별도로 제주4·3정립연구유족회는 10여 년에 걸쳐 마을별 증언, 증거들을 수집하여 1,300여 명 이상의 부적격 희생자를 파악해 놓고 있다.[50] 동 유족회가 파악해 놓은 부적격 희생자들 중에는 인민해방군이 희생자로 등재된 사례 뿐만 아니라 동일인을 이중으로 중복 결정한 사례, 성(姓) 씨, 이름, 나이와 성별 미상의 사례, 11살에 분만한 모녀가 함께 희

---

47 전 제주경찰청 고재우 경감(제주4·3폭동의 진상은 이렇다 저자)이 소장한 것이다. 당시 제주 경찰청이 파악한 남로당조직으로 매우 신빙성 있는 공식문건으로 취급하고 있다. 동 자료는 2002. 1. 15. 「국편연 제20호 제주4·3사건 관련자료 (통보)」 라는 공문제목으로 4·3위원회(4·3처리 지원단)에도 송부되었다.

48 제주감찰청, 남로당 인민해방군 계도 및 명단, 1948

49 제주4·3진실규명을위한도민연대, 제주4·3진실도민보고서, 2018, 도서출판 제주문화 - 본 도서는 신구범 전 제주도지사가 발행하였음

50 제주4·3정립연구유족회, 4·3의 진정한 희생자는 1-8집, 2013-2021

생자가 된 사례, 4·3과 무관한 생존자가 희생자가 된 사례 등 의혹 투성이의 경우가 많다.[51] 국회, 헌재, 법원, 정부 등 국가기관에서 공식 요청하면 증거자료로 제출할 수 있다고 한다. 민간 시민단체에서 파악한 것만 1,300여 명 이상이라고 한다면 국가기관에서 1만여 명으로 추정되는 부적격 희생자를 지체 없이 파악하여 취소시켜야 할 것이다. 주한미육군사령부 정보요약(1948. 10.) 및 일일정보보고(1949. 1.)등의 근거에 비추어 당시 공비들이 군경 복장으로 위장하고 주민을 공격하는 위장공격 사례가 빈번하여 정확한 진상조사가 필요한데도 희생자신고자 중 78.1%(10,955명)가 군경도별대에 희생되었다는 일방적 조사결과[52]는 적절한 검증 없이는 수용할 수 없는 수치이다. 헌재의 희생자 기준에 관한 결정이 국회, 위원회, 제주지방법원 등에서 무시당하면서 남로당의 반국가활동을 합법화시켜 면죄부를 주는 입법, 행정, 재심재판이 진행되고 있어 4·3특별법의 위헌성을 제거하기 위한 헌재의 결정이 신속하게 요구되는 상황이다.

9. 예정에 없던 보상 실시

2021년 4·3특별법 전부개정안은 제16조에 명예회복 차원을 뛰어넘어 법적 보상을 하는 규정을 두었다. 20여 년 만에 정치적 명예회복 대상 전원을 법적인 희생자로 전환시킨 것이다. 헌재의 결정 취지를 벗어난 위헌적인 규정이 아닐 수 없다. 2001년 헌재 결정에서 4·3희생자는 보상을 전제하지 않았으며 단순히 정치적 의미에서 명예회복이 목적이었다. 보상을 받을 수 있으려면 귀책사유가 없는 무고한 희생자이어야 한다. 따라서 보상 목적의 희생자 정의를 다시 정해 보상받을 수 있는 희생자와 보상받을 수 없는 희생자로 구분했어야 한다.

---

51 제주4·3정립연구유족회, 4·3의 진정한 희생자는 6집, 도서출판 신명, 2016. 6. 30, P.237~
52 군사편찬연구소, 4·3특별법 관련 회의보고, 2003. 3. 19, p.7

10. 북한 및 남로당 중앙당 연계성

가. 자료집 제12권 비공개

2001년 헌재는 북한 및 남로당 중앙당과의 연계성을 조사할 것을 예정했다. 2000년 8월부터 2002년 8월까지 2년 동안 위원회는 4·3이 북한 및 남로당 중앙당과 연계된 사건임을 밝혀주는 자료들을 조사를 통하여 확보하였다. 그러나 남로당에게 불리한 내용은 은폐하는 등 확보된 자료를 제대로 보고서에 반영하지 않았다. 2003년 12월 보고서 발간 후, 국회도 남로당에 불리한 자료를 입법에 반영하지 않거나 오히려 진실에 역행하는 법개정을 거듭하고 있다. 위원회는 4·3의 진상을 조사하여 12권으로 된 자료집을 만들었고, 그중 북로당, 남로당 중앙당과 제주도당의 관

련성을 정리한 자료집은 제12권(북한·러시아·무장대자료편)이다. 위원회는 4·3과 북한의 연계성이 명백히 드러난 해당 자료집[53]을 비공개 처리하여 사실상 증거인멸을 하였고, 보고서에도 반영하지 않았다. 위원회가 은닉하고 있는 자료집 제12권은 2023년 4월 국민의힘당 태영호 의원이 주장했던 '4·3사건 김일성 지령설'[54]을 입증할 수 있고, 4·3은 김일성, 남로당이 합세하여 일으킨 공동불법행위였음을 분명하게 확인할 수 있는 자료이다. 북한과의 연계성이 보고서와 입법에 반영되지 않음으로써 좌익 폭도들까지 희생자가 되었고, 왜곡된 제주4·3평화공원이 조성되었다.[55]

---

53 현길언, 정치권력과 역사왜곡, 태학사, 2018, p.512, 비공개하고 있는 자료는 "제주4·3사건진상규명및희생자명예회복위원회, 제주4·3사건자료집12 [북한·러시아·무장대자료편]"

54 미디어오늘, 태영호 "김일성 제주4·3 지시" 주장에 진상보고서는 '사실과 달라', 2023. 4. 4.

55 이선교, 제주4.3사건의 진상, 도서출판 현대사포럼, 2012, p.354

나. 남로당 중앙당 지령

남로당 중앙당의 지령에 대한 또 다른 논란이 있다. 보고서에는 남로당 프락치인 문상길 중위가 "남로당 중앙당의 지시가 없어서 4월 3일의 (국방)경비대 무장투쟁 가담을 거절하였다."는 기록이 있다. 이를 근거로 좌파는 남로당 중앙당의 지령설을 부인한다.[56] 그런데 이는 자료를 잘못 해석한데서 비롯된 결과이다.

그래서 4·3투쟁 직전에 고(승옥) 하사관이 문(상길) 소위[57]에게 무장투쟁이 앞으로 있을 것이니 경비대도 호응 궐기해야 된다고 투쟁 참가를 권유했든 바 문소위는 중앙지시가 없으니 할 수 없다고 거절한 바 있었다고 함. 이 말을 듣고 도 파견 국경공작원(국방경비대 남로당 프락치)은 깜짝 놀랐으나 이렇게 된 이상 어찌할 수 없으니 제주도 30만 인민의 생명과 재산을 수호하고 또한 우리의 위대한 구국항쟁의 승리를 위하여 기어코 참가해야 된다고 재삼재사 요청하였으나 중앙지시가 없으므로 어찌할 수 없다고 결국 거절당하였음. 이리하여 4·3투쟁에 있어서 국경[58] 동원에 의한 거점분쇄는 실패에 돌아갔음.[59]

상기 내용은 문상길 중위가 중앙당의 지시를 받지 못해 4월 3일의 '경비대 동원'을 반대한 내용이지 '중앙당의 무장투쟁 지시'가 없었다고 기록한 내용은 아니다. 당시 남로당 제주도(島)당은 전남도(道)당의 예하여서 중앙당에서 직접 지시를 받지 않고 전남도당을 경유하여 지시를 받았다. 중앙당의 지령은 극도의 보안유지상 서면으로 하지 않고 올그(지도원, org)나 연락책을 통하여 지

---

56 제주4·3사건진상규명및명예회복위원회, 제주4·3사건진상조사보고서, 2003, p.164-165

57 문상길은 1948년 3월 15일부로 중위로 진급, 6월 18일 11연대장 박진경 대령을 암살한 남로당 프락치 군인으로 사형집행됨

58 국경은 대한민국 국군의 전신인 국방경비대의 줄임말, 경비대로도 불림

59 문창송, 한라산은 알고 있다, 대림인쇄사, 1995, p.77

시하는 것이 원칙이었다. 전남도당의 조창구, 이창욱 올그 및 중앙의 이두옥 올그가 1948년 2월 25일 내도하여 남로당 제주도당을 구국투쟁위로 개편하였다. "전남도당 올그 이동무(성명 미상)는 재차 3월 중순에 내도함과 동시에 무장반격에 관한 지시와 아울러 '국경 프락치는 도당(제주도남로당)에서 지도할 수 있으며 이번의 무장반격에 이것을 최대한으로 동원하여야 된다'고 언명하였음... 그 후 5월 7일에 내도한 중앙 올그는 국경 프락치에 대한 지도는 도당에서 할 수 있다고 언명하였기에 국경과 도당과의 관계는 복잡화하여지고 투쟁에 결정적인 약점을 가져오게 되었음"[60] 이라고 제주도인민유격대투쟁보고서에 기록되어 있어서 중앙당의 지령은 존재하였음을 밝히고 있다. 남로당은 장교프락치는 중앙당에서, 사병프락치는 지방당에서 관리하고 있었다. 남로당이 2원적 명령체계를 유지한 것에 대하여 4·3 전문가인 이선교 목사는 반란사건 조사반장 빈철현 대위, 김안일 소령 등으로부터 직접 들은 바를 다음과 같이 설명한다.[61]

"군 내부의 장교는 중앙당에서, 하사관은 도당에서 관리하는데(조선사회주의 운동사 사전) 한 사건에서 도당에 지령하여 하사관이 무장폭동을 일으키게 하여 성공한 후 중앙당에서 직접 장교에게 지령한다. 그것은 장교와 군 내부 조직을 보호하기 위한 남로당 전략이다. 14연대 반란에서 하사관인 지창수에게는 도당에서 지령하였으나, 장교인 김지회 중위에게는 중앙당에서 지령을 내리지 않아 48년 10월 19일 14연대 반란 초기에는 김지회 중대장이 반란을 몰랐다가 14연대 반란이 성공하자 48년 10월 20일 김지회가 14연대 반란 사령관이 된 것이 그 증거이다... 중앙당 이재복은 군 내의 공작을 하였다... 조사결과 이재복이 김달삼에게 그리고 김복동에게 그리고 이정택에게 지령하여 4·3사건과 14연대 반란과 6연대 반란이 발생하였다고 함"

---

60 제주4·3사건진상규명및희생자명예회복위원회, 제주4·3사건자료집12 [북한·러시아·무장대자료편], p.268, 270

61 제주4·3사건진상규명및희생자명예회복위원회, 제주4·3사건진상조사보고서 수정의견 검토자료〈2〉, 2003. 9, p.331-332

제주도당에서 사병프락치인 고승옥 하사관을 통하여 하달된 '경비대 동원'을 장교프락치인 문상길 중위가 '중앙당의 지시를 받지 못했다'는 이유로 거절하였다. 문상길 중위가 병력동원을 거절한 진짜 이유는 4·3 당일 9연대에 탄약이 1발도 보급되어 있지 않았기 때문이며, 문상길은 이를 공개할 수가 없었다. 이런 사실은 김익렬 유고에서 밝혀졌다.

1948년 4월 20일경 9연대 문상길 중위는 김달삼과의 회합에서도 '국경 동원'에 관하여 "국경의 세포(장교)는 중앙직속이므로 도당의 지시에 복종할 수 없다"고 일관되게 주장하였고, 5월 10일 남로낭 프락치 오일균 소녕[62]도 김달심과의 회합에서 "경비대의 지도문제는 일방에서는 도낭(島黨)에서 지도할 수 있다고 하고 일방에서는 중앙직속이라고 하므로 문제해결이 불가능하므로 각각 소속당부의 방침 범위 안에서 최대한 협조"[63]하기로 합의하였다. 따라서 장교프락치들은 김달삼과의 회합에서도 "중앙당 직속인 장교프락치는 도당지시에 복종할 수 없다."고 주장함으로써 경비대 동원을 반대하였던 것이다. 따라서 문상길 중위의 발언을 근거로 '중앙당의 폭동지령이 없었다'는 주장은 자료를 잘못 분석한 결과이다.

보고서 집필위원으로 참석하였던 보수 측 나종삼 전문위원은 위의 근거들을 토대로 다음과 같이 보고서 내용을 반박하고 있다.[64]

> 제주4·3사건은 중앙당에서 "2월 중순에서 3월 5일 사이에 폭동을 일으켜서 제주도에 인민공화국을 수립하라"는 폭동지령에 따라 2월 중순의 신촌회의에서 무장폭동을 결정함으로써 발생한 사건이다. 보고서는 자료를 잘못 해석함으로써 폭동지령이 없었다고 결론을 반대로 내리고 있다. 제주4·3사건이 남로당 중앙당의 지령 없이 경찰의 탄압정책에 항거하여 제주의 민중

---

62 5연대 2대대장 오일균 소령은 군사영어학교 교육시절부터 공산주의 사상에 심취한 인물로서 육군사관학교 생도대장 시절에는 신상파악을 한다는 구실로 생도들을 면담하면서 3기생들을 좌익으로 끌어들인 인물이었다. 오일균 소령은 사상 문제로 5월 18일경 대대장직에서 해임되어 제주도를 떠났고 동년 11월부터 진행된 숙군에서 공산주의자로 확인되어 처형된다. (출처 : 나종삼, 제주4·3사건의 진상, 아성사, 2013, p.138)

63 문창송, 한라산은 알고 있다, 대림인쇄사, 1995, p.78-79

64 제주4·3사건진상규명및희생자명예회복위원회, 제주4·3사건진상조사보고서 수정의견 검토자료〈2〉, 2003. 9, p.425

이 스스로 봉기한 의거는 아니었다.

제주4·3사건 발발원인에 관하여 중앙당의 폭동지령문이 2건이나 압수되었다.[65] 또한 중앙당의 폭동 구두지령에 관한 증언이 확보되었다. 제주도당이 신촌회의에서 무장투쟁을 결정하여 준비하면서 경비대를 동원하기 위하여 군내 프락치에 대한 지도문제를 전남도당에 문의하였는데 3월 15일 전남도 올그는 "국경 프락치는 도당에서 지도할 수 있다. 무장반격에 경비대를 최대한 동원하라."고 하였다. 이는 중앙당만이 내릴 수 있는 지시로서 지방당에서는 결정할 수 없는 사항이다. 이런 상황에서 보고서가 남로당 중앙당의 폭동지령을 부인하는 이유는 자료가 없어서가 아니라, 경찰 등 정부 측의 폭압에 주민이 항거하여 자연발생적으로 일어난 민중항쟁 즉 봉기로 규정하려는 민중항쟁론자의 주장을 반영하기 위함이다. 보고서의 내용을 보면 남로당 중앙당의 폭동지령문을 부정하면서 민중항쟁으로 결론을 유도하였다. 4·3을 일으킨 김달삼도 「제주도인민유격대투쟁보고서」에서 4·3의 목적은 단선단정 반대라고 하였다. 단선단정 반대는 남로당 중앙당의 폭동지령문에 담겨있는 지령내용이다. 이런 사실을 감추고 부정하는 보고서를 비판하거나 반대되는 사실을 주장하면 법으로 처벌하겠다고 2023년 발의된 더불어민주당의 법안[66]은 그 자체가 학문의 자유, 양심의 자유 등 국민의 기본권을 심각하게 침해한다. 2003년 보고서 채택 당시 수적 열세에서 아무리 사건의 실체를 밝히려고 노력한들 효과가 없음을 깨달은 김점곤 위원을 필두로 한광덕, 이황우, 유재갑, 나종삼 우파위원들이 최후 수단으로 보고서에 '부동의'를 표시한 후 사퇴한 것은 현명한 선택이었다. 부동의 사퇴하였기에, 좌파의, 좌파에 의한, 좌파를 위한 반쪽짜리 보고서가 되었음을 지적할 수 있게 되었다. 만일 당시에 적당히 타협하였다면, 보고서의 문제

---

65 1948년 1월, 1948년 2월

66 제주4·3사건의 진상조사 결과를 부인하거나 왜곡하는 경우에 처벌 할 수 있도록 하는 제주4·3사건진상규명및희생자명예회복에관한특별법 일부개정법률안이 2023년 3월 9일 더불어민주당 송재호의원 등 20인이 제안하여 현재 소관 상임위에서 심사중에 있다. 의안번호 [2120529]

점을 비판하기는 더욱 어려운 상황이 되었을 수도 있다.

보고서작성기획단과 위원회는 회의에서 진상규명의 기본방향을 발발배경, 전개과정, 피해상황 등을 종합적으로 조사하되, 특히 주민 희생 등 인권침해 규명에 역점을 두도록 하였다. 인권침해 규명에 역점을 둔 보고서는 4·3특별법의 취지와 목적을 두 가지 측면에서 위반하였다. 첫째, 진상규명은 인권침해 규명에 역점을 두라는 뜻이 아니라 인권침해를 밝히기 위한 전제로서 공산폭동 반란에 대한 진상규명을 철저히 해야 한다는 뜻이었다. 둘째, 적법한 인권제한을 인권침해로 간주한 잘못이다. 보고서는 피해상황에 많은 비중을 두고 군경에 의한 피해상황은 모두 인권침해라는 인식을 보여준다. 그러나 대한민국에 항적한 남로당 공산 게릴라의 테러행위 진압과 그 진압과정에서 발생한 피해는 인권침해라고 할 수 없다. 이러한 해석은 '자유를 파괴하는 자들의 인권은 보호받을 수 없다'는 헌재 결정과 방어적 민주주의[67]를 표방하는 우리 헌법질서에 있어서는 당연하다.

11. 재량권 불행사

- 2001. 9. 27. 2000헌마238, 302(병합) -
제주4·3사건특별법에서 '희생자'를 '1947년 3월 1일을 기점으로 하여 1948년 4월 3일 발생한 소요사태 및 1954년 9월 21일까지 제주도에서 발생한 무력충돌과 진압과정에서 사망하거나 행방불명된 자 또는 후유장애가 남아있는 주민으로서 명예회복위원회가 제주4·3사건의 희생자로 심사·결정한 자'로 규정하고 있는 것이 명예회복위원회에 재량권이 있는 것인지 여부(적극)

---

67 허영, 한국헌법론, 박영사, 2008. 2. 20, p.90

가. 국회와 위원회

국회와 위원회는 희생자 선정을 함에 있어서 재량권을 행사하지 아니한 위법이 있다. 헌재는 2000헌마238사건에서 "제주4·3사건과 관련하여 사망한 자 중 자유민주적 기본질서를 훼손하려고 하였던 자들을 (희생자에서) 제외할 수 있는 재량까지 (위원회에) 위임한 것으로 보아야 한다."라고 결정하였다. 재량권 불행사에 대하여는 대법원이 재량권 일탈·남용의 위법으로 판시하고 있다. "… 처분으로 달성하려는 공익과 그로써 처분상대방이 입게 되는 불이익의 내용과 정도를 전혀 비교형량하지 않은 채 처분을 하였다면, 이는 재량권 불행사로서 그 자체로 재량권 일탈·남용으로 해당 처분을 취소하여야 할 위법사유가 된다.(대법원 2020. 7. 9. 선고 2018두45190, 대법원 2016. 8. 29. 선고 2014두45956 판결, 대법원 2019. 7. 11. 선고 2017두38874 판결 등 참조)"

2001년 헌재는 국회와 위원회가 희생자가 될 수 없는 부적격 희생자를 여과하는 재량권 행사를 통하여 합리적으로 운영할 것이라는 전제하에 4·3특별법을 위헌 결정하지 않았다. 따라서 헌재 결정의 취지에 맞게 국회는 입법으로 희생자가 될 수 없는 부적격자를 걸러내는 희생자 선정 규정을 제시하고, 위원회는 그 규정에 근거하여 무고한 희생자만이 선정될 수 있도록 했어야 했다. 국회가 입법으로 선정 기준을 명시하지 않았다고 하더라도 최소한 위원회는 자체적으로 희생자 심사기준을 정하여 심의·의결 했어야 한다. 그러나 국회는 입법하지 않음으로써 재량권을 불행사하였고, 위원회는 심사기준 작성을 미루다가 헌재의 결정 취지에 반하는 희생자 심사기준을 정하였다. 결과적으로 두 기관 모두 헌재의 결정을 위반하여 자유민주적 기본질서를 훼손한 대부분의 신청자를 희생자로 선정함으로써 재량권 불행사 및 재량권 일탈·남용의 위법을 범했다. 1960년 4월 19일 이전까지는 4·3사건은 남로당에 의하여 주도된 공산반란이고, 군경에 의하여 피살된 자는 모두 (남로당)무장유격대원이거나 그 동조자라는 것에 대한 반론이 제기되지 아니하였다.[68] 억울한 희생자가 있었다면 당시에 법적 구제절차를 밟을 수 있었고, 밟았어야 했다. 그러나 아무도 그러한 노력을 한 사례는 없었다. 이유는 피살된 자들 대부분이 귀책사유가 있었기 때

---

68 헌재 2000헌마238사건

문이다. 따라서 이들에 대한 철저한 검증 없이 희생자 선정을 남발한 행위는 명백히 재량권을 일탈한 행위로써 위법무효이다.

나. 희생자 심사기준[69]

1) **심사기준 기본방향** : 심사소위는 제2차 회의에서 제주4·3사건 희생자 '심의·결정기준'에 대해서는 헌재의 희생자 제외기준 4가지를 수용하며, 구체적 심사방법으로는 민주적 기본질서의 훼손여부와 정도를 판단하여 심사하는 것으로 기준안을 정리하기로 결정하였다. 제3차 회의에서 희생자 심사기준과 관련하여, 좌파위원들은 명예회복 대상을 최대한 많이 인정하자는 입장이었고, 우파 위원은 구체적 기준을 만들어 놓고 심사과정에서 제주도민의 정서를 반영하자는 의견을 제시하였다.

2) **구체적인 심사기준 불성립** : 제4차 회의에서 좌파위원은 제주 사회의 정서에 맞지 않는 극소수의 사람만 제외해야 한다는 의견을 제시했고, 우파위원은 헌재에서 제시한 희생자 제외기준이 4·3특별법에서 구체화되지 않았으므로 헌재의 기준보다 강화된 기준을 만들어 북한을 경계할 수 있는 정신을 길러주자는 의견을 제시했다.

3) **주관적·불공정 심사기준** : 제5차, 제6차 회의에서 희생자 범위 등과 관련하여 우파 의견은 배제되고, 다음과 같은 좌파 서중석 위원 안이 기준이 되었다. "4·3사건은 중앙당 지시에 의한 사건이라는 증명이 없으며, 군경의 진압에 주도적·적극적으로 대항한 무장대수괴급 등, 이 경우에 객관적인 자료가 명백히 있어야 만이 희생자의 제외대상에 포함될 수 있는 것이지, 그렇지 않고서는 모두가 희생자의 범위에 포함시켜야 한다."

---

69 희생자 심사소위원회 회의 결과보고 (1~25차 2001~2003)

4) **군법회의 무효** : 군법회의는 법률이 정한 정상적인 절차를 밟은 재판으로 볼 수 없다는 좌파의 주장이 관철되었다.

다. 희생자 심사기준 비판[70]

1) **기본방향 비판** : 좌파 측 의견은 자유민주적 기본질서를 훼손한 정도가 매우 심각하지 않으면 희생자로 포함시키겠다는 취지였다. 자유민주적 기본질서를 공격한 자들을 희생자로 정하는 것은 4·3의 책임이 북한 공산당과 남로당에게 있지 않고 이승만 대통령과 진압군경에게 있다는 것을 전제한다. 책임을 대한민국 정부에 전가하는 심각한 사안인 만큼 구체적 기준을 먼저 정하자는 우파 측 의견이 타당했다.

2) **심사기준 정립할 재량 해태** : 헌재가 정한 기준은 최대한의 인정기준이었으므로 그 범위내에서 구체적이고 강화된 희생자 심사기준을 정하고자 했던 우파 측 주장이 헌재의 취지와 대한민국 사관에 부합한 의견이었다. 이에 반하여 최대한 희생자를 인정할 목적으로 구체적인 희생자 심사기준을 정립하지 않은 좌파 측의 소극적이고 애매한 기준은 재량권 일탈에 해당한다.

3) **객관성 및 공정성 위반** : 좌파의 기준은 민법상 자기책임원칙을 근본적으로 부정한다. 4·3사건은 남로당 중앙당 지령에 의한 사건이 객관적 자료들에 근거하여 명백한데 이를 부정했고, 불법행위자의 입증책임을 국가에게 전가함으로써 공정성을 위반했다. 희생자 선정은 객관성과 공정성이란 원칙하에 구체적 기준을 정해서 심사 후 결정되어야 함에도 위원회가 정한 심사기준은 구체적 기준이 없는데다가 객관성과 공정성 원칙마저 지켜지지 않아서 자의적 편파적 심사가 되었다.

군경의 진압에 주도적·적극적으로 대항한 무장대수괴급 등의 경우에 그들의 위법행위를 객관적으로 입증할 수 있는 구체적이고 명백한 증거가 있어야 만이 희생자의 대상에서 제외하도록 한

---

70 희생자 심사소위원회 회의 결과보고 (1~25차 2001~2003)

서중석 위원의 심사기준은 불법행위 입증책임 법리에 위반한다. 대법원 판례에 불법행위에 있어 고의·과실에 기한 가해행위의 존재 및 그로 인한 손해발생에 관한 입증책임은 이를 주장하는 자에게 있다고 할 것인 바(대법원 2002. 2. 26. 선고 2001다73879 판결 등 참조), 불법행위로 인한 손해배상을 청구하기 위해서는 고의 또는 과실에 의한 가해행위와 위법성, 손해의 발생, 가해행위와 손해 사이의 인과관계를 모두 입증해야 한다. 그런데 4·3의 경우 특별한 사유없이 대한민국에 항적하였던 자들에게 입증책임을 면제해주었고 객관성과 공정성이 담보되지 않는 위원회, 사실조사단 등에게 입증책임을 부담(전환)케 하여 부적격자들이 대거 희생자로 선정되었다.

4) **적법한 군법회의** : 군법회의는 법률이 정한 정상적인 절차를 밟은 적법한 재판이었다. 따라서 4·3군사재판 수형인을 희생자로 결정한 행정행위, 4·3수형인 재심재판, 4·3특별법의 희생자에 수형인을 포함시킨 규정 등은 모두 무효이다.

12. 법원의 판단유탈

법원은 4·3관련 각종 소송의 경우에 원고적격을 인정하지 않거나 정당한 주장에 대해서 일관되게 판단유탈이라는 편법을 동원하여 본질을 비켜갔다. 2011. 12. 13. 2011두31260사건[71]과 2010. 8. 3. 2010두16332[72]사건 등에서 4·3특별법의 제1차적 목적인 진상규명을 판단유탈(민소법 제451조)하였고, 실질적 법치국가를 지향하는 대한민국 법원이 형식적 법치에 의지하여 각하결정을 일삼은 결과는 국민들에게 잘못된 인식을 확산시켰으며, 현재 부적격 희생자들에게 보상금까지 지급하는 사태가 벌어지게 하였다.

한편 국민의 재산권이 침해되는 현 상황에서 기본권 침해의 자기관련성을 이유로 각하할 수 없

---

71 제주4·3사건진상규명및희생자명예회복에관한특별법에 의한 일부희생자 결정 위헌확인 소송

72 제주4·3위원회가 결정한 희생자 13,564명 중 20명에 대한 희생자 결정 무효 확인 소송

는 사정변경이 생겼기 때문에, 더 이상 각하결정 등의 편법은 통하지 않게 되었다.

과거 헌재는 2000헌마238사건을 각하 결정하면서도 4·3의 본질을 심리판단하여 실질적 법치를 구현하는 의지를 보여주었다. 그러나 국회와 위원회의 헌법관이 정상적이지 않았음을 당시 헌재가 알 수 있었다면 본안에서 4·3을 본격적으로 심리하여 다수의견도 소수의견에 찬동하여 희생자의 범위를 축소하여 결론을 냈을 것이다. 헌재는 2021년 전부개정된 4·3특별법을 대상으로 현재 계류 중인 헌법소원심판 소송(2021헌마514)을 헌재의 존재이유에 맞게 실질적 법치에 입각하여 판단할 것으로 기대한다.

13. 4·3특별법 제1조(목적)의 독소적 요소

제1조(목적) 이 법은 제주4·3사건의 **진상**을 **규명**하고 이 사건과 관련된 희생자와 그 유족들의 **명예**를 회복시켜줌으로써 인권신장과 민주발전 및 국민화합에 이바지함을 목적으로 한다. [법률 제6117호, 2000. 1. 12. 제정]

제1조(목적) 이 법은 제주4·3사건의 진상을 규명하고 이 사건과 관련된 희생자와 그 유족들의 명예회복 및 **희생자에 대한 보상**을 함으로써 인권신장과 민주발전 및 국민화합에 이바지함을 목적으로 한다. [2022. 1. 11. 개정]

2000년 제정 당시 4·3특별법 입법취지는 4·3사건에 대한 입장의 차이가 있으니 선 사건의 진상 규명, 후 억울하게 피해를 입은 양민이 있다면 명예를 회복시켜주자는 것이었다. 그러나 법조문은 명예회복의 대상을 '사건과 관련된 희생자'로 막연하게 지칭하였다. 이것은 무고하지 않은 부적격 희생자를 명예회복 대상으로 만들 수 있는 여지를 제공한 것이다. 명예 회복의 내용은 연좌제 적용배제, 전과기록말소, 위령대상, 생활 지원금 지급 등으로 볼 수 있다. 여기서 연좌제는

1980년 제5공화국 헌법에서 이미 폐지된 제도이고, 전과기록말소는 현재도 형의 실효 등에 관한 법률 제7조에 의해 일정기간 지나면 경찰서 수사자료표를 제외한 검찰청 수형인명부와 지방자치기관의 수형인표 상의 전과기록은 말소된다. 그렇다면 유족들이 연좌제의 불이익을 받는다거나 4·3수형인이 전과자 신분을 이유로 사회복귀에 지장이 있지는 않았기 때문에 명예회복으로 얻는 기대는 크지 않았다고 볼 수 있다. 2022년에 동법 제1조 목적조항에 명예회복의 내용으로 보상을 추가하였다. 보상의 대상은 무고한 희생자의 명예회복을 위해서 필요한 것이지 모든 범법자와 무고하지 않은 희생자에게 일률적으로 적용해서는 안 될 일이다. 또한 일반 전과자에 비하여 4·3수형인은 무죄재심에 의해서 경찰서 수사자료표까지 전면 삭제[73]되는 특권을 부여받게 되었다. 국회와 정부는 범법자들에 대해서는 '남로당 공산주의자에서 전향하여 대한민국 국민이 되었다'는 의미의 정치적 선언으로서 명예회복이 되도록 마무리했어야 한다.

제정 당시 4·3특별법 제6조는 "위원회는 그 구성을 마친 날부터 2년 이내에 제주4·3사건 관련 자료의 수집 및 분석을 완료하여야 한다."고 했고, 제7조는 "위원회는 제6조 제1항의 기간이 종료되는 날부터 6월이내에 제주4·3사건진상조사보고서를 작성하여야 하며,"라고 규정하여 진상규명을 할 수 있는 기간을 법으로 제한하여 놓았다.[74] 진상규명에 관여한 요원들은 대부분 제주도에 연고가 있는 자들로 구성되었다. 이러한 독소조항과 사실들은 진상규명이 부실하거나 왜곡될 수밖에 없게 하는 결과를 가져왔다. 논문 한 편을 작성하더라도 1년 이상이 소요되는데 미증유의 4·3사건을 그 규모에 비해 졸속으로 마무리한 점은 전면 재조사 등이 필요함을 역설한다.[75] 무고하지 않은 자들까지 희생자로 인정하여 명예회복시킨 결과는 4·3사건의 반란을 '인권신장'과 '민주발전' '국민화합'으로 포장하여 그 정신을 계승하자는 것이 4·3특별법이 숨기고 있는 본래의 취지인가?. 결론적으로 독소조항들은 4·3특별법이 명분으로 내세운 진상규명이라는 법의 목적을 위배한 위헌규정이다.

---

73 한국일보, 무죄판결자 "전과" 지운다/경찰청/컴퓨터 기록서 삭제키로, 1992. 6. 26.
74 현길언, 정치권력과 역사왜곡, 태학사, 2018. 4. 23, p.33-34
75 현길언, 정치권력과 역사왜곡, 태학사, 2018. 4. 23, p.33, 35

CHAPTER

III

4·3특별법이 파괴하는
헌법가치

1. 4·3특별법 무엇을 파괴하나

구 분	내 용
역사 파괴	**▪ 역사 왜곡으로 대한민국 체제를 합법적으로 변질시킴** 북한 주장(민중봉기+통일운동)을 좌파가 따라하고 사이비 우파가 동조함으로써 북한 주장이 대한민국의 공식 입장이 되고 있음
헌법 파괴	**▪ 대한민국 정체성과 법치주의 파괴로 자유와 진실을 위협함** 대한민국을 부정하는 역사를 국가기관들이 수용하여 입법, 행정, 사법에 반영하는 것은 헌법에 의한 지배(법치주의)의 파괴임
정의 파괴	**▪ 반역·부역자의 희생자 선정, 무죄재판, 배보상은 정의 파괴임** 가해자인 남로당 반역세력에 대해 배상책임을 묻는 것이 정의임
문화 파괴	**▪ 4·3관련 좌파 단체는 정부지원을 받아 역사왜곡 문화를 양산함** 위원회, 4·3평화재단 등을 좌파가 장악하여 국가 예산으로 왜곡된 4·3역사를 확산하는 일에 앞장섬
시스템 파괴	**▪ 역사왜곡을 시정할 수 있는 헌법상 견제 시스템이 작동 안함** 국회는 2001년 헌재의 결정을 무시한 입법을 하고, 정부는 개악된 4·3특별법 개정안에 대해 법률안 거부권을 행사하지 아니하며, 법원은 헌법이념 경시풍조와 형식적 법치의 틀에 안주하여 위헌행위를 여과하지 못함

2. 헌법이념 경시

가. 수령론 vs 헌법정신

이념은 국가 체제를 유지하는 가치관으로서 국가운영의 원리와 사상체계이다. 우리의 이념은 자유, 자율, 정의, 진실, 국민주권, 자유민주주의, 시장경제, 법치주의, 인간의 존엄과 가치 등 헌법의 핵심가치에 반영되어 있다. 헌법정신은 우리의 정체성을 특정하는 이념이다. 우리의 이념으로 북한체제를 진단하면 북한은 독재, 거짓, 인권말살의 체제임을 쉽게 알 수 있다. 그들의 무상몰수 무상분배 토지개혁은 배급제로 귀착되어 노예제가 되었고, 사람은 사회적 존재라고 하면서 전체주의 수령독재 세습왕조를 만들었기 때문이다. 따라서 북한의 선전선동이론으로 우리의 헌법이념을 혼란스럽게 하는 좌경화 세력은 우리나라의 토대를 허물 수 있는 위험한 존재이다. 북한은 인민민주주의(공산주의) 주체사상으로 무장하고 있다. 주체사상에서 사람은 자주성·창조성·의식성을 가진 사회적 존재로서 모든 것의 주인이며 모든 것을 결정하나, 스스로 모순을 깨닫지도 혁명의식도 없다고 주장한다. 따라서 모순을 깨닫게 하고 혁명을 지도해줄 존재가 필요한데 그것이 수령이다. 사람의 뇌수가 육체에서 중추적 역할을 하듯이 수령(김일성)은 인민 대중을 이끌어 혁명을 이루는 향도적 존재(인민대중의 뇌수)라는 것이다. 이것이 주체사상의 가장 핵심적인 수령론이다[76]. 대한민국 국민은 자유민주주의(반공주의) 헌법정신으로 주체사상의 수령론에 맞서왔다.

나. 이념을 떠난 진실규명 기조

반체제세력은 우리의 헌법정신을 약화시키기 위한 전술로써 '이념은 낡은 것'이라는 프레임을 씌운다. 그 다음 '이념을 떠나서'라는 지침을 준다. 이에 반발하면 이념 논쟁을 일삼는 '색깔론자', '철 지난 이념공세' 등의 프레임으로 공격한다. 우리의 사상은 헌법이념으로 정립되어 있으며, 헌

---

[76] 이희천, 반대한민국세력의 비밀이 드러나다, 대추나무, 2021, p.176

법이념의 중요성을 안다면 좌파가 던진 프레임의 사슬을 용기있게 끊어낼 수 있을텐데, 그렇지 못하여 이념 경시 풍조가 만연하게 되었다. 프레임 전술이 성공한 예로서 2003년 노무현 전 대통령이 '이념을 벗어나 보고서를 작성하도록' 보고서작성기획단에 지시를 내린 사실을 들 수 있다. 그러한 지시가 보고서에 헌법이념이 반영되지 않도록 했고, 4·3사건의 성격규정도 할 수 없게 한 원인이 되었다.[77] 과거사 진상을 규명하는 일에 있어서 좌파적 사고는 대한민국 헌법이념을 경시하거나 제외시키는 점에서 공통적이다. 2000년대부터 과거사 진상을 파악하는 활동은 대부분 반헌법적 역사관에 기초하고 있다. 대표적인 경우가 4·3보고서로, 그 내용은 대한민국 입장의 정부 보고서가 아닌 공산폭도를 변호하고 대한민국을 고발하는 입장에서 작성된 정치적 보고서라고 할 수 있다. 보고서의 무비판적 수용은 역사왜곡을 낳았으며, 더 나아가 위헌적 국가행위를 합법적으로 가능하게 하여 대한민국의 법치를 혼돈의 상태에 빠뜨렸다.

보고서를 좌편향 정치보고서가 되게 한 배경은 진실화해를위한과거사정리위원회(이하 진실화해위)의 탈이념 기조와 관련이 깊다. 2기 진실화해위 제1차 학술토론회 자료집에 의하면 "전시 상황에서 비무장 상태의 민간인이 국가에 의해 불법적으로 희생되었다면 '이념을 떠나' 모두 민간인 학살 피해자라는 인식을 가져야 한다는 흐름이 2000년 이후 생겨남"이라고 진실규명의 기조를 정한 것이 확인된다. 자료집은 이어서 "이러한 인식을 확장하고 발전시켜 나갈 필요가 있음"[78]으로 실천방향을 설정하고 있다. 이러한 노선은 자유민주적 기본질서를 헌법가치로 하는 우리의 헌법정신에 위반됨은 두말할 필요가 없다. 그 이유는 무고한 양민을 불법하게 처형한 것과 반란·부역세력을 적법하게 처형한 것을 구별하지 않고, 둘 다 무고한 양민을 불법하게 처형한 잣대로 다루는 일반화의 오류에 빠졌기 때문이다. 또한 현재의 기준에서 과거를 재단하는 오류, 즉 행위시법주의에도 반하기 때문이다. 2기 진실화해위 토론회 자료집을 통해서 진실·화해를 위한 과거사정리 기본법(이하 과거사정리법)과 진실화해위 기조의 좌클릭 현상이 두드러졌음을 알 수 있다. 이들이 말하는 진실은 국가의 정당행위를 폭력으로 몰아가는 날조된 진실이고, 좌익 범죄자가 저

---

77 현길언, 정치권력과 역사왜곡, 태학사, 2018, 서문 작가의 말 중에서

78 진실화해를위한과거사정리위원회, 2기 진실화해위원회 제1차 학술토론회 자료집, 2021. 9. 29, p.26

지른 범죄의 진실규명에는 관심이 없는 공정하지 못한 특성이 있다. 2000년 김대중 정권부터 과거사 진실규명 작업은 희생자 범위를 넓게 잡아 국가의 책임을 넓게 인정하려는 의도에서 출발한다. 이러한 의도가 4·3보고서 작성에 절대적인 영향을 주었다. 이명박·박근혜 정권에서도 그런 기조를 유지했다는 것은 큰 실책이었다. 문재인 전 대통령은 "먼저 꿈(공산국가 건설 꿈)을 꾸었다는 이유로 죽음을 맞이했다."는 등 공산폭동 자체를 의로운 항쟁으로 정당화하려는 의도의 발언을 하고, 군과 경찰을 학살자로 규정하여 국방부장관과 경찰청장이 다수의 반역자를 포함한 4·3 희생자에게 머리 숙여 사죄하게 했다. 북한체제로의 통일을 찬양하는 반헌법적 발언과 부적절한 행동들이라 할 수 있다.[79] 우리의 헌법을 무너뜨리려 하는 세력의 공작이 얼마나 성공적인지를 확인할 수 있는 대표적 사건이다.

다. 탈이념은 국가폭력을 강조하기 위함이다.

헌법이념을 떠나 과거사를 재단하면 국가의 정당행위가 국가폭력으로 전락할 수 있다. 정치인들 상당수가 '이념을 떠나서', '낡은 이념' 운운하는 것을 종종 언론매체를 통해서 접할 수 있다. 이런 풍토가 국가폭력 등 자학사관을 만들었다는 것은 우연한 일이 아니다. 정치인들이 낡은 이념이라 할 때 공산주의 이념만이 아닌 우리의 이념을 포함해서 말하는 것으로 들린다. 우리의 이념을 따로 구분하지 않고 포함하여 마치 모든 이념이 낡은 것처럼 암시하는 듯하다. 그러나 공산주의의 실패와 실상에 의해서 공산주의야말로 낡은 이념임을 증명하고 있다. 따라서 낡은 이념을 언급할 때 그 이념이 공산주의 이념을 지칭한다는 것을 분명히 밝히지 않는 정치인이 있다면 그의 사상은 검증받아야 한다. 과거사 정리에서 정부의 주된 역할은 좌익이 우익을 학살한 진상을 규명하는 것이어야 정상적이다. 국가의 일탈에 대한 진상규명은 당연히 있어야 하지만, 국가가 좌익을 정당하게 진압한 행위를 국가폭력으로 규정하는데 주안점을 두고 활동하는 것은 대한민국 정부의 역할이 아니다. 정당한 진압을 국가폭력으로 규정하는 것은 북한 정권의 대남 적화사업을 우리 정부가 대행

---

79 문재인 전 대통령은 문제의 발언으로 2020년 6월 4일 국가보안법 위반 등으로 고발당함

한 꼴이다. 그 결과 좌익의 만행은 묻혀지고, 대한민국 정부에 대한 부정적 정서는 확산되었다.

라. 잘못된 희생자 정의

희생자란 피해를 입은 사람들 중에서 위법행위를 한 사실이 없는 무고한 사람들을 말한다. 4·3특별법에서 희생자 개념을 무고한 자만이 희생자가 되도록 정하지 않은 이유는 피해자이면 귀책사유나 좌우 구분을 떠나서 최대한 희생자로 인정하기 위함이다. 귀책사유 있는 좌익도 희생자에 포함시키려는 의도에서 희생자를 폭넓게 인정하였던 것이다. 이러한 해석을 확대 적용하면 6·25전쟁에서 국군에 의하여 사살된 인민군과 부역자들 모두 희생자가 될 수 있다. 대한민국 헌법을 포기하고 북한으로 편입되기 전에는 있을 수 없는 설정이다. 남북간 사상전, 법률전에서 인권이라는 미명하에 가해자 피해자를 구분하지 않고 모든 책임을 국가에 전가하는 것은 정의가 아니다.

마. 일률적인 화해와 상생은 헌법이념에 배치된다.

4·3특별법은 헌법이념 대신에 화해와 상생이라는 가치를 앞세운 법이다. 그렇다면 반역과 부역을 했던 사람들이 지난 날의 범죄를 반성하였나? 피해자에게 사죄와 배상을 하였나? 반성이 전제되지 않은 화해와 상생은 위선이고 기만이다. 남로당 폭도들은 범죄사실을 인정하고 회개하여 피해를 입은 모든 분들에게 용서를 구해야 하는 당사자이지, 화해와 상생의 주체가 아니다. 남로당 폭도들은 사죄를 하고 죄값을 치루어야 할 범죄자이고, 피해자들은 남로당 가해자들에게 배상을 청구하거나 용서를 해줄 수 있는 당사자이다. 물론 용서하고 안하고는 피해자들이 결정할 문제이다. 국가는 남로당 가해자들의 책임을 묻고 개선여부에 따라 은전을 베푸는 주체이다. 남로당 폭도들이 용서는 구하지 않고 모든 책임을 국가에 전가하는 적반하장의 행태를 보이고 이런 분위기가 용인되는 현실은 심각한 문제가 있다. 남로당 가해자들이 용서를 구하는 행위가 선행되어야 국가는 은전을 베풀 여지가 생기며 사죄와 은전의 상호작용의 결과로서 국가, 피해자, 가해자 모두의 화합(화목)이 가능해진다.

화합과 화해는 본질적으로 다른 차원이다. 남로당 폭도들은 화해의 자리에 설 자격이 없다. 반역자들이 무고한 희생자들과 함께 4·3 희생자 자리에 편승하는 것은 희생자들에 대한 2차 가해이자 국민을 기만하는 사기이다. 4·3이 항쟁이 맞다면 진압한 군경과 제주도민간 화해와 상생이 성립할 수 있다. 그러나 4·3은 반란이기 때문에 화해와 상생은 성립할 여지가 없다. 남로당 폭도는 범죄의 가해자로서 화해와 상생의 대상이 아니다. 화해와 상생 관계를 설정하여 대등한 당사자가 되려는 의도로 반란을 항쟁으로 왜곡하고 있다. 남로당 제주도당을 옹호하는 세력은 공산폭동 반란을 항쟁 또는 순수한 통일운동으로 세탁하기 위해 마치 제주도민 전체가 민중봉기를 일으킨 것처럼 위장하고 있다. 양민과 폭도를 뒤섞어 양민으로 대접받기 위함이다. 남로당 반란세력과 선량한 양민을 구분하지 않고 모두가 봉기에 참여하였다는 왜곡은 모든 도민들이 공산통일 운동에 참여한 것으로 오해받도록 하여 논리적 사실적 모순에 빠지게 한다. 논리 모순은 반란에 가담하지 않은 제주도민의 명예를 훼손시키는 측면을 통해서도 확인된다. 공산통일을 위해 폭동 반란을 일으킨 자들은 남로당 세력이었지, 그에 동조하지 않은 제주도 양민들이 아니었다. 따라서 '화해' 용어가 과연 적절한가? 화해와 상생은 서로 잘못이 있음을 전제하여 서로 반성하고 서로 용서해야 화해가 성립하고 상생이 된다는 의미이다. 이념 대립에서 빚어진 4·3의 과거사는 서로가 아닌 일방의 잘못이어서 화해라는 용어는 부적절하다. 그런데 화해용어를 선택하여 국가의 잘못을 인정할 수 없는 사안임에도 국가가 반역세력에게 사죄하게 되었다. 현실적으로 국가만 사죄하는 방향으로 결론이 나타나고 있다.

　2003년 10월 31일 노무현 대통령은 국가권력의 잘못에 대해 사과 발표를 했다. 4·3은 좌우 이념 대결로 벌어진 참극이었다. 과거 노무현 전 대통령은 자신을 '좌파 신자유주의자'라고 발언을 했었다. 그렇다면 노무현 전 대통령은 좌파를 대표하여 사과했어야 균형이 맞았을 것이다. 우익인 군경을 대표하여 노무현 대통령이 사과하였으나, 좌파 측에서는 누가 사과하였던가?[80] 분명히 해둘 것은 노무현 전 대통령이 군경을 대표하여 좌파에게 사과한 부분은 헌법위반이었다. 단지 무고한 양민에게 사과한 부분만 인정할 수 있다. 노무현 전 대통령이 헌법이념을 떠나 4·3을 처리한 것은 반헌법적이며, 국민을 기만하여 국가 정체성 훼손 등 국익에 해를 입힌 점은 반역에 해당한다.

80　김동일, 제주4·3사건의 거짓과 진실, 노무현 정부의 제주4·3사건진상조사보고서의 7대 거짓말, 비봉출판사, 2016, p.6

3. 4·3특별법에 의해 국민이 현재, 직접 침해받는 헌법가치

4·3의 반국가성이 4·3특별법에 담겨 위원회의 희생자 선정과 법원의 재심재판 등 다양한 형태로 구현되고 있는 중이다. 4·3특별법 시행으로 북한 공산주의를 지지하는 극소수를 제외한 대한민국 국민 대다수의 기본권은 과거부터 현재 그리고 장래를 향하여 직접 침해당하고 있다. 기본권의 침해는 법률 자체에 의한 직접 침해, 법률을 근거로 재판이나 처분에 의한 침해가 대표적이다. 기본권의 침해가 있으면 국가의 국민에 대한 기본권보호의무와 국민의 국가에 대한 기본권보호청구권이 모두 작동되어야 한다. 특히 공익은 기본권의 합이기 때문에 자기관련성 등 원고적격은 완화되어야 한다. 헌재는 공익적 사건을 개인의 기본권침해사건보다 더 적극적으로 다뤄야 한다. 사법적극주의에 입각함으로써 기본권의 국가권력 기속성을 실효성 있게 하고, 헌법가치가 규범력을 발휘할 수 있어야 한다. 4·3특별법의 위헌을 다투는 헌법소원심판청구가 2021년 5월 10일 헌재에 접수된 후, 2021년 7월 6일 전원재판부에 회부되어 2021헌마514사건으로 심리가 진행 중에 있다. 적법요건은 통과되었다고 할 수 있어서 여기서는 어떠한 헌법가치들이 침해되는지 살펴보겠다.

[4·3특별법이 침해하는 헌법가치]

헌법원리	헌법상 기본권
▪ 자유민주적 기본질서 (전문, 제4조)	▪ 행복추구권·인격권 (제10조)
▪ 국가 정체성 및 계속성 (전문, 제66조②)	▪ 평등권 (제11조)
▪ 국민주권의 원리 (제1조)	▪ 직업선택의 자유 (제15조)
▪ 행위시법주의 원칙 (제13조①)	▪ 양심의 자유 (제19조)
▪ 권력분립의 원리 (제40조, 66조④, 101조①)	▪ 표현의 자유·알권리 (제21조①)
▪ 포괄적위임입법금지의 원칙 (제75조)	▪ 학문의 자유 (제22조①)
▪ 실질적 법치주의 원리 (제107조②) 등	▪ 재산권 (제23조) 등

가. 자유민주적 기본질서와 대한민국 정통성·정체성 침해

1) 대한민국 정통성

4·3특별법은 대한민국 정통성과 정체성을 정면으로 침해하는 건국 이래 최악의 위헌법률이다. 정통성은 통치를 받는 사람에게 권력 지배를 승인하고 허용하게 하는 법적·논리적·심리적·역사적인 근거이다. 국가의 정통성은 정권의 권위를 정당하다고 받아들여 승인하는 것을 가리킨다. 한반도에서 국가의 정통성을 대한민국에 두느냐 조선민주주의인민공화국에 두느냐의 다툼이 있다. 1948년 12월 12일 UN 총회는 대한민국 정부가 한반도의 유일한 합법 정부(the only such government in Korea)임을 선언하는 결의 제195호(III)를 채택했다. 결의 제195호를 통해 대한민국 정부가 한반도 전체를 대표하는 유일 합법정부로서 정치적 정통성을 지닌 근거가 된다. 조선, 대한제국, 임시정부의 법통을 이어받은 대한민국은 역사적, 국제법적, 국내법적으로 한반도 유일의 국가이다. 4·3전문가 이선교 목사는 보고서와 4·3특별법에서 사실을 왜곡하는 의도는 대한민국 공권력을 비하하고 정당성을 부정하여 군을 학살자로 매도함으로써 4·3사건의 책임을 대한민국 정부와 미군정으로 돌리겠다는 술책임을 지적한다. 4·3역사왜곡의 궁극적 목적은 대한민국의 정통성을 부정하는 것이다.

2) 대한민국 정체성

"국가의 정체성이란 국가의 정서적 통일의 원천으로서 그 국민의 역사와 경험, 문화와 정치 및 경제, 그 권력구조나 정신적 상징 등이 종합적으로 표출됨으로써 형성되는 국가적 특성이라 할 수 있다… 헌법기관의 소재지, 특히 국가를 대표하는 대통령과 민주주의적 통치원리에 핵심적 역할을 하는 의회의 소재지를 정하는 문제는 국가의 정체성을 표현하는 실질적인 헌법사항의 하나이다."(2004헌마554 신행정수도특별법위헌결정) 대한민국의 정체성은 하드웨어 측면에서는 청와대와 국회 같은 상징적인 장소로 표출된다. 수도 이전을 쉽게 할 수 없는 이유도 국가정체성에 나쁜 영향을 줄 수 있음을 고려해서이다. 소프트웨어 측면에서는 정체성의 본질이 헌법전문에 녹아있으며 자유민주주의, 법치주의, 시장경제 등 헌법이념으로 표출된다. 헌재는 4·3에 대해 "자유민주적 기본질서를 부정하며, 인민민주주의를 지향하는 북한 공산정권을 지지하면서 미군정기간 공권력의 집행기관인 경찰과 그 가족, 제헌의회의원선거 관련인사·선거종사자 또는 자신과 반대되는 정치적 이념을 전파하는 자와 그 가족들을 가해하기 위하여 무장세력을 조직하고 동원하여 공격한 행위까지 무제한적으로 포용하는 것은 우리 헌법의 기본원리인 자유민주적 기본질서와 대한민국의 정체성에 심각한 훼손을 초래한다..."라고 결정하였다.(2000헌마238)

현재 대한민국 정체성은 두 측면에서 붕괴되고 있는데 하나는 이념적 측면인 제주4·3에 의해서, 다른 하나는 하드웨어적인 측면인 수도 이전 추진에 의해서다. 대한민국 정체성 해체 프로젝트는 종국에 가서는 대한민국 해체 공작과 같다. 공산당(남로당)은 조선민주주의인민공화국에 정통성을 두며 대한민국의 정통성과 정체성을 약화시켜 변질을 획책한다. 대표적인 예는 4·3특별법의 개악과 세종시로의 천도 추진이다.

위원회는 2005년 3월 17일 6·25전쟁 기간 피해당한 4·3사건 수형인 606명을 무혐의 처리하여 4·3희생자로 결정하였다. 2007년 국회는 4·3특별법을 일부 개정하여 4·3수형인을 희생자로 버젓이 규정하였다. 2021년 4·3특별법 전부 개정안은 국민의힘당 의원 5명만이 반대했을 뿐 여야 합의에 의한 다수의 찬성으로 통과되어 4·3수형인 전원에게 무죄 선고 및 보상금을 안겨줄 수 있는 길을 활짝 열었다.

대한민국 정체성을 부정하는 또 다른 사례는 노무현 전 대통령이 연방제를 꿈꾸면서 추진했던 세종시로의 수도 이전이다. 한반도의 중심인 수도 서울을 버리고 평양과 등거리에 있는 세종시로 천도하여 연방제를 실시한다는 것은 대한민국이 한반도를 영토로 한 국가가 아닌 지방정부로 격하된다는 뜻이다.[81] 국가정체성을 소중히 생각하지 않는다면 대한민국이 지방정부가 되면 어떻고, 사회주의 공산국가가 되면 어떠냐는 식으로 국민정신이 변질되기 쉽다. 대한민국 정체성의 변질은 북한이 설치한 덫에 빠져드는 것으로서 국가 소멸로 가는 위험이 도사리고 있다.

정치세력은 정치적 목적을 이루기 위해서 흔히 과거에서 명분을 가져오려고 한다. 역사를 왜

---

81 월간조선, 연방형 단일국가는 북측의 '낮은 단계 연방제'와 공통점 지녀, 2023. 3.

곡하는 이유는 과거에서 명분을 가져오고 싶지만 과거의 역사가 자랑스럽지 못하기 때문이다. 인민민주주의 지향은 자유민주적 기본질서에 입각한 통일을 지향하는 우리 헌법질서와 양립할 수 없다. 인민민주주의를 지향한 자들은 자유민주주의 체제에서 존립이 쉽지 않아 위장전술로 중간적 지형을 확보하고자 한다. 그러한 스탠스를 취하면 보호받기 쉬워지기 때문이다. 인민민주주의에 입각한 공산통일운동을 순수한 민족통일운동으로 미화하여 4·3의 성격을 모호하게 만든 것이 그 하나의 예이다. 정체성의 변질을 가져오는 역사왜곡의 목적은 ① 위헌시비 비켜가기, ② 은밀히 북한사관 주입하기, ③ 적대세력(우익) 무능화시키기, ④ 탈이념 세력 확장하기 등이다. 이와 같이 4·3 성격 규정의 모호성은 정체성의 혼란을 불러오는 일종의 변형된 통일전선전술이라 할 수 있어서 잠재적 갈등과 혼란의 여지를 남겨 두게 된다. 4·3 성격의 모호성만으로도 자유민주적 기본질서에 심각한 위해가 아닐 수 없다. 대한민국을 공격한 자들을 보호하여 국가정체성의 혼란을 야기하거나 방치하면 북한 체제와 이념까지 허용할 수 있는 틈을 제공하는 것이다.

3) 북한용어 침투

정부 문서 등에서 사용되는 용어와 문장 구성은 대한민국 정부 입장을 기준으로 해야 한다. 그러나 현실은 보고서와 4·3특별법 등에서 북한의 용어를 그대로 차용하고 있어서 문제이며, 이는 북한의 이념을 담고 있는 언어 사용으로 우리의 정체성을 훼손하고 있다는 증거가 된다.

대한민국 용어	북한용어 사용례
국민	민중, 인민
공산주의 **불온사상**	공산주의 **꿈을 꾸다**
좌익(공산주의자)에 대한 군경의 **단속**	군경의 **탄압**
공산폭도, **무장공비**	(인민해방군의 정체를 위장하기 위해) **무장대**
대한민국에 항적한 **공산폭동 반란**	군경의 탄압에 저항한 **민중항쟁 또는 민중봉기**
대한민국 **건국저지**	**통일운동**
강경진압, 진압작전, 토벌작전	**국가폭력, 초토화작전**
교전중 사살, 게릴라 사살, 즉결처형	**양민학살, 집단학살**

이러한 사용례는 군경의 진압행위를 부정적으로 인식하게 할 뿐만 아니라 공산폭도의 행위를 중화시키는 느낌을 준다. 좌파의 가치중립적인 용어 선택은 화해와 상생 차원에서 갈등을 유발하지 않기 위해서라는 이유를 내세우지만, 공산당의 만행에 대해 대국민 사과를 한 번이라도 한 적이 있는지 묻고 싶다. 오히려 군경을 학살자로 몰아가는 왜곡을 강화하는 입장에 서있지 않은가? 더구나 '무장대가 무장봉기한 이래'라는 표현을 써서 마치 4·3폭동은 당연히 발생할 의로운 사건인 양 다룬다. 그리고 '무장대와 토벌대간의 무력충돌'이라는 기술은 무장공비와 정부진압군을 대등한 위치로 규정한다. 북한이 주장하거나 사용하는 용어와 문장 구성을 우리가 그대로 차용하는 현상은 북한의 사상이 우리의 사상을 점차 잠식하고 있다는 증거이다. 4·3 당시 제주도민 상당수는 공산주의를 추종하여 그들의 조국은 조선민주주의인민공화국 즉 북한이었다. 북한 입장에서는 북한 인민이 대한민국 정부에 봉기(항쟁)한 것이다. 대한민국 입장에서는 북한 인민이 대한민국에 항적(반역)한 것으로 이해할 수 있다. 건국을 방해하고 군경과 양민을 학살한 좌익의 반란(4·3사건)을 대한민국 정부가 작성한 보고서(536면 등)에서 '봉기'란 용어를 사용하는 것은 국가 스스로 정통성을 부정하는 결과가 된다. 보고서에서 '봉기' 등 북한에서 주장하는 용어들을 명시적 또는 묵시적으로 서술하고 있다는 것은 북한의 입장에서 작성한 보고서임을 시사한다. 보수우파의 의견은 무시된 채 좌파정부에서 발간한 좌편향 보고서는 기정사실화 되었고, 이후 4·3특별법은 반역자인 수형인 등을 희생자로 둔갑시켜 보상금을 지급하고, 정당한 진압을 집단학살로 규정하는 등 수차례 개악을 거듭하여 남로당 특혜법이 되었다. 4·3수형인 등 부적격 희생자에게 배보상금을 지급하는 행위는 대한민국의 정통성을 부정하는 문제와도 직결된다. 역사왜곡과 국가 정체성 파괴를 4·3특별법으로 강제하게 된 이 지점에서 헌재는 4·3특별법에 대해 전부위헌을 결정해야 한다.

4) 기본권 제한의 정당성

헌법 제37조 제2항은 "국민의 모든 자유와 권리는 국가안전보장·질서유지 또는 공공복리를 위하여 필요한 경우에 한하여 법률로써 제한할 수 있다."고 규정한다. 다수 선량한 인권의 합은 공익(국익)이므로 인권을 침해하는 공산주의자들의 인권은 다수 선량한 인권을 보호하기 위해 제한되어야 한다. 공산폭도를 사살하지 않고서는 반란 진압이 불가능한 상황에서 공산폭도를 사살하지 않았다면 군경이 공산폭도들에 의해 학살당하여 우리나라는 공산국가가 되었을 것이다. 공산폭도 사살을 양민학살로 보면서 군경의 반란행위 진압을 비난하고 문제 삼는 것은 대한민국이 태어나지 않았기를 바라는 인식이다.

반헌법적인 사고를 가진 자유의 적들이 대접받는 나라가 되게 하여서는 안 된다. 방어적 민주주의하에서 자유민주적 기본질서를 전복하려고 했던 범죄자의 인권과 일반 국민의 인권은 그 보호의 정도에 있어서 반비례한다. 범죄자의 인권을 보장할수록 국민의 인권은 보호받지 못한다. 북한은 대한민국에 반역한 자들을 영웅으로 치켜세우며 그들의 인권은 중시하지만 반공주의자들에 대해서는 반동으로 가차 없이 숙청한다. 이와 반대로 대한민국이 정상국가라면 우리 국민의 인권은 중시하되, 국민보호를 위해 반역자를 처단해야 한다. 만일 반역행위를 문제 삼지 않는다면 그것은 자유민주적 기본질서의 근간을 허무는 자해행위로서 직무유기이다.

5) 살라미 전술

4·3왜곡은 마치 살라미 전술과 같은 패턴으로 여러 단계를 밟고 있다. 각 단계를 분설하면, ① 남로당 세력의 활동을 중립적 개념으로 중화시키는 단계, ② 민중봉기로 정당화시키는 단계, ③ 좌익 피해자를 희생자로 선정하는 단계, ④ 국가폭력, 학살이라는 용어가 등장하는 단계, ⑤ 좌익 희생자에게 보상금을 지급하는 단계, ⑥ 공산폭동 반란을 언급하면 처벌하는 단계로 발전한다. 최종단계는 헌법이념에 충실한 자유민주주의 세력을 제거하기 위해 전개되는 숙청 단계이다. 숙청 다음에는 공산주의자들이 마수를 드러내어 자연스럽게 적화통일의 과업을 달성하게 될 것이다. 일정한 패턴에 따라 일사천리로 추진되고 있는 4·3특별법 제반 규정들은 자유민주주의 체제를 심각하게 위협하고 있다.

6) 4·3의 국제화 음모

2002년 제주도와 세계섬학회가 주최한 제2회 제주4·3 국제컨퍼런스에서 고창훈 제주대 교수는 "세계 평화를 위해 한반도는 한국·북한 그리고 제주도를 하나의 국가로 승격, 3개국 통일 연합을 이루는 영세중립국가를 지향해야 한다. 한국·북한·제주도(South Korea, North Korea, and Island Korea)를 중심으로 '한국 통일 연합'을 아시아지역에서 평화추구의 전통으로 삼아야 한다."고 주장했다.[82] 고창훈 교수의 주장에서 통일은 자유민주적 기본질서에 입각한 통일이어야 한다는 조건은 발견할 수 없다. 또한 제주도는 대한민국의 영토가 아닌 남로당 국가라는 의미인가? 제주도의 국가승격, 3개국 통일국가연합 및 영세중립국 선언은 연방제 통일방안과 흡사하다. 반헌법적 주장이 별로 문제시 되지 않는 분위기는 국가가 그동안 헌법정신을 망각한 상태에 젖어 직무를 유기하고 있었다는 증거이다. 고창훈 교수는 2016년에는 4·3문제 해결과 치유를 위해 미국 정부가 나서야 한다는 청원서를 미국 의회에 제출하였고, 2018년에 10만 9천여 명의 서명을 받아서 미국대사관에 4·3과 관련해서 책임 있는 행동을 요청했지만 답변은 없었다는 인터뷰를 하였다.[83] 왜곡된 4·3의 국제화 시도에 대한 미국의 입장은 무시로 일관하고 있다. 공산화의 위기에서 구원하여 주었더니 대한민국 정부가 남로당 입장에서 미국에 책임을 요구하는 어이없는 행태로 판단하는 것으로 본다. 문제는 좌파들이 '4·3의 전국화, 세계화'라는 슬로건을 내세우며 전방위적 활동을 지속하고 있다는 점이다.

좌파들은 4·3이 미군정하에서 발생하였다는 이유로 미국의 책임으로 몰고가려고 하며, 배상을 받아 내려한다. 2022년 12월 8일 좌파 주도 제주4·3유족회가 미국 워싱턴 우드로윌슨센터에서 세미나를 개최하였는데 이 자리에서 '4·3은 미국의 책임'이라며 미국 정부와 대통령의 사과를 요구했다.[84] 2023년 4월 미군정 책임을 묻는 결의안이 제주도 의회에서 결의되었다. 결의안이 제주도의회 본회의 통과 시 대통령실은 물론 미국 백악관, 미의회 등에도 보내질 예정이라고 했다.[85] 이어서 2023년 5월에는 4·3 당시 미군정 역할 규명을 촉구하는 결의안이 국회에서도 발의됐다.[86]

---

82 제민일보, "한국-북한-제주도 통일연합을", 2002. 4. 3.

83 노컷뉴스, 고창훈 교수, 제주4.3 미국 책임 '증거와 증언' 필요, 2019. 4. 2.

84 KBS NEWS, 미 워싱턴서 "제주 4.3 사건, 미국의 책임" 공론화, 2022. 12. 9. / 제주의 소리, 제주4.3 미국 입장 묻는 '워싱턴 인권 심포지엄' 개최, 2022. 12. 5. / 헤드라인제주, 제주4.3 학살 미국 책임' 공론화 포문..."美정부, 해결 나서야", 2022. 12. 10.

85 오마이뉴스, 제주도의회 4.3특위, '미군정 책임규명' 결의안 의결, 2023. 4. 6.

86 KBS 뉴스, '4·3 미 군정 역할 규명' 촉구 결의안 국회서 발의, 2023. 5. 10.

2023년 6월 28일 더불어민주당 국회의원 중심으로 4·3사건의 진상규명을 위해 당시 미국의 역할과 책임을 밝히기 위한 법안이 발의됐다.[87] 이 법안은 양정숙 등 10인이 발의하였으며 제안이유 및 주요내용은 "4·3사건의 진상규명과 희생자와 그 유족들의 명예회복을 위하여 미국 등 외국정부 및 국제기구와의 교섭 등 외교적 노력을 다하고 국내 및 국제사회에서 제주4·3사건에 관한 교육과 홍보가 원활하게 이루어지도록 적극적인 책무를 부여하려는 것"[88]으로 포장하고 있다.

[4·3특별법 제4조 제2항 및 제3항 신설안]

제4조(국가의 책무)

② 국가는 제주4·3사건의 진상규명과 희생자 및 그 유족들의 명예회복을 위하여 아메리카합중국 등 외국정부 및 국제기구와의 교섭 등 외교적 노력을 다하여야 한다.

③ 국가는 국내 및 국제사회에서 제주4·3사건에 관한 교육과 홍보가 원활하게 이루어지도록 적극 노력하여야 하며, 그에 필요한 행정적·재정적 지원방안을 마련하여야 한다.

4·3역사 왜곡의 전후 사정을 잘 모르는 미국 정부와 학자 그리고 미국 여론이 점차 좌파의 의도에 말려들거나 선동당할 가능성이 없다고 단정할 수 있을까? 좌파가 미국에 책임을 묻기 위해 집요하게 활동하는 위험 상황을 방치하면 저변이 확대되어 반미감정을 고조시켜 한미동맹을 저해하는 부정적 효과를 가져올 뿐만 아니라 그 위세로 좌우익의 극심한 대립 끝에 미군철수 등 파국이 올 수 있다. 그 파국이 오기 전에 헌재는 체제 수호자의 입장에 서서 대한민국의 혼란과 해체를 바라지 않는 국민의 뜻에 부합하는 결단을 내려야 한다.

---

87 제주일보, 미군정기 발생한 제주4.3...'미국의 역할과 책임은', 2023. 7. 1.

88 제주4·3사건진상규명및희생자명예회복에관한특별법 일부개정법률안, 의안번호 22934, 발의자 양정숙 의원 등 10인, 발의 연월일 2023. 6. 28.

7) 소결

헌법전문은 인도와 동포애로써 민족의 단결을 공고히 한다고 규정한다. 헌법이 표방하는 인도주의와 동포를 사랑하는 민족주의는 자유민주적 기본질서라는 공동체의 기본이념을 전제로 성립하는 이념들이다. 헌재는 북한의 '우리민족끼리' 전술에 넘어가서 공산화 활동조차 용인하여 자유민주주의 체제가 위험에 처해지도록 하는 우를 범해서는 결코 안 될 것이다. 대한민국의 자유민주주의와 북한의 공산주의 주체사상을 함께 융합하려는 '우리민족끼리' 통일운동은 헌법이념에 배치되는 것이다. 그럼에도 4·3공산폭동 반란은 지난 20여 년간 민중항쟁으로 포장되어 국민을 성공적으로 기만하였다. 인권 영역에서 보호받을 수 없는 자유민주주의를 파괴한 좌익 범죄자의 행위는 '무력충돌', '소요사태'라는 용어 속에 은폐되었다. 반역자를 진압한 정당행위를 인권침해로 규정하고 이러한 인권침해는 국가폭력, 학살이라는 선전선동으로 4·3의 모든 책임은 국가에 떠넘겨졌다. 진실을 아는 국민의 외침은 대의기관들의 야합에 의해 무시됐다. 전체주의는 권력을 장악하면 개인의 사유를 통제하는 체제로 발전한다. 올바른 방향으로 생각하고 말하는 것조차 불가능한 체제가 된다. 4·3에 있어서 질서와 조화될 수 없는 반역자 및 범죄자의 인권을 명분으로 삼아 국민의 인권이 제한받는 사회가 되고 있다. 현재 국회에 발의된 4·3의 진실을 밝히면 처벌하겠다는 공포분위기 조성이 거짓에 침묵하게 하는 전체주의를 만든다. 개인의 자유가 억압되고 전체의 목표에 따라 움직이는 전체주의는 개인의 자유로운 사고를 고사시킨다. 4·3에 관한 전체주의적 사고가 자율과 조화를 바탕으로 자유민주적 기본질서를 더욱 확고히 하라는 헌법정신을 침해하고 있다. 헌법전문에서 규정하고 있는 주권자 국민이 결단한 핵심적 헌법가치가 대의기관에 의해 심각하게 침해받고 있는 중이다.

나. 국가 계속성 침해

4·3특별법은 헌법 제66조 제2항 국가의 계속성을 침해한다. 우리가 반체제적, 반헌법적인 정체성을 받아들이면, 점차 국가의 정체성이 변질되어 결국 자유민주주의 체제가 해체될 수 있다. 행정부는 4·3보고서, 국회는 4·3특별법, 법원은 4·3수형인 재심재판을 통해 대한민국 헌법질서

를 파괴하고 있다. 위원회, 4·3평화재단 등 4·3관련 단체는 좌편향 세력이 장악하여 국가예산으로 4·3역사를 왜곡하는 문화를 양산하고 있다. 제주4·3평화기념관 전시물은 남로당의 무장반란과 만행에 대한 군경 진압의 불가피성은 무시한 채, 진압과정에서 발생한 부정적인 면만을 과장하여 전시 해설함으로써 결과적으로 반미, 반이승만, 반군경 사상을 각인시켜 대한민국에 대한 증오심을 불러일으키며, 4·3을 전혀 모르는 초·중·고 학생들과 관광객들에게 왜곡 편향된 역사 교육의 장이 되고 있는 실정이다.[89] 대중이 문화를 통하여 쉽게 장악되는 특성을 활용하여 탈이념화는 상당히 진척되어 왔다. 대중의 헌법의식은 약화되어 대한민국 정체성을 고양하는 문화는 이미 사회에서 발붙이기가 힘들어졌다. 공산 무장반란세력이 의로운 민중항쟁을 하다가 희생당한 자로 대접받는 사회가 되었다. 남로당이 무장반란을 일으켰던 4월 3일은 국가 추념일로 지정되어 매년 성대하게 행사가 치러진다. 4월 3일은 그날 잔인하게 살해된 피해자들과 그 유족들에게 원한 맺힌 날이요, 폭도 반란군들에게는 승리의 날이기 때문이다.[90] 대한민국 건국을 방해하기 위해 공산반란을 일으킨 4월 3일은 매년 북한에서도 기념하는 날이라고 한다. 이러한 날에 대한민국 공직자와 국민들이 반역자들 앞에서 머리를 조아리는 행위가 지속되면 대한민국의 좌경화는 심화되어 결국 남북연방제의 나라로 갈 수 있다. 4·3사건의 정당성을 강조하는 반대한민국 세력은 대한민국 정통성을 부정하고, 반미감정을 부추겨서 적화통일의 과업을 완수하려 할 것이다. 최근 서울시가 대한민국 수도 서울 한복판에 '조선공산당 창당대회 터' 표석 설치를 허용하고, 노동당은 표석 앞에서 '조선공산당 선언'까지 낭독하는 일이 벌어졌다.[91] 종북 논란을 일으켜 위헌정당으로 해산된 통합진보당의 내란 선동 사건 10년 만에 간판을 새로 내세운 진보당이 국회에 입성했다.[92] 국회에서 암약하고 있는 종북주사파 출신들이 소속한 정당은 위헌정당으로서 민주주의의 가면을 쓴 민주주의의 적이다. 국가 정체성을 위태롭게 하는 심각한 현 상황을 방치하면 종국에는 대한민국의 정통성은 부정되어 국가가 해체되는 불행한 사태를 맞이할 수 있다. 이 점에서 4·3

---

89 김영중, 제주4·3평화기념관 전시물에 나타난 문제점, 제주4·3추념일 지정의 문제점에 대한 세미나 자료집, 2014, p.13

90 양동안, 제주4·3평화기념관 전시물에 나타난 문제점, 제주4·3추념일 지정의 문제점에 대한 세미나 자료집, 2014, p.24

91 뉴데일리, [르포] 조선공산당 창당기념행사… 17일 오후 1시, 서울 복판에서 못 믿을 일이 벌어졌다, 2023. 4. 18.

92 조선일보, 이석기·이정희 안 보인다고 OK?… 통진당 후신의 국회 입성, 2023. 4. 22.

특별법은 제3조 영토조항, 제4조 자유민주적 기본질서, 제8조 정당조항, 제10조 행복추구권 등을 위반한다.

다. 삼권분립 및 법치주의 위반

4·3 당시 국방경비법과 계엄법에 따라 계엄이 선포되고 계엄군이 질서유지 과정에서 법 위반 자들을 군사재판을 통해 합법적으로 처벌하였다. 국방경비법이 미군정시대에 제정된 법률이지만 제헌헌법 부칙 제100조에 보면 "현행법령은 이 헌법에 저촉되지 아니하는 한 효력을 가진다."고 하여 헌법 제정 전 법령에 의해 이루어진 행위에 대해서는 효력을 인정하고 있다. 법률의 공포절 차가 없었다고 하지만 헌재는 우리의 적법한 법으로 판단했다.[93] 따라서 군법회의 수형인들을 정 상적인 사법절차를 밟지 않았다는 주장을 이유로 무죄판단할 근거가 없다.

4·3재심재판처럼 입증책임은 면제되고 당사자 진술만으로 무죄를 선고하면 법적안정성은 깨 어지고 헌법질서는 무너진다. 제헌헌법 부칙 제100조에 의해서 계엄법과 국방경비법은 정식 법 률이었고, 수형인들은 정식 법률에 의하여 체포·구속, 군사재판을 받고 확정된 것이다. 이를 뒤집 으려면 재판을 통해서 정확한 증거를 제시해야 하는데 오류를 시정할 객관적인 증거는 하나도 없 다. 따라서 이런 재판은 불가하다는 사정을 뻔히 알면서 재심을 허용한 것은 법적안정성을 고려함 없이 법질서를 허무는 것이다. 대한민국을 공격한 자들의 행위는 고려하지 않고 무조건 억울하다 는 주장을 받아주는 풍토는 문명국가 법치국가에서는 허용해서는 안 될 일이다. 제주지방법원은 자유민주주의를 선택한 제헌의회 선거를 방해 저지한 반역에 가담한 거악을 헌법정신에 입각하여 처리하지 않고, 재심으로 수형인 전원 무죄선고, 배보상의 특혜와 특권을 베풀어 우리가 쌓아 올린 법질서를 스스로 허물고 자유민주주의를 부정하고 있다. 그 자체가 반역이고 내란행위이다. 반역 을 무죄로 세탁하는 것도 문제인데, 보상까지 해줌으로써 화해 상생이라는 구호 속에 진실과 정의 는 실종되어 버렸다. 과연 국가행위는 전부 잘못된 것이고 반역자들은 잘못이 없다는 것인가?

---

93 2001. 04. 26. 98헌바79·86,99헌바36(병합) 전원재판부

1) 특별재심과 직권재심은 삼권분립 위반이다.

　4·3특별법이 전부 개정될 당시, 처음 안에는 '군사재판 무효' 조항[94]이 들어 있었다. 2017년 12월 19일 오영훈 의원 등 60인이 발의한 4·3특별법 전부개정법률안 제13조에 '군사재판 무효' 규정이 있었고 그 내용은 법무부장관이 재판의 무효를 관보에 게재하고, 희생자와 유족에게 그 사실을 통보하며, 제14조 보상금 규정에 따라 보상금을 지급한다는 내용이었다. 개정안은 국회 임기만료로 폐기되었지만 군사재판 무효화 규정은 내용상 위헌이어서 이후 다시 상정하지 않았다. 입법으로 군사재판을 무효시키면 삼권분립 위반으로 바로 위헌이 된다는 행정부 의견에 따라, 군사재판 무효와 동일한 효과를 가져오는 특별재심/직권재심 조항이 대신 들어갔다. 명칭은 변경되었지만 입법으로 재판결과를 무효화시킨다는 점에서 내용은 그대로였다. 특별재심은 재심청구권자를 넓혀 놓았다. 일반적으로 재심은 재심사유가 있을때만 엄격하게 허용하는데 특별재심은 재심사유가 없더라도 입법을 통해 재심을 청구할 수 있어서 형사법질서가 문란해졌다. 특별재심은 4·3군사재판 수형인과 4·3일반재판 수형인 전원에게 아무 조건 없이 재심이 가능하게 하였다. 직권재심은 판결문이 소실된 군사재판 수형인 2,530명의 재심을 법무부가 도와 법률서비스를 제공하는 것이다. 최근 법개정으로 일반재판 수형인에게도 직권재심의 혜택을 부여하고 있다. 4·3수형인만 유독 관대하게 대우하는 이러한 특혜들은 평등원칙 위반이다. 재심을 하더라도 당사자 진술만 가지고 재심을 하면 범죄를 하였다고 말할 사람도 없다. 위원회가 4·3수형인을 무고한 희생자로 만들어서 직권재심 권고를 통하여 무죄를 인정해주는 수순은 사법부의 재판을 허무는 것이며, 위원회가 법원보다 우월한 기관이 되는 것이다.

　판결문이 소실된 군사재판 수형인들과 판결문이 존재하는 일반재판 수형인들까지 전부 무죄가 되게 하는 특별재심 규정은 입법으로 과거재판을 무효화시키는 효과를 가져오게 하여 권력분립 원칙을 위반한다. 특별재심은 대한민국 정부가 남로당 반란을 진압한 정당행위를 마치 나치의 집단학살(제노사이드)과 같은 불법행위로 보는 잘못된 전제에서 출발한다. 검사의 직권재심 서

---

94 제주4·3사건진상규명및희생자명예회복에관한특별법 전부개정법률안, 의안번호 10912, 발의자 오영훈 등 60인, 발의연월일 2017. 12. 19.

비스 및 일률적 무죄구형은 검사가 공산폭동반란에 면죄부를 주고 국군과 경찰의 행위를 불법행위화 하는 결과를 가져왔다. 이는 국가의 자기방어권을 포기하도록 강요하는 것과 마찬가지이다. 또한 6·25전쟁 때 인민군을 사살한 행위를 학살과 만행으로 보는 북한사관에 근거한 것과 다를 바 없다.

제주지방법원은 원고 4·3수형인 측이 공무원범죄를 입증해야 할 책임을 면제시켜주었다. 즉 재심개시의 선결조건인 공무원범죄의 입증 없이도 원판결을 대상으로 하는 재심재판이 가능하도록 해준 것이다. 특별재심, 직권재심은 재심재판 개시에서 원고 수형인 측의 입증책임을 면제시켜줌으로써 재판과정에서 검사가 입증책임을 져야 하는 입증책임 전환의 결과를 가져오게 했다, 이와 같이 검사가 불리한 입증부담을 떠안게 된 것은 당사자대등원칙(무기대등원칙) 위반이고 일반국민에 비해 4·3수형인들에게 특혜를 부여한 것이며 이는 명백한 평등권 침해이다. 더 나아가 헌법상 삼권분립원칙과 방어적 민주주의를 핵심가치로 삼는 법치주의를 위반한 것이다.

2) 수형인 진술에만 의존한 재심

고문의 증거는 피고인의 진술 외에 특별한 자료가 없다. 피고인의 진술만으로 고문사실을 확정할 수는 없다. 설사 고문이 있었다는 주장을 받아들여도 재심에서 정확하게 따져봤어야 한다. 공산주의 활동을 한 좌익을 검거한 경찰관이 조천지서와 모슬포지서에서 피의자를 심문 중 고문하여 치사에 이르게 한 사건이 발생하였는데 고문치사 관련 경찰관 5명은 징역 5년, 1명은 징역 3년형을 받았다.[95] 4·3 당시에도 사회통념을 벗어난 가혹행위가 사법 처리될 수 있었고, 그러한 구제절차는 대한민국 법질서에서 보호받을 수 있었다. 4천여 명에 달하는 4·3수형인들이 과거 신체벌을 당하였다면 한 명이라도 당시에 문제제기를 했어야 하며, 문제제기를 한 노력이라도 있어야 하나 전혀 그러한 기록이 없다. 70여 년이 지난 시점에 와서 고문을 당했다는 수형인의 일방적인 증언만으로 형사소송법의 재심규정을 무시하면서까지 수형인을 특별하게 배려하는 것은 법치의

---

95 김영중, 제주4·3사건 문과답, 나눔사, 2022. 8. 15, p.157

훼손이다. 1,700여 명의 행방불명 수형인들은 그러한 당사자 증언조차 없으며, 유족들의 호소만 있을 뿐이다. 당시 국민 중에 부모님, 학교 선생님, 군대 고참으로부터 매 맞지 않은 사람이 거의 없는데 지금에 와서 폭행을 문제 삼는 사람이 단 한 명이라도 있는가? 지금 와서 문제로 삼는다면 사회통념에도 맞지 않는다. 따라서 4·3 당시 가혹행위의 문제로 지금와서 문제제기 하는 것은 받아들일 수 없고 가혹행위가 있었다하더라도 사회통념에 벗어나는 정도는 아니었다. 어떠한 가혹행위도 객관적인 증거를 제시하지 않는 이상 증언만으로 인정할 수 있는 사안이 될 수 없다.

3) 특별재심은 실질적 법치주의를 훼손한다.

형사소송법상 재심사유가 될 수 없는 사안을 특별재심까지 허용하는 입법적 조치는 명백히 위헌법률에 해당하며 법치주의 위반이다. 군사재판은 적법하게 이루어졌으며, 재판절차를 위반한 사실은 발견되지 않는다. 게릴라와의 전쟁 중에 100-200명의 피고를 하루에 유죄판결하였다 하여 불법성을 주장할 수 없다. 오히려 4·3재심재판에서 하루 만에 335명을 동시에 무죄선고하는 등 졸속재판은 더 심각하게 행해지고 있는 상황이다.

제주계엄지구 고등군법회의가 2회 존재했다는 근거문서로 제주도 계엄지구 고등군법회의 명령 제20호(1948. 12. 29.), 고등군법회의 명령 제1호(1949. 7. 3.)가 있다. 군법회의 설치근거는 1948년 12월 1일부 특명 제29호 및 동년 12월 2일부 동수정명령 제39호와 1949년 6월 1일부 육군본부 보병 제2연대 본부 특별명령 제71호 제1항이다. 공판장소는 제주도 제주지방법원이었고, 공판기간과 선고내용은 다음과 같다.

○ 1948. 12. 3. ~ 12. 29.(형법 제77조 내란죄 위반)

계	사형	무기	20년	15년	5년	3년	1년
871	39	67	97	262	221	5	180

○ 1949. 6. 28. ~ 7. 7.(국방경비법 제32조, 33조 적에 대한 구원통신연락 및 간첩죄)

계	사형	무기	20년	15년	5년	3년	1년
1,660	345	238	311	705	13	25	23

군법회의 재판의 존재를 확인하는 추가 자료는 다음과 같다.

구분	내용
육군총사령부 일반명령 제2호 (1948. 10. 27.)	대통령의 인가를 얻어 1948. 10. 10.부로 제주도 숙청부대 총지휘관에게 숙청행동간 고등군법회의 관할권한을 이에 부여함
총사령부 특명 제25호 (1948. 2. 27.)	부대근무를 위하여 법무장교의 전속지명을 포고함 계급 : 소위, 성명 : 조병일, 군번 : 10792 부대 : 제주 9연대
미군정자료 (1949. 8. 12.)	미극동군사령부 합동주간정보분석 제9호 제주도의 공산주의자 및 동조자에 대한 재판 개최 기소 1,699명, 선고 1,599명(사형 345, 무기 238명 등)

수형인명부라 함은 자격정지 이상의 형을 받은 수형인을 기재한 명부로서 지방검찰청 및 군검찰부에서 (작성)관리하는 것을 말한다.(형의실효등에관한법률 제2조 제2호) 따라서 수형인명부에 기재된 자는 4·3폭동에 직·간접적으로 연루된 범죄행위로 인해 군법회의에서 유죄로 확정된 자임을 국가 사법기관(제주지방검찰청)이 공식적으로 확인하는 근거 문서이다. 수형인명부의 원래 소장 기관인 제주지검은 동자료가 제주지검에서 당시 군법회의 결과인 명령서를 토대로 작성된 것임을 확인하였다. 군사재판 수형인명부에 별첨된 명령서에는 공판장소, 죄목(죄과, 범죄사실), 심사장관의 조치, 확인장관의 조치 등이 인쇄되어 있다. 별첨 피고인 명부는 피고인의 인적사항과 항변·판정·판결 항목, 선고일자, 복형장소(형무소) 항목 등으로 나누어져서 표로 작성되어 있다.[96] 이와 같은 자세한 내용은 군사재판 판결문이 없었다면 도출할 수 없는 내용들이다. 명령서는 재판이 있었고 판결문이 있었다는 물적 증거가 된다. 군사재판 판결문 등 재판기록은 6·25전쟁의 와중에 소실된 것으로 추정된다. 각 지방검찰청에서 재판기록을 보존하는 일반재판 수형인과는 달리 군사재판 수형인들의 재판기록은 고등군법회의가 보존하였다. 국방경비법 제81조(고등군법회의 소송기록)는 "고등군법회의는 취급한 각 소송사건의 재판조서를 작성 보존하며"라고 규정하고 있으며 4·3 당시 고등군법회의는 서울 용산 국방부 산하에 위치하고 있었다. 적법한 재판이 없었다는

---

96 제주4·3사건추가진상보고서 I, 제주4·3평화재단, 2019, p.316

심문을 받기 위해 대기중인 수용자들(1948.11.)　　　　　　　　　　〈미국립문서기록관리청 소장〉

수형인 명부

수형인과 변호인들이 제시하는 증언은 일방적인 주장일 뿐이다. 2002년 4월 26일 위원회가 4·3 수형인 300명을 목포형무소로 호송한 경찰관을 상대로 증언채록 한 내용에 의하면 "우리는 재판 서류를 가지고 가서 형무소 소장에게 건네 주었어요. 300명의 재판 서류를..."라고 하여 재판서류가 분명히 있었음을 알 수 있다. 증언 호송 경찰관은 4·3수형인들에게 재판받았냐고 물어보니까 "재판받았습니다."라고 대답했다는 사실에서 군사재판이 있었음은 명백하다.[97]

2003년 9월 국방부의 보고서 수정의견안에 의하면, 국방부는 군사재판이 없었거나 법적 절차가 무시되었다는 위원회의 주장에 강하게 반박하였다. 국방부 측의 보고서 수정의견은 '군법회의는 법률이 정한 정상적인 절차를 밟아 합법적으로 개최되었음을 보여준다. 그러나 위원회 측은 국방부의 사실에 입각한 주장을 부정확한 정보에 의존한 것으로 치부하고 무시하였다. 이하에서 국방부 측 주장을 살펴보기로 하겠다.[98]

군법회의 재판의 개최사실은 군법회의 명령서가 이를 증명하고 있다.

수형인 명부(정부기록 보존소, 기서12050-17, 2002. 12. 30.)

- 1948. 12. - 1949. 7. 까지 제주4·3사건 관련 제주지방검찰청(군법회의분) 수형인명부(사본)

제주도 계엄지구 고등군법회의 명령 제20호(1948. 12. 29.)

국방부의 언론보도 사전검열제도

1948. 11. 20.을 기해 군작전과 군기보호, 보도의 정확성을 기하기 위해 사전검열제도 시행(국제신문, 1948. 11. 21.)

---

97 제주4·3사건진상규명위원회, 경찰출신 증언-1, 제주4·3 증언채록, 2002, p.88, 96, 104

98 제주4·3사건진상규명및희생자명예회복위원회, 제주4·3사건진상조사보고서 수정의견 검토자료〈2〉, 2003. 9, p.258-259

군법회의 재판관련 증언

(이종록, 73세, 1948년 12월 당시 9연대 정보관, 2003. 5. 28.)

"당시 군법회의 재판은 옛날 제주군청 앞 광장 한쪽에 있는 일정 때 간이 재판소에서 합법적으로 열렸다. 재판관, 검찰관, 법무관이 있었고 서기는 일정 때 재판에 종사했던 사람이 했다. 이 재판에서 훈방할 사람은 훈방하고 형을 줄 사람은 형을 주고 하였다. 합법적인 재판이었다. 형 받은 사람은 육지교도소로 이동할 때 보면 큰 서류보자기를 죄수와 같이 배에 싣는 것이 보였는데 그것이 재판기록 같았다."

재판관련 문서의 미보존과 언론 미보도 등의 이유로 의문을 제기할 수는 있으나 이것이 곧 군법회의 재판절차의 불법성을 의미할 수는 없다.

보고서는 9연대 부연대장인 서종철과 군수참모 김정무가 군법회의에 대해 모른다고 증언(보고서 초안 486면)하였다고 했으나, 군사편찬연구소 보고서 수정의견에는 김정무는 군법회의 재판에 대해 "본인이 박경훈 도지사의 재판장을 하였다."고 증언하여 군법회의는 적법했음을 밝히고 있다.[99]

국방부 군사편찬연구소 정석균 위원과 고원증 제13대 법무부장관(전 육군본부 법무감실 기록심사과장)이 2005년 7월 6일과 7월 26일 서울공증사무실에서 두 차례에 걸쳐 4·3사건 관련 군법회의 실시여부와 재판관련 기록물에 대한 보관여부 등을 대담형식으로 증언하여 공증한 사실이 있다. 4·3전문가 이선교 목사는 고원증 전 기록심사과장으로부터 공증 내용이 사실임을 직접 전해 들었

---

99 군사편찬연구소, 진상조사보고서(초안) 검토결과 수정내용 (요약) 2003. 2. 25, p.12

으며 증언자료를 확보하였다. 고원증 전 법무부장관의 증언[100] 내용을 정리하면 다음과 같다.

"군법회의가 이루어졌다. 제9연대는 1948년 12월에 계엄하에서 실시하였고 제2연대는 1949년 6-7월에 국방경비법에 의거 범법자를 군법회의에 회부하였다. 당시 재판기록을 본 적이 있다. 재판기록이 일단 육군본부 법무감실로 올라와 기록심사를 했는데 내가 당시 기록심사과장으로서 확인을 하였다. 6·25전쟁 당시 육군본부는 1950년 6월 28일 새벽에 철수하였는데 전선상황이 위급하여 각 국실별로 휴대하지 못하는 것은 소각했다고 들었다. 법무감실의 경우 일부 중요한 서류는 몰라도 소송기록관련 기록물은 가지고 가지 않은 것이 사실이고 소각했거나 유기했다는 말을 들었다. 유기했을 경우 북한군에 의한 노획물로 가져 갈 수도 있겠지만 그런 상황은 희박하다고 본다. 소각했을 가능성은 있다. 나는 당시 법무감실 기록심사과장으로 4·3사건 군법회의 관련 진위여부를 알려 주어야 할 책임이 있는 사람이라고 본다. 제주4·3사건 당시 군법회의는 엄연히 존재하였다. 그 이유는 내가 기록심사과장으로 있으면서 군법회의 결과 사형 언도자는 재판기록을 재확인하고 경무대에서 결재를 받아 해당 부대에 조치하도록 통보한 당사자이기 때문이다. 당시 4·3관련 판결문 등(사형수, 무기수, 유기수 재판기록)은 서류가 꽤 양이 많았는데 6월 28일 서울에서 육군본부가 새벽에 갑자기 이동하게 되었는데 우리는 짚차로 철수하였다. 긴박한 상황에서 육군본부가 철수할 때 재판서류는 가져오지 못했다. 소각 또는 유기한 것으로 기억하고 있다."

계엄령하에서 진압작전 시 적대행위나 직접적인 위협을 가하는 경우 전투행위의 연장선상에서 적으로 간주하여 즉결 처분할 수 있다. 또한 교전상황하에서 군법회의가 최소한의 재판절차

---

100 고원증, 제13대 법무부장관, 4·3군법회의 관련 고원증 전 법무감실 기록심사과장 증언청취결과, 대담자 국방부 군사편찬연구소 정석균 위원, 2005년 7월 6일, 2005년 7월 26일 2회에 걸쳐 대담함. 갑제 15호증으로 법원에 제출된 내용임

를 갖춘 상태에서 진행되었다.[101] 따라서 법률이 정한 절차를 밟지 않았다는 좌파 측의 주장은 개인적인 의견에 불과하다. 1949년 6-7월의 고등군법회의는 계엄령이 해제된 이후이므로 불법이라는 주장은 국방경비법 제32조(적에 대한 구원, 통신연락 또는 방조)[102]와 제33조(간첩죄)[103]를 위반한 자는 민간인이라도 평시 군법회의 판결에 따라 처벌할 수 있으므로 잘못된 주장이다. 군법회의 관련 문서, 증언 등으로 볼 때 당시 군법회의 존재 자체를 부정하거나 불법이라는 주장은 설득력이 없으며, 만약 당시 군법회의에서 유죄판결된 수형인들이 재판절차상의 문제를 이유로 삼는다면 이는 재심청구라는 방법을 통해서 해결해야 한다. 그렇더라도 과거 적법한 재판을 거친 수형인들이 구체적인 새로운 증거를 제시하지 못한다면 재심재판을 통해 확정판결을 뒤집을 수 있는 가능성은 매우 희박하다. 4·3 당시 계엄령 일정을 표로 정리하면 아래와 같다.

1948. 10. 17.	송요찬 9연대장, 해안에서 5km 통금 포고령 발령
1948. 11. 17	계엄령 발령
1948. 12월	9연대 군법회의 : 계엄 중으로 계엄하의 내란죄로 처벌 (형법 적용)
1948. 12. 31.	계엄령 해제
1949. 6-7월	2연대 군법회의 : 계엄 이후여서 간첩죄 등으로 처벌 (국방경비법 적용) -〉 계엄해제 상태에서도 민간인이 군사에 관한 죄를 범하면 군사재판을 받을 수 있음

2005년 고원증 전 법무부장관[104]이 증언한 아래의 내용은 중요한 시사점이 있다.

---

101 제주4·3사건진상규명및희생자명예회복위원회, 국방부 의견, 제주4·3사건진상조사보고서 수정의견 검토자료〈2〉, 2003. 9, p.266, 270

102 국방경비법 제32조 : 직접, 간접으로 무기, 탄약, 식량, 금전, 기타 물자로서 적을 구원 혹은 구원을 기도하거나 또는 고의로 적을 은닉 혹은 보호하거나 또는 적과 통신연락 혹은 적에게 정보를 제공하는 여하한 자든지 군법회의판결에 의하여 사형 또는 타 형벌에 처함

103 국방경비법 제33조 : 조선경비대의 여하한 요새지, 주둔지, 숙사 혹은 진영내에서 간첩으로서 잠복 또는 행동하는 여하한 자든지 고등군법회의에서 이를 재판하며 유죄 시에는 사형에 처함

104 고원증, 제13대 법무부장관, 4·3군법회의 관련 고원증 전 법무감실 기록심사과장 증언청취결과, 대담자 국방부군사편찬연구소 정석균 위원, 2005년 7월 6일, 2005년 7월 26일 2회에 걸쳐 대담함. 갑제 15호증으로 법원에 제출된 내용임

"4·3사건명예회복심사위원회에서 군법회의 및 일반재판에서 언도한 사형수, 무기수를 제외하고 유기수는 전부 명예회복을 시켜주고 있는데 사법부의 재판결과를 재심청구도 없이 명예회복이 가능한가? 원칙적으로 재심해서 무죄판결을 받은 자만이 명예회복이 가능하다. 정권이 바뀌면 재검토 요청이 들어올 것이다. 4·3사건과 같은 사상논쟁은 후세 역사가들의 몫이지 정치인들이 서둘러 해결할 일이 아니다. 정치인이 개입하면 안 되며 당리당략에 의해 왜곡될 수도 있다(차기 득표를 고려 이성적인 판단이 어려워질 수 있다는 뜻). 4·3진상보고서에 대한 평가는 건국을 반대한 세력을 토벌한 작전부대를 학살자로 결정하는 것은 잘못된 것이다. 만일 토벌과정에서 무고한 마을 주민을 집단처형하는 행위가 있었다면 잘못된 것이다. 진상조사는 이런 분들의 억울함을 찾아내서 명예를 회복시켜 주어야지 대한민국의 건국을 위한 5·10총선거를 방해한 세력에 대한 명예회복은 재고되어야 한다."

이와 같은 고원증 전 법무부장관의 증언은 위원회가 작성한 보고서가 허구임을 단적으로 보여준다. 위원회는 군법회의 판결문 등 재판기록이 없고 다수의 인원을 동시에 처리하느라고 법률이 정한 재판절차를 거치지 않았다고 근거 없는 주장을 하였기 때문이다. 위원회가 4·3 당시 군법회의의 적법성과 실효성을 무시한 채 작성한 노무현 정부의 4·3진상에 관한 보고서는 폐기되어야 할 것이다.

"제주도의회 4·3특별위원회의 조사보고서를 비롯한 관련 서적과 자료, 관련단체들의 주장에 의하면 진압군은 표선백사장, 함덕해수욕장, 제주비행장, 정방폭포, 조천면 북촌리, 송악산 섯알오름 등지에서 많은 민간인들을 처형하는 등 무리한 진압작전을 실시하였다고 알려져 있으나, 그 정확한 일시, 인원, 피해자 명단 등은 파악되지 않고 있다(2000헌마238)." 이미 헌재는 20여 년 전 피해자들의 주장은 정확한 사실에 근거를 두지 않은 것들로써 법원에서 증거가 될 수 없음을 밝혔다. 형사소송법 제422조는 "확정판결로써 범죄가 증명됨을 재심청구의 이유로 할 경우에 그 확정판결을 얻을 수 없는 때에는 그 사실을 증명하여 재심의 청구를 할 수 있다. 단, 증거가 없다는 이유로 확정판결을 얻을 수 없는 때에는 예외로 한다."고 규정한다. 여기서 확정판결을 얻을 수 없는 때는 유죄판결을 할 수 없는 사실상·법률상의 장애가 있는 경우를 말한다. 예컨대 범인(고문 경찰관 등)의 사망·행방불명·심신상실·공소시효의 완성·사면 등이 이에 해당한다. 사실을 증명한다는 것은 확정판결을 얻을 수 없다는 사실(사망 등)을 증명한다는 의미와 재심이유가 될 범죄(고문 등=확정판결을 얻을 수 있게 하는 증거)가 있다는 사실의 증명이 있어야 한다는 의미 모두를 뜻한다. 즉 둘 다 증명을 해야 재심개시결정을 할 수 있고 그렇지 못하면 재심개시결정을 할 수 없다. 4·3 수형인은 지금까지 70여 년간 이러한 관문을 통과할 수 없어서 재심재판을 못하였던 것이다. 그런데 갑자기 이러한 요건을 모든 수형인들이 동시다발적으로 갖추게 되었다는 것은 상식적으로 납득할 수 없다. 이는 법적용을 느슨하게 하여 위법한 소송절차가 만연하고 있음을 보여준다. 현재 제주지방법원 4·3재심재판에서 무죄선고는 본서 제1부(저자의 논문1)[105]에서 자세히 살펴본 바와 같이 위헌 위법하게 유무죄 실체재판을 하고 있다는 사실에서 군사재판은 적법했음을 말해준다. 제주지방법원의 재심재판은 스스로 논리모순에 빠져있다. 재심재판에 불복하지 않은 법무부장관과 검사를 시민단체가 고발한 적이 있었는데, 고발 전은 제주지방법원에서 군사재판이 불법했음을 전제로 공소기각판결을 하더니, 고발 후부터는 동일한 군사재판이 적법했음을 전제로 무죄판결을 하고 있다. 동일한 군사재판에 관한 모순된 판결이 시민단체의 고발 영향인지는 알 수 없지만 철저한 진상조사가 필요한 사안이다.

라. 국민주권 침해

자유민주주의 헌법이념에 반하는 4·3특별법은 명백한 국민주권 침해이다. 주권자 국민은 자유민주주의 이념을 선택하였고 북한 주민은 공산주의 이념을 선택하였다. 이념의 차이로 현재까지 대립하면서 통일을 할 수 없는 것이다. 그런데 공산주의 이념에 경도되어 자유민주주의를 공격한 자들을 희생자로 결정하여 보상하겠다는 4·3특별법은 주권자의 뜻을 부정한 것이라고 밖에

---

105 전민정, 4·3특별법의 위헌성 고찰 1, 제주4·3사건 재조명 국회 세미나 자료집, 2023. 3. 30.

볼 수 없다.

헌재는 2000헌마238사건에서 "대한민국의 주권을 가진 우리 국민들은 헌법을 제정하면서 국민적 합의로 대한민국의 정치적 존재형태와 기본적 가치질서에 관한 이념적 기초로서 헌법의 지도원리를 설정하였다. 이러한 헌법의 지도원리는 국가기관 및 국민이 준수하여야 할 최고의 가치규범이고, 헌법의 각 조항을 비롯한 모든 법령의 해석기준이며, 입법권의 범위와 한계 그리고 국가정책결정의 방향을 제시한다."고 결정하였다. 자유민주적 기본질서, 사유재산제도 등 국가의 정체성과 기본원리는 대의기관이 아닌 주권자 국민이 직접 결정하는 헌법의 핵심가치이다. 반체제적이고 반헌법적인 4·3특별법은 국가 정체성에 대한 국민의 근본결단을 무시한 입법이다. 그 이유는 4·3특별법은 공산통일운동(반란)에 대하여 중립적 평가를 하고 반란군의 명예를 회복시키는 법률이기 때문이다. 절대다수 주권자 국민은 민족과 민중을 앞세워 자유민주적 기본질서를 파괴하여도 좋다는 결단을 한 바가 없다. 4·3특별법에 근거하여 법원이 4·3수형인 전원에게 무죄를 선고하고 있는 재심판결 등 국가행위도 헌법이념을 결단한 주권자의 권리를 침해한 것이다.

마. 평등권 침해

4·3수형인에 대한 무죄선고와 부적격 희생자에 대한 보상금 지급 등을 규정한 4·3특별법 제14조와 제16조는 평등권 침해이다. 제주도를 공산화하기 위해서 온갖 만행을 저지른 국사범을 희생자로 선정하거나 특별재심을 통해 무죄선고와 형사보상을 한다면 이는 일반국민에 비하여 4·3수형인에게 특혜를 베푸는 차별이 되어 국민 법감정에 맞지 않는다. 평등권 침해는 ① 희생자 선정단계, ② 재심 및 배보상 단계, ③ 희생자 처우단계 등으로 구분하여 볼 수 있다. 여기서는 본서 제1부에서 다루지 않은 내용을 중심으로 논의해 보려고 한다.

1) 희생자 선정단계 : 불공정한 희생자 심사기준과 입증책임 전환, 법 규정의 모호함, 전문법칙 배제 등 세 가지 측면에서 평등권 침해가 인정된다. 첫째, 좌파가 정한 불공정한 희생자 심사기준틀은 부적격자들이 희생자로 선정되는 것을 가능하게 했다. 국가폭력(불법행위)을 입증할 책임은 피해를 주장하는 신청자가 해야 하는 것이 민법상 불법행위에 대한 손해배상 책임을 인정하는 법리의 대원칙인데 이를 무시하고 신청자가 희생자로 되어서는 안 되는 이유를 국가기관이 입증하

도록 심사기준을 정했다. 이러한 불공정한 심사기준을 적용하여 대한민국을 공격한 자들에게 합리적 이유 없이 일반 국민과 차별하여 특혜를 베풂으로써 평등권을 침해하였다(관련 내용 후술). 폭도와 반역자들이 위험한 행위들을 한 것은 사실이지만 입증할 증거가 없다는 이유로 희생자로 포함시키려면, 역으로 그들이 언제 어디서 누구에 의해 어떠한 희생을 입었는지 철저하게 따져봐야 법치국가라 할 수 있다. 그들이 행한 초중범죄에 해당하는 반역죄가 어째서 일반 잡범보다 혜택을 받아야 하는지 이해할 수 없다. 4·3수형인에게 명예회복의 대상으로서의 지위를 부여해서는 안 된다.

둘째, 위원회의 희생자 선정행위를 통해서 평등권이 침해되는 경우와 달리 법이 직접 침해하는 경우도 있다. 4·3특별법 제2조 제3호는 "유족이란 희생자의 배우자(사실상의 배우자를 포함)와 직계존비속을 말한다. 배우자와 직계존비속이 없는 경우에는 희생자의 형제자매를 말하고, 형제자매가 없는 경우에는 4촌 이내의 방계혈족으로서 희생자의 제사를 치르거나 무덤을 관리하는 사람 중에서 제5조 제2항 제2호에 따라 유족으로 결정된 사람을 말한다."라고 규정한다. 이 규정은 직계존비속의 범위를 한정하지 않아서 부모, 조부모, 아들, 손자, 증손자 등까지 대를 이어서 유족이 되어 특별법에 규정한 보상금을 받을 수 있도록 만들어 놓았다. 사실상의 배우자 가운데는 한라산 빨치산들의 취사 등을 담당했던 자들이 적지 않았다. 이런 자들까지 유족으로 인정하는 입법례가 공산국가가 아닌 정상국가 어디에 있는가? 다른 법에서 이렇게 광범위하게 국가가 보상금, 생활지원금, 의료지원금 등을 지급하도록 하는 경우는 없다. 이는 결국 세습적인 신분을 인정하는 것과 같은 결과로 되어 헌법에 위반된다.[106]

셋째, 4·3특별법시행령 제9조 제1항 제1호 나항 3)항은 소문만 들은 자도 보증인이 될 수 있게 하여 전문진술의 증거능력을 인정하였다. 동규정은 전문법칙이라는 증거법칙을 뛰어넘어 일방적인 주장을 증거로 채택할 수 있는 법적 근거를 부여해준 것으로서 인민재판을 재현해주는 특권이다.(자세한 내용은 후술)

2) **재심 및 배보상 단계** : 반역사범들에게 형사소송법상 재심사유 없이 재심 허용, 무죄판결, 형

---

106 구충서, 노무현 정부 4·3보고서의 문제점, 제주4·3사건 재조명 국회 세미나 자료집, 2023, p.41

사보상, 소멸시효가 완성된 국가배상청구권을 재심재판의 무죄확정 시를 기준으로 허용, 일률적 배상으로 개별적 피해사실에 대한 입증책임 면제 등 반역사범들에게 합리적 이유 없이 이중 삼중의 특혜를 부여하는 것은 그들의 범죄에 당한 4·3피해자는 물론 일반국민에 대한 차별이 된다. 4·3수형인은 내란죄 등을 범한 현행범이었다. 9연대 작전참모 임부택 연대장에 의하면, 수형자 2,500여 명은 총을 들고 국군하고 전투하다 현장에서 잡힌 현행범들이라고 하였다. 채명신 장군 (당시 소대장)은 2,500여 명 판결문이 전부 사실이라고 하였다. 적법한 절차를 거쳐 판결이 확정된 사건을 특별재심에 의해 무효화시키는 행위는 국가의 자기부정에 해당한다. 유죄의 확정판결을 뒤집으려면 제대로 된 기록을 가지고 해야 된다. 판례와 학설에 의하면 형사소송법 제422조(확정판결에 대신하는 증명)에 따라 재심을 청구할 수 있으려면 법원에 그 사실의 존재가 적극적으로 증명되어야 하는바, 보고서와 4·3수형인들의 진술에 기초한 경우는 적극적 증명에 해당한다고 보기 어렵다.[107] 실체와 절차 두 측면 모두 하자를 내포한 재심에서 공소기각판결(2차부터는 무죄판결)이 나온 결과 사실관계가 확정이 안 되었다. 통상의 재심사건에서는 이미 공소장이나 판결문 등 중요 자료가 존재하여 이를 토대로 그에 내재하는 하자에 대한 추가적 조사를 거쳐 오류 교정 차원에서 재심사유의 존재를 확인하고 재심절차를 진행하는바, 4·3사건 관련 재심은 이와 달리 애당초 의미 있는 자료가 거의 부재하다는 점이다. 이런 상황에서라면 설령 재심개시 결정이 이루어진다고 하더라도 그 이후 전개되는 재심심판절차가 제대로 진행되기 어려울 것이라는 점은 충분히 예견할 수 있는 일이다.[108] 기록증거를 가지고 사실관계를 확정하지 않은 상태에서는 무죄인정이 될 수 없고 무죄인정이 되지 않으면 형사보상을 할 수 없다. 2019년부터 현재까지 제주지방법원에서 자행되는 재심재판 전체가 적법절차를 모조리 위반하고 있으며 이는 평등권 침해이자 법치파괴이다.

   3) 희생자 처우단계 : 평등권 침해는 폭동 반란에 직·간접 가담한 무장대를 군경 등과 동등한 위령대상으로 규정한 4·3특별법 제5조와 제24조, 폭동 반란 가담여부를 구분하지 않고 모든 후유장애자에게 의료지원금 및 생활지원금을 지급할 수 있도록 규정한 동법 제19조의 경우 등이 있

---

107 변종필, 진실 규명과 합리적 절차, 4·3학술 세미나 자료집, 2022. 4. 1, p.38-39
108 변종필, 진실 규명과 합리적 절차, 4·3학술 세미나 자료집, 2022. 4. 1, p.39

다. 6·25전쟁 당시 공산군이나 아군에 의해 폭격 등을 당하여 후유장애가 된 민간인이 많은데 유독 대한민국에 항적하였던 남로당 계열의 4·3 후유장애자에게만 그것도 70여 년이 지난 시점에 와서 특별히 혜택을 베푸는 이유는 무엇인지 납득이 가지 않는다. 이러한 특혜규정이 상이군경, 의료혜택을 제대로 받지 못하는 극빈계층 등과 비교할 때 형평성을 잃지 않았는지 따져봐야 한다. 그렇지 않다면 동법은 남로당 귀족을 창설하는 법일 수밖에 없다.

위의 모든 사례는 "같은 것은 같게, 다른 것은 다르게" 평가받을 것을 요구하는 헌법 제11조 제1항 평등권을 침해한다. 일반 국민에 대하여 합리적 이유 없는 차별이자 사회적 특권계층을 창설하는 것으로서 헌법 제11조 제2항에 위반한다. 피해자와 가해자를 모두 희생자 범주에 포함시켜 함께 위령하고 배보상하는 것은 진정한 희생자에 대한 2차 가해이기도 하다. 정의는 가해자에겐 책임을, 희생자에겐 위로를 하여 각각에 맞는 대우를 하는 것이다. 따라서 남로당의 잘못된 이념을 따랐던 사람들의 범죄동기 등은 역사적 격변기라는 상황을 감안하여 관대하게 이해할 수 있더라도 그들의 범죄행위에 대해서까지 처벌을 면해주거나 특혜를 부여하는 것은 일반국민을 차별하는 평등권 침해이다.

바. 재산권 침해

4·3특별법 제16조 보상금 규정은 일실이익과 같은 소극적 손해, 치료비 등의 적극적 손해, 위자료 등 세 유형을 포함해서 최대 9천만 원으로 정했다. 보상금은 국가권력의 불법성을 전제로 하는 점에서 불법행위로 인한 손해배상의 성격이다. 명칭은 보상금이지만 국회 속기록에는 실제로 불법행위를 전제로 하고 있다. 남로당의 불법행위는 감추고 대신 국가의 불법을 인정한 것이다. 헌재가 남로당과 북로당이 공동으로 가담했는지 여부를 진상규명하라고 했는데 국회가 진상규명은 하지 않고 증거도 없이 국가폭력을 인정하여 보상규정을 신설한 것이다. 무고한 희생자가 아닌 반역에 가담한 자들에게 명예회복의 대상을 넘어 국민세금으로 금전적 보상을 하는 4·3특별법 제16조 규정은 국민의 재산권을 침해한다.

보상금 성격은 두 가지로 해석될 수 있다. 첫째는 국가폭력이면 불법행위에 대한 배상금으로 볼 수 있다. 이 경우는 국가폭력에 대한 배상금(위자료 등) 성격이기 때문에 불법행위를 주장하는 자가 국가폭력에 대한 입증책임을 져야 한다. 입증을 한 경우는 배상금 성격의 보상금 지급을 받고 이와 별도로 필요 시 민사소송에서 추가적으로 배상청구를 할 수 있을 것이다. 둘째는 정당한 진압이면 적법행위에 대한 보상금(위로금)으로 볼 수 있다. 즉 국가의 정당한 진압행위로 인한 보상금을 지급하는 경우에 해당하므로 4·3의 성격은 공산폭동 반란을 전제하게 된다. 국가의 귀책사유를 입증할 수 없는 대부분의 희생자의 경우는 ① 귀책사유가 있는 자, ② 무고성이나 귀책사유가 증명되지 않는 자, 둘로 구분하여 다뤄져야 한다. 이들에 대한 보상금 규정은 배상금 성격이 될 수 없다. ① 귀책사유가 있는 자는 보상 혜택을 받을 수 없다. ② 무고성이나 귀책사유가 증명되지 않는 사망자들에 대해서만 국가가 장례비 정도의 보상금을 책정하여 지급할 수 있는데 이 경우는 위로금 성격이 된다. 그런데 4·3특별법 제18조의2(형사보상청구의 특례) 제1항은 "이 법은 보상금을 지급받은 사람이 「형사보상및명예회복에관한법률」에 따른 형사보상을 청구하는 것을 금지하지 아니한다."고 하여 이중지급이 되지 않는 범위에서 4·3특별법상의 보상금, 민사상 국가배상 청구와 별개로 형사보상법상 형사보상 청구가 가능하게 하여 과도한 혜택을 부여한다.

희생자의 보상금청구권은 법률에 의하여 부여되는 권리라고 할 수 있다. 입법자의 광범위한 입법형성의 자유영역에 속한 것이더라도 평등권이나 행복추구권 등의 침해가 있으면 입법재량의 범위를 일탈한 것이다.(헌재 1995. 7. 21. 93헌가14) 「독립유공자예우등에관한법률」 시행령 제7조는 서훈의 등급에 따라 부가연금을 차등지급하고 있다. 공헌과 희생의 정도에 따라 차등을 두는 것이 합리적이고 평등권을 침해하는 것이 아니라고 판시하였다.(헌재 1997. 6. 26. 94헌마52) 따라서 가해자들을 희생자로 결정하여 보상금을 지급하면 정의에 반하여 실질적 평등권을 침해하게 된다. 반역자 및 부역자들에 대해 4·3특별법상 보상 및 재심재판에 의한 배보상은 국민의 평등권 침해에 더하여 재산권까지 침해한다. 국가와 피해자들은 가해자인 남로당 반역자 및 부역자들에게 배상청구를 하는 것이 정의다.

희생자가 될 수 없는 사람은 수형자 4,092명[109], 교전 중에 사살된 자 4,000여 명(게릴라 사살 포함) 등 자유민주주의를 공격한 자, 폭도사령관, 경찰과 국군 그리고 우익을 살해한 살인자들, 무고

---

[109] 1949년도 군법회의에서 유죄판결을 받은 2,500여 명 중 1,540여 명은 이미 희생자로 결정하였는데 이는 무죄판결 없이 선정한 것으로서 위헌위법이다.

함이 증명되지 않은 행방불명자 2,000여 명(수형자 제외된 수치), 4·3과 무관하게 사망한 자, 무고하지 않은데 부상자로 결정되어 정부에서 치료비와 생활비를 지원받는 자, 2인 이상의 보증인이 있어야 하는데 보증인 없이 희생자로 결정된 자(4·3특별법시행령 제8조 위반, 2001년 전부개정 시 제8조가 제9조로 변경), 희생자 심사자의 기명날인이 의결서에 있어야 하는데 심사자 기명날인 없이 희생자로 결정된 자(4·3특별법시행세칙 제4조 제4항 위반) 등이다. 이러한 자들에게 보상금 지급은 국민의 재산권 침해가 된다.

화해와 상생이라는 정치적 목적의 희생자와 실제 보상을 받을 수 있는 법적 희생자를 구분하기 위해 희생자 기준을 다시 만들어, 귀책사유 없는 무고한 희생자를 다시 정해야 한다. 그렇지 않고 부적격 희생자들에게 국민의 세금으로 형성된 막대한 국고를 낭비한다면 국민의 재산권 침해가 된다. 최근 국군포로에 대한 김일성 상속인 김정은의 배상책임을 인정한 판례가 나왔다.[110] 이와 같이 4·3희생자는 남로당 가해자 및 그 유족에게 배상청구하거나 북한에 청구해야 법리와 정의에 부합한다. 국가는 보충성 원칙에 따라 2차적으로 배보상을 검토할 수 있을 뿐이다. 명백히 국가책임이 입증되지 않은 상황에서 남로당 및 부역자의 유족들이 져야 할 책임을 국가가 대신 배상할 의무는 없다. 국회 행정안전위원회, 법제사법위원회 등 관계자들은 최소한의 원칙마저 지키지 않은 채 무작정 보상규정을 통과시켰다. 남로당 제주도당 핵심간부는 물론 당시 경찰들과 제주도민을 무참히 살해한 자들까지 희생자로 선정되었다는 사실은 매우 충격적이다. 특이하게 4·3희생자의 경우, 제사 지내거나 무덤을 관리하는 4촌까지 보상금 청구가 가능하다. 무덤 관리하는 자에게 보상금을 주는 사례가 있는지, 이미 제주4·3평화공원에 무덤과 위패를 국가에서 관리하고 있는데 당사자가 아닌 자가 왜 보상금을 수령하는지 도덕적 해이가 매우 심각한 상황이다.

아래의 표가 보여주는 바와 같이 남로당 인민해방군 등이 포함된 4·3희생자에게 부여되는 혜택은 6·25 참전용사와 비교하면 터무니없이 과도하다. 4·3희생자에 대한 혜택이 국가 또는 지방자치단체 예산에서 집행될 경우, 그 예산의 재원이 국세이면 국민의 재산권, 지방세이면 지방자치단체 주민들의 재산권을 침해하는 것이다.

---

110 법률저널, 국내 첫 북한·김정은에 손해배상 판결 나와, 2020. 7. 7. http://www.lec.co.kr/news/articleView.html?idxno=720222

지원내용	4·3희생자	6·25참전용사
보상금	• 1인당 9천만원까지	
참전명예수당		• 참전명예수당 월 39만원
생활보조비	• 희생자 : 월 70만원 • 부인 : 월 30만원 • 자녀 : 1인당 월 10만원	
생계지원금		• 월 10만원 (80세 이상 중 생계곤란자)
사망 시 장제비	• 300만원 • 화장장 사용료 면제(희생자)	• 20만원 (안장지원자는 제외)
의료비 지원	• 희생자 : 100% 지원 • 부인, 자녀, 며느리 : 30% 지원	• 보훈병원 : 90% 감면 • 위탁병원 : 90% 감면
항공료 할인	• 희생자 : 50% • 유족 : 40%	

사. 행복추구권 (피해자 인격권, 명예권 포함) 침해

> - 2001. 9. 27. 2000헌마238, 302(병합) -
>
> 우리 헌법의 기본이념으로서의 자유민주적 기본질서를 훼손하려고 하였던 자들을 제주4·3특
> 별법에 의하여 '희생자'로 인정하고, 동인들의 명예를 회복시켜줄 수 있는지 여부(소극)

대한민국을 수호하고자 하는 절대다수의 국민은 헌법원리와 기본권을 침해하는 4·3특별법으로 인하여 행복이 침해되고 있다. 단순히 한 개인의 행복추구권 침해도 구제되어야 마땅한데, 절대다수 국민의 행복추구권이 현재 심각하게 침해받고 있는 초대형 공익 침해 상황을 직시한다면 국가적 불행이 아닐 수 없다.

헌재는 2000헌마238사건에서 진압군 유족의 명예가 침해되는지 여부는 위원회에서 자유민주적 기본질서의 본질을 훼손하였던 자들을 희생자로 인정하는 결정과 이에 따른 구체적인 집행행위가 있어야 한다고 하였다. 2023년 12월 기준으로 보더라도 부적격 희생자 결정에 근거하여 구

체적인 보상금 집행행위가 상당수 진행되었으므로 진압군 유족의 명예권 뿐만 아니라 일반 국민의 법감정은 침해되었다. 더 나아가, 법원에서는 배보상판결까지 계속 선고되고 있는바, 자유민주적 기본질서를 훼손하려고 하였던 자들에게 배보상을 하면 진압한 사람들이 불법에 가담했다는 의미가 된다. 진압군경이 불법에 가담했다고 일방적으로 결정하고, 군경의 소명이나 이의제기도 거의 불가능한 현 상황에서 진압군경 유족의 명예와 인격권(명예권)은 더 심각하게 훼손되고 있다.

희생자가 될 수 없는 자유민주적 기본질서를 훼손한 자들을 희생자로 선정한 결과, 제주4·3평화공원에 가해자와 피해자의 위패가 나란히 놓여있다. 가해자와 피해자를 동일한 장소에서 위령한다거나 추모하도록 하는 것은 남로당 무장대원들로부터 살해 등 피해를 입은 분들에 대한 2차 가해 및 그분들과 후손들의 명예가 한꺼번에 훼손될 뿐만 아니라 후손들로 하여금 가해자에 대한 위령과 추모까지 강제하는 것이 되어 인간으로서의 존엄과 가치를 침해하는 것이다.[111] 진정한 피해자와 그 후손들은 인격권이 침해되고 명예가 훼손되는 현실에 분노를 참을 수 없어 한다. 근본적인 해결책으로 희생자 재심사·불량 위패 척결을 위한 재조사가 필요하며 종신직처럼 활동 중인 위원회 위원들을 국가관이 뚜렷한 인사들로 전격교체하는 것이다.[112] 그 후 희생자를 엄선하여 위령과 위로를 해야 제대로 된 추모라 할 수 있다. 4·3특별법은 6·25전쟁 당시 7천여 명의 인민군을 거느리고 낙동강 전투에서 사망한 인민군 사단장 이원옥,[113] 3대 폭도사령관 김의봉[114] 등과 같은 공산주의자들을 희생자로 선정하여 보상하고 위패를 두어 추모하게 하는 법이다. 인민군의 명예를 회복시켜 준다는 것은 피해 유족과 대한민국 국민의 명예에 대한 손상을 의미한다.

---

111 헌재 2000헌마238, 302(병합)사건

112 데일리안, 4·3평화공원에 6·25때 남침한 인민군 사단장 위패도… 2015. 3. 30. 하윤아 기자
https://m.dailian.co.kr/news/view/493005

113 제주4·3연구소, 이제사 말햄수다 ①, 1989, p.252 : 이원옥은 1947년 가을 한라산 입산하여 1948년 이북으로 감

114 제주4·3진실규명을위한도민연대, 제주4·3진실도민보고서, 도서출판 제주문화, 2018, p.333 : 김의봉은 2대 인민해방군 사령관 이덕구가 사살된 뒤 3대 사령관으로서 인민해방군을 통솔하였고, 1953년 김의봉이 이끄는 약 20여명의 인민해방군은 조천면 와흘리 부근 산록에서 국군과 치열한 교전을 벌이다가 사살당함

아. 포괄적위임입법금지원칙 위반

희생자의 범위를 어디까지 인정하느냐는 법률사항이다. 법률에 구체적인 희생자 범위 기준을 정하면, 이에 따라서 위원회 또는 행정부에서 심사기준을 만들어 처리하는 것이 일반적이다. 그런데 4·3특별법은 위원회로 하여금 희생자를 심사·결정하는 방법이나 구체적인 절차를 규율하고 있지 않다. 4·3특별법 희생자 규정은 위원회에 희생자 선정에 관하여 구체적 범위를 지정하여 제시함이 없이 백지위임하였다. 법률에 구체적인 기준조차 없이 위원회의 심의 절차에 기준을 위임하는 것은 불명확하고 자의적으로 해석하여 처리될 여지가 크다. 또한 희생자 결정에 이해관계인의 참여권을 보장하지 않고, 나아가 그 희생자 결정에 대하여 이의 있는 자가 법원에 소송을 제기하여 그 결정의 적법여부를 다툴 수 있는 길을 마련하고 있지 않다. 결국 4·3특별법은 포괄적위임입법금지원칙 위반이자 헌법상의 적법절차원칙에 위배된다고 볼 수 있다.(2000헌마238·302 병합)

헌재는 "무장유격대에 가담한 자 중에서 수괴급 공산무장병력지휘관 또는 중간간부로서 군경의 진압에 주도적·적극적으로 대항한 자, 모험적 도발을 직간접적으로 지도 또는 사주함으로써 제주4·3사건 발발의 책임이 있는 남로당 제주도당의 핵심간부, 기타 무장유격대와 협력하여 진압 군경 및 동인들의 가족, 제헌선거관여자 등을 살해한 자, 경찰 등의 가옥과 경찰관서 등 공공시설에 대한 방화를 적극적으로 주도한 자들은 결코 현재 우리의 헌법질서에서 보호될 수 없을 것이고, 따라서 이 법에서의 희생자의 범위에서 제외되어야 할 것이다."라고 결정하였다.(2000헌마238·302 병합) 국회가 법률에 구체적인 기준을 정하지 않았지만, 위원회는 헌재의 결정을 법적 근거로 삼아 기준을 정하였다고 주장할 수 있다. 그러나 헌재가 희생자의 범위에서 제외되어야 할 대상자들로 결정했던 자들을 위원회는 재량권을 일탈하여 대거 희생자에 포함시켰다. 또한 헌재 결정상 희생자 개념은 보상을 전제로 하지 않고 명예회복만을 위한 희생자였으나 국회와 위원회는 직권을 남용하여 보상의 대상으로까지 희생자의 격을 높여 놓았다. 보상의 대상이 되려면, 희생자 정의를 다시 정해 무고한 피해자들만 희생자가 되도록 했어야 한다.

자. 행위시법주의원칙 위반

모든 국민은 행위시의 법률에 의하여 범죄를 구성하지 아니하는 행위로 소추되지 아니하며, 동일한 범죄에 대하여 거듭 처벌받지 아니한다.(헌법 제13조 ①) 4·3수형인은 당시 행위시법주의원칙에 따라서 행위시법이 적용되어 적법하게 처벌받았다. 헌재 결정문에 적시한 "대한민국 건국 이후 자유당 정권이 몰락한 1960. 4. 19. 이전까지는 제주4·3사건은 남로당에 의하여 주도된 공산반란이고, 군경에 의하여 피살된 자는 모두 무장유격대원이거나 그 동조자라는 것에 대한 반론이 제기되지 아니하였다."(2000헌마238)고 판시하여 4·3수형인은 적법하게 처벌받았음을 뒷받침한다. 따라서 70여 년이 지나 이제 와서 4·3특별법을 만들어 4·3사건을 소환한 후 증거 없이 수형인의 증언만으로 재심을 할 수 있는 사안이 아니다. 형사소송법상의 재심절차를 거치지 않고 특별재심에 의해 4·3수형인 모두에게 무죄를 준다는 것은 헌법상 대원칙인 법치주의원칙과 행위시법주의원칙에도 위반한다. 재심을 하더라도 사건 하나 하나를 정확하게 따져봐야 한다. 어떤 공무원이 어떤 잘못을 했는지 증거를 가지고 재판을 했어야지 단순히 수형인에게 무죄를 선고해서 끝낼 사안이 아니다. 수형인의 무죄는 반대로 수형인을 수사, 재판, 형집행한 자들이 불법을 자행했다는 문제가 제기되기 때문이다. 이미 관할 제주지방법원에서 수형인들에게 100% 무죄선고를 남발하고 있다는 것은 4·3 당시 수형인 4천여 명을 수사, 기소, 재판, 형집행하였던 관련 공무원들이 모두 불법행위를 하였음을 인정하는 꼴이다. 4·3특별법은 생명의 위험을 무릅쓰고 건국에 기여한 공직자들을 불법행위자로 만들고 있으며, 국가 공권력을 범죄집단으로 만들었다. 당시 공직자들이 불법행위자였다면, 이들은 모두 형사상 민사상 책임에서도 자유로울 수 없게 된다.[115] 정당한 공권력 행사를 불법행위로 보는 것은 대한민국 건국과 수호를 위하여 멸사봉공하였던 공직자에 대한 심각한 명예훼손이자 모독이다. 공산국가 건설을 위해 반란을 일으켰던 자들은 모두 무죄이고 이를 진압하고 처벌한 공권력은 범죄집단이 된다는 것이 말이 되는가? 본래 4·3특별법의 취지는 사건의 진상을 규명하여 억울한 희생자에 대해서는 명예를 회복시켜주는 것이었다.

---

115 매일신문, 이재명 "이승만 정권 민간인 학살 '국가범죄'기한 없이 처벌", 2022.2.23.

4·3수형인 가운데 억울한 사람이 있다면 이들도 재심절차에서 무죄를 선고받아 명예회복을 할 수 있음은 당연하다. 문제는 그동안 형사소송법상 재심절차를 통하여 억울한 사람은 보호받을 수 있었음에도 권리행사를 하지 않다가, 70여 년이 지나 증거인멸되거나 증거보전이 어려운 상황이 된 후에 권리행사를 하는 점이다. 공무원 측에서 방어할 수 없는 상황이 된 것을 악용해 어떤 공무원이 어떤 잘못을 했는지 특정함이 없이 수형자 측의 주장만으로 4·3 당시 공권력이 모두 불법행위를 한 것처럼 되어 버렸다. 공무를 성실히 수행하였던 공무원 측은 방어할 기회도 없이 일방적으로 범죄자가 된 것이다. 4·3수형자들이 무죄가 되면서 이미 고인이 되어버린 공무원들은 자기도 알 수 없는 사이에 갑자기 불법행위자가 되어버렸다. 명예가 훼손된 공무원들은 공정한 재판을 받을 권리가 있으나 재판을 받을 수도 없다. 공무원을 범죄자로 만드는 국가행위는 국가수호에 앞장섰던 분들의 재판받을 권리(헌법 제27조 1항)를 침해하고 있다. 공무에 종사했던 분들은 대부분 생존하지 않아 방어권을 행사할 수 있는 상황도 안 된다. 공권력의 불법행위 책임이 인정되면 공무원 개인의 책임은 면제되지 않는다.(헌법 제29조 1항) 그렇다면 70여 년간 4·3 당시 어떤 공무원이 어떤 불법행위를 하여 어떤 형사상 민사상 책임을 졌는지 하나의 사례라도 있었는가? 현재까지 진행해온 모든 재판에서 어떤 공무원이 어떤 불법행위를 했는지, 어떤 책임을 졌는지, 특정되어 있는 것은 단 하나도 없다. 결론적으로 4·3특별법은 대한민국 법체계를 난도질하여 법적 안정성을 파괴한 위헌법률이며, 4·3 당시 공권력을 마녀사냥하여 인민재판하는 법적근거로 삼는 반체제 악법이다.

차. 알권리 침해

보고서와 4·3특별법은 국민의 알권리를 침해하였다. 공산폭동 반란을 경찰과 서청의 탄압에 대한 저항, 즉 민중항쟁이라는 말로 정당화시키는 것은 사실 왜곡이자 조작이다. 의도적 조작인 이유는 위원회가 공산폭동 반란 사실을 알 수 있게 하는 정보를 은닉한 채 소요사태 및 무력충돌이라는 용어를 사용하여 국민들이 진상을 쉽게 알 수 없도록 하였기 때문이다. 위원회는 4·3사건이 한반도 공산화 전략의 일환으로 발생하였음을 증명하는 자료들이 다수 포함되어 있는 자료집 총 12권을 작성하였다. 가장 중요한 자료를 수록한 자료집은 마지막 권인 제12권(북한·러시아·무장대자료편)이다. 제12권은 북로당과 남로당이 합세하여 공산정권을 수립하려고 했던 투쟁의 역사를 알 수 있게 하는 귀중한 1차 사료이다. 그런데 좌파 위원들로 구성된 위원회는 2003년 보고서와 자료집을 정식 발간하면서 마지막 자료집 제12권을 비공개하여 4·3사건이 북한과 관련되어 있음을 2024년 현재까지 20여 년 이상 숨겨 왔다. 김일성 지령설을 뒷받침하는 김일성 연설문을 포함하여 김일성 중심의 남·북공산주의자들의 투쟁에 관한 내용을 수록한 자료집 제12권을 감춘 의도는 무엇일까? 이유는 불편한 진실은 숨기고 공산폭동 반란인 4·3을 민중항쟁으로 왜곡하기 위함이었다. 4·3이 소련, 북한과 연계되어 있음을 알려주는 사료집 제12권을 은닉한 행위는 국민의 알권리를 침해한 것이다. 4·3이 북한과 연계되어 있다는 정보를 알아야 표현할 수 있고 여론형성에 기여한다는 뜻에서 알권리 침해는 표현의 자유와 참정권적 기본권의 침해가 된다. 알권리의 근거는 국민주권주의, 인간의 존엄과 가치, 학문의 자유, 인간다운 생활을 할 권리에서도 구할 수 있다.(헌재 1991. 5. 13. 90헌마133) 정부는 지금이라도 자료집 제12권을 공개하여 국민이 정확한 실상을 알 수 있도록 조치해야 한다. 정부가 주권자 국민을 속이는 행정을 지속하는 경우 국내적으로는 물론 미국 등 국제사회의 매서운 질타가 있을 수 있음을 명심해야 한다.

위원회는 희생자 전원의 면면을 국민 앞에 공개하여 국민의 알권리를 충족하는 동시에 과연 희생자들이 국민의 세금으로 거액의 보상금을 받을 자격이 있는지 여부를 판단할 수 있도록 하여야 한다. 희생자들에 대한 석명거부나 비공개는 희생자 대부분이 부적격 희생자임을 위원회 스스로 자인하는 것이며, 4·3특별법이 제정되기 전 4·3은 공산폭동 반란이었으며 여기에 동원된 자들은 반역자 및 부역자라는 지난 수십 년간의 주장이 타당함을 증명하는 것이다.

카. 처벌조항이 침해하는 헌법가치

4·3특별법 상 현재 시행중인 처벌조항도 문제지만 이와 별개로 발의된 개정안 제13조는 4·3사건의 진상조사 결과를 부인하거나 왜곡하는 경우에 5년 이하의 징역 또는 5천만 원 이하의 벌금에 처할 수 있도록 하는 규정을 담고 있다. 그동안 정치권력에 의한 역사왜곡이 반체제 행위에 정당성을 부여하여 자유민주주의 체제에 위협이 되어 왔다. 4·3은 김일성 지령이었다고 진실을 말했지만 결국 징계를 받은 태영호 의원 사례처럼 역사왜곡은 개인의 자유로운 표현과 행동에서

도 상당한 제약을 주고 있다. 이제 역사왜곡은 왜곡 단계를 넘어 형사처벌의 단계로 제약의 강도가 심해지고 있어서 학문과 사상, 그리고 표현의 자유에 심각한 위축을 초래하고 있다. 보고서는 4·3이 남로당 중앙당 지령과 무관하게 발생한 민중봉기로 규정하는데 이처럼 날조된 조사결과에 반해 김일성 지령 내지는 남로당 중앙당의 지령에 의한 공산폭동 반란이라는 표현을 사용하면 처벌하겠다는 법률안[116]이 발의되었다.

현행	개정안
제13조(희생자 및 유족의 권익 보호) 누구든지 공공연하게 희생자나 유족을 비방할 목적으로 제주4·3사건의 진상조사 결과 및 제주4·3사건에 관한 허위의 사실을 유포하여 희생자, 유족 또는 유족회 등 제주4·3사건 관련 단체의 명예를 훼손하여서는 아니 된다.	제13조(희생자 및 유족의 권익 보호) 누구든지 공공연하게 제주4·3사건의 진상조사 결과를 부인 또는 왜곡하거나 제주4·3사건에 관한 허위의 사실을 유포하여 희생자, 유족 또는 유족회 등 제주4·3사건 관련 단체의 명예를 훼손하여서는 아니 된다.

이 법률안이 시행되면 자유민주적 기본질서와 대한민국 정체성은 심각하게 도전을 받게 될 것이다. 진실을 알고 있는 사람들이 용기를 내서 보고서의 내용과 상반된 사실을 주장하면 처벌받는 상황이 올 수 있다. 그래도 국민들이 저항하지 않는다면, 다음 단계는 그동안 진실을 말했던 자들을 소급하여 처벌하는 법을 시행할 것이다. 그렇게 되면 2001년 헌재에서 4·3을 공산폭동 내란으로 결정한 9인의 헌재 재판관 전원이 교도소에 가는 운명에 처해질 수 있다. 아직 한미동맹이 굳건하고 대한민국이 존속할 때 헌재 재판관은 다시 한 번 양심의 소리와 헌법의 명령에 근거해서 국가파괴세력의 질주를 과감하게 막아야 한다.

위의 개정안이 2023년 3월 발의되어 입법예고를 거치는 과정에서 개정안을 찬성하는 국민은 없었고 반대하는 국민만 1만여 명이나 되었다. 그만큼 국민의 입에 재갈을 물리는 처벌규정에 대해 부정적임을 알 수 있다. 허위 보고서를 비판하지 못하게 하는 것은 진실을 밝히지 말라는 뜻이고 진실을 말하면 처벌하겠다는 것이다. 또한 좌파 4·3유족회의 잘못을 지적하면 명예훼손으로

---

116 제주4·3사건진상규명및희생자명예회복에관한특별법 일부개정법률안, 더불어민주당 송재호의원 대표발의, 발의연월일 : 2023. 3. 9. 의안번호 20529, 이 법은 공포 후 6개월이 경과한 날부터 시행한다.

처벌될 수 있어서 좌파 유족회를 합리적 이유 없이 우대하여 보호하고 있다. 위 형사처벌 조항에서 '진상조사결과'가 무엇을 의미하는 것인지 명확하게 규정하지 않았고, '부인' 또는 '왜곡'의 의미가 명확하지 않아서 형사처벌조항으로서는 위헌적인 규정이다.[117] 동조항은 평등권, 직업의 자유, 양심의 자유, 학문의 자유, 의사표현의 자유 및 기타 헌법에 열거되지 않은 기본권을 침해한다.

모든 국민은 직업선택의 자유를 갖는다. 4·3 관련하여 직업을 결정하고 수행할 자유가 있다. 4·3 관련한 영화제작, 집필, 유적지 탐방, 유족회 지원 등을 위한 활동을 자유롭게 할 수 있다. 모든 국민은 양심의 자유가 있다. 양심이란 4·3의 진실을 알리는 행동을 하지 아니하고는 자신의 인격적인 존재가치가 허물어지고 말 것이라는 강력하고 진지한 마음의 소리를 말한다. 양심의 자유는 양심을 형성하고 표명할 수 있을 뿐만 아니라 이를 적극적으로 실현할 자유이다.(헌재 1998. 7. 16. 96헌바35) 모든 국민은 학문의 자유가 있다. 학문의 자유는 4·3의 진실을 규명하고 연구한 결과를 발표하거나 가르칠 수 있는 자유를 말한다.

모든 국민은 의사표현의 자유가 있다. 의사표현의 자유는 4·3에 관한 자신의 의사를 표현하고 전달하며 자신의 의사표명을 통해서 여론형성에 참여할 수 있는 권리이다. 대한민국에서 전개되고 있는 4·3 관련 역사와 법률은 전체주의를 연상하게 된다. 전체주의는 국민 각자가 독립해서 사유할 수 있는 자유와 말할 수 있는 자유가 없다. 전체주의는 체계적인 거짓말을 바탕으로 한다. 전체주의는 머릿속에서 생각할 수 있는 내용을 국가가 제시하여 국민의 영혼(생각)까지 총체적으로 지배한다. 국가의 이념을 추종하도록 분위기를 조성하고 가짜뉴스를 논리적으로 전개한다. 국가가 제시한 내용을 받아들이지 않으면 안 되도록 공포분위기를 조성한다. 모든 국민이 똑같이 생각하고, 똑같이 행동하도록 만들어 버린다. 대표적인 예가 히틀러의 나치즘이다.[118] 민중항쟁론을 주장하는 세력은 반란을 항쟁이라 선동한다. 항쟁을 부정하는 세력을 제거하기 위해서 처벌한다고 겁을 준다. 처벌조항은 사전에 비판을 차단하게 만들어 국민이 점차 문제의식을 갖지 못하게

---

117 구충서, 노무현 정부 4·3보고서의 문제점, 제주4·3사건 재조명 국회 세미나 자료집, 2023, p.61

118 한나 아렌트, 전체주의의 기원 1, 2, 한길사, 2006, p.23-30

하며, 비판자를 처벌할 수 있어서 전체주의의 획일적 사고를 강요함으로써 노예화시키는 효과가 있다. 획일적 사고를 강제하는 처벌조항은 진상규명을 목적으로 하는 4·3특별법의 목적을 가로막는 독소조항이다. 거짓을 진실로 믿도록 강제하는 선동과 법규정은 극우 나치 전체주의의 잔재와 다를 바 없다. 그람시의 진지이론과 괴벨스의 선동이론을 도구로 국민의 다수 여론을 장악하는데 성공한 좌파는 비판세력을 처벌하여 국민의 생각과 입을 지배하려고 한다. 전체주의의 서막을 여는 하나의 위험한 사례가 4·3특별법이다.

허위사실유포는 명예훼손이 되는바 허위사실인지 여부는 진상이 규명된 다음에 알 수 있다. 진상규명이 제대로 되지 않은 상태에서 허위사실을 진실로 규정하고 이와 다른 평가나 주장을 하면 처벌하겠다는 것은 법치국가에서 용납되지 않는다. 우리는 4·3특별법이 지속적으로 개악되면서 건국 이래 최고 수준의 전체주의 악법을 목전에 지켜보는 중이다. 헌재는 기본권 보호와 체제수호를 위해 4·3특별법에 대한 위헌결정을 과감하게 내려야 한다.

하자 있는 행정행위 : 보고서, 희생자, 기념관

1. 하자 있는 보고서

[4·3특별법 추진기구[119]]

기구	역할	위원	
중앙위원회	4·3사건의 진상규명과 희생자결정 및 명예회복에 관한 사항 심의·의결	당연직	국무총리, 행자부장관, 기획재정부장관, 법무부장관, 국방부장관, 보건복지부장관, 법제처장, 제주지사 (8명)
		위촉직	강만길, 김삼웅, 김점곤, 김정기, 박재승, 박창욱, 서중석, 신용하, 이돈명, 이황우, 임문철, 한광덕 (12명)
심사소위원회	희생자 사전검토 후 위원회 보고	위촉직	박재승(위원장), 김삼웅, 박창욱, 서중석, 임문철, 이황우, 한광덕 (7명)

---

119 2000년 이후 초기 인적구성이다. 처음 구성될 때는 임기 규정이 없었지만, 2021년 6월 24일 시행된 4·3특별법 개정법률에 임기 규정이 신설됐다. 임기는 2년으로, 한 차례만 연임할 수 있도록 했다. 임기조항이 신설된 후 현재는 20여 년간 위원으로 활동하던 위원들이 일부 교체되었으나 위원 명단을 공개하지 않고 있다.

기구	역할	위원	
보고서작성 기획단	진상조사보고서 검토 및 위원회 보고	당연직	국방부 군사편찬연구소장, 행자부 자치행정국장, 법제처 행정법제국장, 서울고검 사무국장, 제주도 행정부지사 (5명)
		위촉직	박원순(단장), 강종호, 강창일, 고창후, 도진순, 김순태, 오문균, 유재갑, 이경우, 이상근 (10명)
		전문위원	양조훈(수석), 나종삼, 장준갑, 김종민, 박찬식 진상조사 및 보고서 작성 (5명)
제주실무위원회	희생자 신고접수 및 사실조사	제주지사, 유족대표 등 제주인사 15명으로 구성	

가. 4·3역사 왜곡 배경

4·3의 역사는 2000년도 4·3특별법이 제정되면서 정치권력에 의해 공산폭동 반란사건이 민중봉기(항쟁)와 최초의 순수한 통일운동으로 왜곡되기 시작하였다. 좌파의 지속적인 선전선동의 결과 남로당에게는 면죄부를 주었고 국가는 폭력과 학살자로 매도되어 책임져야 하는 지위로 전락되고 말았다. 좌편향 정치권력의 이념을 뒷받침하는 정치문서인 2003년 발간된 보고서는 지난 20여 년간 4·3특별법의 일부개정안과 전부개정안에 반영되면서 심각한 헌법상의 문제를 파생시키는데 결정적 역할을 하였다. 역사왜곡은 2000년에 위원회를 처음 구성하면서부터 예정되어 있었다. 위원회는 진보 측 인사 16명, 보수 측 인사 4명[120]으로 좌편향 인적구성으로 출발하였고, 운영에 있어서 보고서 작성은 진보 측에 유리한 자료를 취사선택하여 반영하고, 보수 측 위원에게는 조사권한을 제한하는 등 불공정했으며, 위원회 심의의결은 절차상·내용상 하자 등으로 점철되어 권력을 가진 다수의 횡포가 심했다. 한마디로 하자 있는 행정행위 그 자체였다. 이렇게 애초부터 위원회는 사건의 진실을 규명하는 일보다는 정치적인 의도를 실현하도록 운영 체제와 법률 및 조직을 갖추었다. 2003년 보고서 채택 당시 좌편향 보고서에 동의할 수 없었던 보수 측 인사들이 보고서에 '부동의'한다는 의사표시 후 모두 위원직을 사퇴하였던 사실은 보고서의 심각한 문제점을 입

---

[120] 위촉직 중앙위원 중 한광덕, 이황우, 유재갑 3명의 당연직 위원과 국방부장관 1명이 보수측에 해당된다고 볼 수 있다. 보고서 최종안을 의결하는 회의에 중앙위원 20명 중 17명이 참석했다. 최종안 의결서에 국무총리 등 12명이 찬성하는 서명을 했다. 보수측 위원 3명은 반대 서명을 했고, 국방부 장관 등 2명은 기권 의사를 표시했다. 보고서가 다수결에 의해 통과된 날 보수측 위원 3인과 나종삼 전문위원은 보고서에 동의하지 않는다(부동의)는 발표 후 위원직을 사임했다.

증한다. 그 이후 하자 있는 보고서를 원인무효로 다투거나 문제제기를 하는 견제세력은 일부 시민들 외에는 없었다. 보수정권이 집권하였을 때 시민들은 좌파위원들이 평생직처럼 독점하고 있는 위원회의 편향성을 끊임없이 지적하면서 위원 교체 등 4·3정책의 개혁을 요구했지만 허사였다. 이러한 상황에서 하자 있는 보고서는 그 문제점이 시정되기는 고사하고 지난 20여 년간 4·3특별법이 개정될 때마다 위헌적 상황을 더욱 악화시키면서 권위 있는 공적 근거로 자리 잡았다.

노무현 전 대통령은 4·3을 이데올로기 차원에서 이해하지 말고 '최초의 민족통일 운동' 입장에서 이해해야 한다며 4·3사건의 처리 방향을 제시했다. 이것은 자유민주적 기본질서에 입각하여 통일을 지향해야 하는 대한민국의 헌법정신을 부정하는 발언이었다. 이러한 발언은 공산주의 음모는 숨기고 통일운동이라는 감언이설로 국민을 혼란스럽게 하였다.[121] 또한 대한민국사관과 헌법이념을 저버리고 공산주의 이념에 경도된 자들을 옹호하는 관점에서 4·3의 평가가 공식적으로 다뤄지는 계기를 만들었다. 노무현 전 대통령의 반헌법적 지시로 작성된 보고서는 헌법이 수용할 수 없는 내용을 기술하고 있어서 근본적으로 하자가 있다. 보고서 자체가 대한민국의 입장이 아닌 남로당의 입장에서 유리하게 작성되었기 때문이다. 보고서 작성과정에 좌편향 정치권력이 주도면밀하게 개입하여 역사왜곡이 가능할 수 있었다. 4·3을 민중봉기·통일운동으로 바라보는 정권이 집권할 때마다 대한민국 정체성을 훼손하기에 유리한 인적구조를 설정한 다음에 사실조사, 역사서술, 희생자 결정, 법률안 발의 등 그들의 의도대로 짜맞추고 뒤집는 작업을 거침없이 추진하였다.

좌파의 소행을 직접 겪은 국방부와 국방부 위촉 위원인 한광덕 전 예비역 장군[122]이 좌파의 왜곡에 맞서 활동한 행적이 있다. 전자는 군사편찬연구소 회의보고, 후자는 기자 조갑제의 세계(조갑제 닷컴)에 「제주 4.3사건 왜곡과 박원순씨의 역할」[123]이라는 기고문이며, 아래에서는 위 내용을 중심으로 각각 나항과 다항에서 일부를 소개한다.

---

121 현길언, 정치권력과 역사왜곡, 태학사, 2018, 서문

122 한광덕 위원은 제주4·3중앙위원회 국방부 위촉위원으로 2000년 8월 28일부터 2003년 10월 16일까지 활동하다가 보고서의 심각한 왜곡을 지적하면서 정부 보고서로서 인정할 수 없음을 선언하고 사퇴함

123 기자 조갑제의 세계, 한광덕, 제주 4·3사건 왜곡과 박원순씨의 역할, 2011

나. 군사편찬연구소 회의보고[124]

　아래는 보고서 작성을 담당했던 기획단이 보고서 초안을 만든 후 심의하는 과정에서 국방부 측이 이의를 제기했던 사항을 군사편찬연구소가 정리한 내용이다. 국방부 측은 왜곡된 사실을 보고서에서 제외하라고 보고서작성기획단에 항의하면서 시정을 요구했지만 대부분 받아들여지지 않았다. 그 당시보다 현재는 더 많은 왜곡이 발견되어도 시정은 이뤄지지 않는다는 점에서 심각한 문제이다.

진상조사보고서

□ 보고서(안) 목차 및 내용 특징

서 문
I. 4·3사건 진상조사 개요
　1. 진상조사
　2. 진상조사 근거와 목적
　3. 진상조사반 구성과 운영
　4. 진상조사 활동
II. 4·3사건 배경과 기점
　1. 광복 전후의 상황
　2. 3·1사건과 무장봉기의 전조
III. 4·3사건의 전개과정
　1. 무장봉기와 5·10선거
　2. 초기 무력충돌기

124　군사편찬연구소, 4·3특별법관련 회의보고, 2003. 3. 19.

○ 전체적인 보고서 구성이 피해자 증언을 위주로 한 피해보고서 형식으로 작성

○ 사건의 발생원인 중 남로당의 책임보다는 미군정의 실정과 제주도민의 갈등을 부각(Ⅱ)

○ 군의 과잉진압내용을 부각(Ⅲ) - 초토화작전, 집단살상, 대량학살, 대살 등

○ 피해자 증언을 근거로 군경의 주민 대량살상 주장(Ⅳ)

○ 정부에서 조직적으로 제주도민을 탄압하여 대량의 주민피해가 발생한 사건으로 기술(Ⅴ)

□ 보고서 심의경과

보고서는 전문위원 5명에 의해 초안 작성, 보고서작성기획단에서 심의 후 중앙위원회 상정

(2000. 4. 13. 시행 4·3특별법 제7조)

○ 초안 1차 심의(2003. 2. 7.)

초안	4·3사건의 성격 불명확, 토벌작전의 불법성과 주민피해 부각, 군법회의 및 수형인명부 부정, 피해 위주의 보고서 작성
국방부 검토의견	왜곡된 사실과 부적절한 내용을 지적하고 수정 및 재심의 요청

○ 초안 2차 심의(2003. 2. 13.)

국방부	초안 내용 중 구체적으로 수정·보완할 내용 서면 제출 – 삭제 132건, 내용수정 및 보완 57건
초안내용 찬반토론 후 국방부의견에 따라 3차 심의하기로 결정	초안 찬성 : 유족 및 4·3단체 대표 등 11명 초안 반대 : 국방부, 법제국장, 서울고검국장, 유재갑 등 4명

○ 초안 3차 심의(2003. 2. 25.)

· 국방부 의견이 일부 반영된 수정안 제시

- 수형인명부 및 군법회의 부정 내용 삭제 및 완화(5면 분량)

- 「초토화작전」 용어사용 완화, 일부용어 변경(학살 → 총살)

· 미반영된 내용의 추가반영을 요구하며 심의기한 연장 요청(국방부)

· 법정기한(2003. 2.) 준수를 주장하는 다수의견에 의해 위원회 상정

□ 초안의 주요쟁점

쟁점	구분	주장
사건의 발생원인	초안	사건의 발생원인을 1947년 3·1절 행사 시 경찰의 발포사건으로 야기된 미군정과 제주도민의 갈등을 남로당 제주도당이 5·10선거 반대투쟁에 이용한 것으로 규정
	국방부	남로당이 단선단정 반대를 위해 제주도민을 계획적으로 선동 남로당이 3·1절 불법시위 주도, 경찰은 자위권으로 발포(6명 사망)
남로당 중앙당 개입여부	초안	제주4·3사건 발생에 남로당 중앙당의 개입은 없었음
	국방부	남로당 중앙당의 개입사실이 많은 자료에서 입증되고 있음 근거 : 인민유격대투쟁보고서(노획문서), 주한미971방첩대 문서(1948. 1.)
군경에 의한 희생 규모	초안	희생자 신고자 중 78.1%(10,955명)가 군경토벌대에 희생되었으며 남녀노소를 불문한 과잉진압이 전개되었음
	국방부	당시 공비에 의한 위장공격사례가 빈번, 정확한 진상조사 필요 근거 : 주한미육군사령부 정보요약(1948. 10.), 일일정보보고(1949. 1.)
집단살상의 지휘책임	초안	9연대장(송요찬)과 2연대장(함병선)이 포고령 선포 후 중산간마을 초토화작전을 전개하였으므로 집단살상의 지휘책임이 있음
	국방부	포고령은 주민과 공비를 분리하기 위한 주민소개조치임 군에 의한 조직적인 「초토화작전」은 시행된 바 없음
군사재판 위법성	초안	군법회의 관련 판결문 등 소송기록이 없고 재판이 없었다는 증언으로 볼 때 정상적인 절차를 밟은 재판으로 볼 수 없음
	국방부	재판사실에 대한 문서가 존재하며 최소한의 법적인 요건은 갖추었음 근거 : 군법회의 명령 제20호, 주한미육군사령부 정보요약(1947. 7.)
이승만대통령 학살 지시여부	초안	이승만 대통령이 국무회의에서 "제주도사태를 가혹한 방법으로 탄압하라"고 지시, 주민학살이 국가차원에서 조직적으로 자행됨
	국방부	이승만 대통령의 발언은 제주도를 지칭한 것이 아니고 국기문란 행위에 대한 엄단을 지시한 것임(국무회의 발언록, 1949. 1. 21.)
국가차원의 사과	초안	정부는 국가원수의 이름으로 제주도민과 피해자에게 사과해야 함(건의)
	국방부	국가 정통성과 도덕성에 관한 문제이므로 신중히 고려해야 함

제6차 회의대책

□ 회의개요

○ 회의일시 : 2003. 3. 21. 15:00 (국무총리회의실)

○ 참석대상 : 4·3위원회 위원 (20명)

○ 회의안건

 · 위원회 주요업무추진 상황 및 향후계획 (보고사항)

 · 제주4·3사건 진상조사보고서(안) (의결사항)

 · 제주4·3사건 희생자 및 유족결정안 (의결사항)

□ 회의대책

○ 진상조사 보고서

 · 군법회의 부정 내용, 부적절한 용어(초토화작전, 대살, 학살 등), 사실왜곡(이승만 대통령 발언) 등에 대한 추가적인 수정이 필요함

 · 특히, 건의문에 포함된 대통령의 사과 문제는 국가의 정체성 및 정통성에 관련된 문제이므로 신중한 검토가 요망됨

 · 보고서작성기획단에서 보고서(안) 재검토 및 수정할 것을 요청

○ 회의장에서 의사표현

 · 희생자심사소위원회에 참여한 한광덕 위원이 희생자심사과정과 진상조사보고서(안)의 문제점을 구체적이고 세부적으로 거론

 · (국방부)장관님께서는 개괄적인 발언 후 진상조사보고서 관련 세부 수정내용은 서면으로 제출하는 것이 바람직함

(국방부)장관 발언요지

□ 제주4·3사건은 진상을 규명하여 억울하게 희생된 제주도민의 명예를 최대로 회복시켜주는 것이 우리 모두의 역사적 사명이라고 생각함. 단지, 50여 년 전에 발생한 사건을 오늘에 와서 그 진상을 규명하는데에는 자료의 부족과 관련자의 시각차이 등 많은 어려움이 있으므로 정확한 자료와 검증된 사실에 한해서 객관적이고 공정한 보고서를 작성하는 것이 중요함

□ 금일 상정된 보고서안과 관련하여 몇 가지 의견을 제시하겠음

○ 오늘 상정된 진상조사보고서(안)은 보고서작성기획단의 검토과정에서 쟁점내용에 대해 많은 이견이 있었으나 법정시한에 맞추어야 한다는 이유로 충분히 합의되지 않은 상태에서 상정된 것으로 알고 있음

○ 예를 들어, 당시 자료에 의하면 무장폭도들이 군경복장으로 위장하고 주민을 공격한 사례가 많아 군경토벌대에 의해 80%의 피해가 발생하였다는 주장에 대해서도 적절한 검증이나 신중한 용어선택이 필요함

○ 또한, 초안의 결론부분에 "이승만 대통령이 국무회의에서 '제주도사태를 가혹한 방법으로 탄압하라'는 지시를 하여 제주도 유혈사태의 책임이 이승만 대통령에게 있다." 고 기술하고 있는데, 당시 발언은 제주도를 직접 지칭한 것이 아닌데도 이를 제주도 탄압으로 해석한 것은 잘못된 것임 (원문참조)

○ 오늘 이 자리에서 초안내용을 일일이 지적할 수는 없으므로 국방부에서 검토한 결과 수정이 필요한 내용을 서면으로 제출함

○ 시간이 걸리더라도 보고서작성기획단에서 충분한 검토와 토의를 통해 이견을 해소하고 보다 정확하고 공정한 보고서를 작성하는 것이 특별법의 제정목적인 국민화합을 구현하는 것

이라 생각함

○ 특히, 특별법시행세칙 제8조에 명시된 규정에 따라 군 및 관련분야 원로들이 참여하는 「진상규명분과자문위원회」를 설치하여 이들의 의견을 수렴할 경우 보다 객관적이고 공정한 보고서가 작성될 수 있을 것임

□ 결론적으로 이번 회의에서는 진상조사보고서(안)의 의결을 유보하고 자문위원회를 설치하여 폭넓은 의견을 수렴하는 등 쟁점내용을 수정, 보완 후 차기회의에서 심의할 것을 제안함

이승만 대통령 국무회의 발언록(1949. 1. 21.)

"미국 측에서 한국의 중요성을 인식하고 많은 동정을 표하나 제주도, 전남사건의 여파를 완전히 발근색원(拔根塞源)하여야 그들의 원조는 적극화할 것이며, 지방 토색(討索) 반도 및 절도 등 악당을 가혹한 방법으로 탄압하여 법의 존엄을 표시할 것이 요청된다."

다. 한광덕 위원의 주장[125]

... 박원순 변호사(전 서울시장)는 보고서작성기획단장으로서 예하의 4·3사건진상조사팀(13명)과 보고서작성기획단의 위촉직 위원(9명)을 직접 임명할 수 있었고 국무총리가 위원장인 위원회의 위촉직 위원(12명)도 건의할 수 있는 위치에 있었음을 먼저 알아야 합니다. 박원순 변호사

---

125 기자 조갑제의 세계, 한광덕, 제주 4·3사건 왜곡과 박원순씨의 역할, 2011

의 지휘하에 작성된 보고서 초안은 4·3위원회(6차 회의 : 2003. 3. 21.)의 심의에 회부되었으나 위원들 간의 의견차이로 심사진행이 불가하자 심사소위원회[126]를 구성하여 토의 후 다음 회의에 재회부토록 했었고 이를 위한 심사소위원회에 참석했던 국방부 위촉의 김점곤 위원이 도중에 사퇴를 하였습니다. 김점곤 위원은 4·3무장폭동의 정당성을 가설로 세우고 희생자 일방의 주장만이 반영된 보고서(초안)가 채택되면 정부 보고서가 대한민국 정부를 부정하는 자료로 활용될 것을 우려하여 사퇴를 천명했던 것입니다.

김점곤 위원의 사퇴하에 통과된 보고서(수정안)가 4·3위원회 7차 회의에 회부되었을 때(2003. 3. 29.), 국방장관을 대신하여 참석한 유보선 국방차관은 추가수정이 완료될 때까지 보고서 채택을 보류하자고 제안했고 신용하 위원은 현재까지의 수정내용을 반영하여 최초 보고서를 1개월 내에 발간 배포하고 향후 6개월 이내에 추가 자료가 나올 경우에 조건부로 수정 보완하자는 제안을 한 상태에서 고건 위원장은 신용하 위원의 제안을 수용함으로써 김점곤 위원의 사퇴는 묻히고 말았습니다. 6개월 후 실제로 376건의 수정요구가 접수된 것도 철저히 무시되었습니다. 박원순 보고서작성기획단장은 376건의 수정 요구 중 33건이 채택되었다고 했으나 그것은 개념의 보완이 아닌 단어 수정에 불과했고, 이와 같은 심각한 절차적 하자가 있는 가운데 보고서 최종안은 4·3위원회 8차 회의(2003. 10. 15.)에 회부됐던 것입니다.

8차 회의에 임한 경찰과 국방부 위촉위원은 최종보고서의 통과저지를 위해 노력했으나 역부족이었습니다. 필자(한광덕)는 발언할 내용을 10개항의 문서(본서 부록5에 수록)로 준비했었습니다. 발언권을 얻어 남로당의 4·3사건 개입이 한 눈에 확인되는 "노력인민"(남로당기관지)의 1948년 6월 8일자 보도를 복사하여 4·3위원 전원에게 배부하고, 준비한 발표문을 낭독했습니다. 그러나 고건 위원장은 도중에 발표를 중단해 달라고 요청한 후 발표내용은 문서로 채택할 것

---

126 수정안 심사소위원회 : 국무총리, 국방장관, 법무장관, 김삼웅, 김점곤, 신용하, 간사 박원순

을 약속하고, 4·3사건진상조사보고서의 채택을 선언했던 것입니다. 도저히 있을 수 없는 날치기 통과였습니다.

경찰 위촉의 이황우 위원과 국방부 위촉의 유재갑 위원(김점곤 위원 후임) 그리고 필자(한광덕)는 보고서의 서명란에 모두 "부동의" 표기를 하고 현장에서 사퇴를 선언했고 차후 별도의 사퇴서(본서 부록5에 수록)를 국무총리 앞으로 발송했습니다.

우파위원들이 부동의 했던 보고서에는 있을 수 없는 모순이 있다는 사실 하나만 강조합니다. 그것은 서문과 결론의 불일치입니다. 서문에는 "4·3사건 전체에 대한 성격이나 역사적 평가를 내리지 않고 이는 후세 사가들의 몫으로 남긴다."는 고건 국무총리의 발언을 명기해 놓고도 "남로당 중앙당의 직접적인 지시가 있었다는 자료는 발견되지 않았다."는 일방적 주장으로 "경찰과 서청의 탄압에 대한 주민들의 무장봉기"였다는 역사적 평가를 내려놓고 주민 피해에 대한 "최종 책임은 이승만 박사에게 돌아갈 수밖에 없다."는 결론을 내리고 있다는 사실입니다.

이 결론에 따라 대통령 노무현은 2003년 10월 30일, 반 백 년 전의 4·3사건 희생자 발생과 관련하여 대한민국 건국 대통령의 군 통수권 행사에 대하여 정부차원의 공식사과를 하는 불가사의가 발생했던 것입니다.

이 모순은 박원순 기획단장이 보고서 작성 전문위원(4명) 선발 시, 경찰 출신은 배제한 채 1명의 군 출신에 나머지 3명은 모두 제주도 출신을 기용하고 군 출신 전문위원은 6·25전쟁 이후 부분만을 기술한다는 고용계약을 맺으면서부터 출발했던 것입니다.

4·3특별법의 시행과정에도 모순이 있었습니다. 희생자 신고는 진상규명의 기초 위에 실시되는 것이 논리적 절차임에도 '4·3위원회'가 구성(2000. 8. 28.)되기도 전에 희생자 신고접수가 시작

(2000. 6. 1.)되었다는 사실이며, 신고기간 추가 연장(2001. 3. 1 ~ 5. 31.)으로 14,028명의 희생자 접수가 완료될 때까지도 희생자 심의규정은 토의되지 않았다는 사실입니다. 이로 인해 명예회복이 반드시 되어야 할 희생자와 결코 허용될 수 없는 대상자가 모두 신고를 마치는 결과가 초래되었습니다...

끝으로 ... 4월 3일은 살육이 시작된 날로서 평화가 상징될 수 없습니다. 강만길 위원이 4·3사건은 먼 역사적 관점에서는 최초의 통일시도로 보아야 할 것이기에 '제주4·3평화공원'이 되어야 한다는 주장이었습니다... 오늘날의 제주4·3평화공원이 강만길 씨가 주장했던 최초의 통일시도를 기념하는 공간으로 활용되는 것은 아닌지? 하는 의구심을 떨칠 수 없기 때문입니다. 오늘날, 박원순 씨도 참여하는 것으로 확인되고 있는 제주도 강정마을의 해군 군항건설 거부 운동에도, 만에 하나, 강만길 씨의 평화가 숨겨져 있다면 대한민국은 과연 어디로 갈 것입니까?...

2011. 10. 1. 정오

예비역 육군 소장 한광덕

라. 제주4·3사건진상조사보고서 수정의견 검토

정부의 공식 보고서라면 4·3피해자 중에 희생자가 되기 위해서는 희생의 진상에 대해 구체적 사실이 기술되어야 한다. 보고서 초안이 나왔을 때 제주4·3도민연대는 수정의견으로 "일반 범죄 수사에서 경찰 또는 검찰이 보여주는 피의자조서는 범죄사실을 입증할 구체적 사실들을 6하원칙에 따라 작성함으로 도민학살 주체들의 구체적 행위사실은 낱낱이 조사 기록되어야 한다."[127]는 내용을 제시했다. 보고서와 희생자 심사기록에 있어서도 누가 언제 어디서 누구에 대해 무엇을

---

127 제주4·3사건진상규명및희생자명예회복위원회, 제주4·3사건진상조사보고서 수정의견 검토자료〈2〉, 2003. 9, p.201

어떻게 했다는 식으로 특정이 되어야 한다. 그러나 보고서나 희생자 심사기록 그 어디에도 구체적 행위사실을 거의 다루고 있지 않거나 모호하게 기술하고 있다. 수정의견 제안에 대해 당시 보고서 집필자의 검토의견은 6하원칙에 따라 기록하지 못한 사유를 "4·3특별법의 제정 목적인 '국민화합'을 위해 하급 지휘관에게까지 그 책임을 묻기는 곤란할 것으로 사료됨"[128]으로 밝히고 있다. 따라서 9연대장 송요찬과 2연대장 함병선의 이름을 삭제하였다는 설명을 곁들인다. 그러나 송요찬, 함병선 등 학살행위를 한 것으로 지목받는 군인들이 법원에서 유죄의 확정판결을 받은 적이 없다. 정당하게 반역자들을 처형한 사실과 기록만이 있을 뿐이다. 1948년 당시의 증거를 근거로 한 4·3수형인 확정판결은 배척하는 대신, 확인되지 않은 유족 등 일방의 진술을 신뢰하여 쓴 보고서를 정부의 공식 문서화함으로써 법치주의는 파괴되었다. 위원회의 보고서 검토의견은 희생사실의 진상을 규명하지 못한 채 오히려 '국민화합' 운운하면서 군경 등 가해자의 책임을 완화시켜준다는 뉘앙스로 교묘하게 사안의 본질을 호도하기까지 한다. 또한 수많은 사건들의 모든 개별 사례들을 일일이 보고서에 수록하는 것은 곤란할 것으로 사료된다는 변명까지 늘어놓는다. 그렇다면 개별 사례들이 보고서 자료집 등에 별도로 정리되어 있다는 말인가? 자료집 등에서 군경과 서북청년단이 양민을 학살한 행위가 6하원칙에 따라서 파악된 사례는 발견할 수 없다. 수정의견에 대한 보고서작성기획단의 검토의견은 좌편향 위원들의 변명에 불과하다.

2. 하자 있는 희생자 선정

희생자심사소위원회는 희생자 심사기준에 관하여 1차에서 7차 회의(2001. 11. ~ 2002. 2.)까지 협의한 결과 의견이 대립되었으나 2002. 3. 14. 반국가적인 사상을 가진 좌파 측 다수의견대로 심사기준이 의결되었다. 의결된 심사기준은 구체적으로 제외대상자를 명확하게 정하지 않은 명목상 심사기준에 불과하여 심사과정에서 논란의 소지가 내재되었으며, 결국은 남로당을 위한 하자 있

---

128 제주4·3사건진상규명및희생자명예회복위원회, 제주4·3사건진상조사보고서 수정의견 검토자료〈2〉, 2003. 9, p.201

는 행정행위를 연출하였다. 좌파 의견과 우파 의견의 구체적인 내용은 아래 표와 같다.[129]

[희생자 심사기준]

구분	내용
다수의견 (좌파의견)	– 헌재 의견 무시 군법회의 수형인도 희생자에 포함 (박재승 위원장, 김삼웅, 박창욱, 서중석, 임문철)
소수의견 (우파의견)	– 헌재의견 존중 수형인과 남로당 및 무장대 분대장급 이상 간부는 희생자 제외 (한광덕, 이황우)
결론 (다수결)	– 헌재가 정할 것으로 기대한 구체적 심사기준을 정하지 않음 사건발발에 직접적인 책임이 있는 남로당 제주도당 핵심간부, 군경의 진압에 주도적·적극적으로 대항한 무장대 수괴급 등 제외 ☞ 구체적 기준이 없어 형식적 심사와 부적격자 희생자 양산

가. 국방부 기본방향[130]

[기본입장]

남로당에 의한 공산폭동의 성격은 분명히 하고

희생자 선정 시 억울한 피해자는 최대한 포함하되 불순분자는 제외

희생자 결정을 위해 확실한 명분과 근거자료에 기초하여 신고자 중 희생자로 인정하거나 배제해야 할 대안을 제시할 필요가 있음

---

129 군사편찬연구소, 4·3특별법 관련 회의보고, 2003. 3. 19.

130 군사편찬연구소, 군사자문회의, 2002. 5. 24.

□ 희생자 선정

○ 폭동주동자와 내란죄 등의 범죄자는 제외입장 관철

　　· 제주계엄지구 고등군법회의 및 일반재판결과 수형인 4,000여 명

　　· 남로당 제주도위원회 조직에 포함된 책임자급 간부

○ 희생자 제외대상자에 대한 증거자료 확보 및 지원

　　· 남로당 제주도당 인민해방군 조직 및 명단

　　· 제주계엄지구 고등군법회의 수형인명부 및 재판기록

○ 노약자 및 연소자, 경미한 가담자는 가능한 한 희생자에 포함

□ 군경에 의한 피해를 주장하는 신고내용의 처리문제

○ 인정할 시 진상규명되지 않은 상태에서 주민피해사실 인정

○ 불인정하거나 유보 시 희생자 결정을 지연시킨다는 비난 우려

□ 군경에 의한 피해를 주장하는 대상자

○ 제주실무위원회 차원에서 이루어진 신고내용에 대한 사실조사과정에서 신고자 및 보증인의 일방적인 주장 외에 사건을 객관적으로 입증할 수 있는 조사활동 여부 확인

○ 객관적인 활동이 없었다면, 사실확인이 되지 않은 신고내용을 근거로 희생자 결정 및 군경의 주민피해사실을 인정할 수 없음

○ 신고내용에 대한 사실확인을 위해 보고서작성기획단에 사건에 대한 진상규명을 의뢰하고 희생자 결정은 진상조사 이후로 유보

나. 희생자심사소위원회의 허술한 심사

1) 심사기록의 부실

2011년 1월 17일 서울고등법원에서 위원회의 심사가 엉터리임을 확인해 주는 재판이 있었다.(2010누24267 정보공개청구거부처분취소) 재판부가 희생자 18인에 관한 위원회의 심사기록 각 사본 18부를 검토한 결과는 아래와 같다.[131]

재판부 검토결과

원고들이 청구취지에서 적시하고 있는 정보 중 ① 제주4·3사건 희생자 및 유족 결정 통지서, ② 제주4·3사건진상규명및희생자명예회복위원회의 심사회의록은 존재하지 않았고, 보증서도 일부 희생자의 경우에는 존재하지 않았다.

- 중략 -

라. (보증서)문건의 구체적 내용

희생자 신○우의 경우를 보면 ① 진상조사보고서나 사실조사결과서에는 제주4·3사건의 전개 과정이나 가담 정도에 관한 기재는 없고, 단지 마을이 전소된 다음에 숨어 지내던 일과 군인에게 발각되어 총상을 입고 도망가다가 사망한 내용만 조사되어 있음을 확인할 수 있었고, ② 보증서의 내용도 사망경위를 중심으로 기재되어 있으며, 다른 희생자의 경우에도 대체로 그 조사내용이 유사하다 설명

---

131 서울고등법원, 변론조서, 2010누24267 정보공개청구거부처분취소 : 18부를 샘플로 조사한 결과 보증서가 없는 경우가 4건이 있었다. 비율로 보면 전체 희생자의 약 20%는 보증서가 없다는 추론이 가능하다.

2) 희생자 규모 재파악 필요

위원회가 파악해 놓은 희생자의 유형별 수치는 신뢰할 수 없는 하자 있는 행정행위다. 군경의 자료에서 파악이 가능한 수치 이상의 피해자는 군경에 의한 피해자라기 보다는 무장대의 위장공격 사례에 의한 피해일 가능성이 높으며, 이를 군경의 피해로 몰아가서는 안 된다. 국가기관에서 공정한 기구를 조직하여 희생자 현황을 정확하게 다시 정리할 필요가 있다.

희생자 중 사망자가 10,000여 명인데, 이 중에 2,000여 명은 남로당에 의한 희생자이다. 나머지 사망자 8,000여 명을 국가가 학살했다는 기존의 보고서는 전혀 수용할 수 없는 주장이다. 대략적으로 8,000여 명 중 4,000여 명은 교전 중 사살이고, 나머지 4,000여 명은 현행범 체포 후 집단처형, 보도연맹원으로 예비검속되었다가 처형, 사형집행, 남로당 무장대에 의한 위장공격에 의한 희생, 군경의 과잉진압에 의한 처형 등의 경우이다. 이들 중 남로당 무장대에 의한 희생자, 군경의 과잉진압에 의한 처형만이 희생자로 될 수 있다. 민간 복장을 한 게릴라와 남로당에 동조하는 부역세력 처형은 희생자 범주에 포함될 수 없다. 당시 소개명령 불응자 등 집단처형이 많았는데, 정당한 이유가 있는 처형이었으며 교전 중에 사살된 경우에 준하여 처리되어야 한다. 도피 중 사살된 경우가 많았을 것으로 추정되는데, 이들은 억울한 죽음이 아니다. 도주자의 대부분이 반역 및 부역행위[132]를 한 죄가 있어서 도주했으며, 이러한 행위를 별거 아니라거나 시켜서 했다거나 등 어떠한 변명으로도 용서받지 못할 내란죄, 여적죄, 간첩죄 등과 같은 중범죄를 범한 경우에 해당된다. 오늘날에도 수형인이 도주하면 사살되는 점에서 도주하는 적을 사살함은 당연하게 받아들여야 한다. 집단처형도 남로당 좌익을 처형한 것이지 양민학살이 아니었다는 점을 상기하면 과잉진압은 생각보다 훨씬 규모가 적다.

보고서는 희생자 수를 25,000~30,000명으로 추정하고 있다. 이 수치가 황당한 것은 2000년부터 2023년 12월까지 긁어모은 희생자(부적격희생자 포함)가 14,700여 명에 불과하기 때문이다. 보고서에서 아무런 근거도 없이 희생자가 10,000명 이상 더 된다고 부풀리는 식은 정부보고서로

---

132 전봇대를 자르거나 전선을 절단, 정보제공 등

인정할 수 없는 또 다른 이유이다. 위원회 심사기록(사실조사 결과서 등)의 내용을 확인해 보면, 희생자의 제주4·3사건 전개과정이나 가담 정도에 관한 기재는 없고, 단지 마을이 전소된 다음에 숨어 지내던 일과 군인에게 발견되어 총상을 입고 도망가다가 사망한 내용만 조사되어 있다. 토벌대원을 피해 도피 중 총살당하거나 산으로 피신 도중 한라산에서 토벌대에 발각되어 총살당한 것으로 조사되어 있는데, 도주 및 입산 당시 행적과 활동은 무엇인지, 총살당할 당시의 현장 목격자는 누구인지, 토벌대의 소속과 신분 등에 대한 조사가 필요하다. 심사기록의 중요한 문건에 해당하는 보증서는 희생자 및 그 유족으로 신청을 하고자 하는 자가 신청사유를 소명할 수 있는 증빙자료를 첨부하기 곤란한 경우에 제출하여야 한다.(4·3특별법시행령 제9조 제1항 제3호) 보증서는 희생자 및 그 유족이 맞다는 것을 보증인 2인이 보증해주는 중요한 문서라고 할 수 있다. 제출한 보증서의 내용은 다음과 같은 특징이 있다.

가) 사망경위를 중심으로 기재되어 있다. 즉 산폭도의 가족으로 선별되어 도주 중 총살됨. 도주 중 총살된 것은 게릴라전(비정규전)의 특성상 정당한 사살이다.

나) 대부분 희생자의 경우, 대체로 그 조사내용이 유사하거나 보증 내용과 필체가 같다. 즉 한 사람이 여러 보증인을 대필하고 대필자 서명이 없다. 이것은 보증인 본인이 직접 작성한 문서로 인정할 수 없어 무효이다. 작성자는 문서위조죄에 해당한다고 판단된다.

다) 형사소송법상 전문법칙은 "전문증거는 증거로 되지 않는다.(Hearsay is no evidence)"는 법원칙을 말한다.[133] 4·3특별법시행령 제9조 제1항 제1호 나목 3)에 근거하여 보증인의 대부분이 소문을 듣고 보증한 경우가 많다. 소문 듣고 보증한 것은 전문증거[134]로서 증거가 될 수 없다. 증거가 될 수 없는 근거는 불이익을 받게 될 상대방의 의견을 청취하지 않았고, 전문증거는 전달과정에서 와전 가능성이 많아 신용성이 떨어지며, 법원이나 위원회가 직접 조사한 사안이 아니기 때문이다. 개인의 범죄를 입증하는 과정에서도 엄격한 증거법칙을 적용하는데 국가를 폭력범죄로 결정하는 중차대한 사건에서 더 엄격한 심사를 요구하지 아니하고 소문으로 결정한다는 점에서 위

---

133 신동운, 신형사소송법 [제4판], 법문사, 2012, p.1051

134 전문증거는 경험사실을 경험자 자신이 직접 구두로 법원에 보고하지 아니하고 서면이나 타인의 진술 형식으로 간접적으로 법원에 전달되는 증거를 말한다. 전문증거에는 전문진술과 전문서류가 있다.

4·3특별법시행령 제9조 제1항 제1호 나목 3) 규정은 위헌무효이다. 희생자 선정은 최소한 형사소송법의 전문법칙이라고 하는 증거법칙을 적용하는 수준에 준해서 검토되어야 한다. 전문법칙이 배제되는 절차로 즉결심판절차와 약식절차 그리고 간이공판절차가 있다. 이러한 절차는 간단한 사건을 신속히 처리하기 위한 제도로서 국사범과 국가폭력 문제를 다루는 중대한 사안에 연결된 희생자 선정 문제는 전문법칙을 배제할 사안이 아니다. 더군다나 대한민국 입장에선 우파 측에서 희생자 선정방식에 동의하지 않았기 때문에 더욱 그러하다.

라) 보증인이 1인밖에 없거나 전혀 없는 경우도 상당수 있다. 이 밖에도 군경에 의해 피해당한 것이 아니라 폭도에게 학살당했다고 추정되는 사례도 많다.

살인자를 희생자로 신고하는 등 문란한 인우보증 현상은 마을별 보증인 자원봉사자를 위촉하고 일명 '신고 도우미'를 지정 운영하게 된데서 비롯되었다.[135] 제주도는 희생자 신고실적이 예상 밖으로 저조하자 신고절차가 까다로운 것을 탓하며 신고기준을 완화하여 특혜를 주었다. 자원봉사제와 신고 도우미는 희생자가 되고 싶은 자들이 희생자임을 소명할 수 있는 증빙자료 확보와 보증인 선정의 어려움을 해결해 주기 위해서 고안된 것이다. 이들은 신고자의 불편사항을 해소하고 신고업무의 효율을 기한다는 취지로 활동하였지만 불의가 판을 쳤다. 희생자 보증은 당시 정황이나 사실관계를 잘 아는 사람이 해야 하는데, 관청으로부터 보증인 위촉장을 받은 사람이 수십 명씩 엉터리로 보증을 하여 실적 올리기에 급급하였던 것은 하자 있는 행정행위이다. 북제주군은 2000년 10월 한 달 동안을 집중신고기간으로 정하고, 모든 행정력을 동원해 조기에 마무리하고자 마을순회 이동접수창구를 운영하였다. 한편 마을담당 공무원을 적극 활용해 책임신고체제를 유지하기도 했다. 또 마을별 보증인 자원봉사제 운영을 통해 보증서 작성 및 보증 서주기 운동을 지속적으로 추진하고, 무연고 희생자에 대해서는 이장과 마을대표 등을 신고인으로 지정해 신고하도록 독려하기도 했다.[136] 신고인이 고령이거나 거동불편자, 노약자일 경우 전담공무원으

---

135 제주일보, 4·3희생자·유족 신고 활성화 전망, 2000. 8. 12.
136 제주일보, 4·3희생자 제2차 마을순회접수, 2000. 10. 10.

로 하여금 신고서를 대필하고 보증인 선정을 적극 알선하기로 했다.[137] 보증인 위촉장이 주어졌던 지난 2000년 당시 대정읍장이었던 제주도청 모 계장은 위촉장 발급이 자신의 독자적인 판단이 아니라 상부의 지침에 의한 것이었다고 밝혔다. 이처럼 희생자 신고 및 사실조사가 엉터리로 드러남에 따라 전면적으로 재조사가 이루어져야 한다는 주장이 폭도들에 의해 희생당한 사람들의 유족들로부터 제기되고 있다.[138] 보증인 자원봉사제와 신고 도우미라는 과잉 조치가 부적격 희생자를 양산하는 주된 통로 중 하나가 되었다.

이상에서 살펴본 바에 의하면, 선정된 희생자 상당수가 부고성이 입증되지 않았음을 알 수 있다. 무고성을 입증할 증빙자료와 보증인이 없으면 희생자가 될 수 없다. 피신 중 총살 또는 병사 등의 기재는 산폭도에 부역했다는 전제를 깔고 있어서 귀책사유가 있는 자를 정당하게 처형했음을 뜻한다. 보증인 자원봉사자들 상당수가 거짓 증언을 하였는지 조사해야 한다. 희생자 신고 및 보증, 사실조사 등이 엉터리로 이루어지고 있다는 제보를 받고 이를 확인하기 위해 자유시민연대 간사가 현지를 방문했을 때 고씨라는 자는 자신이 잘 알지도 못하는데 20명 이상 보증섰음을 인정했다.[139]

다. 사실조사 및 심의지침(안)에 대한 지적[140]

이 글은 위원회에서 활동했던 한광덕 위원이 제기한 의견서 원문 내용 그대로이다. 의견서에서 지적한 문제는 크게 세 부분이다.

1) 심사소위원회가 구성되기 전 심사에 적용할 "조사 및 심의지침(안)"이 수립되었는데, 이 지침의 허술함이 위원회(심사소위원회 포함)의 활동을 실무위원회에 실질적으로 종속되게 하는 결과를 초래한다.

---

137 제주일보, 4·3희생자 제2차 마을순회접수, 2000. 10. 11.

138 자유시민저널, 제주4·3희생자 신고·조사 엉터리다, 2002. 7. 3.

139 자유시민저널, 제주4·3희생자 신고·조사 엉터리다, 2002. 7. 3.

140 한광덕, "제주 4·3사건 희생자 신고에 따른 사실조사 및 심의지침(안)"에 대한 의견제시, 2001. 7. 9.

2) 실무위원회 및 사실조사단이 유족 측에 편중되어 구성됨으로써 결국 유족 측의 의도대로 희생자 선정 등이 이뤄져 객관성과 공정성을 위반한다.

3) 평화공원 조성계획이 진상규명과 관계없이 정해진 각본에 의해 추진되고 있다. (이와 같은 문제가 가져올 심각한 사태를 한광덕 의원은 사전에 예견하였음을 알 수 있다.)

〈의견서 원문 내용〉

"제주 4·3사건 희생자 신고에 따른 사실조사 및 심의지침(안)"에 대한 의견제시

수신: 4·3위원회 위원장 (국무총리)
발신: 4·3위원회 위원 한광덕 (예비역 육군소장) 2001. 7. 9.

1. 제주 4·3사건의 희생자에 대한 명예회복의 보장과 손상당할 수 있는 국가명예의 보호차원에서 최대의 신중을 기해야 할 "조사 및 심의지침(안)"이 충분한 설명과 토의를 거치지 않은 채 형식적인 절차만으로 종결되는 것에 대하여 이의를 제기하고 내용의 보완을 건의합니다.

가. 2001년 7월 중순부터 신고 희생자에 대한 사실조사 및 심의가 본격 착수됨에 따라 적용할 "조사 및 심의지침(안)"을 7월 5일에 실시한다고 급히 예고했다가 다시 서면심의로 대치했는데, 앞으로의 심의과정에서 발생될 수 있는 예상되는 문제점에 대한 충분한 설명이나 토의 없이 의견의 개진을 요구함은 그 자체가 무리이며 형식에 그치고 말 우려가 있습니다. 문제점의 발견을 위해서는 최소한 관련 당사자들의 참석하에 사실조사 모의연습(simulation)이 있어야 했으며 그 결과에 대한 경험의 공유가 있어야 했다고 생각합니다.

나. 제안된 "조사 및 심의 지침"에는 사용할 양식과 절차의 설명만 있고 실제의 "지침"에 해당되는 내용은 없는 것으로 보입니다. 국가기관을 대표하는 행정자치부의 요망사항 혹은 명예회

복위원회에서의 요구사항 등이 반영되어야만 차후의 심사과정에서 원만한 진행이 가능할 것입니다. 적절한 심의지침이 사전에 제공되지 않으면 예하부서의 심의결과에 일방적으로 동의할 수밖에 없는 불가피한 결과가 초래될 것입니다.

다. 그렇게 되는 경우 희생자의 명예회복에는 최대로 기여할지 모르나 불필요한 정도로 군 혹은 경찰의 명예에 손상이 초래됨으로써 대한민국의 정통성 부정을 획책하는 북한의 대남공작에 이용될 우려가 있게 될 것입니다. 따라서 "조사 및 심의 지침"에는 희생자의 명예를 최대로 보장하면서도 북한의 대남공작가능성을 배제하는 측면에서도 "목적"과 "지침"과 "주의사항" 혹은 "고려사항" 등이 구체적으로 망라되는 "지침"이 필요할 것으로 판단되어 재심의의 기회가 있게 될 것을 제안합니다.

2. "4·3사건"은 북한의 공작과 연계가 없었더라면 1948년 당시의 사건규모도 작았을 것이고 대한민국 건국 반100년이 지난 오늘날 "4·3사건 명예회복위원회"의 성격도 현재와 같지는 않았을 것입니다. (4·3사건의 주모자였던 김달삼과 이덕구의 묘가 평양근교의 혁명열사묘에 영웅으로 모셔지고 있다는 사실을 유념해야 할 것입니다.)

3. 실무위원회의 구성이 유족 측에 절대적으로 편중되어 있는 상태에서 사실조사단에 군과 경찰요원이 완전 배제됨으로써 공정성이 훼손될 가능성이 있으며 아울러 조사과정에 개입을 시도할 북한 대남공작원의 은밀한 영향력을 차단할 수 없는 취약성도 내포될 수 있음을 지적합니다. (심의제안 작성 시 국가보안부서의 자문획득이 있었는지도 알려 주시기 바랍니다.)

4. 보내 주신 문건 중에 "제주4·3평화공원 조성기본계획"이라는 446페이지에 달하는 대형책자가 포함되어 있었는데 제주4·3사건에 대한 심의가 있기도 전에 작성될 문서가 아니라고 생각되었습니다. "제주4·3평화공원"이라는 명칭의 사용은 물론 공원의 규모 등도 심의의 확정

후 최종합의를 거쳐서 결정하는 것이 타당할 것으로 사료합니다.

2001. 7. 9. 4·3위원회 한광덕

라. 희생자심사소위원회 문제점[141]

2002년 희생자심사소위원회 활동의 일부 내용을 알 수 있는 중요한 자료를 당시 위원회에 참여한 우파 측 위원들이 소장하여 오다가 최근 4·3연구자들에게 알려졌다. 심사소위원회는 위원회의 위촉직 위원 7명으로 구성되었으며 우파 위원은 한광덕, 이황우 2명에 불과했다. 회의 때마다 수백 건씩 희생자 대상자를 안건으로 상정하였으나, 회의결과는 인적구성상 우파 측 위원의 주장은 항상 받아들여지지 않았다. 좌파 다수의견(5명)은 헌재 의견을 무시하고 수형인도 희생자에 포함시켜야 한다는 주장이었다. 우파 소수의견(2명)은 헌재의견을 존중하고 수형인 등은 희생자에서 제외해야 한다는 입장이었다. 결과는 좌파 다수의견대로 부적격자에 해당되는 자들을 거의 100% 희생자로 선정하였음을 알 수 있다. 군경에 의해 피해를 입었다는 일방적 주장에 대한 사실확인 없이 희생자가 무더기로 선정되는 구조였다. 심사소위원회가 검토기관이고 위원회가 심의·의결기관이었지만, 심사소위원회에서 검토한 결과보고서가 다수 좌파 측 위원들의 의견대로 위원회에 보고, 상정되는 구조로 되어있었고, 심사소위원회 위원이 그대로 위원회 위원이었기에 위원회에서의 결론도 동일하였다.

(우파 측 한광덕 위원이 심사소위원회에 참석하여 발언한 내용과 회의에서 논의한 중요내용은 부록6 참고)

---

141 본 항목에서 다루는 내용은 1차부터 25차까지의 위원회 회의 관련 자료를 참고했으며 한광덕 위원의 4·3 심사소위원회 관련 증거자료는 그 일부를 부록에 수록하였다.

1) 사실조사 과정에서 나타난 문제점

문제점	평가
▪ 장기간(50여년)의 세월이 흐름에 따른 사망·행방불명에 대한 구체적 입증, 증거제시가 어렵고 불명확한 경우가 많음	▪ 50여 년 지난 사건을 재조사하는 경우이므로 불명확한 경우는 무리하게 처리하지 말고 과거의 법적상태를 존중하여 법적안정성을 유지했어야 함
▪ 4·3과 관련한 신고 희생자 대부분이 피해자로 느끼고 있어 가해자·피해의 물리적 구별이 어려운 상태임	▪ 분위기에 편승하여 피해자로 행세하는 경우를 방지하기 위해 더욱 명백한 증거에 의한 사실관계를 확정했어야 함
▪ 희생자 심사기준이 마련되지 않은 상태에서 조사가 착수된 관계로 이미 조사된 희생자의 사실내용이 앞으로 설정되는 심사기준에 맞지 않는 경우 재조사 필요	▪ 사실조사의 허술함이 가해자가 피해자로 변신하게 한 유인책이 되었음 ▪ 심사기준 없이 사실조사를 하는 경우는 중대한 하자가 있으므로 심사기준 설정 없이 행한 모든 사실조사가 무효에 해당함 ▪ 심사기준 설정 후 사실내용에 하자가 발견된 경우에도 하자가 있는 사안에 대해서만 재조사가 필요한 것이 아니라 심사기준 없이 진행한 모든 사실조사가 무효임
▪ 위원회의 심사기준 자체가 모호하여 실무자들의 조사업무에 적용될 매뉴얼이 구체적이지 않았음 ▪ 매뉴얼이 구체적이지 않다 보니 자료를 추적하고 조사하는 업무도 철저할 수 없는 구조였음 ▪ 따라서 제주도 시·군 사실조사단의 신고내용, 보증내용, 증빙서류의 사실여부 조사업무가 미흡했고, 2차 제주도의 추가조사 업무에서도 보완조사가 미흡했음	▪ 사실조사 시한을 정해 놓고 조사하다 보니 진상규명보다는 희생자 선정에 주안점을 두고 졸속으로 추진한 조사는 부실할 수밖에 없었음 ▪ 허술한 조사 결과가 위원회에 상정되면 최대한 희생자를 인정하여 주려는 좌파의 기본 방침대로 모두 희생자로 선정되는 수순을 밟았음
▪ 사실조사단에 군과 경찰요원이 완전 배제되었음 ▪ 제주실무위원회는 유족 측에 절대적으로 편중되어 제주도 주민 위주로 구성된 관계로 지역 민심에 영향을 받으면서 사실조사와 심사를 하였음 ▪ 조사과정에서 신고자와 보증인 등을 대상으로 확인과정을 거쳤다고 하나 형식적이었음	▪ 대부분이 연고관계가 있는 제주사회의 특성상 피해자 위주의 조사내용이었음 ▪ 공정하고 객관적인 사실 검증절차를 거쳤다고 인정하기 어려움 ▪ 정부차원의 권위 있는 진상조사반을 구성하여 가해자, 피해지역 등에 대한 분석과 함께 사실확인 검증이 필요하였으나 하지 않음

2) 심사소위원회의 회의과정에서 나타난 문제점

① 선 진상규명, 후 명예회복 원칙 위반

선 진상조사, 후 희생자 결정의 순서로 진행되어야 하는데, 주민피해에 대한 진상조사 과정 없이 서둘러 희생자 결정을 하였다. 우파 측 위원의 일관된 주장은 선 진상규명, 후 희생자 결정이었고 이러한 내용이 전체위원회 운영계획에도 규정되어 있었는데, 심사소위원회에서 우파 측 위원의 주장을 무시하고 위원회 운영계획 규정을 삭제한 것은 위법이었다. 신속하게 희생자 결정을 하지 않는다는 유족 불만을 고려하여 진상규명 없이 희생자를 결정한 위원회는 국가기관으로서 역할을 포기(직무유기)한 것이다.

② 심사기준 없이 한 희생자 결정

위원회는 헌재에서 제시한 희생자 선정기준에 부합하는 구체적인 기준을 정하지 않았다. 희생자 결정에 있어서 이의제기가 계속되는 것은 최초부터 희생자에 대한 원칙이나 기준을 분명하게 정하지 않고 성급하게 희생자 신고를 접수하였기 때문이다. 심사소위원회는 전체위원회 운영계획에서 희생자 결정을 진상규명 후까지 기다려야 한다는 것은 무리라고 판단하여 관련 규정을 삭제하였다. 이유는 4·3특별법시행령 제10조에서 실무위원회로부터 심의·결정을 요청 받은 날로부터 90일 이내 결정하도록 규정하고 있고, 희생자 결정 지연에 따른 유족 불만 등을 예상하여서라고 하였다. 이는 실체보다 절차를 중시한 하자에 해당한다.

③ 진실이 다수결에 함몰

위원회의 "심사 기본 운영계획"에 의하면 의결은 재적위원 과반수 출석과 출석위원 과반수의 찬성으로 한다. 우파 측 위원이 소수에 불과하여 아무리 올바른 주장을 하여도 안건이 채택될 수 없는 불공정한 구조였다.

④ 희생자 범위 문제

희생자 범위를 좌파 위원들은 좌익분자나 범법자들까지 넓게 인정하려 했고 우파 위원들은 무고한 자 위주로 좁게 인정하려 했지만, 위원회의 인적구성이 좌파가 다수여서 우파가 주장한 헌재결정에 따르자는 의견은 반영될 수 없었다.

⑤ 부실한 졸속 심사

우파 측 위원이 심사자료를 사전검토하여 희생자임이 명백하지 않은 대상자에 대하여 심사소위원회에서 아무리 이의를 제기한들 좌파 측 다수에 의해 관철될 수 없었다. 심의·결정을 요청받은 날로부터 90일 이내 결정해야 하더라도 진상이 확인되지 않은 사안은 보류결정을 했어야 하는데, 대부분 보류결정 없이 거의 100% 희생자로 결정한 행위는 무효인 행정행위이다.

⑥ 공정성·객관성 결여

사실관계를 확인하려면 사법절차에 준하는 절차를 마련해서 당사자를 불러 증언하게 하고 사실관계를 확정해야 한다. 그런데 사실인정 절차에 대한 근거조항이 4·3특별법령에 전혀 없다. 소문 듣고 말하는 자를 보증인으로 인정하는 규정을 4·3특별법시행령 제9조에서 발견할 수 있는데 이는 전혀 객관성을 담보할 수 없고 일반 사회에서도 통용될 수 없는 허술한 규정이다. 심사자료는 1-2차 사실조사를 필했다고는 하나 어디까지나 신고자의 일방적인 신고내용과 보증인의 진술에만 의존한 것이며 가해자의 확인이나 검증 등은 일체 없었다. 군경에 의해 살상을 당했다고 기록되어 있는데 일시, 장소, 관계부대 등의 구체적 사실과 피해당사자의 신분 등에 대해서는 일체의 언급이 없어 당시 정황을 파악할 수 없다. 무장 폭도에 의해 살해되었는지, 단순한 사고에 의한 사망인지, 모두 군경의 책임으로 주장한다 해도 확인할 방법이 없다. 토벌대에 의한 피해주장이 대다수를 차지하고 있는데, 피해자나 보증인의 일방적인 주장 외에 가해자의 소속이나 신분 그리고 가해사실에 대해 공식적인 진상조사를 실시한 기록이 없다. 피해자의 주장을 검증하지 않고 모두 희생자로 인정하여 사실확인이나 진상규명도 되지 않은 상태에서 군경에 의한 주민피해를 인정하는 결과가 되었다. 신고내용은 좌익에 의한 살해인데, 조사결과는 군인들에게 총살당한 것으로 인정하는 경우까지 나타날 정도였다.

군경 및 토벌대에 의한 피해를 인정하기 위해서는 최소한 다음과 같은 사실확인 절차가 필요했으나 모든 절차를 생략한 하자가 있었다.

○ 군경토벌대에 희생당한 증거자료, 즉 호적부 또는 관공서 사망기록 등 확인

○ 증인, 목격자 등의 진술이 있다면 증언에 대한 신뢰성 분석

○ 피해지역의 작전에 참가한 참전 군경의 증언청취 및 분석

○ 피해 관련 작전자료 분석 및 물증확보

○ 관련 기록, 피해자 및 참전자 증언, 작전기록 등을 종합한 현장 확인검증과 종합적인 분석과정

○ 희생자 자격여부에 대한 판단은 어떠한 방법으로 하였는가? 가해자는 누구인가? 가해자의 소속과 신분, 가해행위 등을 어떠한 사실검증작업을 거쳐 확인하였는가? 신고인이나 보증인은 당시 피해자가 총살된 현장을 직접 목격하였는가?

이런 절차상 하자로 인해 피해자와 보증인의 진술에 의존하는 희생자 위주의 사실조사만 이루어졌고, 가해 당사자로 지목된 군경에 대한 확인조사나 반대의견이 전혀 반영되지 않음으로써 공정성과 객관성을 심각하게 위반하였다. 2001년 7월 4·3위원회의 「희생자사실조사 및 심의지침」 서면심의 시 당시 김동신 국방부장관이 수정의견으로 문제제기를 한바 있었으나 아무런 조치가 없었다. 신고자에 대한 사실조사 및 확인과정에서 군경 및 사법기관이 참여하는 검증과정을 보완하여 4·3특별법시행령 제9조 제1항의 내용 중 사실조사 서류에 '군경의 의견서 첨부를 의무화' 함으로써 공정성과 객관성을 제고할 필요가 있었으나 적절한 조치는 이루어지지 않았다.

⑦ 보증인 문제

신고자의 피해내용을 직접 목격하거나 확인할 수 있는 사람이 자발적으로 보증인에 채택되어야 함에도 불구하고, 2000년 8월 1일 기관장 명의로 보증인 위촉장을 발행하여 보증을 서게 하였다. 보증인들이 직접 목격한 사람은 없고 소문으로 들은 사실을 근거로 보증서를 작성하였는데, 이런 방식의 사실조사를 바탕으로 희생자를 결정하였다. 또한 4·3 당시 피해내용을 확인할 수 있는 사람이 아니면서도 제주사회의 특성상 연고관계 등에 의해 보증인으로 채택된 자들이 있다는 사실은 신뢰할 수 없는 보증으로 범죄에도 해당하는 하자이다.

⑧ 군경의 누명

가해자별 피해비율과 집단적인 주민피해 주장은 객관적인 사실검증이 되지 않은 상태였는데도 불구하고, 전체 희생자의 대다수(80%)가 당시 진압작전을 수행한 군경에 의해 희생된 것처럼 인정하여 정부와 공권력의 책임, 도덕성, 사건의 성격 및 우리 현대사에 지대한 악영향을 미쳤다.

희생자 결정은 그 자체로서 끝나는 것이 아니고, 군경이 가해자로 전환되는 중대한 사안임에도 피해경위나 이유에 대한 명확한 진상조사 없이 성급하게 희생자 결정을 하였고, 군경이 양민을 무차별 학살했다는 주장을 위원회가 인정하는 결과를 초래함으로써 임무를 수행한 군과 경찰의 명예훼손은 물론 국가의 정통성에도 심각한 손상을 가져왔다.

⑨ 노근리사건과 비교

4·3사건은 50년 이상 지난 오래된 사건(2000년 기준)으로 사건의 진실을 밝혀줄 물증이나 기록 그리고 관련 자료의 부족으로 그 실체를 확인하기가 매우 어려운 사건이다. 6·25전쟁 중인 1950년 7월 26일 발생한 노근리사건의 경우 영동지역에서 발생한 단일사건임에도 불구하고 한국과 미국의 전쟁피해 관련 조사분야의 전문가(역사, 군사범죄수사, 총기감식, 법률, 항공사진분석 등) 40여 명이 15개월에 걸친 전문적이고 정밀한 조사에도 불구하고 사건해결에 중요한 몇 가지 문제는 결론을 내지 못했다. 4·3사건은 노근리사건보다 먼저 발생했고 그 성격과 전개과정도 훨씬 길고 복잡한 사건인데 전문적인 조사요원도 아닌 시·군의 공무원과 위촉요원의 단순한 사실조사만으로 군경에 의한 대규모 집단학살이라는 중대한 문제를 기정사실화한 것은 진상규명이 불철저하게 이루어진 하자가 있었다.

⑩ 신빙성 없는 심의자료와 성급한 결정

심의자료는 집단피해 발생의 원인과 배경 등은 기재되어 있지 않고 그저 이유 없이 끌려가 죽은 것으로만 기록되어 있다. 심의자료는 확인과정이 빈약하고 허술하여 신뢰할 수 없다. 따라서 신고자를 축차적(순서적)으로 심사할 것이 아니라 전체 신고자에 대한 종합적인 분석을 토대로 한 진상조사 이후에 희생자를 결정하는 것이 타당한데 희생자 결정을 먼저 한 하자가 있다.

⑪ 심사기준 없는 심사

헌재가 제시한 희생자 제외대상 기준으로 남로당 제주도당의 핵심간부, 무장대 수괴급 등 4가지 최소한의 기준과 자유민주적 기본질서를 공격한 행위를 어디까지로 정해야 할지에 대한 구체적인 범위를 먼저 정하고 나서 심의대상자가 제외대상에 해당되는지에 대한 검토가 이루어져야 하나, 희생자 범위에 대한 개념이 불분명한 상태에서 심의가 진행되었다.

⑫ 심사자료 비제공

4·3사건 관련 일반재판 판결문(1,562명), 제주계엄지구 고등군법회의 수형인명부(2,531명), 당시 제주감찰청에서 작성한 남로당 조직표 및 인민해방군 계도 등이 심사위원들에게 제공되지 않은 대표적인 자료들이다. 보고서작성기획단에서 이러한 관련 자료들을 심사위원들에게 배포하여 검토할 수 있게 해야 하나 일체의 자료제공 없이 심사한 하자가 있었다. 보고서작성기획단은 1년이 넘는 기간 동안 4·3사건에 대한 국·내외의 방대한 자료를 수집하였다. 선 진상조사, 후 희생자 선정을 주장하는 우파 위원들이 집단피해지역에 대해서만이라도 필요한 정보제공을 요구했으나, 수집한 관련 자료들을 제공하지 않았다. 예를 들면 피해발생 지역에 주둔했던 부대의 지휘관 정보, 그 지역의 남로당 간부와 특이 동향, 집단 피해 발생의 배경 등이다.

⑬ 형식상 하자

심사소위원회 회의결과보고서에 심사자들의 서명이 없다. 위원회 회의록 부존재 등의 하자가 있다.

⑭ 위원회에 보고 유기

심사소위원회는 심의대상자에 대해 사전심사를 하여 검토결과를 위원회에 보고하는 기구이지 의사결정기구는 아니므로 위원들간 이견이 있는 사항은 소수의견이라도 상세하게 보고하여 위원회가 최종결정을 내리도록 되어 있으나, 이를 해태하여 위원회에 보고하도록 규정한 4·3특별법 시행세칙 제7조를 위반하였다.

⑮ 과도한 심사대상자 수

심사위원들이 심도 있게 검토할 수 있는 시간적 여유가 필요한데, 회의에서 다룰 심사안건이 300여 건이 넘는 등 심사안건이 많아 사전에 전부 검토가 곤란함으로 심사안건을 100여 건으로 줄여 줄 것을 요청했으나 반영이 되지 않았다.

⑯ 위원회의 통법부화

원래 심의의결 기구로서의 취지와 다르게 위원회는 실무위원회의 심사의견서를 받으면 그대로 통과시키는 통법부 같은 역할에 불과했다. 군에 의한 주민피해가 신뢰할 수 있는 절차에 의한 사실확인이나 검증 없이 신고자의 주장만을 토대로 인정한다면 위원회는 존재할 필요가 없다.

⑰ 위원회의 초헌법적 권한

군법회의 수형인명부의 수형인까지 희생자로 인정함은 헌법재판소의 결정을 위반한 것이다. 위원회는 4·3사건으로 인한 억울한 피해자를 희생자로 결정하여 그 명예를 회복하여 주는 역할을 해야지, 과거 적법한 재판결과를 뒤집거나 부정할 수 있는 권한을 가진 기구는 아니다. 재판기록이 소실되었다고 하여 군법회의 자체를 부정하고, 군법회의는 불법으로서 무효를 주장하며, 수형인을 불법구금되었던 희생자로 결정한 것은 초헌법적 권한 행사로서 위법하다.

⑱ 일괄처리 심의

심의과정에서 개별대상자에 대한 심층검토는 없었다. 전체적으로 일괄처리하여, 희생자 안건으로 상정된 대상자 전원을 희생자로 인정하였고, 군복을 입은 위장공격 사례, 부적격자 등에 대하여 재조사 또는 보류해야 한다는 이의제기는 대부분 무시되고 위원회에 보고되지도 않았다.

⑲ 희생자 유보 대상자를 희생자로 결정

막연히 토벌대 또는 소속미상의 군인에 의한 피해를 주장하는 희생자 심사대상자는 보강조사를 통해 가해자에 대한 확인검증이 될 때까지 결정을 유보하여야 하나 모두 희생자로 결정되었다.

⑳ 가해자에 대한 부정확한 용어 사용

심사자료 작성 시 피해자가 가해자의 소속이나 신분을 정확히 모르고 막연히 군인에 의한 피해를 입었다고 주장할 경우 '군복을 입은 무장인원'에 의한 피해로 표기해야 하나 그렇게 하지 않았다. 군경, 우익단체 또는 무장유격대의 구별이 불분명한 채 막연히 토벌대에 의한 피해를 주장할 경우는 '신분미상의 무장집단'에 의한 피해로 표기하여야 하나 그렇게 하지 않았다. 남로당 측 피해는 군경 측에 의한 것이라는 속단은 선입견에 의한 오류를 낳았다. 남로당 측이 남로당원을 가해한 사례가 적지 않았기 때문이다.

마. 수형인명부는 유효하다. (아래 법조계 의견은 위원회에서 모두 무시당하여 보고서에 반영되지 않음)

○ **한인섭교수**(서울대 법대)

· (수형인명부는) 효력이 있다

그 이유는 수형인명부에 재판일자, 죄목, 항변, 형량판결이 기록되어 있기 때문이다. 재판기록 원문이 없다면 불법구금이냐? 그것은 아니다. 수형사실이 있었기 때문에 재판은 있었다고 본다. 다만 재판의 질 즉 행형절차가 오늘의 시각에서 본다면 잘못된 것이다. 그러나 당시 교전상황하에서 본다면 이해할 수도 있다. 이 문제는 정부 관련 부서와 학계간에 끈질긴 대화가 있어야 할 것이다. 대만 2·28사건도 1998년도에 대상자 수천 명 중 8명을 제외하고 국민화합차원에서 명예회복과 보상조치가 이루어졌다. 다만 대만 2·28사건은 4·3사건과 성격이 다르다. 대만은 민중봉기고 제주는 공산폭동 반란이었기 때문에 같은 처우를 할 수 없다.

· 국방경비법은 유효한가?

국방경비법이 없다고는 볼 수 없다. 당시 미 육군형법을 국방경비대 운용에 필요하여 1948년 8월 초에 유효한 법률인데 문제점은 공문서 일련번호가 없고 어디서 공포했다는 부분이 없다. 그러나 국방경비법이 당시 통용되었고 그 법률근거에 의거 엄청난 형벌이 집행되었다. 만일 국방경비법이 없었더라면, 구 형법상 살인, 강도, 내란죄가 적용되었을 것이다.

· 계엄법은 어떠한가?

이미 법제처에서 적법하다고 정부공식견해를 밝힌 것으로 안다.(2002. 9. 24. 전화)

[국방경비법은 합헌][142]

헌재는 국방경비법은 폐지시까지 유효한 법률로 취급했으므로 합헌 결정을 하였다.

국방경비법은 군정법률 제0호[143], 1948. 7. 5. 제정, 1948. 8. 4. 시행한 법률이다. 국방경비법은 군정청 법령집에 공포날짜와 발효일자만 실려 있을 뿐 공포번호는 없다. 헌재는 "국방경비법은 관보에의 게재가 아닌 다른 방법에 의해 공포한 것이라고 볼 수 있다. ... 폐지될 때까지 아무런 의심없이 국민들에 의해 유효한 법률로 취급받는 등 국민들과 법제정 당국 및 법집행 당국에 의해 실질적으로 규범력을 갖춘 법률로 승인됐다"며 합헌결정을 내렸다.(99헌바36) 이로써 1948년 7월 5일 공포된 것으로 되어 있는 국방경비법을 둘러싼 위헌시비는 공포 후 52년여가 지나서야 비로소 일단락됐다. 김선명씨(76) 등 3명은 국방경비법 위반죄로 무기징역형을 선고받고 복역하다 1995년 8·15때 가석방된 후 "국방경비법은 공포된 일이 없는 무효 또는 부존재의 법률이므로 이에 근거한 수감은 법률상 근거 없는 불법행위"라며 서울지법에 손해배상 청구 소송과 함께 위헌제청신청을 냈으나 1999년 4월 기각당하자 이 사건 위헌소원을 냈다. 국방경비법은 반공법과 국가보안법이 이 법을 대체할 때까지 무려 16만~20만건 정도의 간첩 사건 연루자가 이 법에 의해 처벌받은 것으로 알려져 있다. 이 사건의 당사자 중 한 사람인 김씨는 6·25가 한창이던 1951년 10월 15일 인민군 정찰대원으로 근무 중 철원에서 유엔군에 체포됐다. 김씨는 1953년 7월 25일 중앙고등군법회의에서 국방경비법 위반죄로 사형을 선고받고 무기징역으로 감형된 뒤 1995년 8·15때 형집행정지로 풀려나기까지 무려 43년 10개월 동안이나 수감생활을 해 '세계 최장기수'라는 기록을 갖고 있기도 하다. 김씨는 2000년 9월, 61명의 비전향장기수와 함께 북한으로 송환됐다.

---

142 2001. 4. 26. 선고 98헌바79·86,99헌바36(병합) 전원재판부, 법률신문, 헌재, '폐지시까지 유효한 법률로 취급했으므로 합헌', 2001. 4. 30.

143 국방경비법의 공포번호가 미상으로 되어있으나 군정청 법령집에 공포일자와 시행일자가 있는 것으로 보아 법령체계나 사회가 극도로 혼란했던 해방 직후 군정기에 동법의 제정 당시 행정상 실수로 공포번호를 누락하였을 가능성이 크다.

○ 고문승 교수(제주산업정보대, 서울대 영문학과 졸, 자유수호협의회 학계대표)

수형인명부는 정부공식기록물로써 유효하다. 추미애 의원이 이것을 발견하고 기자회견까지 하였다. 정부문서기록보존소의 문서를 부정하는 것은 국가의 정체성을 부정하는 잘못된 행위이다.

*1999. 9. 16. 추미애 의원 기자회견 시 재판기록도 있다고 하였음(당시 신문 참조)

○ 로승행 변호사(강원/충북 검사장 출신, 서울대 법학과 졸)

제주도 계엄지구 고등군법회의명령 제20호, 주한미육군사령부 정보요약(1949. 7.)으로써 군법회의는 당연히 적법하다. 수형인명부에 설치명령, 피고인, 죄목, 공판일시 및 장소, 항변, 판정, 판결(형량)이 기술되어 있어 군법회의는 법률적으로 효력이 있다고 본다. 재판절차상에 문제가 있다면 재심청구절차를 거쳐야 할 것이다.

○ 이진우 변호사(서울대 법학과 졸, 서울고검 검사, 11대/13대 국회의원, 국회 법사위 전문위원, 대통령정무1수석비서관, 법률신문사장 역임)

수형인명부는 재판관이 작성한 정부공식기록물로써 법률적으로 효력을 가진다. 재판기록원문이 없다고 하더라도 수형인명부 자체에 군법회의 설치명령, 피고인, 죄목, 공판일시 및 장소, 항변, 판정, 판결(형량)이 기술되어 있기 때문이다. 당시 유죄판결을 받았던 자가 희생자가 될 수 없다. 만일 억울하다고 주장하는 자가 있다면 구제방법은 문서의 위조, 기만, 재판절차의 위법성 등 입증을 할 수 있는 자료를 가지고 재심청구절차를 거쳐 무죄판결을 받아야 할 것이다.

자유민주주의 국가에서 사법부는 최고의 판단기구이다. 죄인이라고 판결한 것을 총리 산하 1개 기구에서 법리해석을 달리 할 수 있는가? 중대한 전과자가 피해자로 변한다면 이는 국군에 대한 모독이요 국가정체성에 대한 반항이다.

○ 국방부 법무관리관실

· 수형인명부는 자격정지 이상의 형이 확정된 자에 대하여 전과기록을 관리하기 위하여 검찰청 및 군검찰부에서 작성하는 정부공문서로써 법적 효력을 갖음.

- 당시 판결기록이 없다고 하여 재판 자체가 없었다고 볼 수는 없으며 수형인명부를 비롯한 제반증거를 종합하여 판단해야 함.
- 재판과정에서 불법적인 체포·구금 등 인권침해가 있었으므로 재판이 무효라는 주장은 있을 수 없으며 재판은 유효함. 만일 억울하거나 재판의 무효여부는 항소나 재심 등에 의해 별도로 구제되어야 할 것임.(2002. 10. 4. 법무과장 고석 대령)
- 당시 군법회의 재판개최 사실이 국내언론, 국회 등에서 언급되지 않았으므로 군법회의는 법률이 정한 정상적인 절차를 밟은 재판으로 볼 수 없다는 보고서 내용에 대한 국방부 수정의견은 다음과 같다.

당시 미국자료에는 군법회의 개최사실이 여러 곳에서 발견되고 있음. 수형인명부상의 군법회의 재판개최 사실은 명령서와 군관계자의 증언, 미국자료 등에서 확인할 수 있다. 또한 당시 「육군총사령부 일반명령 제2호(1948. 10. 27.)」, 「육군총사령부특명 제25호 군법무관 인사명령 (1948. 2. 27.)」 등 제주주둔 부대장의 군법회의 개최권한과 여건도 명백하다. 군법회의 적법성 여부에 대한 일부의 증언과 언론의 미보도이유 등은 현재로서는 확인하기 어려우므로 이를 근거로 비정상적인 재판으로 단정할 수는 없으므로 이 표현은 삭제되어야 함.

바. 부적격 희생자 처리

가해자에 대한 사실검증이 되지 않았다면 진상규명이 안 된 것이다. 이러한 상태에서 신고자와 보증인의 일방적인 주장만으로 군경에 의한 주민피해라고 확정할 수 없다.(심사소위원회 우파 위원의 일관된 지적) '선 진상규명, 후 희생자 선정'이라는 원칙을 지키지 않아 부적격 희생자가 대량 발생하였다. 다음 각 사례에 해당하는 부적격 희생자에 대해 위원회는 희생자 선정을 직권으로 취소해야 한다. 헌재는 부적격 희생자 양산의 근거가 되는 4·3특별법을 위헌 결정해야 한다.

1) 부적격 희생자 취소

① 제주4·3사건진상규명및희생자명예회복위원회의 20여 년간 심사회의록을 검토하여 심사
   회의록이 존재하지 않는 경우
② 4·3사건 희생자 및 유족 결정 통지서가 존재하지 않는 경우
③ 4·3특별법시행령 제8조 제1항 제3호의 증빙서류 또는 보증서가 존재하지 않는 경우
   (※ 2001년 시행령 전부개정 시 제8조가 제9조로 변경)
④ 헌재 결정 취지에 반하여 무고하지 않은 희생자를 선정한 경우
⑤ 위원회가 직권을 남용하여 후유장애 등급을 허위로 결정하거나 상향 조정 결정한 경우
⑥ 단순한 사고에 의한 사망, 교전 중 사살 등에 대하여 군경이 살해한 것으로 신고자의 일방적
   인 주장과 보증인의 진술에만 의존한 경우
⑦ 4·3특별법시행세칙 제4조 제4항에 의거하여 희생자로 결정하려면 심사위원의 서명날인이
   있어야 되는데 서명날인이 없는 경우
⑧ 위원회와 법원 등에서 유관기관, 개인 혹은 단체의 반증기회가 없는 경우
⑨ 실무위원회는 제주도 주민으로 구성되어 있어서 신고내용에 대한 사실 여부를 객관적으로
   조사하기 힘들었거나 조사자체가 없었던 경우 등이다.

2) 가해자 수정

가해 주체를 수정해야 되는 경우도 있다. 군경에 의해 살해된 것으로 신고 처리되었으나 실상 남로당 측에 의해 학살된 경우가 그 예이다. 4·3 당시의 신분과 역할, 왜 죽였는지에 대한 철저한 확인 없이 사망 사실만을 언급한 경우가 많이 있다. 당시 공비들이 군복으로 위장하고 주민을 공격한 사례가 빈번하였으므로 가해자 확인검증은 필수이며 이런 확인을 생략하여 군경이 누명을 쓰게 되었다.

3) 법적조치

국가는 희생자 선정이 취소된 자에 대해서 그동안 이들에게 지급되었던 보상금, 의료지원금, 생활지원금, 기타 각종 할인 혜택 등을 이자 계산하여 환수하는 조치를 취해야 한다. 잘못된 희생자 선정과 보상금 등 지급에 관여된 자의 위법행위에 대하여는 엄중하게 사법처리를 해야 한다. 위원회와 그 산하 및 유관기관이 헌법과 법률을 위반하여 문서위조 등 불법적인 활동을 한 것이 확인되면 해당 범법자들을 수사기관에 고발조치하여 민형사상의 책임을 물어야 할 것이다.

3. 하자 있는 제주4·3평화기념관

'제주4·3평화공원'을 안내하는 전단지에는 "제주4·3공원은 4·3으로 발생한 민간인 학살과 당시 제주도민의 처절했던 삶을 기억하고 추념하며 화해와 상생의 미래를 열어가기 위한 평화·인권 공원이다."라고 소개한다. "공산통일을 위한 4·3폭동을 민중항쟁, 또는 군경에 의한 학살"로 규정하면서 화해와 상생을 말하고 있다. 김달삼의 해주연설문, 소련의 비밀문서 등이 공개되어 명백히 공산폭동임을 입증하는 증거들이 수없이 많이 발견되었음에도 불구하고 북한 김일성 집단에 책임을 묻지 않을 뿐만 아니라 공산폭동의 주동자들을 "좋은 세상을 꿈꾼 자들"로 미화시키고 있다. 4·3의 진정한 피해자는 무고한 제주도민과 대한민국이며 가해자는 남로당(공산당)과 그에 부역한 자들이다. 제주4·3평화공원은 남로당이 저질렀던 범죄들은 기억하지 않는다. 좌익들은 경찰, 우익인사, 선거관리요원 및 그 가족 등을 인민재판 형식으로 살해하였는데, 자신들의 반역행위와 악행은 알리지 않고 진압과정에서 군경에 의한 피해만을 부각시키고 있다.[144]

노무현 정부에서 만든 왜곡된 보고서의 내용 그대로 4·3의 역사를 제주4·3평화기념관에 전시하였다. 제주특별자치도와 제주4·3평화재단은 기념관을 현대사 교육장으로 사용하고 있다. 기념

---

144 나정연복음신문, 진정한 "화해와 상생"을 위한 4·3세미나에 초대합니다, 2023. 3. 17.

관 안에 대한민국을 저주하는 전시물로 가득채워 음산한 분위기까지 느끼게 하며 4·3을 제대로 평가할 수 있도록 공정하게 전시해야 할 의무를 위반하고 있다. 대표적으로 무장투쟁의 기본목적 즉 대한민국 건국 저지와 한반도의 공산화 통일 목적을 알 수 있는 사실관계를 묵비하여 진압의 당위성을 알 수 없게 하고, 대한민국 건국의 과정을 알 수 있는 사실관계 즉 유엔총회의 결의 등을 묵비하여 건국의 정당성을 알 수 없게 하였다. 반면에 남로당의 무장투쟁에 대해서는 그 정당성을 암시하기 위하여 여러 가지 사실왜곡을 하였을 뿐만 아니라, 남로당의 무장투쟁은 광주5·18항쟁에 비유하고 이승만의 진압은 히틀러의 유태인 학살에 비유한 것 등이다. 이러한 공정전시의무의 위배로 인하여 이승만 건국대통령은 집단학살범으로 낙인 찍혀 명예를 훼손당하고 대한민국 건국의 정당성은 부정되고 있으니, 이러한 피해를 방지하기 위하여 전시는 금지되어야 한다는 소송이 있었다. 그러나 법원은 원고 주장에 대하여 판단유탈(민소법 제451조)했고 피고에 대한 일방적인 변호로 일관하면서 대법원에서 최종 심리불속행으로 기각했다.[145]

제주4·3평화기념관이 남로당의 범죄를 은폐하고, 정당한 진압을 국가폭력으로 왜곡하는 전시 및 부적격 희생자의 불량위패를 추모하는 행위는 자유민주적 기본질서를 심각하게 침해하는 것이다.

4. 하자 있는 행정행위 요약

위원회에서 활동했던 우파 측 위원의 주장과 그 주장의 근거자료를 검토한 결과, 보고서 채택과 희생자 선정은 하자 있는 행정행위였다. 위원회의 하자 있는 행정행위는 그 하자가 중대하고 명백하여 무효인 행정행위에 해당한다. 무효행위로 판단한 근거를 간단하게 요약 정리하면 다음과 같다. 아래의 예시들이 향후 소송과 수사에서 쟁점사항으로 활용될 수 있기를 기대한다.

---

145 이용우, 자유민주주의를 위한 일념으로, 법률신문사, 2017, p.349-360

가. 주체상 무효

내용	평가
▪ 좌파 4·3유족[146], 제주도민, 좌편향 인사들이 위원회, 실무위원회, 보고서작성기획단, 사실조사단 위원으로 참여함 ▪ 보고서 작성팀의 주류를 이루고 있는 제주 출신 전문위원들(집필자 4명 중 3명)[147] ▪ 4·3지원단 해외 자료수집 전문위원들에 군경 관계자는 한 명도 포함시키지 않음 ▪ 실무위원회는 제주도 주민으로 구성되어 있어서 신고내용에 대한 사실여否를 객관적으로 조사하지 않거나 조사 자체가 없었음 ▪ 보증인 자격이 없는 자가 보증인이 되거나 보증인 자원봉사자 등에 의해 허위 보증서를 작성하거나 작성하게 한 사례가 만연함 ▪ 전문진술의 증거능력을 인정함	▪ 좌파 측만 참여한 위원회, 실무위원회 등 각종 기구의 균형을 상실한 인적구성은 공정성과 객관성을 담보할 수 없어 결격사유에 해당함 ▪ 진상을 규명하는 보고서가 아니라 인권침해에 초점을 맞춘 인권보고서가 되어 국가보고서로서는 부실한 보고서가 됨. 이는 제주도 출신 집필진이 희생자 명예 회복에 주안점을 두고 작성하였기 때문임[148] ▪ 유족대표, 유족인 공직자 등이 위원으로 활동한 것은 4·3특별법시행령 제2조의2(위원의 제척)를 위반하여 위원회 의결은 무효임 ▪ 허위보증은 범죄에 해당하여 내용상으로도 무효임 ▪ 4·3특별법시행령 제9조 제1호 나항 3)항은 증거법의 대원칙인 전문법칙을 위반하여 무효임

나. 절차상 무효

내용	평가
▪ 희생자 선정기준 조차 마련하지 않고 희생자신고 접수함 ▪ 형식적인 사실조사로 신고대상자 전원을 희생자로 선정함 ▪ 심사소위원회의 자료 제공 없는 심사, 심사기준 없는 심사, 불충분한 기간내 심사, 개별심사 없이 일괄심사로 통과 처리됨	▪ 행정청은 직무를 수행함에 있어서 신의에 따라 성실하여야 한다. 행정청이 행하는 행정작용은 그 내용이 구체적이고 명확하여야 하며, 행정작용의 근거가 되는 법령 등의 내용이 명확하지 아니한 경우 상대방은 당해 행정청에 대하여 그 해석을 요청할 수 있다. 이 경우 당해 행정청은 특별한 사유가 없는 한 이에 응하여야 한다.(행정절차법 제3조, 제4조, 제5조 참조) 국가의 중대한 이익을 현저히 해할 수 있는 행정절차에 있어서는 더욱 철저하게 절차를 준수했어야 함 ▪ 심사기준 설정 없이 행한 사실조사는 하자가 중대 명백하여 모두 무효에 해당함 ▪ 증거조사와 현장검증 등 실질적인 사실확인 절차와 심층검토를 생략한 사실조사 및 심사는 중대한 하자로서 무효임

---

146 제주도 우파 유족회인 제주4·3정립연구유족회는 제주도청에 의해 단체등록이 두 번이나(2015, 2016) 거절당했다. 제주도에서 4·3관련 좌파 유족회를 비롯해 좌파 단체들의 활동만 인정되고 있는 사실은 심각한 문제이다. 정부로부터 어떤 지원도 받지 못하고 있는 제주4·3정립연구유족회의 이동해 회장은 4·3 당시 남로당에 의해 생매장 당해 순교한 이도종 목사의 손자이다.

147 조선일보, [기고] 4·3보고서 반쪽짜리 되나, 나종삼/제주4·3위원회 전문위원, 2003. 10. 14.

148 조선일보, [기고] 4·3보고서 반쪽짜리 되나, 나종삼/제주4·3위원회 전문위원, 2003. 10. 14.

내용	평가
▪ 사실관계 확인 없이 피해자와 보증인의 일방적 진술만으로 희생자를 선정함으로써 군경에 대한 확인조사나 반대의견을 전혀 반영하지 않음 ▪ 희생자 심사기준에서 신청자가 국가의 귀책사유를 입증하지 않아도, 국가가 희생자의 귀책사유를 입증하지 못하면 희생자로 선정되도록 정함	▪ 진상규명 없이 희생자를 선정했다는 것은 4·3특별법의 목적 위반임 ▪ 불법행위를 당했다고 주장하는 자가 입증책임을 지는 것이 원칙인데, 이러한 원칙을 위반한 불공정한 심사기준은 무효이고, 무효인 심사기준에 의한 희생자 결정은 모두 무효임
▪ 희생자 신고 접수는 연장시켜 가면서, 반면에 희생자 선정 결정은 신속하게 하여 부적격 희생자를 양산함	▪ 희생자 선정 결정 시한에 맞추려는 절차적 이익보다 상위가치인 실체적 진실 발견을 침해함
▪ 심사소위원회의 소수의견을 위원회에 보고하지 않았고, 위원회에서 다루지 않았음	▪ 심사소위원회 위원장은 '소위원회의 회의를 소집·주재하며 안건의 검토를 마친 때에는 그 결과를 위원회에 보고'해야 하는 4·3특별법시행세칙 제7조를 위반함
▪ 위원회 위원에게 보고서 수정의견안 제시 없이 보고서 수정안 심의·의결함 ▪ 위원회에서 이견을 제시했으나 표결절차 없이 희생자 및 보고서 채택 의결함	▪ 수정의견안 제시 없이 한 보고서 수정안 의결은 수정안 심의 없이 한 의결로서 무효임 ▪ 이견에 대한 표결절차 생략은 무효임

다. 형식상 무효

내용	평가
▪ 심사소위원회는 소수위원의 정당한 문제제기(이견)를 수용하지 않은 이유를 회의결과서에 기재하여 위원회에 보고하지 않음 ▪ 희생자 선정과 보고서 채택에 충분한 이유를 제시하지 않았음	▪ 희생자 선정과 보고서 채택의 근거와 이유를 구체적으로 제시해야 하며, 사실상의 근거와 법적 근거를 모두 제시해야 함 ▪ 처분사유가 추상적·불충분한 경우에는 위법하게 됨
▪ 증빙서류 또는 보증서가 존재하지 않는데 희생자를 결정함 ▪ 보증서에 대필자의 서명이 없음	▪ 4·3특별법시행령 제9조 제1항 제3호 위반으로 무효
▪ 위원회의 희생자 의결서에 기명날인 또는 서명이 없음 ▪ 위원회의 심사회의록이 존재하지 않음 ▪ 희생자 및 유족 결정 통지서가 존재하지 않음	▪ 4·3특별법시행령 제10조, 4·3특별법시행세칙 제4조 제4항, 제6조에 의거하지 않음으로써 무효임 ▪ 필요한 심사자의 기명날인 또는 서명이 없는 위원회의 희생자 의결서는 무효임

라. 내용상 무효

내용	평가
▪ 보고서 서문에 4·3의 성격을 후대에 미룬다고 기술 ▪ 실무위원회로부터 심의결정을 요청받은 날로부터 90일 이내 결정하도록 한 규정(4·3특별법시행령 제10조)을 구실로 진상규명이 안 된 사안에 대하여 진상규명이 될 때까지 보류결정을 하지 않고 대부분 희생자로 결정함	▪ 진상규명이 제대로 안 되었음 ▪ 진상규명 없이 희생자 선정 및 명예회복 실시, 왜곡된 보고서 채택 등의 처분은 무효임

내용	평가
▪ 위원회는 4·3사건을 공산폭동 반란으로 정의한 헌재의 결정을 무시하고 보고서에 민중봉기로 기술함 ▪ 사형수, 수형인, 인민해방군, 교전 중 사살된 자, 북한에 생존한 자, 단순한 사고에 의한 사망자들까지도 모두 군경이 살해한 것으로 신고자와 보증인의 일방적인 주장과 진술에만 의존하여 자유민주적 기본질서를 공격한 부적격자를 희생자로 선정	▪ 자유민주적 기본질서를 공격한 공산폭동 반란자를 희생자로 인정하는 것은 대한민국의 정체성을 침해하고 적법절차의 원칙에도 위반됨(2000헌마238) ▪ 민법 제103조 반사회질서의 법률행위에 해당함(선량한 풍속, 기타 사회질서에 위반) ▪ 대한민국에 항적한 자들의 일방적인 주장을 받아들여 희생자로 만들어 준 것은 이들의 국가폭력 입증책임을 면제해주는 희생자 심사기준 때문이었음. 4·3희생자에게만 허용된 특혜로 합리적 이유 없이 국민을 차별하여 평등의 원칙에 위반하는 재량권 남용으로 위헌임[149]
▪ 위원회가 직권을 남용하여 후유장애 등급을 허위로 상향 조정 결정한 경우	▪ 민법 제103조 반사회질서의 법률행위에 해당함(선량한 풍속, 기타 사회질서에 위반)
▪ 희생자 신고서상 사망(행방불명)경위는 일방적인 주장에 불과	▪ 확인되지 않은 불명확한 내용을 기정사실화하여 무효임
▪ 위원회는 군사재판 무효를 주장하고 수형인을 희생자로 선정	▪ 군사재판은 적법하였으므로 수형인을 희생자로 결정한 것은 중대하고도 명백한 위법임

5. 소결

위원회는 보고서, 희생자 선정, 제주4·3평화기념관 등 세 분야에서 좌파와 우파의 관점 차이에서 비롯된 격론을 치루었다. 격론의 배경에는 제주4·3사건진상규명과명예회복을위한연대회의(연대회의: 민주노총 제주지역본부 포함 18개 단체)의 압력과 무관하지 않다. 연대회의는 희생자의 범위를 최대로 넓혀 줄 것을 희망하며 신청자가 직접 4·3과 관련하여 사망했거나 행방불명 및 상해를 입었는가를 심사의 기준으로 삼을 것과 희생자가 한 일의 성격을 규명하는 것을 전제로 해서는 안 될 것을 강조하면서, 신고서의 기재내용과 유족의 피해신고와 보증인의 보증내용이 맞는 것이 확인되면 모두 희생자로 인정해 줄 것을 요구했다. 그러면서 신고된 희생자가 탈락되는 경

---

149 김동희, 행정법 I, 박영사, 2006. 3, p.56

우에는 제2의 4·3사건 발생도 막을 수 없을 것[150]이라는 위협적인 발언을 해왔다. 이러한 분위기와 위원회 내 다수결의 횡포는 일관된 현상이었고, 심사기준의 구체성이 결여되어 사실조사와 심사는 형식에 머물렀기 때문에 대한민국을 변호하는 주장은 외면당하였으며, 좌파의 뜻대로 오늘날과 같은 4·3지형이 만들어졌다.

보고서작성기획단의 경우, 특히 국방부 측에서 강력하게 주장한 의견들 중에 유일하게 '초토화작전은 없었다'는 주장만이 받아들여져 초토화작전에서 '작전'을 삭제하는 정도였다. 심사소위원회의 경우, 희생자 선정 문제에 있어서 소수위원의 끊임없는 정당한 지적에도 불구하고 헌재의 기준이 무시되는 중대한 하자가 있었다. 심사소위원회 회의 과정에서 우파 측 위원과 국방부 측은 헌재가 제시한 기준을 따르기 위한 구체적 의견을 제시하였으나 위원회 다수를 차지한 좌파위원들에 의해 무시되었다.

위원회는 4·3사건이 공산폭동 반란임을 증명하는 자료와 증언은 무시하고, 검증되지 않은 자료와 증언을 받아들였다. 위원회는 수형인을 심사할 자격이 없으며 오직 재심청구를 통해 법원만이 할 수 있다는 국방부와 법무부의 의견을 무시하고, 2005년 3월 17일 전체회의에서 수형인을 희생자로 인정하는 결정을 하였다. 헌재결정 취지와 상반된 하자 있는 희생자선정 행정행위는 무효로서 적법절차를 다시 밟아야 할 것이다. 제주4·3평화기념관의 반국가적 전시물 전시에 관한 소송이 대법원에서 심리불속행 기각된 문제는 재심을 통해 확정판결의 오류를 시정하거나 행정부 자체적으로 반국가적 시설물 등을 철거하는 시정조치를 해야 한다. 향후 4·3특별법의 위헌결정이 이 모든 위법한 행정행위를 일거에 시정할 수 있는 첩경이 되기를 기대한다.

---

150 한광덕, 제주4·3사건진상규명및명예회복위원회(4·3위원회)활동 내용보고, 2001. 12. 1.

CHAPTER

V

4·3의 성격 : 북한과 연계된 공산폭동 반란

1. 김일성 지령

보고서는 4·3의 북한과의 연계성을 인정하지 않으며 미해결의 장으로 남겨 두고 있다. 이하에서 다룰 주제는 김일성 북로당과 연계된 다양한 정황적 자료들을 분석하여 4·3은 제주도 내의 민중봉기가 아니라 한반도 공산화 전략의 일환으로 남북 공산당이 일으킨 반란임을 증명하고자 한다.

위원회는 북한 신문, 기관지, 잡지 등 언론자료, 러시아 자료, 제주도인민유격대투쟁보고서, 박헌영 연설문, 김일성 연설문, 김달삼의 해주연설문 등이 수록된 제주4·3사건자료집 제12권 [북한·러시아·무장대자료편]을 2003년 보고서 채택할 당시부터 2024년 1월 현재까지 공개하지 않고 있다. 그 이유는 자료집 제12권에 수록

[위원회가 은폐한 자료집 제12권]

된 자료들이 4·3의 성격을 공산폭동 반란으로 규정할 수 있게 해주는 증거이기 때문이다. 보고서 작성 당시 전문위원들은 좌파측 인사들 위주여서 남로당에게 불리한 자료는 다루지 않으려 했다. 유일하게 우파 측 인사였던 나종삼 전문위원이 강력하게 요구하여 북한·러시아·무장대 자료를 모은 자료집 제12권을 만들어 놓아 4·3의 진실이 묻히는 것을 겨우 막아낼 수 있었다. 자료집 제12권은 4·3공산폭동 반란을 입증하여 공산당의 범죄를 대한민국 책임으로 돌리고 있는 보고서를 반박하는 핵심자료이지만, 좌파 측에게는 자신들의 논리를 전개하는데 껄끄러운 자료여서 위원회에 의해 4·3사건의 진상을 은폐하고 왜곡하기 위하여 아직까지도 비공개하고 있다.[151] 다음은 자료집 제12권을 중심으로 김일성 지령을 포함한 4·3의 북한과의 연계성을 증명하고자 한다.

가. 제주도 인민무장봉기 1주년[152]

1949년 4월 3일자 로동신문은 '제주도 인민무장봉기 1주년' 제하의 기사를 다음과 같이 보도하고 있다.

… 1948년 2월 7일을 기하여 소·미 양군 즉시 동시철퇴, '유엔위원단 절대배격', 단선단정 절대반대의 구호 밑에 2·7구국투쟁이 남반부 일대에 전개되자 제주도 인민들은 이에 호응하여 4만여 명이 참가한 시위투쟁을 전개하였다. 반동경찰은 평화시위 군중을 학살하였으며 계속하여 형언할 수 없는 폭악을 가하였다. … 1948년 3월 북조선 민전에서의 단선단정 배격 호소 및 남북연석회의의 소집의 제의는 제주도 인민들을 일층 영용한 구국투쟁으로 궐기시키었다. 제주도 인민들은 남조선 단독선거를 반대하며 조국(남로당의 조국은 북한)의 자유독립과 인민의 해방을 위하여 4월 3일 직접 손에 무기를 들고 봉기(주: 북한 주민 입장에서는 봉기, 대한민국 입장에서는 반란)하였던 것이다. 도내 노동자 농민 청년 학생 등 남녀노유를 물론하고 전체 인민들은 무장봉기에 함께 총

---

151 현길언, 정치권력과 역사왜곡, 태학사, 2018, p.511-512 (자료집 12권은 국회 도서관에서 검색이 안 됨)
152 제주4·3사건진상규명및희생자명예회복위원회, 제주4·3사건자료집 12[북한·러시아·무장대자료편], p.38-40

궐기하였다. … 김일성 장군을 수상으로 한 공화국 정부의 수립은 제주도항쟁 인민들의 승리적 신심을 확고히 하였으며 그들을 정부정강 실천에로 궐기케 하였다. 정부정강에는 우리 조국의 남반부에 인민위원회를 회복 조직하여 민주개혁을 실시할 것이라고 지적되었다. 제주도항쟁 인민들은 공화국 국기를 한라산 높이 휘날리며 회복한 인민위원회를 일층 확대 강화하였다… 제주도 인민들은 자기들의 편에 3천만 조선인민이 나서있고 그 선두에는 조선 인민의 영웅이며 영도자이며 조선 인민을 승리에로 인도하시는 김일성 수상이 서 계시며 북반부에는 이미 확고불발한 민주기지가 축성되었고 강력한 세계 민주역량의 신두에 선 강대한 소련이 우리 공화국 편에 서있다는 승리적 조건에 부단히 고무 격려되기 때문이다. … 북반부 인민들은 … 남반부 인민들의 구국투쟁에 힘찬 성원을 보내어야 할 것이다.

이 기사에 의하면, 제주도민(남로당원)들은 2·7구국투쟁에 호응하여 4만여 명이 투쟁에 참가하였다. 제주도민이 호응하였다는 것은 지령이 있었음을 전제한다. 1948년 3월 북조선 민전에서 단선단정 배격 호소가 지령이었다. 당시 지령을 호소, 즉 선동형식으로 표현하였다고 볼 수 있다. 민전은 북한 권력기관과 남한의 좌익 중간에서 지령을 전달하는 매개 역할을 하는 일종의 청산소였다. 이미 앞에서 살펴본 바와 같이 미군자료집에 의하면 공산당의 지령은 평양에서 남로당 본부가 있는 해주로 내려지고 해주에서 민전으로 지령을 내려 남한의 좌익단체들에게 전달되는 기제로 되어 있었다. 지령의 근원지는 김일성이 될 수밖에 없는 것은 김일성을 조선인민의 영웅이자 영도자로 받들었다는 사실이 말해준다.

나. 남반부 인민들의 무력항쟁은 날이 갈수록 치열화한다.[153]

1949년 7월 17일자 로동신문은 '남반부 인민들의 무력항쟁은 날이 갈수록 치열화한다' 제하의 기사를 다음과 같이 보도하고 있다.

---

153 제주4·3사건진상규명및희생자명예회복위원회, 제주4·3사건자료집 12[북한·러시아·무장대자료편], p.41-42

... 1947년 2·7구국투쟁의 계속적 발전으로 제주도 인민들의 4월 3일 무장봉기는 남조선 인민들의 무장투쟁에 있어 획기적 의의를 갖는 것이다. 제주도 인민들의 4·3투쟁은 남조선 인민들의 무장항쟁을 광범한 유격투쟁(게릴라전)으로 발전 강화하는 중요한 계기의 하나로 되었다.

이 기사에 의하면 2·7구국투쟁의 연장선에 4·3투쟁이 있음을 밝히고 있다. 4·3의 성격을 공산 폭동 반란으로 평가해야 하는데 '봉기' 또는 '항쟁'으로 표현함으로써 북한 측 입장을 남한의 좌파가 따르고 있음을 알 수 있다.

다. 남반부 인민들은 이승만 역도들을 반드시 소탕하고야 말 것이다.[154]

1950년 2월 7일자 로동신문은 '남반부 인민들은 이승만 역도들을 반드시 소탕하고야 말 것이다' 제하의 기사를 다음과 같이 보도하고 있다.

... 남반부 인민들의 빨치산투쟁에 있어 새로운 단계를 지은 영웅적 제주도 인민들의 4·3봉기는 사실에 있어 이 2·7투쟁의 중요한 일부분인 것이다. ...

1950년 2월 7일자 기사도 반복해서 소련의 2·7투쟁 지령의 연장선상에서 4·3폭동 반란이 발발하였음을 보도하였다. 남로당 반란의 목적이 이승만 정권 타도에 있었음을 알 수 있다. 2·7투쟁과 4·3폭동의 관련성은 북한 언론에 의해서만 주장된 것은 아니다. 당시 남한의 검사였던 선우종원도 그의 저서에서 "남로당은 소위 2·7 투쟁을 계기로 해서 폭력단체화하였고 투쟁방향을 유격전으로 돌리게 되었다. 그 소산물이 제주폭동이었고 이어 5·10 총선거 방해투쟁으로 진전되었다."[155]고 언급하였다. 또한 대검찰청에서 해방 이후 대공투쟁사실을 정리하여 출간한 〈좌익사건

---

154 제주4·3사건진상규명및희생자명예회복위원회, 제주4·3사건자료집 12[북한·러시아·무장대자료편], p.56-57
155 思想檢事, 선우종원, 계명사, 2002. 3. 30. 증보3판, p.96

실록)을 통해서도 2·7폭동 지령에 따라서 전국의 공산주의자들이 2월 7일 일제히 폭동과 파업 등 만행을 저질렀음이 확인된다.[156] 그러므로 4·3폭동의 발생은 북한의 지령과 관련하에 일어났음이 명백하다.

라. 여수 순천사건 애국자 등 7,000여 명을 학살[157]

1950년 7월 25일자 조선인민보는 '여수 순천사건 애국자 등 7,000여 명을 학살' 제하의 기사를 다음과 같이 보도하고 있다.

... 미 제국주의자들은 패주하는 곳곳에서 무고한 인민들을 학살하며 도살마의 본색을 드러내 놓았다. 이미 수원 등지에서 소위 '주한미국대사' 무쵸의 지시에 의하여 수다한 애국자(주: 북한 입장에서 공산주의자를 애국자로 표현)들이 학살당하였다. ... 요란한 총성이 밤새도록 그치지 않고 마지막 힘을 모두어 부르는 인민들의 "조선민주주의인민공화국 만세!" 소리가 간간이 들려왔다. ... 이와 같이 그들이 잔혹하고 악독할수록 인민들은 조국의 통일을 염원하며 "조선민주주의인민공화국 만세!" "김일성 장군 만세!"를 부르며 죽음의 길을 택하였다.

이 기사에 의하면 여순(여수·순천) 반란자를 조선민주주의인민공화국을 위해 투쟁하는 애국자 인민으로 묘사함을 알 수 있다. 대한민국 입장에서는 여순반란에 가담한 자들은 적이며 이들을 정당하게 사살한 것이 되나, 북한 입장에서는 군경에 의해 학살당했다는 인식을 갖는다. 어떤 인식을 갖느냐는 그들의 조국이 어디에 있느냐, 그리고 대한민국사관이냐 북한사관(또는 남로당 사관)이냐는 관점의 차이에 있다. 이 책을 읽는 독자들은 대한민국 또는 북한, 어느 입장에서 역사를 바라볼 것인지 각자 판단해 보기 바란다. 민간인들이 군경에 의해 학살당했다는 주장은 북한의

---

156 대검찰청 수사국, 좌익사건실록 제1권, 광명인쇄공사, 1965, p.367-373
157 제주4·3사건진상규명및희생자명예회복위원회, 제주4·3사건자료집 12[북한·러시아·무장대자료편], p.59-60

인식과 같다. 여순반란 때 군경이 좌익 공산분자들을 처형하지 않았다면 대한민국은 존재할 수 없었을 것이다.

마. 끌려가는 애국자들의 하늘을 찌르는 만세소리[158]

1950년 9월 6일자 민주조선은 '끌려가는 애국자들의 하늘을 찌르는 만세소리' 제하의 기사를 다음과 같이 보도하고 있다.

... 애국자들의 전신을 결박한 후 수건으로 눈을 가리우고 트럭에 실어놓았다. 트럭은 어둠을 뚫고 놈들(주: 대한민국 헌병대)이 말하던 이감 형무소가 있다는 방향과는 반대 방향인 형무소 뒷산 길에 기어 올라갔다. 이것을 눈치챈 수감자들은 자기들의 최후를 예감하고 "조선민주주의인민공화국 만세!" "우리민족의 영명한 지도자 김일성장군 만세!"를 목이 터져라고 절규하면서 놈들과의 최후의 비장한 투쟁을 시작하였다. ... 송요찬이 소위 '상부명령'으로서 '광주헌병대장'에게 보낸 학살명령서에는 다음과 같이 씌어져 있었다. "형무소에 재감중인 죄수 및 보도연맹 관계자 기타 피검자는 전국 관계상 경찰국장, 형무소장, 검사장과 협의하여 즉결처분하라." ...

이 기사는 6·25전쟁 당시 후퇴하던 대한민국 헌병대가 공산활동을 하다가 수감된 좌익 수형인들을 집단처형한 사실을 보도하고 있다. 북한 언론은 집단처형을 학살명령으로 평가하지만, 대한민국 입장에서는 법령(명령)에 의한 행위로서 위법성이 조각되는 정당행위로 평가해야 한다. 절체절명의 위급한 전쟁 중, 적과 합세하여 국가를 전복할 이적세력의 위험을 선제적으로 대응할 수밖에 없었던 상황이었다. 북한의 인식을 무비판적으로 수용하는 좌파의 태도는 비판받아 마땅하다.

---

158 제주4·3사건진상규명및희생자명예회복위원회, 제주4·3사건자료집 12[북한·러시아·무장대자료편], p.68-70

바. 남조선 인민대표자대회 중요문헌집 1948년 10월 30일[159]

조선최고인민회의 남조선대의원 선거를 위한 남조선 인민대표자대회 대표선거 총결에 대하여
- 박헌영 -

스탈린 대원수에게 드리는 메시지 (주: 박헌영 연설문)

… 위대한 당신 스탈린 대원수와 또는 당신을 통하여 전 소련인민에게 남조선 인민의 명의로 뜻깊은 감사를 드리나이다. … 이 투쟁에서 조선 인민은 위대한 소련과 인민민주주의 제국의 동정과 지지를 받고 있습니다. 우리 조선 인민은 앞으로도 위대한 소련이 우리의 민족 및 자주권을 옹호하며 또는 외국의 간섭이 없이 통일적 조선민주주의 독립국가 수립에 있어서 지지하여 줄 것을 확신하는 바입니다. … 인민들의 행복을 위하여 귀중한 스승인 당신의 만수무강을 축복하나이다!

김일성 장군에게 드리는 메시지 (주: 박헌영 연설문)

… 친애하는 김일성 위원장이시여!

이러한 위대한 통일선거를 성공적으로 실시함에 있어 당신들은 조선민주주의인민공화국 헌법에 의거하여 진정한 민주주의적 원칙 위에서 그 선거를 마쳤고 우리 남조선 인민들은 인민들이 선거한 대표로써 구성된 조선최고인민회의의 대의원 선거를 위한 남조선 인민대표자대회에서 최고인민회의 대의원을 선거하였습니다. 그러나 남조선 인민들은 자기들의 대표자대회를 자기 지역에서 가지지 못하고 북조선 해주에서 가지게 되었습니다. … 이 회기 동안에 북조선 노동자, 농민, 여성, 학생, 문화예술인들은 각각 자기의 대표단을 회장에 파견하여 열렬한 축사로써 우리 대회(주: 해주대회)의 의의를 강조하고 우리의 의기를 고무하였으며 기타 공장, 직장, 학교 등 여러 기관에서 2,888통의 간곡한 축문과 축전을 보내어 주어 대회의 성공을 축복하였습니다. 이러한 사실은 북조선 인민들이 모든 민주개혁과 민주건설로써 우리나라의 통일과 독립을 성취시키는 물질적, 정치적 토대를 튼튼히 구축하였을 뿐만 아니라 통일과 독립을 위하여 매국노들과 미국 인

---

159 제주4·3사건진상규명및희생자명예회복위원회, 제주4·3사건자료집 12[북한·러시아·무장대자료편], p.79-92

민들을 반대하는 남조선 인민들의 투쟁에 적극적인 성원을 아끼지 않는다는 것을 보여주는 것이며 또한 그것을 위하여 싸우는 우리 대회를 얼마나 열렬하게 지지하고 성원하는가를 말하여 주는 것입니다. … 우리는 이 역사적 대회를 마치면서 당신(주: 김일성)과 북조선 인민들이 보내준 모든 성원과 협력에 대하여 남조선 전 인민을 대표하여 당신과 당신이 지도하는 진정한 정권기관인 인민위원회와 전체 북조선 인민들에게 뜨거운 감사를 드려마지않습니다.

—. 남북조선 통일민주주의 선거 승리 만세!

—. 조선최고인민회의 창설과 통일중앙정부수립 만세!

—. 북조선 민주개혁 만세!

—. 조선민주주의인민공화국 만세!

—. 진정한 인민정권기관인 인민위원회와 그의 지도자이며 우리 민족의 영웅인 김일성 장군 만세!

(주: 김일성을 정점으로 남북 공산주의자들은 공산통일 및 반미투쟁을 전개)

1948년 8월 26일

조선최고인민회의 대의원 선거를 위한 남조선 인민대표자대회

토론 (주: 4·3주동자 김달삼의 해주연설문)

- 제주도 김달삼[160]-

… 제주도 인민들은 지난 2월 7일을 기하여 남조선 전 지역에 걸쳐서 소미 양군의 즉시 동시철퇴, 유엔위원단의 퇴거, 단선반대 등의 표어를 내걸고 일어선 **2·7총파업투쟁에 호응하여 용감히 일어섰으며**… 단독선거 실시가 발표되자 인민들의 적에 대한 분노와 증오가 어찌 폭발되지 않겠습니까. 이에 조국의 통일과 독립을 위하여 단호히 일어서라고 부르짖으면서 제주도 인민들은 **자연발생적으로 총궐기**하였습니다. 이것이 제주4·3인민항쟁이 일어나지 않을 수 없었던 원인이며 이것이 제주도 인민군 즉 '산사람'들이 생기게 된 원인인 것입니다. 드디어 4월 3일 오전 2시를 기하

---

160 제주일보, 민주평통자문위원회 간담회 기사, 2000. 6. 8. 감귤보내기운동 차원에서 북한을 방문한 제주도의 우근민 지사가 북한 측의 안내로 평양에서 30-40분 거리에 있는 애국열사릉에서 김달삼과 이덕구의 묘를 봤으며 묘비에는 남조선 혁명가로 기록되어 있음

여 인민군 즉 '산사람'들은 총궐기했습니다. ... 동무들이 일선에서 적의 흉탄에 쓰러졌는데 그 동무들이 이 세상을 떠나면서 우리에게 부탁한 말은 무엇이겠습니까? "뒷일을 부탁한다. 동무들을 믿고 나는 안심해서 죽는다. 인민공화국 만세!" 모두가 이렇게 해서 죽었습니다. ... 인민의 원수 매국노 이승만 김성수 이범석 도배들이 인민의 재판에서 엄중한 판결을 받을 날이 가까워 왔습니다. ... 조선최고인민회의와 통일중앙정부의 깃발 밑에서 북조선 형제들과 공고한 단결로써 통일과 독립을 위하여 끝까지 매진합시다.

1. 민주조선 완전자주독립 만세!

1. 우리 조국의 해방군인 위대한 소련군과 그의 천재적 영도자 스탈린 대원수 만세!

〈평가〉 2·7폭동사건은 단선단정을 반대하기 위한 투쟁방법을 폭력투쟁 전술로 전환하라는 소련군정의 지령에 의해 결정된 것이다. 1948년 1월 21일자 레베데프 비망록에 나온 '전환계획'은 폭력투쟁 전술로 전환하라는 뜻이다. 이 지령에 따라 남로당은 2·7폭동을 필두로 인민공화국을 수립할 목적으로 격렬하게 단선단정 반대투쟁을 하였다. 이 2·7폭동은 사전에 계획된 조직적, 폭력적인 투쟁이었으며, 이를 계기로 무장투쟁전술로 전환되는 중요한 계기가 되었다. 이때부터 각 지방에는 '야산대'라는 무장 게릴라 소조 등이 생기게 되었다. 2·7폭동의 궁극적인 목적은 5·10선거 파탄, 대한민국 건국 저지, 즉 단선단정 반대이고 4·3폭동의 목적도 동일하였다. 김달삼은 해주연설문에서 4·3은 2·7총파업투쟁에 호응하여 그 연장선에서 일어났음을 자백하였다. "조국의 통일과 독립을 위하여 단호히 일어서라고 부르짖으면서"는 선전선동에 해당한다. 단독선거 실시가 발표되자 분노하여 자연발생적으로 총궐기하여 4·3을 일으켰다. '자연발생적' 의미는 자발적 즉 강요된 행위가 아닌 고의에 의한 행위로 평가할 수 있다. 2·7폭동 지령에 호응하고 있었던 상태였으므로 자연발생적이라는 의미는 전후 사정 속에서 판단할 때 '자발적으로', '더 적극적으로' 투쟁에 참여했다는 것으로 해석해야 한다. 단독선거 발표가 투쟁의 강도를 가중시켰으며 이를 자연발생적이라는 말로 표현했던 것이다. 「제주도인민유격대 투쟁보고서」에는 전남도당 (중앙당 통로) 이 동무(이명장)를 파견, 무장지령을 내렸다고 명시되어 있다. 이명장과 중앙당 천검산의 지도가 있었고, 4·3같은 대규모 폭동은 중앙당의 지령 없이는 불가능하다. 따라서 4·3은 폭동지령에 따른 반란이지 민중항쟁은 아니다. 즉 불법단체 남로당의 조직 수호와 그들의 실질적인 조국인 조선민주주의인민공화국 수립을 위해 일치단결하여 그들 입장에서 봉기했다는 의미이다. 당시 불법단체인 남로당은 상부의 지령을 드러내놓고 언급할 수 있는 입장이 아니었다. 4·3폭동은 남북한 공산주의자들이 스탈린-김일성-박헌영 지령에 따라 일으킨 반란이었고, 중요한 것은 지령 유무를 떠나 한반도 공산화라는 동일한 목적을 가진 남북한 공산주의자들이 그들의 조국(북한)을 위해 공동으로 범행을 일으켰다는 점이 핵심이다. 김달삼의 해주연설문은 4·3이 공산주의 이념에 따라 조선인민공화국으로의 통일국가를 세우기 위해 일으킨 폭동임을 생생하게 보여준다. 또한 해주연설문은 실제 4·3의 피해자는 제주도민과 대한민국이고 가해자는 남로당과 북로당이라는 사실을 드러낸다.

사. 새조선(제2권 제1호) 1949년 1월 31일[161]

제주도 인민항쟁기   - 이종일 -

... 제주도 인민항쟁은 미제국주의자들이 조선을 식민지적으로 예속시키고 남조선 특히 제주도를 동양 침략을 위한 군사기지화 하려는데 반대하여 조국의 통일독립을 목표로 궐기된 것이다. 그런데 이제 우리 조선 인민의 총의에 의하여 인민공화국이 수립되었고 또 김일성 수상을 수반으로 한 중앙정부가 성립되어 이 중앙정부는 벌써 소련을 위시하여 몽고, 유고, 루마니아, 폴란드, 불가리아, 체코, 헝가리 등 제 인민민주국가의 승인을 얻어 당당하게 나서게 되었다. 제주도 인민은 이제 공화국(주: 조선민주주의인민공화국)의 당당한 인민으로 자기들의 뜻대로 되어진 인민공화국의 시책 밑에 살기를 원한다. 그런데 민족의 원수, 인민의 원수인 내외 반동은 이 인민의 소원을 야수

---

161 제주4·3사건진상규명및희생자명예회복위원회, 제주4·3사건자료집 12[북한·러시아·무장대자료편], p.100

적으로 유린하고 있다. 여기서 제주도 인민항쟁(주: 북한의 인민항쟁=민중항쟁 주장을 보고서와 4·3특별법에 차용)의 불길은 다시 돌릴 것은 너무나 당연한 일이다. 제주도 인민항쟁은 지난(1948년) 10월 초 이래 더욱 맹렬한 기세로 진전되고 있다. 인민의 원수인 경찰지서들은 인민군의 손에 습격, 파괴되고 있으며 악질경찰과 반동 매국노들은 날마다 무수히 처단되고 있다. 제주도의 이곳 저곳에는 조선민주주의인민공화국의 국기(주: 인공기=북한기)가 기운차게 펄펄 날리고 있으며 인민위원회의 부활 재조직사업이 활발히 전개되고 있다.

아. 해방 후 4년간의 남반부 인민들의 구국투쟁(문화선전성) 1948년 8월 15일[162]

조선민주주의인민공화국 수립을 위하여

... 4·3제주도 인민무장봉기는 어떻게 하여 일어나게 되었던가?

남반부 모든 지역의 인민무장투쟁이 그런 것과 같이 제주도 인민무장 유격투쟁 역시 4월 3일 우연히 돌발적으로 일어난 것이 아니었다. 4·3제주도 인민무장봉기는 크게는 해방 후 3년간 남반(부) 인민항쟁의 발전과정에서 적게는 제주도 인민들의 투쟁의 과정에서 비약한 것이며 특히 2·7 구국투쟁의 비약적 계승이었던 것이다.(주: 4·3은 2·7지령에 의한 것이지 3·1사건과 무관함을 말함)

자. 러시아국립사회정치사문서보관소 수집자료

조선의 통일을 위해 투쟁하는 남북정당·사회단체 지도자 제2차 협의회의 회의

(회의는 1948년 6월 29일부터 7월 5일까지 평양에서 개최되었다.) (주: 7월 5일 채택)

---

162 제주4·3사건진상규명및희생자명예회복위원회, 제주4·3사건자료집 12[북한·러시아·무장대자료편], p.107

□ 조선민주주의인민공화국 헌법 실시의 필요성[163]   - 김일성 -

... 미 제국주의자들의 조종하에 있는 친일파[164] 민족반역자 망국도배들이 조국과 민족을 자기의 상전들인 미 제국주의자들에게 팔아먹는 망국행위를 논죄하고만 있겠습니까?... 우리 조국에 조성된 정세하에서 미군이 철거하기만 기다리면서 남조선 친일파, 민족반역자들의 배족적 망국 반동정권의 강화를 방관만 하고 있는 것은 전 조선 민족과 우리의 후생들에게 천추의 죄악을 짓는 것입니다. 조선 인민은 만일 우리가 결정적 구국대책을 강구하지 않는다면 우리를 영원히 원망하게 될 것이며 저주하게 될 것입니다. 그렇기 때문에 우리는 조국의 통일과 자유를 보장하기 위한 결정적 구국 대책을 취하여야 하겠습니다.(주: 김일성 지령)

이 구국 대책의 첫 행동으로 우리는 우리 손으로 통일을 기하며 조선 인민들의 의사와 숙망을 표현하며 그들을 대표하는 전 조선 최고입법기관을 수립하고 조선민주주의인민공화국 헌법을 실현시켜야 하겠습니다.(주: 김일성 지령) ... 남조선 인민들도 그들의 숙망의 표현인 조선인민공화국(주: 조선민주주의인민공화국) 헌법을 절대로 지지·찬동하고 있기 때문에 아무리 미 제국주의자들의 탄압이 심하더라도 전 조선 최고인민회의 선거에 각종 난관과 강압들과 투쟁하면서 열성적으로 참여할 것입니다. 일심단결하여 조국의 통일과 자유와 독립을 보장하는 이 거족적 구국대책을 실현하여야 하겠습니다.(주: 김일성 지령) ...

---

163 제주4·3사건진상규명및희생자명예회복위원회, 제주4·3사건자료집 12[북한·러시아·무장대자료편], p.196-201
    김일성 『조국의 통일독립과 민주화를 위하여』 1951(조선노동당출판사), p.167-177에 게재되어 있는 이 글은 그 제목이 '남조선 단독선거와 관련하여 우리 조국에 조성된 정치정세와 조국통일을 위한 장래 투쟁대책, 1948년 6월 29일 남북조선 제정당·사회단체 지도자 협의회에서'로 되어 있다. 김일성은 협의회의에서 조선민주주의인민공화국 헌법 실시의 필요성에 관한 보고를 발표하였다.

164 북한의 친일파 개념은 우리와 다르다. 북한은 독립운동을 한 애국자도 공산정권에 비협조하거나 반대하면 친일파로 규정하여 처벌하고, 친일파라도 북한정권에 협조하면 친일파가 아닌 애국자가 된다. 북한에서 친일파로 매도하는 조만식, 이승만은 친일파가 아닌 우리의 애국자이다. 자세한 내용은 김영중, 제주4·3사건 문과답, 나눔사, 2022, p.197-198

□ 남조선에서의 단독선거 실시와 관련하여 조선에 조성된 정치정세의 조선통일을 위한 투쟁 대책[165]

- 홍명희 -

남조선 단독선거의 실시와 남조선 단독정부의 수립을 지지하고, 조선의 분열을 영구화하려는 미 제국주의자들의 정책을 찬성하는 사람들은 우리 조국의 반역자이자 배신자입니다. ...

남조선 주민들은 2월 7일부터 5월 10일까지 3개월 동안 남조선 단독선거를 반대하는 유혈적인 투쟁을 전개하였습니다. 단독선거에 반대하는 남조선 인민대중의 투쟁을 직접적으로 지도(주: 중간 단계의 핵심적 지도를 의미함. 따라서 김일성 지령은 최상위에 있음을 전제함)한 것은 통일전선에 가입한 정당들이었다는 것을 나는 확신하고 있습니다. 통일전선은 남조선에서 전개된 단독선거 반대투쟁에서 핵심적인 역할을 수행하였습니다. 나는 개인적으로 통일전선의 활동을 매우 높이 평가하고 있습니다.

... 미국인들이 조선에서 자신의 식민주의적 정책을 실시하고 있는 데 반하여 우리의 이웃인 소련은 끝까지 우리 인민의 이익을 옹호하고 있으며, 우리 조국의 통일과 독립 달성을 희망하고 원조하고 있습니다.

... 우리는 단독선거 반대투쟁에서 달성한 행동 통일을 더욱 강화해야 하며, 남조선에 대한 미국의 정책을 반대하는 결정적인 투쟁을 전개하기 위하여, 조선 인민의 반역자들과의 투쟁을 위하여, 남북조선의 모든 애국주의적이며 민주주의적인 역량을 결집시켜야 하겠습니다. 남조선에 단독정부를 수립하려는 '국회'의 기도를 결정적으로 파탄시켜야 하겠습니다. ... 이상이 바로 내가 조선 통일을 위해 제안하고자 하는 우리의 기본적인 임무입니다.

여러분, 이번 협의회에서 채택되는 모든 결정은 성공적으로 완수될 것을 확신하는 바입니다.

---

165 제주4·3사건진상규명및희생자명예회복위원회, 제주4·3사건자료집 12[북한·러시아·무장대자료편], P.201-209

<남로당 중앙당 박갑동의 평가>

... 2·7폭동 때도 남로당의 구호에서 한 가지 유의해야 할 것은 「유엔조선위원단 반대」 「양군 즉시 철퇴」 「단독선거 반대」라는 내용으로 당시 김일성의 주장과 똑같은 것이었다. 나중에 안 일이지만 48년부터의 각종 투쟁지령은 김일성의 정책을 반영한 것이 많았다.

당초 유엔한국위원단이 서울에 왔을 때 북한의 소련군정은 위원단의 입북을 거절하고 그 행동을 비난했었는데 김일성 역시 이에 대해 유엔의 결정을 비합법적이라고 생트집을 걸었다. 그때 이미 김일성은 남로당의 궐기를 책동했음이 분명한데 그것은 뒷날 남북협상 때 서울에서 간 대표들 앞에서 「조국의 분열을 반대하여 희생적으로 싸우고 있는 여러분들의 투쟁을 북한 인민들은 민족적 열정과 형제적 성원을 다하여 절대 지지하고 있다」고 명백히 한 점이다.[166]

□ 조선 통일을 위하여 투쟁하는 남북조선 제정당·사회단체 지도자 제2차 협의회의 결정서[167]
(주: 지령문)

... 조국의 통일과 단일한 조선민주독립국가의 건설을 향한 투쟁을 위하여 남북조선 제정당·사회단체 지도자 제2차 협의회의는 다음과 같이 결정한다.

1. 불법적으로 조직된 소위 남조선 '국회'와 남조선 괴뢰정부를 결정적으로 폭로할 것

2. 자유선거를 실시하여 남북조선의 대표들로 조선최고인민회의와 조선중앙정부를 조직할 것

3. 조선최고인민회의와 조선중앙정부는 조선에서 외국 군대의 동시 철퇴를 신속히 쟁취할 것

... 진정한 애국자들이 우리의 이 결정(주: 지령)을 열렬히 지지하고 우리 조국의 반역자들·배신자들과의 투쟁 및 조국의 통일과 조선민주주의독립국가의 수립을 위한 투쟁에 자신의 모든 힘을

---

166 박갑동, 박헌영, 인간사, 1988. 4, p.196

167 제주4·3사건진상규명및희생자명예회복위원회, 제주4·3사건자료집 12[북한·러시아·무장대자료편], p.220

다해 동참할 것(주: 지령)이라는 사실을 전적으로 확신하는 바이다.

차. 조선최고인민회의 남조선 대의원 선거지도위원회 호소문 (주: 지령문)[168]

조선최고인민회의 남조선 대의원 선거지도위원회는 1948년 7월 27일 남조선 인민에게 다음과 같은 내용의 호소문을 발표하였다.

남조선 인민에게

... 금년 5월 10일 미 제국주의자들의 앞잡이들로 조직된 유엔 조선임시위원회의 감시하에 남조선에서 강압적이고 날조된 선거를 실시하였습니다.

우리 인민은 이 선거의 반역적인 음모를 잘 알고 있었고, 이 때문에 우리 인민은 남북조선 제정당·사회단체 대표자 연석회의의 호소(주: 지령-1948년 4월 19일 1차 연석회의에서 단선단정 반대를 결론으로 확정)에 따라 선거를 보이콧하는 투쟁을 전개하였습니다. 금년 1월 8일, 2월 7일, 5월 8일의 남조선 단독선거 반대를 위한 파업투쟁, 일련의 도에서 전개된 무장봉기, 제주도 주민의 전인민적 봉기와 제주도 선거의 파탄 등은 이 단독선거를 반대하는 전인민적 투쟁의 사례로 언급될 수 있을 것이다. ...

〈평가〉 남북협상 또는 전조선 제정당·사회단체 대표자 연석회의 또는 남북 연석회의는 남한만의 단독정부 수립을 반대하는 남북의 정당·사회단체 대표들이 5·10 단독선거를 저지하고 통일민주국가 수립을 위해 대책을 논의한 회담을 말한다. 1948년 4월 19일부터 시작된 이 회의는 김구, 김규식 등 남한 단독 총선에 반대하는 남한 일부 정파 대표들과 소련의 대리인으로 북한의 실질 권력을 장악해가던 김일성, 김두봉 등 남북의 인사들이 다수 참석하였다. 이 연석

---

168 제주4·3사건진상규명및희생자명예회복위원회, 제주4·3사건자료집 12[북한·러시아·무장대자료편], p.222-223

회의의 실질적 실세는 김일성이어서 연석회의 결정은 김일성의 지령으로 간주할 수 있다. 공산당은 2·7지령에 의해서 이미 단선단정 반대 결론을 확정했었다. 따라서 연석회의에서 단선단정 반대 결론을 확정했다는 의미는 회의에 참석한 남측도 공산당 입장에 찬성했다는 뜻이다.

2. 지령과 호소, 복종과 호응

김일성 지령설에 대한 논란은 지령이 있었는지 여부로 본질을 호도하는 것이다. 지령과 별도로 공산국가를 조국으로 생각하는 남로당의 반란행위가 자의적이었다는 사실이 중요하고, 여기에 초점을 두어야 한다. 4·3이 소련과 북로당의 지령에 의한 투쟁이면 외환죄이고, 지령 없이 남로당 제주도당이 독자적으로 결정하여 일으킨 반역이면 내란죄가 된다. 결과에 있어서 반역죄 성립에 지령이 있었는지 여부는 크게 중요하지 않다. 분명한 사실은 4·3은 소련과 북한이 방침을 정하고 그에 따른 지원과 응원하에 진행된 사건이었다는 점이다. 따라서 남북조선 제정당·사회단체 지도자 협의회의 결정과 김일성의 호소는 지령 그 이상의 의미가 있다. 김일성의 호소에 남로당 제주도당이 자발적으로 호응하여 일으키고 지속시킨 공산폭동 반란이었기 때문이다. 북한이 성립되는 과정에서 남로당 제주도당이 하부 조직처럼 역할을 했고, 김일성을 영웅시하는 당시 분위기를 고려할 때, 김일성의 호소와 남로당 제주도당의 자발적 호응은 명령과 복종의 타율적 관계 그 이상으로 평가할 수 있다. 지령과 복종보다 호소와 호응이 어감에서 차이가 나듯이 자발성이 더 높다. 남로당 제주도당원은 조선민주주의인민공화국에 소속된 인민으로서 모두 합세하여 역할을 분담해 그들의 의무를 다하여 반역을 한 것이다. 김일성과 남로당 핵심세력은 공동정범이고 남로당 핵심세력의 교사로 실행에 옮긴 부역자 등은 정범에 해당한다.

3. 민중봉기설은 위장전술

한반도 공산세력의 1인자는 김일성이었다. 조선의 통일을 위해 투쟁하는 남북정당·사회단체 지도자 제2차 협의회의 회의는 1948년 6월 29일부터 7월 5일까지 평양에서 개최되었다. 이 회의에서 박헌영이 연설한 연설문 내용의 마지막은 '우리 인민의 지도자 김일성 만세'로 끝을 맺는다.[169] 1948년 8월 북로당과 남로당은 연합중앙위원회를 설치하였고, 1949년 6월 합당하여 조선로동당이 되었다. 그러나 이 합당사실은 내외적으로 뿐만 아니라 일반당원들에게조차 숨겨진 비밀합당이었다. 1949년 6월 합당 후에도 대한민국에서 활동한 남로당원과 게릴라들을 선동하고 격려하는 문서에는 여전히 남로당이라는 명칭이 사용되었다. 이유는 남한에서의 게릴라의 투쟁을 이승만 정부에 대한 남조선 인민 스스로의 저항으로 위장하여 이 투쟁에 북한이 개입되었다는 비난을 피하고 또한 남한 인민의 혁명성을 대내 대외적으로 강조하기 위한 것이었다. 이 선택은 김일성·박헌영, 북로당·남로당의 합의의 산물이었으며, 김일성과 북로당의 전적인 동의가 있었기에 가능한 것이었다. 그 목적은 대남전략 때문이었다. 한국전쟁이 발발한 후에야 남로당 대신 합당된 조선로동당이라는 이름을 공개적으로 사용하였다.[170]

---

169 제주4·3사건진상규명및희생자명예회복위원회, 제주4·3사건자료집 12[북한·러시아·무장대자료편], p.187-195, 러시아국립사회정치사문서보관소 수집 자료

170 박명림, 한국전쟁의 발발과 기원 1, 나남출판, 2017, p.309-313

4. 로동신문 보도

가. 로동신문 1949년 1월 28일[171]

인민공화국 기치 밑에서 남조선 인민유격전 치열

... 제주도 인민들은 각 면과 리에 인민위원회를 회복 조직하고 있으며 한라산 높은 봉 위에 공화국기(주: 조선민주주의인민공화국기=북한기=인공기)를 휘날리고 있다...

나. 로동신문 1949년 12월 18일[172]

제주도 인민유격대 계속 진공

... 북제주군 한림면 저지리 일대에서도 (인민)유격대와 괴뢰 군경부대(주: 대한민국 군경)간에 치열한 전투가 있었다. 그리고 입수된 소식에 의하면 동일 제주여자중학교의 학생들은 교내와 그 부근 지대에 '이승만 도당을 타도하라!' '조선민주주의인민공화국 만세!' 등 다수의 삐라를 살포하였다.(조선중앙통신, 같은 기사 함남로동신문 1949년 12월 16일)

5. 제주도 공산주의 지도자 김장홍

보고에 의하면 제주도의 공산 게릴라들은 일본군의 대위 출신이었고 그 후 엔안에서 한국 공산주의 군대의 요원이었던 김장홍의 지휘하에 약 5,000명이 모여 있다. 정보원의 보고에 의하면 김은 1945년 10월에 평양에서 제주도로 왔다. 자신들을 특수공격부대(Special Attack Corps)라고 부

---

171 제주4·3사건진상규명및희생자명예회복위원회, 제주4·3사건자료집 12[북한·러시아·무장대자료편], p.29-30
172 제주4·3사건진상규명및희생자명예회복위원회, 제주4·3사건자료집 12[북한·러시아·무장대자료편], p.50-51

르는 김장흥과 그의 부하들은 일본제와 소련제 무기, 실탄 등과 식량을 은닉해 놓은 한라산의 동굴에 숨어 있는 것으로 되어 있다.[173]

6. 소련과의 연계성

가. 레베데프 및 스티코프 비망록

〈레베데프 비망록〉이 1994년 공개되면서, 연석회의 배후에 스티코프, 레베데프 등 소련군정 핵심인사들이 깊숙이 개입한 것으로 드러나 9년간 지속된 4·3공산폭동 반란은 소련, 북한, 남로당이 공모한 공동불법행위라고 평가할 수 있다. 이제까지 일부 학자들은 1946년 9월 총파업과 10월 대구폭동이 공산당의 조직적 선동에 의한 것이 아니라고 주장하면서 그 명칭도 '10월 항쟁'이라 해야 한다고 주장해왔으나, 기밀 해제된 소련 문서를 통해 거짓임이 밝혀졌다. '스티코프 비망록'은 북한 정권 수립기에 북한에 대해 최고 실력자였던 소련의 스티코프가 그날 그날 있었던 구상과 생각들을 꼼꼼히 일기 형식으로 적어 놓았던 중요한 사료이다. 스티코프의 비망록에 따르면 10월 대구폭동은 소련의 지시와 후원에 따라 박헌영이 책임비서로 있는 조선공산당이 주도한 폭동이었음이 명백해졌다.[174] 소련 군정은 1946년 9월 총파업 때 200만원을 지원한 데 이어 1946년 10월 폭동이 계속된 약 3개월 동안 남조선 투쟁기금으로 300만원과 39만원, 그리고 122만 루블을 조선공산당 측에 보냈다는 사실이 확인되었다.[175] 4·3폭동 주동자인 김달삼은 대구폭동의 주요 가담자로서 대구폭동 이후 제주도로 은신해 들어왔다.

---

173 제주4·3사건진상규명및희생자명예회복위원회, 제주4·3사건자료집 10[미국자료편④], 2003, p.20

174 이희천, 반대한민국세력의 비밀이 드러나다, 대추나무, 2021, p.211

175 박윤식, 대한민국 근현대사 시리즈 2, 1948년 제주4·3사건, 도서출판 휘선, 2011, p.85

나. 스탈린이 김일성에게 보낸 지령문

이 문서는 1948년 4월 12일에 발송된 것이다. 북한의 인민공화국 정식 선포는 스탈린의 상세한 지시에 따라 준비되고 있었다는 사실을 반박의 여지없이 드러내주며, 김구 일행이 참석했던 남북한 지도자 연석회의는 유엔에서 소련이 해 온 주장을 그대로 되풀이 한 것임을 보여준다. 김일성은 스탈린의 지시 없이는 전혀 행동할 수 없는 처지였다.

아래는 1948년 4월 12일자 "김일성 동무에게 보내는 충고"라는 문건으로 중앙위원회 서기장 스탈린의 서명과 날인된 문서다[176]. 문서내용은 김구, 김규식 등이 참석하는 남북 지도자 연석회의에 관한 공산당 지시문으로 유엔이 결정한 남한 단독선거 반대, 외국군 철수 후 선거실시 등 유엔에서 소련이 주장하는 내용과 같은 결의를 받아내라고 되어있다.

1948년 4월 12일 전연방공산당(볼셰비키) 중앙위원회 정치국 결정, 의사록 제63호 제38항에서 발췌, 남북 조선의 정당·사회단체 대표자 연석회의 개최와 관련해서 김일성에게 조언

김일성 동지를 위한 조언(주: 지령)

(스티코프 동지를 대리하는 레베데프(주: 북조선 주재 소련민정청 장관) 동지를 경유해 전달한다.)

남북 조선 정당·사회단체 대표자 소회의에서 다음과 같이 합의한다.

첫째, 남조선 단독 선거에 반대하는 남북 조선의 민주적인 정당 사회단체의 대표자 연석회의 소집에 대해 합의한다.

둘째, 연석회의를 진행할 때 다음과 같은 정치적 기초에 의거한다.

---

176 러시아국립사회정치사문서보관소 문서군 17, 목록 3, 문서철 1070, p.11, 원본. 1948년 4월 12일 전연방공산당(볼셰비키) 중앙위원회 정치국 결정, 의사록 제63호, 제38항에서 발췌. 남북 조선의 정당·사회단체 대표자 연석회의 개최와 관련한 공산당의 지시문

ПРОТОКОЛ № 63

(Особая папка) № 62

РЕШЕНИЯ ПОЛИТБЮРО ЦК ВКП(б) ЗА 29 МАРТА - 26 МАЯ 1948г.

Решение Политбюро
От 12.IУ.48г.

38.- Советы для т.Ким Ир-Сена.
(Передать через т.Лебедева, замещающего т.Штыкова).

На узком совещании представителей Северной и Южной Кореи договориться:

во-первых, о созыве Широкого Совещания представителей демократических партий и организаций Северной и Южной Кореи, выступающих против сепаратных выборов в Южной Корее, и,

во-вторых, о следующей политической установке при проведении Широкого Совещания:

1. а) Протестовать против незаконных решений Генеральной Ассамблеи и Межсессионного Комитета о Корее, принятых без участия корейского народа, и требовать немедленно вывода комиссии ООН из Кореи;

б) Призвать корейский народ к бойкоту сепаратных выборов в Южной Корее, как выборов, имеющих целью закрепить существующее временное разделение Кореи и задержать ее объединение и восстановление независимости;

в) Приветствовать предложение Советского Союза о выводе иностранных войск как из Южной, так и из Северной Кореи и требовать немедленного вывода иностранных войск из Кореи;

г) Настаивать на проведении выборов одновременно по всей Корее после вывода иностранных войск.

2. Принять от имени Широкого Совещания:

а) обращение к корейскому народу;

б) обращение к правительствам Советского Союза и США (в котором настаивать на быстрейшем выводе иностранных войск из Кореи).

3. Предусмотреть, что после вывода иностранных войск из Кореи, впредь до создания общекорейского правительства на

(см.сл.стр.)

основе всеобщих выборов, управление Кореей должно быть возложено на временное правительство из представителей Севера и Юга Кореи, разделяющих программу Широкого Совещания.

4. Главной задачей Временного общекорейского правительства является проведение общекорейских выборов в Верховное Народное Собрание Кореи (или в Национальное Собрание).

Выписки посланы: т.Молотову.

СЕКРЕТАРЬ ЦК И. Сталин

1.

1) 조선 인민이 참여하지 않은 상태에서 채택된 국제연합 총회와 두 회기 사이의 조선위원회의 비법적인 결의에 대해 항의하고, 조선에서 국제연합 조선위원회의 신속한 철거를 요구한다.

2) 조선 인민들에게 호소(주: 지령, 스탈린→스티코프→레베데프→김일성→조선인민들)하여 현재의 조선의 임시적인 분단 상태를 공고히 하고 조선의 통일과 독립을 지연시킬 목적에서 실시되는 남조선 단독선거를 보이코트하게 한다.

3) 남조선에서 외국 군대 철수에 대한 소련의 제안을 지지하고, 남조선에서 뿐만 아니라 북조선에서도 신속하게 외국 군대를 철수시킬 것을 요구한다.

4) 외국 군대 철수 후 전 조선에서 동시에 선거를 실시할 것을 주장한다.

2. 연석회의의 이름으로 다음과 같은 문헌을 채택한다.

1) 조선 인민에게 보내는 호소문

2) 소련과 미합중국 정부에 보내는 호소문(조선에서 외국 군대의 신속한 철수를 강력히 요구한다.)

3. 조선에서 외국 군대가 철수하고 보통 선거에 기초해 전 조선 정부가 수립될 때까지 조선에 대한 통치는 연석회의의 강령을 공유하는 남북 조선의 대표들로 구성되는 임시정부가 수행하지 않으면 안 된다.(주: 좌우합작을 반대하는 우익세력을 소외시킬 의도)

4. 전 조선 임시정부의 주요한 임무는 조선 최고인민회의(주 국회)를 조직하기 위해 전 조선 선거를 실시하는 것이다.

요약문이 몰로토프 동지에게 전달되다.

중앙위원회 서기 스탈린

(출처: 러시아국립사회정치사문서보관소 문서군 17, 목록 162, 문서철 39, 31-32면, 원본)

7. 남로당 구좌면당 선전삐라

남로당 구좌면당에서 1949년 1월 13일 살포된 선전삐라의 내용은 4·3공산폭동 반란이 북한 김일성과 연계되어 있음을 보여준다. 삐라 내용은 김일성의 뜻을 받들어서 공산통일의 꿈을 이루자는 결기를 대내외에 알린 것이다.

면민에게 호소함

원쑤들의 잔인한 포화속에서도 인민의 이름으로 용감히 싸우는 삼만(주: 구좌면 당시 인구) 면민 여러분! 인류해방의 은인이며 평화의 보장자며 우리 민족의 자유와 독립을 백방으로 원조하는 소련군은 조선의 완전독립과 영원한 번영을 기약하면서 거(지난) 1948년 12월 26일 완전 철수 하였다.

이에 조국의 자유와 통일을 가로 막는 38선은 그 국제적 합법성이 상실되었고, 미 제국주의와 이승만 매국단정이 꾀하는 국토양단과 남조선식민화정책은 근본적으로 깨뜨러짐에 따라 조국해방과 역사적 관문을 우렁차게 열리어졌습니다. ...

친애하는 면민 여러분! 빛나는 오늘을 맞이하기에 조국의 초석된 우리들의 형제는 얼마나 되며, 구국전선에 흘린 피(주: 교전 중 군경에 의해 사살된 자의 피를 의미)는 얼마나이며, 고통과 쓰라림은 얼마나 심하였습니까? 그러나 최후발악을 마음대로 하는 원쑤들(주: 대한민국 군경 및 우익)은 우리 인민군의 용감한 공격과 전 인민의 단결 앞에 꼬리를 감기 시작하였습니다.

여러분! 저 애월면 노랑개(주: 국군) 섬멸작전! 노랑개 30여명을 무찔은 죽성작전, 지난 6일 노랑개 50여명을 처단한 월평작전을 아십니까? 원쑤들을 쳐부실 날은 멀지 않았습니다. 삼십만(주: 제주도 전체인구) 인민들은 수년동안(주: 4·3시점 이전부터 무력투쟁 전개 시인) 가열한 포화속에서 단련 되었으며 우리 인민군은 오랜 전투에서 정예화되고 적을 완전히 섬멸시킬 만반의 준비와 결의 가 확고해 졌습니다.

... 김일성 수상은 1949년 1월 1일 신년벽두에 성명하기를 멀지 않은 장래에 남반부 동포들에 게도 노동자에 노동법령, 농민에게 토지개혁, 여성에게 남녀평등권 등 제반 과업을 실시케 될 것이며, 미제를 철수시키고 매국단정을 타도하기에 인민군은 전력을 다 할 것이라고 성명서를 발표하였습니다. 여러분! 김수상 성명서가 구체화될 날도 시간문제이며 인민군의 원쑤를 섬멸 시킬 날도 가까워졌습니다. (주: 김일성이 남침할 것임을 이미 확신하고 있었고, 합세하여 대한민국을 적화하 려는 공범임을 확인할 수 있음)

... 삼만 면민이여....우리들의 정의의 포고에 따라 원쑤를 물리치러 같이 궐기합시다.
 ─ 인민군 승리 만세!
 ─ 민주주의 조국통일 전취 만세!

1949년 1월 13일
구좌면 투쟁위원회[177]

8. 주한미군 방첩대 보고서 및 일일정보보고서

남로당은 2·7폭동을 준비하면서 제주도당에도 "2월 중순부터 3월 5일 사이에 제주도에서 폭 동을 일으켜서 총선거와 군정을 반대하고 인민공화국을 수립하라."[178]는 지령을 내렸다. 남로당 중앙당은 2·7폭동이 별 성과 없이 진압되자 조직이 온존한 제주도당에 사람(이재복, 안내 조경순)을 보내 "폭동을 일으켜서 단선단정을 강력히 반대하라."는 지령을 내렸는데, 이 지령은 위원장 안세

177 고재우, 濟州4·3暴動의 眞相은 이렇다, 1998. 7. 12, p.83-84, 濟州道警察局, 濟州 警察史, 1990. 10, p.323
178 주한 미971방첩대 격주간보고서, 1948. 2. 15, 주한 미제6사단 일일정보보고서, 1948. 2. p.12-13

훈이 경찰에 피검중이어서 조직부장 김달삼에게 전달되었다.[179]

9. 올그[180] 및 프락치 등 남로당의 전국망

1947년 이래 상당수의 남로당원 내지는 좌경분자들이 월북하였다. 김일성은 이 월북자들을 여러 종류의 하원과 훈련소 등에 수용하여 남침의 하수인으로 양성하였다.[181] 그중에서도 초기의 남파 정치공작원과 게릴라 기간요원의 양성기관으로서 강동정치학원이 유명하다.[182] 한 무장대 출신의 다음과 같은 증언은 4·3이 제주도민들만의 사건이 아니고 자발적 민중봉기도 아닌 증거이다.

오르그(주: 올그)라고 해서, 남도오르그하고 중앙오르그가 있었는데 봉개에 와서 잡혔다. 그 사람들은 귀순할 사람이 아니었다. 당의 주모자들인데, 중앙오르그는 중앙에서 파견된 것이고 남도오르그는 전남도당에서 보낸 것이다. 한 달씩 지시받아서 오면 한 달 동안 같이 지내다가 다른 곳으로 가곤 했다. 어디로 가는지 몰랐다. 중앙오르그와 남도오르그는 항상 있었다. 거기서 교대할 사람이 오면 암호판을 주어야 그 사람들이 나간다. 오르그는 다 관여를 했다. 한 사람이 조직을 다 관여한다. … 오르그 이름은 모른다. 가명을 써서 본명은 모른다. 다 육지사람들이다.[183]

1951년 3월의 무장대 조직은 사령관 허영삼(남로당 제주도 당책 겸임, 안덕출신), 유격대 부대책

---

179 현길언, 제주4·3평화기념관 전시물에 나타난 문제점, 제주4·3추념일 지정의 문제점에 대한 세미나 자료집, 2014. 1. 20, p.31

180 올그(org, 오르그)는 남로당 제주도당의 상급기관인 남로당 중앙당 또는 남로당 전남도당에서 남로당 제주도당을 지도(지시)하기 위해서 파견된 지도원, 조직책을 말한다.

181 김운석, 북한모집전술문헌집, 서울, 1957, p.454

182 임동원, 혁명전쟁과 대공전술, 탐구당, 1968, p.231

183 민도(民濤), 1988년 5월호(제주4·3사건 40주년 특집), 高文昇, 제주사람들의 설움, 신아문화사, 1991. 9, p.178 재인용

김태길(가명 문호철), 작전참모 유모씨(이름 미상, 대구출신), 훈련관 모씨(성명 미상) 등과 제11지대(김영찬, 14명으로 3개조), 제50지대(고인수, 가명은 소형삼, 18명으로 3개조), 제1지대(김만옥, 14명으로 3개조), 제7지대(문도공, 14명으로 3개조) 등 총 64명으로서 지휘부와 4개 지대로 편성되었다.[184] 여기서 눈에 띄는 것은 무장대 사령관 허영삼이 남로당 제주도당 당책을 겸임하고 있다는 것과 대구출신 유모씨가 무장대 주요직책인 작전참모였다는 대목이다. 무장대 사령관이 당책을 겸하고 있다는 것은 남로당 제주도당이 와해되었음을 의미하며 제주도 출신이 아닌 대구 출신이 주요참모를 한다는 것은 육지에서 지원세력이 제주도에 왔음을 의미한다. 남로당 중앙당의 전국망이 구축되어 지시(지도, 지령)와 교류가 있었다는 증거는 제주도민만의 반란이 아니었다는 뜻이다. 남로당 제주도당의 단독 폭동반란이 아닌 또 다른 증거는 제주4·3사건 군법회의 수형인명부에 기록된 2,530여 명의 주소가 제주도를 포함해 전라도, 경상도, 평안도 등 전국적이라는 사실이 말해준다.[185]

1948년 4월 하순 9연대가 4·3 토벌작전에 참여한 이후 군내에 침투한 남로당원들(주: 남로당 프락치 국방경비대원들)은 작전계획을 사전에 인민해방군(남로당 인민유격대)에게 누설함으로써 군 작전을 방해하는 등 인민해방군을 간접적으로 지원하였다. 또한 군내부에 침투한 남로당원들은 대대장, 중대장, 참모 등 요직에 있으면서 연대의 작전능력을 반감시켰으며, 나아가 연대장(박진경 대령)을 암살하는 사태까지 유발하였다. 박진경 대령은 게릴라전을 전개하는 남로당 인민유격대를 섬멸하려고 선무활동과 분리작전을 사용했던 보기 드문 유능한 지휘관이었다. 미 군정이 1948년 5월 6일 9연대장을 박진경 중령으로 전격 교체하자, 남로당 중앙당은 올그를 제주도에 보내 남로당 제주도당 군책 김달삼, 국방경비대 남로당 프락치 오일균 대대장 등을 만나 박진경 제거 대책회의를 강구하였다. 박진경 대령은 식량과 정보제공 등으로 남로당세력을 도와주는 주민들을 적과 분리시키는 작전을 수행했으며 이는 대유격전에서 최우선 과제이다. 박진경 대령이 남로당에게 위협적이지 않았다면 테러당하지 않았을 것이다. 박진경 대령은 부임 후 전투다운 전투를 해보기도 전 44일만인 1948년 6월 18일 남로당 프락치들에 의해 암살을 당하였다. 보고서

184 Headquarters National Police, Republic of Korea, 『Daily Intelligence Report』, March 11, 1951

185 제주특별자치도 공식 블로그, 빛나는 제주, 제주도, 군법회의 수형인 희생자 신원 확인 위한 홍보 '박차', https://blog.naver.com/happyjejudo/223074221585

는 박진경 대령 암살범의 자기합리화 진술만 소개하고 박진경 대령이 어떤 잘못을 했는지는 하나도 제시하지 못한다. 4·3전문가 이선교 목사는 보고서(225-229면)가 박진경 연대장을 살해한 살인자들의 군사법정 최후 진술 시 자기방어를 위한 주장을 인용하여 박진경 연대장 암살을 정당화시켰다고 지적하면서 부하가 상관을 죽인 것을 정당화하는 정부보고서는 전 세계 어디에도 없을 것이라고 비판했다. 1948년 2·7총파업 사건 이후 남로당 중앙에서는 이두옥, 전남도당에서는 조창구, 이창욱 등을 파견하여 1948년 2월 25일 남로당 제주도위원회를 이른바 '구국투쟁위원회'로 개편하고 위원장에 강규찬, 군사부장에 김달삼을 선임하였다.[186] 4·3폭동은 남로당 프락치로부터 인민해방군까지 다양한 계층에서 사전준비를 바탕으로 참여한 조직적인 반란이었다.

4·3폭동 주동자 김달삼은 제주도민 52,350명 투표용지를 가지고 해주대회 참석을 위해 폭동을 일으킨지 4개월 만에 1948년 8월 2일 제주를 떠나 월북 후 북한 최고인민회의 제1기 대의원(국회의원), 헌법위원회 헌법위원으로 선출되었고, 1949년 8월 다시 남파되어 인민유격대 활동을 하였다. 1949년 7월 초 약 200명의 김달삼 부대가 오대산 방면으로 남파되어 태백산과 일원산 일대로 진출하였다. 한편 1949년 8월 초 이들의 무기와 장비가 해상을 통하여 반입되었다. 이들은 태백산과 일원산 일대에서 지방 유격대원을 흡수하고 주민들을 포섭하여 강대한 세력을 구축하였으며 김달삼을 사령관으로 하는 인민유격대 제3군단을 편성하였다.[187] 〈한라산은 알고 있다〉의 저자 문창송은 다음과 같이 기록하고 있다. "(김달삼)은 월북 후 1949년 8월에는 강동정치학원 졸업생 300명을 영솔 유격대 제3병단장으로서 부사령관 남도부(본명 河準洙)와 함께 동해안 태백산으로 침투 준동하다가 국군 토벌대 공세에 밀려 잠시 북으로 퇴각 다시 766부대를 조직 동해안으로 침투 부산으로 진출 중 1950년 3월 국군 토벌대에 의하여 사살됨(시체는 유격대 제3병단 작전참모 임창원이 확인함)."[188] 이와 같은 사실은 김달삼이 일으킨 4·3폭동의 성격을 제주도 내 민중항쟁으로 왜곡할 수 없는 증거이다. 2023년 제주도 간첩사건[189]도 4·3 역사왜곡과 관련이 있는지,

---

186 국방부군사편찬연구소, 4·3사건 토벌작전사, 대한상사, 2002, p.107

187 임동원, 혁명전쟁과 대공전술, 탐구당, 1968, p.239

188 문창송, 한라산은 알고 있다, 대림인쇄사, 1995, p.94-95

189 중앙일보, "북한 지령문 13차례받아 이행"...검찰, 제주 간첩단 3명 기소, 2023.04.05. / 월간조선 뉴스룸, [이슈] 제주간첩단 ㅎ

4·3 좌파 활동가들과의 연관성 등 대남공작 여부를 수사해야 한다.

10. 김일성 지원 약속

1948년 9월 3일자 주한미육군사령부의 일일정보보고에 따르면, "제주도 인민해방군에게 김일성은 찬사의 서신을 보내고 의복과 탄약, 그리고 고문단 지원을 약속했다. 보고에 따르면 지난 6월 김일성대학을 졸업한 제주도 출신자 수 명이 김일성으로부터 더 많은 원조약속과 지시 사항을 전달받고 제주도로 돌아오는 중이다."[190]라고 하여 김일성과 제주도 인민해방군은 명백한 공동정범 관계임을 증명하고 있다.

11. 4·3사건 시 무장대는 '천검산'이 지도했다.

[근거]
이기봉, 반한유혈폭동이 민중항쟁 둔갑
고재우, 제주도 4·3폭동의 진상은 이렇다, 1998, 부록 169-170면

실제로 제주4·3폭동과 그 후의 무장 유격투쟁을 지도한 최고사령관은 남로당 제주도당 위원장이나 세상에 널리 알려진 군사부책 김달삼·이덕구 등이 아니고 천검산[191] 이라는 코드명으로 통한 누구도 그 정체를 알 수 없는 육지나 제주도 이외의 곳에서 파견되어온 외지인이었다. 이 천이라

ㄱㅎ 수신 '대남 지령문 보니···, 2023년 2월호

190 제주4·3사건진상규명및희생자명예회복위원회, 제주4·3사건자료집7 [미국자료편①], 2003, p.86-87

191 4·3전문가 이선교 목사는 천검산은 중앙당 올그였다고 한다.

는 사람은 제주도의 군(무장유격대) 뿐만 아니라 당의 정치 및 조직사업까지 총지휘했으며, 무장유격대의 무기 탄약과 기타투쟁용 자재 및 생활용품 일체를 제주도 밖에서 해로를 통해 비밀 공급받았었다고 전 제주도인민유격대 고위간부(제2연재앙, 일명 「2·7지대장」)가 일본의 문예잡지 「민도(民濤)」 1988년 4월호 특별인터뷰에서 새로운 사실을 솔직히 털어놓았다. 이 사람은 1963년 일본 조총련계열 출판사에서 북한의 「조선전사」 기술방법에 따른 「제주도 인민들의 4·3무장투쟁사」(일어판)를 집필, 출간한 바가 있는, 1915년 제주도 출생의 김봉현이라는 친북·극렬 공산주의자였다는 사실을 상기해 볼 필요가 있다.

이 책은 그 후 국내에 밀수입되어 좌편향 지식인(수정주의 또는 반한사관의 소장 역사학자·사회학자·저널리스트 등)의 이른바 4·3 연구의 원전이 되었으며 일부 비뚤어진 작가 예술인들의 창작교전으로, 그리고 NL주사파 계열 학생들의 제주4·3에 대한 의식화 교재로 활용되어 이르고 있다.[192]

12. 기타

1949년 4월경 귀순자 오현중학생 김모 소년은 수색하던 군인들이 석식을 하려고 세워놓은 칼빈으로 연대장을 사살하려다 실패하였는데, 동기를 묻자 '연대장을 죽여 김일성한테 영웅칭호를 받고 싶었다.'고 하였다.[193] 남로당은 6·25전쟁 발발 1개월 후인 1950년 7월 (25일)에 중문면 하원마을을 습격하여 민가 99동을 불태웠다.[194] 이것이 전쟁발발 후 남로당 무장대의 첫 공격이었다. 이에 대하여 당일 하원지서(경찰 출장소)에 대기하고 있었던 모 주민은 1950년 7월 (25)일에 일어난 중문사건이 6일 후인 8월 1일자 평양신문에 보도되었다고 말하였다.[195] 당시 로동신문 특파원

---

192 국방부, 제주4·3사건진상조사보고서 수정안, 2003, p.18

193 나종삼, 제주4·3사건의 진상, 아성사, 2013, p.314

194 하원마을회, 『하원향토지』, 1999, p.379

195 나종삼, 제주4·3사건의 진상, 아성사, 2013, p.335, 제주4·3연구소, 『이제사 말햄수다②』, 1989. 8. 20, p.70

이 제주도에 파견되어 있었던 것으로 추정되는 기사들이 발견된다.[196] 북한 로동신문 1950년 8월 1일자는 "지난 25일 밤에는 남제주 방면 빨치산의 용감한 일 부대가 중문면에 진격하여 하원 경찰지서를 습격하여 치열한 교전 끝에 경찰 전원을 소탕하고 다수 무기와 탄약을 노획한 다음 동 지서를 완전 소각하였다. 또한 동 빨치산부대는 도중에서 소위 '토벌'차로 출동하여 매복 중의 괴뢰 경찰 도순 경찰지서원 다수와 조우하였는데 완전무장한 놈들과의 가열한 격전 끝에 거의 전원을 사살한 후 자체 무장력을 더욱 강화하면서 목적지 회수리를 향하여 계속 진격하였다."[197]라고 보도하였다.

위와 같은 극히 일부 사료만으로도 남로당 제주도당과 남로당 중앙당 및 북한은 대한민국 적화전략에 있어서 공동정범이라는 증거로 삼기에 충분하다. 북한과 남한내 좌익성향의 신문은 4·3을 민중봉기(항쟁)로 표현하고, 미군정보고서와 국정교과서 및 대부분의 대한민국 신문은 공산주의자에 의한 폭동 반란으로 표현한다. 4·3은 민중봉기가 될 수 없으며, 통일운동으로 미화해서는 안 된다. 4·3을 공산통일운동이나 민중봉기로 정당화한다면, 대한민국 정통성을 인정하지 않겠다는 것이며, 북한공산군의 기습남침으로 발생한 6·25전쟁도 북한의 주장대로 민족해방전쟁, 정의의 전쟁이 된다.

---

196 제주4·3사건진상규명및희생자명예회복위원회, 제주4·3사건자료집12 [북한·러시아·무장대자료편], p.19
197 제주4·3사건진상규명및희생자명예회복위원회, 제주4·3사건자료집12 [북한·러시아·무장대자료편], p.62

CHAPTER

VI

4·3사건 진압의 정당성

1. 4·3의 책임은 남로당 측에 있다

가. 이승만 대통령의 남로당 폭동 반란 진압 지시

4·3 공산폭도들은 학살, 방화, 약탈, 납치, 강간 등의 만행으로 제주도 전체를 공포에 떨게 했다. 남로당의 만행은 2022년 극장 개봉한 다큐 영화 '탐라의 봄'[198]에서 피해자들의 증언으로 생생히 다루었다. 정부가 공산폭동 반란을 진압한 행위는 당연한 조치였다. 과잉진압이 사태를 악화시켰다는 좌파 측 주장이 터무니없는 이유는 공산폭도들이 투항하였다면 과잉진압 문제는 애초부터 거론될 수 없었기 때문이다. 공산폭도들이 극렬하게 저항하며 오히려 대한민국에 선전포고까지 하면서 공격하는 상황이었기에 정부의 진압은 강경할 수밖에 없었다. 이승만 대통령에게 4·3의 책임을 물어야 한다는 좌파의 주장은 북한 측 주장과도 같으며, 그 근거로 내세우는 것은

198 영화 '탐라의 봄' (유튜브 채널 : 4.3TV, 대한역사문화원, 대한민국근현대사바로알기)

이승만 대통령이 계엄령을 선포하고, 1949년 1월 21일 국무회의에서 한 발언이다. "미국 측에서 한국의 중요성을 인식하고 많은 동정을 표하나 제주도, 전남사건의 여파를 완전히 발근색원하여야 그들의 원조는 적극화할 것이며, 지방 토색(討索) 반도 및 절도 등 악당을 가혹한 방법으로 탄압하여 법의 존엄을 표시할 것이 요청된다."

좌파들은 '가혹한 방법으로 탄압하라'는 대통령의 지시를 근거로 주민학살이 국가차원에서 조직적으로 자행되었음을 주장하면서 이승만 대통령을 대량피해의 책임자 또는 학살의 최종책임자로 규정한다.[199] 그러나 이승만 대통령의 발언은 제주도를 지칭한 것이 아니고 국기문란 행위에 대한 엄단을 지시한 것이다.(국무회의 발언록, 1949. 1. 21.) 이승만 대통령이 제주도사태 만을 들어서 '가혹한 방법으로 탄압하라'고 지시한 것이 아니다. 지방의 토색, 반란자 및 악당을 탄압하라는 시정 일반유시의 내용이다. 대한민국 입장에서 보면 악당들을 강경한 방법으로 진압했기 때문에 우리 국민의 피해를 최소화할 수 있었다. 이승만 대통령이 강경진압을 하였던 배경 중에 하나로서 미국 원조가 있다. 미국 트루만 대통령은 (한국에서) 공산당 연립정부가 조직되는 경우에는 한국 원조를 즉시 중지한다는 단서조항을 넣은 법안을 미 의회에 제출하여 가결시켰다. 이승만 대통령은 '반공 조건부 대한 원조안'을 제시하여 우리의 반공 의지를 확실하게 보여줌으로써 미국의 원조를 이끌어내어 공산화를 막아냈다. 강경진압을 부정적으로 인식하는 좌익들과 달리 국방, 국제 외교 등 다각적인 관점에서 반공은 이승만 대통령의 탁월한 선택이었다고 평가할 수 있다.

대통령은 국가를 수호하고 국민의 생명과 재산을 보호해야 하며 나아가 나라를 안정시켜야 할 책임과 의무가 있다. 대통령에게 적국의 피해까지 책임을 묻는다는 것은 국정을 수행하지 말라는 주장과 같다. 이는 국가의 존립 자체를 부정하는 주장이다. 따라서 노무현 전 대통령 등 역대 정부가 4·3사건의 진상을 파악하기도 전, 좌우를 구분하지 않고 제주도민에게 사과한 행위는 국가의 정통성과 도덕성 측면에서 신중하지 못한 처사였다. 북한은 공산국가 건설을 위해 대한민국을 공격하는 '반역'을 '항쟁'으로 평가하고, 반역에 대한 '진압'을 '학살'로 인식한다. 그러나 공산주의의 해악을 강력히 제거하는 조치는 대한민국 지도자의 역할로서 당연히 요구된다. 대한민국 입

---

199 제주의 소리, 죽음마저 죽였던 한국 현대사, 트라우마 해결은 역사의 재판...그리고 연대, 2023. 7. 20.

장에서 이승만 대통령의 강경한 지시는 법치수호 차원에서 정당했으며, 미국의 원조를 받아 한반도 공산화를 막기 위한 외교적 노력의 일환이기도 했다. 1949년 1월 21일 국무회의에서 이승만 대통령의 교시는 대한민국을 구원해낸 뛰어난 국제 정치 감각을 보여준다. 국가의 위기 상황에서 이승만 대통령의 탁월한 지도력이 없었다면, 싸울 의지가 없어 미국의 도움을 받지 못하게 된 아프가니스탄처럼 우리나라는 패망의 길로 갔을 것이다.

나. 남로당 책임 은폐

보고서는 4·3의 책임을 대한민국 정부에 귀속시키려 하는 문제가 있다. 그것은 보고서가 남로당이 4·3공산폭동 반란을 일으킨 목적인 자주적 공산통일운동을 언급하지 않거나, 대한민국 건국을 위한 선거 반대투쟁이 잘못된 것임을 밝히지 않는 것과 관련이 있다. 또한 남로당이 공산당이라는 설명을 자세하게 다루지 않음으로써 4·3의 본질을 정확하게 이해할 수 없도록 한다. 심지어 남로당의 통일운동이 정당했다는 전제하에 4·3을 기술하는 잘못된 태도를 취하고 있다. 보고서에서 남로당의 학살 만행을 '과오'로 표현[200]하여 호도하지만, 이런 관점은 보고서 작성주체가 북한사관에 입각한 것이 아니냐는 비판을 피할 수 없다. 이러한 '과오' 표현은 공산통일국가 건설운동은 정당하지만 그 수단에 있어서 다소 지나쳤다는 뉘앙스다. 보고서의 기조는 대한민국이 적으로 읽혀지고 남로당은 정의로운 항쟁의 주체로 인식되어진다. 이런 이유에서도 정부는 남로당을 옹호하여 작성된 보고서를 전면폐기하고, 대한민국 정부 입장의 보고서를 재작성해야 한다.

---

200 제주4·3사건진상조사및희생자명예회복위원회, 제주4·3사건진상조사보고서, 2003, p.536

다. 경찰과 서북청년단 공헌

북한에서 공산주의자들로부터 박해를 받아 남한으로 피난을 내려온 서북청년단은 멸공의 사명감에 불타올랐다. 이들이 공산폭도들에 비해 열세를 보였던 제주경찰을 지원하기 위해 제주도에 투입되지 않았다면 4·3진압은 힘들었을 것이다. 반공정신이 투철한 서북청년단의 강경진압은 공산폭도를 무력화시키는 효과를 가져왔다. 서북청년단의 일부 일탈에 대해서는 당시 적절한 사법처리가 되었기 때문에 이제와서 증거도 없이 '~하더라' 식의 주장은 전혀 신빙성이 없다. 따라서 관심의 초점은 서북청년단의 일부 인권침해 사례가 아니라 남로당 측의 만행과 그 처리에 두어야 바람직하다. 전시와 같은 상황에서 남로당 측에 섰으나 처형되지 않거나 징역형에 처해지는 대신에 훈방조치 된 경우가 상당수 있다. 경찰과 서북청년단은 좌익성향의 제주도 주민들에게 관용을 베풀었음을 상기해야 하며, 남로당 좌익 세력에 대해 강경진압과 관대함의 두 가지 형태로 처우했음을 볼 때 인권침해만 있었다는 식으로 몰아가는 태도는 사실과 다르다. 이제는 서북청년단의 위력적 대응이 대한민국 국난극복에 긍정적인 측면이 컸다는 점을 강조해야 할 때이다. 당시 시대적 상황에서는 과잉진압이라는 표현보다는 강경진압이 보다 적절한 표현이다. 건국의 공로자로서 서북청년단에 대한 재평가는 반드시 필요하다. 결론적으로 4·3사태에서 인명피해가 크게 발생한 것에 대한 책임은 정부 측이 아닌 한반도의 공산화 전초기지로 제주도를 선택한 남로당 폭도 측에 있다. 당시 내무부장관은 전체 제주도민 명의의 감사장까지 받았다는 사실은 경찰이 불리한 여건에도 불구하고 최선을 다해 공산폭도 진압업무를 제대로 수행했다는 증거다.

제주도민 대표들, 내무부장관에게 치안확보에 대한 감사장 전달[201]

기보한 바와 같이 제주도 파견 경찰부대는 지난 18일 무사히 개선하였거니와 제주도민 대표들이 경무관 金泰日씨를 통하여 내무장관에게 전달한 감사문 내용의 요지는 다음과 같다고 한다.

[其一] 本道 사태 발생 이래 10여 개월 벽지 部民 6,000여 명은 생존심을 忘失하고 불안 焦思의 途上에 방황하던 차 勇躍 進駐한 치안부 특별파견대 서울 제2중대에서는 연일 連夜 부락 경비에 만전을 기하는 일편 심산유곡으로 폭도배를 진격하여 과감 無雙하게 적의 수천을 섬멸 혁혁한 전과를 거두어 사태를 진압시키고 금일에 安眠樂業을 하게 됨은 국민을 愛撫하시는 각하께서 우수한 부대를 선발 파견하여 주신 결과로 그 感說은 본도 萬年의 歷程에 영구 銘記할 것을 期하옵고 玆에 감사장을 捧呈하나이다. 제주도 북제주군 涯月面 新嚴里 第1區 민보단 新嚴支團

[其二] 본도 재건을 위하여 지대한 노력을 하시는 대통령각하를 비롯한 국무위원께서는 수많은 군경을 본도에 파견하시고 고귀한 생명을 이 땅에 바친 분도 수많이 계시고 더욱이나 금반에는 本里에 경찰대가 주둔하자 본도는 古今과 같은 평화의 桃花境을 건설하는데 있어서의 여러 선생님의 공적이야말로 필설로 표현할 수 없으며 此에 우리 부락민 일동 충심으로 심심한 사의를 표하여 마지않는 바입니다. 단기 4282년 5월 15일 上加·下加里 유지대표 尹昌彦·張□學·尹性輔·姜應杉·高定敦·姜相文

내무부장관 각하

연합신문 1949년 5월 20일

---

201 국사편찬연구회 한국사데이타베이스, '제주도민 대표들, 내무부장관에게 치안확보에 대한 감사장 전달', 대한민국사 제12권, 연합신문 1949. 5. 20.

라. 미군정의 온건책과 정부의 양민 분리작전

최근 진상규명 없는 역사왜곡이 국내정치를 넘어 국제적 문제로 확대되는 움직임을 보이고 있어서 심각한 역풍이 예상된다. 미군은 일본군의 무장해제에만 전력을 집중하고 전세계 공산화 전략하에서 움직이는 소련의 의도를 간과한 나머지 공산주의자들의 집요한 한반도 공산화 시도에 안일한 대응을 하였다. 해방 직후 남로당을 합법단체로 인정했던 사실, 공안사범을 관대하게 훈방한 사실 및 표현의 자유, 언론의 자유 등 자유권을 보장하려는 자유민주주의 정책이 그것이다. 자유민주주의를 한반도에 이식하려는 미국의 정책 그 자체는 우리에게는 너무나도 다행스럽고 고마운 일이었다. 그러나 당시 미국은 자유의 적에게는 자유를 허용해서는 안 된다는 방어적 민주주의에 대한 이해가 부족했던 탓에 초기에 강경하게 공산주의자들을 다루지 않은 잘못이 있다. 보고서 집필에 참여했던 나종삼 전문위원은 "소련 군정이 북한에서 철저히 우익세력을 제거한 것처럼 미군정이 남한에서 철저히 좌익세력을 불법화하고 척결하였다면 4·3사건은 싹도 트지 않았을 것이다."라고 평가했다. 4·3을 민중봉기로 둔갑시킨 좌파들은 미국의 관대한 정책에 감사할 일인데 오히려 미국에 책임을 추궁하려고 집요하게 활동하고 있다.

제주도지구전투사령부는 먼저 선무공작을 전개하여 인민유격대와 주민을 분리시킨 후에 토벌작전을 전개했다. 1단계 작전인 선무심리전은 도내의 지도급 청년들로 선무공작대를 편성해 산으로 올려 보내 주민을 하산시키도록 유도했다. 이와 함께 수용소를 추가로 설치하고 제주도청의 협조 하에 구호미와 의류품들을 분배하였으며, 생활자금도 2배로 늘려 지급해 주었다. 그리고 경비행기를 이용하여 귀순전단을 살포하는 등 적극적인 선무공작을 전개하였다. 적극적인 주민 선무활동을 전개한 결과 산에서 내려온 많은 주민을 갱생원에 수용하여 구호물자를 배급하는 한편 포로가 된 인민유격대도 처형하지 않고 사상계몽을 통하여 선량한 국민으로 갱생시켰으며, 양민으로 인정된 자는 전원 귀향 조치하였다. 선무공작이 어느 정도 성과를 거두었다고 판단된 후에 제2단계 소탕작전이 전개되었다. 해안지역의 부락경비를 담당한 경찰은 마을마다 15~16세의 주민들로 민보단을 편성하여 낮에는 농민을 보호하고 밤에는 인민유격대의 습격으로부터 마을을 방위하게 하였다. 유재홍 제주도지구전투사령관은 민보단 1개 소대와 경찰 1개 분대, 군 1개 분대로 구성된 민·관·군 혼성부대를 편성하였다. 이 민보단 소대는 기초 군사훈련을 실시한 다음 필요시 소집하여 소

탕작전에 참여시켰다. 이들 혼성부대는 인민유격대에게 매우 위협적인 부대가 되었다.[202]

6·25전쟁 당시 수많은 이북 5도민이 공산당의 만행을 피하여 피난을 내려왔다. 6·25전쟁의 전초전이자 축소판인 4·3에서도 남로당 인민유격대의 만행을 피하여 제주도 중산간 마을 주민은 군경의 소개령[203]에 순응하여 해안가로 내려왔다. 이에 반하여 좌익성향의 주민은 소개령에 불응하거나 오히려 한라산으로 입산을 하였다. 소개령의 효과는 중산간 마을 양민은 해안 쪽으로 내려오고 좌익분자들은 한라산으로 도망가서 살게 한 것이었다. 소개령을 통해 좌우가 분리되지 않았으면 죽을 뻔했다는 증언[204]이 있다. 이 증언은 소개령이 더 많은 희생자 발생을 방지할 수 있게 했다는 긍정적인 평가를 받게 한다. 군경의 소개령에 불응한 자들은 일부 딱한 사정이 있었던 극히 예외적인 경우를 제외하고는 대부분 순수한 양민이 아닌 남로당계 좌익이거나 부역자들로 추정할 수 있다. 좌익에 대한 강경진압을 학살로 보는 시각은 남로당의 입장이다. 보고서는 남로당을 이해하는 입장에서 작성되었다는 점에서 남로당 보고서라는 비판을 피할 수 없다.

2. 4·3 강경진압은 정당행위였다

정당행위는 형법 제20조에서 "법령에 의한 행위 또는 업무로 인한 행위 기타 사회상규에 위배되지 아니하는 행위는 벌하지 아니한다."라고 규정한다. 4·3 강경진압은 계엄령 등 법령에 의한 행위였으며, 최소한 사회상규에 반하지 않는 행위였다. 나종삼 전 4·3전문위원은 "본인이 집필위원으로 참여했지만 보수 측 입장이 보고서에 반영될 수 없게 되자 일반 시민의 자격으로 수정의견서를 제안한 바가 있다." 나 위원은 수정의견서에 정부가 강경진압으로 치달은 이유를 다음과 같이 기술하였다.[205]

---

202 국방부 군사편찬연구소, 6·25전쟁사1 전쟁의 배경과 원인, 2004. 6. 23, p.447-450
203 소개령은 계엄포고에 따른 조치로서 공비와 주민을 분리하기 위해 중산간 마을 주민에게 해안 마을로 내려오라는 명령이었다.
204 이성일, 여 66세, 제주시 도평동, 2002. 10. 15, 자유시민연대 채록 - 증언
205 제주4·3사건진상규명및희생자명예회복위원회, 제주4·3사건진상조사보고서 수정의견 검토자료〈2〉, 2003. 9, p.452

정부가 1948년 10월 경부터 강경진압으로 선회한 데에는 몇 가지 요인이 있다. 현지 토벌지휘관(박진경 대령)이 6월 18일에 암살된 이후로 군내에 반공분위기가 확산되었을 뿐 아니라 신생정부가 출범한 이후에는 8월 25일의 김달삼 해주연설, 9월의 인공기 게양사건과 10월 1일의 무장대 공세, 10월 19일의 여순반란사건, 10월 24일 대한민국 상대로 이덕구 무장대 사령관 선전포고, 10월 28일의 군 프락치 사건, 10월 31일의 경찰 프락치 사건 등이 연이어 터졌고, 11월 들어서면서 여순사건의 여파로 군에서는 이승만 대통령의 지시로 숙군작업이 진행되었다. 이러한 일련의 사건들은 미군의 철수가 임박한 시점에서 신생정부로 하여금 강경진압을 채택하는 요인으로 작용되었고, 11월 17일을 기하여 계엄령을 내리는 배경이 되었다. 말하자면 남로당 측의 집요한 공세가 정부로 하여금 제주도 사건에 대해서도 강경책을 쓰지 않으면 안되도록 만들었다.

보고서에서는 정부가 강경책을 쓰게 된 배경 설명 없이 이승만 대통령이 1949년 1월의 국무회의에서 한 말만 가지고 강경진압을 하였다고 하는데, 이런 단편적인 발언보다는 당시의 상황을 먼저 검토하고, 자연스럽게 강경책이 나왔음을 지적하는 것이 정부보고서로서 합리적일 것이다.

　　남로당 인민유격대와 제주도민의 연대는 공산폭동 반란은 정당하다는 인식을 갖게 하였다. 인민유격대의 활동이 꾸준히 이어진 것은 연대와 공동체 의식 때문이었다. 제주 지역의 마을공동체적 성격은 군경에게 효과적인 토벌을 거둘 수 없게 하는 가장 큰 요인이었다. 유격대 지원활동에는 여중생들도 적극적으로 가담했다. 마을별로 나이가 18세 이하 되는 청소년들은 '자위대'로 편성되어 '빗개'(보초)활동을 했고, 20세 이상인 청장년들은 주로 보급 활동을 담당했다.[206] 인민유격대는 제주도 좌익과 연대하여 4월 3일 경찰관과 서북청년단원 등 우익을 반동으로 숙청하였다. 학생들은 학과를 포기하고 투쟁에 가담했다. 개교와 취학은 혁명이 승리하고 인민공화국이 수립

---

206 양정심, 제주4·3항쟁 저항과 아픔의 역사, 도서출판 선인, 2018. 4. 30, p.112-114

된 후라고 단정하였다. 제주도 4·3폭동 승리의 비보는 전국 각지에서 연달아 봉기하게 될 것이고 육지에서의 봉기부대의 반란은, 군경이 제주에의 지원부대 파견을 불가능하게 하리라 예측하였다. 국방경비대 내에는 좌익동지들이 다수 잠입하고 있었기 때문에 중립을 지킬 것을 최초부터 계산에 두고 있었다. 이렇게 해서 38선 이남 일대가 내란의 수라장이 되면 북한 인민군이 남하하여 고대하던 해방이 될 것으로 좌익들은 전망했다. 이러한 좌익의 꿈이 좌절된 것은 군경과 서북청년단의 강경진압 때문이었다.[207]

상경작전을 폈던 1948년 10월부터 1949년 3월까지 6개월 동인 진체 피해의 80% 이상이 발생하였다. 강경진압으로 제주도의 피해는 컸지만 국가적 안위를 확보할 수 있었다. 따라서 강경진압은 국민 전체의 더 큰 인권보호를 위한 정당행위였다. 특히 계엄령하에서 진압작전 시 적대행위나 직접적인 위협을 가하는 경우 적으로 간주하여 재판 없이 즉결 처분하는 것도 정당행위가 된다. 좌파는 1948년 제주섬에서는 국제법이 요구하는 기본원칙이 무시되었다고 주장한다. 과연 그런가? 당시 한국은 제네바 협정을 준수할 의무가 없었다. 우리가 제네바 협정에 가입한 해는 1966년이었기 때문이다. 제네바 협정은 전시 상대국 민간인에 대한 살상을 중지한 것인데 제주에서 사살당한 자들은 게릴라 또는 이에 부역한 자들이 대부분이라는 점에서도 협정과 무관하게 도덕적 문제와도 거리가 있다. 절체절명의 위기 상황에서 국가 존립과 국민 인권보호에 위협적인 반역자들을 제거한 행위는 지극히 정당하다. 범죄자의 인권보다 국민의 인권이 더 보호받을 가치가 있기 때문이다. 내전 상황에서조차 강경진압을 문제 삼는 시각은 반역 및 부역자를 살리기 위해 국민은 희생을 감수해야 하며 궁극에는 공산통일국가를 만들었어야 한다는 취지이다.

6·25전쟁 중 이승만 대통령은 사형금지법(私刑禁止法, 시행 1950. 12. 1. 법률 제156호)을 공포 시행한 바 있다. 반역자 또는 부역행위자에 대한 처벌을 이유로 법률의 정하는 바에 의한 수속 또는 재판을 경하지 아니하고 타인의 생명, 신체, 자유, 재산에 침해를 금했다. 인권 중시 목적을 갖는 사형금지법이 제정되었다는 것은 유엔군 참전으로 전세가 역전된 대한민국 정부가 그만큼 자신감을 회복하게 되었음을 의미한다. 국가가 탄생하는 과정에서 신생 대한민국의 탄생(출산)을 저지

---

207 제주4·3연구소, 이제사 말햄수다, 도서출판 한울, 1989. 4. 3, p.215-218

한 세력에 대한 사적형벌은 사회상규에 반하지 아니하는 정당화가 관행상 어느 정도 인정되었다. 그런데 공소시효가 완성된 지금에 와서 명백한 증거도 없이 고문을 당했다는 등 일방적 주장을 하는 측이나 그러한 주장을 분별 없이 수용하는 행태는 법적안정성을 심각하게 저해하고 있다.

현실적으로 대한민국 입장에서 4·3을 평가하고 규정해야 한다. 따라서 교전 중 사살행위, 보도연맹 가입자를 예비검속하여 집단처형 한 사건 등은 법령에 의한 정당행위로 위법성이 조각된다. 적의 침략에 의한 전쟁상황에서 직접적 또는 잠재적 적에 대한 처형은 불가피한 사정에 해당하여 범죄성립을 부정해야 한다. 작전 중 게릴라를 처형한 사안은 정당행위에 해당하지만 진압과정에서 과잉이 있었다면 면책적 과잉방위(형법 제21조 3항)로 의율되어야 한다. 이승만 대통령의 포괄적인 진압명령을 받아 송요찬 9연대장은 구체적인 포고령을 발령했다. 포고령은 공비로부터 주민을 보호하기 위해서 발령된 것이며 계엄령에 준해서 보면 된다.

다음은 포고령 (1948. 10. 17.) 전문이다.

본 도의 치안을 파괴하고 양민의 안주를 위협하여 국권 침범을 기도하는 일부 불순분자에 대하여 군은 정부의 최고지령을 봉지(奉持 : 받들어 지키다)하여 차등(此等 : 이것들) 매국적 행동에 단호 철추를 가하여 본도의 평화를 유지하며 민족의 영화와 안전의 대업을 수행할 임무를 가지고 군은 극력자를 철저 숙청코자 하니 도민의 적극적이며 희생적인 협조를 요망하는 바이다. 군은 한라산 일대에 잠복하여 천인공노할 만행을 감행하는 매국 극렬분자를 소탕하기 위하여 10월 20일 이후 군 행동종료기간 중 전도 해안선으로부터 5km 이외의 지점 및 산악지대의 무허가 통행금지를 포고함. 차(此 : 이) 포고에 위반하는 자에 대하여서는 그 이유여하를 불구하고 폭도배로 인정하여 총살에 처할 것임. 단 특수한 용무로 산악지대 통행을 필요로 하는 자는 그 청원에 의하여 군발행 특별통행증을 교부하여 그 안전을 보증함.

포고령 위반자를 적으로 간주하여 사살한 경우는 법령에 의한 행위로서 정당행위에 해당한다.

여기에 해당하는 실례로 반도(반역자 무리)의 가족들이 재판 없이 처형당한 경우도 있다. 보고서는 이런 사례를 '대살'이라는 부정적인 언어로 표현하지만 일부 예외를 제외하고 게릴라에 준하는 부역자들이 정당하게 처형당한 것으로 평가되어야 한다. 물론 대살에서 무고한 희생자가 발생할 여지를 부정하는 것은 아니다. 미국 같은 법치 선진국가에서 폴리스라인(police line)을 넘는 경우 무기를 사용한다. 이런 경우를 상상하면 전시와 같은 상황에서 재판 없이 현장에서 총살한 것은 정당화될 수밖에 없다. 다만 미취학 아동을 사살(대살)한 것은 인권침해로 간주하여 희생자로 인정함이 타당하다.

좌파는 대한민국의 9연대가 "대량학살계획"(program of mass slaughter)을 채택했다는 미군정보고서의 기록을 소개하면서 마치 국군이 양민을 학살한 것처럼 오해를 불러오게 한다. 1948년 11월에 전개된 대규모 강경작전을 '대량학살계획'이라는 부적합한 용어로 표현하였다. 대량학살계획의 진의는 국군이 북한을 조국으로 삼은 공비와 반역자들을 정당하게 사살하라는 의미로 해석해야 타당하다. 공비와 반역자의 수가 워낙 넘치다 보니 대량이라는 수식어가 첨가되었을 뿐이다. 군의 소개작전으로 인하여 9만여 명의 이재민이 발생한 것은 안타까운 일이다. 그러나 군경의 보호로 9만 여명의 이재민은 신체적 피해를 입지 않고 해안 쪽으로 소개되었다. 주민 소개과정에서 피해자가 많이 발생한 지역은 좌익세가 강하다고 분류된 마을이었다. 이러한 사실들은 군경에게 피해발생의 책임을 전가하여서는 안 됨을 뜻한다.

건국 초기에 정부는 계엄에 관한 지식이 부족했다. 그래서인지 계엄령 선포가 대통령으로부터 위임받은 군사령관에 의해 이루어졌다고 하는데, 이는 선조치 후승인에 해당한다. 처형당할 자를 처형했던 정부의 조치는 사회상규에 반하지 않는 정당행위이다. 사안에 따라서는 무고한 양민을 처형한 경우와 같이 정당방위 상황은 존재하지 않지만 상당성은 인정되는 오상방위(착각방위)의 범주에 포섭시켜야 할 경우도 있을 수 있다. 일부 언론 등은 군경에 의한 학살이 3만 명 이상이라고 하는 등[208] 북한의 주장을 따르는 경향이 있다. 또한 군경의 면책적 과잉방위를 국가폭력, 심지어 학살이라고 단정하는 경향도 있으나 이는 사실과 전혀 다르다. 정당행위로 처형한 경우를

---

208 제주4·3사건진상규명및희생자명예회복위원회, 제주4·3사건자료집12 [북한·러시아·무장대자료편], p.66

제외하면, 실제 면책적 과잉방위는 알려진 바와는 달리 그 수가 훨씬 적다. 대한민국 국민이라면 군경의 면책적 과잉방위 내지는 오상방위를 함부로 학살이라고 평가해서는 안 된다. 일부 면책적 과잉방위가 있었다고 하더라도 군경에 의한 대부분의 정당한 진압행위까지 면책적 과잉방위로 일반화시키거나 불법행위로 간주하는 것은 옳지 않다. 사형을 집행하는 미국, 태형이 존재하는 싱가포르, 수형자가 교도관과 눈도 못마주치는 일본은 인권후진국이 아니다. 우리나라도 최근 경찰의 현장대응능력 부족에 대한 사회적 질타가 쏟아지는 가운데 경찰관의 직무상 과실 등에 대해 형사책임 감면을 내용으로 하는 경찰관직무집행법 제11조의 5[209] 규정이 2022년 2월 3일 신설되었다. 미흡하지만 범죄자보다 국민의 인권보호를 중시하자는 압도적 다수 국민의 여망을 반영한 조치다. 대한민국을 남로당 공산세력으로부터 구하기 위해 사명을 다했던 군경의 명예를 어떠한 형태로든 훼손하는 행위는 주권자의 민의를 거스리는 것으로 중단되어야 한다.

3. 이념적 헤게모니인 진지전과 선전선동을 분쇄해야 한다

북한은 남로당의 반인륜적, 반국가적 공산폭동 반란행위에 대한 대한민국의 정당한 진압과 처형, 사살행위를 국가폭력과 양민학살로 인식한다. 북한의 대남공작은 대한민국 국민들도 북한처럼 인식하도록 하기 위해서 학자, 정치인, 언론인 등이 역사 왜곡에 나서도록 유도한다. 북한 주장이 남한의 공식 입장으로 채택된 오늘의 현실은 북한의 대남공작이 관철되었음을 의미한다. 이런 역사왜곡의 내막을 잘 모르고 있는 다수 국민이 역사왜곡에 동의하게 되면 대한민국 체제는 최종적으로 변질될 수 있다. 대한민국을 부정하는 역사를 정부가 수용하는 것은 국가 자해행위이다. 이는 헌법에 의한 지배인 법치주의의 파괴와 같으며 국가 정체성을 훼손하고 자유민주주의를 위

---

209 제11조의5(직무 수행으로 인한 형의 감면) 다음 각 호의 범죄가 행하여지려고 하거나 행하여지고 있어 타인의 생명·신체에 대한 위해 발생의 우려가 명백하고 긴급한 상황에서, 경찰관이 그 위해를 예방하거나 진압하기 위한 행위 또는 범인의 검거 과정에서 경찰관을 향한 직접적인 유형력 행사에 대응하는 행위를 하여 그로 인하여 타인에게 피해가 발생한 경우, 그 경찰관의 직무수행이 불가피한 것이고 필요한 최소한의 범위에서 이루어졌으며 해당 경찰관에게 고의 또는 중대한 과실이 없는 때에는 그 정상을 참작하여 형을 감경하거나 면제할 수 있다.

협한다. 4·3특별법은 자유민주주의 체제를 부정하고 공산주의 국가를 건설하고자 했던 남로당 세력의 의도를 은폐하고 있다. 4·3을 민중봉기로 둔갑시켜 공산당 활동을 통일운동으로 미화함으로써 간접적으로 공산통일운동을 정당화시키는 결과를 만들고 있다. 공산주의자들의 목적을 우회적으로 정당화해주는 4·3특별법 규정들은 공산주의 옹호와 다를 바 없다.

공산주의자 안토니오 그람시는 진지전을 강조했다. 조직내부에 진지를 구축하고 그 진지를 중심으로 확산하는 전략이다. 언론, 교육, 대중문화를 수단으로 시민들의 의식변화를 조장해 시민사회의 '대중적 동의'를 얻으면 '계급적 지배'도 가능하다고 보았다. 그람시의 전략적 특징은 자유민주주의 체제가 확립한 역사관, 가치관, 대북관 등을 '우리 민족끼리, 자주평화통일'이라는 진보의 관점에서 기존의 틀(헌법이념 등)을 해체시키는 이데올로기적 변화를 진지의 저변에서 추진하는 것이다. 즉 민족적, 민중적 이익을 추구하는 운동으로 위장함으로써 광범위한 지지계층을 확보할 수 있다는 장점을 가지고 대중정당을 만들어 권력을 장악하는 것이다.[210] 그람시의 진지전 이래로 체제전쟁은 무력투쟁에서 이념전쟁과 문화전쟁의 양상으로 변화되었다. 새로운 형태의 체제전쟁 양상에 어두웠던 자유진영은 이미 많은 진지를 적의 수중에 빼앗겼다. 대한민국의 행정부, 입법부, 사법부, 노조, 학계, 언론계, 문화예술계, 종교계 등 사회 전 분야에 이념적으로 가치중립적인 진지가 만들어져 그람시의 전략이 성공하는 단계에 와있다. 그람시 진지전의 대표적인 성공사례가 바로 헌재 결정을 무시한 4·3특별법이 버젓이 시행되고 있는 현실이라 할 수 있다. 제주 4·3평화기념관 전시장에는 4·3사건의 실상을 알리기 위한 각종 전시물들이 게시되어 있는데, 겉으로는 화해와 상생을 표방했으나, 정작 그 내용은 자유민주주의 대한민국 정부에 대한 자괴감을 불러일으키도록 국가 공권력을 행사한 경찰과 군인에 대한 적대 감정을 조장하는 내용으로 채워져 있다. 제주교육청에서는 이 사건을 내용으로 평화와 인권 교육을 실시하고 있는데, 그 내용의 편향성에 대해서 우려하는 바가 크다.[211]자유의 적으로부터 헌법을 사전예방적으로 수호하지 못한 결과이다.

---

210 장순휘, 그람시의 '진지전' 이론으로 본 자유민주체제의 붕괴현상, 스페셜 경제, 2019. 12. 3.
211 현길언, 정치권력과 역사왜곡, 태학사, 2018. 4. 23, p.15-16

독일 나치의 파울 요제프 괴벨스는 선전선동의 달인이었다. 그는 "대중을 정복하는 자가 국가를 정복하고, 거짓말을 반복하면 정설이 되며, 방송이 이념에 복무하도록 할 것이다... 선동은 문장 한 문장으로도 가능하지만 그것을 반박하려면 수십 장의 문서와 증거가 필요하다. 그리고 그 것을 반박하려고 할 때면 사람들은 이미 선동되어 있다."라고 말했다. 괴벨스에 의하면 선전선동을 위해서는 이념이 필요하며, 그 이념을 매우 압축적으로 대중에게 전달해야 하고 이념의 숭고한 점을 전달하여 대중을 신자로 만들 수 있다. 괴벨스는 낙인찍기, 시체팔이, 언론장악, 총력전에도 능했다.[212] 4·3의 지형이 기울어진 원인은 그람시의 진지이론과 괴벨스의 거짓 선동이론이 4·3에서도 작용한데서 찾을 수 있다. 좌편향된 위원회가 남로당에게 책임이 있는 사건의 진실을 감추고 정당한 진압을 인권침해로 확대 부각시킨 4·3 보고서를 만들어내고, 교육·언론은 아무런 비판 없이 대중이 거짓을 정설로 받아들이게 하는 일에 부역하고 있음이 그 사례다. 4·3에 있어서 좌파의 거짓 선전선동은 일정한 패턴을 보인다. 먼저 좌익이 자유 체제를 위협했던 존재였음을 감춘다. 자유 체제수호를 위해 좌익에 대한 기본권 제한을 인권탄압으로 부각시킨다. 정당한 국가행위까지 인권탄압으로 규정하여 일반화시킨다. 대중의 감성을 자극하는 언어와 근거 없이 과장된 데이터로 국가에 적대감을 갖게 한다. 억울하게 탄압받은 희생자라는 주장으로 제주4·3사건진상규명및명예회복을위한특별법을 만들게 하여 결국 국가에 배상을 요구한다. 거짓이 진실이 된다. 이런 본말전도 현상에 분개한 의식 있는 시민사회 일각에서 거짓에 반박했지만, 건국 당시 사건이므로 일반 국민이 문서, 증거 등을 찾아내 거짓을 반박하는 것조차 어려움이 있었다.

지금까지는 좌익 안토니오 그람시의 진지이론과 극우 나치 괴벨스의 거짓 선동이론이 세련된 형태로 진화하여 공산주의에 대한 경계심이 느슨해지는 등 대중을 사로잡아 가는 중이다. 진지이론과 선동이론의 상호 작용으로 인하여 4·3이라는 거짓의 괴물이 만들어졌다. 대한민국이 진지전과 선전선동에 취약한 이유는 자유민주주의의 구조적 취약성과 안보관련 법령의 불비내지는 불완전성에 있다. 게다가 시행 중인 국가보안법을 집행하려는 의지마저 희박한 것에 기인한다. 이에 대한 대책은 헌법이념의 최고규범성 중시, 안보 경각심 강화, 법령해석 시 방어적 민주주

212 배진영, 잘못된 신념이 나라를 망친다, 월간조선 뉴스룸, 2018년 7월호 http://monthly.chosun.com/client/news/print.asp?ctcd=E&nNewsNumb=201807100026

의에 입각한 적극적 해석 및 적용 그리고 강력한 법집행이다. 이제는 거짓에 반박하지 않으면 거짓이 진실이 된다는 사실을 명심하면서 대한민국 국민은 과거 역사에 대한 거짓과의 싸움에 나설 차례이다.

4. 6·25 전초전에서 후방기지 사수

4·3은 6·25전쟁의 전초전으로 벌어졌던 게릴라전이었다. 4·3에서 제주도가 적화되었다면 6·25전쟁 당시 후방기지를 잃게 되어 대한민국은 반격을 못한 채 패망하였을 것이다. 6·25전쟁 발발 직후, 국운이 백척간두에 처했을 때 남로당 제주도당은 각 읍면별로 인민군지원환영회를 조직하여 빨치산과 합세, 공세를 강화하고, 북한 인민군이 제주에 곧 상륙할 것을 기대하고 인민군과 함께 대한민국 전복을 획책했다. 대한민국 등 뒤에서 비수를 꽂은 반역이다. 특히 이들은 북한 인민군이 제주도를 점령할 경우를 대비해서 예상되는 모든 행정적 사법적인 대책을 사전 수립하라고 관계기관에 협박까지 하였다.[213] 여기서 사법기관이 수립할 대책이란 반동들에 대한 인민재판 계획이었다. 제주도에서 강경진압 대신에 오늘날의 인권 수준으로 남로당 인민유격대 등에 대응하였더라면 폭동 반란 진압은 성공하지 못하였을 것이다. 그 결과는 제주도가 반란군의 수중에 넘어가 6·25전쟁 중 제주도 모슬포에 세운 육군 제1훈련소에서 50만 여명의 장병들이 훈련을 받고 전선으로 나갈 수 없어 전쟁은 패전으로 끝났을 것이다. 그렇게 되면 공산화되어 공산주의자들에 의한 수백만 명의 끔찍한 대학살이 38선 이남에서 벌어졌을 것이라는 점에서 군경의 강경진압은 정당화된다. 군경의 강경진압은 한라산에 입산한 좌익분자 등의 저항의지를 포기하게 만들어 많은 귀순자가 나오게 하였고, 국가수호와 국민보호를 가능하게 하였다는 긍정적인 평가를 받아야 한다.

---

213 김영중, 제주4·3사건 문과답, 나눔사, 2022, p.135, p.448

5. 좌익수형자 처형의 정당성

가. 임부택[214] 연대장, 채명신 장군 증언

4·3전문가 이선교 목사는 9연대 작전참모였던 임부택을 만나서 "수형자 2,500명이 전투 현장에서 잡혀서 들어갔다."라는 진술을 들었다. "좌파는 군사재판 수형인 2,500명의 판결문이 전부 가짜라고 하는데 어떻게 된 것이냐?"라고 4·3 당시 소대장을 했던 채명신 장군에게 이선교 목사가 질문하자 "전투할 때 죽은 놈은 말할 것도 없고 포로로 잡든지 부상을 당하든지해서 체포한 자를 차로 싣고 가서 모두 법원으로 넘겨 버렸다."고 한다. 2,500명이 총 들고 국군과 싸우다 잡힌 현행범들이라고 한다. 대한민국에 항적하는 반역에 적극적으로 가담하였던 자들이었던 것이다.

좌파는 "어떻게 한 번에 2백 명, 3백 명씩 재판을 하느냐, 그건 재판이 불가능하다. 그래서 그 재판은 무효다."라고 주장한다. 임부택 연대장이나 채명신 장군 말에 의하면 "총격전을 할 때 많을 때는 이덕구가 1천 명을 동원해서 중대, 연대를 기습했다."고 한다. "1949년도 1월에는 2연대가 대전에서 제주도로 가서 하루 저녁 잠을 자다가 기습을 받았는데 대충 보면 (공비수가) 600명에서 1천 명이었다."고 한다. "연대가 동원되어 공비를 포위해서 총격전에서 한 번에 500명을 체포하면 500명을 한 번에 재판할 수가 있다. 전투 중에 포위를 하여 총격전에서 잡아 끌고 왔기 때문에 똑같은 죄이고 똑같은 사안이고 해서 한 번에 재판할 수 있었던 것"이라고 말했다. 임부택 연대장, 채명신 진압소대장은 "형을 적게 받은 사람은 전부 보급부대가 걸려들은 것 같다."고 했다. "(공비들이 있는) 산에 먹을 것 갖다주고 옷 갖다주고 정보 제공해주고 마을마다 정보원이 보통 3-5명이 있었다. 정보원을 잡았다가 그냥 풀어주면 또 정보원 노릇 하니까 군법회의에 넘겼다. 1년짜리는 정보원이고 1년 이상된 사람은 현장에서 전투하다 잡힌 사람이다."는 것이다. 이와 같은 증언을 통해서 좌익 처형은 정당했음을 생생하게 알 수 있다. 대한민국의 주적인 공산당과 합세하

---

214 임부택 대위는 1948년 5월 6일 9연대 1대대장 요원으로 발령받았고, 5월 15일 9연대장 박진경 중령이 11연대장으로 전보되자 9연대장 직무대리를 겸하였으며, 6월 16일 9연대장 명령이 났고, 7월 15일 총사령부로 전출된다. 그리고 1949년 3월 2일에는 제주도전투사령부 전투 1대대장으로 활약하는 등 제주도와 깊은 인연이 있다.

여 대한민국에 항적한 자는 사형에 처하는 여적죄가 형법 제93조에 규정되어 있다. 현행법하에서도 4·3폭동 반란자들은 여적죄에 해당하여 예외 없이 사형에 처해져야 하는데, 당시 이승만 정권은 징역, 훈방 등으로 관대한 처벌을 했음을 알 수 있다.

나. 좌익수는 북한군

보고서에서 좌익수형자 관련하여 사실과 다르게 조작된 사례들 중 하나를 소개하면 다음과 같다. "경인지역의 서대문·마포·인천·부천형무소에 수감된 4·3관련 재소자들은 대부분 형무소에 수감되어 있다가 1950년 한국전쟁 발발 직후 북한 인민군이 서울·인천 지역을 점령하는 과정에서 타율적으로 출옥한 공통점을 갖고 있다. 이들 가운데 일부는 고향 제주도로 돌아오기도 했지만 대부분 자신의 의지와는 관계없이 의용군에 편입되어 전장에 투입되거나 전쟁 과정에서 북한으로 넘어가게 되었다."[215] 이 같은 보고서 내용은 사실과 다르다. 사형수, 무기징역수를 포함한 4·3관련 재소자들은 원래 인민유격대 또는 자위대와 같은 남로당 계열이었고 북한군의 남침을 기다리던 자들이라는 점에서, 본인들의 의사를 확인한 근거를 제시하지도 않고 '의지에 관계없이 의용군에 편입되었다'라고 추측하여 주장하는 것은 수긍하기 어려운 왜곡이다. 오히려 남로당 출신들인 4·3수형인들은 자진하여 인민의용군으로 지원하였다고 볼 수 있다. 대부분 6·25 전쟁 중에 교전 중 사살되거나 집단처형이 되었지만 북한군에 종군하다 북한에 체류하게 된 것으로 추정되는 생존자들도 다수 확인되고 있다. 경인지역에 수감되었다가 탈옥한 좌익들은 우익을 색출하여 학살하는 등 온갖 만행을 저질렀다. 좌익의 만행 정보를 입수한 정부당국은 자기방어 차원에서 예비검속자와 중범 좌익수를 처형하지 않을 수 없었고 이는 국가수호와 국민생존을 위한 불가피한 정당행위(정당방위)였다.

---

215 제주4·3평화재단, 제주4·3사건추가진상보고서 I, 2019, p.327

6. 게릴라 처형의 정당성

4·3폭동 반란의 핵심인 남로당 무장대[216]는 대부분 비정규군인 게릴라 형태로 존재했다. 4·3이 게릴라전이었다는 사실은 언론보도와 증언 등 수많은 자료가 말해준다. 1948년 6월 15일자 북한 로동신문은 「귀순 권고를 일축하고 도민 전체가 항쟁에 참가」 제하의 기사를 다음과 같이 보도했다.

"(로동신문) 통신 특파원의 보도에 의하면 구름 속에 솟아있는 한라산 속의 무수한 동굴은 항쟁 인민들이 근거하고 있으며 그들 가운데는 60 넘은 노인으로부터 12-13세 되는 소년들도 있을 뿐만 아니라 여자들도 참가하고 있다. 그리고 전 부락민들은 때로는 전투에 때로는 농경에 참가함으로써 항쟁을 계속하고 있으며 또 언제나 항쟁에 참가할 태세를 가지고 있다 한다.

이에 대하여 "총칼을 쥐고 있던 농민이 경비대가 가면 모두 감추어버리고 일하는 농민으로 된다."고 동 특파원은 보도하고 있으며 미군정과 반동경찰은 또한 이에 대하여 '양민과 폭도'의 구별이 곤란한 것이라고 비명을 올리고 있음을 볼 때 제주도 인민들이 얼마나 일치하게 거족적으로 이 항쟁에 참여하고 있는가를 말하여 주고 있다."[217]

4·3전문가 이선교 목사는 제주도민들이 인민유격대에 협조하여 먹을 것과 정보를 제공하였고 인민유격대가 왕성하여 진압군을 공격하였는데, 낮에는 농사를 짓고 밤에는 유격대가 되어 국군, 우익, 경찰을 공격하는 게릴라였다고 한다. 진압군이 인민유격대의 보급을 차단하기 위하여 5·10선거는 반대하고 북한의 8·25선거는 참여한 게릴라(자위대 등 좌익 제주도민)를 찾아 즉결처형하였기 때문에 많은 사망자가 있게 되었다고 설명한다.[218]

---

216 남로당 무장대는 인민유격대, 자위대, 특경대로 구성되어 있다.
217 제주4·3사건진상규명및희생자명예회복위원회, 제주4·3사건자료집12 [북한·러시아·무장대자료편], p.19
218 이선교, 진정서(노무현 대통령 귀하), 2004. 3. 12.

1948년 12월 발생한 다랑쉬굴 11명 사망사건에 대해서 보고서는 "제9연대의 진압작전에 의해 희생된 도피 입산자들인 것으로 밝혀졌다."[219]고 함으로써 순수한 입산주민에 대한 진압부대의 무분별한 작전의 사례로 제시하였다. 그런데 이들 대부분이 2개 마을의 20-30대 청년들이란 점과 굴에서 철창·대검·철모·군화 등 전투장비가 나온 점, 그리고 증언으로 보아 순수한 입산주민이 아니라 구좌면 종달리 김호준을 납치 살해한 일당으로(김영중, 4·3사건 문과 답, p.329)남로당 무장대의 하나인 자위대였음이 확인되었다. 실제 제주경찰서 참고인 진술서[220]에 의하면 순수한 양민을 학살하였던 것이 아니었다는 점에서 보고서가 왜곡되었음을 알 수 있다. 또한 게릴라전의 특성상 게릴라의 은신처를 급습하여 사살하는 것은 정당행위로서 인권침해가 될 수 없다.

폭도 사령관 김달삼과 4·3사건 당시 9연대장 김익렬 간의 평화회담은 실패로 돌아갔다. 평화회담은 오히려 제주도를 불안정하게 만들었고 테러범들을 더욱 대담하게 만들었다. 김익렬은 김달삼과 평화적 회담을 통해 사태를 수습하고자 했다. 김달삼은 그의 투쟁보고서에 "김익렬과 2회 (1차 1948년 4월 20일 전후, 2차 1948년 4월 30일) 회담하여 4·3의 정당성과 경찰의 불법성, 특히 인민(남로당)과 국방경비대(국군)를 이간시키려는 경찰의 모략 등에 의견의 일치를 보고 사건의 평화적 해결을 위하여 적극 노력하겠다고 약속하였다."고 기록하였다.[221] 이 투쟁보고서의 내용대로라면 김익렬의 사상은 의심받을 충분한 이유가 된다. 그가 학살 만행의 주범 김달삼에게 부화뇌동하면서 게릴라를 온건하게 다룬 것이 단순한 과오였는지 아니면 남로당 공산주의자와 관련이 있어서인지 여부를 군에서 조사받고 혐의 없음으로 풀려난 적이 있다. 그러나 김달삼의 기록에 의하면 김익렬 연대장은 김달삼에게 카빈 실탄 15발을 제공한 사실이 있었다. 이런 사실이 군에서 김익렬을 조사할 당시 발견되었더라면 중죄로 처벌되었을 것이다. 김달삼은 김익렬이 사건을 평화적으로 수습하기 위하여 인민군 대표(김달삼)와 회담하겠다고 사방으로 노력 중이니 이것을 교

---

219 제주4·3사건진상조사및명예회복위원회, 제주4·3사건진상조사보고서, 2003. 12. 15, p.300-301

220 제주경찰서, 「참고인 진술서」1992. 4. 4. [咸萬實(73세, 구좌읍 세화리, 민보단원), 吳智奉(75세, 구좌읍 종달리, 민보단원), 金炳洙(75세, 구좌읍 세화리, 민보단원)] / 제주경찰서, 「참고인 진술서」 [채정옥(66세, 구좌읍 종달리, 농업, 1992. 4. 4. 및 4. 6. 채록)] 진술

221 제주4·3사건진상규명및희생자명예회복위원회, 제주4·3사건자료집12 [북한·러시아·무장대자료편], p.270

묘히 이용한다면 국방경비대의 산 토벌을 억제할 수 있다는 결론을 얻었다.[222] 조병옥 경무부장은 김익렬 연대장이 게릴라들에게 이용당하는 점을 간파하고 해임되도록 역할하였고 김익렬 후임으로 박진경 대령이 9연대장으로 전격 임명되었는데 이는 당연한 조치였다. 경찰지서를 습격하고 인명을 살상한 테러범들과 평화협상한다는 자체가 테러범들에게 포섭되어 이용당한 것으로 사상적인 의심을 받는다.[223] 폭동 전이면 회유책으로 평화회담도 가능하겠으나 폭동이 발생한 이후 적을 섬멸해야 할 군인이 적에게 유리한 협상에 중점을 둔 것은 이해할 수 없는 일이다. 협상은 게릴라들이 자기들에게 일방적으로 유리한 내용을 제시하여 결렬될 수밖에 없었다. 게릴라들과의 평화회담이나 협상이라는 말 자체가 성립될 수 없다. 게릴라들에게는 투항하거나 군경에 의해서 소탕되는 두 가지 선택지 밖에 없다. 그럼에도 불구하고 좌파는 지금까지 협상 결렬의 책임을 군측에 전가하는 태도를 보인다. 군책임자인 김익렬은 원칙적으로 게릴라들을 검거해서 단죄받도록 조치했어야 한다.

1992년 오슬로에서 이스라엘은 서안지구, 가자 점령지에서 단계적으로 철군하고, PLO는 테러행위를 중단하겠다는 평화협정을 맺었다. 그러나 PLO는 테러를 근절하겠다는 약속을 지키지 않았고, 이스라엘을 제거하겠다는 목적도 변함이 없었다. 점령지를 돌려받는 "정치적인 이득"을 목표로 한 PLO 측의 "일시적인 테러행위 중단"이 있을 뿐이었다. 이런 상황에 대해 이스라엘의 고위관리는 "이스라엘이 점령지 땅을 계속해서 양보하는 한, 테러는 잠시 약해지겠지만, 이스라엘로부터 더 이상 얻을 것이 없는 즉시 PLO, 하마스 등의 테러는 전면적으로 재개될 것이다."고 설명한다.[224] 우리가 중요하게 인식해야 하는 것은 테러리스트들과 강력하게 싸우지 않고, 그들과 협상하고 그들의 요구를 수용하는 것은 강경진압보다 훨씬 더 위험하다. 협상을 하게 되면, 정부는 더 많은 테러를 불러오는 공개 초청장을 발행하는 것이다. 이는 사회의 모든 시민들의 안전을 위험에 처하게 하는 초청장이다. 테러는 소극적으로 약하게 대응을 하면 그 만큼 더 확장되는 특

---

222 제주4·3사건진상규명및희생자명예회복위원회, 제주4·3사건자료집12 [북한·러시아·무장대자료편], p.270, 271
223 국방부 군사편찬연구소, 제주4·3사건 증언론(I), 2002. 8, p.15-19
224 Benjamin Netanyahu, Fighting Terrorrism, Farrar, Straus, and Giroux, 2001, p.113-115

성이 있다. 단호하고 결단력 있는 대응 작전에 맞닥뜨리면 테러는 축소된다. 테러범들은 이 결단력을 여러 번 시험해보고 물러난다.[225] 테러와의 전쟁은 목숨이 소중하지 않다는 자들과의 싸움이기 때문에 테러리스트가 오기 전에 먼저 가서 현장 사살하는 것이 최선의 반테러전쟁이다.

4·3은 일반전쟁과는 양상이 다르게 테러로 시작하여 일관되게 비정규 게릴라전쟁이었다. 테러리스트와 군경을 동급으로 보고 게릴라 사살을 비난하는 것은 현실을 전혀 모르거나 공산주의자들의 저의를 간과하기 때문이다. 테러전쟁에서는 전쟁법칙이 적용되지 않는 예외가 인정된다. 게릴라에 대한 선제타격은 교전에 포함시킬 수 있으며, 이러한 유형의 교전을 모두 포함하면 4·3에서 교전 중 사살된 자는 대략 4,000여 명에 달한다고 추정된다. 무고한 양민이 될 수 없는 교전 중 사살된 자의 정확한 규모를 파악하는 조사가 시급하다. 군경이 남로당 반란군을 대부분 교전 중 사살하거나 처형한 것은 정당행위이지 학살이 될 수 없다. 공산폭도를 정당하게 사살하거나 처형한 행위를 학살이라고 주장하는 것은 북한사관에 입각한 역사왜곡이자 일종의 반역이다. 반역과 부역행위에 대한 형집행도 정당행위로서 불법이 아니다. 사살당하거나 수형생활을 했던 사람들, 행방불명된 사람들은 희생자가 될 수 없다. 이러한 부적격 희생자들에게 국민 세금으로 1인당 9천만 원씩 보상금을 지급하는게 과연 옳은 일인가?

7. 적기가 사례

북한의 혁명가요이자 6·25전쟁 당시 인민군 군가인 '적기가'는 4·3 당시 제주인민해방군의 군가이기도 했다. 남로당원들이 마을에서 무력시위를 할 때에도 적기가를 불렀다. 적기가는 공산주의자들이 부르는 노래였고 4·3은 적기가를 부르는 집단에 의해 발발한 반란이었다. 이석기 전 통합진보당 의원이 내란선동 혐의로 대법원에서 확정판결 받았을 당시에도 적기가 등을 포함해 이적표현물 소지 등 국가보안법상 고무찬양죄가 적용됐다. 그런데 2015년 발매된 제주4·3헌정앨

---

225 Benjamin Netanyahu, Fighting Terrorrism, Farrar, Straus, and Giroux, 2001, p.146-147

범은 적기가를 만든 취지를 다음과 같이 설명했다.

"이 음반은 제주4·3의 역사성을 젊은 세대들에게 공감하게 만들 수 있는 하나의 주춧돌이 되기를 원하고, 제주4·3 희생자분들을 위한 작은 위로와 치유의 역할을 하면 좋겠다는 소망 및 좌우를 떠나, 좌우의 대립을 떠나 4·3 당시 불려졌던 적기가를 다시 불러보게 할 의도로 제작하였다. 적기가를 평화의 노래, 치유의 노래, 해방의 노래, 무엇보다도 통일기원의 노래로 인식하고 하루빨리 남북한이 통일되어 함께 이 노래들을 부를 수 있게 되길 마음 모아 기원하고 있다. 제주4·3의 희생자와 그 유가족, 그리고 제주4·3의 정신을 계승하고자 하는 모든 분들께 이 앨범을 헌정한다."[226]

남로당은 조선민주주의인민공화국으로의 공산통일을 꿈꾸었던 자들이다. 남로당의 4·3정신을 담은 적기가는 역사적 문화적 적화전술에 이용될 수 있다. 이적성 음반은 우리 헌법상 자유민주적 기본질서에 정면으로 배치된다. 따라서 국가보안법 제7조는 '반국가단체를 찬양·고무·선전 또는 이에 동조하거나 국가변란을 선전·선동하는 자 및 이러한 행위를 할 목적으로 문서·도화 기타의 표현물을 제작·수입·복사·소지·운반·반포·판매 또는 취득한 자는 처벌한다.'는 규정을 두고 있다. 좌익이 표현의 자유라는 명분으로 자유대한민국의 문화영토를 침략하여 진지를 구축하는 행위를 방치하다가는 가랑비에 옷 젖는 식으로 대한민국 정체성이 훼손되어 결국 국가가 소멸하게 될 위험이 있다.

---

226 데일리안, 포털에 제주4·3치면 "원수와의 혈전…" 적기가 음원판매, 2015. 3. 23.
　　https://dailian.co.kr/news/view/493959
　　산들 바다의 노래, 제주4.3헌정앨범
　　https://shopping.interpark.com/product/productInfo.do?prdNo=2778828723&uaTp=1&

8. 계엄하에서 소개령 위반자의 적법 처리

1948년 10월 17일 9연대장 송요찬 중령이 내린 포고령에 따라 중산간지대 민간인들의 통행이 제한되었다. 공비와 주민을 분리시키기 위한 포고문은 정당한 군사작전 통제수단이었다. 1948년 11월 17일에는 정부의 계엄령이 선포되었고, 23일에는 정부의 포고령이 내려졌다. 해안으로부터 5km이상 산간지역의 출입을 금지하는 포고령은 공비와 주민을 분리하여 주민을 보호하면서 효과적인 토벌작전을 전개하기 위한 조치였다. 이 포고령에는 중산간지역에 대한 소개령이 포함되어 있었다. 선무공작으로 공비와 주민을 분리하여 주민은 계도하고 대항하는 공비를 소탕하는 작전을 전개했다. 이 소개령을 전후해서 대대적인 진압작전이 전개되었다. 9연대는 소개령 후 중산간지대를 폐허화(주: 보고서에서 초토화 표현 사용, 실제 초토화작전은 없었음[227])시켰는데, 이 과정에서 입산한 상당수의 중산간마을 주민들이 군부대에 의해 제주농업학교 등에 임시 수용되었다. 10월 중순 경비대는 작전 중 800명을 체포하고 무장대와의 관련 여부를 가리기 위해 수용소에서 조사하였다.[228] 1948년 10월 11일 새벽 6시경 9연대가 애월면 금덕리를 포위하여 청년들을 체포하여 제주농고에 감금시켰다.[229] 「군법회의 명령」에는 1948년 12월 초 25명의 금덕리 주민들을 군법회의에 넘겨 징역형을 언도하고, 전국 각지 형무소로 보낸 것으로 기재되어 있다. 이와 같은 군당국의 조치들을 비추어 볼 때 위법한 입산자 등에 대하여 무차별 학살을 하였다는 주장이 얼마나 터무니없는 거짓 선동인지 보여준다. 1945년 미국의 원폭으로 인한 일본인 피해자들이 미국 정

---

227 초토화, 초토화작전, 소개작전은 구별해야 한다. 초토화는 아군의 시설을 적이 사용하지 못하도록 거부하는 전술을 말한다. 군경이 주민분리를 위해 이주시킨 후 가옥을 소실케 한 것이므로 폐허화가 정확한 용어다. 초토화작전은 공식적인 군사작전용어는 아니며, 상부지시에 따라 조직적이고 계획적으로 전투원과 비전투원을 구별하지 않고 민간인을 집단살상 및 방화하는 비인도적인 범죄행위로 통칭되어 왔다. 소개작전은 주민들을 안전한 장소로 강제 이주시키는 작전이다. 공비소탕작전은 위 세 가지 개념과는 다르며, 토벌작전, 진압작전 등으로 부른다.
보고서 발간 당시 국방부의 강력 항의로 초토화작전이 없었다는 사실을 위원회에서 인정하여 초토화작전은 없었다고 결론을 내렸다. 따라서 보고서에 초토화작전이란 용어는 나오지 않는다. 그럼에도 불구하고 좌파들은 초토화작전이란 용어를 공공연하게 사용하고 있다.

228 Hq. USAFIK, G-2 Periodic Report, No. 964, October 16, 1948

229 제4대 국회 양민학살사건진상조사보고서, 북제주군 애월면 금덕리 신고분, 1960 ; 『제주4·3사건희생자신고서』 접수번호 88, 강후선

부의 사과를 요구하지 못하고 있다. 미국 정부가 일본의 히로시마와 나가사키 지역에 대하여 원자폭탄을 사용할 것임을 경고하고 주민들의 피신을 통보했으나 이에 불응한 결과로 입은 피해에 해당하기 때문이다. 원폭은 학살이 아니라 전쟁을 끝내기 위한 정당방위였던 것이다. 원폭 피해자를 다루는 미국의 사례는 4·3 당시 소개령 위반자에 대하여 같은 이치로 적용가능하다.

9. 인명피해의 진실

4·3 피해자 중 군경 복장을 한 남로당 폭도에 의한 피해가 적지 않았다. 위원회에서 파악한 사망자 유형별 실태 내용을 보면, 군경에 의한 사망이 78.7%인 7,624명(대부분 교전 중 사살), 남로당 공비에 의한 사망이 15.7%인 1,528명(100% 학살), 가해자를 특정하지 못하는 기타 사망이 3.3%인 318명 등이다.[230] 그러나 이 수치를 그대로 인정할 수 없다. 피해자의 증언 이외에 이러한 사실을 객관적으로 증명하기가 어렵고, 당시 폭도들이 군경의 복장으로 위장하여 마을을 공격한 후 도주하는 등 가해자를 정확하게 식별하기 곤란한 경우도 많기 때문이다. 당시 공비가 군복이나 경찰복을 착용하고 마을 습격이나 작전에 참여한 것은 흔한 일이었다. 주한미육군사령부의 1948년 9월 3일자 「주간정보요약」에서도 "김녕경찰지서 습격 때 30명의 공비가 조선경비대 제복을 입고 있었다."고 기록하고 있다.[231] 또한 주한미육군사령부의 1949년 1월 20일자 「일일정보보고」에는 남한에서 활동하는 공산반도들이 한국군과 경찰의 희생자 시신에서 제복을 벗겨내고 있다는 사실에 주목하면서 "마천에서는 두 차례나 군인복장을 한 폭도들이 경찰을 살해했고, 군인복장을 한 폭도 6명이 1월 3일 제주도의 삼양리에 나타나 마을의 우익들을 집합시키고 발포하여 31명을 사살했다."고 기록하면서 "공산폭도들의 이러한 전략은 현재의 군경간의 우호를 헤쳐 신뢰감을

---

230 제주4·3평화재단, 제주4·3사건추가진상보고서 I, 2019, p.85
231 제주4·3사건진상규명및희생자명예회복위원회, 제주4·3사건자료집7 [미국자료편①], 2003, p.86

잃게 만들 것이다."고 논평하고 있다.[232] 즉 전형적인 민심이반 책동의 하나였다. 국방경비대 탈영병, 군경 복장의 남로당에 의한 양민학살 사례는 수없이 많으며 이러한 피해 유형이 군경에 의한 피해로 잘못 파악된 것은 시정되어야 한다.

10. 부적격 희생자의 처리문제

반헌법관에 기초해서 처리된 희생자 결정과 보상금 지급, 제척기간과 시효를 위반해 이뤄진 4·3재판과 이에 근거하여 지급한 모든 배보상 등은 무효로 해야 한다. 좌익희생자에 대한 4·3재판과 배보상을 무효로 하는 방법으로 특별법 제정, 법원의 재재심·비상상고, 행정부 자체 재심의 등이 모색되어야 한다. 무효의 부수적 조치로 지급된 금원은 모두 환수조치 한다. 다만 보도연맹 사례처럼 좌익 중 정치적 희생자라고 볼 수 있는 자들은 처형당하지 않았을 경우 개선 가능성의 기회를 잃어버린 점을 감안하여 넓은 의미의 희생자로 볼 여지가 있으며 이들에 한하여 정책적 차원에서 특별법을 제정하여 장례비 등 위로금을 지급하는 정도로 마무리함이 바람직하다. 남로당 좌익에 의해 피해를 입은 우익희생자는 원칙적으로 남로당 가해자에게 배상청구를 해야 맞다. 다만 증거부족 등의 사유로 배상청구가 현실적으로 어려운 경우가 있을 수 있으므로 정부가 보충적으로 구제하는 방안을 검토하여야 한다.

---

232 제주4·3사건진상규명및희생자명예회복위원회, 제주4·3사건자료집7 [미국자료편①], 2003, p.107-108

정치적 중립을 오해한 공직자들

우리 헌법이 채택하고 있는 이념인 방어적 민주주의는 자유의 적에게는 관용을 베풀지 않는다는 가치지향적 민주주의이다. 상대적(가치중립적) 민주주의는 나치 정권에 의한 민주주의 가치질서 파괴를 막을 수 없었다. 이에 대한 반성으로 독일이 채택한 방어적 민주주의는 민주주의 가치가 다수결에 의해 정해지는 것이 아니라 이미 민주주의의 개념 속에 내재하는 것으로 보고 이 가치를 부정하는 세력으로부터 이를 보호하려는 민주주의이다. 방어적 민주주의는 민주주의 이념과 자유의 가치를 수호하기 위해서 자유의 적에게는 자유를 제한하고, 다수결의 원리로부터 소수를 보호하며, 헌법을 사전예방적으로 수호하는 기능을 한다.[233] 국민 다수의 지지를 얻었다는 이유로 자유의 적에게 면죄부를 주는 것은 우리 헌법이 채택하고 있는 실질적 법치주의와 방어적 민주주의를 파괴하는 것이다. 우리는 다수결 원칙이 민주주의의 중요한 실현 방법이 될 수 있음을 인정하지만 힘의 한계(헌법이념)를 무시하고 자유와 권리를 억압

---

[233] 황남기, 헌법, 도서출판 찬글, 2012. 8. 30, p.69, 111

할 수 있는 '다수의 횡포'를 언제나 경계해야 한다.[234]

특히 안보를 정치적 중립의 문제로 치환하여 방어적 민주주의를 형해화시키는 정치인들의 행태는 안보 경각심을 느슨하게 하는 문제를 초래하고 있다. 안보는 국가와 국민의 생존에 직결되는 이념과 체제수호의 문제이다. 정치적 중립은 공직자가 대한민국을 인정하는 우익 세력 간에 있어서 공직선거와 여야 정치상황에서 중립을 지킨다는 의미다. 정치적 중립을 오해한 공직자들이 안보와 관련된 좌우의 문제에서도 중립을 지키는 경우가 많다. 안보는 좌우의 문제이므로 정치적으로 중립을 지켜서는 안 되며 철저하게 우익의 편에 서서 사안을 처리해야 한다. 따라서 대한민국 세력과 반체제 세력 사이에서 정치적 중립은 있을 수 없다. 그동안 정치 지도자들은 정치적 중립을 좌우 대립에서의 중립으로 호도하고, 피해자 인권만을 부각시켜 4·3의 본질을 왜곡시켰다. 대중 영합적 사회 분위기에 편승하여 동조한 결과는 반공정신 해이와 반대한민국 세력의 진지 구축 및 수사기관이 국가보안법을 사문화시키는 현상까지 가져오게 하였다. 반역을 희생으로 수용한 행위는 정치적 중립을 오해한 결과다. 안보는 여야를 떠나 모든 정치인, 공직자들이 힘을 모아 반역세력을 척결해야 하는 최우선의 과제이다. 국가안보와 정치를 혼동한 대표적인 공직자 사례는 다음과 같다.

1. 김대중 전 대통령의 표리부동

김대중 전 대통령은 공산폭동을 민중항쟁으로 바뀌도록 원인을 제공한 책임이 있다. 1998년 11월 CNN과의 기자회견에서 "한국과 미국 정부는 1948년 제주 4·3사태에 대한 진상을 서로 언제 공개할 방침인가?"라는 기자의 질문에 대해서, 김대중 전 대통령은 "원래 시작은 공산주의자들이 폭동을 일으킨 것이지만 많은 무고한 사람들이 공산주의자로 몰려서 억울하게 죽음을 당했다."면서 "이 문제는 세월이 많이 지났지만 그들의 명예를 회복시키고 해서 유가족들을 위로해 주

---

234 김학성, 국민헌법, ㈜퓨리턴퍼블리싱, 2021. 11. 1, p.81

어야 한다."[235]고 말했다. 4·3은 공산폭동이라는 김대중 전 대통령의 발언을 신뢰한 국민은 사상적 경계심을 낮추는 계기가 되었다. 하지만 2010년 출간된 〈김대중 자서전〉에서 김대중 전 대통령은 '4·3은 국가에 의한 양민학살 사건'이라고 생각한 자신의 속내를 드러냈다.

4·3특별법의 제정은 획기적인 것이었다. 제주4·3사건은 한국전쟁을 전후하여 제주 지역에서 발생한 양민 학살 사건이었다. 나는 피해자와 그 유족들이 수십 년 동안 '폭도', '빨갱이' 등으로 매도되어 살아온 것에 국가가 명예를 회복시켜 주고 사죄해야 한다고 생각했다. 4·3사건은 현대사의 치부이자 살아 있는 우리들의 수치이기도 했다. 이 법에 따라 정부는 진상 규명 작업에 착수했다. 그리고 2003년 정부 차원의 '진상 보고서'를 채택했다. 사건의 실체 규명을 놓고 논란이 있었지만 위원회는 사실을 담아냈다.
"4·3사건은 남로당 제주도당이 일으킨 무장 봉기가 발단이 됐다. 단, 강경진압으로 많은 인명 피해를 냈고 다수의 양민이 희생됐다." 이로써 제주도는 이념의 질곡에서 벗어날 수 있었다. 지난 50년간 쌓인 제주도민의 한이 조금은 풀렸을 것이다.[236]

공산폭동으로 말하고 민중봉기, 양민학살로 정리한 김대중 전 대통령의 표리부동은 위원회 구성을 통해서도 알 수 있다. 김대중 전 대통령이 4·3의 본질을 공산폭동으로 인정하였다면 4·3위원들을 위촉함에 있어서도 4·3을 공산폭동으로 보는 인사들로 위촉했어야 한다. 그러나 4·3을 민중항쟁, 통일운동이라고 주장하는 다수의 좌파 인사들이 위촉되었고 다수결 방식으로 보고서 작성과 희생자 선정 등이 결정되었다. 위원회의 인적구성은 결정적으로 역사왜곡의 판을 깔아주었고 반역사건에 대한 진압의 정당성은 배제하고 피해자 중심으로 처리되도록 하였다. 희생자의

235 서울신문, [뉴스를부탁해]"DJ도 제주 4·3은 공산폭동이라고 했다?", 2018. 4. 3.
236 김대중, 김대중 자서전, ㈜도서출판 삼인, 2023. 5. 15. 초판 6쇄, p.407

범위를 최대한 넓게 하여 남로당 가해자를 포함하는 등 부적격 희생자가 부풀려지는 결과를 가져왔다. 이런 상황에서 보수우파 진영은 위원회에서 소수에 해당하는 우파 위원들의 활동을 적극 지원하여 역사왜곡을 방지했어야 하는데 그런 노력은 없었다. 정치인들이 수수방관하는 사이 4·3의 역사왜곡과 4·3특별법의 반체제성은 20여 년간 거침없이 확대되어 왔다. 4·3공산폭동 반란 사건이 형식적인 진상규명을 거쳐 양민학살, 국가폭력이라는 허구로 포장된 이후, 정치인들은 비난받지 않기 위해서 비판조차 자제하는 분위기가 되었다.

김대중 선 대동령은 4·3특별법 제정 서명식에서 "4·3특별법은 인권이 그 어느 기치보다 우선되는 사회, 도도히 흐르는 민주주의 도장에서 금자탑이 될 것"이라는 의미심장한 말을 남겼다. 즉 4·3을 인권의 차원에서 인식하고, 남로당이 대한민국 정부 수립을 방해할 목적으로 일으킨 폭동 반란이라는 사건의 본질에 대해서는 문제시하지 않겠다는 자신의 속뜻을 드러냈다. 이러한 4·3특별법을 노무현 정부에서 이어받고 다른 정권이 들어서도 변경하지 못하도록 4·3사건의 성격 규명 요구를 무시한채 성급히 보고서가 만들어졌다. 김대중과 노무현 두 대통령이 주도하던 정부와 입법기관에서 4·3사건의 실체를 왜곡한 보고서와 4·3특별법은 정치적인 도구로 사용되었다.[237] 역사왜곡이 가능한 구조로 위원회를 구성한 주체는 형식적으로는 국무총리였지만 실제 배후에서 작용한 정치권력은 대통령이었다. 김대중 전 대통령이 초미의 관심사인 4·3사건을 다룸에 있어서 북한이 주장하는 민중항쟁설과 통일운동설에 동조하는 인사를 위촉한 것은 정치적 중립의 문제를 넘어서 4·3왜곡의 단초를 제공하였고, 이는 국가보안법 위반에 해당하는 사안이 될 수 있다. 북한 정권의 파괴적 실체를 바로보지 못하고 추진했던 햇볕정책이 북한의 핵무기 위협으로 돌아왔듯이, 4·3의 반역적 실체를 외면한 진상규명 및 명예회복은 대한민국의 뿌리를 부정하는 역사왜곡의 덫이 되어버렸다.

---

237 현길언, 정치권력과 역사왜곡, 태학사, 2018. 4. 23, p.25

2. 박근혜 전 대통령과 4·3추념일

박근혜 전 대통령은 2014년 3월 제주4·3희생자추념일을 국가기념일로 지정하였다. 4·3평화재단이 치르던 기념식이 정부 주관으로 변경된 것이다. 이러한 조치는 경찰지서가 습격당한 날, 부적격 희생자들까지 포함하여 추념하도록 제도화시킴으로써 호국영령 및 남로당에 의한 억울한 희생자들과 유족들을 통곡하게 한 행위가 되었다. 제주4·3평화공원에는 부적격 희생자들의 위패가 상당수 있다. 공산주의자들의 위패에 대한민국의 공직자들이 절을 올리는 것은 반역에 해당한다. 정치적 표심을 의식한 행위라고 변명할지라도 반역의 책임을 면할 수는 없다. 경찰지서들이 습격당한 반란의 날을 4·3추념일로 정하려면 부적격 희생자를 색출하여 제거했어야 한다. 추념일을 4월 3일로 정한 것은 그 '반란의 날'을 '정의로운 봉기의 날'로 기념하기 위해서였다. 반란의 날을 추념일로 만든 것도 모자라 제주도민 축제의 날처럼 변질시켜[238] 공산주의자들 앞에서 머리를 조아리게 만든 사실이야말로 대한민국을 부정한 중대한 과오이다.

추념일을 정한다면, 6·25전쟁으로 순국한 영령을 위로하는 날을 6월 6일로 정한 것처럼, 4월 3일이 아닌 다른 날로 정했어야 한다. 4월 3일을 추념일로 정하여 부적격 희생자, 남로당 반역자들까지 추념하는 것은 대한민국 헌법 정신에도 위배되는 일이다.[239] 추념일의 근거가 되는 4·3특별법 제24조 제1호는 희생자의 진위를 가리지 않는 한 삭제되어야 한다.

---

238 현길언, 정치권력과 역사왜곡, 태학사, 2018. 4. 23, p.33

239 현길언, 제주4·3평화기념관 전시물에 나타난 문제점, 제주4·3추념일 지정의 문제점에 대한 세미나 자료집, 2014. 1. 20, p.37

3. 문재인 전 대통령의 자백을 담은 확정판결

문재인 전 대통령은 2018년, 2020년, 2021년 3회에 걸친 제주4·3 추념사에서 반국가적 발언을 반복하여 국가보안법 위반혐의로 수차례 고발[240]을 당할 정도로 국민들의 공분을 샀다. 문재인 전 대통령은 공산폭동 반란의 주체인 남로당을 제주4·3사건의 피해자로 인정하여 명예를 회복시켜주겠다는 취지의 발언을 비롯하여, 공산통일국가의 꿈을 이루지 못한 채 탄압을 받은 남로당의 한을 공감하면서 남로당의 꿈이 오늘 우리의 꿈이라는 반역적 망언을 하였다. 남로당에 의해 희생당한 제주도 유족들은 문재인 전 대통령의 발언에 심한 충격과 분노를 억제하지 못하고 명예훼손 및 인격권 침해를 이유로 문재인 전 대통령을 상대로 2021년 손해배상청구소송[241]을 제기하였다. 이 사안은 항소심에서 원고기각판결로 확정되었지만 재판부는 판결문[242]에 다음과 같은 중요한 사실을 확인시켜주고 있다.

피고(문재인 전 대통령)의 주장
피고는 별지 청구원인 제2항과 같은 제주4·3사건의 발생 경위에 관한 사실, 같은 별지 제3항과 같은 추념사(이하 '이 사건 각 추념사'라 한다)를 한 사실은 다투지 않고, 다만 이 사건 각 추념사에는 원고들에 관련된 사실의 적시가 없으므로 명예훼손이 성립하지 않고, 피고가 이 사건 각 추념사를 통하여 남로당 제주도당의 공산무장유격대까지도 제주4·3사건의 희생자 내지 피해자로 간주될 수 있는 취지나 이들의 명예를 회복시켜 주겠다는 취지의 발언을 하였다고 인정되지 않는다고 주장한다.

---

240 서울중앙지방검찰청 2020형제46910호 국가보안법위반(찬양, 고무 등) 등 사건

241 서울중앙지방법원 2021가단5217342

242 서울중앙지방법원 2022나41913 손해배상(기)

판단

이 부분에 적을 이유는 제1심판결의 이유 제3항 기재와 같으므로 민사소송법 제420조 본문에 따라 이를 인용한다. 다만, 4면 7째줄 "증거가 없다" 다음에 "(오히려 피고는 남로당 제주도당이 1948. 4. 3. 제주도 내 11개 경찰지서를 습격하여 경찰관 4명이 사망하는 등의 피해를 낸 것이 제주4·3사건의 시발점이라는 등 남로당 제주도당 공산무장유격대의 가해행위에 관한 원고들의 주장사실을 다툼 없는 사실로 인정한다)" 추가한다.

결론

그렇다면, 원고들의 청구는 모두 이유 없으므로 이를 기각하여야 하고, 제1심판결도 이와 같은 결론을 내려 정당하므로 원고들의 항소를 모두 기각한다.

위 판결문에서 문재인 전 대통령은 세 가지 중요한 자백을 하였다.

가. 남로당 가해자성 인정

문재인 전 대통령은 남로당 제주도당이 제주4·3을 일으킨 가해자라는 사실을 인정하였다. 그동안 문재인 전 대통령은 가해자와 피해자 구분 없이 제주도민 전체를 피해자로 발언하여 남로당을 피해자로 오인하게 하였고, 남로당에 의해 피해를 입은 제주도민을 남로당과 함께 반란을 일으킨 주체로 오해하게 하였다. 남로당과 같은 취급을 받은 제주도민들이 문제를 제기하면서 문재인 전 대통령에게 손해배상청구를 하게 되자 궁지에 몰린 문재인 전 대통령이 남로당이 가해자라고 분명하게 밝혔다. 문재인 전 대통령이 부정할 수 없는 4·3의 진실을 자백했다. 그렇다면 남로당 제주도당, 즉 공산폭동 반란에 가담했던 수형인, 교전 중 사살된 자, 행방불명인 등은 가해자로서 희생자가 될 수 없게 된다. 따라서 2019년 이후 부적격 희생자들에 행해진 공소기각판결과 무죄판결은 모두 취소되어야 하고 지급된 배보상금 등은 환수되어야 한다. 문재인 전 대통령이 일련의 4·3추념식에서 보상금 지급 방침을 밝힘으로써 촉발된 4·3특별법상 보상규정의 신설, 보상규정을 근거로 이뤄지는 일체의 보상금 지급 처분행위 역시 모두 원천무효가 되어야 한다. 또한 4·3특별법상 특별재심, 직권재심 규정도 위헌이 명백해진다.

나. 4·3의 시기 인정

문재인 전 대통령은 4·3의 시발점은 1947년 3·1발포사건이 아닌 1948년 4·3이라고 인정하였다. 그렇다면 4·3을 민중봉기로 세탁하려고 3·1발포사건을 4·3의 기점으로 원용하고 있는 보고서와 4·3특별법의 4·3사건 정의는 설득력을 상실하게 된다. 4·3의 성격은 공산폭동 반란이었다는 건국 초기부터의 인식이 정확하게 진실과 헌법질서에 부합한다는 평가를 받게 된다. 따라서 4·3 관련한 국가정책은 2001년 헌재 결정(2000헌마238)에 부합되도록 전면 수정되어야 한다.

다. 명예훼손을 간접적으로 인정

문재인 전 대통령은 추념사에서 원고들에 관련된 사실의 적시가 있었다면 원고들에 대한 명예훼손이 성립한다는 취지의 주장을 하였다. 이러한 주장은 문재인 전 대통령의 추념사가 추상적, 간접적으로 원고들의 명예를 훼손했다는 뜻이다. 민법상 불법행위가 되는 명예훼손이란 사람의 품성, 덕행, 명성, 신용 등 인격적 가치에 대한 사회의 객관적인 평가를 저하시키는 행위를 말한다. 이러한 명예훼손은 사실의 적시가 있음을 전제로 하고(대법원 2018. 4. 12. 선고 2015다45857 판결), 여기에서 말하는 사실의 적시란 사실을 직접적으로 표현한 경우는 물론이고 간접적이고 우회적인 방법에 의하더라도 그 표현의 전체 취지에 비추어 어떤 사실의 존재를 암시하고 또 이로써 특정인의 사회적 가치 내지 평가가 침해될 가능성이 있을 정도의 구체성이 있으면 된다(대법원 2007. 12. 27. 선고 2007다29379). 문재인 전 대통령은 이승만 정부의 남로당 반란자들에 대한 정당한 진압행위는 국가폭력으로 폄훼한 반면 남로당의 공산폭동은 마치 좋은 꿈을 꾼 행위로 미화하는 발언을 함으로써 이승만 대통령과 대한민국 군경의 명예를 간접적으로 훼손하였다.

문재인 전 대통령의 4·3 추념사는 국민의 아픔을 치유하려는 노력이 아니라 국민의 마음을 분노하게 만드는 잘못된 악수를 둔 것이다. "제주는 해방을 넘어 진정한 독립을 꿈꿨고, 분단을 넘어 평화와 통일을 열망했습니다... 누구보다 먼저 꿈을 꾸었다는 이유로 제주는 처참한 죽음과 마주했고"라는 추념사는 선전선동의 극치였다. 4·3사건의 주동자는 대한민국의 적이었음이 명백한데도 불구하고, 그들이 바람직한 선각자였던 것처럼, 또한 오직 꿈을 꾸었을 뿐 아무런 범죄행위도 하지 않았는데 처참한 죽음을 당한 것처럼, 대통령이 추모사를 한 것은 헌법질서와 대한민국 대통령으로서의 책무에 위배된다(한변 성명서 발표).[243] 추모사는 공산국가의 꿈을 꾼 대한민국의 적을 칭송하고 대한민국 정부의 남로당 반역행위 진압을 국가폭력으로 매도하여 이승만 대통령과 군경을 모욕했다. 역사적 진실은 제주도에 거주하고 있던 6만여 명 이상의 공산주의자들이 그들의 조국이었던 조선민주주의인민공화국 건설을 꿈꿨고, 대한민국 단독선거를 저지하여 공산통일을 열망했음이 팩트다. 공산국가 꿈을 꾸고 저지른 범죄행위는 명백한 반역이었다. 대한민국 정부는 정당하게 반란세력을 진압하였고, 일방적으로 폭력을 행사한 사실이 없었다. 문재인 전 대통령은 전국민 앞에서 국가의 정당행위를 국가폭력으로 매도하였다. 나아가 그들이 말하는 진정한 독립이 공산국가 건설이었다는 불편한 진실을 은폐하기 위해 어떠한 체제인지를 밝히지 않은 채 진정한 독립이라는 교묘한 표현으로 거짓선동하여 불온한 꿈을 꾼 반역자들에 대해 면죄부를 주려는 의도를 드러냈다. 문재인 전 대통령의 발언은 불온한 꿈을 정당화내지는 지지해주는 국가파괴적 자기부정 행위이다. 공산국가 건설의 정당화는 상대적으로 대한민국의 정당성을 부정한 것으로 평가할 수 있다.

4. 원희룡 전 제주도지사의 이해충돌

2014년 7월부터 2021년 8월까지 제주도지사를 역임한 원희룡은 4·3공산폭동이 민중항쟁으로 변질되는데 직·간접 책임이 크다. 박근혜 정부의 행정자치부는 2015년 12월 23일 제주도지사

---

243 박인환, 역사왜곡과 법이념의 전개과정, 제주4·3사건 재조명 국회 세미나 자료집, 2023, p.18

에게 4·3희생자로 선정된 남로당 수괴급 53명을 실태 조사해서 2016년 1월 29일까지 보고서 제출을 하도록 요구했으나, 당시 원희룡 제주도지사가 좌파 편에 서서 4·3희생자 재심사를 거부했다. 결국 보수정권에서 4·3역사왜곡을 바로잡을 기회는 사라졌다.

좌파유족회가 정부 및 지방자치단체의 지원을 받아 4·3을 민중항쟁으로 굳히면서 대한민국의 정통성을 훼손해도 우파는 속수무책으로 바라만 볼 뿐 누구도 나설 엄두를 못내고 있는 형편이다.[244] 재임시절 원희룡 전 제주도지사는 4·3 우파유족회를 사회단체로 인정해 달라는 신청을 받았으나 거부했다. 우파유족회는 정부지원을 받기위해 제주도청에 '4·3희생자유족회' 능복을 해야 하는데, 원희룡 전 제주도지사 재임 기간 중 두 번이나 우파유족회의 신청을 불허했던 것이다. 제주도청이 우파유족회의 사회단체 등록 요청을 거부하면서 보낸 공문에는 "제주4·3정립연구유족회의 목적과 활동이 4·3의 화해와 상생의 취지에 부합되지 아니하고 공익성을 가지고 있지 않다."는 이유가 적혀 있었다고 한다.[245] 결국 좌파유족회만 등록을 허가해주었고, 현재까지 제주도에서 좌파유족회가 여론, 행사, 자료제공 등 관련하여 4·3을 주도하고 있다.

또한 원희룡 전 제주도지사는 2021년 4·3특별법이 여야 합의로 전부개정이 되는 일에도 앞장섰다. 원희룡 전 지사는 사형선고 받고 투옥된 큰아버지 등 본가와 처가에 남로당 측으로 4·3희생자가 된 사람이 무려 11명이나 된다고 본인 스스로 인터뷰[246] [247]를 한 적이 있다. 4·3특별법이 악법으로 개정되는데 기여한 원희룡 전 지사의 노력을 우연으로만 볼 수 있을까? 원희룡 전 지사 집안에서 받아가는 보상금은 1인당 9천만원, 총 10억 이상으로 추정된다.

좌파들의 끊임없는 요구를 받아들여 2022년 제주호국원에 있던 남로당 프락치에 의해 암살된 고 박진경 대령의 추도비를 공설묘지 인근 외진 곳으로 이설하는 결정도 원희룡 전 제주지사 재임시절이다.

원희룡 전 제주도지사는 공직자로서 국익과 집안의 사익이 이해충돌 하는 상황에서 대한민국

244 자유시민저널, 제주4·3희생자 신고·조사 엉터리다, 2002. 7. 3.

245 제주4·3정립연구유족회, 4·3의 진정한 희생자는 7집, 도서출판 신명, 2017. 1. 3, p.262

246 제이누리, 원희룡 후보가 밝힌 "나도 4.3유족" 사연은?, 2014. 4. 2.

247 제주의소리, 4.3공세 차단용? 원희룡 "내 집안도 엄연한 피해자", 2014. 4. 2.

편에 유리한 도정활동과 입법활동을 했어야 함에도 국익우선의무를 공정하게 이행하지 않음으로써 4·3 역사왜곡으로 헌법파괴 상황에 이르게 하여 대한민국 역사에 씻을 수 없는 오점을 남겼다. 본인의 이해관계가 얽혀 있는 상황에서 국익을 우선시해야 할 제주도지사가 4·3특별법이 남로당 특혜법이 되는데 앞장섰던 행위는 정치권력이 역사를 왜곡한 대표적인 케이스로 향후 공론화시켜 책임을 물어야 할 것이다.

5. 한동훈 전 법무부장관의 주관적 정의

2022년 5월 취임한 한동훈 전 법무부장관은 장관직에 어울리지 않게 법치를 파괴하였다. 헌법을 파괴하는 헌법기관이 한동훈 장관 뿐은 아니지만 법무부장관이라는 직책을 고려할 때 대한민국이 길을 잃고 있음은 분명해 보인다. 한동훈 전 장관도 좌우문제를 정치적 중립의 문제로 오해하지 않고서야 4·3 관련 다음과 같은 잘못을 어떻게 설명할 수 있겠는가?

2022년 8월 10일 한동훈 전 장관이 1,500여 명에 달하는 4·3일반재판수형인에 대한 직권재심 확대방안 지시를 하였다(법무부 보도자료 #4738). 2022년 8월 12일 민주당 김한규 등 10인이 한동훈 전 장관의 직권재심 확대방안을 담은 4·3특별법 일부개정법률안을 발의하여, 2023월 8월 16일부터 시행되고 있다. 2021년 전부개정된 4·3특별법 제14조는 특별재심 대상으로 군사재판과 일반재판 4·3수형인 모두를 대상으로 삼았지만, 제15조 직권재심 대상은 군사재판 수형인만 되도록 규정하였다. 한동훈 장관의 직권재심 확대 지시에 따라 만들어진 개정안은 일반재판 수형인도 직권재심 대상에 포함시켜 개별적인 특별재심 소송청구 부담을 완화시켜 주려는 의도였다. 4·3에 있어서 피고 대한민국을 변호하는 법무부는 군사재판 수형인에 대한 직권재심 권고가 들어와도 거부해야 마땅한데, 적법한 재판이었음은 물론 판결문도 존재하는 일반재판 수형인까지 직권재심이 가능하도록 법무부장관이 앞장서서 반역자들에게 혜택을 주게 한 것이다. 현재 시행중인 직권재심은 권고사항이라 법무부장관이 거부할 수 있다. 그럼에도 한동훈 전 장관은 직권재심 권고가 들어오면 거부하지도 않고 오히려 적극적으로 도와주었다. 4·3재심재판에서 피고 대한민국을 대표하고 변호해야 하는 법무부장관이 원고 4·3수형인들을 돕는 이해충돌 상황이 벌어지게 했다.

법치행정은 법률에 근거해서 행해져야 한다. 행정의 남용을 방지하여 국민의 권리를 보장하기 위해서이다. 그런데 한동훈 전 장관의 일반재판수형인에 대한 직권재심 확대지시는 4·3특별법 일부 개정법률안이 시행되기 전 법적근거 없이 취해진 처분으로서 이는 명백하게 위법한 지시에 해당된다. 한동훈 전 장관은 일반재판수형인에 대해서도 직권재심을 확대하는 것이 정의에 부합하는 일로 인식하였다. 이와 같이 피상적인 주관적 정의가 객관적 헌법정신에 위배되어 결과적으로 국민의 평등권과 재산권 등을 침해하게 되었다. 탄핵사유이자 형사처벌도 가능한 일이다.

6. 이재명 더불어민주당 대표의 위험한 발언

이재명 대표는 2017년 1월 31일 국립서울현충원을 찾아 이승만 전 대통령의 묘역은 방문하지 않고 "이승만 전 대통령은 친일 매국세력의 아버지"라고 밝혔다.[248] 더불어민주당 대선 후보였던 2022년 2월 23일 그의 페이스북 글에서 6·25전쟁 전후 이승만 정권의 대규모 민간인 학살을 '국가범죄'로 언급하면서 향후 기한 없이, 성역 없이 엄중 처벌하며 당사자 및 유족의 피해를 국가가 무한으로 책임지겠다고 약속했다. 한국전쟁 민간인 희생자들께도 명예를 회복하고 피해에는 특별한 보상이 따르도록 특별법 등 항구적인 대책을 세우겠다는 뜻을 밝혔다.[249] 더불어민주당 당대표 경선에 출마한 이재명 후보는 2022년 8월 4일 제주4·3평화공원을 참배한 뒤 "제주4·3 등 국가폭력 범죄에 대해 공소시효를 영구 배제해 진상을 철저히 규명하고, 그에 상응하는 민형사상 책임을 묻게 해야 한다."고 밝혔다. 이재명 대표는 2024년 1월 19일 당 최고위원회의에서 "선대들, 우리 북한의 김정일, 또 김일성 주석의 노력들이 폄훼되지 않도록, 훼손되지 않도록 애써야 할 것"이라고 말했다.[250]

248 서울경제, 이재명 "이승만은 친일매국의 아버지 … 박정희는 인권침해의 독재자", 2017. 1. 31.

249 매일신문, 이재명 "이승만 정권 민간인 학살 '국가범죄' 기한 없이 처벌", 2022. 2. 23.

250 조선일보, 이재명 "우리 북한 김일성·김정일의 노력"… 속기록에선 '우리' 뺐다, 2024. 1. 20.

우리의 건국 대통령에 대해서는 업적을 선양하는 대신 허위사실로 명예를 훼손하더니 대한민국을 적화하기 위해 혈안이 되어 온 독재자 김일성과 김정일의 노력을 폄하하지 말라는 발언을 어떻게 공개석상에서 할 수 있다는 말인가? 이러한 위험한 발언은 국가보안법상 반국가단체를 찬양 고무 동조한 행위이며 징계사유 및 위헌정당 해산사유도 될 수 있다. 좌편향된 권력에 의해 왜곡되어온 4·3은 대한민국을 학살자로 만들었고, 남로당을 위해 활동을 한 자들의 범죄는 은폐하여 피해자로 둔갑시켰다. 대한민국 건국을 반대한 반역자들까지 배보상을 받고, 적법한 재판을 통해 형이 확정되었던 4·3수형인들은 재심으로 모두 무죄를 받고, 오히려 공산폭동 반란을 진압한 국가의 정당한 법집행 행위가 범죄 취급을 받고 있는 상황에서 공소시효 없는 민형사상 책임과 처벌을 거듭 공언한 이재명 대표의 4·3에 대한 왜곡된 역사관과 위험한 대북관을 거침없이 드러내는 행보에 우리 국민은 심히 우려하지 않을 수 없다.

결론

진상규명을 통해서 억울하게 희생된 사람들을 찾아내 명예회복을 도움으로써 과거를 청산하고 미래로 나가자는 4·3특별법은 본래의 취지가 무색해졌다. 먼저 선행되어야 할 진상규명은 하지 않고 귀책사유가 있는 부적격 희생자를 양산하더니 심지어 반란에 가담해서 적법한 재판을 받은 수형인들까지 재심으로 전부 무죄선고하고 보상하는 등 잘못된 방향으로 질주해왔다. 4·3 반역자들에게 면죄부를 줌으로써 이승만 대통령과 군경에게 학살자의 오명을 뒤집어 씌웠다. 이러한 결과는 건국 시기 정부와 법원, 2001년 헌재의 공적 판단을 배척하는 심각한 문제를 야기한다.

2000년 김대중 정권은 위원회 인적구성을 다수의 좌편향 인사들로 위촉하여 공산폭동 반란을 민중봉기와 통일운동으로 역사왜곡하는 단초를 제공했다. 2003년 노무현 정권은 헌법이념을 배제하여 역사를 왜곡한 보고서를 작성하였다. 최근 법원의 4·3 수형인 재심재판과 배보상 판결이 위헌 위법한 이유는 왜곡된 보고서와 그 보고서에 기초한 4·3특별법을 근거로 하기 때문이다. 보고서는 보수 위원들 전원 '부동의' 한 가운데 좌파 위원의 수적 우세를 내세워 날치기 통과한 반쪽짜리 정치문서일 뿐이다. 국회는 보고서를 바탕으로 4·3 수형인의 과거판결을 뒤집게 해주는 특별재심과 14,700여 명의 희생자 보상금 규정 등을 4·3특별법에 신설하였다. 4·3특별법은 국민

재산을 약탈하고 대한민국을 부정하는 반체제 악법이 되어 많은 공직자들로 하여금 반역에 동참하게 만드는 족쇄가 되었다. 정부와 국회는 4·3사건을 공산폭동 내란으로 규정한 헌재의 결정 취지를 보고서 발간 시와 4·3특별법 개정 시에 전혀 반영하지 않았다. 오히려 정부는 헌재 결정과 주권자 국민의 의사를 무시하고 남로당의 공산폭동 반란의 역사를 민중항쟁으로 왜곡하여 위헌성을 가중시키는 보고서를 발간하고, 국회는 수차례 개정을 거듭하며 반체제적인 4·3특별법으로 악화시키고 있다. 그러나 우리 국민은 4·3의 본질이 공산폭동 반란임을 잘 알고 있으며, 역사의 진실을 은폐하고 4·3을 민중봉기로 포장하여 마치 통일운동을 한 것처럼 미화하는 거짓에 분노하고 있다. 진압과정에서 민간인 피해발생이 일부 있었다고 남로당 반란을 정당화하는 진실 은폐는 역사에 대한 폭거이기 때문이다.

역사의 진실이 밝혀진 이상 법치와 인권문제는 4·3 당시 상황을 기준으로 평가한 기존의 자료와 판단을 존중하여 처리되어야 한다. 헌법기관들은 진상규명부터 다시 시작해서 진정한 희생자를 선별하는 절차를 재개하여 각자의 자리에서 잘못을 시정해야 한다. 4·3주동자와 동조자 처리도 왜곡된 정보와 현재의 인권수준에서 재단한 잘못을 바로잡아야 한다. 희생자 명예회복이 되었으니 진상규명은 적당히 봉합하고 넘어갈 생각은 버려야 한다. 대한민국 건국에 지대한 공헌을 하였던 이승만 대통령, 건국정부, 군경, 서북청년단 등 우익과 건국을 도운 우방 미군정에 대한 긍정적인 재평가가 국가 차원에서 실시되어야 한다. 기득권 카르텔이 된 좌파는 건국의 공로자들에 대해 책임을 묻겠다는 배은망덕한 풍조에 빠져있다. 좌파의 사상과 진지를 바로잡아야 대한민국은 정상화될 것이다.

4·3의 화해와 상생이라는 솔깃한 주장은 진실을 외면하고 반성 없는 반란세력에 일방적으로 관용을 베풀자는 대국민 사기극이다. 국가를 모독하는 반국가적인 술책이며 대립과 갈등, 혼돈한 세상을 만들어 가는 프로파간다일 뿐이다. 대한민국의 정통성을 부정하며 조선민주주의인민공화국의 합법성을 간접적으로 인정하는 음모가 서려있음을 간파해야 한다. 진정한 화해와 상생은 정치에 이용되어서는 안 되며, 북한의 입장이 아닌 자유 대한민국의 입장에서 사실을 규명하여 쟁점을 풀어가야 한다. 법의 상식대로 가해자가 사과하고 배상을 하도록 만들어야 한다. 과거를 지배하는 자가 미래를 지배한다는 경험칙에 근거하여 대한민국은 태어나서는 안 될 나라로 흠집내면서 국가의 정통성을 훼손하는 정치인들의 역사왜곡에 단호히 저항해야 한다. 4·3에서 제주도

남로당과 부역자들의 피해위주로 이야기하는 풍토에서 그들의 의도와 만행을 드러내어 비판하는 방향으로 초점이 변해야 한다. 국가정체성을 흔드는 반체제세력이 발호하지 못하도록 대한민국 입장에 서서 진실을 호도하여 역사를 왜곡하는 자들을 처벌하는 법을 제정해야 한다. 선제적 조치가 없으면 국민의 생각과 행동은 반체제세력에 의해 통제당할 뿐 아니라 국민의 정서와 삶은 파괴되는 결과를 초래할 수 있다.

한반도에 1920년대부터 공산주의가 전파되어 1940년대는 공산주의와 사회주의 사조가 대세였기 때문에 공산주의 실체를 몰랐다는 식의 변명은 설득력이 없다. 제주도 공산주의 운동은 1921년 4월 김명식이 제주도 출신 서울 유학생들을 포섭하여 제주도로 보내 '반역자구락부'라는 야체이카(러시아어 : 공산당 세포)를 조직하게 한 때부터 시작하여, 1957년 4월까지 무려 36년 동안 지속되었다. 전 제주4·3평화재단 이사장 양조훈[251]도 제주도민은 육지인들보다 학력수준이 높았고 사회주의 사상에 높은 이해를 가지고 있었다는 취지의 주장을 한 바 있다.[252] 종합하면 4·3 당시 남로당 제주도당은 이념에 철저한 공산주의자로서 반역을 저질렀다. 그 후예들은 대한민국 영내에서 헌법과 법률에 저촉될 수밖에 없었던 범죄자 낙인을 지우기 위해 이제는 피해자 행세를 하는 중이다. 공비토벌에 공로가 컸던 2연대장 함병선 대령을 위해 공적비를 세워주던 제주도민들이 지금은 보상금을 받기 위해 국가폭력이었다며 입장을 바꾸었다. 건국을 방해하면서 수많은 인명을 학살한 남로당 반란세력은 70여 년이 지난 오늘날에 와서 억울하고 죄가 없으니 보상하라며 압박하고 있다. 9년간 제주도를 혼란과 도탄에 빠뜨리고 제주도민을 속였던 남로당 계열은 반성은 고사하고 마치 공산당이 아니었던 것처럼 범죄자가 아닌 것처럼 행세하면서 오히려 피해자 코스프레를 하는 것은 전 국민적 비난을 받아야 마땅하다.

---

251 제주4·3사건진상규명위원회 진상조사팀 수석전문위원

252 [생중계] 추미애 전 법무부 장관 대담 및 강연 : 제주 4.3과 기억의 투쟁, 자주독립과 통일운동으로의 4.3 (2023. 4. 8 오후) - YouTube 보고서 진상조사팀 수석전문위원 양조훈이 4·3을 취재한 후의 평가 : 제주는 육지보다 교육수준이 훨씬 앞섰다. 이것은 매우 중요한 시사점이 있다. 4·3취재를 하다보면 할머니 할아버지들이 이런 말을 했다. "우리는 무지 몽매했다. 우리는 사상도 모르고 이념도 몰랐다"고 말했다. 왜 그랬을까? 빨갱이, 폭도라고 너무나 짓눌렸기 때문에 그 혹독한 레드 콤플렉스에서 벗어나기 위해서 우리는 사상도 모르고 무지했다고 이렇게 주장을 했어요. 그러나 저희들 조사결과 아니었다. 어쩌면 너무 똑똑해서 부당한 탄압에 대해서 저항한 것이었다. 사람이 무지했더라면 고개 숙이고 견뎌내는데 그게 아니기 때문에 들고 일어나 얻어 터진 것이 바로 4·3이다.

이제 남로당의 사기극으로부터 대한민국이 제정신을 차리고 헌법정신을 구현하는 정상국가가 되어야 할 때다. 지금까지 대한민국을 심각한 위기에 빠뜨린 체제전쟁의 와중에서 4·3 사정에 어두웠던 국민을 정치인들이 속여 왔다. 왜곡된 역사가 법규범화까지 되어버린 비정상국가가 된 것이다. 대한민국 건국을 폄하하고 자유민주적 기본질서를 침해하는 국가기관들의 반헌법적인 행태를 제지하여 하루속히 국가가 정상화될 수 있도록 국민이 주권의식을 가지고 적극 나서야 한다.

주권자 국민의 공복인 대의기관이 챙겨야 할 사항은 다음과 같다. 4·3과 같은 비극적인 사태가 두 번 다시 이 땅에서 발생하지 않도록 철저한 안보태세 위에 역사와 헌법교육을 강화해야 한다. 정부는 왜곡된 보고서가 탄생하게 된 배경을 조사하는 것부터 착수해야 한다. 대한민국의 정체성을 파괴하는 반역적 보고서를 집필하고 결정한 인사들에게 엄중한 책임을 물어야 한다. 4·3 중앙위원은 전원 교체하여 대한민국 입장의 보고서를 새롭게 작성하여야 한다. 부적격 희생자를 모두 취소하고 4·3진압을 나치의 제노사이드(집단학살)에 견주는 반대한민국적인 제주4·3평화기념관 전시물을 철거하여 전면 재구성해야 한다. 행정안전부는 헌법재판소에 대한민국 입장의 의견서를 작성하여 다시 제출하고, 희생자 선정과정의 하자 있는 행정행위도 모두 무효가 되도록 조치해야 한다. 법무부는 4·3수형인 재심재판의 법리적 모순, 위헌 위법성의 진상을 파악하여 전면 무효 및 취소소송을 제기해야 한다. 국가보훈부는 4·3수형인 양병시 등 좌익으로서 항일운동을 하여 독립유공자로 인정된 사례를 모두 적발하여 취소해야 한다. 좌익의 항일운동은 대한민국 건국이 아닌 북한정권 수립을 위한 활동에 불과하므로 북한에서 서훈을 받아야 할 일이다. 국회는 시행 중인 4·3특별법의 위헌성을 철저히 제거 후 대한민국사관에 기초해서 헌법가치를 구현할 수 있는 4·3특별법 전부개정안을 발의하여 무너진 법치환경을 회복시킴으로써 국가와 국민 앞에 잘못을 바로잡아야 한다.

2000헌마238 결정은 남로당 반역·부역세력 가운데 역사적 희생자의 지위를 부여받을 수 있는 여지를 두어 정치적 희생자 범위를 조화롭게 정하고자 했으나 과연 타당했는지 재평가가 필요하다. 지금까지 새로운 객관적인 자료들이 많이 나왔고 좌파들이 은닉한 자료까지 검토할 경우 희생자의 범위에 포함될 수 없는 자들은 훨씬 많아졌음을 감안하여 헌재는 과거의 태도를 재고하여야 한다. 지금까지 고찰한 논점들과 헌법정신에 입각해 볼 때, 2000헌마238결정은 돌이켜보면 아쉬운 부분이 없지 않다. 당시 적법요건 미비로 각하결정이 되어 본안판단을 하지 않았지만 현재 계류중인 동일한 성격의 헌법소원 사건(2021헌마514)에서는 대한민국 정체성을 강조했던 과거 소수의견을 적극 참고하여 진실에 부합한 판례로 변경되기를 바란다. 주권자 국민은 민족과 민중을 앞세워 자유민주주의 이념을 도외시하여도 좋다는 결단을 한 바가 없다. 헌재는 주권자의 뜻에 따를 것인지 반국가세력의 진지전에 편승하여 대한민국 헌법정신을 방기할 것인지 선택의 기로에 놓여있다. 헌재의 과감한 위헌결정이 현재 합법으로 탈바꿈한 4·3의 역사왜곡을 바로잡는 공권력의 역할로서 시급하게 요청된다. 4·3특별법은 국가 정체성과 계속성 등 헌법원리와 행복추구권 등 국민의 각종 기본권을 침해하고, 미래에 더 심각하게 반복적으로 침해할 것으로 예상된다. 헌재는 헌법과 법조적 양심에 기초하여 국민의 기본권 침해 방지 및 헌법적 해명을 위하여 4·3특별법을 반드시 위헌 결정하여 역사왜곡 세력에 영합한 모든 국가기관의 헌법 파괴 행위를 중단시켜 국가정체성 수호와 국민의 기본권을 보호해야 한다. 4·3희생자 14,700여 명 가운데 남로당 반역자와 부역자들, 심지어 북한 거주자, 인민군 사령관으로 전사한 자, 교도관을 살해하고 탈옥한 자, 국방경비대 탈영병들까지 희생자로 둔갑되었다. 이들은 대한민국의 희생자가 아니라 김일성을 위한 희생자들이었다. 제주4·3의 진짜 희생자들이 피를 토하는 심정으로 외치는 진실과 정의의 소리는 무고한 희생자만 명예회복이 되어야 한다는 뜻이다. 민주주의 이름으로 민주주의 그 자체를 공격하는 자유의 적을 방어할 수 있도록 헌재의 규율이 시급히 요구된다.[253]

---

253 허영, 한국헌법론, 박영사, 2008. 2. 20, p.90

4·3특별법 위헌성을 정리하면,

첫째, 자유민주적 기본질서 침해
인민민주주의를 지향한 공산폭동 반란을 옹호하는 것은
헌법의 핵심가치인 자유민주적 기본질서를 침해하는 것입니다.

둘째, 삼권분립 위반
특별재심, 직권재심 규정은 입법으로 재판을
무효화시키는 효과를 가져오고 있습니다.
이것은 명백한 삼권분립 위반입니다.

셋째, 국가의 정체성과 계속성 침해
반체제적 반헌법적인 정체성을 받아들이면
점차 국가의 정체성이 변질되어
결국 국가가 소멸될 수 있습니다.

넷째, 국민주권 침해
자유민주적 기본질서, 대한민국의 정체성은
대통령이나 국회의원같은 대의기관이 결정할 수 있는 것이 아니라
주권자 국민이 직접 결정하는 헌법의 핵심가치입니다.
반체제적이고 반헌법적인 4·3특별법은
국민을 무시한 입법을 한 것이고
헌법이념을 무시한 국가행위는
헌법이념을 결단한 주권자의 권리를 침해한 것입니다.
이것은 국민주권 침해입니다.

다섯째, 평등권과 재산권 침해
재심사유 없이 재심을 해주고 또 무죄를 만들어 보상까지 해주는 것은
국민의 평등권과 재산권을 침해하고 있습니다.

여섯째, 학문의 자유, 양심의 자유, 표현의 자유 등 침해
4·3을 비판하면 처벌하는 것은
획일적 사고를 강요하는 전체주의 악법입니다.

일곱째, 행복추구권 침해
위와 같은 헌법가치들이 훼손됨으로써
국민의 행복추구권도 침해받고 있습니다.

4·3에서
건국으로!

4·3은 신생 대한민국의 탄생을 방해하고
살해하려고 한 사건입니다.
자유 대한민국은 난산 끝에 탄생하였습니다.
우리에게 자유를 누릴 수 있게 애써주신
건국과 호국의 주역들에게
깊은 감사의 마음을 전합니다...
우리의 과제는 건국의 완성인 자유민주통일을
이루어 내는 것입니다!

[참고문헌]

제3부

부록

좌익사건실록 : 대한민국 수립 방해책동 (1947~1948)

(출처: 대검찰청 수사국, 좌익사건실록 제1권 제9장, 광명인쇄공사, 1965, p.367-383)

I. 2·7폭동사건

가. 미소공위의 결렬과 2·7폭동지령

미소공동위원회의 결렬로 말미암아 「유엔」에서는 남북통일선거에 의한 조선의 통일독립정부 수립을 추진하기 위하여 1948년 1월 초 「유엔」임시조선위원단을 파견하였다. 이 위원단은 서울에 온 이래 총선거 준비를 추진하는 한편 북조선에서의 선거를 준비하여 선거 실시를 감시하기 의하여 북조선에 입경할 것을 요청하였던바 소련측에 의하여 거부됨으로써 남조선만의 단독선거 실시를 결정하게 되었다. 김일성집단은 남조선의 총선거 실시를 불가능하게 할 목적하에 남조선 전역에 걸친 폭동을 일으키게 함으로써 그들의 소위 미소양군 철퇴, 미소공위 재개, 남조선 단독선거 반대 등의 주장을 관철하려고 기도하였다. 즉 그들은 1948년 2월 7일을 기하여 살인, 방화, 파괴, 파업, 맹휴 등의 방법으로 남조선 일대에 폭동을 일으킬 것을 지령한바 이로 인하여 남조선 각지에서 공산계열의 만행사건이 속출하게 되었다. 이것이 공산당이 소위 '2·7구국투쟁'이라고 부르는 2·7폭동사건이었다.

이날 남조선민주주의민족전선은 아래와 같은 성명서를 발표하여 민심을 선동하였다.

전인민은 구국투쟁에 총궐기하여 단선을 거부하자

남조선민전 성명

친애하는 인민대중들이여! 일체의 애국자들이여!

어디까지라도 조국의 분열 침략을 강행할려는 외래 제국주의의 계획에 충실한 그의 앞재비 「유엔」조선위원단은 드디어 8표 중 4표의 찬성투표로 (「우크라이나」는 미리부터 「뽀이코트」) 단선단정을 결정하였다.

제국주의의 심부름꾼 「유엔」조선위원단은 이성도 체면도 양심도 아무것도 없이 다만 우리 조선의 반분만이라도 이를 침략하여 식민지화하고 군사기지화하려는 주구적 본질 이외에는 아무것도 없음이 폭로되었다.

국내국외의 반동분자들이 우리 조선에 대한 강제적 차관과 군사기지화에 관한 공공연한 토의를 보라!

외래 제국주의의 가장 충실한 종인 필리핀(比律賓) 대표 「아단스」의 군사기지화의 필요성을 보라!

조선인이 원한다면 계속 주병하겠다는 교활한 언사를 보라!

『통일 없이는 독립이 없다』고 말한 혀바닥의 침이 마르기도 전에 국토양단과 민족분열의 단선단정결정의 주역을 놀고 있는 뻔뻔스러운 위선을 보라!

이 이상 더 완강하고 노골적인 침략의 의도가 어데 또 있으며 이 이상 더 파렴치한 기만과 위선이 또 어데 있는가

친애하는 동포들!

조국 조선은 오늘 유사이래 최대의 제국주의세력이 우리 나라를 강점하려 한다.

우리의 유일국토는 허리를 끊기려고 하고 우리의 단일민족은 팔 다리를 찢기려 하며 우리의 아름다운 강토는 다시 제국주의의 철제에 짓밟히려 하며 우리의 전인민은 통털어 외국의 노예가

되려 한다.

조선민족의 탈을 쓴 자라면 어찌 이를 가만히 앉어 볼 수 있는가!

여기에 애국의 순열정에 불타는 우리 조선인민들은 노동계급의 총파업을 선두로 위대한 구국투쟁에 궐기하였다.

괴뢰적 단선단정을 분쇄하고 외제의 앞재비 「유엔」위원단을 국외로 구축하고 소미양군을 철병시켜 조국의 주권을 방어하고 통일 자유 독립을 쟁취하기 위하여 성스러운 투쟁에 기립하였다.

정의의 싸움은 벌어졌다.

이 투쟁이 아무리 희생에 찬 투쟁이라 할지라도 우리는 모든 악조건을 극복하고 견결하게 싸워 이 투쟁에 승리하여야만 우리의 조국의 주권과 국토는 방어될 것이며 우리 민족의 생명은 보전될 것이다.

그러므로 우리 조선인민은 계층과 당파와 사상의 여하를 불구하고 정의의 구국투쟁에 총궐기하여 위선(주 : 우선) 무엇보다도 단선단정을 분쇄하지 않으면 안된다.

그것은 단선단정 분쇄투쟁은 곧 「유엔」위원단 구축투쟁이요 동시에 양군철병 촉진의 투쟁인 까닭이다. 그리고 단선단정을 분쇄하는 가장 유력한 투쟁은 소위 총선거라고 자칭하는 단선을 전인민적으로 「뽀이코트」하는 투쟁이다.

전인민이 일치단결하여 강제적 괴뢰적 단선을 「뽀이코트」한다면 우리는 단정음모를 분쇄할 수 있을 것이다.

친애하는 형제자매들이여! 애국적 열정에 불타는 동포들이여!

외래 제국주의의 주구 이외에는 우리 전국동포들이 민전주위에 일치단결하여 전인민적으로 한사코(주: 죽음을 무릎쓰고) 단선을 거부하자! 강력한 「뽀이코트」투쟁을 전개하라.

그리하여 외군을 철병케 하고 통일조선을 전취하고 민주주의인민공화국을 우리 인민의 손으로 창설하자.

남북의 단결된 민주역량은 위대하며 전세계의 자유애호인민은 우리를 절대지지하고 있다.

우리의 위대한 구국투쟁에 적은 동요하고 있다. 승리를 확신하고 전진하자.

나. 사건의 양상

「유엔」조선위원단이 입국하여 선거사무 토의를 시작한 지 얼마 안 되는 1948년 2월 7일 아침부터 남조선에서는 남조선민주주의민족전선과 남로당의 지령하에 전평솔하 노동조합원들의 파업이 개시되어 각공장을 비롯한 생산기관, 교통, 운수기관에 종사하는 좌익노조원들이 파업에 돌입하였는데 일부지방에서는 경찰관서 습격, 전신전화선의 단절, 전신주의 절단과 도괴행위가 감행되었으며 교통부문에서는 철도기관차를 파괴하는 악질적 현상까지 나타났다.

경인간을 비롯하여 경남북 일대와 전남북 제주도에 이르기까지 파업과 폭동 파괴활동이 확대되었다.

부산항내 선박들의 해상파업과 삼척, 화순 등지의 탄광노동자들의 파업이 일어났으며 인천, 목포, 강릉 등지의 관상측후소 일부종업원들이 파업에 맹종가담하였고 각지에서는 일부 학생들이 좌익의 민주학생연맹의 선동으로 맹휴에 돌입하기로 하였다.

수원에서는 지방의 불순한 농민들의 경찰서 습격이 감행되었다.

경남지방의 폭동상황은 아래와 같다.

(1) 진주관내

2월 7일 상오 4시경 폭도 약 100명이 진성지서를 습격하여 경찰관이 소지하였던 무기를 탈취하고 구타하여 왔는데 폭도 11명이 검거되고 3명이 부상을 입었다.

(2) 밀양관내

2월 7일 상오 7시 내지 8시 30분경 폭도 약 3,000명이 오산, 초동 양지서를 습격하였는데 주모자 109명이 검거되고 4명이 사망, 10명이 중상을 입었으며 경찰관 1명, 대동청년단원 2명이 사망하였다.

⑶ 합천관내

2월 7일 상오 10시경 폭도 약 200명이 봉진지서를 습격하여 폭도 17명이 검거되고 경찰관 1명이 사망하였다. 또 동일 상오 2시경 폭도 약 4,000명이 청덕, 봉산 양지서를 습격하여 경비전화를 단절하고 교량을 파괴하였는데 주모자 20명이 검거되고 3명이 사망하였다.

⑷ 함안관내

동일 상오 10시경 약 4,000명의 폭도가 산서출장소를 습격하려 했으나 경찰의 제지로 해산되었는데 폭도 50명이 검거되고 경찰관 1명이 사망하였다.

⑸ 고성관내

동일 하오 2시경 약 500명의 폭도가 대가지서를 습격포위하고 투석함으로써 경찰관 1명이 중상을 입었고 폭도 5명이 검거되었다. (타지방의 폭동상황의 상보는 자료 미비로 수록치 못함. 편집부)

이날 남로당이 내걸은 선전선동구호는

1. 조선의 분할침략계획을 실시하는 「유엔」조선위원단을 반대한다!
1. 남조선단독정부수립을 반대한다!
1. 양군동시철퇴로 조선통일민주주의정부수립을 우리 조선인에게 맡기라!
1. 국제제국주의 앞잡이 이승만 김성주등 친일반동파를 타도하라!
1. 노동자 사무원을 보호하는 노동법과 사회보험제를 즉시 실시하라!
1. 노동임금을 배로 올리라!
1. 정권을 인민위원회에 넘기라!
1. 지주의 토지를 몰수하여 농민들에게 무상으로 나누어 주라!
1. 조선민주주의인민공화국(주: 북한) 만세!

다. 파업의 결과

이 2·7파업은 남로당이 「유엔」조선위원단이 입국한 직후부터 그 사업을 파탄시키고 쇠퇴해가는 좌익세력을 만회하여 남조선민국대중과 「유엔」조선위원단에게 남로당이 지하조직으로서 엄존하며 대중을 이만큼 동원할 수 있다 즉 「이만큼 세력이 강대하다」는 것을 과시하고 그렇게 함으로써 대한민국 수립을 반대 파탄시키려고 기도한 것이었으나 그들의 기도와 목적은 달성되지 못하였다. 전국의 경찰은 사건발생후 1시간 내지 3시간 전후에 각지에서 주모자와 간부급 인물을 검거하거나 사태의 확대를 제때에 최소한으로 방지하였고 국민들이 냉정한 반응을 보였기 때문에 이 사건을 소위 구국투쟁이라고까지 칭하는 공산주의자들의 과대선전의 수법만 폭로되었었다.

2. 4·3제주도폭동사건

가. 뿌리 깊은 좌익사상과 경민(주: 경찰과 주민)대립 소소요(小騷擾)의 연속

제주도는 지리적 특수환경으로 말미암아 해방 직후부터 국내에서도 공산분자들의 도량(跳梁: 거리낌없이 함부로 날뛰어 다님)이 가장 방심(尨甚)하였고 따라서 그들의 선동과 공갈 협박등으로 도민의 사상은 자못 불온하여 전도내(全島內)에 무거운 저기압이 흐르고 있는 가운데 경찰은 사면초가의 고립상태에 빠져 형세는 불리하였고 치안은 누란의 위기에 처하여 대소(大小)폭동이 빈번하게 접종(接踵: 사건이 계속 뒤를 이어 일어남)하였다.

그 원인을 요약하면

(1) 해방 후 혼란기를 이용한 공산분자들의 도량(跳梁)

(2) 공산계의 세포조직강화에 비해 소극적인 치안대책

(3) 주둔 국방경비대내에 남로당원의 침투

등을 예증할 수 있는데 이로 말미암아 도민의 8할(주: 80%) 이상이 적화되고 특히 중학생을 기간(基幹: 어떤 분야에서 중심이 되는 부분)으로 초등학교 아동에 이르기까지 불온사상이 감염되어 있었다. 이런 환경에서 도민의 반정부적 반경찰적 태도는 더욱 격화되어 드디어 1947년 3월 1일 경찰을 상대로 한 3·1폭동 파업사건이 발생하였다. 그들은 1947년 3월 1일 3·1절 경축을 빙자하여 남로당제주도위원회의 주도하에 제주읍을 비롯하여 도내 각면소재지에 수천명식의 군중을 동원시켜 불온집회를 감행한 다음 반정부「데모」를 감행하여 민심을 극도로 교란하고 뒤이어 제주읍 조천면 애월면의 군중 수만명은 제주읍내 관덕정앞 광장에 운집하여 주동분자의 선동을 받아 제주경찰감찰청 및 제주경찰서를 포위습격할 기세를 보이었다. 이에 경찰은 부득이 발악항거하는 그들에 대하여 시위발포(示威: 위력이나 기세를 드러내 보임)를 한 결과 수명의 사상자를 냄으로써 일단 진압은 되었으나 완강한 그들은 경찰이 양민을 함부로 총살하였다는 조언(造言: 근거없는 사실을 지어낸 말)을 유포하여 모략선동하는 한편 민경이간공작(주: 민간과 경찰 사이를 갈라놓기)을 조장한 나머지 동년 3월 9일에 이르러서는 다음과 같은 구실을 내걸고 경찰을 제외한 각기관의 총파업을 지령하여 다시금 반기를 들었던 것이다.

가. 양민을 학살한 경찰을 타도하라.
나. 3·1사건의 책임은 경찰에 있다.
다. 경찰은 즉시 무장해제하고 민중에게 사과하라.

이리하여 도내 각기관은 완전히 마비상태에 빠지고 사태는 급속히 악화되어 갔다. 드디어 조병옥 경무부장의 내도(來到)와 함께 충남 및 전남에서 급파된 경찰응원대의 지원을 받아 제주경찰은 단시일내에 폭도들을 진압하였다.

나. 대폭동의 준비

3·1폭동사건을 도발하였으나 경찰의 진압활동으로 소기의 목적을 관철치 못한 남로당은 한 때 질식상태에 빠지게 되었다.

경찰은 병력증강 및 사찰진 강화에 주력하는 한편 치안대책 확립과 도민사상의 선도에 눈부신 활동을 하였는데 이에 당황한 공산분자들은 경찰력의 증대를 두려워 한 나머지 다시금 지하공작을 통하여 폭동음모를 대대적으로 진행하던중 1947년 6월 6일에는 제주경찰서관내인 구좌면 낙원리에서 부옥만을 괴수로 한 수백명의 폭도가 그곳에 출장한 경찰관에게 갖은 모욕과 폭행을 감행한 사건이 일어났다. 그 이후부터는 나날이 음산한 분위기와 민경(民警)반목이 가중되는 가운데 한라산 연봉의 밀림마다 「아지트」를 만들어 온갖 만행을 되풀이하며 도내 완전적화와 경찰관서 습격의 준비에 광분하였다.

이와 같은 험흉(險兇: 험하고 흉악한)한 모책은 경찰의 삼엄한 경비포진에도 위축됨이 없이 계속되어 집요하게 불온기도를 해 온 끝에 1948년 2월 7일 소위 2·7구국투쟁이라는 명목하에 서울을 비롯한 경도각지에서 폭동사건이 널리 파급되었으나 경찰은 만전의 사전대책을 세워 도내에 산재하고 있는 공산분자들을 일제히 적발하여 엄중한 취체(取締: 규칙을 지키도록 통제함)를 단행하는 한편 사태의 미연방지에 적극 노력하였다. 그러나 남로당은 5·10선거를 반대한다는 구호하에 도민들을 백방으로 선동하여 선거준비부터 방해하려고 기도하였으며 총선거를 파탄시키는 것이 제1단계의 목표이었다. 그들은 경찰의 사전단속조치에 당황하여 지하공작을 확대하는 한편 일부 도피분자 및 석방자들이 한라산으로 들어가 폭동음모를 해오든중 당시 모슬포주둔 국방경비대 제9연대 문상길중위(부대장 박대령암살범)외 수명의 남로당원을 통하여 무기와 탄약을 입수하고 산중에서 군사훈련을 실시하여 한라산공비의 모체를 양성한 끝에 4·3폭동사건을 도발하였던 것이다. 즉 전년인 1947년 11월에 국방경비대 제9연대가 모슬포에 주둔한 이래 남로당은 이 부대내에 세포조직강화의 손을 뻐쳐 도내사정에 정통치 못하고 사상적으로 확고한 신념이 없는 젊은 병사들을 온갖 수단으로 적화하기 위하여 도피분자와 반경사상(反警思想)을 포지(抱持)한 불순분자들을 계획적으로 국방경비대에 침투시켜 수십명이 군부내에 세포를 조직하고 음모를 거듭하였다.

다. 대폭동의 발발

1948년 3월 말일경 제주폭동사건의 괴수 김달삼, 조로구 등과 국방경비대내 공산두목 문상길 중위 등은 암암리에 밀회하여 4월 3일 오전 2시를 기하여 제주도 전역에 걸쳐 일제히 폭동을 일으 킨 것인바 민간폭도는 화북, 조천, 삼양, 세화, 성산, 남원, 중림, 애월 등 14개지서를 불의에 습격 방화하고 제9연대내 공산두목 문상길은 감언이설로써 경비대원들을 유인하여 완전무장후 추럭 3 대에 분승시켜 제주경찰감찰청 및 제주경찰서를 기습 점령함으로써 일시에 제주도내 전경찰에 대 하여 결정적인 타격을 가하여 전제주도를 공산계열의 손아귀에 넣으려는 계획을 짰다.

이와 같은 흉악한 일대음모에 대하여는 주동분자 이외에는 아무도 그것을 예견한 자 없었으며 앞서 언급한 바와 같이 도민 30만중 8할(주: 80%)이 적색마수에 휩쓸러 들어갔다.

이리하여 야기된 4·3폭동사건은 남로당원 김달삼의 총지휘하에 인적이 자자진 4월 3일 심야 오전 2시에 일제히 행동을 개시하여 제주경찰서관내의 화북, 조천, 함덕, 외도, 애월, 신엄, 삼양 등 각지서를 비롯하여 모슬포경찰서관내의 한림, 고산, 저지의 각지서들과 서귀포경찰서관내의 남 원, 성산, 세화등 14개지서를 모조리 습격하는 한편 수많은 애국인사들을 함부로 살상하고 방화, 약탈, 파괴 등 갖은 만행을 제멋대로 자행하면서 도내각지를 점령횡행(橫行: 제멋대로 하는 것)하고 있었고 유혈의 참화는 양민들로 하여금 불안과 공포에 휩싸이게 하였다.

이날의 각서관내의 피습 피해상황과 전과는 다음과 같다.

(1) 제주경찰서관내

가. 화북지서 : 지서전소, 경찰관 전사 1명, 지서사환 피살 1명

나. 신암지서 : 양민 피살 5명, 동부상 27명, 민가전소 4동, 적사살 23명

다. 외도지서 : 경찰관 전사 1명

라. 함덕지서 : 경찰관 납치 2명

마. 삼양지서 : 공산폭도 20여명이 내습하였으나 완전격퇴 피해없음

(2) 서귀포경찰서관내

　　가. 남원지서 : 경찰관 전사 1명

(3) 모슬포경찰서관내

　　가. 한림지서 : 경찰관 전사 1명, 동부상 1명, 양민 피살 1명, 동부상 1명

(4) 성산포경찰서관내

　　가. 세화지서 : 경찰관 부상 6명

이와 같이 일대수라장으로 화하고 전도내가 폭도의 수중에 장악되다시피 되자 당시 경무부에서는 김태일경무관을 총지휘관으로 동경비과작전계장 최치환총경을 작전참모로 현지에 파견하여 이미 1947년 2월 17일 서울철경본대와 충남에서 파견된 경찰응원부대 500명을 제주경찰과 통합지휘하게 하여 소탕작전을 개시하였다. 경찰대는 한라산봉 「장글」속의 잠적(潛敵: 숨은 적)에 맹공을 가하여 치명상을 주었는 바 더욱이 공비들이 최고도로 발악적 저항을 시도한 어승오름에서는 처절한 격전 끝에 적사살 320명 총기 179정을 노획하는 큰 전과를 거두었다. 이리하여 4·3폭동사건의 여진은 동년 5월 15일경에 이르러 거의 진압되고 도내는 일단은 평화를 회복하였다(이상 내무부행정치속사).

동시에 군에서는 제9연대로 하여금 경찰과 함께 공비를 소탕케 하여 결정적인 타격을 주었다. 그러나 험준한 자연조건에 의거한 적의 저항은 완전토벌에 상당한 시일을 요하게 하였다. 1948년 3월부터 5월 25일까지 사이에 경찰관서 15개소 선거사무소 18개소가 피습파괴당하였다.

이 폭동으로 말미암아 제주도에서는 북제주군의 2개 선거구는 1948년 5월 10일에 총선거를 실시하지 못하고 익 1949년 5월 10일에야 선거를 실시하였다. 단 남제주군 1개 선거구에서는 1948년 5월 10일에 지장없이 선거를 진행하였었다.

한라산의 천험(天險: 땅모양이 천연적으로 험함)과 「장글」에 의하여 국군부대의 토벌작전에 저항하던 공비들은 1949년 1월 8일에는 제주시를 급습하여 제주도청에 방화 소실케 하고 시내 삼양지

서까지 습격하였다.

이리하여 한때 소강상태를 유지한 듯하던 제주도내 치안은 다시 어지러워진 느낌을 주었는바 한라산에 본거를 둔 잔비의 총두목 김성규(당초의 총두목 김달삼은 북괴최고인민회의남조선출신대의원 선거를 위한 소위 해주인민대표대회에 대표자격으로 제주도를 탈출 해주로 간후 돌아오지 않았고 그 후계로 김 성규가 총두목이 됨)는 재차 맹렬히 발악하여 1952년 하절에는 제주읍내소재 제주방송국을 위시하 여 서귀포수력발전소를 습격하는등 또다시 30만도민을 불안과 공포속에 휘몰아 넣었다. 여기에 서 제주도경찰국장 이경진경무관은 잔비의 완전소탕을 결의하여 휘하의 제100경찰전투사령부를 조직하고 사령관에 김원○총경을 임명하여 국군무지개부대의 지원을 얻어 경찰부대 6개대의 병력으로 동년 11월 30일을 기하여 일제히 한라산에 투입, 치열한 소탕작전을 전개하였다. 이 마 지막 대소탕전으로 만4년유여에 걸친 제주도 폭동은 완전진압되었다. 이 작전에서 한라산 공비두 목 김성규 이하 80여명을 완전 사살 생포 또는 귀순하산케 함으로써 제주도는 명실공히 평화를 회 복하였다.

다음에 당시 남조선과도정부경무부공보실장 김대봉의 현지답사기를 소개한다. 여기에는 공산 폭도들의 만행이 잘 묘파(描破: 남김없이 밝히어 냄)되어있다.

- 현지답사기 -
경무부 공보실장 김 대 봉

(1) 폭도의 개황
제주도 폭동은 지난 4월 3일 상오 2시를 기하여 도내 14개소의 경찰관서를 습격하여 총격 투 탄방화로 경찰관과 그 가족을 참살한데서 발단된 남로당계열의 폭동이다. 이것을 좌익분자의 여러 신문과 삐라에서는 「인민봉기」라는 공산주의용어로 표시하여 잔인한 이 도도(徒徒: 무리들) 를 「영웅적」이라고 칭찬하고 있다. 현재까지 폭도의 손에 참살된 경찰관이 1948년 5월 3일 현재 다음과 같다.

경찰관피살자 : 12명, 그 가족 6명

경찰관중경상자 : 21명, 그 가족 3명

관공리피살자 : 5명, 그 부상자 9명

민간인피살자 : 37명

민간인중경상자 : 58명

방화 : 45건

경찰관납치자 : 2명

양민납치자 : 19명

이 폭도들은 제주도를 동서로 양분하는 한라산의 동서양단 선홀, 금악 등지에 일본인이 구축한 지하진지에 의거하여 밤이면 무기를 가지고 출동하여 소란케 하고 있다. 폭도의 실수는 세간에 선전되는 바와 같이 다수는 아니요 수괴이하 5-600명으로 추정되는데 사건 발생 이후 당국에서 인명살상을 피하여 선무공작으로 그들의 귀순을 기다렸으나 다소의 부화뇌동한 자의 귀순을 제외하고는 악착 무자비한 공산당 지도자들의 사주로 회오의 빛이 없으므로 선무와 동시에 무력으로 탄압하기로 결정되어 이미 경비대가 출동하고 정예경찰관을 교체 중에 있어 머지 않아 이 폭도들은 귀순하거나 소탕될 것이다.

(2) 폭동의 잔인

이 폭도들의 제1목표는 살인이다. 경찰관을 참살하는 외에 그 가족을 참살한다. 4월 18일 신촌에서는 경찰관의 육순이 넘은 노부모를 죽이고 목을 짜르고 수족을 절단하였고 그의 가족 2명을 중상시켰다. 4월 20일 선홀에서는 임신중인 경찰관의 아내를 죽이되 배를 갈렀다. 4월 19일 애월에서는 경찰관의 6촌형을 살해하고 현금 78,000원을 강탈하였으며 동지(同地) 대동청년단 지부장을 살해하였다. 4월 22일 모슬포에서 면서기 2명을 살해하고 또 경찰관의 부친을 총살한 후에 그 수족을 절단하였다. 그들은 부락민의 식량 가축을 강탈하고 주류금품을 제공케 하며 부녀자를 매음시켜 금전을 조달케 한 실례가 있다.

(3) 제주폭동의 목표

얼른 보기에는 쓸데 없는 유혈인듯한 제주폭동은 「모스크바」의 눈으로 보면 크게 의미가 있고 이익이 있는 것이다. 제주폭동의 목표는 결코 제주도를 점령한다거나 정말 그들 소위 「단선단정」을 좌절시키는데 있는 것은 아니다. 그렇게까지 되었으면 그들에게 좋겠지만 그렇게 되지 않을 것을 「모스크바」도 잘 알고 있다. 그러면 이 유혈이 의도하는 바가 무엇인가

첫째 선전자료를 만드는 것이다.

「보라 조선인민은 죽엄으로써 단선단정을 반대하고 있지 아니한가」 하는 「프라우다」지의 논평 1편과 「모스크바」방송의 하루밤 자료를 공급하자는 것이 「크레므린」의 의도요 이 의도를 조선 출신 쏘련인들이 충성스럽게 실행하고 있는 것이다.

둘째, 남조선의 민심을 선동시키고 될 수 있으면 남조선각지에도 제2, 제3의 그들 소위 인민봉기를 보이자는 것이다.

(4) 결론

여기에서 우리는 공산주의의 전술에 대하여 재고려할 필요가 있는 것이다.

첫째 그들이 3중의 가면을 썼다는 것이다. 겉으로부터 제1의 가면은 인가항종기속(人可恒從其俗)이라는 복면이다. 그들은 민족의식이 강한 민족속에 처음 들어갈 때에는 민족주의자의 가면을 쓴다. 조선의 공산주의자들이 민주주의민족전선이라는 간판을 붙인 것이 그 예이다. 김일성은 조만식 기타의 민족주의자들에게 「자기는 공산주의자가 아니라」고 단언하였고 평양기림리 민중대회에서도 같은 서언(誓言: 맹세의 말)을 하였다. 소리개가 꿩을 보고 「자기는 육식을 끊었노라」하고 마른 풀잎을 뜯어먹더라는 동화의 고지(故智)와 같다. 그러면서 불평객과 명예욕이 왕성한 자들을 모아 상당수에 달하면 그제는 이것이야말로 「인민전체」라 하고 제1가면을 쓰고 나가선다. 이 때는 민중을 향도(嚮導: 길을 인도함)하려 드니 이 모략에 걸린 무리가 곧 좌우합

작 중간파라는 무리이다. 이리하여 세력이 증대하여 가는 김일성이가 평양에서 한 모양으로 포장하였던 손톱과 이빨을 드러내어 이른바 민주과업에 착수하는 것이다. 민주과업이란 독재적 폭력에 의한 그들의 소위 「토지개혁」과 숙청이다. 「토지개혁」이란 것은 지주들의 토지를 몰수하여 농민에게 분배하는 것이요 숙청이란 것은 인민이 아닌자 즉 공산당원이 아닌 지식계급 유산계급을 학살투옥 유배추방하는 것이다. 이 민주과업이 일단락을 고할 때 그들이 소위 「민주헌법」을 실시하고 「민주선거」를 거행하여 「민주인민공화국」 건실공정을 마치는 것이니 그들이 사용하는 민주라는 말은 소련에 예속되는 공산당독재라는 뜻이다. 이번 평양연석회의는 소리개의 풀잎뜯어 먹는 회의요 거기 몰려갔던 「동무」들도 좌중에 몇 마리의 꿩들이 되었으니 그는 소리개는 육식하는 새가 아니더라는 결론을 얻어가지고 와서 다른 꿩들에게 소리개와 같이 놀기를 권하는 말을 하였다. 그러나 소리개는 결코 마른 풀을 먹는 새는 아니다. 공산주의의 정체를 보려거든 평양 모란봉극장에 가지 않아도 제주도의 형편을 보면 알 것이다. 수족 짤린 노인들과 배갈린 임모를 보면 알 것이다. 그들은 인민이외에는 모두 원수인지라 윤리가 없고 자비가 없고 오직 전략전술이 있을 뿐이다. 그런데 우리 민족진영은 또 정부는 아직도 그들을 동포로 국민으로 대우하고 있다. 국가가 주는 자유를 그들은 국가를 파괴하기에 십이분으로 이용하고 있다. 그들의 신문과 행동을 보면 알것이 아닌가 제주도의 비극이 남조선 각지에 반복하지 않게 하기 위하여는

첫째 민족진영의 결속강화가 필요하거니와 특히 대중에 대한 선전력의 증대가 긴급하다.
둘째 요건은 국립경찰력의 강화와 국민과 경찰의 협력의 증진이다. 이번 제주사건에 경찰관은 은인(隱忍: 참고 견딤)과 용기를 다 보여준 것은 감격할 일이다. 복부관통총상을 입고도 무기를 뺏으려 덤비는 폭도와 응전하여 이를 격퇴한 것이나 참살당한 가족의 시체를 매장할 사이도 없이 눈물을 뿌리치고 다시 출동하는 광경을 목격한 필자는 우리 경찰관에 대하여 눈물겨운 감사와 마음 든든한 신뢰를 느끼지 아니할 수 없었다.   (1948. 5. 10. 동아일보)

미군정~6·25전쟁기 행형[1]
(1946~1950)

Ⅰ. 개요

이 글은 미군정기부터 6·25전쟁 직후까지 형무소를 중심으로 좌익사범들이 일으킨 사건들 중 교정사, 언론자료 등 객관적인 사실을 토대로 일부 요약 정리한 것이다. 이 사건들을 통해 건국 전후 시기에 극렬하게 암약하던 좌익들에 의하여 신생 대한민국은 극도로 불안정한 사회혼란 상황에 놓여 있었음을 알 수 있다. 당시 시대적 상황을 제대로 이해해야, 최근 제기되고 있는 과거사 문제를 바르게 해결할 수 있을 것이다.

정부수립이후 공산적색분자들은 무력으로 정부를 전복시키기 위한 게릴라 활동을 전개하였다. 1948년 11월부터 1950년 3월 사이에 북한은 전후 모두 10차에 걸쳐 2,400명의 무장게릴라를 남파하여 남로당의 잔비들과 합류하여 도처에서 파괴활동을 전개하였으나 정부의 토벌작전으로 대

---

1 법무부 교정본부, 대한민국교정사 1권, 2010년 5월 31일, 377-381면

부분 격멸되었다.[2] 이 시기에 정부 주요기관에 대한 공비들의 습격 사건이 자주 일어났다.

6·25 당시 정부의 철수과정에서 국가보안사범을 비롯한 반사회적 범죄인을 수용하고 있는 형무소에 대한 대책은 무엇보다 우선 고려되어야 함에도 불구하고 당시에는 군사적 작전에만 골몰하여 형무소를 방치하게 됨으로써 그대로 출소한 좌익수용자들에 의해 보복과 살육·파괴행위가 자행되어 막대한 국가적 피해를 입는 결과를 초래하였다. 전황의 추세를 확실히 파악하지 못하고 있던 법무부 당국에서는 각 형무시설에 수용되어 있는 국가보안사범을 비롯한 재소자에 대한 대책을 전혀 강구하지 못하고 있었다. 경인지구에서는 반국가사범을 포함한 모든 재소자를 방치함으로써 출소 후 이들은 북한 치하에서 우익인사를 색출하여 보복살육을 감행하는데 앞장서고 마치 제 세상을 만난 듯이 횡포를 일삼아 막대한 국가적 손실을 초래하고 말았다.

서울 한강이북의 형무시설이 적에게 점령되고, 인천소년형무소의 탈주와 여수순천반란의 주동자를 포함한 수천 명의 좌익사범이 수용된 대전형무소의 탈주위기를 겪고 난 1950년 7월 1일 이후에서야 형무시설에 대한 국가안보의 중요성을 인식하고 적극적인 이동 및 수용대책을 서두르게 되었다. 그러나 당시에는 상부로부터의 지시를 기다리는 것 이외의 별다른 대책이 있을 수 없었다. 수천의 재소자와 장비 등을 싣고 이동한다는 자체가 불가능한 일이었기 때문이다.

---

2 안동교도소, 안동교도소 백년 안동교도소사, 2021년 6월, 104-114면

II. 형무소의 동향

1. 개성소년형무소[3]

　개성소년형무소에는 1,500여 명의 소년수형자가 수용되어 있었고, 직원은 190명이었으나 당일 근무자는 80여 명이었다. 1950년 6월 25일 새벽, 당초 형무소를 쉽게 점령할 수 있을 것으로 예상했던 북한군은 뜻밖에도 형무관들의 결사적인 저항을 만나 적이 당황했다. 북한군은 일단 공격을 중지하고 물러섰다가 오전 10시가 가까워서 미처 비상소집에 응소하지 못한 형무관들을 붙잡아 정문 앞에 끌고 와서 투항을 권유하거나 직원 가족들을 정문 앞에 끌고 와 위협하면서 형무소 사수를 포기하도록 종용했다. 하지만 소장 이하 전 형무관은 항전을 계속하였다. 북한군은 마침내 총 공격을 감행해왔다. 주벽 너머로 수류탄을 투척하면서 일제히 사격을 가해오는 적을 맞아 형무관들도 용감하게 응전하였으나 중과부적으로 시간이 갈수록 희생자가 늘어났다. 소장은 투항할 것을 결정하고 "훗날의 승리를 기약하면서 우리가 이 곳을 떠나야 할 때가 온 것 같습니다…나중 그 책임추궁이 있거든 모든 것은 이 소장의 명령에 따랐을 뿐이라고 말하시오."라는 비장한 유언을 남기고 소총으로 자신의 목을 쏘아 자결함으로써 10시간의 장렬한 항전은 막을 내렸다. 형무소를 점령하게 된 북한군은 직원들을 모두 트럭에 싣고 개성경찰서 건물로 끌고 가 그중 9명을 즉시 살해하고, 그 외의 직원들도 구금하였다가 대부분 처형하거나 강제수용소로 보냈다.[4]

---

3 법무부 교정본부, 대한민국교정사 1권, 2010년 5월 31일, 382-384면
4 법무부 교정국, 절망의 고독 (서울 : 나래원, 1982) 23-24면

2. 서울형무소[5]

1) 6·25전쟁 직전 서울형무소 좌익 재소자 탈주 및 프락치 사건[6]

서울형무소에서 좌익분자 200여 명이 사방문을 부수고 뛰쳐나와 후문을 파괴하고 도주하는 것을 형무관들이 진압하였으나 그중 10명은 도주하였다. 서울형무소 직원 중에 남로당 프락치가 침투하여 활동하였다. 20여 명의 직원이 관련되었다.[7] 이 사건들은 6·25전쟁 중 모든 기록이 소실되어 당시 근무직원들의 구전에 의한 것이다.

2) 1950년 6·25 당시 동향

6·25 당시에는 전시의 비상대비책이 확립되어 있지 못하였기 때문에 이동계획이나 조절석방 등의 구체적인 대책을 강구하지 않았고 다만 상부의 지시를 기다리며 본부와의 긴밀한 연락만을 취하고 있었을 뿐이었다. 소내에도 불온한 공기가 감돌고 "곧 인민군이 해방하러 온다"는 좌익수용자들의 선동이 있었지만 철통같은 구내외의 경비태세로 인하여 적어도 표면상으로는 질서를 유지하고 있었다. 여기에서 간과할 수 없는 사실은 교도관의 반공의식과 직장을 사수하려는 사명감이 투철하였다는 점이다. 적이 서울형무소에서 수백 미터에 불과한 서대문 로타리까지 와있었던 시각에 부소장의 후퇴명령이 있었다. 직원들이 마지막으로 정문을 나선 지 불과 수분 후에 수용자들은 거실문을 부수고 뛰쳐나와 서대문 거리로 쏟아져 내려왔다. 서울을 장악한 북한군은 수용자들을 앞장세워 피난을 가지 못한 형무관들과 우익인사에 대한 보복살육을 감행하였다. 당시 서울을 점령한 북한군은 서대문형무소 숙직근무자에게 직원들의 주소를 알아내거나 출소자를 앞세운 좌익분자들이 혈안이 되어 형무관의 집을 알아낸 후 형무관의 집을 찾아가 형무관이 있으면 잡아서 죽이기도 하였다.[8]

---

5 법무부 교정본부, 대한민국교정사 1권, 2010년 5월 31일, 388-391면

6 법무부 교정본부, 대한민국교정사 1권, 2010년 5월 31일, 358면

7 治刑協會, 刑政, 通卷 제6호(1947.9) 인사편

8 안동교도소, 안동교도소 백년 안동교도소사, 2021년 6월, 106면 / 서울구치소 보존자료

월북 또는 행방불명된 자가 희생자가 된 서대문형무소 사례

서대문형무소에 복역 중이던 여성 (4·3)수형인 70여 명은 8월 18일 중앙여맹이 주도한 '조국통
일민주주의전선 중앙위원회 호소문지지 서명 궐기대회'에 참석했다. 이들 중 대부분은 서울에
머물며 북한 인민군 치하에서 집단적으로 활동하다가 월북하거나 행방불명되었다.[9] (주: 이들은
4·3희생자 대상이 되어서는 안 된다. 4·3희생자로 선정된 15,000여 명 가운데 대부분이 이와 같이 부적격자들이다.)

3. 마포형무소[10]

1950년 6월 28일 새벽 시내정찰을 나갔던 직원으로부터 북한군이 서울에 진입했으며, 한강 다
리가 폭파되었다는 보고를 받은 소장은 직원들의 대피를 서두르지 않을 수 없었다. 긴급한 상황에
서 수용자의 일시석방 등의 조치도 취할 수 없는 상황에 이르렀던 것이다. 직원들은 재소자들이 눈
치채지 못하게 소를 빠져나와 이미 적의 수중에 들어간 서울 시내로 숨어들었다가 좌익사범을 포
함한 재소자들의 추적으로 200명의 직원 중 불과 20여 명만 살아남는 등 직원들의 피해가 극심하
였다.[11] 직원들이 적 치하에서 체포되어 희생을 당하였으며 170~180여 명이 동란초기에 실종되었
다.[12]

---

9 조선인민보, 1950년 8월 20일, 제주4·3평화재단, 제주4·3사건추가진상조사보고서 I, 2019, p.331

10 법무부 교정본부, 대한민국교정사 1권, 2010년 5월 31일, 392-393면

11 부산구치소, 부산구치소 100년사, 2021년 10월 28일, 150면

12 형정 통권 제89호, 1962년 2월, 45면

4. 인천소년형무소[13]

1950년 6·25동란 당시 직원의 수는 126명이며 1,300여 명의 소년수형자를 수용하고 있었는데, 이 중에는 4·3사건, 여수·순천 반란사건에 관련되어 형을 선고받은 약 200명의 소년수형자도 포함되어 있었다. 재소자를 수용하고 있는 형무소는 수송대책이 없는 한 용이하게 이동할 수도 없는 일이었다. 상부로부터 아무 지시도 받지 못한 채 본부와의 연락은 두절되고 마침 서울 지역의 형무소에서 적의 점령 시까지도 정부로부터 어떤 조치가 내리지 않아 그대로 북한에 넘겨주고 철수하였다는 소식이 전해져 직원들은 더욱 동요하여 피난을 해야 한다는 의견이 지배적이었다. 소장이 어떤 결정도 내리지 못하게 되자 6월 30일 많은 직원들은 정부가 머물고 있는 수원으로 갔다. 지휘체계가 흔들리고 경비력이 약화된 것을 눈치 챈 소년수형자들은 집단으로 탈주를 감행하였다. 인천형무소의 경비의 미흡을 틈타 탈옥사건이 일어나 탈옥수들이 폭동을 야기하였다.[14] (일설에 의하면 당시 경무관이 좌익사상을 가진 자였기 때문에 스스로 뒷수습을 떠맡아 일부 직원들과 남았다가 직원들이 수원으로 떠난 직후 석방하였다고도 함) 사태가 이에 이르자 한강방어전을 준비중인 국군지휘부에서 치안의 혼란을 우려하여 탈주 재소자의 체포 및 형무소 직원들의 직장복귀를 지시하였다. 그리하여 인천소년형무소의 형무관들은 국군과 함께 이들의 체포에 나서는 한편 형무소로 복귀하였다. 수백 명의 탈주 재소자들을 재수용하고 근무에 임하고 있던 7월 3일 아침 일찍부터 경인국도의 북쪽에서 포성이 진동하더니 점점 가까워지면서 후퇴하는 국군병력이 줄을 이었다. 또 다시 위급한 사태를 맞게 된 형무소 직원들은 재소자를 남겨둔 채 남으로 무거운 발걸음을 옮겼다. 인천소년형무소를 점령한 북한은 소년수형자들을 의용군에 편입시켜 전선으로 내보내 대부분이 왜관 부근의 전투에서 사망했다는 소식을 그 후 생존한 소년수형자가 전함으로써 철수 후의 진상을 알게 되었다. 북한 치하에서 미처 후퇴하지 못한 교도관은 북한군에 의하여 학살당했다.[15]

---

[13] 법무부 교정본부, 대한민국교정사 1권, 2010년 5월 31일, 395-397면

[14] 전사편찬위원회, 한국전쟁사, 제1권 631면, 6·25 당시 경인지역 형무소에 수감중인 국가보안사범과 기타 죄인들에 대한 조치가 전혀 강구되지 못하였다. 그 결과 1950년 6월 30일에 인천형무소에서 경비의 미흡을 틈타서 탈옥사건이 일어나 폭동의 효시가 되고 뒤이어 다음날에는 대전교도소에서 탈옥 일보 전에 진압되었다는 사실이다. 여순반란 사건의 주동자들을 비롯한 2,000명의 죄인들이 수감되어 있던 대전형무소에서 탈옥하여 폭동을 일으켰더라면 사태는 심상치 않았을 것이다.

[15] 천안소년교도소 보존자료

인민군 편입 등으로 희생자가 된 인천형무소 사례

인천형무소 4·3수형인들은 거의 의용군(북한인민군)에 편입되었다.[16] 9·28 서울 수복 시기에 인민군을 따라 북한으로 가기도 했지만, 일부는 제주로 귀향하였고, 상당수가 행방불명(전사)되었다. (주: 이러한 자들까지 희생자로 선정하여 명예를 회복해주고 보상하는 것은 북한이 할 일을 대한민국 정부가 대행하는 꼴이다.)

5. 춘천형무소[17]

1) 춘천형무소 폭동음모 및 직원 월북기도사건[18]

1947년 9월 초 춘천형무소에서 남로당프락치 사건이 발생하였다. 소내 직원 29명이 좌익 세포조직원에 가담하였다. 이들은 1947년 9월 5일을 기해 일제히 봉기하여 간부직원들을 비롯한 자신들에게 반대하는 직원들을 살해한 후 재소자들을 선동, 집단월북을 기도코자 하였다. 그러나 거사 전에 이러한 음모 사실을 알게 된 소장은 전 직원 비상소집령을 발령하여 관련자가 응소(소집에 응하는 것)하는 즉시 차례로 연금시킨 후 검찰에 통보하여 사법처리하였다. 단순히 세포조직에 가담하였던 직원 25명은 파면되었다.[19] 이 사건은 당시 행형계에 침투한 남로당의 책동에 의한 사고 중 하나였다.

---

16 정팽종, 박동수, 이보연의 증언
17 법무부 교정본부, 대한민국교정사 1권, 2010년 5월 31일, 397-400면
18 법무부 교정본부, 대한민국교정사 1권, 2010년 5월 31일, 357면
19 춘천형무소 보존자료

2) 6·25 당시 동향

6·25 당시 춘천형무소는 38선과는 13km 거리이다. 당시 직원은 130명이며 1,250명의 재소자를 수용하고 있었다. 1950년 6월 26일 춘천 부근에서 더욱 치열한 전투가 전개되어 소 내에도 포탄이 떨어지기 시작하였다. 도보로 철수 도중 점차 재소자들이 동요하기 시작하고 "북한 기마병이 추격 중"이라는 유언비어가 나돌아 모두가 불안에 휩싸인 가운데 군·경에 전령을 보냈지만 아무 지원도 받을 수 없었다. 재소자들 중에는 폭동을 일으키려고 선동하는 자들이 생겨나 위급한 사태에 이르게 되자 젊은 직원 몇 사람이 소장에게 발포하자는 건의를 하였으나 소장은 "몇 사람 제거할 수는 있으나 소요가 확대되면 모두가 위험에 처하게 된다."고 만류하며 듣지 않았다. 점차 불의의 사고위험은 증대되고 있었다. 소장은 단안을 내려 중범 수형자 184명을 제외한 모든 재소자들을 일시석방하고 젊은 직원 15명과 간부 1명을 선발하여 호송임무를 맡긴 다음 나머지 직원들은 각자 남쪽으로 향하도록 조치하였다. 중범 수형자를 인솔한 호송대열은 산골짜기를 지날 때 일부 중범 수형자들이 총기를 탈취하여 대항하는 사태가 발생하여 교전 끝에 재소자 7명이 사상하는 사고가 있었다. 낙오된 교도관들은 북한군 치하에서 북한군에 체포된 후 행방불명되었다.

6. 청주형무소[20]

청주형무소는 6·25 당시 직원수는 약 140명으로 1,600여 명의 재소자를 수용하고 있었다. 7월 3일 한강 방어선이 무너지고 북한군이 남하를 계속하여 청주지역이 위험한 상황에 이르게 되자 7월 6일부터 철수대책을 강구하기 시작하였다. 그러나 모든 교통수단이 군작전에 동원되고 있었기 때문에 많은 차량을 필요로 하는 형무소의 이동은 용이한 일이 아니었다. 그리하여 군의 지원을 받아 100여 명의 중범 수형자를 먼저 대전형무소로 이송하고 다시 150여 명의 중범수형자를 제외한 나머지 재소자는 7월 8일, 9일 사이에 단계적으로 일시석방 조치한 후 남은 중범수형자 150명을

---

20 법무부 교정본부, 대한민국교정사 1권, 2010년 5월 31일, 401-402면

도보로 대전으로 호송하였다. 그 후 대전이 북한에 의해 점령되자 대부분의 직원들은 다시 대구 부산 등지로 철수하였으나 일부 직원들이 대피하지 못하고 은신 중 북한 치하에서 학살당하였다.

7. 공주형무소[21]

1) 공주형무소 파괴도주사건[22]

1947년 9월 1일 01:00 공주형무소에서 200여 명의 재소자가 집단으로 파괴도주하는 사건이 발생하였다. 좌익 재소자를 중심으로 사건발생 1개월 전부터 탈주음모가 진행되었다. 교도관들을 포승으로 묶어 사방에 감금한 후 재소자들을 탈주에 가담하도록 선동하였다. 재소자들은 무기고를 부수고 무기를 탈취하고, 정문을 부수고 200여 명이 탈주하였다. 공주형무소 파괴탈주사건은 당시 좌익계열의 소요폭동으로 전국의 치안이 매우 혼란한 시기에 형무소 재소자들의 대형 탈주사건이 유발됨으로써 충격을 안겨주었다. 이 사건의 조사결과 사건을 주동한 좌익 재소자들은 직원들에게까지 침투한 좌익 세포조직과의 연계도 있었다.

2) 6·25 당시 동향

공주형무소는 1950년 7월 10일 군당국으로부터 차량지원을 받아 전 수용자를 전주형무소로 후송조치하였으나 전세가 급격히 악화되는 바람에 직원들이 북한 치하에 낙오되어 학살당하였다. 이들 중 일부는 대전형무소에 수용되었다가 수복 후 우물에서 학살된 시체로 발견되었다.

---

21 법무부 교정본부, 대한민국교정사 1권, 2010년 5월 31일, 402-403면
22 법무부 교정본부, 대한민국교정사 1권, 2010년 5월 31일, 355-357면

8. 대전형무소[23]

1) 6·25 당시 동향

대전형무소는 6·25 당시 약 4,000여 명의 재소자가 수용되어 있었고 직원 수는 240명이었다. 북한군의 남하가 계속되자 대전 이북지역 형무소에 수용되어 있던 많은 재소자가 대전으로 이송되어왔다. 7월 1일 군당국으로부터 대전의 국가기관들은 긴급히 소개하라는 통보를 받게 되었다. 사태가 매우 긴박하다고 판단한 소장은 피해를 줄이기 위해 특경대(특경대는 1948년 여순반란 이후 공산분자들에 의한 국가기관의 피습사건이 잇달아 일어나자 형무소의 자체방호를 위하여 조직한 기동타격대)를 위시한 소수의 근무자만 남기고 직원들에게 임시 소개령을 내렸다. 이러한 기미를 알게 된 재소자들이 동요하기 시작하였고, 특경대원 22명을 중심으로 잔류하게 된 경비직원들은 무장을 한 채 요소를 경계하면서 사태를 진정시키고 있었으나 점차 소요위기는 고조되어 갔다. 이러한 형무소 상황을 뒤늦게 알게 된 군당국에서는 형무소의 안보적 중요성을 감안하여 긴급히 헌병 1개 소대 및 경찰 1개 분대를 파견하는 한편, 직원을 대피토록 지시한 소장 및 간부직원을 무단이탈 혐의로 구속하고 진상조사에 착수하였다. 위의 사건은 직장을 사수해야 할 형무관으로서 그 사명을 다하지 못한 불미스러운 사건으로 남고 말았다. 전세가 거듭 악화되자 7월 14일, 15일에 걸쳐 재소자를 대구로 이송하고 직원들은 대구 부산 등지로 남하하였으나 일부 직원들이 북한 치하에 낙오되어 희생되었다.[24]

2) 북한 치하의 대전형무소[25]

북한군이 대전을 점령한 것은 1950년 7월 20일이며 점령 후 같은 해 8월까지 2,000여 명의 반공인사들을 대전형무소에 투옥시켰다가 전황이 불리해지자 9월 초부터 대학살을 시작하였다. 학살방법도 매우 끔찍하고 다양하였으며 구덩이를 파고 집단으로 생매장하는 만행을 저지르기도 하

---

23 법무부 교정본부, 대한민국교정사 1권, 2010년 5월 31일, 404-405면

24 희생된 교도관은 홍영복 등 16명, 대전교도소 보존자료 인사기록 참조

25 법무부 교정본부, 대한민국교정사 1권, 2010년 5월 31일, 405-406면

였다. 대전이 수복되어 10월 3일 대전형무소에 직원들이 복귀하였을 때 소내는 온통 시체 썩는 냄새로 숨을 쉴 수조차 없는 상태였다. 식별이 가능한 시체는 모두 가족에게 인계하였는데 가족이 없거나 식별이 불가능하여 남은 시체만도 471구나 되었다. 가매장되었던 시체들을 합쳐 대전시 용두동에 '사난인사합장지묘(死難人士合葬之墓)'를 만들어 1,547구의 유골을 안치시켰다.

9. 안동형무소[26][27]

1) 1948년 4월 남로당원 탈옥사건

1948년 4월 21일 안동형무소 직원이 복역중인 남로당원 두 사람과 공모하여 권총을 가지고 탈옥한 사건이 발생하였다.[28] 남로당 지령에 의하여 극비리에 조직된 경북관공서의 소위 특수세포 조직반은 관공서의 기밀제공은 물론 폭동음모, 살인교사, 동맹파업선동, 선거반대태업, 관공서 이간책 강구, 관민이간선동 등을 그 직위를 이용하여 표면합법적으로 감행하다가 송치되었다고 1948년 7월 9일 발표하였다. 여기에 안동형무소 간수부장 등 13명이 검거되었다.[29]

2) 1949년 집단탈옥 기도사건들

안동형무소 직원 수명이 복역중인 남자 재소자 400명 및 여자 재소자 50명과 무기고를 접수하고 탈출하려고 음모를 꾀하다 사전에 발각되어 일부는 체포되고 일부는 종적을 감추었다.[30] 안동형무소 직원 수명과 재소자가 공모하여 400여 명이 일시에 봉기하여 형무소를 파괴하고 탈옥할 계획을 하다가 발각되어 일부는 검거되고 일부는 도주하였다.[31]

---

26 법무부 교정본부, 대한민국교정사 1권, 2010년 5월 31일, 407면

27 안동교도소, 안동교도소 백년 안동교도소사, 2021년 6월, 104-114면

28 남선신문, 1948년 4월 25일

29 동아일보, 1948년 7월 16일

30 조선중앙일보, 1949년 6월 28일

31 영남일보, 1949년 11월 1일

3) 1949년 10월 무장공비 습격사건

1949년 10월 1일 안동형무소에 무장공비가 습격, 격전 끝에 격퇴된 사건이 발생하였다. 9월 30일 공비들이 안동 부근의 군부대 및 경찰관서와 대한청년단 사무실 등을 공격하기 시작하여 안동시내에 있는 대부분 군대와 경찰이 모두 출동하여 안동형무소가 소재하고 있는 시내에는 경비력이 크게 약화된 상태였다. 공비들은 시외로 군·경의 병력을 유인한 후 형무소를 공격하려는 계략이었다. 10월 1일 새벽 1시 30분 형무소 북쪽의 영남산을 통하여 침투한 수십 명의 공비들은 감시대 조명등을 일제히 사격하여 파괴한 것을 신호로 공격을 개시하였다. 이날 공비들을 안내하여 공격에 앞장선 자는 안동형무소에 근무하다 남로당원임이 밝혀져 수사를 받게 되자 도주하여 행방불명된 전직 형무관이었다는 소문도 있었다. 안동형무소 직원들은 혼연일체가 되어 15척의 담을 넘어오려는 공비들과 치열한 교전을 벌여 공비들은 단 한 명도 담을 넘어 침투할 수가 없었다. 먼동이 틀 무렵 국군 응원부대가 도착하였지만 이미 격렬한 교전 끝에 공비들을 격퇴한 후였다.

4) 6·25 당시 동향

안동형무소는 지형적으로 태백산과 가까웠기 때문에 한국전쟁이 발발하기 전, 자주 빨치산들의 습격목표가 되거나 좌익세력들에 의해 습격당하는 일이 잦았다. 이로 인해 안동지역에는 1949년 중부지구 전투사령부가 설치되었으며 안동지구 공비토벌작전이 본격화되면서 안동형무소는 안동, 영양, 봉화, 예천 등지에서 좌익 활동을 하거나 빨치산들에게 협조하였다는 혐의로 연행되어 수감된 재소자들이 대부분이었다.[32] 안동형무소는 6·25 전쟁 이전 1,200여 명의 재소자가 수용되어 있었다. 그 중 일반재소자는 100여 명을 넘지 않았다. 1950년 7월 14일 적이 죽령 부근까지 침입하였다는 정보에 의해 재소자 전원을 열차편으로 대구형무소에 이송하였다.[33] 북한군이 제천을 점령하자, 안동형무소는 급박해진 전황 속에서 5년 미만의 좌익사범과 단기형의 일반사범 279명

---

32 육군본부, 헌병약사, 1969, 360면

33 법무부 교정본부, 대한민국교정사 1권, 2010년 5월 31일, 407면

을 대구형무소로, 492명을 부산형무소로 1950년 7월 15일부터 16일에 걸쳐 이송하였다.[34] 그리고 이송되지 않은 5년 이상 좌익수와 일반재소자 중 장기수들은 모두 처형되었다. 5년 이상의 좌익재소자와 일반 재소자 중 장기수 200여명이 처형되었다고 추정된다. 한편 대구형무소로 이송된 5년 미만의 좌익사범과 단기형의 일반사범 재소자 279명 중 116명의 재소자는 1950년 7월 30일 대구형무소 재소자와 함께 군 헌병대로 인계되어 처형되었으며,[35] 부산형무소로 이송된 492명 중 재소자 323명의 출감 사유에 아무것도 기록되어 있지 않은 이유로 부산형무소에서 처형된 것으로 추정된다. 한편 1950년 7월 초순부터 하순까지 안동지역에서는 보도연맹원들에 대한 소집이 대대적으로 있었고 소집된 보도연맹들 중 400여 명이 안동형무소에 수감되었다. 이후 헌병대는 보도연맹원 등 예비검속자들을 총살하였다.[36] 안동형무소에 구금되었다가 희생된 보도연맹원의 수는 400여 명인 것으로 추정한다.

10. 김천소년형무소[37]

전세가 악화되어 적이 김천 부근까지 침입하게 되자 1950년 7월 10일 재소자를 대구형무소에 이송한 후 직원들도 대구 부산 등지로 대피하였으나 일부 직원들이 북한 치하에 낙오되어 학살당하였다.

---

34 대구형무소 재소자인명부, 1950년 / 부산형무소 재소자인명부, 1950년
35 대구형무소 재소자인명부, 1950년
36 진실화해위원회, 경북 안동 국민보도연맹 사건 진실규명결정서 2009년 11월 3일 참조
37 법무부 교정본부, 대한민국교정사 1권, 2010년 5월 31일, 407-408면

11. 대구형무소[38]

6·25동란이 발발하자 전국 각지에서 철수한 직원 및 재소자의 행렬이 잇달아 도착하였다. 당시 대구형무소의 소속 직원은 270명이었는데, 각 소에서 후퇴한 직원만도 800여 명에 이르고 재소자는 급격히 늘어나 시설이 부족하여 교회당, 공장 등에 가수용시설을 설치하여 수용하였다. 대구를 사수하려는 시민들의 의지가 확고하여 군관민이 합동으로 대구 고수의 태세를 갖추었다. 대구형무소에서도 최후 사수의 결의를 굳히고 중범수형자를 소 내 중심부의 사동으로 집결수용하고 구내외의 경비태세를 강화하여 방호태세 확립에 주력하였다. 북한은 많은 오열분자(五列分子)를 대구에 침투시켜 치안의 혼란을 꾀하였다. 당시 수천 명에 달하는 좌익사범이 수용되어 있는 형무소를 북한은 제1의 공격목표로 삼았지만 형무소 직원들의 철통같은 방호태세로 인하여 그들의 기도는 모두 실패하였다.

12. 군산형무소[39]

1950년 7월 16일 일반재소자는 일시석방조치하고 중범수형자 160명만을 인솔하여 김제까지 도보로 가서 김제에서 열차편으로 광주로 철수하였다. 그러나 광주에도 북한군이 침공하게 되어 다시 재소자는 대구로 이송하고, 직원들은 대구 부산으로 대피하였다. 이때 일부 직원들이 낙오되거나 가족을 염려하여 군산으로 되돌아갔다가 그 중 20여 명이 북한 치하에서 체포되어 처형당하는 비운을 겪었다.

---

38 법무부 교정본부, 대한민국교정사 1권, 2010년 5월 31일, 409-410면
39 법무부 교정본부, 대한민국교정사 1권, 2010년 5월 31일, 411-412면

13. 전주형무소[40]

1) 전주형무소 집단탈주사건[41]

1946년 11월 11일 오후 2시경 전주형무소에서 재소자 413명이 집단탈주하는 사고가 발생하였다. 1946년 6월부터 공산분자들은 남한 총파업사건을 주도한 것을 비롯하여 같은 해 10월 1일에는 광복 후 최대 규모의 폭동사건이었던 대구폭동을 유발시킴으로써 전국을 혼란에 몰아넣는 등 크고 작은 소요사건을 남한 전역에 파급시켰다. 대구폭동에 관련되어 피검된 인원만도 7,000여 명으로 이 중 1,500여 명이 형무소에 수용되었으며 이들은 대구·전주 등 각 형무소에 분산 수용되었다. 전주 형무소 탈주사건의 주역은 바로 이들이었다. 지금으로서는 상상하기 어려운 사고가 발생하였다고 할 수 있으나, 당시 남한 전역에는 극렬 좌익분자들이 폭동·테러를 일삼고 있었고 좌익계 프락치가 각계각층에 침투 암약하면서 사회질서를 교란시켰으며, 심지어 형무소 내에까지 좌익세력이 침투되어 있었던 시기였다.

2) 6·25 당시 전주형무소 우익인사 학살

전주가 북한에 함락될 위기에 놓이게 되자 7월 16일 일반수형자는 일시석방하고 중범수형자는 광주로 이송하였으나 광주형무소 역시 적침의 위험에 처하게 되어 다시 부산으로 이송하였다. 7월 20일 전주가 북한군의 수중에 들어가기 직전 직원들은 대구 부산 등지로 남하하였으나 미처 피하지 못한 일부 직원들은 북한 치하에서 학살을 당하였다. 전주 수복 후 직원들이 복귀하였을 때 형무소는 전소되어 폐허가 된 가운데 처참하게 학살된 수백 구의 시체들이 널려있었고 취사장 우물 속에도 시체가 가득하였다. 북한은 전세가 불리해지자 무참하게도 많은 우익인사를 학살하였다.(학살된 인원은 500여 명으로 추정)

---

40 법무부 교정본부, 대한민국교정사 1권, 2010년 5월 31일, 412-414면
41 법무부 교정본부, 대한민국교정사 1권, 2010년 5월 31일, 352-354면 / 전주감옥을 파괴, 동아일보, 1946년 11월 13일

14. 광주형무소[42]

1) 1946년 광주형무소 소요사건[43]

1946년 11월 22일 전라남도 광주형무소에서 좌익 재소자들 중심으로 한 900여 명의 수용자들이 사방 문을 부수고 뛰쳐나와 탈주를 기도하는 등 집단으로 소요를 일으켰다가 수시간만에 형무 직원들에 의해 진압된 사건이 발생하였다. 이로 인해 죄수 4명이 죽고 11명은 중상이며 그중 3명은 사망할 우려가 있다고 보도하였다.

2) 6·25 당시 동향

6·25 당시 직원 200명이 1,700여 명의 재소자를 수용하고 있었다. 1950년 6월초 좌익수들에 의한 모종의 음모사건이 발생, 조사가 진행중 6·25동란이 발생하였다. 전황이 악화되면서 각지에서 이송되어 온 재소자와 전시사범의 증가로 수용인원은 3,000명을 넘게 되었다. 7월 23일 군당국의 소개명령에 따라 오전 10시부터 재소자를 일시석방 조치한 후 직원들은 진주, 마산 등지로 대피하였으나 일부 직원들이 북한 치하에 낙오되어 학살당하였다.

15. 목포형무소[44]

1) 1949년 4·3사건 장기수 1,300여 명 탈옥사건

1949년 9월 14일 목포형무소 1,300여 명에 달하는 죄수들이 폭동, 탈옥, 무기고 약탈 후 군·경 부대와 교전하는 사태가 일어났다. 탈옥수의 대부분은 제주4·3사건으로 복역중에 있던 장기수인 것으로 알려졌다.[45] 1949년 9월 21일 권승렬 법무부장관은 목포형무소 탈옥수 27~37명이 아직

---

42 법무부 교정본부, 대한민국교정사 1권, 2010년 5월 31일, 414면

43 법무부 교정본부, 대한민국교정사 1권, 2010년 5월 31일, 354-355면

44 법무부 교정본부, 대한민국교정사 1권, 2010년 5월 31일, 415-416면

45 한국사데이터베이스, "목포형무소에서 죄수 탈옥사건 발생" 1949년 9월 14일

체포되지 않았다고 밝혔다.[46]

탈옥하여 사살된 자가 희생자가 된 사례

1949년 목포형무소에서 4·3수형인들이 간수들을 살해한 다음 무기를 탈취한 후 탈옥하는 사건이 발생하였다. 군·경합동사령부가 (1949년) 9월 15일 발표한 내용에 따르면, "사고 당시 수용인원 수는 1,421명이었는데, 탈옥 폭동에 참가한 죄수는 1,000명이었는 바 그 후 군·경합동 공격으로 500명은 즉시 진압되고 353명이 완전 탈옥했다." 라고 했다.[47] ... "대부분의 탈옥자들이 제주도 반란사건으로 복역 중에 있던 정치범들"이라고 했다.[48] 권승렬 법무부장관 또한 "주동자는 대개 제주도 반란사건에 참가했던 장기수이다." 라고 취재기자단에게 밝혔다.[49]... 결국 9월 23일 목포경찰서에서 발표한 최종 집계에 따르면, 탈옥 죄수 413명 중 체포 85명, 사살 298명, 자수자 10명, 미체포 23명, 총기 회수 10정으로 파악되었다.[50] 탈옥사건 당시 목포형무소에는 ... 두 차례 군법회의를 거친 재소자 500여 명 등 총 600여 명의 제주출신 재소자가 있었다. ... 사건 당일 출소(사망처리)한 제주출신 재소자를 확인하여 보면, 52명에 달한다. 이들은 탈옥 후 사살된 제주4·3사건 관련 희생자로 추정된다.[51] 하루에 사살된 4·3수형인 수가 52명이므로 추적하면 사살된 수는 더 많을 것으로 추정되며, 4·3특별법으로 이러한 부적격자들을 희생자로 만들어 국민의 세금으로 보상하겠다는 적반하장의 상황이 벌어지고 있다.

---

46 한국사데이터베이스, "권승렬 법무부장관, 목포형무소 탈옥사건 수습상황과 인권옹호 문제 등에 대하여 담화" 1949년 9월 21일

47 한성일보, 1947. 9. 17.

48 경향신문, 동아일보, 1949. 9. 16.

49 한성일보, 1947. 9. 22.

50 호남신문, 1949. 9. 24.

51 제주4·3평화재단, 제주4·3사건추가진상조사보고서 I, 2019, p.366-367

2) 6·25 당시 동향

6·25 전황이 악화되자 1950년 7월 23일 목포에 주둔한 해군·경비사령부에서 소개명령을 전해옴에 따라 대피준비를 서둘러 일반수형자는 일시석방 조치한 후 일부 중범수형자를 인솔하고 직원들은 해군함정을 이용해 부산으로 철수하였다. 이때 일부 직원들이 북한 치하에 낙오되어 학살당하였다. 목포형무소 전체 수감자는 700명 정도였는데 공무원, 형무관 등 500명가량이 죽음을 당하였다. 학살당한 수용자들 중에는 공무원이 많았고 형무관은 북한 치하에 낙오되어 목포형무소에 수감된 목포형무소 소장 김경태를 비롯하여 40여 명 가량 되었다. 간수부장 강용석은 북한 치하에 낙오되어 목포형무소에 수용되었다가 1950년 9월 28일 북한군이 패퇴할 때 총살집행 되었으나 머리에 중상을 입고 구사일생으로 생존함으로써 북한 치하에서의 진상을 전하였다.

16. 진주형무소[52]

1) 무장공비 형무소 습격사건

진주형무소는 빨치산이 은거하던 지리산에서 지리적으로 가까운 형무소였기 때문에 6·25 동란이 발발하기 이전에도 자주 무장공비의 공격목표가 되어왔다. 1949년 2월 초 수명의 공비가 계호과장의 관사를 습격하여 계호과장을 권총으로 쏘아 팔에 관통상을 입히고 달아난 바 있으며, 같은 해 10월 27일에는 60여 명의 무장공비가 습격하여 교전 끝에 격퇴된 사건도 있었다.

2) 6·25 당시 동향

1950년 7월 하순 진주까지 전화가 미치게 되자 수용형편상 부득이 일반 수형자는 일시석방 조치하고 중범 수형자 127명을 마산형무소로 이송하고 직원들은 마산과 부산으로 철수하였다.

---

52 법무부 교정본부, 대한민국교정사 1권, 2010년 5월 31일, 417면

17. 마산형무소[53]

6·25 전쟁이 발발하자 전시사범의 수용과 전국 각지에서 이송된 수용자들로 인하여 인원이 급격히 증가되었다. 마산형무소는 부산, 대구형무소와 함께 북한군에 점령되지 않은 행형시설 중의 하나였다.

18. 부산형무소[54]

6·25전쟁이 발발하자 전시사범의 수용과 전국 형무소에서 이송되어 오는 재소자들로 인하여 수용인원은 무려 8,000여 명에 이르게 되었다. 북한의 기습공격으로 시작된 전쟁에서 후퇴를 거듭하던 국군은 1950년 9월 15일부터 총반격을 시작하여 9월 30일에는 38선에 도달했다. 그리하여 9월 말경부터 각 형무소는 선발대를 수복지구로 보내 환소준비를 서둘러 그 해 11월말까지는 대부분 본소로 복귀하였다.

---

53 법무부 교정본부, 대한민국교정사 1권, 2010년 5월 31일, 417-418면
54 법무부 교정본부, 대한민국교정사 1권, 2010년 5월 31일, 418-419면

Ⅲ. 서울 수복 후의 행형운영[55]

　　정부에서는 1950년 11월 7일 수복된 남한지역 중 극히 위험한 일부지역을 제외한 대부분의 지역에 대하여 비상계엄령을 경비계엄으로 바꾸고 이어 민생의 안정을 다지는 여러 조치를 취하였다. 그러나 후방지역이라 하더라도 아직 산간지역에는 북으로 도주하지 못한 북한패잔병과 좌익분자들이 무장공비로 돌변하여 수시로 국가기관을 공격하고 민가를 습격하여 치안을 교란시키고 있었다. 부산에 집결해 있던 전국 각 형무소들은 수복과 더불어 본소로 환소하여 방호태세를 갖추어야만 하였다. 전쟁기간 중 각 형무소에는 부역자를 비롯한 전시사범의 증가, 전시 계엄하에서의 관할, 수용지휘, 감독권 등의 불명확 등 행정체제상의 혼선 그리고 대폭적인 감형, 특사 등 평상시와는 다른 특수한 업무로 인하여 어려운 점이 많았다.

---

55 법무부 교정본부, 대한민국교정사 1권, 2010년 5월 31일, 420-423면

Ⅳ. 행형과 관련된 주요 법령

1. 미군정법령 제21호 (1945.11. 2.)

한국에 적용되었던 일본법령 중 그간에 폐지된 것을 제외하고는 미군정청의 명령으로 폐지할 때까지는 그 효력을 유지하도록 하였다.

2. 대한민국 헌법 제100조 (구 법령의 존속)

3. 대통령령 제377호 「비상사태하의 법령공포의 특례에 관한 건」
라디오, 신문, 기타 적절한 방법으로 법령을 공포할 수 있다.

4. 대통령 긴급명령 제1호 「비상사태하의 범죄처단에 관한 특별조치령」56

5. 대통령 긴급명령 제4호

6. 불법출소자에 대한 자수공고에 의하여 자수한 자의 처리에 관한 건(1950.10.18.)

7. 부역행위특별처리법 및 사형금지법

---

56 전사편찬위원회, 한국전쟁사, 611면

제주4·3사건 진상규명 현장 녹취록 (2002. 6. 1.)[57]

1. 첫 번째 발표자 (이름 : 미상)

저는 해방 전에는 왜정공무원을 잠시 했었고 해방 후에는 군정청 순사 시험을 봐서 경찰생활을 시작했고 제주도 북제주군 애월읍 신흥지서에 배치되었습니다. 아버님은 이 동네 유지로써 이장과 이사장을 하고 있었습니다. 4·3일 당일 지서로 출근하고 있는데 정체불명의 사람들이 갑자기 저의 머리를 두 군데 때렸고 저는 꼬꾸라졌습니다. 그리고 다시 목을 조이고 14군데를 죽창과 칼로 마구 찔렀습니다. 그래도 정신이 있어서 지서로 기어가는데 그 정체모를 폭도들이 지서에 사제 폭탄을 던지기도 했고, 경찰들은 총을 들고 응사를 했습니다. 저도 총을 들고 지서 앞에서 폭도들에게 응사를 했는데 산에서 정체불명의 폭도들이 쏜 총에 1발을 맞아 관통되었습니다. 폭도들은 학교에다 불을 지르고 공산당 만세를 불렀고 본서에서 응원대가 도착하자 저는 제주시 병원으로 실려갔습니다. 실려가던 차에서 들은 이야기인데 문기찬이라는 대동청년단(주: 우익단체) 단원

---

57 국방부 군사편찬연구소, 제주4·3사건 증언록(I), 2002. 8, p.143-151

이 습격을 받아 도망가다가 잡혀서 곡괭이로 오른쪽 눈이 찍혀서 죽었다는 소리를 들었습니다. 저는 도립병원에서 4개월간 있었는데 당시 문종원이라는 외과의사의 도움으로 간신히 살았습니다.

가족들의 경우 하루는 폭도들이 아버지께 와서 4형제중 3형제를 산으로 올려 보내라고 하고 갔는데 그렇게 하지 않자 9일만에 다시 내려와서 집을 불태우고 아버지를 죽였습니다. 폭도들은 아버지를 각뜨고 창자를 터트린채 길바닥에 내동댕이 쳤고 동생은 불에 타서 죽었습니다. 어머니는 출타하신 차라 겨우 목숨을 건졌습니다.

제주 4·3 사건은 분명 공산당이 일으킨 폭동입니다. 본인도 교육을 많이 받았습니다. 왜정시대 때 조춘(가장 사상가가 많이 난다는 곳)에 안○훈 김○환이라는 사람이 있었는데 이들이 사상범으로 일본검찰에 구속된 후 탈옥해서 나중에 인민위원회 위원장이 되었습니다. 안○훈이가 저를 사상교육을 시키려고 했습니다. 안○훈이 말에 따르면 남조선이 공산주의 사회가 되면 집도 주고 먹을 것도 풍족하게 줄 것이라고 했습니다.

2. 두 번째 발표자 (이름 : 강○송, 6·25 참전용사)

1948년도에 4·3사건이 났는데 그 당시 저는 3,000명의 인구가 살던 위미리라는 곳에 있었습니다. 당시 저는 교직생활을 하고 있었습니다. 당시 폭도들이 부락마다 습격을 했는데 제가 있던 초등학교도 전소되었습니다. 대략 부락의 3분의 2 정도가 전소된 것 같습니다. 1948년도 12월 제2차 습격 때는 (7시경) 위미리 전체가 전소되었습니다. 저의 부친은 당시 이장으로써 경찰이나 행정당국에서 폭도들의 습격을 막기 위한 단체인 민보단을 조직하였는데 그 책임자가 바로 저의 부친이었습니다. 여기에 원한을 가진 폭도들이 저희 집안식구 8명을 죽였는데 총으로 쏘고 창으로 찌르고 난도질을 했습니다. 저는 복수한다고 전투경찰로 한 2년 근무하다가 그리고 군대에 들어갔습니다.

대략적인 사건의 경위는 이렇고 저번에 합동 위령제를 드리러 갔는데 이○구라는 사람의 위패가 올려져 있는 것을 보았습니다. 당시 잔인하게 무고한 사람들을 살해한 이런 사람의 위패가 올려져 있는 것을 보고 우리나라가 어쩌다 이렇게 되었나 분노가 끌어 올랐습니다. 4·3사건의 희생자인 우리로써는 납득이 안가는 일입니다. 그래서 4·3 희생자로 신청하는 것을 취하하려고 하고 있습니다.(주: 폭도들과 함께 희생자가 되는 것은 싫기 때문임) 그리고 행정당국에서 강제로 신청을 받는 것도 우습습니다.

3. 세 번째 발표자 (이름 : 김○수)

4·3사건 당시 제주시 도두리 비행장 밑에 제주읍 서구지구 인민위원회가 있었습니다. 당시 위원장 김○하, 인민재판장 현○민등 조직의 핵심사람들이 본인 부락 사람이었습니다. 이 부락사람들은 처음에는 대동청년단에 가입했었는데 나중에 남로당이 결성되면서 남로당에 가입안하면 죽인다고 하니까 대동청년단을 탈퇴하고 남로당에 대부분 가입했습니다. 하지만 저의 형님 두분과 뜻을 같이 하는 사람 10여 명이 탈퇴를 하고 가입하지 않았더니 남로당 당원들이 죽이려고 혈안이 되어서 제주읍내를 피신하면서 살았습니다.

5.10선거 전후해서 저희 읍내에서도 희생자가 발생했습니다. 남로당 당원들이 강제로 산에 올라가도록 (남로당이라 해봤자 부락사람이었음) 했고 산에 인공기 달아놓고 행사를 했습니다. 그들은 공산당은 모든 것이 평등하고 모든 것을 공평하게 나눠 준다고 하면서 선전선동을 했습니다. 또한 그 자리에서 인민재판까지 했습니다. 5월 19일 어머니를 비롯해서 7명이 이유도 없이 산으로 끌려가 잔인하게 살해당했습니다. 나머지 대동청년단원인 정방옥, 김용조씨는 팔다리에 못이 박힌채 죽었습니다. 김택훈씨와 그 아버지는 큰 바위를 떨어뜨려 죽였고 총 13명 정도가 남로당 폭도들에게 희생 당했습니다. 그 당시는 남로당이 저희 부락을 점거했었는데 1948년 12월에 저의 누님(당시 16세)이 사촌댁에 가다가 남로당 골수당원들 10여 명에게 붙들려서 살해당했습니다. 또한 같이 동행

했던 사촌누님들은 성폭행까지 당했습니다. 1948년 12월 31일 첫 습격당시에는 300여채 되는 집들이 모두 불에 탔고 움막집을 짓고 먹을 것도 없이 쩔쩔매면서 원시적인 생활을 했습니다.

근데 지금에 와서 남로당 골수분자들이 희생자로 선정이 된다는 것은 정말 있을 수 없는 일입니다. 역사의 심판을 받을 일이고 부끄러운 일입니다. 제 어머니를 죽인 자들이 지금 희생자로 접수되어 있습니다. 도두동 접수담당을 맡은 당시 피해자 형이 있는데 당신 부모를 죽인 사람을 왜 보증 써줬냐고 물었더니 보증한 적 없다고 했습니다. 자기 친척이 남로당 당원이었는데 도장을 빌려달라고 해서 빌려줬더니 그걸루 다 찍었다는 애깁니다. 만 65세 이상되면 보증이 된다는 사항 때문에 관련이 없는 다른 동 사람들한테도 보증을 부탁해서 보증을 선 경우도 있습니다. 위원님들께서는 이런 점을 아시고 역사에 후회없도록 신중히 조사해 주셨으면 합니다.

4. 네 번째 발표자 (이름 : 오○인)

---- 당시 가정환경은 선친이 46세의 순수한 농부로, 완고한 유교가정에서 자랐고 결혼후 기독교에 입문한 독실한 기독교인이었습니다. 저는 당시 15세 소년이었고 식구는 부모와 형, 누님, 외조모님 1분 등 6명이 생활했습니다. 선친은 해방직후 독립촉성국민회의라는 애국단체의 부락 분회장직을 맡고 있었고 같은 부락 대동청년단 김봉일씨와 제헌국회의원 선거를 위해 활동하다가 1948년 5월 10일 한라산 폭도들에게 잡혀 희생되었습니다. 희생죄목은 예수쟁이 반역자 반동이었습니다. 1948년 5월 9일 선친이 이모가 살고 있는 화순교회에 갔다가 오후 늦게 돌아왔는데 그날 선친의 사촌형 오만관이라는 분이 찾아왔는데 밤 12시 넘게 심한 다툼을 하는 것을 들었습니다. 다음날 아침 7시경 당시 누나(17세)가 우물가에 가서 우물을 길어 오다가 삐라를 주어 와서는 길가에 이렇게 많이 뿌려져 있다고 말하는 그 순간 밖에서 인기척이 났고, 긴 칼과 창 몽둥이를 든 청년 7-8명이 들이닥쳐 오대호 이리 나와라 하며 큰소리를 쳤습니다. 저는 무서워서 뒷문으로 빠져나와 다른 집에 숨었습니다.

저희 아버지께서는 폭도들에게 포승에 묶여 끌려갔는데 제가 숨어 있었던 그 집에서도 한 청년이 들어와서는 사람이 있으면 3일치 식량을 가지고 나와서 산으로 올라가라고 했습니다. 그 청년은 안○현이라는 청년이었고 제가 아는 사람이었습니다. 그는 오○주의 아들이었는데 철모를 쓰고 몽둥이를 들고 있었습니다. 오전 10시경 중문면 경찰 청년단원들 중 호적담당이었던 오형옥 형님이 선친의 시체를 모셔왔는데 인간이 눈으로는 볼수 없을 정도였습니다. 칼과 창으로 수없이 찔렀고 뒷목은 칼로 올려치고 내려쳐서 겨우 붙어 있는 정도였습니다. 대동청년단장인 김봉일씨와 그의 부인도 잡혀서 살해당했습니다. 5월 12일 가족들이 이모님 댁으로 모두 피신했고 모친은 그 사건으로 충격을 받아 2달 만에 세상을 떠나셨습니다.

그후에 고종사촌 이○화씨(22세)의 말에 따르면 5월 9일 이○택, 오○주가 전날 산에서 내려와 모의했는데 오대호 예수쟁이와 김봉일 반동 청년단장을 인민위원회에서 처치할 것을 결의했다는 것입니다. 또한 처형장에서 있었던 일도 전해 들을 수 있었는데 창과 칼로 찌르면서 우리와 같이 행동하면 살려주겠다고 아버지께 강요했는데 아버님께서 함구무언하고 계시자 칼과 창으로 마구 찔러 죽였다는 것입니다. 죽은 후에 일본도로 목을 잘랐다고 했습니다.

이런 자들이 희생자들이라는 것은 말이 안 되는 일입니다. 이런 자들을 민주희생자로 올려 주려는 국회의원들을 저는 이해하기 힘듭니다. 신고절차의 경우도 1차 신고가 미비하니까 각 부락 단위로 보증인을 2-3인씩 선정해서 올리라고 하고 임명장까지 줘서 보증을 서게 했습니다. 신고를 안했더니 상해2구 직원이 와서 왜 신고 안했냐고 하길래 제가 질문을 하나 던졌는데 오○주(선친을 죽인 사람)도 희생자로 되어 있습니까? 했더니 되어 있다고 했습니다. 보증은 누가 했냐고 물으니까 누구라 해서 누구한테 전화했더니 그쪽에서 지금 정상회담이 이루어졌고, 김정일 한국에 온다는데 지금 무슨 뚱딴지 소리를 하느냐 라고 되려 화를 냈습니다. 도의회에서 발간하는 피해조사보고 명단을 대조, 검토하는 가운데 그 당시 주모자인 민전(주: 좌익단체)공동의장 맡은 사람까지 희생자로 올라와 있는 이상한 일이 벌어지고 있습니다. 아무쪼록 위원님들의 올바른 조사가 있기를 부탁드립니다.

5. 다섯 번째 발표자 (이름 : 미상)

　저의 주소는 ---- 이고 농사일을 하고 있습니다. 해병대 4기생으로 6·25당시 인천상륙에 참전한 상이군인입니다. 4·3당시 김○축(49), 김○만(22) 폭도에게 억울하게 가족들이 희생 당했습니다. 폭도들이 저희 선친을 지목해서 죽이게 된 이유는 당시 선친과 양창민, 백부 김석자, 송문현씨가 부락을 지키기 위해서 향보단을 조직하려는 것이 누설되었고, 시국이 뒤숭숭하여 경찰에 투신하려고 선친이 이력서를 서귀포 경찰에 제출한 사실이 들통나서 였습니다. 1948년 음력 10월 10일 오후 2시경 건장한 청년 2명이 형님을 납치하여 태흥리에 끌고가 옷을 벗기고 팬티만 입히고 당시 남로당 당원 김○원이 재판장을 맡고 아무개 검사가 형님이 비협조한다는 명목으로 큰 칼로 목을 친후 8군데를 창으로 찔렀습니다. 그런 다음 백부와 부친도 죽여야 한다고 판결했습니다. 같은날 밤 10시 30-40명의 청년들이 내려와서 양창민씨를 창으로 찔러 죽이고, 저희 집에 와서는 아버지가 방밖으로 나오자 마자 철창으로 10여군데를 찔러 죽였습니다.

　그해 11월 경에 2연대 2중대가 폭도토벌을 위하여 위미리 초등학교에 주둔했었는데 폭도들 습격을 받아 군인 6명이 전사하는 사건이 발생하자 부대를 태흥리로 이동했습니다. 본인은 17세로 토벌대 보조원으로 활동했었는데 1949년 1월경 형과 동창인 공비 김○일(일명 김○희)을 생포하였는데 당시 형님의 옷을 입고 있었습니다. 조사하는 과정에서 현 제주4·3사건직원사업소장(?)을 맡고 있는 김○화의 아버지인 김○원이 당시 인민재판장을 맡아 아버지를 죽이게끔 하였다는 것입니다. 또한 저의 외가집인 위미리에는 외할아버지, 외할머니, 외삼촌 세식구가 살았습니다. 4·3사건 나니까 산으로 피신했는데 할아버지는 산에 있다가 토벌대에 의해 사살되었고 할머니는 산에서 내려와서 살았으며 외삼촌은 폭도들이 와서 돌로 쳐서 죽였습니다.

6. 북촌리 사건

가. 현장 방문지역 : 북촌리 주민집단 피해사건[58]

1949년 1월 17일(음력 12월 19일) 북제주군 조천면 북촌리 주민들이 군인들에 의해 대량 총살당하는 사건이 발생했다. 사건의 발단은 이날 오전 구좌면 월정리 주둔 2연대 3대대 11중대 일부 병력이 이동중 북촌마을 어귀에서 무장대의 기습을 받아 군인 2명이 전사하면서 시작된다. 3대대는 즉각 비상을 걸었다. 무장군인들은 마을을 포위하고 북촌리 모든 주민을 초등학교 운동장으로 집결시켰다. 그리고 온 마을을 불태웠다. 300여채의 가옥들이 하루아침에 잿더미로 변했다. 학교 운동장에는 주민 700~800명 가량이 모였다. 교단에 오른 현장 지휘자는 군경가족 등을 나오라 해서 분리시켰다. 그리고 민보단 책임자를 호출, "마을 보초를 잘못 섰다"는 이유로 현장에서 즉결 총살했다. 놀란 주민들이 동요하며, 군·경가족 쪽으로 달려나가다 총격을 받고 숨진 여인도 있었다. 이어 군인들은 남녀노소 가리지 않고 주민 수십명씩 학교 밖으로 끌고가 동쪽과 서쪽 인근밭에서 총살하기 시작했다. 이런 학살극은 계속 진행되다가 상급자의 중지명령으로 중단됐다. 마을주민들은 이날 희생된 주민들이 250~300명에 이른다고 증언한다. 대대 지휘관은 주민들에게 다음날까지 함덕 대대본부까지 오라고 전하고 병력을 철수시켰다. 그런데 지휘관의 말을 듣고 함덕으로 갔던 주민들 가운데 수십명이 '빨갱이 가족 색출작전'에 휘말려 다시 희생된다. 마을 입구에서 전사한 군인을 들것에 싣고 대대본부에 찾아갔던 유지 5~6명도 총살됐다. 이 사건으로 북촌마을에는 후손이 끊긴 집안이 많다.

나. 왜곡된 보고서 내용[59]

1월 17일에는 해안마을인 조천면 북촌리에서 가장 비극적인 세칭 '북촌사건'이 벌어졌다. 이날 아침에 세화 주둔 제2연대 3대대의 중대 일부 병력이 대대본부가 있던 함덕으로 가던 도중에 북촌

---

58 제주4·3사건처리지원단, 제주4·3희생자심소소위원회 제주4·3현장 방문 및 제9차회의 운영계획, 2002. 5. 31.

59 제주4·3사건진상조사및희생자명예회복위원회, 제주4·3사건진상조사보고서, 2003, p.314

마을 어귀 고갯길에서 무장대의 기습을 받아 2명의 군인이 숨졌다. 그러자 흥분한 군인들이 북촌리를 불태우고 주민 300여 명을 집단 총살한 것이다. 또한 군인들은 살아 남은 주민들 중 함덕리로 소개해 간 북촌리 주민 100여 명을 또다시 총살했다. 그런데 이 사건과 관련, 당시 경찰로서 대대장 차량 운전수로 차출됐던 김병석은 놀랄만한 증언을 했다. 김병석은 "이미 집들을 다 불태워버린 상태에서 그들을 수용할 대책이 없어 죽였으며, 군인 개개인에게 총살의 경험을 주기 위해 박격포 대신 총을 사용했다"고 증언했다.

다. 반론

심사소위원회에서 현장방문한 주민집단피해사건은 1949년 1월 17일 발생한 북촌사건 외에도 다수 있다. 주민집단피해사건들은 게릴라들을 색출하는 과정에서 발생했으며 군·경에 의한 무고한 양민피해는 주로 이러한 사례에서 존재한다. 보고서의 문제는 집단피해사건을 다룰 때 왜 그러한 사건이 발생했는지 원인을 자세히 언급하지 않는 점이다. 또한 진압군의 피해는 축소 은폐하고 주민피해는 확대 부각시킨다. 폭도가 국군을 공격한 내용, 마을 주민들이 게릴라를 은닉하거나 내통한 사실, 게릴라들에게 식량을 공급하거나 정보를 제공하는 등 부역한 내용을 은폐한다. 진압군의 게릴라 소탕의 정당성을 인정하기보다는 아무런 잘못이 없는 제주도민을 학살한 것처럼 작성하는 것이다.

북촌리 주민집단피해사건에 관한 정부조사는 사실관계부터 다르다. 보고서는 사건의 발단을 1949년 1월 17일 오전 북촌마을 어귀에서 무장대의 기습을 받아 군인 2명이 전사하면서 시작된다고 기술하고 있으나 팩트는, 이틀간 두 차례에 걸쳐 군인 8명과 민간인 운전사 1명이 무장대의 기습공격을 받아 전사하면서 시작되었다. 북촌마을의 경우, 마을 구성원이 좌익성향이 강해 좌익의 해방구였다. 1948년 5월 16일에 북촌마을 사람들이 우도 지서장 양태수 경사 등을 권총으로 쏘아죽이고, 7~8명의 일반인을 끌고 가 죽이려는 것을 신고를 받고 출동한 경찰에 의해 구명된 사건이 있었다. 4·3전문가 김영중 전 제주경찰서장은 북촌사건의 실상이 정부보고서에서 다뤄지지

않은 점을 지적하고 다음과 같은 팩트를 기술하고 있다.[60]

- 북촌마을은 해방 후부터 좌익세가 강한 '민주부락'이었다는 점
- 1947년 8월 13일 북촌리 주민과 경찰관과의 충돌 및 항의시위 사건
- 1948년 2월 9일 순찰경찰관의 권총 피탈사건
- 5·10선거를 보이콧한 마을이고 투표소가 방화로 소실된 사건
- 1948년 5월 16일 북촌항 피항선에 승선한 우도지서장 양태수 경사와 진남양 순경을 살해한 사건
- 북촌 출신 인민유격대가 민간인 14명을 납치, 살해 직전 군부대에 의해 구출된 사건
- 1949년 1월 16일 북촌에서 군인 4명(김원식, 김건조, 김현수, 박병규), 민간인 1명이 폭도의 기습으로 전사
- 1949년 1월 17일 북촌마을 어귀에서 군인 4명(이순범, 이영준, 김선락, 최하중)이 폭도의 기습으로 전사
- 1949년 2월 4일 제2연대 군인이 무기 수송 도중 북촌리 인근에서 매복조에 기습당해 군인 23명, 경찰 1명이 몰사하고, 민간인 1명이 중상을 입은 사실

   1949년 1월 16일 2연대 3대대가 북촌마을 어귀에서 폭도들의 기습을 받고 군인 4명, 민간인 운전사 1명이 전사하였다. 그런데 다음날 북촌리 어귀에서 재차 기습공격을 받아 군인 4명이 전사한 사건이 연달아 발생했다. 폭도들은 북촌리 안으로 도주했으며 당시 폭도들이 먹다 남은 음식이 따뜻하였다는 사실에서 폭도가 북촌마을 사람들이라는 증거로 볼 수 있다. 3대대 군인들이 북촌리 주민들을 집합시켜 폭도를 색출하고자 했으나 폭도가 자수하거나 주민들이 폭도를 신고하지 않았다.

   군인은 주민을 폭도의 동조자로 간주하여 집단처형을 한 것이다. 여순반란사건이 발생했을 당시 계엄령 선포문 제4호에 의하면 반도를 은닉하거나 반도와 밀통하면 사형에 처한다고 했다. 북

---

60 김영중, 제주4·3사건문과답, 나눔사, 2022, p.334-336

촌사건은 제주도 계엄령이 해제된 직후였지만 여전히 전쟁상황이었다고 봐야 한다. 군인들은 북촌리를 게릴라의 근거지로 간주하여 그곳 주민들에게 총격을 가하였다. 게릴라를 사살한다는 인식을 가지고 총격을 가한 점에서 위법성이 없다. 게릴라가 아닌 무고한 양민에 대한 총격이 있었다면 오상방위에 해당한다. 4·3전문가 이선교 목사는 그의 저서에서 이틀간 북촌마을 인구 1,864명 중 120여 명이 죽었다고 주장했다.[61] 현장에 집결했다가 군인가족으로 총살을 면한 한수섭은 40명씩 2회 80명이 총살당했다고 증언하였다.[62] 그런데 정부보고서는 1월 17일 300명이 처형당했다는 마을 주민의 증언을 사실인양 기록하고 있다.[63] 이선교 목사의 120명 주장은 현지 주민들로부터 조사를 거쳐서 기록했다는 점에서 가장 사실에 가깝다. 정부보고서는 실제 처형당한 120명보다 180명을 부풀려서 300명이 처형당했다고 왜곡하고 있다. 또한 집단처형이 인간사냥을 하듯이 학살하였다거나 마을 전체를 학살했다는 식의 주장은 사실이 아니다.

북촌마을은 게릴라들이 활동하는 교전지역에 해당한다. 집단처형이 있은지 불과 보름후 군경 24명이 북촌마을에서 공비들에 의해서 또다시 전사당했다. 이같은 사건들의 행간을 읽어볼 때 북촌마을은 단순히 양민이 거주하는 지역으로 볼 수 없다. 군인들이 교전지역에서 반격을 가하기 위해 죽음을 무릅쓰고 게릴라 소탕을 위한 작전을 전개하여 북촌리지역을 제압한 것으로 평가해야 한다. 북촌리 사건은 20여 일간 군인, 경찰 등 33명이 3차례의 공비 기습에 의해 전사당했고, 이런 기습공격에 대응한 군인들이 공비들의 은신처로 확인된 북촌마을에서 게릴라 소탕작전을 벌여 80-120여 명의 집단처형이 있었던 것이다. 만약 북촌마을에서 억울한 희생이 있었다면 그 당시 피해를 알리고 문제제기를 했어야 한다. 그렇게 하지 않은 이유는 억울하지 않은 사정이 있었다고 추정할 수 있다. 북촌리 사건 등에서 무고한 양민이었음을 엄격하게 입증하지 않은 경우는 보상 등의 조치를 해서는 안 된다. 함덕 대대본부로 간 사람들 중에 남로당원으로 지적된 자들은 총살당하였다. 이처럼 진압군이 강경하게 진압한 북촌사건의 소문이 퍼지자 제주도 전 지역의 제주인민군

61 이선교, 제주4·3사건의 진상, 도서출판 현대사포럼, 2012. 9. 10, p.252-254

62 김영중, 제주4·3사건문과답, 나눔사, 2022, p.335

63 제주4·3사건진상조사및명예회복위원회, 제주4·3사건진상조사보고서, 2003, p.413

과 협조자 그리고 제주도민들은 진압군에 대항해서는 이길 수 없음을 깨닫고 산에서 자수하러 내려오는 사람이 많았다. 북촌사건은 4·3사건 진압의 분수령이 되었다.[64] 게릴라들의 준동에 수수방관하거나 소극적인 진압으로 일관했더라면 게릴라 세력은 확산되어 제주도 전역은 물론 국가적으로 더 큰 피해를 입었을 것이다.

7. 참전자 증언 (2001-2002)[65]

가. 이치업 예비역 준장 : 박진경 대령 암살범 문상길 중위는 법정에서 대한민국 만세가 아닌 인민공화국 만세를 불렀다. 4·3사건의 원인은 김달삼이가 김익렬이를 완전히 포섭하고 있었으므로 남로당의 조직적인 공산화를 위한 폭동이다. 김익렬의 유고는 완전히 허위 날조된 것이다. 현재 유족과 관련단체는 공산폭동이 아닌 민중항쟁으로 주장하고 있는데 전혀 무근하고 사실이 아니다. 지금에 와서 유족과 관련단체가 다 만들어서 한 말이다. 4·3원인은 경찰과 서북청년단의 수탈행위와 부정비리 척결에 있었던 것이 아니고 제주도는 1948년 3월까지 아주 평온했다.

나. 김주형 예비역 준장 : 작전은 최초 귀순을 종용하는 선무활동이었으나 불응할 때는 일부 사살하였으며, 생포된 공비는 단순혐의자로 인정, 인도적 차원에서 조치 후 귀가시켰으며, 무고한 양민학살은 없었다. 선무공작을 군관민 합동으로 실시하여 자수하면 생명과 귀가를 보장해준다고 선무활동을 하였고 중산간 지역 재산주민들이 약 1,500여명 하산하여 피난민수용소를 만들어 구호조치하고 선무교육을 시켜 귀가시켰다. 토지의 무상분배 생산품의 공동분배 등 공산당식 선전선동에 일부가 오염되었을 뿐이며 4·3의 원인은 제주도 지형의 특성상 공산화를 위한 최초의 공산당 시험무대로 알고 있다.

---

64 이선교, 제주4·3사건의 진상, 도서출판 현대사포럼, 2012. 9. 10, p.252-254

65 국방부 군사편찬연구소, 제주4·3사건 증언록(I), 2002. 8, p.13-107

다. 정영홍 예비역 준장 : 양민을 집단처형하였다고 유족회 측에서 주장하는데 집단처형이라는 말을 듣지 못했다. 우리 중대가 한림에 처음 도착하였을 때, 경찰지서와 공공시설이 다 불에 타 없었고 잿더미였다. 재산(在山) 폭도단체가 반란을 일으켰던 것으로 알고 있다.

라. 이세호 예비역 육군대장 : 내가 48년 1월 초에 제주도에 도착하니까 제주읍에 "남로당 제주도당" 간판이 걸려있는 것을 보고 놀랐다. 육지에서는 공산당이 불법단체로 간주되어 지하에서 활동하던 때였는데 제주도는 교통조건 등 군정통치권이 미치지 않았음인지 공산당 간판이 붙어있었던 것 같다. 박진경 대령 암살 주범 문상길은 그의 약혼녀인 남로당 제주도당 서귀포총책의 딸에 포섭되어 남로당 조직책을 하고 박진경 연대장을 살해하게 되었다.

마. 서종철 예비역 참모총장, 국방부장관 : 공산폭동이 일어나니까 우리 군은 상부의 명령을 받아 출동하였다. 그런데 50여 년이 지나 특별법을 만들고 무슨 조사를 하는지 잘 모르겠다. 폭도들의 희생은 그들이 소탕작전간 토벌부대에 총을 쏘니까 우리가 대응한 것이다. 폭도가 총을 쏘지 않는데 총을 쏠 수가 없는 것이다. 다만 폭도와 같이 있던 일부 민간인은 희생될 수 있을 것이다. 군경이 초토화작전을 하였다고 주장하는데 초토화작전이란 그때 말도 듣지 못했다. 오늘 처음 듣는다. 폭동진압작전 한 것을 이제와서 따지면 안 된다. 나는 납득이 가지 않는다. 만약 지금이라도 폭동이 나면 군이 출동않고 바라만 보고 있으면 그 군대는 해산해야 한다.

바. 김재명 예비역 육군중장 : 군경작전부대가 토벌작전간 무고한 민간인을 처형하였다고 하는데 우리는 제주도민에 대해 피해를 준 일이 전혀 없다. 도민에 대하여 뺨하나 때리지 않고, 주민을 해친 적도 없다. 민중항쟁이란 전혀 해당하지 않는 주장이다. 주민들은 군에 접근하며 친밀감을 가졌고 군이 오래 있었으면 하는 인상이었다. 그러나 군간부중에는 그 사람들이 공비가 다시 내려오면 변신할 수 있을 것이라고 이야기하는 사람도 있었다. 나는 도민들이 대한민국이 우리나라이고 공산주의에 오염되지 않은 순수한 주민으로 보았다. 한라산에 공비가 있어서 공비토벌작전을 했지만 그런 일로 주민들이 고통을 받는 일은 없었던 것 같다.

사. 김정무 예비역 육군준장 : 공비가 군인복장을 입고 행동하니 머리띠 3,000개를 만들어 피아식별법에 의해 공비 500명을 사살했다. 공산조직이 없었다면 4·3사건은 발생하지 않았을 것이다.

부적격 희생자 사례

Ⅰ. 4·3관련 교도소 수감자 북한 거주 확인 사례

● 사례1

강익수 71세는 제주시 봉개동 강○홍 여 103세의 2남으로서, 북한 황해남도 삼천군 삼천읍에 거주하고 있음이 확인됐다. 4·3 당시 20세인 강익수는 4·3관련, 대전형무소에서 복역 중 그 가족이 한때 책을 보낸 적도 있었는데 6·25 후 소식이 두절되었다가 남북 적십자회담 결과 제3차 교환방문자 명단에 포함되어 그 생존이 확인되었다.

이 집안은 4·3관련 장남과 3남이 사망하고 딸 강○희(80세)가 제주시 화북1동에 거주하면서 아들 하○호 44세로 하여금 외조모를 돌보며 살아왔다 한다.　　　　　(근거 : 2001. 1. 31. 제주일보 1면)

● 사례2

　　오유범 71세는 서귀포시 토평동 오○생 여 83세의 남동생으로서, 4·3당시 서귀중학생이었는데 4·3관련 타 지방 형무소로 연행된 후 소식 두절되었다가 북한이 제3차 남북 이산가족 방문단 후보자 명단에서 북한에 거주, 생존하고 있음이 밝혀졌다.　　　　　(근거 : 2001. 1. 21. 제주일보 23면)

● 사례3

　　오광흡은 1948. 10. 4·3관련 서울형무소에 수감되었다가 6·25가 발발하자 그 해 의용군으로 입대, 현재 평안북도 룡천군 북종구에 살고 있는 남제주군 남원읍 남원리 출신으로서, 오광흡 80세가 2001. 3. 17. 서귀포시 중앙동에 거주하는 큰딸 오○생 58세에게 보낸 편지가 적십자사를 통해 전달되었다. 이 편지는 남원읍 남원리에 살고 있는 오광흡의 부인 정○춘 81세의 집에서 오○생씨와 작은 딸 오○생 56세등이 보는 앞에서 개봉되었고 아버지가 죽은 줄로 알고 제사를 치러왔다고 한다. 한편 오광흡은 북한에서 1954. 6. 제대하고 기계공장에 종사하다가 재혼해 4녀 1남을 두고 있다 한다.　　　　　(근거 : 제주일보 2001. 3. 18. 22면)

● 사례4

　　김민주는 〈제주도 인민들의 4·3무장투쟁사〉, 〈제주도 혈의 역사〉를 김봉현과 공동 편찬한 자로서, 1948년 당시 16세로 4·3에 참여했다가 투옥되었는데 1950년 6·25전쟁 발발로 남하한 인민군에 의해 석방된 후 남로당의 빨치산으로 북한의 인민군과 합세 전투에 참가, 목포까지 내려왔는데 한미 합동 연합군의 인천상륙작전으로 지리산으로 도피 빨치산 활동을 계속하던 중 충북 단양에서 미군의 포로가 되어 거제도 포로수용소에 수용되었다가 이승만 대통령이 반공포로 석방시 출소한 후 고향 제주에서 생활하다 일본으로 밀항, 제일 조총련 활동에 적극 참가했다.

　　그의 동생 둘이 북송되었는데 그 중 1944년생 김태원은 1962년 북송된 후 1970년 전후 북한

당국에 스파이 누명으로 체포되어 20여년 구금되었다가 비밀리에 숙청된 것을 계기로 전향하였다고 한다.

이는 일본 고지현 출신 1937년생 아끼하라료, 일본 공산당 기관지 「적기」기자, 1972-1973년 까지 1년간 평양 특파원으로 근무했던 자가 폭로한 내용이다.

(근거 : 도서출판 월간관광제주 간, 박서동 채록 편집, 「영원한 우리들의 아픔 4·3」, 275면)

* 김봉현 : 북제주군 한림읍 금악리 출신. 일본 관서대학 법학과를 졸업하고 일본 공산당에 가담활동. 해방 후 귀향, 오현중학교와 한림중학교 교사로 재직하면서 4·3폭동을 주도하였고 많은 학생들을 의식화하여 다수 학생이 희생되게 한 장본인이고 1948년 말경 일본으로 탈출 후 북한의 대남공작원으로 활동하면서 1960년부터 대한민국 적화 목적하에 제주도 역사지, 〈제주도 인민들의 4·3무장투쟁사〉, 〈제주도 혈의 역사〉 등을 만들어 국내로 은밀히 반입 전파한 자임

● 사례5

오치혁(1928년생)은 북제주군 구좌읍 하도리에서 생활하다가 4·3사건 당시 입산 공비로 활약하다가 피검되어 1949. 3. 제주지구 군법회의에서 무기징역형을 받고 서울 마포 교도소에서 복역 중 6·25 당시 탈옥 인민의용군으로 지원 활동하다가 월북하고 1965. 11. 하순 자정에 동리 출신 간첩 김태욱(1925년생)과 함께 하도리 해안으로, 본인의 6촌 동생 김○곤(북제주군 구좌읍)과 간첩 김태욱의 친동생 김○순(1928년생)을 대동월북하려다 이들이 거절하자 공작금과 불온서적 등을 교부하고 월북한 자임

(근거 : 1990. 10. 제주도경찰국 발간 제주경찰사 385면)

* 간첩 김태욱은 6·25 당시 서울에서 인민의용군으로 지원 활약하다가 월북한 자임

● 사례6

이기백(1931년생)은 북제주군 조천읍 신촌리 출신으로 4·3사건 당시 제주농고 3학년에 재학하면서 민애청 및 학생동맹에 가입하여 살인 방화 등을 감행하다가 피검되어 1948. 12. 8. 제주지방법원에서 내란죄로 징역 5년을 선고받고 인천교도소에서 복역 중 6·25 당시 인민군에 의해 탈옥하고 인민군과 합세 활동하다가 월북한 자로서 1966. 5. 18. 24:00경 북제주군 조천면 신촌리 당

머르 해안으로 침투하여 동생 이○신을 대동월북하려고 하였으나 동생의 거부로 실패하자 사상교
육만 하고 월북한 자임
(근거 : 1990. 10. 제주도경찰국 발간 제주경찰사 387면)

● 사례7

김원하 (1931년생)은 북제주군 조천읍 조천리 출신으로 4·3사건 당시 남로당에 가입 활동하
다가 피검, 인천교도소에서 복역 중 6·25 당시 북괴군에 의해 탈옥 월북한 자로서 1966. 6. 29.
01:00경 북제주군 조천읍 조천리 남당머리 해안으로 간첩 3명과 함께 침투 친동생 김원방 1940.
3. 5.생을 대동월북 밀봉교육을 시킨 후 동년 7. 28. 03:00경 간첩 2명과 함께 북제주군 구좌읍 동
복리 해안으로 재침투 본인은 북한으로 즉각 복귀하고 일행 간첩 4명은 김원방 가에서 3키로 상거
한 김원방 소유 경작지 귀퉁이 밀림에 밀거지를 구축, 동년 9. 1.까지 밀봉교육 및 임무수행 중 민
간인의 신고로 간첩 김원방은 9. 2일 검거하고 김건학(일명 문학철)은 9. 5일 사살, 김복성은 9. 10
일, 이춘만은 9. 28일 각각 생포, 대간첩 작전을 종료하였음
(근거 : 1990. 10. 제주도경찰국 발간 제주경찰사 390면)

● 사례8

김기홍 (1929년생 제주시 외도2동 출신)은 4·3사건 당시 남로당원으로 활약하다가 피검되어 서울
교도소에서 복역 중 6·25 당시 탈옥 월북한 후 1966년 3월 6월 10월 등 3회나 침투, 외도초등학교
1년 후배, 북제주군 애월읍 광령리 출신이며 광주시 동구 광산동에 거주하는 김○헌 1938년생을
접선, 일제 노싱을 대량 밀수하였는데 이를 인수 판매하여 수익금을 분배하자고 유혹 1966. 10.
9. 24:20경 제주시 삼양동 해안가에 유인 북한 공작선에 승선 월북시켜 1개월간 밀봉교육을 받고
1966. 11. 12. 23:00경 제주시 외도동 해안으로 복귀토록 한자임
(근거 : 1990. 10. 제주도경찰국 발간 제주경찰사 393면)

II. 「제주4·3진실 도민보고서」 중에서 발췌

제주도 우파 시민단체인 제주4·3진실규명을위한도민연대는 부적격 희생자를 파악하였는데 「제주4·3진실 도민보고서」 책을 출판하면서 부적격 희생자 107명을 예시로 소개하고 있으며, 그 가운데 3명은 아래의 사진과 같다. 제주도 내 또 다른 우파 시민단체 제주4·3정립유족연구회도 자체 파악한 부적격 희생자 1,300여 명의 명단을 확보하고 있다.

● 김의봉 (남로당제주도당 인민해방군 사령관)

4. 김의봉
(남로당제주도당 인민해방군사령관)

본 적	조천면 와흘리	
연령(생년월일)	28세	
희생내용	사 망	
가족관계		
학·경력	• 삼양 간이학교 졸업(4년제) • 일제 때 와흘리 청년회 단장으로 마을에서 신임을 쌓고 8·15 이후 와흘리장, 인민위원장을 겸함 • 입산 후 1949년 6.7. 이덕구가 체포되고 나서 이어 사령관이 됨	
재판기록		
4·3사건 전후 주요 활동	출처 : 『4·3은 말한다』 4권. 424쪽(제민일보 4·3취재반) "무장은 군사부만 갖고 있었습니다. 군사부는 모두 4개 지대로 나뉘었는데 제1지대(조천면 관할)는 이덕구(신촌리 출신), 제2지대(구좌면)는 김대진(신촌리 출신), 제3지대(남원면)는 김의봉(金義奉. 와흘리 출신), 제4지대(대정면)는 이름을 알 수 없는 오아무개(대정면 출신)가 각각 맡았습니다. 이중 1지대만 1백 명 안팎이고, 나머지는 50 명 가량의 병력이 있었습니다." 출처 : 아라리연구원의 '제주무장투쟁' 인명목록 471쪽 "김의봉 북제주군 와흘 출신. 인민유격대. 이덕구가 사살된 뒤 유격대원을 통솔하였고 각종 투쟁으로 인민군 진격에 호응하자는 정치사업 진행(인민유격대는 56년까지 활약)." 출처 : 제주신보 1953년 4월 17일, 『제주4·3사건자료집 3』, 235쪽 "동태운 총경 휘하 박원협 경위가 직접 지휘하는 사찰유격중대가 15일 하오 11시 30분경 조천면 와흘리 부근 산록에서 적의 군사총책 김의봉(金義奉)이가 지휘하는 약 20명의 무장공비를 포착, 약 40분간에 걸쳐 치열한 교전 끝에 적의 수괴 김의봉(조천면 와흘리 출신, 당 32년)과 중요 간부 강봉오(姜奉吾, 별명 강□수, 조천면 와흘리 출신, 28)외 여비 1명을 사살하고…"
출 처	- 『4·3은 말한다』 ④. 424쪽(제민일보 4·3취재반) - 아라리연구원의 『제주무장투쟁』 인명목록 471쪽 - 『이제사 말햄수다』 1, 243쪽(제주4·3연구소 발행) - 제주신보 1953년 4월 17일, 『제주4·3사건자료집 3』 235쪽	

6. 이원옥
(북한 인민군 사단장)

행 방 불 명

본 적	조천면 북촌리
연령(생년월일)	29세
희생내용	**행방불명**
가족관계	
학 · 경력	• 6·25 인민군 남하 때 사단장으로 내려옴
재판기록	

4·3사건
전후
주요
활동
	출처 :『이제사 말햄수다 ①』252쪽(제주4 · 3연구소발행)
	• 1947년 가을, 입산하여 연락임무를 띄고
	  1948년 10월 이북으로 감
	
	• 한때 선장의 경험을 살려서
	  20일간 서쪽 경로로 배를 저어
	  20일만에 해주에 도착했다 함
	
	• <u>이북에 있다가 6·25 인민군 남하 때 사단장으로 내려옴</u>
	
	• 7천 명을 거느리고 낙동강 전투에서 사망."

출 처	-『이제사 말햄수다 ①』, 252쪽(제주4 · 3연구소발행)

● 강자규 (박진경 대령 암살범)

16. 강자규
(박진경 대령 암살범)

재판기록 : 사형

본 적	애월면 상귀리
연령(생년월일)	28세
희생내용	**행방불명**
가족관계	
학·경력	
재판기록	○ 수형순번 : 917(7-46) ○ 판 결 : **사 형** ○ 언도일자 : 1949. 6. 28. ○ 군사/일반 : 군사
4·3사건 전후 주요 활동	**출처 :『4·3은 말한다 ③』, 205쪽(제민일보 4·3취재반)** "(박진경 대령) 암살사건의 혐의자들이 속속 체포됐다. M-1 소총으로 직접 박 대령을 쏜 범인은 부산 5연대에서 파견됐던 손선호(孫善鎬, 당시 22세) 하사로 밝혀졌다. 이 밖에도 암살 동조자들로 양회천(梁會千, 25) 이등상사, 신상우(申尙雨, 20) 일등중사, 강자규(姜子奎, 22) 중사, 배경용(裵敬用, 19) 하사 등이 체포됐다." '제주4·3사건의 진상' 375쪽 2012.9. 10. 현대사포럼에도 관련 자료 있음.
출 처	-『4·3은 말한다 ③』, 205쪽(제민일보 4·3취재반) ☞ 기타자료 -『제주4·3사건의 진상』, 375쪽, 2012.9. 10., 현대사포럼.

전 4·3 위원 의견서 등
: 한광덕, 이황우, 이선교, 나종삼

□ 한광덕 전 4·3중앙위원회 위원의 의견서

Ⅰ. 제주 4·3사건 희생자 사실조사 및 심의지침에 대한 의견

수신: 국무총리, 국방부장관, 행정자치부장관 (내용증명으로 발송)

안녕하십니까? 제주4·3사건 위원회 위원으로 위촉된 한광덕입니다. 저는 지난(2001년) 7월 9일 「제주4·3사건 희생자 신고에 따른 사실조사 및 심의지침(안)」에 대한 서면심의를 요청받고 내용상 필히 보완될 문제가 있는 것으로 판단되어 부동의 통보한 바 있었습니다. 이에 본인은 보완해야 할 내용을 위원장이신 총리님과 위원이면서 사건 당시 군·경을 관장한 부서장이었던 국방부장관과 행정자치부장관님께 보내드리오니 적극적인 검토가 있게 되기를 앙망합니다.

1. 신고내용에 대한 교차 검증절차가 필요합니다.

제주4·3사건은 제주도민의 문제이면서 국가적인 문제입니다. 이 사건은 해방 후 좌, 우익의 첨예한 대립에서 발생되었습니다. 이 사건의 처리과정에서 많은 인명피해가 있었기에 오늘날 특별법을 만들어 희생자의 신고를 받고 신고내용의 사실여부를 조사하고 있습니다. 그런데 신고단계에서부터 허위신고가 있다는 이야기가 들립니다. 예를 들면 00마을에 사는 000는 분명히 우익인 사인 000를 죽인 좌익인사였는데 군·경에게 억울하게 죽었다는 식으로 보증인을 설득하여 희생자신고를 한다는 것입니다. 이런 허위신고내용은 1,2차에 걸친 사실조사단의 조사에서 밝혀져야겠지만 어느 정도까지 밝혀질지 예측할 수 없습니다. 사실조사단은 공무원, 위촉조사요원, 통장 및 리장 등으로 구성되어 있어 공정하고 객관적이며 양심적으로 조사하리라 믿습니다만, 이들의 년령과 성향을 고려한다면 정확도에는 한계가 수반될 것입니다. 이들은 4·3사건의 직접 체험자가 아니기에 유족이나 보증인이 진술하는 내용의 진위여부를 가려내지 못할 수도 있고, 4·3사건의 체험자인 경우에도 개인의 입장에 따라 조사결과가 180도로 달라질 수 있을 것이기 때문입니다.

이 조사결과를 근거로 실무위원회는 심사를 하고 중앙위원회의 최종심사를 거쳐 희생자 여부가 결정되게 됩니다. 만약 허위신고내용이 밝혀지지 않고 그대로 인정된다면 남로당원으로서 대한민국의 건국을 방해하고 군·경을 타도하여 제주도를 공산사회로 만들려던 사람들이 억울한 희생자로 심사 결정되는 상황이 발생될 것입니다. 이들은 여·순반란 시처럼 군을 동원하여 경찰을 타도하려 했으나 실패했던 것이며 나중에는 군에게도 총부리를 겨누었다는 사실을 유념해야 할 것입니다.

광주 민주화운동의 희생자에게는 2억 내지 3억원의 보상이 있었다는데 그중 일부는 차후 민주화운동과는 무관한 것으로 판명되었다고 합니다. 제주4·3사건에서는 국가보상이 없는 것으로 되어있지만, 지금도 일부에서는 보상이 거론되고 있으며, 저희 위원회에서 희생자로 결정이 되면 이를 근거로 민사소송으로 보상금을 받으려할 것이 명약관화합니다. 만약 「단선단정 반대」를 외치면서 대한민국의 건국을 방해하고 군·경을 타도하여 제주도를 적화하려 했던 사람들에게 대한민국 정부의 어떤 보상이 있게 되는 경우 대한민국의 정통성은 소멸되는 것입니다. 따라서 대한민국의 정통성을 보호하는 차원에서 다소 시간이 걸리고 업무가 복잡해지더라도 신고내용에 대한 검증의 강화가 필요하다고 생각합니다. 가능한 방법으로는 유족들의 신고내용을 사건 당시의 우익이었던 현 제주도의 자유수호협의회와 그 반대쪽에 섰던 일부의 유족회 측에서 교차 확인하는 방법입니다.

당시는 군이나 경찰 및 우익청년단이 한쪽 당사자였으나 사건을 체험한 군이나 경찰은 모두 현직을 떠났고 또한 조사결과 당시의 기록도 없다고 함으로 좌익인사에 대해서는 우익청년단만이 사건내용을 잘 알 것이고, 우익인사에 대해서는 일부의 유족회 측에서 잘 파악하고 있을 것으로 사료되기 때문입니다.

이리하여 사실조사단에서 조사한 내용과 자유수호협의회 및 유족회에서 확인한 내용이 모두 같다면 이를 심사규정에 따라 위원회에서 처리하고, 만약 3가지 내용이 일치하지 않으면 청문회 등을 통하여 정밀조사를 거쳐 처리하여야 할 것입니다. 이렇게 하여야만 건국을 방해하고 제주도를 공산사회로 만들려 했던 자를 가려내고, 무고한 양민만을 희생자로 처리함으로써 차후에라도 불공정시비가 발생하지 않을 것입니다.

따라서 본인은 시일이 다소 소요되더라도 위원회 차원에서 교차검증을 실시할 것을 건의합니다.

2. 심의·의결은 사건의 성격이 규명된 후에 이루어져야 합니다.

사건의 성격에 관하여는 민주화운동, 민중운동, 폭동, 반란 등의 다양한 주장이 있으며, 이에 대한 연구도 상당히 진척되어 있는 것으로 알고 있습니다. 이 사건의 성격규명은 심의·의결시 4·3사건의 와중에서 죽은 사람을 희생자로 판정하는 잣대의 역할을 하기 때문에 매우 중요하다고 생각합니다. 만약 피해자가 민주화운동을 하다가 죽었다면 표창 감이고 반란에 가담했다면 그 죄가 크기 때문입니다.

예를 들면 OOO이라는 사람이 무장대에게 쌀과 피복 등을 제공하다가 군·경에게 발각되어 죽었다면 이 사람은 사건성격이 반란이라고 규정시 반란군에게 적극 협력했기 때문에 죄가 무겁고, 폭동으로 규정시 폭도들에게 적극 협력했으므로 죄가 약간 가벼우며, 민중운동으로 규정시 죄라기

보다는 오히려 좋은 일을 하다가 죽었으므로 희생자로 처리되어야 한다는 뜻입니다.

사건의 성격을 규명한다는 것은 이 사건의 실체를 규명하는 것으로서 4·3사건 진상규명의 가장 예민하고 중요한 부분으로서 많은 논란을 가져오리라 믿습니다만 공개토론을 거쳐 규명되어야 하며, 토론 시에는 검증된 인원과 자료의 뒷받침이 있어야 할 것입니다.

그런데 지금은 사건의 성격규명도 완성되지 않은 상태에서 사실조사가 이루어지고 멀지 않아서 실무위원회에서 심의를 하여 그 결과가 금년내에 위원회에 상정되게 되어 있습니다.

4·3특별법시행령 제10조에는 실무위원회에서 중앙위원회에 심의를 요청하면 위원회는 요청 받은 날부터 90일 이내에 희생자여부를 심의·결정하여 실무위원회에 통보하고, 실무위원회는 지체없이 유족에게 심의·결정사항을 통보하게 되어있습니다. 만약 사건의 성격이 규명되지 않은 상황에서 희생자 여부를 결정하는 심의를 한다면 왜 죽었는지 또는 무슨 행동을 하다가 죽었는지는 간과하고 단지 죽었다는 이유 하나만으로 희생자로 결정하는 우를 범할 가능성이 농후합니다. 이는 남북의 화해협력시대에 사상논쟁은 피하고 죽은 사람을 모두 명예 회복시키자는 일부의 주장과도 맥이 통하고 있습니다.

4·3사건의 본질은 좌우익의 사상전입니다. 사상전에서 좌익은 상황을 유리하게 조성하고자 선수를 쳐서 48년 4월 3일 새벽에 5·10선거를 반대하는 「단선단정 반대」를 부르짖으면서 경찰과 공무원 및 우익인사를 무참히 죽임으로서 4·3사건을 일으켰습니다. 당시는 북쪽은 이미 국가체제를 완비하고 군까지 공식으로 창건한 이후였고, 남쪽은 국가체제가 정비되지 않은 미군정시절로서 건국이 논의되고 있었으며, UN 결의에 의한 남북 총선거를 소련이 거부하자 남한만이라도 선거를 하여 정부를 수립하기 위하여 선거를 치르게 되었던 것입니다. 이런 상황에서 치르는 선거를 보이콧한다는 것은 정부를 수립하지 말고 북한에 투항하여 공산통일하자는 주장인데, 오늘날 일부 인사들은 「단선단정 반대」 주장이 통일을 염원한 옳은 주장이라고 하면서, 4·3사건을 정당화시킬 뿐만 아니라 4·3봉기(?)가 무슨 의거인양 기념하려 하고 있는 것입니다. 4·3사건의 규명 없이 죽은 자를 모두 희생자로 추앙한다는 것은 대한민국의 정통성을 부정해온 북한의 대남 심리전과 맥을 같이하고 있는 것으로써 결코 허용되어서는 안될 것입니다.

따라서 사건의 성격규명 없이 희생자의 심사에 착수한다는 것은 사망의 이유를 불문에 붙이는 결과를 초래할 것이 분명함으로 본인은 시간이 다소 지연되더라도 "선 사건의 성격규명, 후 희생자 신고에 대한 심의"로 업무가 진행될 수 있기를 강력히 건의합니다.

3. 심사기준이 마련되어야 합니다.

신고된 14,028명이란 많은 인원에 대하여 위원회에서 개인별로 희생자 여부를 가려내기 위해서는 어떤 원칙과 기준이 마련되어야만 효율적인 업무진행이 가능할 것입니다. 그런데 제시된 심의지침(안)에는 그런 원칙과 기준이 마련되어 있지 않아 어떻게 심의한다는 것인지 그림이 그려지지 않습니다. 만약 원칙과 기준이 마련되지 않는다면 14,000여명이란 많은 사람의 조사내용을 바쁘신 총리님, 장관님, 그리고 위원님들이 일일이 읽고 판단하여야 할 것이며, 한 마을에서의 작은 "싸움"을 온 나라의 큰 "싸움"으로 바꾸는 역할만을 하게 될 것입니다. 따라서 원칙과 기준을 설정하는 것은 매우 중요하다고 생각하며, 본인은 지금이라도 위원회 차원에서 심의, 결정에 관한 어떤 원칙과 기준을 만들어야 할 필요가 있다고 생각하며, 다음의 원칙과 기준을 제시합니다.

○ 심의, 결정에 대한 원칙

- 신고된 내용의 철저한 조사를 위해 쌍방의 교차검증을 실시한다.
- 정부의 입장에서 조사내용을 검토하고 등급을 부여한다.
- 사건성격에 따라 희생자범위를 결정한다.

○ 등급분류

- 1등급 : 간부급 우익인사 (군, 경, 공무원, 우익 청년단 등의 간부)
- 2등급 ; 우익인사 (일반공무원, 하급 군·경, 일반 우익청년단원)
- 3등급 ; 우익진영에 적극 협조한 자 (협조한 마을리장, 민보단원, 물질제공자, 정보제공자, 기타)
- 4등급 : 우익진영에 약간 협조한 자 (3등급자의 가족, 기타)
- 5등급 : 좌익이나 우익에 일체 관여하지 않았던 자

- 6등급 : 좌익진영에 약간 협조한 자 (타의에 의한 물질제공자, 좌익 행사에 소극 참여자, 좌익선동에 소극동조자, 기타)
- 7등급 : 좌익진영에 적극 협조한 자 (정보제공자, 물질제공자, 좌익활동에 적극 참여자, 좌익선동에 적극동조자, 기타)
- 8등급 : 좌익인사 (남로당 도당 및 면당 부장급 이상, 남로당 외관단체인 민전, 부녀회, 민애청 등등의 부장급 간부, 무장대의 중대장급 이상)

○ 심의, 결정 기준

- 사건성격이 반란으로 결론시 5등급까지 희생자로 간주
- 사건성격이 폭동으로 결론시 6등급까지 희생자로 간주
- 사건성격이 민중운동으로 결론시 7등급까지 희생자로 간주

저는 우리나라 건국과정에서부터 한국전쟁기간까지 군과 경찰 관련의 주민피해사건이 민원으로 제기된 것이 60여 건이 넘는 것으로 듣고 있습니다. 제주4·3사건의 해결과정은 이러한 기타 사건들의 선례가 될 것임으로 양민의 명예회복과 동시에 대한민국 정통성 보호가 경시할 수 없는 과제로 부과되어 있는 것입니다.

제주4·3사건이 대한민국 정통성을 보호하는 기초 위에서 무고한 희생자의 명예회복이 이루어지도록 장치되지 않으면, 그 후유증은 제기되어 있는 기타의 사건에도 폭발적 연쇄반응을 일으켜 국가의 발전을 가로막는 결정적 우를 범하게 될 것을 예견해야 할 것입니다.

생각의 정리가 아직 부족합니다만 4·3사건의 진상규명 및 명예회복 위원회의 한 사람으로서 대한민국의 발전과 번영에 도움이 되기를 바라는 희망에서 이 글을 올리오니 국무총리님과 국방부 및 행정자치부 장관님의 적절한 검토와 조치가 있게 되기를 거듭 앙망합니다.

2001. 8.

희생자 명예회복 위원회 위원 한광덕

II. 제주 4·3사건 진상규명 및 명예회복 위원회(4·3위원회)활동 내용보고

1. 본인은 4·3위원회의 위원으로 위촉된 자로서 지난 11월 27일 4·3위원회 소위원회 회의에 참석하여 매우 중요한 사건에 접하게 되면서 앞으로는 중요한 상황을 성우회(주: 예비역 장성들의 모임)회원님들께도 보고해야겠다는 판단에서 이 글을 쓰고 있습니다. 지금까지 4·3위원회에서의 진행사항은 외부에 공표하지 않는다는 내부방침에 따랐으나 앞으로는 안보를 우려하는 국민들의 각별한 관심이 요구된다고 생각되기 때문입니다.

2. 지난 11월 27일 4·3위원회의 소위원회에는 제주도로부터 4·3관련인사 다수가 참석하여 개인 혹은 소속단체의 입장에서 의견을 피력했는데 주요내용을 총괄 요약하면 다음과 같습니다. (발표자 명단 : 참조1)

[제주도 좌파의 주장]

가. 희생자의 유족들은 가족의 억울한 죽음과 연좌제의 멍에 속에서 50년간 한 맺힌 삶을 살아 오다가 뒤늦게 희생자신고를 했는데 4·3위원회의 심사를 통해 희생자에서 누락되는 경우가 발생하게 되면 희생자를 두 번 죽이는 결과를 초래하고 이는 인권신장과 국민화합이라는 특별법의 목적에도 어긋나는 결과를 초래할 것임.

나. "무장유격대에 가담한 자 중에서 수괴급 무장병력 지휘관 또는 중간간부로서 군·경의 진압에 주도적, 적극적으로 대항한 자, 모험적 도발을 직간접적으로 지도 또는 사주함으로써 제주 4·3사건 발발의 책임이 있는 남로당 제주도당의 핵심간부, 기타 무장유격대와 협력하여 진압군·경 및 동인들의 가족, 제헌선거 관여자 등을 살해한 자, 경찰 등의 가옥과 경찰관서 등 공공시설에 대한 방화를 적극적으로 주도한 자 등은 우리의 헌법질서에서 보호되어서는 안될 것"이라고 예시한 헌법재판소의 희생자의 제외기준은 구속력이 없는 권고사항임으로 이것이 "4·3위원회"의 심사기준으로 반영이 되어서는 안될 것임(주: 좌파는 헌재의 결정을 무시하자는 선동을 함)

다. "제주 4·3사건 진상규명과 명예회복을 위한 연대회의(연대회의)"는 희생자의 범위를 최대로 넓혀 줄 것을 희망하며 신청자가 직접 4·3과 관련하여 사망했거나 행방불명 및 상해를 입었는가를 심사의 기준으로 삼을 것과 희생자가 한 일의 성격을 규명하는 것을 전제로 해서는 안될 것을 강조하면서 신고서의 기재내용과 유족의 피해신고와 보증인의 보증내용이 맞는 것이 확인되면 모두 희생자로 인정해 줄 것을 요구하고 신고된 희생자가 탈락되는 경우에는 제2의 4·3사건 발생도 막을 수 없을 것이라는 발언을 함.

** 민주노총 제주지역본부(강봉균 본부장)을 비롯한 총18개 단체가 "연대회의"를 구성하여 4·3위원회의 소위원회에 압력을 행사하는 것으로 느껴진 바, 본인은 소위원회의 활동이 외부에 노출되었음을 지적하고 다음번 소위원회 회의 시에는 위원회의 균형감각을 위해 다른 각도에서 생각하는 인사에게도 발표의 기회가 주어질 것을 강력히 요구하여 승인을 득할 수 있었음.

3. 본인은 2000년 8월 국방부 추천으로 4·3위원회 위원으로 위촉된 후 7, 8회의 회의에 참석하였으며 기간 중 제주 4·3사건 희생자신고에 따른 사실조사 및 심의지침(안)에 대한 동의를 문서로 요구받고 부동의 하면서 그 이유로 첨부1의 문서를 제출(2001. 7. 9.)한 바 있었으며, 그 후 다시 국무총리, 국방부장관 및 행정자치부장관 앞으로 첨부2의 문서를 내용증명으로 발송(2001. 8. 20)한 바 있었습니다. 위 두 문건의 핵심내용을 요약하면 다음과 같습니다.

가. 2001년 7월 중순부터 신고 희생자에 대한 사실조사가 실시되는데 제안된 조사 및 심의 "지침"에는 사용할 양식과 절차의 설명만 있고 실제의 "지침"에 해당하는 내용이 없음. 국가기관을 대표한 행정자치부 혹은 명예회복위원회에서의 요구사항 등이 반영되어야 만 할 것임. 적절한 심의지침이 사전에 제공되지 않으면 예하부서의 심의결과에 일방적으로 동의할 수밖에 없는 불가피한 결과가 초래될 것이며 그렇게 되면 무조건의 희생자 명예회복에는 기여할지 모르나 군 혹은 경찰의 명예에 불필요한 손상이 초래됨으로써 대한민국의 정통성 부정을 획책하는 북한의 대남공작에 악용될 우려가 있게 될 것임.

나. 조사 및 심의 "지침"에는 희생자의 명예를 최대로 보장하면서도 북한의 대남공작가능성을 배제하는 측면에서 "목적"과 "지침"과 "주의사항" 혹은 "고려사항" 등이 구체적으로 망라되는 "지침"이 필요한 것으로 판단되니 재심의의 기회가 있게 될 것을 제안함.

다. 실무위원회의 구성이 유족측에 절대적으로 편중되어 있는 상태에서 사실조사단에 군과 경찰요원이 완전 배제됨으로써 공정성이 훼손될 가능성이 있으며 아울러 조사과정에 개입을 시도할 북한 대남공작원의 은밀한 영향력을 차단할 수 없는 취약성도 내포될 수 있음을 지적함.

라. 사실조사단은 공무원, 위촉조사요원, 통장 및 리장 등으로 구성되어 있어 공정한 조사가 될 것이 기대되지만 이들의 연령과 성향을 고려한다면 정확도에는 한계가 있을 것임. 이 조사 결과를 근거로 실무위원회는 심사를 하고 중앙 위원회가 최종심사를 거쳐 희생자 여부를 결정하게 됨으로 만약 허위신고내용이 밝혀지지 않고 그대로 인정된다면 남로당원으로서 대한민국의 건국을 방해하고 군·경을 타도하여 제주도를 공산사회로 만들려던 사람들의 명예가 회복되는 상황이 발생될 것임. 이들은 여순반란시처럼 군을 동원하여 경찰을 타도하려 했으나 실패했던 것이며 나중에는 군에게도 총부리를 겨누었다는 사실을 유념해야 할 것임.

마. 4·3특별법에는 국가보상이 없는 것으로 되어있지만, 민주화운동의 희생자에 대한 보상이 있었던 전례에 따라 4·3의 경우에도 희생자로 결정만 있게 되면 이를 근거로 보상금을 받으려는 시도가 있을 것임. 만약 「단선단정 반대」를 외치면서 대한민국의 건국을 방해하고 군·경을 타도하여 제주도를 적화하려 했던 사람들에게 대한민국 정부의 어떤 보상이 있게 되는 경우 대한민국의 정통성은 손상될 것임.

바. 4·3사건 당시는 군·경과 우익청년단이 한쪽 당사자였으나 지금은 모두 현직을 떠났고 또한 조사결과 당시의 기록도 없다고 함으로 좌익활동에 대해서는 우익단체에서 사건내용을 잘 알 것이고, 우익인사에 대해서는 일부의 유족회만이 잘 파악하고 있을 것임. 따라서 사실조사단의 조사내용과 자유수호협의회 및 유족회에서 확인한 내용이 모두 같다면 심사규정에 따라 위원회에서 처리하고, 만약 3가지 내용이 일치하지 않으면 위원회 차원에서 교차검증

을 실시할 것을 건의함.

사. 4·3사건의 성격에 관하여는 민주화운동, 민중운동, 폭동 반란 등의 다양한 주장이 있음. 이 사건의 성격규명은 심의 의결시 4·3사건의 희생자를 판정하는 기준이 되기 때문에 중요하며 피해자가 민주화운동을 했다면 표창 감이지만 반란에 가담했다면 처벌의 대상이 될 것임. 그런데 지금은 사건의 성격규명도 완성되지 않은 상태에서 사실조사가 이루어지고 멀지 않아 실무위원회에서 심의를 하여 그 결과가 금년내에 위원회에 상정되게 됨으로서 피해자가 왜 죽었는지는 간과하고 단지 죽었다는 이유 하나만으로 희생자로 결정되는 우를 범할 가능성이 농후함.

아. 사건의 진상규명 없이 죽은 자를 모두 희생자로 추앙한다는 것은 대한민국 정통성을 부정해 온 북한의 대남 심리전에 이용되는 결과를 초래함으로 결코 허용되어서는 안될 것이며 사건의 성격규명 없이 희생자의 심사에 착수한다는 것은 사망의 이유를 불문에 붙이는 결과를 초래할 것이 분명함으로 시간이 다소 지연되더라도 "선 사건의 성격규명, 후 희생자 신고에 대한 심의"로 업무가 진행될 수 있기를 강력히 건의함.

자. 현재 국방부에 민원으로 접수된 군과 경찰에 의한 양민피해사건은 60여건이 넘고 있음. 제주 4·3사건의 해결과정은 기타 관련 사건들의 선례가 될 것임으로 4·3사건에서 대한민국의 정통성을 보호하는 기초 위에서 무고한 희생자의 명예회복이 이루어지도록 장치되지 않으면, 그 후유증은 제기되어 있는 기타의 사건에도 폭발적 연쇄반응을 일으켜 국가의 발전을 가로막는 결정적 우를 범하게 될 것을 예견해야 할 것임.

4. 본인은 "제주 4·3진상규명과 명예회복을 위한 연대회의"의 구성을 일종의 "통일전선"유형으로 인식하면서, 위 2항에서 제기된 문제가 해결되지 않은 상태에서 사실조사 및 심의가 진행됨으로써 위 1항과 같은 내용의 주장이 공공연히 가능하게 되었다고 생각합니다. 6·15정신으로 민족의 상생과 화해만이 강조된다면 4·3사건의 처리는 자칫하면 대한민국의 안보에 치명적인 결과를 초래할 수도 있다는 우려에서 4·3위원회에서의 활동과 당면하고 있는 문제에 대하여 두서없는

보고를 드렸습니다. 4·3사건의 처리에는 온 국민의 관심과 슬기로운 지혜가 더욱 요구될 것이기 때문입니다.

2001. 12. 1.

한 광 덕 4·3위원회 위원, 성우회 안보평론위원

참조1 : 발표자 명단

조명철(실무위원회 부위원장), 양금석(제주 4·3도민연대 공동대표), 김두연(제주 4·3연대 부회장), 김완송(경우회 제주도 지부 이사), 양동윤(제주 4·3도민연대 운영위원장), 이성찬(제주 4·3유족회 회장), 이지훈(제주 4·3도민연대 공동대표), 고희범(한겨레신문 광고국장)

Ⅲ. 세상이 이렇게 변할 수 있다는 말입니까? (보고)

성우회 회원님들께

3월 14일 4·3위원회 회의를 마친 후 몸살로 누워야 했습니다. 누워서도 잠은 쉽게 오지 않았습니다. 제 글의 제목은 "세상이 이렇게 변할 수가 있단 말입니까?"입니다.

3월 14일 오후 4시부터 6시까지 국무총리 회의실에서 진행된 4·3위원회 회의 결과와 분위기를 보고하고자 이 글을 씁니다. 이 날 일정은 4·3위원회의 간사로부터 위원회의 업무전반에 대한 추진상황 및 향후의 계획보고에 이어 희생자 심의 결정 기준안과 4·3평화(위령)공원 조성기본계획안을 통과시키는 절차로 진행되었습니다. (조선일보 3월 5일, 시사칼럼에는 "4·3희생자 기준 문제있다"의 기고를 통해 4·3위원회의 공개필요성이 강조됐으나 회의는 관례대로 비공개로 진행됐으며 발표 및 발언내용은 녹음이 되고 있음을 확인하였습니다.)

1. 주요업무 추진상황 및 향후계획 보고

희생자 사실조사 및 심의, 결정, 제주 4·3사건 진상규명 추진상황 그리고 제주 4·3평화(위령)공원 조성사업에 대한 추진 및 향후의 계획에 대하여 훌륭한 보고였다는 격려와 함께 의장으로부터 발표내용에 이의가 없느냐는 질문이 있었습니다. 아무런 질문이 없어 다음 순서로 넘어가기 직전에 저는 발언권을 얻어 진상규명 추진상황에서 보고된 수집자료 중 주요내용으로 제시한 참고자료에 이의가 있다고 문제를 제기했습니다. 제공된 참고자료에는 4·3사건을 민중항쟁으로 부각하는 주장만이 나열되고, 4·3사건을 남로당이 주도한 공산폭동/반란으로 보는 군과 경찰의 입장을 지지하는 자료는 일체 제시되지 않고 있음을 지적하면서 제시된 참고자료가 균형감각을 상실하고 있음으로 회의가 더 이상 진행될 수 없다는 요지의 문제를 제기했으나 수용되지 않았습니다.(발표문 문항#2참조)

2. 희생자 심의 결정 기준(안)

희생자 심의 결정 기준(안)으로 제시된 안은 (1) 제주 4·3사건 발발에 직접적 책임이 있는 남로당 제주도당의 핵심간부와 (2) 군·경의 진압에 주도적 적극적으로 대항한 무장대 수괴급 등은 명예회복의 대상에서 제외한다는 것으로 헌법재판소에서의 결정기준을 반영하지 못하는 것이었습니다. 국방부장관을 대신하여 참석한 차관은 헌법재판소에서의 심의기준이 무시된 명예회복의 대상자 선정기준에 반대한다는 발언을 하였으며 저는 이어서 제안된 심의기준안이 소위원회에서 5:2 다수결로 통과되었다는 사실을 상기시키고 헌법재판소의 판정기준을 중시해야 한다는 소수의견(주: 우파위원 2명)은 오늘 이 자리에서 언급조차 없었다는 사실을 유감으로 생각한다고 전제한 후 헌법재판소의 심의기준을 무시한 4·3위원회의 결정은 장차 국민의 심판을 받게 될 것임으로 국민의 알권리가 보호되는 차원에서 공개회의의 필요성을 (다시) 강조하며 제안에 대한 반대의사를 표시했던 것입니다.(발표문 문항#1 참조)

헌법재판소의 심의기준이 최대로 반영되어야 한다는 국방차관과 저의 주장에 대해서는 직접적으로 반론이나 질문이 없었음에도 남북의 화해협력이 강조되는 특별법의 시대정신을 살리기 위해서 최대한의 희생자 명예회복이 보장되어야 한다는 다른 두 위원의 논리에 비중을 두고 더 이상의 토의없이 통과시키려는 의장의 의도가 엿보이자 본인은 그렇다면 찬반 여부를 표결에 부치자는 주장까지 했는데 의장은 국회에서도 소위원회에서의 결정은 중앙위원회에서도 통과되는 것이 관례임으로 통과한 것으로 양해해 달라는 발언을 하였으며 저로서 더 이상의 주장은 불가하였습니다. (주: 표결없이 통과한 무효인 행정행위)

3. 제주 4·3 평화(위령)공원 조성 기본계획(안)

저는 명칭 자체부터 이의를 제기했습니다. 요지는 "평화"가 포함되려면 "4·3"이 빠지던가 "4·3"이 강조되려면 "평화"대신에 "위령"이 포함되어야 한다는 내용이었습니다. 그리고 4·3사건의 진상과 성격의 규명도 없는 상태에서 공원조성을 앞질러 가는 것도 심의기준 없이 희생자신고를 서둘러 접수했던 것과 마찬가지의 문제를 초래할 것임으로 충분한 시간을 가지고 국민의 중지를 수렴할 것이 요구된다는 반대의견을 분명히 했습니다.(발표문 문항 #5 참조)

의장은 최초 재고의 가치가 있는 것으로 받아들이고 토의를 진행시켰으나 이 때 한 위원이 "4·3사건은 통일국가 형성의 시작으로 볼 수도 있음으로 불온시해서는 안 된다"는 요지의 발언을 통해 제주4·3평화공원이란 명칭이 바람직하다는 발언을 하였습니다. 저는 그 순간 망치로 머리를 얻어맞는 충격을 받지 않을 수 없었으며 내가 지금 어디에 있는가를 의심하였습니다. (저는 며칠 전 발언을 했던 한 위원의 의중을 알아보려고 전화를 했었고 회의 중이라는 비서에게 제 이름과 전화번호를 알려주고 기다렸으나 더 이상 응답이 없어 답답한 심정을 글로 남길 생각을 한 것입니다.) 저는 그 때 그 순간 자리를 박차고 일어나면서 당신들 하고는 더 이상 4·3위원회의 위원을 맡을 수 없다고 큰 소리로 선언하지 못한 것을 부끄럽게 생각합니다.

4. 글을 마치며

성우회를 대표하여 위촉된 김점곤 선배 위원께서는 불가피한 사정으로 불참하면서 제 의견을

100%동의하고 지지하니 충분한 의견을 개진해 달라는 당부의 말씀을 주셨기에 저는 발표 도중의 적절한 시점에서 이것은 이 자리에 불참한 김점곤위원께서 당부한 내용이라고 전제하면서 준비했던 글을 모두 발표할 수 있었음을 다행으로 생각합니다. 발표 후에는 준비해 간 발표문 사본을 전 위원에게 분배할 수 있었기에 4·3사건의 건전한 해결을 위한 성우회의 입장은 충분히 전달되었다고 생각합니다.

저는 지금도 이한동 의장이 대한민국의 국무총리로서 정상적인 판단을 했다면 3월 14일의 결정은 일단 보류하고 재검토의 시간적 여유를 갖게 되리라 확신했는데 일단 빗나가고 만 결과를 통탄합니다. 더욱 통탄스러운 것은 4·3특별법이 만들어질 때 많은 성우들은 그 사실조차 모르고 넘겼다는 것입니다. 그러나 It's never too late to begin이라는 영어속담이 옳다고 믿고 지금부터라도 성우들의 관심이 계속 요구되고 있다고 생각되어 이 글을 남기게 된 것입니다.

3월 14일 저의 발표문 내용은 모두 사실에 기초한 것으로 목에 칼이 들어와도 한자 바꾸지 않고 옳았다고 저는 생각합니다. 그러나 성우회원님들께서 다시 한번 읽어 주시고 많은 국민들이 바른 사실에 눈을 뜨도록 하는데 힘을 기울여 주시기를 부탁드립니다.

2002. 3. 20.

한광덕 성우회 안보평론위원

Ⅳ. 성우회의 입장

4·3사건의 본질은 대한민국 건국을 위한 1948. 5. 10. 선거를 파괴하기 위한 남로당 무장유격대의 폭동이었음을 헌법재판소도 분명히 인정하였다. 위원회가 자유민주적 기본질서의 본질을 훼손하였던 자들을 희생자로 결정하여서는 아니될 것이다.

대한민국 건국을 파괴하는데 가담한 사람들에 대한 명예회복은 대한민국 헌법의 훼손이나 부인 그 자체로서 대한민국의 건국과 자유민주체제수호를 위해 희생한 군·경에 대한 평등권의 침해이다.

국무총리께서 위원장으로 있는 「위원회」에서 대한민국 헌법의 훼손이나 부인이 일어난다면 우선 헌법 제65조에 의한 탄핵문제가 일어날 것이다. 역사의 심판이 있을 것이며 당장 대한민국을 지키는데 생명을 걸고 싸워 온 용사들이 들고일어날 것이다.

4·3사건은 좌우의 이념전쟁이었는데 오늘날 남북화해의 정신으로 이념문제가 없어진 것으로 홍보되는 가운데 대한민국의 건국과 자유민주주의 체제수호를 위해 희생한 군·경이 반민족 반통일로 매도되는 현상이 발생되고 있다. (이념갈등이 현존하는데 이념을 무시하고 화해가 가능?)

수형자에 재심의 절차 없이 허용되는 명예회복은 대한민국의 정통성과 정체성으로 직결된다. 대한민국의 역사가 4·3소위원회 및 4·3위원회 위원의 다수결 투표로 결정될 수는 없다!

V. 한광덕 위원의 제8차 4·3회의 발표 내용

1. 582쪽의 보고서를 두 번 정독했습니다. 그 독후감부터 간단히 보고 후 이 진상조사보고서의 채택에 관한 견해를 말씀드리겠습니다. 글로 써 왔기에 읽는 동안 전 위원님들께 분배가 되겠습니다.

2. 먼저 독후감입니다. 이 보고서의 작성 주체가 대한민국 정부인가를 의심해야 하는 경우가 있었습니다. 국가문서로서 적절하지 않은 용어사용이 여러 군데 있었기 때문인데, 예를 들면 (초안 578상단) "무장대가 선거관리요원과 경찰 가족 등 민간인까지 살해한 점은 분명한 과오이다"라는 구절이 있는데, "민간인까지"가 강조됨으로서 군경은 살해해도 좋았다는 암시로도 들릴 수 있는 반면에, 대상이 군경이든 민간인이든 사람을 살해한 것은 모두 살인죄인데 살인죄를 국가의 보고서가 과오라고 표현해주는 것은 적절하지 않다고 보았습니다. 수정이 요구됩니다.

표현의 문제로 하나만 더 예를 들면 (초안 289-290쪽) "대법원은 4·3계엄령의 불법성 여부에 대해 명확한 판단을 유보했다."라는 구절 뒤에 "이제 계엄령의 불법성에 대한 법률적 판단은 학계의 몫으로 남겨졌다."고 명기하고 있는데, 대한민국에는 사법권의 상위에 "학계권"도 있다는 암시로

들렸습니다. 4·3위원회가 삼권분립의 대한민국 헌법체계를 뛰어넘는 결정권까지 가질 수 있는 것은 아니기에 이 표현도 수정이 요망됩니다.

직업 군인으로 반평생을 살았던 예비역의 입장에서 볼 때 군·경에는 불리하고 인민 무장대에는 유리한 표현과 자료만이 반복됨으로서 당시 힘든 상황하에서 폭동의 진압임무를 수행해야 했던 군과 경찰의 선배들이 무자비한 학살자로 둔갑되는 현상이 밤잠을 못 이루도록 마음이 아팠습니다.

그리고 무고한 희생을 당해야 했던 당시의 희생자와 유가족에 대해서도 아픔을 함께 나누지 못함을 참으로 송구스럽게 생각해야 했습니다.

그럼에도 불구하고 이 보고서는 사건의 진상을 규명하는 진상조사보고서가 아니라 피해자 일방만을 고려한 피해보고서로서 군과 경찰이 겪어야 했던 애로나 고충에 대해서는 전혀 언급이 없는 것이 유감이었습니다.

그리고 이 책자를 읽게되면 후세의 국민들도 4·3사건 당시의 역사적 배경도 이해를 하고 앞으로 동일한 과오를 반복하지 않기 위해서는 군과 경찰과 국민들이 어떻게 하는 것이 정도인가를 생각하게 하는 어떤 교훈 도출도 가능해야 하는데 전혀 찾아 볼 수 없는 것이 국가보고서로서의 기능을 상실하고 있는 것으로 보았습니다.

3. 4·3위원회의 제7차 회의 시 『제주4·3사건 진상조사보고서』를 잠정 채택하면서 차후 "6개월 내에 새로운 자료나 증언이 나타나면 위원회의 추가심의를 거쳐 수정한다"는 조건을 달았던 것은 주로 군과 경찰의 입장과 주장도 균형 있게 반영될 필요가 있겠다는 국무총리님의 배려였기에 군과 경찰에서도 많은 기대를 하고 있었던 것이 사실입니다. 그런데 수정요구 376건중 현재 33건의 수정 그것도 개념의 보완이 아닌 단어 수정에 그쳐서는 근본문제가 해결되지 않았기 때문에 실망이 클 수밖에 없으며 따라서 현재 상태로는 도저히 수용할 수 없다는 것이 저의 입장입니다.

4. 다음은 몇 가지 질문을 하겠습니다.

* 9월 29일까지 접수된 수정의견은 20개 단체 및 개인으로부터 376건이 접수된 것으로 알고 있습니다. (관계관에게 확인)

* 총 1,033쪽의 수정 건의안이 2권의 책자에 수록되었다고 들었는데 중앙위원들은 구경도 못한 채 이 자리에 나왔습니다. 저희들에게 배부된 17쪽의 문서를 가지고는 제가 두 번을 정독하면서 CHECK를 해 놓았던 부분들이 어떻게 달라졌는지 대조조차 해 볼 수가 없었습니다.

* 제가 며칠 전에 받은 것은 검토소위원회에서 합의한 33건이 전부인데 합의가 되지 않은 나머지 343건에 대해서는 어떤 조치가 있었는지? 몇 개의 예를 들어 설명바랍니다.

* 수정안을 제출했던 단체 혹은 기관의 제안자와는 접촉을 통해서 결과에 대한 설명이나 토의가 있었는지? 앞으로의 계획은?

* 건의된 376건의 수정안이 수록된 2권의 책자는 본회의에 앞서 4·3중앙위원들에게도 배부됐어야 하는 것 아닙니까? 4·3위원으로서 확인하고 싶으니 제공해 주시기 바라며 오늘의 중앙위 심사는 수정안 내용을 한번 읽어 볼 때까지라도 우선 보류할 것을 건의합니다.

5. 1,033쪽의 방대한 수정안을 보고서의 집필자들이 1주일도 안 되는 짧은 기간 내에 자기 주관으로 검토의견을 달아 검토소위에 회부하고 지엽적인 용어의 수정 정도에 불과한 33건만을 심의 통과시킨 것은, 지난 6개월 간의 연구결과를 완전히 무시한 것으로 밖에는 볼 수가 없습니다. 많은 단체와 개인의 6개월간 연구결과를 집필자 2~3명이 1주일도 안 되는 시간에 검토를 하고 그리고 검토소위는 10월 4일 하루만 심의를 하고, 오늘의 심의에 회부됐으니 이거야말로 "번개불에 콩볶아 먹기"식인데, 우리가 이렇게 서둘러야 할 특별한 이유가 있습니까? (설명 요구)

6. 4·3사건에 대한 남로당 중앙당의 개입 여부에 관해 본 보고서는 152쪽에서 개입되지 않았다는 주장들만을 나열하고 있습니다. 두 명의 예비역장군 이름을 대며 4·3사건은 제주도의 특수한 여건과 47년 3·1절 발포사건이 주요원인이 되었다는 결론을 유도하고 있습니다. 예비역 장성 한 분은 4·3위원으로서 6개월 전의 심사소위에서 왜곡된 보고서의 올바른 수정이 불가능해지자 항

의의 뜻으로 사퇴한 김점곤 위원입니다. 김점곤 장군은 최근 육사 총동창회보에 기고한 글에서도 남로당의 개입을, 〈"진목표"를 감춘 채 민심을 자극하고 선동할 수 있는 "위장목표"를 내세워 군중을 동원하는 노동당의 공산주의 수법은 1945년 이래 남북한에서 일으킨 모든 "사건"의 상투수단이었다〉는 표현으로, 주장하고 있습니다.

그리고 이 보고서는 남로당 불개입의 결정적인 단서로 일본에 살고 있는 박갑동씨와의 증언(154쪽)을 들고 있습니다.

박갑동씨는 책(1983년)에서는 남로당 개입이 있는 것으로 기술했는데 작년에 일본에서 녹취(2002.7.)한 증언에서는 이를 뒤집었다고 이 보고서에 기록되어 있습니다.

역사기록의 신뢰성을 증명함에 있어 개인의 증언이 문헌보다 앞선다는 주장입니다. 우선 일본에는 누가 가서 증언을 녹취했는지? 이 자리에서 밝혀주기 바랍니다. (이름 거명 요구)

그렇다면 거기에 왜 군과 경찰을 대표할 수 있는 인사는 동행하지 않았는지도 설명바랍니다. 박갑동 씨를 다음 4·3위원회에 증인으로 채택하던지 아니면 제3자가 일본으로 가서 재확인할 때까지는 이 보고서의 채택은 보류되어야 합니다.

4·3 지원단에서는 전문위원들의 현지출장을 통해 미국 일본 중국 소련 등에서 방대한 자료를 수집했으나 군경 관계자는 한사람도 동행하지 않았다고 이야기 들었는데, 이와 같이 균형을 상실한 인원의 선발과 편성은 누가 누구의 지시를 받고 이행했는지? 에 대해서 감사원의 직무감사가 있게 될 것을 이 자리에서 제안합니다.

제가 들고 있는 이 신문은 4·3사건 당시의 남로당 기관지인 "노력인민"이란 신문입니다. (한 부씩 볼 수 있도록 배부) 48년 6월 8일자 신문인데 "조국의 식민지 분쇄 전에 전도 순국 열정으로 작열", "반동 숙청에 영웅적 혈전 벌어진 제주도"가 우상단에 보이며, 좌상단의 "조국을 방어하기 위하여 민족의 선두에서 사투하는 제주도 애국 동포를 구출하자!"는 제목하의 내용에는 남로당이 조선민주주의인민공화국 헌법초안을 지지(1948. 3. 3.) 했음으로 "제주도에서 인민공화국 만세소리가 천지를 뒤흔들었다."는 기사가 활자화 돼있습니다.

이 기사 하나만을 보더라도 4·3폭동에는 남로당 중앙이 관련되었다는 사실을 간단히 알 수 있는데, 이런 확실한 문건들은 대한참전단체 연합회에서도 새로운 자료로 채택할 것을 제안했다고 하는데 어떤 사유로 심사소위원회의 검토에서 제외됐는지? 심사소위원회의 위원장께서 설명바랍니다.

그런데 이런 남로당의 기관지는 자료로 활용하지 않으면서 중앙당의 개입이 없었다니 이해가 됩니까? 남로당의 입장을 후원하는 이유가 무엇입니까?

그래도 끝까지 개입이 없었다고 주장하신다면, 백보를 양보해서 중앙당의 개입을 주장하는 국방부와 경찰 기타 참전단체들이 개입이 있었다고 주장하는 의견도 이 보고서에 병기할 것을 제안합니다.

7. 4·3사건이 봉기였다는 표현은 바뀌어야 합니다.

제주 4·3사건이 남로당의 무장폭동이었다는 사실은 김대중 대통령도 "제주4·3사건은 공산당의 폭동으로 일어났지만, 억울하게 죽은 사람이 많으니 진실을 밝혀 누명을 벗겨주어야 한다"는 표현으로 CNN인터뷰(1998. 11. 23)에서 인정하지 않았습니까? 4·3사건은 대한민국 정부의 입장에서는 내란일 수밖에 없고 범법자들의 일부에 대해서는 내란죄가 적용되었는데 내란을 봉기로 역사에 기록하는 정부가 지구상에 존재합니까?

조직적인 훈련으로 무장을 해서 경찰서를 습격방화하고 선거관리요원들과 지지하는 인사들을 무자비하게 살해한 집단행위를 봉기로 본다면 앞으로의 유사상황 발생은 어떻게 막아낼 것인가의 차원에서도 이 문제를 보아야 할 것입니다.

그리고 헌법재판소 판결요지(2001. 9. 27)에도 "제주 4·3사건 당시 자유민주적 기본질서를 부정하며, 인민민주주의를 지향하는 북한 공산정권을 지지하면서 공권력의 집행기관인 경찰과 그 가족, 선거종사자, 그들의 정치적 반대세력과 가족들을 살해하기 위하여 무장세력을 조직하고 동원하여 공격한 행위이며 이는 자유민주적 기본질서와 대한민국의 정체성에 심각한 훼손을 초래하였기 때문에 수괴급 공산무장병력의 지휘관, 중견간부, 살인 방화자는 희생자로서 명예회복이 되어서는 안된다."고 명시함으로서 북한 공산주의를 지지하는 무장폭동으로 확인하지 않았습니까?

8. "3·1사건이 4·3사건의 도화선이었다."는 것도 표현을 달리해야 합니다.

47년의 3·1사건은 남로당 제주도 위원회(위원장 안세훈)와 민전(민주주의 민족전선) 제주도 지부가 남로당 중앙당의 지령에 의거 3·1절 기념 투쟁준비위원회(위원장 안세훈)를 조직하여 일으킨 반미 찬탁운동 도중에 제주도의 시위군중이 경찰서 유치장에 감금된 동료를 구출하기 위해 경찰에 항의하는 과정에서 발생한 유혈충돌 사건이었습니다.

그리고 48년의 4·3사건은 그로부터 1년 후 UN결의에 의한 남북한 총선을 반대하라는 소련과 남로당의 지령으로 남로당 제주도당이 무장대를 조직하여 5·10선거를 폭력으로 방해한 선거방해 폭동으로서 북한에서 5·10 제헌 국회의원선거가 실시됐다면 4·3폭동은 발생하지 않았을 것이 분명합니다. 3·1사건을 4·3에 연결시키는 것은 소련과 북한의 책략에 말려드는 것입니다. 북한은 소련의 군정하에서 독립국이 됐으나 남한은 미군의 군정하에서 미국의 식민지가 되었다는 논리를 펴기 때문입니다. 3·1사건이 4·3폭동의 주원인이 된다면 4·3사건은 3·1사건으로 그 명칭을 바꾸어 불러야 함으로 3·1사건이 4·3사건의 도화선이라는 표현은 바꾸어야 할 것입니다.

9. 인명피해에 대한 미국과 이승만 대통령의 책임론에 대하여

인명피해(580쪽)는 강경진압을 폈던 1948년 10월부터 1949년 3월까지 6개월 동안에 전체 희생의 80% 이상이 발생했기 때문에 이 기간에 작전을 주도한 제9연대장과 제2연대장에게 1차 책임이 있다고 보아야 하나 근본적인 책임은 5·10선거를 파탄시키고 제주도에 인민공화국을 수립하기 위해 미군정을 먼저 공격하고, 정부수립 이후에도 군·경과 정부를 지속적으로 흔들어 댐으로서 강경진압을 유도한 남로당에 있다고 보아야 할 것입니다.

본 보고서에는 이승만 대통령의 책임론을 펴고 있으나 이는 잘못된 주장입니다. 대통령은 국가를 수호하고 국민의 생명과 재산을 보호하고 나라를 안정시켜야 할 책임이 있으므로 당연히 계엄령을 포함한 모든 수단을 동원해야 할 책임과 의무가 있는 것입니다. 대통령에게 책임을 묻는다는 것은 대통령이 국정을 수행하지 말라는 주장과 같으며 이는 국가의 존립 자체를 부정하는 것이 될 것입니다.

비근한 예가 될지 모릅니다만, 얼마 전 부산항의 화물연대 노조가 두 번째 강경 파업을 할 때 노무현 대통령이 강경 진압을 공개적으로 지시했었는데 이 때 만약 노조원들이 무기를 들고 경찰에 대항하여 뜻밖의 인명피해가 발생했다면 그 책임을 어디에 물을 것입니까?

이 보고서는 4·3사건이 최초 미군정하에서 발발했고 초기진압은 미군정하에 이루어지고 건국 후에도 미군이 철수 시까지 국군을 작전 통제했으므로 미국의 책임이 있다는 주장을 폈는데 우리는 보다 신중할 필요가 있습니다.

남한의 미군정은 북한의 소군정과는 달리 사상문제를 도외시함으로서 좌·우익의 갈등을 방치하고, 소요사태를 허용함으로서 4·3사건이 발발한 면이 있지만, 미국이 일본으로부터 무조건 항복을 받지 않았더라면 48년의 4·3사건은 없었다는 사실도 인정해야 할 것입니다. 소군정은 철저한 우익세력의 탄압과 제거로 폭동을 막았지만, 미 군정은 남한에서 상당한 기간 미국식의 자유를 허용했던 상대적 차이도 인정해야 할 것입니다.

10. 금일의 희생자 심의안건에 대하여

소위원회에서는 희생자 심사 시 일차적으로 4·3사건 당시 군법회의에서 유죄 선고를 받았던 수형인들은 심의대상에서 제외해 왔습니다. 그런데 이번엔 후유장애자의 심사 시 수형자가 포함됨으로서 논란이 있었음을 말씀드립니다. 저는 인정할 수 없다는 반론을 폈으나 간첩도 부상을 당하면 나라에서 일단 치료를 해주는 법인데 후유장애자로 인정해서 일단 치료는 받아야 하지 않겠느냐는 주장에 한발을 물러서야 했습니다. 그러나 이 자리에서 분명히 할 것은 후유장애자로 인정을 받고 치료지원을 받는다고 해서 4·3의 희생자로 인정이 되어 내란이나 살인죄로부터 명예의 회복이 되는 것은 아니라는 사실을 전 위원님들 앞에서 분명히 하고 싶습니다. 후유장애자인 수형자가 치료를 받는 것이 명예회복으로 인정되면 4·3사건의 기간 중에 사망한 사람들은 그 당시에 사망을 했다는 이유 하나 때문에 당시 1,700여 명의 무고한 제주도민들을 죽인 무장폭도들까지도 너도나도 명예회복이 되는 것으로 생각하게 될 것이기 때문입니다.

이 기회에 4·3위원회에 기록으로 남기고 싶은 말은 4·3위원회의 기본임무는 4·3폭동을 무장봉기라고 바꾸면서 군법회의에서 "내란죄"로 판결받은 수형인들의 범죄까지를 없애주기 위해서 노력할 것이 아니라, 토벌대의 진압과정에서 과잉진압으로 내란에 가담하지 않았음에도 처형된 선량한 제주도민들, 우익계 민주인사들, 그리고 1,700여 명의 제주도민들을 죽인 인민해방군에 가담하지도 않았고, 동조 협력도 하지 않았음에도 불구하고, 처형되거나 受刑人이 된 사람들을 가려내어 그들이 진정한 희생자로 인정되도록 하는 것이 본 위원회의 임무가 되어야 한다고 생각하면서 할 말은 너무나 많지만 여기서 줄이겠습니다.

2003. 10. 15.

국방부 위촉위원 한광덕

□ 사퇴서

Ⅰ. 이황우 위원

　제주 4·3 사건은 남로당에 의해 일어난 사건임이 분명함에도 불구하고 1947년 3월 1일 3·1절 기념식을 맞아 제주도 좌파세력이 주도한 시위에서 경찰이 발포를 한 것이 도화선이 되었다고 기술함으로써 4·3사건의 발생원인부터 왜곡된 「제주4·3사건진상조사보고서」는 대한민국의 정체성을 지키려는 경찰과 군인의 진압작전을 인권침해로 규정하고 있는 등 편향된 시각에서 기술하고 있다.

　또한 20여 개 기관 및 단체에서 동 진상보고서(안)에 대하여 376곳이나 수정의견을 제출하였음에도 불구하고 어떤 내용이 제기되었는지 조차 전체회의에 제시하지도 않았음은 물론 전체회의에서 본 위원이 위의 문제를 제기한 부분조차도 묵살되었다. 결국 4·3사건은 남로당에 의하여 일어난 무장폭동이 아니라 경찰의 발포로 일어난 무장봉기로 호도되고 있기 때문에 본 위원은 이와 같은 논리로 전개된 「제주 4·3사건진상조사보고서」의 채택 의결에 동의할 수 없다.

　따라서 본인은 더 이상 「제주4·3사건 진상규명 및 희생자명예회복위원회」 위원으로서 그 임무를 수행할 수 없다고 판단하여 사퇴코자 한다.

2003년 10월 16일

제주4·3사건 진상규명 및 희생자명예회복위원회 위원

이 황 우

II. 한광덕 위원 : 국무총리께 드리는 사퇴서

4·3사건 당시 무고하게 억울한 죽음을 당한 희생자들의 명예회복은 국가의 책임입니다. 따라서 죽었다는 사실만으로 대한민국의 건국을 방해하고 인민공화국에 충성했던 사람들까지 모두가 희생자가 될 수는 없으며, 죽은 사람 모두의 명예회복을 위해서 정부의 공간사에 기록된 남로당의 무장 '반란' 혹은 '폭동'이 "무장봉기"로 왜곡될 수는 결코 없습니다.

그러나 진상조사보고서 작성 전문위원 4명 중 3명이 제주도 출신이고 1명만이 군 출신으로 (군 출신은 6·25전쟁 이후 부분만을 기술한다는 고용계약) 군 출신 위원의 연구결과는 거의 무시된 채 제주도 출신 위원들의 견해와 주장만이 중점 반영됨으로서 진상조사 보고서는 반쪽의 피해보고서가 되고 말았습니다.

본인은 진상규명이 결여된 반쪽의 피해보고서로 둔갑된 내용과 집필체제의 문제점을 지난 3월 29일 개최된 최초 진상조사보고서의 심의 시 지적하고 감사원의 업무감사까지 요청했으나 반영되지 않은 채 수정안 재검토작업이 이루어져 접수된 376건의 수정요구 중 33건만이 반영됨으로서 지난 6개월 동안 20개 단체 및 기관에서의 연구결과는 무시되고 말았습니다.

이제 4·3사건은 48년 4월 3일의 제주도 남로당 인민유격대와는 관계없이 그로부터 1년 전인 47년 3·1절 행사시 시위군중에 대한 경찰의 발포가 주원인이 된 무장봉기로 둔갑되고, 48년 11월의 계엄령발동과 군부대의 군법회의까지 불법성이 제기되어 당시의 주민피해에 대한 주책임까지 이승만 초대 대통령으로 돌아감으로서 대한민국의 정통성과 정체성까지 도전받는 결과가 초래되었습니다.

10월 15일의 심의에서 본인이 문서로 준비하여 낭독한 발언은 중단되고 회의록에만 남기기로 하고 제기한 질문에 대한 답변의 제공도 없이 역사적인 4·3사건진상조사보고서는 정상 절차를 생략한 채로 통과된 것으로 선언되었습니다. 본인은 이제 군과 경찰 측 위촉위원들의 정당한 발언은 항상 소수의견으로 취급되어 온 4·3사건 진상규명 및 명예회복 위원회에서 더 이상의 활동은 무의미하다고 판단하고 통과된 진상조사보고서에 대한 항의와 부동의의 뜻으로 사퇴서를 제출하는 바입니다.

2003년 10월 19일

예비역 육군소장 한 광 덕

진 정 서

진정인 공동대표 : 이 선 교

노무현 대통령 귀하

진 정 서

1. 하나님의 은혜와 평강이 노무현 대통령과 함께 하시기를 기원합니다.

2. 정부가 작성한 제주4.3사건 진상보고서 241쪽-302쪽 "진압군에 의해서 무고한 제주도민 약5,000여명의 양민이 학살되었다"고 작성되었습니다.

3. 그러나 진압군이 무고한 제주도민을 학살한 것이 아닙니다. 그 증거는,

   1) 제주 4.3폭동은 진압되어 7월말 제주도는 비교적 조용하였습니다. 그런데 김달삼이 북으로 가자 그 후임으로 이덕구가 인민유격대 사령관이 되면서,
      48년 9월15일 문두천을 대창으로 찔러 죽이고, 9월18일 고성2구 오만순, 9월25일 김령리 박인주를 죽이고,
      10월1일 도순리와 오도리지서를 습격하여 정찬수 경찰 외 4명을 죽이고 2명을 납치해가고,

   2) 48년 10월26일 9연대 구매과장이 주동이 되어 9연대 안의 남로당원 장교 6명, 사병 80여명이 송요찬 연대장과 이근양 중대장을 죽이고 9연대를 장악하여 반란을 일으키려다 발각되어 전원 체포되었고,

   3) 48년 11월1일 제주경찰 11명이 주동이 되어 좌익 공무원 75명이 가담하여 제주를 적화하여 남한의 전진기지로 삼으려다 발각되었고,

   4) 48년 11월2일 인민유격대의 공격을 받고 9연대 3대대 6중대장 이하 14명이 전사하고 많은 군인이 부상을 당하는 제주 제1차

4.3폭동에 이어 이덕구의 제주인민유격대 9.15 살인만행이 일
어나자,

5) 정부에서는 제주도 폭동이 다 진압된 줄 알았는데 또 살인만행이 일
어나니 깜짝 놀라 48년 11월17일 계엄령을 선포하고, 여수 14연대 1
개 대대에 제주도에 급파하여 진압하라고 명령하였습니다.

6) 그런데 48년 10월19일 여수의 14연대가 연대 안의 지창수 상사 등
남로당원들의 선동으로 "제주도 진압군으로 가지 않겠다" 하며 연대
전체가 반란군이 되어 여수 순천 벌교 보성을 점령하고 구례를 향해
북상하여 국군 12연대와 치열한 전투를 하였고, 광주 4연대 일부와
남로당원인 마산 15연대장 최남근 중령이 반란에 가담하였으며, 대구
6연대 안의 남로당들의 선동으로 6연대가 반란에 가담하였고, 48
년 11월14일 박헌영의 강동정치학원 출신 180명의 인민유격대가 38
선을 넘어 오대산에 침투하여 국군을 공격하자 신생 대한민국은 최
대 위기를 맞이 하였습니다. 그래서 정부에서는 48년 11월17일 제주
도에 계엄령을 선포하였습니다.

7) 이와같이 48년 11월 국가의 존망상태의 위기에서 진압군인 제주 9
연대가 제주도 인민유격대와 치열한 전투를 할 때 진압군이 오히려
수세에 몰리면서 많은 희생자가 발생하였습니다. 많은 희생자가 발생
한 이유는,

① 제주도민들이 인민유격대에 협조하여 먹을 것과 정보를 제공하여
인민유격대가 왕성하여 진압군을 공격 하였는데, 낮에는 농사를 짓
고 밤에는 유격대가 되어 국군과 우익과 경찰을 공격하는 유격대원
들과 양민들을 진압군이 구분할 수 없었기 때문이며,
② 진압군이 유격대 보급을 차단하기 위하여 5.10선거는 반대하고
북한의 8.25 선거에 참여한 자를 찾아 즉결처형을 하였기 때문에

많은 희생이 있게 되었습니다.

8) 만일 5.10선거에 참여하고 8.25선거에 참여하지 않고 이덕구의 제주인민유격대 9.15 살인만행이 없었다면 그토록 많은 산사람이 죽을 이유가 없습니다.

9) 그런데 이 책임이 9연대장 송요찬, 2연대장 함병선, 그리고 이승만 전 대통령에게 있다고 하면서 제주인민유격대 반란수괴 이덕구의 9.15 살인만행 때문에 진압군이 강경진압을 한 것에 대해서는 말 한 마디 언급이 없이 국군과 경찰과 미군과 서청과 계엄령선포 때문에 무고한 제주도 양민 5,000여명이 진압군에 의하여 학살되었다고 허위보고서를 작성하여 대통령을 기만하였을 뿐만 아니라, 제주4.3사건을 왜곡하고 경찰과 국군과 이승만 전 대통령을 살인만행자로 만들어 명예를 훼손하고 군의 사기를 떨어뜨리고 있습니다.

4. 제주 4.3사건 진상보고서는 진압군에 의한 15,000여명의 처형자들을 양민으로 만들기 위하여 보고서를 허위로 작성하여 대통령을 기만하고 역사를 왜곡하였기에 관계자를 철저히 조사하여 법에 따라 엄벌해 주시기를 바랍니다.

5. 또한 허위 보고된 제주4.3사건 진상보고서를 폐기하여 주시고 재작성을 해 주시기를 바랍니다.

6. 허위로 작성된 보고서가 정사가 될 수 없으며, 제주 4.3사건 보고서 내용을 정부에서 재작성 하지 않으면 허위보고서로 인하여 대한민국 젊은이들에게 사상적으로 엄청난 영향을 줄 수 있어 대한민국 장래에도 엄청난 재앙이 될 것입니다.

2004. 3.12

유첨 : 1. 서명서 (1144매 21,736명) 1부. 끝.

위 진정인 공동대표 이 선 교

제주 4.3사건을 바로잡기 위한 대책위원회

우: 142-879 서울시 강북구 수유2동 ☎ 02) 996-8006, 011-320-2019

공동대표 : 신현균 목사, 이호열 목사, 이대용(자유수호 국민운동 대표)

류기남(자유시민연대 공동의장), 오형인(건국유족회 제주유족회장)

이선교 목사(제2차 한국전쟁 저자), 박철성(주군찾기 시민모임 공동대표)

Ⅰ. 한광덕 전 4·3중앙위원

진 술 서

제주4·3사건진상조사보고서는 무효다!

　　본인은 제주4·3위원회 위촉위원으로 2000년 8월 28일부터 근무를 시작하여 2003년 10월 16일 위원직을 사퇴할 때까지 제주4·3위원회 중앙위원으로 활동을 하였습니다. 제주4·3사건진상조사보고서 채택 과정에서 국방부와 경찰의 입장은 전혀 반영되지 않았습니다. 국방부와 경찰 등 대한민국 입장의 수정의견을 보고서에 반영해 달라고 거듭 요청하였으나 좌편향 세력에 의해 철저히 무시되었습니다. 따라서 보고서 심의 의결에 참여하였던 본인은 절차상, 내용상 심각한 하자가 있는 제주4·3사건진상조사보고서를 정부보고서로 인정할 수 없음을 밝히고 위원직을 사퇴하였습니다.

　　국군을 학살자로 만드는 보고서에 대해 부동의 서명하고 위원직을 사퇴한 후 보고서의 왜곡성을 국민에게 알리려고 현길언 교수의 저서「정치권력과 역사왜곡, 태학사, 2016. 05. 30.」493-506쪽에 부록의 형태로 작성하여 첨부한 바가 있으며 첨부한 내용은 모두 본인이 진술한 대로 기재되어 있으며 그 내용이 진실함을 공증인 앞에서 자유로운 의사로 진술합니다.

진술일자 : 2023년 6월 1일
진 술 인 : 한 광 덕 (전 예비역 육군 소장, 전 국방대학원 원장)
생년월일 : 0000년 0월 00일
주　　소 :

진 술 서

정부 제주4·3사건진상조사보고서 집필 및 채택 경위
(현길언 정치권력과 역사왜곡 부록)

본인은 4·3위원회 전문위원으로 2000년 10월 6일부터 근무를 시작하여 2003년 10월 16일 위원직을 사퇴할 때까지 전문위원 활동을 하였습니다. 본인은 재직기간에 발생했던 좌편향 세력의 역사 왜곡, 사실 은폐, 다수의 횡포 등을 경험한 사실이 있습니다. 정상적인 과정을 거쳐서 작성된 보고서라고 인정할 수 없었기 때문에 당시 중앙위원이셨던 한광덕 위원 등과 함께 위원직을 사퇴함으로써 국민에게 불법성을 알렸습니다.

이러한 사실을 현길언 교수의 저서「정치권력과 역사왜곡, 태학사, 2016. 05. 30.」507-524쪽에 부록의 형태로 작성하여 첨부한 바가 있습니다. 첨부한 내용은 모두 본인이 진술한 대로 첨부된 것이며 그 내용이 진실함을 공증인 앞에서 자유로운 의사로 진술합니다.

진술일자 : 2023년 6월 1일
진 술 인 : 나 종 삼
생년월일 : ○○○○년 ○월 ○일
주   소 : 서울특별시

부록 6

심사소위원회 회의 내용[66]

○ 제주4·3희생자 심사소위원회 구성 (2001. 9. 20.)

구분	내용	
심사결정 대상자	14,028명	
선임위원 (좌파5, 우파2)	김삼웅	대한매일 주필 상무이사
	박재승	서울시변호사협회 회장
	박창욱	제주4·3사건민간인희생자유족회장(전)
	서중석	성균관대학교 사학과 교수
	이황우	동국대학교 경찰학과 교수
	임문철	제주서문성당 주임신부
	한광덕	(전)국방대학원장
소위원회 기능	– 4·3사건희생자 심의·결정기준(안) 협의 결정 제주4·3사건관련 신고희생자에 대한 사전 검토(대상 14,028건) 소위원회에서 사전 검토결과를 본위원회에 보고	

---

66 제주4·3희생자심사소위원회, 2001년부터 2003년까지 개최한 1차~25차 회의 결과보고 등 회의자료에서 관련 내용 발췌

구분	내용
소위원회 운영계획	소위원회 위원중에서 주관위원(소위원회 위원장)을 호선
	소위원장이 회의소집 및 주재(월 1~3회 예정)
	− 4·3희생자 신청에 대해 검토 ※ 소위원회 검토결과는 전체위원회에 일괄 상정
	0 회의진행 및 결과조치
	희생자여부 검토는 신고내용과 실무위원회 의견서, 도 및 시군 사실조사결과, 관계기관 등의 의견과 전문위원, 담당공무원 등이 작성한 심사조서 등을 종합 검토하여 판단
	검토결과는 희생자 개인별로 ①희생자 인정, ②희생자 불인정, ③보류 등으로 구분
	안건의 검토를 마친 때에는 별지서식의 검토결과보고서를 작성, 서명날인
	검토결과보고서는 위원회에 보고 및 상정
	보완조사가 필요한 경우 재조사 요구 가능

○ 제1차 심사소위원회 회의내용 (2001. 10. 11.)

(1) 사실조사 및 심의절차

1차조사(시군)	시군에 「사실조사단」 구성, 신고인과 보증인 등을 대상으로 신고내용, 보증내용, 증빙서류의 사실여부(진위여부)를 조사 확인
2차 추가조사(도)	도에 「사실조사단」 구성, 1차조사 결과 사실규명이 미흡하여 추가조사가 필요한 대상자에 대한 보완조사하여 실무위원회에 제출, 관계기관 및 재외공관 등의 자료 확인
심의 및 의견서 작성 (실무위원회)	1·2차 조사결과를 토대로 심의후 개인별 심사의견서를 작성, 위원회에 월 단위로 심의·결정 요청
3차 보완조사 (위원회)	실무위원회에서 상정된 심의요청건에 대해 관계기관이나 진상조사 관련자료 등을 활용하여 희생자의 자격여부를 판단하기 위한 3차 보완조사를 실시하며 이를 위해 별도의 인력(일반직 5명, 전문위원 3명)을 두고 있음. 서면검토결과 보완조사, 개인별 심의조서 검토·작성
심사소위(위원회) 사전검토	3차 보완조사 후 심사소위에서 희생자여부 사전검토를 거쳐 검토결과 위원회에 상정
심의·확정(위원회)	심사소위 보고내용과 위원별 의견을 종합하여 희생자 여부를 최종 심의·확정, 실무위원회에 개인별 심의결과 통보
결과통지 또는 공고 (실무위원회)	실무위원회는 개인별 심의·결정사항 통지 또는 공고

(2) 사실조사단 구성

• 희생자 신고가 완료됨에 따라 지난 (2001)7월부터 도 및 시군에 「사실조사단」을 구성하고 공무원 등 512명을 투입하여 조사중

• 도 및 시군, 읍면동 공무원 69명, 통리장 381명, 위촉조사원 62명

(3) 사실조사 추진상황

• 신고자에 대해 철저한 현지조사와 객관적인 검증을 위해

  - 1차로 시군 전수조사, 2차 도 추가조사, 3차 위원회 보완조사 등 3단계 과정을 실시

  - 10. 6. 현재 조사대상 14,028명 중 3,399명(24%)에 대해 도 및 시군 조사를 완료

  => 내년(2002) 6월 말까지는 1차 사실조사를 마치고 2003. 2까지 희생자에 대한 심의·결정을 완료할 예정임

(4) 사실조사 과정에서 나타난 문제점

• 장기간(50여년)의 세월이 흐름에 따른 사망·행불에 대한 구체적 입증, 증거제시가 어렵고 불명확한 경우가 많음

• 4·3과 관련한 신고 희생자 대부분이 피해자로 느끼고 있어 가해·피해자의 물리적 구별이 어려운 상태임

• 희생자 심사기준이 마련되지 않은 상태에서 조사가 착수된 관계로 이미 조사된 희생자의 사실내용이 앞으로 설정되는 심사기준에 맞지 않는 경우 재조사 필요

(5) 위원회 심의요청 상황

• 도 실무위원회는 1·2차 사실조사가 완료된 신고자에 대해 실무위의 심사를 거쳐 9. 28. 1차로 245명에 대한 위원회 심의요청

• 1차 심의요청자(245명)는 사망 156명, 행방불명자 89명

• 실무위에서 심의·결정 요청한 희생자에 대하여는 신고서 및 구비서류 등 미비사항 보완 후 차기 (2차) 소위원회의 면밀한 사전 검토를 거쳐 위원회에서 최종 심의·결정 예정

(6) 심의·결정 절차

실무위 심의요청 접수	실무위원회에서의 희생자 사실여부 조사 확인후 「개인별 심의 의견서」를 첨부하여 위원회에 심의·결정 요청
지원단 검토·심사조서 작성 (전문위원 등)	심의·결정 요청을 받은 위원회는 그 사실여부에 대해 서면심사 실시 － 내용이 불명확하여 재조사가 필요한 경우 추가조사 실시
심사소위원회 검토	심사소위원회(7인)에서 전문위원 등이 작성한 심사조서 및 관련자료 등의 사전 검토
본위원회 상정	심사소위원회는 검토결과를 본위원회에 보고
심의·결정	위원회는 실무위의 심의요청일부터 90일내에 심의·결정 조치하되 개인별 심사조서를 토대로 신고내용 및 실무위원회의 의견, 사실조사결과서 등을 종합하여 희생자의 "인정·불인정 여부, 보류 여부" 등을 결정 심의·결정은 개인별 심의결정을 원칙으로 함 ※「소위원회」에서 사전 검토를 거친 경우에 일괄 심의·결정하고, 노약자 등 희생경위가 　불분명한 경우 "서면심의" 가능
실무위 통보	위원회에서는 심의·결정 결과를 실무위원회에 통보
개인별 통지	실무위원회에서는 희생자 및 유족결정서를 개별 통지

(7) 희생자 결정 기준

• 4·3사건관련 희생자는 특별법 제3조에 의해 위원회에서 심의·결정토록 하고 있으나 심의·결정

기준은 명시되어 있지 않으며

  - 그 구체적 기준은 본위원회에서 결정되어야 할 사안으로

  - 먼저, 심사소위원회에 심도있는 토의를 거쳐 기준안을 마련하여 본위원회 상정이 바람직

• 희생자 결정기준과 관련하여, 지난 2001. 9. 27. 헌법재판소는 4·3특별법 위헌청구 각하결정을
  하면서, 희생자 기준을 제시

● 제1차 회의 결과보고

• 박재승 위원을 심사소위원회 위원장으로 선출

• 심사소위원회 운영과 관련하여는

  - 간사가 보고한 「심사소위원회 운영계획」을 원안대로 수용

  - 한광덕 위원의 제의에 따라 「4·3사건 진상조사 추진상황」을 2차 회의시 보고받기로 하였음

• 「4·3사건희생자 심의·결정기준」 협의의 건에 대하여는

  - 헌법재판소 결정문에서 제시한 희생자 제외기준을 참고하여 2차 회의시 희생자 심의·결정기
    준을 협의키로 하였음

○ 제2차 심사소위원회 (2001. 11. 7.)

(1) 회의내용

• 제주4·3사건 진상규명 추진상황 보고
• 「4·3희생자 심의·결정 기준」 협의

● 제2차회의 결과보고

• 제주4·3사건 희생자 "심의·결정기준"에 대해서는

- 한광덕 위원을 비롯하여 여러 위원간에 이견이 있었으나

- 최고 사법기관인 헌법재판소의 결정을 최대한 존중, 헌재가 제시한 내용을 원칙적으로 수용하여 헌재의 결정문 21쪽 "다항"의 특별법 취지와 정신을 희생자 기준의 원칙으로 하되, 헌재의 결정문 22쪽 "라항"의 희생자 제외기준 4가지를 수용하며, 구체적 심사방법으로는 22쪽 "마항"의 방법에 따라 민주적기본질서의 훼손여부와 정도를 판단하여 심사하는 것으로 기준안을 정리

- 정리된 기준안에 3차회의시 논의하여 결정키로 하였음

● 제3차회의 결과보고 (2001. 11. 27.)

• 희생자 심사기준과 관련하여,

- 좌파위원들은 명예회복 대상을 최대한 많이 인정하자는 입장

- 우파 위원은 구체적 기준을 만들어 놓고 심사과정에서 제주도민의 정서를 반영하자는 의견을 제시

- 심사기준은 필요하다는데 인식을 같이하고 차기회의에서 계속 논의하기로 함

● 제4차회의 결과보고 (2001. 12. 18.)

• 좌파위원은 제주 사회의 정서에 맞지 않는 극소수의 사람만 제외하여야 한다는 의견을 제시

• 우파위원은 헌재에서 제시한 제외기준보다 강화된 기준을 만들어 북한을 경계할 수 있는 정신을 길러주자는 의견을 제시

• 양측의 의견을 참작하여 5차회의에서 각자안에 대하여 공통분모를 모색키로 함

● 제5차회의 결과보고 (2002. 1. 10.)

희생자 범위 등에 관련하여

• 좌파위원

- 김상웅 : 충분한 세월이 흘렀고, 현재까지 정신적·육체적으로 불명예를 당한 만큼 화해와 용
   서를 통하여 그들을 껴안고 명예회복을 시켜줌으로써 국민화합에 이바지할 수 있는 분위기를
   만들어 주기위하여 표결로 결론을 내리자는 의견을 제시함

- 임문철·박창욱 : 피해자와 가해자가 상호간에 화합이 이미 다 이루어졌으나 도민들은 국가가
   명예회복을 인정해 주기를 원하기 때문에 희생자 범위를 폭넓게 해석해야 함

- 서중석 : 4·3사건은 중앙당 지시에 의한 사건이라는 증명이 없으며, 무장유격대, 수형인, 살
   인·방화자 등에 대해서도 객관적인 자료가 명백히 있어야만이 희생자의 제외대상에 포함될
   수 있는 것이지, 그렇지 않고서는 모두가 희생자의 범위에 포함시켜야 함

• 우파위원

- 한광덕 : 4·3특별법은 구체적인 희생자 범위를 규정하지 않고, 희생자 심의·결정 권한을 4·3
   위원회에 위임하였고, 회복되어야 할 명예의 성격 등에 대하여 특별법에서 구체적으로 정하
   지 않았으므로 위원회에서 기본적인 입장정리가 필요하고, 자유민주체제를 수호하기 위하여
   희생자 제외범위를 헌재 결정문에서 제시한 사항보다 강화해서 기준을 만들고 심의과정에서
   당시 시대 상황 등을 감안하여 결정하자는 의견

- 이황우 : 헌재에서 제시한 기준을 중시해가면서 희생자 범위를 정하고 심의과정에서 그 대상
   자 범위를 완화하자는 의견

• 좌파 박재승 위원장 : 서중석 안을 중심으로 지원단 및 서중석 위원이 정리를 하여 희생자 심의·
   결정 기준 기초안을 마련하고 6차회의에서 논의를 거쳐 확정하기로 결정함

● 제6차회의 결과보고 (2002. 1. 31.)

희생자 심의·결정기준과 관련하여

• 좌파 서중석 위원이 작성한 「희생자 심의·결정 기준」 기초(안)을 중심으로 논의

• 기초안은 기본원칙, 희생자의 범위, 희생자의 범위에서 제외대상, 심의·결정 방법의 항목으로 작성되어 있음

• 기초(안)의 희생자 범위에서 제외대상 중

  - ②항의 "무장대의 우두머리로서 군·경의 진압에 주도적·적극적으로 대항한 자"를 "군경의 진압에 주도적·적극적으로 대항한 무장대수괴급 등"으로

  - "다만, 이 경우에도 그러한 행위를 객관적으로 입증할 수 있는 구체적이고 명백한 증거자료가 있어야 함" 부분중 "다만, 이 경우에도"를 "이 경우"로 수정하기로 하고 나머지는 원안대로 채택하기로 결정함

  - 두분 위원(주: 우파 위원으로 보임)께서 ③항으로 "기타 무장유격대에 적극적으로 협력하여 살인·방화 등 자유민주적 기본질서에 반한 자"를 추가하자는 의견을 제시하였으나 이를 회의록에 기재키로 함

● 제7차회의 결과보고 (2002. 4. 10.)

• 전체위원회 운영계획에서 희생자 결정을 진상규명 후까지 기다려야 한다는 것은 무리라고 판단되며 시행령 제10조에서 실무위원회로부터 심의·결정을 요청 받은 날로부터 90일 이내 결정하도록 규정하고 있어 희생자 결정 지연에 따른 유족 불만 등이 예상됨에 따라 삭제하기로 함

• 제주4·3사건 희생자 심사 기본 운영계획

구분	내용
목적	제주4·3위원회 제4차 전체회의(2002. 3. 14.)에서 「제주4·3사건희생자 심의·결정기준」이 최종 확정됨에 따라 희생자에 대한 공정하고 효율적인 심사를 위하여 이에 필요한 사항을 정하고자 함
희생자 심사방법의 기본방향	*희생자 심사 기준에 따라 개인별 심사를 원칙으로 하되 심사소위원회에서 개인별 사전심사를 거친후 전체위원회 상정하여 일괄심사하고, 필요한 경우 서면심의 방법도 활용 *개인별 심사조서를 토대로 심사하되 신고내용 및 실무위원회의 의견, 사실조사결과서 등을 종합하여 결정하고, 필요한 경우 관련전문가의 자문 또는 관계인의 증언 등 청취 *심사과정에서 조사내용이 미흡하거나 사실여부가 불명확한 경우 위원회에서 관련자료의 추가조사 또는 현지 확인후 심사
심사소위원회 운영계획	*회의운영 회의는 월2회 개최, 비공개를 원칙으로 하고, 재적위원 과반수의 출석과 출석위원 과반수의 찬성으로 의결하고, 회의자료는 회의개최 7일전까지 해당 위원에게 배부 *심사 운영방법 -심사자료를 사전 검토하여 희생자임이 명백한 대상자는 논의를 생략 -개인별 심사조서 보고 생략, 문제제기 대상자만 논의 -4·3관련 자료 및 개인별 자료 비치, 필요한 자료 요구시 제공 ☞ 매월 500건 내외 심사(28개월 소요) → 2004년 8월까지 -심사조서를 기본으로 하되 신고내용과 실무위원회 의견서, 사실조사내용, 관련 참고자료 등을 종합 검토 후유장애자는 의료및생활지원분과자문위 자문결과 반영 *결정방법 **-합의가 안될 경우 재적위원 과반수 출석과 출석위원 과반수 찬성으로 의결** -심사결과보고서에 기명날인하고 전체위원회에 보고
전체위원회 운영계획	*전체위원회는 분기 1회 정기적으로 개최하여 심사하는 것을 원칙으로 하되 필요한 경우 수시 개최 -심사소위원회에서 사전 심사한 결과를 일괄 상정하여 심사, 필요시 서면 심사 *희생자 및 유족의 인정·불인정 여부는 위원들의 의견을 종합 집계하여 결정 -심사대상자별로 "인정·불인정·보류"등으로 구분하여 결정 -재적위원 과반수 출석과 출석위원 과반수의 찬성으로 의결 *위원회가 의결한 경우 의결서를 작성하여 위원이 기명날인 -심사대상자에 대한 심사 결과를 실무위원회에 통보 ※ 심사자료는 심사대상자 내역과 심사조서만 油印 배부 대상자별 1인당 2~3P, 소요예산 110백만원, 타위원회 준용

● **제8차 회의 : 한광덕 위원의 1차 심사자료 검토 소감 및 건의** (2002. 5. 10.)

• 심사자료는 1-2차 사실조사를 필했다고는 하나 어디까지나 신고자의 일방적인 신고내용과 보증인의 진술에만 의존한 것으로 보이며 가해자의 확인이나 검증 등은 일체 없었던 것으로 보임

• 대상자 488명 중 387명이 군·경에 의해 살상을 당했다고 기록되어 있는데 일시, 장소, 관계부대 등의 구체적 사실과 피해당사자의 당시 신분 등에 대해서는 일체의 언급이 없어 당시 정황을 상상할 수 없었음. 무장 폭도에 의해 살해되든가 단순한 사고에 의한 사망자까지도 모두 군·경이 살해한 것으로 주장해도 확인할 수 없음으로 군·경이 양민을 무차별로 학살했다는 주의주장을 위원회가 인정하는 결과를 초래함으로써 임무를 수행하다가 산화한 군과 경찰의 명예훼손은 물론 국가의 정통성에도 심한 손상을 초래할 가능성을 배제할 수 없을 것이 우려됨

• 따라서 군과 경찰의 명예도 지키고 순수한 희생자의 명예회복을 보장하기 위하여 다음의 조치가 필요한 것으로 사료됨

  - 10세 이하의 연소자(18명), 61세 이상의 고령자(31명)는 심사 없이 희생자로 인정

  - 당시 남로당 활동경력이 의심되는 인원(4명)과 피해경위에 대한 사실검증이 요구되는 인원(387명)에 대해서는 4·3사건 진상 규명 완료시 까지 희생자 결정을 유보하며 진상규명의 기술 방법과 요령에 대한 합의도출 후 별도로 요구할 것이 요망됨(마을별, 기간별, 관계부대별 등)

• 헌법재판소는 2001년 9월, 4·3사건과 관련한 희생자의 범위에 대한 의견으로 「군·경의 진압과정이나 무장유격대의 공격에 의하여 사망 또는 피해를 당한 자 중 진압군이나 무장유격대에 가담하지 아니하였던 자」로 제시하였음

• 이와 같이 희생자 결정에 있어서 의문점이 계속 발생하는 것은 최초부터 희생자에 대한 원칙이나 기준을 분명하게 정하지 않고 성급하게 희생자신고를 접수하였기 때문이라고 생각함

• 지금부터라도 희생자의 범위와 자격을 명확하게 정하고 차근차근 희생자결정을 해야한다고 생각함

● 제9차 심사자료의 문제점 (2002. 5. 31.)

• 신고내용은 좌익에 의한 살해인데 조사결과는 군인들에게 총살당한 것으로 됨

• 토벌대에 의한 피해주장이 대다수를 차지하고 있는데 피해자나 보증인의 일방적인 주장 외에 가해자의 소속이나 신분 그리고 가해사실에 대해 공식적인 진상조사를 실시한 기록이 보이지 않음. 이들의 주장을 검증 없이 모두 희생자로 인정하면 사실확인이나 진상규명도 되지 않은 상태에서 군·경에 의한 주민피해를 인정하는 결과가 되므로 여기에 대해서는 철저한 사실확인과 진상조사가 이루어진 후에 결정되어야 한다고 생각함

• 희생자 자격여부에 대한 판단은 어떠한 방법으로 하였는가? 가해자는 누구인가? 가해자의 소속과 신분, 가해행위 등을 어떠한 사실 검증작업을 거쳐 확인하였는가? 신고인이나 보증인은 당시 피해자가 총살된 현장을 직접 목격하였는가?

● 제9차회의 결과보고

• 희생자 심사 : 희생자 및 유족 심사 안건으로 상정한 111건에 대하여 기 배부된 심사자료를 사전 검토한 내용 중심으로 심사하여 111명 모두 희생자로 인정하기로 하였음

• 일부 위원님께서 심사자료 작성시 피해자의 내용 등에 대한 일부 문제점 등을 제기하면서 담당 공무원들의 보다 철저한 조사를 촉구하였음

• 4·3당시 군과 경찰의 소속부대 명칭 등의 구체적 제시가 필요하다는 의견도 있었으나 50여년 이상의 세월이 흘렀고 당시 관련자료 확인 곤란 등으로 인하여 필요성에는 공감하지만 어렵다는 데 인식을 같이하였음(주: 좌파위원들 끼리만 공감)

● 제10차 심사소위원회 문제점 및 요구사항 (2022. 6. 25.)

- 10차 회의 때까지 심의요청된 대상자 864명 중 군·경토벌대에의한 피해가 645명으로 75%에 달하고 있음

- 이중 토벌대에 의한 집단적인 주민피해가 최소한 5개소 227명에 이르는 것으로 나타나고 있음

- 이와 같은 가해자별 피해율과 집단적인 주민피해주장은 객관적인 사실검증이 되지 않은 사안으로 당시 진압작전을 수행한 정부와 군·경의 도덕성 및 사건의 성격에 중대한 영향을 미칠 수 있는 사안임

- 비록 제주실무위원회의 사실조사과정에서 신고자와 보증인 등을 대상으로 확인과정을 거쳤다고 하나 대부분이 연고관계가 있는 제주사회의 특성상 피해자 위주의 조사내용으로 객관적인 사실검증절차를 거쳤다고 인정하기 어려움

- 따라서 전체 신고자 14,028명에 대한 가해자, 피해지역 등에 대한 분석과 함께 정부차원의 권위있는 진상조사반을 구성하여 이에 대한 사실확인검증이 필요함

- 4·3사건은 50년도 더 지난 오래된 사건으로 당시 사건의 진실을 밝혀줄 물증이나 기록 그리고 관련자료의 부족으로 그 실체를 확인하기가 매우 어려운 사건임

- 6·25전쟁 중인 50년 7월 26일 발생한 노근리사건의 경우 영동지역에서 발생한 단일사건임에도 불구하고 한국과 미국의 전쟁 피해관련 조사분야의 전문가(역사, 군사범죄수사, 총기감식, 법률, 항공사진분석 등) 40여명이 15개월에 걸친 전문적이고 정밀한 조사에도 불구하고 사건해결에 중요한 몇 가지 문제는 그 결론을 내지 못한바 있음

- 4·3사건은 노근리사건보다 먼저 발생했고 그 성격과 전개과정도 훨씬 길고 복잡한 사건인데 어떻게 전문적인 조사요원도 아닌 시·군의 공무원과 위촉요원의 단순한 사실조사만으로 군·경에 의한 대규모 집단학살이라는 중대한 문제를 기정사실화할 수 있는지 의문스러움

- 따라서 상정된 희생자심의대상자에 대해서 시·군의 1, 2차조사와 4·3위원회의 3차 보완조사가 과연 우리 위원들이 신뢰할 수 있을만큼 철저하고 객관적으로 검증되었는지 확인하고자 함

• 현재 사실조사과정은 신고인의 피해내용을 3명의 보증인이 증명해줌으로써 피해내용을 확인하는 것임

• 본인이 확인한 바로는 제주사회의 특성상 당시 피해내용을 확인할 수 있는 사람이 아니면서도 연고관계 등으로 보증인으로 채택된 사람들이 있는 것으로 알고 있음

• 특히 보증인은 당시 신고자의 피해내용을 직접 목격하거나 확인할 수 있는 사람이 자발적으로 보증인에 채택되어야 함에도 불구하고 2000년 8월 1일 기관장 명의로 보증인 위촉장을 발행하여 보증을 서게 한 것은 보증의 신뢰성에 문제를 제기하게 하므로 여기에 대한 해명을 바람

● 제11차 심사소위원회 문제점 및 발언내용 (2022. 7. 15.)

• 현재 심의자료는 확인과정이 빈약하고 허술하여 신뢰할 수 없음. 따라서 이러한 의문점을 해소하기 위해서는 현재와 같이 신고자를 축차적(주: 순서적)으로 심사할 것이 아니라 전체 신고자에 대한 종합적인 분석을 토대로 한 진상조사 이후에 희생자를 결정하는 것이 타당하다고 생각함

• 희생자결정은 그 자체로서 끝나는 것이 아니고 곧이어 가해자로 간주될 수 있는 정부와 군·경의 진압작전에 대한 책임과 도덕성에 영향을 미칠 수 있는 매우 중대한 사안으로 피해경위나 이유에 대한 명확한 진상조사 없이 성급하게 결정할 문제가 아님

• 지난 8차 회의부터 이번 11차 회의까지 심의대상자는 모두 1,010명인데 이중 774명이 군·경 및 토벌대에 의해 피해를 당한 것으로 되어 있으나 이를 인정하기 위해서는 최소한 다음과 같은 사실확인 절차가 필요함

① 이들이 군·경토벌대에 희생당한 증거자료 즉, 호적부 또는 관공서 사망기록 등 확인

② 증인, 목격자 등의 진술이 있다면 증언에 대한 신뢰성 분석

③ 피해지역의 작전에 참가한 참전 군·경의 증언청취 및 분석

④ 피해관련 작전자료분석 및 물증확보

⑤ 관련기록, 피해자 및 참전자 증언, 작전기록 등을 종합한 현장 확인검증과 종합적인 분석과정

● 제11차회의 결과보고 (2022. 7. 15.)

• 희생자 심사 : 안건으로 상정한 심사대상자 146건에 대하여 모두 희생자로 인정함. 심사소위원회에서 심사를 거쳐 이미 통과가 되었더라도 나중에 어떠한 하자가 발생된 경우에는 다시 논의하여 결정하는 것이 필요하다는 의견을 제시하였음

● 제12차 심사소위원회 문제점 및 발언내용 (2002. 8. 22.)

• 더위에 무고하신 모습 반갑다. 이번에는 날씨도 덥고 분량도 많아 충분한 검토가 불가능했다. 금번 본인이 경주한 관심의 초점은 집단피해지역이 어디며 어떤 상황에서 살상사건이 발생했는가? 였는데 조천면 지역에 25~26명(48년 1월 ~ 49년 1월)파악이 전부였고 다른 지역은 집계를 못해 봤다. 조천면 집단피해 발생의 원인/배경 등은 기재되어 있지 않고 그저 이유 없이 끌려가 죽은 것으로만 기록되어 있음

〈건의사항〉

(1) 심사위원들이 심도 있게 검토할 수 있는 시간적 여유가 필요, 충분한 시간을 달라

(2) 진상조사보고서작성기획단에서는 1년이 넘는 기간 동안 4·3사건에 대한 국내외의 방대한 자료를 수집, 심사에는 일체의 자료제공이 없다. 수집자료 중에는 희생자로서 부적절한 대상자를 입증할 수 있는 자료가 있을 텐데 앞으로는 진상조사보고서 작성기획단에서 수집한 관련자료들을 우리 심사위원들에게 배포해 달라. 이 자료들과 심의대상자를 함께 검토할 수 있어야만 의미있는 심사가 될 수 있을 것이기 때문임

(3) 자료제공시의 특별요구사항: 남로당 제주도당은 남로당 전남 도위원회 산하의 제주도위원회로부터 출발되었고 4·3사건 직전에는 구국투쟁위원회로 명칭이 바뀌는데 - 그 당시의 상황을 이해하도록 남로당 제주도 당의 구성배경과 특징있는 인물들의 활동내역과 도당 및 읍면 단위의 상하급 관계와 밝혀진 사건들에 대해서 파악된 자료의 제공을 바람

(4) 아울러 조천면, 하가리, 이호리 등의 집단피해지역의 읍면단위의 남로당 조직체에 대하여 핵심 인물 등을 비롯한 자료를 제공해 달라

　이런 자료의 제공이 없이 이 한 권의 책자를 읽어 보고 심사를 하라는 것은 의미없는 요식행위에 지나지 않음으로 정상적인 위원으로서의 활동을 할 수 있는 여건을 부여해 달라. 오늘의 심사는 시간 부족으로 충분한 검토를 못했으니 1주 정도 연장을 건의하고 오늘은 의미있는 심사를 위한 방법론에 대한 토의가 더 있게 되기를 바람

• 지난 제8차회의 때부터 이번까지 모두 5차례의 희생자심사소위원회를 개최하여 희생자신고자에 대한 사전심사를 하고 있는데 심사과정에서 느낀 근본적인 문제점을 몇 가지 말씀드리고자 함

　① 1회 심사대상자의 제한문제임

　　- 먼저, 현 월 1회 정도 희생자심사소위원회를 개최하여 신고자에 대한 사전심사를 하고 있는데 이번에 심사대상자는 302명 이어서 충분한 검토를 하기가 어려웠음

　　- 회의 개최하기 불과 1주일 전에 심사자료를 전달받아 300명이 넘는 대상자를 검토한다는 것은 사실상 불가능함. 앞으로는 월 100명 정도로 제한하여 심사위원들이 심도 있게 검토할 수 있는 시간적 여유가 필요함

　② 심사를 위한 구체적인 기준과 방법에 대한 문제임

　　- 금년 3월 14일 개최된 4·3위원회 제4차회의에서 희생자 제외대상 기준으로

　　㉮ 제주4·3사건 발발에 직접적인 책임이 있는 남로당 제주도당의 핵심간부

　　㉯ 군·경의 진압에 주도적·적극적으로 대항한 무장대 수괴급 등으로 정한바 있음

　　- 그렇다면 희생자심사소위원회에서는 이러한 2가지 기준에 대한 구체적인 범위를 먼저 정하고 심의대상자 중 제외대상범위에 해당되는지 아닌지에 대한 검토가 이루어져야 할 것임

　　- 예를 들어 ㉮「… 남로당 제주도당 핵심간부」이면 핵심간부의 범위를 구체적으로 어떻게 볼 것인지에 대한 구체적인 정의부터 내려야 함

- 또한 ㉯ 「… 무장대 수괴급 등」 이면 "등"에 포함될 수 있는 대상자가 구체적으로 누구인지에 대한 합의가 있어야 하는데 현재는 여기에 대한 명백한 개념이 불분명한 상태에서 심의가 진행되고 있음

- 따라서, 이번 회의부터는 여기에 대한 명백한 기준을 설정하고 심의를 진행하자는 의미에서 이에 대한 본인의 의견을 제시함

사건발발에 책임이 있는 남로당 제주도당의 핵심간부의 구체적 범위를 정하기 위해서는 당시 남로당 제주도당 조직에 대한 이해가 필요함. 1947년 8월 당시 남로당 제주도당은 남로당 전남도위원회 산하의 제주도위원회(4·3사건 직전 구국투쟁위원회로 바뀜)로서 도당과 읍·면 단위로 조직이 편성되어 있으며 4·3사건 발생 당시 전체적인 폭동계획은 도당차원에서 이루어졌으나 지역별 당원 조직과 세포활동은 읍·면위원장 및 직장세포위원장 주도로 이루어졌으므로 핵심간부의 구체적 범위는 남로당 제주도당의 부장급이상 간부와 읍·면위원장 및 직장단위세포위원장급 이상이 되어야 할 것으로 생각됨

군·경의 진압에 주도적·적극적으로 대항한 무장대 수괴급 등에는 2001년 9월 28일 헌법재판소 의견에서 명시된 바와 같이 무장유격대 가담자 중 수괴급 지휘관 또는 중간간부, 무장유격대와 협력하여 살인·방화 등 자유민주 기본질서를 훼손한 자 등이 포함되어야 할 것이므로 당시 남로당 제주도당 인민해방군 소대장급 이상 간부와 내란죄·간첩죄 등으로 군법회의 및 일반재판에서 유죄판결된 수형인(4,000명 이상)이 포함되어야 할 것임

③ 이와 같은 제외대상자에 대한 근거자료 제시문제임

- 그동안 4·3위원회 산하의 진상조사보고서작성기획단에서는 1년이 넘는 기간동안 4·3사건에 대한 국내외의 방대한 자료를 수집하였음

- 본인이 알기로는 이러한 수집자료 중에 희생자로서 부적절한 대상자를 입증할 수 있는 자료가 충분히 있다고 생각함

- 예를 들면 4·3사건 관련 일반재판 판결문(1,562명분), 제주계엄지구 고등군법회의 수형인

명부(2,531명분), 당시 제주감찰청에서 작성한 남로당 조직표 및 인민해방군 계도 등이 대표적인 자료임

- 사실 희생자 선정은 사건의 진상규명과 밀접하게 연관되어 있으며, 본인은 그동안 기회있을 때마다 선 진상조사, 후 희생자 선정을 주장해왔으나 일의 순서가 뒤바뀌어 현재 진상규명도 안된 상태에서 희생자선정을 성급하게 서두르다보니 이러한 문제가 생기는 것임

- 따라서 지금이라도 진상조사보고서작성기획단에서 수집한 관련자료들을 우리 심사위원들에게 배포하고 이들 자료들과 심의대상자를 함께 검토할 수 있게 해야 그나마 의미있는 심사가 될 수 있을 것임 (자료 없이 심사한 하자)

• 희생자심사소위원회는 심의대상자에 대해 사전심사를 하여 검토결과를 4·3위원회에 보고하는 것이며 결정하는 기구는 아니므로 위원들 모두가 만장일치로 합의한다면 모르지만 위원들간 이견이 있는 사항은 소수의견이라도 이를 상세하게 4·3위원회에 보고하여 4·3위원회가 최종결정을 내리게 되어 있으므로 이 문제에 대해 위원들간 합의과정이 필요하다고 생각함

• 또한 이번 심사자료에도 조천면 함덕에서 군에 의해 집단총살되었다는 피해자의 주장이 20여 건이나 제시되었는데, 지난번에도 언급한바 있지만 당시 군에 의한 주민피해가 신뢰할 수 있는 절차에 의한 사실확인이나 검증 없이 신고자의 주장만을 토대로 이를 인정한다면 차후 심각한 후유증이 발생할 수도 있으므로 이에 대한 선 진상조사, 후 희생자결정을 강력히 요청함

● 제12차회의 결과보고 (2002. 8. 22.)

• 기타 토의사항 : 지난 제11차회의 결과 내용 중 "나중에 어떠한 하자가 발생된 경우에는"을 "심사 당시 미처 발견하지 못한 사실과 새로운 자료가 발견된 경우 등에는"으로 표현하는 것이 적절함. 한 달에 1회 회의를 개최함으로써 심사안건이 300여 건이 넘는 등 심사안건이 많아 사전에 검토가 곤란함으로 심사안건을 100여 건으로 하여 월2회 심사하는 것이 바람직함. 심사대상자 중 피살자 집단사건(대살) 등은 가해자 조사가 필요함

● 제13차 심사소위원회 문제점 및 발언내용 (2002. 9. 13.)

그동안 진상조사보고서작성기획단에서는 1년이 넘는 기간 4·3사건에 대한 국내외의 방대한 자료를 수집하였으며 본인은 선 진상조사, 후 희생자 선정을 주장해왔으며 지난번 회의시 집단피해지역에 대해서만이라도 보고서작성기획단에서 필요한 정보, 예를 들면 그 지역에 주둔했던 부대의 지휘관은? 그 지역의 남로당 간부와 특이 동향은? 집단 피해 발생의 배경은? 등 보고서작성기획단에서 수집한 관련자료들을 브리핑할 것을 요구한 바가 있음. (군에 의한 주민피해가 신뢰할 수 있는 절차에 의한 사실확인이나 검증 없이 신고자의 주장만을 토대로 이를 인정해야 한다면 4·3위원회는 존재할 필요가 없음)

• 지난 제8차회의 때부터 이번까지 모두 6차례의 희생자심사소위원회를 개최하여 신고자에 대한 사전심사를 하고 있는데 심사과정에서 느낀 근본적인 문제점을 몇 가지 말씀드리고자 함

  - 4·3특별법 시행세칙에 의하면 소위원회는 의사결정기구가 아니고 특정 안건에 대해 사전검토하여 그 결과를 위원회에 보고하는 것임

  - 따라서 개별심의대상자에 대해 한 명 한 명씩 검토하고 대상자마다 심사위원들의 의견을 종합하여 인정할 것인지 불인정할 것인지 아니면 보류할 것인지에 대해 위원들 간에 의견교환을 하고 그 검토결과를 위원회에 보고해야 할 것임

  - 그러나 현재 심의과정을 보면 개별대상자에 대한 심층검토 없이 전체적으로 일괄처리되고 있음

  - 이번 회의부터는 개별심사대상자별로 위원들의 검토의견을 제시하고 만장일치 또는 이견이 있으면 이견이 있는 내용을 모두 4·3위원회에 보고해야 한다고 생각함. 따라서 이번에 심의할 대상자에 대한 본위원의 개별검토결과를 다음과 같이 제시함

  - 이번 대상자 중 김○우(869)의 경우 '48. 10. 28경 토벌대에 의해 총살된 것으로 신고되었는데 가해자인 토벌대의 구체적인 소속이 불분명하여 이에 대한 확인이 필요하므로 이번 회의에서는 보류대상자로 분류함

  - 권○원은 '49년초(일자미상) 경찰에 의해서 총살된 것으로 되어있는데 피해일시가 불분명하고

가해자인 경찰당국에 대한 진상확인 내용이 없으므로 이에 대한 추가확인과정이 끝날 때까지 보류대상자로 분류함

- 전○부(907)의 경우 군인에 총살된 것으로 되어있는데 가해자인 군당국에 대한 진상확인내용은 없이 피해자측 일방적인 주장만 기술되어 있으므로 추가적인 확인과정이 끝날 때까지 보류대상자로 분류함

- 김○욱(895) 등 75명도 동일한 사유로 추가확인절차가 완료될 때까지 보류해야 한다는 의견임

• 2번째는 수형인에 관한 문제임

- 지난번 인권위원회에서 일부 4·3단체가 주관한 세미나 내용을 보면 재판기록이 없으므로 군법회의 자체가 열리지 않았고 따라서 군법회의에 의한 수형인은 불법이고 무효이다라는 주장을 하고 있으며, 지난번 제11차 희생자심사소위원회에서도 이와 비슷한 논리로 수형인을 희생자에 포함시켜야만 한다는 의견이 제시된바 있었음

- 다 아시다시피 수형인명부란 형의실효등에관한법률 제2조에 의하여 합법적인 재판결과 유죄판결된 수형인을 지방검찰청 또는 군검찰부에서 작성·관리하는 것이며, 이 명부에 기재된 자들의 유죄판결된 사실을 확인하는 법적 효력을 가진 공식자료임

- 4·3사건과 관련하여 설치된 군법회의는 당시 선포된 계엄령에 따라 4·3사건에 관련된 폭동 주동자와 가담자 그리고 폭동관련 범법자들을 재판하기 위한 적법기구였음

- 만약 당시 일부 수형인들의 주장처럼 체포·이송·재판과정에서 불법적인 인권침해가 있었다면 재판절차의 부당함을 바로잡기 위한 재심청구라는 적법한 절차가 있음

- 4·3위원회는 4·3사건으로 인해 진정으로 억울한 피해자를 희생자로 결정하여 그 명예를 회복하여 주는 것이지, 과거 적법한 재판결과를 뒤집거나 부정할 수 있는 권한을 가진 기구는 아님

- 따라서, 만약 진정으로 억울한 수형인이 있다면 이는 4·3특별법이 아닌 현행법 제도속에 존재하고 있는 재심청구라는 제도적인 방법내에서 충분히 명예를 회복할 수 있을 것임

- 재판기록이 없다고 하여 재판이 없었다는 것은 한마디로 어불성설임

● 제14차 심사소위원회 문제점 및 발언내용 (2002. 9. 27.)

• 지난 제13차회의 시도 언급한바 있지만 현재의 심사방법에 대한 의견을 다시 한번 말씀드리고자 함

• 4·3특별법 시행세칙에 의하면 소위원회는 의사결정기구가 아니고 특정 안건에 대해 사전검토하여 그 결과를 위원회에 보고하는 것임

• 따라서 개별심의대상자에 대해 한 명 한 명씩 검토하고 대상자마다 심사위원들의 의견을 종합하여 인정할 것인지 불인정할 것인지 아니면 보류할 것인지에 대해 위원들간에 의견교환을 하고 그 검토결과를 위원회에 보고해야 할 것임

• 그러나 현재 심의과정을 보면 **개별대상자에 대한 심층검토 없이 전체적으로 일괄처리되고 있음**

• 이번 회의부터는 개별심사대상자별로 위원들의 검토의견을 제시하고 만장일치 또는 이견이 있으면 있는 내용을 모두 4·3위원회에 보고해야한다고 생각함. 따라서 이번에 심의할 대상자에 대한 본위원의 개별검토결과를 다음과 같이 제시함

• 이번 대상자중 양○종(1464)의 경우 '48. 12. 30.경 토벌대에 의해 총살된 것으로 신고되었는데 가해자인 토벌대의 구체적인 소속이 불분명하여 이에 대한 확인이 필요하므로 이번 회의에서는 보류대상자로 분류함

• 김○직(1207)은 '49년초(일자미상) 경찰에 의해서 총살된 것으로 되어있는데 피해일시가 불분명하고 가해자인 경찰당국에 대한 진상확인내용이 없으므로 이에 대한 추가확인과정이 끝날때까지 보류대상자로 분류함

• 고○일(1492)의 경우 군인에 의해 총살된 것으로 되어 있는데 가해자인 군당국에 대한 진상확인내용은 없이 피해자측의 일방적인 주장만 기술되어 있으므로 추가적인 확인과정이 끝날 때까지 보류대상자로 분류함

• 박○학(1471) 등 97명도 동일한 사유로 추가확인절차가 완료될 때까지 보류해야 한다는 의견임

● **제15차 심사소위원회 문제점 및 발언내용** (2002. 10. 10.)

• 양○원(2911), 양○희(2912), 양○문(2913), 양○화(2914), 양○구(2915)는 1949. 1. 10. 토벌대에 의해 총살되었다는데 가해자인 토벌대의 소속과 신분에 대한 사실확인이나 조사내용이 전혀 언급되어 있지 않음. 일가족에 대한 집단적인 총살문제는 중요한 사안으로 이에 대한 세밀한 진상조사가 되어야 한다고 생각함

• 임○옥(3472)의 경우 보증인들이 직접 목격한 사람은 없고 소문으로 들은 사실을 근거로 작성된 것인데 이런 방식의 사실조사를 과연 신뢰할 수 있겠는가 하는 의구심이 생김. 가해자가 9연대 군인으로 되어있는데 가해사실 등에 대한 진상조사과정이 필요하다고 생각함

• 현재 이와 같은 문제가 발생하는 것은 주민피해에 대한 진상조사 과정 없이 희생자결정을 서두르다보니 생기는 현상임. 본인이 처음부터 강조한바 있지만 선 진상조사, 후 희생자결정의 순서로 특별법이 추진되어야 할 것임

● **제17차 심사소위원회에 제출한 의견** (2002. 11. 29.)

(1) 심의안건 : 심사대상자 검토의견

• 남로당 제주도당원 (추정)

  - 김○종(2177, 19세, 표선면 가시리) : 표선면 남로당원

  - 김○종(3450, 34세, 구좌면 평대리) : 구좌면 남로당원

※ 제주감찰청(현재 경찰서)에서 파악한 남로당 제주도당의 조직원명부에 남로당원의 이름(한문)과 면단위 주소까지 동일

• 소속미상의 군인에 의한 피해를 주장하는 55명

  - 오○방(1435) 등 55명

※ 상기 55명은 군에 의한 피해를 주장하고 있으나 가해자인 군에 대한 조사내용이 없고, 당시 재산공비들이 군복으로 위장하고 주민을 공격한 사례가 빈번하여 가해자에 대한 확인검증이 될 때까지 결정을 유보하는 것이 필요함

• 막연히 토벌대에 의한 피해를 주장하는 82명

  - 문○희(1852) 등 82명

  ※ 상기 82명은 가해자가 막연히 토벌대라고 지명하고 있어 군인지 경찰인지 재산공비인지 가해자의 신분이 불분명하므로 보강조사를 통해 가해자의 실체가 구체화될 때까지 결정을 유보할 필요가 있음

(2) 건의내용 : 4·3특별법 시행령 개정

• 개정대상 : 4·3특별법 시행령 제9조(사실조사)[67]

  ①항 : 제8조 규정에 의한 신고를 받은 실무위원회의 위원장은 위원회에 심의·결정을 요청하기 전에 신고서 및 구비서류의 기재내용 등에 관한 사실조사를 실시하여야 한다.

  ②항 : 실무위원회의 위원장은 제1항의 규정에 의한 사실조사를 위하여 필요하다고 인정하는 때에는 관계기관, 재외공관의 장 또는 관계인에 대하여 자료의 제출, 기타 필요한 정보의 제공이나 의견의 진술을 요청할 수 있다. 이 경우 요청을 받은 관계기관·재외공관의 장 또는 관계인은 이에 적극 협조하여야 한다.

  ③항 : 제1항의 규정에 의한 사실조사의 방법 및 항목 등에 관하여 필요한 사항은 위원회의 의결을 거쳐 위원장이 정한다.

• 개정의 필요성(문제점)

  - 4·3위원회의 제5차회의 결과 희생자로 결정된 1,715명 중 1,421명(82.8%)이 군·경토벌대에 의해 희생된 것으로 주장하고 있어 이러한 추세대로 전체 희생자의 대다수(80%)가 당시 토벌작전을 수행한 군·경에 의해 희생된 것으로 인정될 경우 당시 정부와 공권력의 도덕성, 우리 현대사에 지대한 영향을 미칠 수 있음

---

67 제주4·3사건 진상규명 및 희생자 명예회복에 관한 특별법 시행령, 2000. 5. 10. 제정 및 시행

- 문제는 이러한 심각성에도 불구하고 피해자와 보증인의 진술에 의존하는 희생자 위주의 사실조사만 이루어짐으로써 가해 당사자로 지목되는 군·경에 대한 확인조사나 반대의견이 전혀 반영되지 않음으로써 공정성과 객관성에 심각한 의문이 제기되고 있다는 것임

- 이 문제에 대한 심각성은 2001년 7월 4·3위원회의 「희생자사실조사 및 심의지침」 서면심의 시 당시 김동신 국방부장관이 수정의견으로 문제제기를 한바 있었으나 현재까지 아무런 조치가 없었음

- 따라서 신고자에 대한 사실조사 및 확인과정에서 군·경 및 사법기관이 참여하는 검증과정을 보완하여 객관성과 공정성을 제고할 필요가 있음

• 건의

- 4·3특별법 시행령 제9조 제2항의 내용 중 사실조사 서류에 「군·경의 의견서 첨부를 의무화」할 수 있도록 개정

- 위 내용을 4·3위원회의 안건으로 상정할 것을 건의

● **제18차 심사소위원회에 제출한 의견** (2002. 12. 27.)

• 심사대상자 검토의견

- 군사재판수형인 오○규 등 42명을 희생자 심사대상자로 상정했으나 헌재 결정에 위반되어 선정에서 제외되어야 함

- 소속미상의 군인에 의한 피해를 주장하는 현○희 등 36명을 희생자 심사대상자로 상정했으나 가해자인 군에 대한 조사내용이 없고, 당시 재산공비들이 군복으로 위장하고 주민을 공격한 사례가 빈번하여 가해자에 대한 확인검증이 될 때까지 결정을 유보하는 것이 필요함

- 막연히 토벌대에 의한 피해를 주장하는 현○춘 등 48명을 희생자 심사대상자로 상정했으나 가해자의 신분이 불분명하므로 보강조사를 통해 가해자의 실체가 구체화될 때까지 결정을 유

보할 필요가 있음

- 4·3위원회 제5차회의(2002. 11. 20.)에서 희생자로 결정된 1,715명에 대한 제주도 현지 주민의 의견 : 폭동에 적극 가담하여 살인 등 범죄를 저지른 자가 희생자로 결정되어 명예회복이 되는 데 대하여 우려하는 목소리가 매우 높으며 잘못된 희생자 결정을 바로잡을 것과, 차후 희생자 결정에서 이와 같은 사례가 없도록 희생자 심사가 보다 엄정하게 진행될 것을 요구하고 있음

● **제18차회의 결과보고 (2002. 12. 27.)**

(1) 희생자 심사사항

• 제주4·3사건 희생자 및 유족 심사안건으로 상정한 205건 중 군법회의 수형인명부상 수형자 42명의 심사와 관련하여

- 군법회의 수형인 명부는 제주지방검찰청이 보관하고 있던 행정기관의 문건이기 때문에 군법회의가 불법이라고 결론이 나기까지는 일단 심사를 보류하자는 의견과

- 군법회의 관련자는 군법회의 설치 및 판결문등 재판의 법적요건에 대한 증거자료를 국방부에서 제시하지 못하고 있는 등 국가에 의해 법적절차를 밟지 않고 희생되었기 때문에 이는 국가가 명백히 잘못하였으므로 4·3특별법의 취지에 따라 희생자 심의기준 제외대상자 이외는 희생자로 결정하자는 의견이 제기됨에 따라

• 차기 심사 소위원회에서 상정된 205건(수형자 42명 포함)에 대해 다시 논의키로 함

(2) 기타 사항

• 한광덕 위원이 다음 사항에 대한 의견을 서면으로 제출함

- 지난 제17차 심사소위시와 마찬가지로 소속미상의 군인에 의한 피해를 주장하는 36명과 막연히 토벌대에 의한 피해를 주장하는 48명에 대해서는 진상조사보고서가 완료될 때까지 심사보류

● 제19차 심사소위원회에 제출한 의견 (2003. 3. 7.)

(1) 심사대상자 검토의견

• 희생자 유보 대상자

　- 소속미상의 군인에 의한 피해를 주장하는 박○주 등 84명을 희생자 심사대상자로 상정했으나 가해자인 군에 대한 조사내용이 없고, 당시 재산공비들이 군복으로 위장하고 주민을 공격한 사례가 빈번하여 가해자에 대한 확인검증이 될 때까지 결정을 유보하는 것이 필요함

　- 소속불상의 토벌대에 의한 피해를 주장하는 강○교 등 191명을 희생자 심사대상자로 상정했으나 가해자의 신분이 불분명하므로 보강조사를 통해 가해자의 실체가 구체화될 때까지 결정을 유보할 필요가 있음

• 심사자료 작성시 가해자에 대한 용어 사용 문제 검토

4·3사건의 전개과정에서 당시 무장유격대가 마을을 습격할 때 군인 또는 경찰복으로 위장하였다는 기록이 여러 군데에서 발견되고 있음(주한미육군사령부 주간정보요약 1948년 10월 8일) 만약 현재 피해자들이 소속불상의 군인이나 토벌대에 의해 피해를 입었다고 신고한 내용을 검증 없이 인정할 경우 당시 토벌작전에 참가한 군·경의 명예가 사실확인이 되지 않은 상태에서 훼손될 우려가 있음. 따라서 가해자의 정확한 신분이 확인되지 않을 경우 가해자에 대한 용어를 신중히 선택할 필요가 있음

　- 피해자가 가해자의 소속이나 신분을 정확히 모르고 막연히 군인에 의한 피해를 입었다고 주장할 경우 ->「군복을 입은 무장인원」에 의한 피해로 표기

　- 군·경, 우익단체 또는 무장유격대의 구별이 불분명한 채 막연히 토벌대에 의한 피해를 주장할 경우 ->「신분미상의 무장집단」에 의한 피해로 표기

● 제19차회의 결과보고 (2003. 3. 7.)

• 기타사항

희생자 심사시 "소속미상의 군인"과 "막연히 토벌대"에 의한 피해를 주장하는 희생자 신고 건에 대해

- 군의 확인절차를 거치든가 절차 과정이 곤란하다면 "군복입은 무장요원"로 표기하고 또한 토벌대 용어는 구분이 불분명하니 "신분미상의 무장집단"으로 표기 요망

- 진압작전일지 등 관련자료가 없어 소속을 확인하기가 곤란하고 주민이 대부분 혈연·지연으로 구성되어 있는 제주도 실정을 감안하면 군인이나 경찰에 의해 피해당한 지를 대부분 알 수 있으며 50년이 지난 현재 다시 확인한다는 것도 현실적으로 문제가 있다는 의견제기

● 제21차회의 결과보고 (2003. 4. 10.)

• 소수의견(요약)

- 후유장애자인 경우 현재 생존하고 몸도 불편하므로 빨리 희생자 결정을 해주는 것이 좋겠지만, 군·경, 수형자까지 모두 희생자로 인정해주는 것은 문제가 있음

- 사건 당시 형법 제77조 내란죄를 보면 단순 가담자는 3년 이하에 처하고, 수괴급은 3년 이상에 처했던 것으로 볼 때 3년 이상에 처했던 사람들은 조직체 내에서 다른 사람들을 지휘했던 사람임

- 따라서 수형자 18명 중 3년 이하에 해당되는 현○화, 이○순, 김○랑, 고○복, 고○명은 희생자에 포함시키고, 나머지 3년 이상에 해당되는 수형자는 보류할 것을 제안함[68]

- 또한 경찰출신 후유장애 신고자 3명은 공무원들의 독촉과 그 당시 분위기에 편승하여 신고를 한

---

68 당시 희생자는 보상을 염두에 두지 않던 때라 한광덕 위원은 3년 이하의 경미한 수형자는 명예회복 대상으로서의 희생자로는 인정해주자는 의견을 제시함. 좌파들의 공세에 어느 정도 타협적인 의견이었을 것으로 보이나 국사범에 해당했던 수형자에게는 특혜를 베풀어 줄 이유는 없으므로 명예회복 대상으로 인정하여서는 안 된다고 본다.

것이므로 보류해 줄 것을 제안함

○ 제22차 심사소위원회 (2003. 5. 15.)

• 남로당 확인자료

- 전 제주경찰청 고재우 경감(『제주4·3폭동의 진상은 이렇다』 저자)이 소장한 「남로당 인민해방군 계도 및 명단」으로 당시 제주경찰청에서 파악한 남로당조직으로 매우 신빙성있는 공식문건으로 취급하고 있음

- 동 자료는 2002. 1. 15. 「국편연 제20호 제주4·3사건 관련자료(통보)」라는 공문 제목으로 4·3위원회(4·3처리 지원단)에도 송부하였음

● 제24차회의 결과보고 (2003. 7. 25.)

• 희생자 심사

- 제주4·3사건 희생자 및 유족 심사안건으로 상정한 498건에 대하여 심사한 결과 희생자 498명과 유족 1,103명을 인정

(심사소위원회의 모든 회의에서 희생자 심사안건은 제24차회의의 경우와 같이 대부분 100% 희생자로 인정하여 하자 있는 행정행위 였음)

문재인 전 대통령 국가보안법 등 위반

고발인 1. 자유연대 대표 이 희 범
          2. 프리덤칼리지장학회 대표 전 민 정

피고발인 대한민국 대통령 문 재 인

고발취지

고발인들은 피고발인을 내란선동죄(형법 제90조 ②), 여적죄(동법 제93조), 일반이적죄(동법 제99조), 반국가단체 등 찬양고무죄 및 활동동조죄(국가보안법 제7조 ①, ⑤)로 고발하오니, 피고발인에 의한 의도적인 국가해체행위가 더 이상 자행되지 않도록 철저히 수사하여 엄벌하여 주시기 바랍니다.

고발이유

1. 적용법조문

가. 형법 제90조 ②, 제93조, 제99조

나. 국가보안법 제7조 ①, ⑤

2. 고발의 경위

피고발인은 드루킹사건, 울산시장선거조작사건 등에 연루되어 있고, 내란죄, 여적죄, 살인죄 등으로 고발을 당한 자입니다. 피고발인은 각종 국가적 행사에서 대한민국의 정통성을 부정하는 이적성 발언을 상습적으로 행하여 국민을 분노와 불안에 빠뜨리고 있습니다. 수많은 국민들이 피고발인의 반헌법적인 범죄행위의 중단을 끊임없이 경고를 하였음에도 불구하고 자유민주적 기본질서에 대한 감수성이나 개전의 정은 전혀 보이지 않고 오히려 더 대담하게 대한민국을 해롭게 하는 발언을 지속하여 왔습니다. 피고발인의 대통령으로서의 지위를 고려할 때 이러한 이적행위를 방치한다면 그 폐해는 심각할 수밖에 없어 대한민국 수호차원에서 피고발인의 범죄행위에 대하여 고발하게 되었습니다.

3. 대통령의 국가수호 책무

피고발인은 대한민국 대통령으로서의 지위에 있는 자입니다. 대통령은 무소불위의 권력을 행사할 수 있어서 권한행사를 통제하지 않는 경우 대한민국의 운명은 파국을 맞게 될 것입니다. 그래서 헌법 제66조 제2항은 대통령은 국가의 독립·영토의 보전·국가의 계속성과 헌법을 수호할 책무를 규정한 것입니다. 대통령이 그 직무집행에 있어서 헌법이나 법률을 위반한 때에는 국회는 탄핵의 소추를 의결할 수 있습니다. 그러나 야당은 국회 다수의석을 차지하지 못하고 있어서 탄핵소추의결을 기대하는 것은 현실적으로 어렵습니다. 다만 헌법 제84조는 대통령은 내란 또는 외환의 죄를 범한 경우는 재직중일지라도 형사상 소추를 받는다고 규정하여 대통령도 자유민주체제를 침해하는 행위를 하는 경우에는 수사대상으로서의 지위에 있음을 예정하고 있습니다.

4. 범죄사실

가. 반국가단체 등 찬양고무죄 및 활동동조죄

피고발인은 국가보안법 위반사범을 단속하여 사법처리를 지시해야 할 지위에 있는 자임에도 주어진 책무에 반하여 오히려 반국가단체 등 활동 동조행위를 하였고, 국가보안법 위반행위를 사실상 방조하고 있어서 국가보안법을 사문화시키고 있습니다. 언론에 보도된 백두칭송위원회, 민예총 등 친북단체들의 반국가 활동을 단속하지 않았고 그 결과 지난해 국가보안법 위반 사범은 12명(구속1명)에 불과하였습니다.[69]

국가보안법 제7조 제1항에서 정하고 있는 '반국가단체 등 활동동조죄'에서 말하는 '동조행위'라고 함은 반국가단체 등의 선전·선동 및 그 활동과 동일한 내용의 주장을 하거나 이에 합치되는 행위를 하여 반국가단체 등의 활동에 호응·가세하는 것을 말합니다.

피고발인은 '북한의 비핵화 의지가 확고하다' '김정은은 완전한 비핵화 의지를 분명히 했다'[70]고 국민을 속여 대북지원과 대한민국을 북한의 핵인질이 되게 할 뻔한 것을 비롯하여 간첩 신영복을 존경하는 사상가라고 하였고[71], 국군의 적인 6·25전범자 김원봉을 국군의 뿌리이자 국가유공자로 서훈하자고 하더니[72], 1948년 대한민국의 건국을 부정하는 등[73], 종북성향의 발언을 서슴없

---

69 국보법 위반 사범 줄어드는데… 경찰청 보안국 되레 덩치 키워, 문화일보, 2020. 5. 6. 찬양고무죄로 기소된 건수는 고작 3건에 불과

70 비핵화 약속은 대국민 사기극?…다가오는 '진실의 순간', 동아일보, 2019. 6. 29.

71 문 대통령이 北 김영남 앞에서 존경한다 말한 신영복은 누구?, 월간조선, 2018년 2월,

72 文대통령, '김원봉 공적' 재거론…'서훈논란' 다시 부상하나, 연합뉴스, 2019. 6. 6.

73 [김용삼의 현대사 추적] 1919년 임시정부 출범을 '대한민국 건국'이라고 우기는 이유, 펜앤드마이크, 2019. 2. 28.

이 하고 있습니다.

피고발인은 4·3 추념사[74]에서 이적성 발언을 계속하고 있습니다. 피고발인은 "이념은 단지 학살을 정당화하는 명분에 불과했습니다. ... 아직도 낡은 이념의 굴절된 눈으로 4·3을 바라보는 사람들이 있습니다. ... 낡은 이념이 만들어낸 증오와 적대의 언어가 넘쳐납니다. ... 낡은 이념의 틀에 생각을 가두는 것에서 벗어나야 합니다." "4·3의 해결은 결코 정치와 이념의 문제가 아닙니다. 이웃의 아픔과 공감하고 사람을 존중하는 지극히 상식적이고 인간적인 태도의 문제입니다."라고 반헌법적인 발언을 하였고, 교묘하게 4·3의 본질을 왜곡하며 실정법 체계에 혼돈을 야기하고 있습니다.

남북이 휴전상태이고 체제전쟁이 진행 중인 상황에서 이념을 중요시 하지 않는다는 것은 적에게 항복한다는 것과 다르지 않습니다. 자유민주주의와 시장경제, 법치주의 등 헌법이념이 대한민국의 틀을 유지하고 있는 정치현실에서 국민은 피고발인에게 이념의 문제를 경시하라고 위임하지 않았습니다. 이념으로 무장한 북한과 종북주사파에 대하여 할 발언을 대한민국 국민을 향하여 발언하는 피고발인에 있어서의 적은 대한민국으로 읽혀집니다. 4·3사건은 엄연히 정치와 이념의 차이에서 비롯된 학살이었고 진압이었는데 그 해결이 정치와 이념의 문제가 아니라면 공산반란군에게 면죄부를 주고 보상까지 하겠다는 의도입니다. 피고발인이 불법행위에 대한 배상의 책임이 있는 학살의 주범들에게 오히려 4·3특별법으로 보상을 하려는 시도야말로 법상식을 벗어난 위헌입니다. 또한 좌익사상에 물든 자들에 의한 범죄를 진압한 군·경의 행위가 무의미해집니다. 공산폭도와 반란군의 악행 및 그에 대한 처벌을 언급하지 않는 피고발인은 정의를 배반하는 것에 그치지 않고 이적행위를 하고 있는 것입니다.

피고발인은 4·3추념사에서 남로당 무장폭동으로 촉발된 4·3사태를 '국가폭력'으로 규정하고 심지어 '학살'이란 표현까지 썼습니다. "꿈을 꾸었다는 이유로 죽음을 맞이했고 통일정부 수립이라는 간절한 요구는 이념의 덫으로 돌아와 우리를 분열시켰다"는 이적성 발언을 하였습니다.

---

[74] 2018년 및 2020년 4·3 사건 추념사, 정부24, 2018. 4. 3.

제주도 남로당원이 꾸었던 꿈은 대한민국 건국의 꿈이 아니라 사회주의 공산주의에 입각한 통일정부의 꿈이었으며, 남로당원이 말하는 통일정부는 조선민주주의인민공화국 즉 북한이었습니다. 그래서 조선민주주의인민공화국 수립을 위해 대한민국 건국을 방해하려고 무장폭동을 일으켜 대한민국 수립을 지지하는 우익들을 학살하였던 것입니다. 남로당의 꿈인 조선민주주의인민공화국 수립을 이루지 못해 분열된 것은 대한민국 군·경의 진압탓으로 돌리는 피고발인의 발언들은 반국가단체의 활동을 동조하는 행위 그 이상입니다.

　　피고발인은 공산폭도를 '꿈을 꾼 사람들'로 칭송하고 '보상해야 한다'는 망언을 하였습니다. 무고하게 희생된 제주도민까지 공산당이 이끄는 통일정부 수립을 꿈꾸고 노력하다 처참한 죽음을 맞은 것처럼 말해 제주도민을 끌어들여 공산주의자로 모독하였습니다. 기가 막히게도 공산반란을 진압한 군·경의 행위는 국가폭력, 심지어 학살자로 규정하였습니다. 뿐만 아니라 4·3사태를 일으킨 자들이 공산주의 꿈을 꾸고 조선민주주의인민공화국 수립을 도모했으나 대한민국 정부의 탄압으로 민족분열(분단의 책임이 대한민국에 있음을 시사)이 되었다는 취지의 반역적 발언까지 하였습니다. 이것은 공산당의 입장을 대변한 것으로서 대한민국의 정통성을 부정하고 북한에게 정통성을 인정하여 연방제를 추진하려는 의도된 발언이 아닐 수 없습니다. 피고발인의 반헌법적 이적성 표현들은 형법과 국가보안법을 정면으로 위반함에 그치지 않고, 호국영령과 북한 공산주의자들에게 학살당한 영령을 욕되게 하고 나아가 탈이념을 가속화시켜 사상전에서 무장해제를 가져와 국가의 계속성을 침해하려는 것입니다. 또한 우파를 반통일세력으로 프레임화하여 처벌받아야 할 공산세력에게는 면죄부를 주고, 우파는 불의, 좌파는 정의로 만들어 책임의 주체와 객체를 뒤집으려고 하고 있습니다.

　　좌파정당의 4·3 특별법 개정안[75] 제안이유를 보면 4·3을 "해방이후 주권국가 수립 과정에서 자행된 국가폭력에 대한 항쟁의 역사"로 봄으로써 우리의 내부체재를 파괴·변혁시키려 했고, 국가의 존립·안전을 위태롭게 했던 남로당의 범행을 은폐하고 항쟁으로 둔갑시켜 미화하고 있습니다.

75　제주4·3사건 진상규명 및 희생자 명예회복에 관한 특별법 일부개정법률안(위성곤의원 등 23인) 의안번호19332, 2019. 3. 21.

이들의 폭동 및 반란을 포함한 입법 등 다양한 활동의 목적은 인권과 평화를 가장한 민주적기본질서와 체제를 파괴·변혁시키려는 것이며 선거부정, 공수처설치, 자유를 뺀 개헌시도 등도 같은 맥락이라고 볼 수 있습니다. 피고발인이 국민을 기만하여 북한정권을 이롭게하는 발언과 계속된 이적행위로 법치주의적 통치질서의 유지가 어렵게 되고 있고 국민의 안보의식 및 안보상황도 악화되고 있는 매우 심각한 위기상황에 있다는 점에서 피고발인과 그 추종자들의 행위는 대형 국가보안법 위반사건에 해당합니다.[76]

피고발인은 추념사에서 지난날 제주가 꾸었던 꿈이 지금 우리의 꿈이라고 말했습니다. 피고발인은 현재 사회주의·공산주의의 꿈을 꾸고 있다는 뜻입니다. 제주4·3사건을 일으킨 주범들에 대하여 '먼저 꿈꾼 자들'이라고 칭송했습니다. 그리고 범죄자들을 이승만이 학살했다고 주장하는 것입니다. 먼저 꿈 꾼 사람들이란 김일성을 따르는 박헌영의 남로당 골수분자들로서 해방 후 나라가 세워질 때 김일성의 조선민주주의인민공화국을 세우기 위해 제주 반란사건을 일으킨 자들입니다. 그들은 진압군과 경찰들, 그리고 그 가족 등을 무참히 살해 했을 뿐 아니라 자신들을 따르지 않은 제주도민들까지 처참하게 살해 한 자들입니다. 그리고 실제 그 당시 제주도는 그들의 반역 폭동으로 인하여 5·10선거를 못했고 6개월 동안 북한의 인공기를 걸고 살게 했던 자들입니다. 이들에 대해 먼저 꿈꾸는 자들이라 하고 이들의 반역 폭동을 보상하고 법적으로 인정한다는 것입니다. 그리고 반란폭도를 진압하였던 자들을 법적으로 처벌하겠다는 것입니다. 문재인은 먼저 꿈꾸는 자들이 만들려던 세상 즉 김일성의 나라인 조선민주주의인민공화국으로 끌고 가겠다는 선포를 함으로써 반국가단체를 찬양고무한 것이며 이에 대한 철저한 수사가 필요합니다.

피고발인의 4·3추념사에서의 발언은 북한의 선전 선동 및 그 활동과 동일한 내용의 주장을 하여 북한의 대남적화활동에 호응 가세하였습니다. 즉 대한민국의 정통성을 부정하고 북한의 입장에서 역사를 평가하여 주장한 것이며, 전국민을 상대로 적극적으로 북한의 주장에 동조하는 의사를 표시한 범죄행위입니다. 국민들에게 공산세력의 책임을 희석시키고, 대한민국에 책임을 돌림

---

[76] 참고판례 : 헌법재판소 전원재판부 1990. 4. 2. 89헌가 113

으로써 반국가단체를 이롭게 하면서 동시에 반국가적 사상에 물들게 하고 있습니다. 이는 국가의 존립 안전이나 자유민주적 기본질서에 실질적으로 해악을 끼친 명백한 위험성이 있는 행위입니다. 따라서 피고발인의 동조행위는 적극적으로 자신이 반국가단체 등 활동에 호응 가세한다는 의사를 외부에 표시한 반국가단체 등 활동 동조행위입니다(대판2016도8137).

피고발인이 추진하고 있는 낮은 단계의 연방제 통일방안[77]은 북한이 제안하는 통일방안과 유사합니다. 연방제 통일방안을 추진하는 경우 북한에 의한 적화통일 단계로 갈 위험성이 매우 높습니다. 북한의 목적이 한국의 국방력 약화 및 남남갈등 유발을 통한 한반도 적화통일이라는 점에서 피고발인의 연방제 통일방안은 북한의 활동에 호응·가세하는 것입니다.

피고발인은 2017년 8월 15일 광복절 행사에서 1948년 8월 15일을 건국일이 아니라고 주장하였습니다.[78] 피고발인이 대한민국 건국일을 1919년 4월 11일이라고 주장하는 것은 5·10 총선거를 인정하지 않는 내용으로 이는 대한민국을 인정하지 않는다는 뜻이기도 합니다. 피고발인의 주장은 미군이 철수한 후 남북한이 총선을 하여 통일정부를 세워야 한다고 주장하면서 5·10 총선을 끝까지 반대하며 대한민국을 인정하지 않았던 북한의 김일성과 조선공산당 박헌영과 좌파들이 주장한 내용과 같습니다. 1919년 4월 11일을 건국일로 주장하는 자들은 1948년 대한민국 건국을 부정하고 조선민주주의인민공화국을 인정하여 바로 대한민국을 공산화 하겠다는 것입니다.

피고발인은 이적표현물 제정 및 공표가 가능하도록 교육지침을 제정하게 한 국정 최고책임자입니다. 잘못된 교육지침에 근거하여 집필한 4·3역사 등은 공산반란행위를 적법하게 진압한 행위조차 국가폭력 등으로 기술하여 대한민국의 정통성을 부정하고 있습니다. 이러한 이적성 역사기술을 하도록 지시한 피고발인과 관련자 전원은 국가보안법 위반에 해당합니다.

---

[77] 文대통령 대북정책의 종착역…"결국 '김정은 정권과의 연방제' 추진?", 2019. 5. 27. dongA.com, 이종훈
[78] 美 국무부, 대한민국 건국 70주년 경축사 이례적 공개..건국 100주년 주장 문재인 정권 정면 무시, 2018. 8. 15. 리버티코리아포스트, MK Lee

나. 피고발인의 내란선동죄

피고발인은 내란의 죄를 범할 것을 선동하였습니다. 선동이란 일반 대중에게 감정적인 자극을 주어 내란죄의 실행을 결의하게 하거나 이미 존재하는 결의를 촉구하는 것을 말합니다. 2017년 피고발인은 헌법재판소가 탄핵 기각결정을 내린다면, 혁명밖에 없다라는 선동을 하였습니다.[79] 피고발인의 선동은 대중의 심리상태에 영향을 주어 내란의 실행욕구를 유발 증대시켜 촛불정국을 위협적으로 지속 강화하였습니다. 선동으로 국민은 물론 청와대, 국회, 헌법재판소까지 겁박당하였습니다. 촛불집회 당시 좌익의 물리적 위협이 거세어서 계엄을 고려하는 상황까지 갔던 것은 피고발인이 대중을 선동하여 헌법에 의하여 설치된 국가기관이 강압을 받아 정상적인 권능행사를 사실상 불가능하게 하였음을 증명합니다.

다. 피고발인의 일반이적죄, 여적죄 및 반국가단체 등 동조죄

피고발인은 국군통수권자로서 2018년 국방부장관 송영무로 하여금 북한과 9.19 남북군사분야 합의[80]를 체결하게 하여 국가안보의 근간을 무력화시킴으로써 적국과 합세하여 대한민국에 항적하는 여적죄(형법제93조)를 범하였고, 국가의 존립·안전이나 자유민주적 기본질서를 위태롭게 한다는 정을 알면서 반국가단체의 활동에 동조행위를 할 목적으로 문서를 제작한 죄(국가보안법 제7조⑤)를 범하였습니다.

군사분야 합의문상 고정익 항공기, 무인기 등에 대한 비행금지구역 설정은 한국군의 정보, 감시, 정찰 능력과 정밀 타격력을 제약하고 북한군은 언제든지 기습에 성공할 수 있게 했습니다.

합의문은 NLL 기준 북쪽 50km와 남쪽 85km까지를 평화수역으로 설정하고 이 수역 내에서 포격 등 군사훈련을 중지시켰습니다. 이는 한국이 35km나 양보한 것이기도 하지만 수도권 방위에 결정적으로 중요한 해역에서 한국군의 대비훈련을 제약하는 결과를 가져왔습니다.

---

79 윤상현 "문재인, 혁명 뿐이라며 선동…이것은 내란선동", 중앙일보, 2017. 1. 14.
80 9·19 남북군사합의, 대한민국 정책브리핑, 기획&특집, 정책위키

평화수역의 구체적인 경계선은 남북 군사공동위에서 협의하여 확정하기로 하였는데, 이는 NLL을 다시 협의한다는 뜻으로 이로써 서북 5개 도서는 북한의 기습 강점 위협에 상시 노출됐으며 수도권은 측방 위협에 더욱 취약해졌습니다. 국군이 피로써 지켜온 영토선인 서해 NLL을 일거에 형해화시키는 문서에 서명한 것입니다.

또한 한강과 임진강 하구를 공동이용 수역으로 정하고, 북한에 한강하구의 수로들을 조사해 북한에 넘겨줬습니다. 군사적으로 보면 북한군 특수부대에게 한강을 이용해 서울로 들어오거나 평택 수로를 이용해 평택 미군기지까지 위협할 수 있는 길을 열어준 것입니다.

뿐만 아니라 비무장지대에 있는 북한군 감시초소(GP), 대전차장애물, 지뢰, 해안 철조망을 제거해 북한의 기습공격에 속수무책으로 당하는 위험만 높였습니다.

9.19 남북군사합의는 군사적 긴장 완화 차원에서 체결하였다고 하지만 국민의 생존을 적화야욕의 변화가 없는 북한의 선의에 의존하게 만든 이적성 합의에 해당합니다.

피고발인은 2017년 12월 15일 베이징대학 연설에서 "중국은 높은 산봉우리 같은 나라, 한국은 작은 나라지만 중국몽을 함께 하겠다" "마오쩌둥 주석이 이끈 대장정에도 조선 청년이 함께 했다"고 발언했습니다.[81] 이와 같은 발언은 대한민국의 정체성을 전면 부정하고 대한민국을 중국 공산당 전체주의 집단에 종속화시키겠다는 반역적이고 매국적인 여적행위입니다.

5. 결론

피고발인은 자유와 평화를 지키는 대한민국 군·경을 폭력집단으로 매도하고 6·25 전범이자 살인독재정권인 조선민주주의인민공화국을 이롭게 하는 발언을 하였습니다. 이러한 반체제사상을 지닌 피고발인이 혁명을 해야 한다고 선동하였다면 명백한 내란선동죄가 성립합니다. 대통령은

---

81 [전문] 문재인 대통령 베이징대 연설 전문, 연합뉴스, 2017. 12. 15.

무소불위의 막강한 권력을 행사할 수 있는 지위에 있습니다. 따라서 대통령의 말 한마디가 국민 전체에 미치는 영향력은 심대합니다. 그렇기 때문에 대통령은 말 한마디에 신중을 기해야 하며 특히 반헌법적 발언과 같은 말은 상상조차 하여서는 안됩니다. 그럼에도 불구하고 공식석상에서 한 두 번도 아니고 수회 반복해서 작심한 듯 발언하는 것은 결코 있을 수 없고 묵과할 수 없는 범죄행위에 해당합니다. 국민의 대표자인 대통령 지위에서 불순한 사상을 가지고 대한민국에 해가 되는 행위를 의도적으로 지속하고 있다는 점에서 신속하게 제지하지 않는다면 대한민국은 회복할 수 없는 위험 상태에 빠질 수 있습니다.

수사기관은 대통령이라도 범죄혐의가 있으면 수사해야 합니다. 만일 수사기관이 법치주의를 규정한 주권자의 뜻에 반하여 수사를 하지 않는다면 이는 국민의 기본권 보호와 국가수호의무를 저버리는 직무유기이자 반역이고 국가보안법 제11조 특수직무유기죄로 처단됨을 명심해야 합니다. 따라서 공익의 대표자인 검사와 수사기관은 피고발인의 범죄혐의에 대해서 고발을 수리한 날로부터 3월 이내에 수사를 완료하여 공소제기 의무를 이행해야 합니다.

피고발인은 많은 국민이 4·3사건 역사를 제대로 모르고 있는 현실을 악용하여 진실을 은폐하고 왜곡함으로써 잘못된 역사인식을 하도록 선동하여 왔습니다. 그 결과 위험상태에 놓인 정도를 넘어 북한의 의도대로 여론이 형성되어지고 있고 북한의 주장을 관철시키려는 단계까지 오고 있습니다. 객관적으로 급박하고 현실적인 위험에 놓여있는 대한민국을 구해내기 위해서 수사기관은 피고발인에 대한 엄정한 수사와 처벌이라는 역사적 소임을 다해 줄 것을 강력하게 요구합니다.

입 증 방 법 1. 4·3 사건 추념사 등 증거자료 별첨

2020. 6. 4.

고 발 인   자유연대, 프리덤칼리지장학회

서 울 중 앙 지 방 검 찰 청 귀 중

별지 : 증거자료 세부 목록

순번	증거제목	작성자	작성일	출처
1	국보법 위반 사범 줄어드는데… 경찰청 보안국 되레 덩치 키워	문화일보	2020. 5. 6	http://www.munhwa.com/news/view.html?no=2020050601071109315002
2	비핵화 약속은 대국민 사기극?… 다가오는 '진실의 순간'	동아일보	2019. 6. 29	http://www.donga.com/news/article/all/20190629/96243110/1
3	문 대통령이 北 김영남 앞에서 존경한다 말한 신영복은 누구?	월간조선	2018년 2월	https://monthly.chosun.com/client/mdaily/daily_view.asp?Idx=2860&Newsnumb=2018022860
4	文대통령, '김원봉 공적' 재거론… '서훈논란' 다시 부상하나	연합뉴스	2019. 6. 6	https://www.yna.co.kr/view/AKR20190606049500504
5	[김용삼의 현대사 추적] 1919년 임시정부 출범을 '대한민국 건국'이라고 우기는 이유	펜앤드 마이크	2019. 2. 28	https://www.pennmike.com/news/articleView.html?idxno=16468
6	2018년 및 2020년 4·3 사건 추념사	정부24	2018. 4. 3.	https://www.gov.kr/search/pi?srhQuery=4.3%EC%B6%94%EB%85%90%EC%82%AC+%EC%A0%84%EB%AC%B8&realQuery=&reQueryFlag=&policyType=G00301&sdate=&edate= https://www.headlinejeju.co.kr/news/articleView.html?idxno=413740
7	제주4·3사건 진상규명 및 희생자 명예회복에 관한 특별법 일부개정법률안	위성곤의원 등 23인	2019. 3. 21	의안번호19332,
8	헌법재판소 전원재판부 참고판례		1990. 4. 2	89헌가 113
9	文대통령 대북정책의 종착역… "결국 '김정은 정권과의 연방제' 추진?"	dongA.com,	2019. 5. 27	http://www.donga.com/news/article/all/20190527/95713759/1
10	美 국무부, 대한민국 건국 70주년 경축사 이례적 공개..건국 100주년 주장 문재인 정권 정면 무시	리버티코리아포스트, MK Lee	2018. 8. 15	https://www.lkp.news/news/article.html?no=5014
11	윤상현 "문재인, 혁명 뿐이라며 선동…이것은 내란선동"	중앙일보	2017. 1. 14.	http://news.jtbc.joins.com/article/article.aspx?news_id=NB11400663
12	9·19 남북군사합의	대한민국 정책브리핑, 기획&특집, 정책위키		http://www.korea.kr/special/policyCurationView.do?newsId=148865808
13	[전문] 문재인 대통령 베이징대 연설 전문	연합뉴스	2017. 12. 15	http://news.jtbc.joins.com/article/article.aspx?news_id=NB11563436

제주4·3특별법 전부개정안은 명백한 위헌이다!

제주4·3사건은 남로당 공산주의자들의 폭동이고 반란이다!

제주4·3사건은 남로당 중앙당의 지령을 받고 그 추종자들이 대한민국의 건국을 위한 5·10총선거를 저지하기 위해 경찰과 국군, 공무원, 양민 등을 무차별하게 살해한 공산폭동이고 반란이었다. 이들은 대한민국의 건국을 방해하고 조선민주주의인민공화국 수립에 앞장섰다. 더 나아가 대한민국의 선포조차 하고, 살상, 방화, 약탈을 자행하며 인공기 게양, 김일성 장군 만세! 조선민주주의인민공화국 만세! 외치며 인공기나 대한민국에 항거하였다.

4·3은 공산폭동이자 반란일 뿐이지 봉기와 항쟁으로 미화되어서는 안 된다. 제주4·3 공산폭동과 반란은 국가가 보상하고 추념할 사건이 절대 아니다. 대한민국의 정통성과 그 추념세대 소환한 대한민국 건국의 경찰의 진행위는 국가독립과 학살이 될 수 없으며, 오늘날 자랑스런 대한민국의 건국을 수 있게 한 정당행위이다.

4·3수형인들은 대한민국에 항거하는데 과거 사실에 대해 국민 앞에 사죄와 반성이 필요하다. 4·3은 대한민국이

모든 역량을 이겨내고 건국되었다는 사실을 기념하는 서술을 넣이 담아야 한다.

제주4·3특별법 전부개정안의 국회통과를 결사 반대한다!

첫째, 개정안 제2조 정의 규정은 제주4·3공산폭동과 내란을 일으키 가해자 남로당을 명시하지 않고 소요사태, 무력충돌 같은 중립적 용어를 사용하여 봉기, 항쟁 등 민주화 운동으로 예상시키고, 정당한 진압행위는 국가폭력의 것처럼 왜곡하고 있다.

둘째, 개정안 제2조 희생자에 폭동과 내란에 가담했던 수형자를 포함시키고, 희생자 심사기준을 위한화에 포함하여 위임하며, 가짜 희생자에게 보상을 한수 규정도 없이 위헌이다.

셋째, 개정안 제14조는 특별재심 규정을 신설하여 공산폭동도 반란으로 처벌되었던 수형인들에게 국민혈세로 배보상 하겠다니 나서고 있다.

개정안은 건국을 방해하여 대한민국의 정체성과 정통성을 부정하고 공산폭동에 대한 징계이며, 4·3수형인들에 대한 지나친 특혜 부여는 헌법질서에 위반한다. 부당한 옥사 남비는 국민의 재산권에 대한 중대한 침해이며, 국회의원이라면 우리 국민은 이런 국회의원들을 역사의 심판대에 세워 반드시 국가의 정체성을 훼손한 책임을 물을 것이다.

내란에 가담한 4·3 수형인들에게 부당한 방법으로 보상금을 지급하는 제주지방법원은 정의 앞에 사죄하라!

4·3의 역사왜곡을 방조하는 대한민국 건국의 정통성을 훼손하는 국회의원, 판사들은 더 이상 주권자 국민을 분노하게 만들지 말라! 국민은 국회, 법원, 법무부에 의한 헌법질서 농단, 분서파괴행위를 즉각 중단할 것을 엄중히 경고하며, 헌법을 수호하여야 할 공무원의 사명을 성실히 수행할 것을 강력히 촉구한다!

※ 현재 제주4·3사건을 왜곡하여 양심한 문제인 대통령의 수형자 복제하지 않고 직무유기를 범하기 전 법무부장관 등은 형사고발하였고, 제주4·3사건 관련 심사부호, 위헌소송 등을 준비하고 있습니다.

2021년 2월 24일

제주4·3재정립시민연대

국민 여러분의 동참을 부탁드립니다. 후원계좌 : 국민은행 006037-04-006592 (예금주 제주4·3사건재정립시민연대) 문의 : 02-6951-0285, 02-737-0717

국민 국회, 법원, 법무부에 의한 헌법질서 농단, 분서파괴행위를 즉각 중단할 것을 엄중히 경고

비영리민간단체 등록 거부에 대한
원희룡 도지사에 대한 공개질의

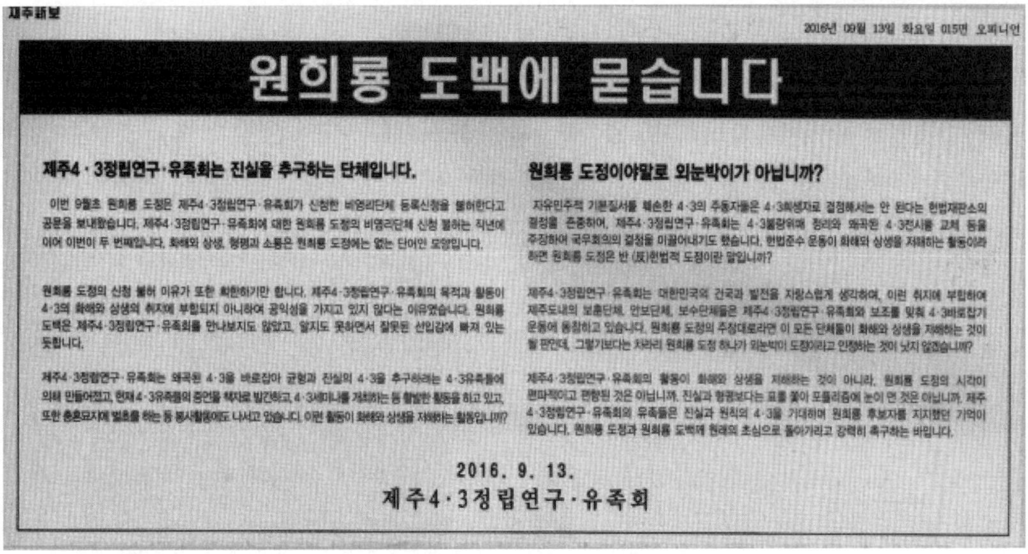

원희룡[82] 도백에 묻습니다.

제주4·3정립연구유족회는 진실을 추구하는 단체입니다.

이번 9월초 원희룡 도정은 제주4·3정립연구유족회가 신청한 비영리단체 등록신청을 불허한다고 공문을 보냈습니다. 제주4·3정립연구유족회에 대한 원희룡 도정의 비영리단체 신청 불허는 작년에 이어 이번이 두 번째입니다. 화해와 상생, 형평과 소통은 원희룡 도정에는 없는 단어인 모양입니다.

원희룡 도정의 신청 불허 이유가 또한 희한하기만 합니다. 제주4·3정립연구유족회의 목적과 활동이 4·3의 화해와 상생의 취지에 부합되지 아니하여 공익성을 가지고 있지 않다는 이유였습니다. 원희룡 도백은 제주4·3정립연구유족회를 만나보지도 않았고, 알지도 못하면서 잘못된 선입감에 빠져 있는 듯합니다.

제주4·3정립연구유족회는 왜곡된 4·3을 바로잡아 균형과 진실의 4·3을 추구하려는 4·3유족들에 의해 만들어졌고, 현재 4·3유족들의 증언을 책자로 발간하고, 4·3세미나를 개최하는 등 활발한 활동을 하고 있고, 또한 충혼묘지에 벌초를 하는 등 봉사활동에도 나서고 있습니다. 이런 활동이 화해와 상생을 저해하는 활동입니까?

원희룡 도정이야말로 외눈박이가 아닙니까?

자유민주적 기본질서를 훼손한 4·3의 주동자들은 4·3희생자로 결정해서는 안 된다는 헌법재판소의 결정을 존중하여, 제주4·3정립연구유족회는 4·3불량위패 정리와 왜곡된 4·3전시물 교체 등을 주장하여 국무회의의 결정을 이끌어내기도 했습니다. 헌법준수 운동이 화해와 상생을 저해

---

82 원희룡 : 2014. 7. 1. - 2018. 6. 30. 제3대 제주특별자치도지사, 2018. 7. 1. - 2021. 8. 11. 제4대 제주특별자치도지사

하는 활동이라 하면 원희룡 도정은 반(反)헌법적 도정이란 말입니까?

제주4·3정립연구유족회는 대한민국의 건국과 발전을 자랑스럽게 생각하며, 이런 취지에 부합하여 제주도내의 보훈단체, 안보단체, 보수단체들은 제주4·3정립연구유족회와 보조를 맞춰 4·3 바로잡기 운동에 동참하고 있습니다. 원희룡 도정의 주장대로라면 이 모든 단체들이 화해와 상생을 저해하는 것이 될 판인데, 그렇기보다는 차라리 원희룡 도정 하나가 외눈박이 도정이라고 인정하는 것이 낫지 않겠습니까?

제주4·3정립연구유족회의 활동이 화해와 상생을 저해하는 것이 아니라, 원희룡 도정의 시각이 편파적이고 편향된 것은 아닙니까. 진실과 형평보다는 표를 쫓아 포퓰리즘에 눈이 먼 것은 아닙니까. 제주4·3정립연구유족회의 유족들은 진실과 원칙의 4·3을 기대하며 원희룡 후보자를 지지했던 기억이 있습니다. 원희룡 도정과 원희룡 도백께 원래의 초심으로 돌아가라고 강력히 촉구하는 바입니다.

2016. 9. 13.

제주4·3정립연구유족회

4·3특별법 전부 개정한 국회를 규탄한다!
주권자 국민은 국회의원에게 경고한다!

당신들이 제주4·3사건특별법을 통과시킴으로써 대한민국은 몰락하고 있다!

당신들은 제주4·3사건이 남로당 공산주의자들의 폭동이고 반란이었다는 역사적 사실을 어찌하여 외면했는가?

4·3은 대한민국 건국 선거를 저지하기 위해 남로당이 경찰과 공무원, 양민 등을 학살, 방화, 약탈하고, 북조선 정권수립에 제주도민 52,350명이나 투표에 참여하여 북한 선거에 앞장섰던 사건이다. 이러한 반역자들이 무슨 희생자인가? 이들의 대한민국 건국 방해는 시작에 불과하고 대한민국에 선전포고, 인공기 계양, 적기가를 부르며, 김일성 장군 만세! 조선민주주의 인민공화국 만세! 외치며 9년간 항적하였다. 이러한 공산폭동 내란 가담자들에게 보상이 웬 말인가? 현행법상으로도 적과 합세하여 대한민국에 항적한 여적죄인들은 사형에 처한다는 사실을 모르는가? 반역에 가담했던 자들이 죽임을 당하지 않고 관대하게 처벌받은 것만으로도 천만다행으로 감사해야 할 일이다. 이 자들에게 필요한 것은 보상금이 아니라 사죄와 반성이다.

제주4·3특별법은 명백한 위헌이므로 즉시 폐기해야 한다!

특별법 제14조 특별재심은 재심사유 및 재심청구권자에 대한 예외를 규정하고 있는데, 예외를 인정할 합리적 이유도 없고, 이를 허용할 경우 대한민국의 전복을 꾀한 사람들에게 면죄부를 주는 것이 되며, 결론적으로 대한민국의 정체성을 부정하는 것을 용납하는 것이 되어 헌법의 자유민주적 기본질서에 위배 된다. 또한 대한민국 법원이 행한 판결을 부정하는 길을 열어 준 것이 되어 매우 부당하다. 재심은 정당한 재심사유가 존재하고 재심을 청구할 수 있는 자의 청구가 있어야 가능하다.

특별법 제15조 수형인에 대한 명예회복조치는 법무부장관에게 직권재심을 청구할 수 있는 장치를 두고 있다. 이는 어떤 이유로도 그 정당함을 설명할 수 없다. 위원회가 일괄 결정하면 '모든 수형인'에 대한 장관의 직권재심이 이루어지고, 법원이 이를 그대로 받아주게 하겠다는 것이다. 대한민국의 정체성을 부정하려는 그 어떤 시도도 이보다 더 대한민국의 정체성을 부정하는 시도는 없다. 총칼 대신 힘, 법률, 적법절차로 가장하고 있다.

국민은 분노한다!

대한민국에 항적하였던 남로당 가해자들이 무슨 희생자냐!

김일성에게 충성하다 옥살이 했으면 김일성에게 보상금 받아라!

대한민국 건국은 방해하고 북한 정권 선거에 앞장섰던 자들에게 보상금이 왠 말이냐!

제주4·3 공산폭동과 내란은 국가가 보상하고 추념할 사건이 절대 아니다!

반역행위자의 자세는 사죄와 반성이다!

국회의원은 북조선 국회의원이냐 대한민국 국회의원이냐?

4·3역사왜곡을 방조하여 대한민국 정체성을 훼손하는 국회의원들을 강력하게 규탄한다!

반역적 더불어민주당과 이에 부화뇌동한 국민의힘 당을 강력하게 규탄한다!

건국을 방해한 사건을 미화하고 옹호하는 행위는 대한민국을 부정하는 반역이다!

특별법 통과에 찬성한 국회의원들은 어떠한 명분으로도 용납될 수 없다!

대한민국 정통성을 부정하거나 기회주의적인 국회의원은 반역자로 다스려질 것이다!

악법 통과 찬성한 자들은 국회의원 자격없다 즉각 사퇴하라!

거짓 희생자 4·3수형자에게 위자료 주려고 만든 특별재심 등 악법을 즉각 폐기하라!

우리 국민들은 반역자들을 역사와 정의의 심판대에 세워 반드시 심판할 것이다!

2021. 3. 2.

제주4·3사건재정립시민연대 및 폭정종식비상시국연대 등 시민단체

국민통합연대/4대강보해체저지국민연합/경기도의사회/공정사회국민모임/국민노동조합/국민의자유와인권을위한변호사모임/나라지킴이고교연합/대구자유공정시민회의/대한민국수호예비역장성단/대한민국애국시민연합/대한민국역사지킴이/미래대안행동/바른사회시민회의/바른인권여성연합/사회정의를바라는전국교수모임(정교모)/새로운한국을위한국민운동/수도이전반대범시민투쟁본부/신문명정책연구원/원자력살리기국민행동/의정감시단/자유민주국민연합/자유민주시민연대/자유시민정치회의/자유언론국민연합/자유연대/제주4·3진실규명도민연대/프리덤코리아/프리덤칼리지장학회/하늘교회/한반도인권과통일을위한변호사모임/해군사관학교구국동지회/행동하는자유시민

4·3수형인 국가배상청구 반대한다!

사　건 : 2019가합14598 손해배상(국)

원　고 : 이** 외 38명

탄　원　인 : 제주4·3사건재정립시민연대

　위 사건과 관련하여 탄원인은 아래와 같은 의견을 올리며 배상청구의 소를 각하 또는 기각하여 주시기를 요청합니다.

1. 제주4·3사건은 대한민국 건국을 저지하기 위한 좌익의 내란행위였습니다.

　제주4·3수형자는 1948년 4월 3일부터 1954년 9월 21일까지 제주도에서 남로당이 일으킨 공산폭동과 무장반란에서 무자비하게 제주양민을 학살, 방화, 약탈하였거나 대한민국에 항적한 남로당 활동에 동조, 지원, 추종하였던 제주4·3사건의 가해자들입니다.

비록 최근 일부 제주4·3사건의 남로당 수형자들이 재심을 통해, 과거 선고된 군사판결의 범죄사실의 기초가 되는 공소기록이 6·25 전쟁 등으로 소실되어 현재 그 당시 공소사실을 특정할 수 없다는 이유로 '공소기각 판결'을 받은 사실이 있기는 하나, 제주4·3사건의 가해자들의 당시 범죄사실이 있었다는 부분에 대해서는 각종 과거 진상규명 자료 등을 통해 알려진 내용입니다.

제주4·3사건 당시 제주도민들은 피고인들을 비롯한 남로당 가해자들로부터 생명과 신체를 훼손당하거나 공산화의 위험에 직면한 직접적인 피해자들로서, 단지 재판기록이 남아있지 않다는 이유만으로 이들 가해자들에게 면죄부를 주고, 더 나아가 전국민의 세금을 통해 이들 가해자들에게 수억원 대의 형사보상 결정까지 선물로 안겨 준 것은 너무나 천부당 만부당한 결정이었습니다. 폭도한테 죽임을 당한 희생자들의 유족이 폭도하고 같이 제사드리는 것도 인간으로서는 할 수 없는 일입니다. 폭도들한테 죽은 희생자들의 유족들은 너무 억울하고 통곡하고 있습니다.

존경하는 재판장님! 제주4·3사건에 대해서는 과거 '진상규명위원회' 및 '헌법재판소'에서도 몇 차례에 걸쳐 다뤄졌을 만큼, 당시 양민 학살 등에 참여한 (공산당)'가해자'가 존재하였다는 점에 대해서는 누구도 부인하지 않았으며, 대한민국 초기 국가내란을 야기한 책임이 있는 자들이 군사재판 절차를 거쳐 선고를 받고 수형된 것으로 보았습니다.

오히려 제주4·3사건 특별법 내지 4·3수형인 재심에 관한 법원의 판결들에서는 이들 내란을 야기하는 등으로 문제있는 사람들에 대해서만 면죄부를 주고 이들 가해자들에게 수형기간 동안의 형사보상금을 안겨주는 판단을 하려는 고민을 하였을 뿐, 정작 위 가해자들이 야기한 제주4·3사건으로 인해 가족을 잃고 크나큰 고통을 입은 진짜 피해자 내지 그 유족들에 대한 보상에 대해서는 어느 누구도 입을 다문 채 아무런 이야기를 하지 않는 이중적인 모습을 보이고 있습니다.

존경하는 재판장님! 본 사건의 가해자들과 같이 과거 재판기록이 남아 있지 않다는 형식적인 부분에 대해서만 바라보실 것이 아니라, 그 내용 면면이 실체적인 내용을 살펴 당시 군사법원 법관들이 관련 내용에 근거한 가해사실이 있었기에 유죄를 선고할 수밖에 없었던 사정들을 심도있게 고찰해 주실 것을 간곡히 부탁드립니다.

존경하는 재판장님! 1948년 신생 대한민국이 출생한 당시 상황은 좌우익이 대립하는 극도의 혼란상태였습니다. 대한민국 건국을 위해서는 좌익에 부역하는 자를 처벌하지 않을 수 없었습니다. 만일 크고 작은 부역행위자들을 처벌하지 않았다면 오늘날 우리는 조선민주주의인민공화국에서 김정은 만세!를 외치며 이 자리에 있어야 할 것입니다. 당시 재판관들은 대한민국 국익을 위해서 너무도 현명하게 재판을 하였습니다. 따라서 오늘날의 관점에서 과거를 재단하여서는 절대로 안 됩니다.

지난 한 해에도 현 좌파정권에 부정적인 말 한마디로 실형을 선고받고 복역하거나 재판중인 사람들이 많습니다. 따라서 4·3수형인 원고들은 본인들의 행위가 큰 잘못이 아니었다고 항변할 수는 있지만 작은 부역행위들이 다수 모여 큰 위협이 되었던 것이고 그것이 많은 희생자를 발생하게 한 원인이 되었기 때문에 결코 작은 부역행위라고 말할 수 없습니다. 그 당시보다 체제가 안정되어 있는 오늘날도 말 한마디로 처벌받는 점을 고려할 때 당시의 체제위기 속에 말 정도가 아니라 적과 합세하여 대한민국에 항적한 여적행위는 극형에 처해져야 할 상황임에도 당시에 징역형 정도로 선고했다는 사실은 최대한의 관용을 베푼 것이고 그 당시도 적법절차가 살아있었다는 놀라운 반증이 됩니다. 4·3수형인 원고들은 억울하다고 생각하기 이전에 천만다행이라는 긍정적인 자세가 필요합니다.

또한 수형인명부가 존재한다는 사실은 형집행지휘서가 있었음이 추정되고, 형집행지휘서가 있었다는 것은 판결문이 있었음이 추정되며, 판결문이 있었다는 것은 공소장이 있었다고 추정됨이 상당합니다. 이러한 추정을 뒷받침할 만한 증거들이 다수 있습니다. 증언들에 의하면 6·25 당시 몸만 피신하기도 급급한 급박한 상황이어서 판결문 등 소송기록과 수용기록을 가지고 피난을 할 수 없었고 유엔군 참전 이후 수복하였을 때에는 기록물들이 소실되었다는 것이 사실입니다. 따라서 더 이상 **무죄라는 명백한 증거가 밝혀지지 않는 한** 건국초기의 각종 재판에 문제제기를 받아주어서는 안 됩니다.

백번 양보하여 공소제기절차가 법률의 규정에 위반하여 무효라고 보더라도 무죄로 보거나 배보상도 청구할 수 있다는 잘못된 신호를 주어서는 안됩니다. 공소기각 판결이 나온다면 수형자명부에서 삭제하여 명예회복으로 만족해야지 더 이상의 요구사항은 국민의 법감정상 허용될 수 없습니다. 대한민국 건국이 풍전등화같이 어렵고 힘든 과정에서 대한민국 편에 선 것도 아니고 신생아 대한민국을 살해하려고 북한 편에 섰던 사람들까지 국민들이 혈세로 보듬어야 할 이유가 없습니다. 부역했던 사람들에게 필요한 것은 사죄와 반성입니다. 그리고 대한민국이 모든 역경을 이겨내고 건국되었다는 사실과, 대한민국을 살해하는데 가담하는 불법행위에 대한 배상책임을 지지 않는 것으로 감사하는 자세를 갖는 것이 옳다고 봅니다. 70년 전의 옳지 못한 사건을 이제 와서 후대 국민들에게 부담을 주어서는 안됩니다.

북한군과 남로당 및 남한 좌익들에게 학살당한 대한민국을 사랑했던 우익인사 12만 명의 진상규명과 배보상 문제는 간과하고 북한 편에 섰던 가해자들에 대한 배보상만 거론한다면 애국자들은 지하에서 통곡할 것입니다. 애국자들이 학살당한 역사부터 제대로 평가한 이후에 남로당에 부역했던 사람들의 명예회복 문제가 다뤄져야 합니다. 너무 불공정합니다. 법원이 좌파 편에서 정치적인 이념에 따라 판단하는 것은 적절치 않으니 제대로 심사를 하여 기울어져가는 대한민국의 공정과 정의를 바르게 세워 주시기를 간곡히 호소합니다.

2. 본 사안은 법상 국가배상청구 대상이 될 수 없습니다.

2019년 제주지방법원 형사부는 국가배상청구소송의 시발점이 된 제주4·3수형인 18명의 재심재판에서 형사소송법 제420조의 재심사유가 없음에도 위법하게 재심개시결정을 하였습니다. 즉 공소기각판결을 인정할 새로운 증거는 재심사유가 아니므로 제주지방법원은 재심개시결정을 해서는 안되는데 재심개시결정을 하였습니다.

또한 형사보상사건에 적용될 구형사보상법 제1조와 형사보상사무취급규정 제1조에 의하면 형사보상 청구의 대상 기준으로 무죄판결과 면소판결만이 인정된다고 규정하고 있습니다. 그 구법에 의하면 공소기각 판결의 경우에는 명백히 형사보상의 대상이 되지 아니함에도 53억 4천만원이라는 거액의 형사보상결정이 내려졌습니다. 제주지방법원이 형사소송법 제327조 제2호에 따른 공소기각 판결을 하였다고 하더라도, 우리 헌법과 법률에 따라 재판되고 집행된 것에 대하여 명확한 무죄의 증거가 확인되지 아니한 것에 대하여 형사보상청구를 판단함에 있어 신중을 기했어야 함에도, 이를 간과하고 형사보상청구 인용결정을 해 버린 잘못을 저질렀습니다.

게다가 위 제주지방법원이 형사보상법 문언과 그 법리에 반하여 과도한 일급(日給)을 적용하기까지 함으로써 국고에 거액의 손실을 주는 형사보상결정을 내렸습니다. 이러한 위법한 결정들에 대하여 법무부는 즉시항고 등과 같은 방법으로 불복했어야 함에도 불구하고, 아무런 조치를 취하지 아니함으로써 직무를 유기하였습니다. 이와 관련하여 박상기 당시 법무부 장관과 소송수행자들에 대하여 대검찰청에 고발하였으며 접수된 고발사건은 현재 검찰에서 수사가 진행되고 있습니다.

3. 결론

대한민국 건국 초기 당시의 국란을 야기하였던 제주4·3수형인에 대하여, 6·25 전쟁을 거치면서 이들에 대한 범죄사실 기록이 소실되었다는 사유만으로, 제주지방법원에서 실체적 진실에 반할 수 있는 공소기각 판결의 재심결정을 한 것은 법원 스스로 과거 판결에 대한 사법부정을 야기하는 잘못이었습니다.

이에 더 나아가, 위 제주지방법원이 위 18인의 일방적인 주장만을 받아들여 형사소송법 제420조에서 한정적으로 열거한 재심사유가 없음에도 재심개시결정을 하였고, 형사보상의 대상이 되지도 않는 공소기각판결을 가지고 과도한 보상금까지 안겨주는 명백하게 위법한 재판들을 하였습니다. 편향된 재판에 대해 공익의 대표자인 법무부장관과 검사들은 즉시항고 등을 통해 다투는 등의 조치를 취하지 않음으로써 국고를 손실하고 국민들에게 금전적인 부담을 주고 있습니다. 국가를 대표할 지위에 있는 법무부 공직자들이 법원에 대한 법령의 정당한 적용을 청구할 직무를 유기한 행위는 대다수의 국민을 우롱하고 헌법질서를 농단하는 법치파괴행위라고 하지 않을 수 없습니다.

이에 덧붙여 만약 담당 검사 등의 즉시항고의 의견제시에도 불구하고 피고발인 법무부장관 등 상관의 위법한 보상강행이 개입되었다면 이를 명명백백하게 밝혀 그 행위를 불법적으로 지시한 자에 대하여는 직권남용권리행사방해죄의 죄책도 추궁되어야 합니다.

존경하는 재판장님! 대한민국 수호와 진정한 제주4·3사건의 피해자 및 그 유족들을 위하여 이와 같이 탄원인들이 의견을 올리오니 법과 정의에 맞는 판단을 내려주시기 바라며, 자세한 입증자료 제출과 심도있는 심리를 위해 소송참가할 수 있도록 간곡히 요청하며, 제주지방법원 민사부는 위와 같은 헌법질서 농단 사정을 잘 분별하여 대한민국 국익을 위해 국가배상 청구소송을 각하 또는 기각판단을 함으로써 대한민국을 수호하여 주시기를 간곡히 호소합니다.

2021년 3월 2일

제주4·3사건재정립시민연대 및 폭정종식 비상시국연대 등 시민단체 일동

국민통합연대/4대강보해체저지국민연합/경기도의사회/공정사회국민모임/국민노동조합/국민의자유와인권을위한변호사모임/나라지킴이고교연합/대구자유공정시민회의/대한민국수호예비역장성단/대한민국애국시민연합/대한민국역사지킴이/미래대안행동/바른사회시민회의/바른인권여성연합/사회정의를바라는전국교수모임(정교모)/새로운한국을위한국민운동/수도이전반대범시민투쟁본부/신문명정책연구원/원자력살리기국민행동/의정감시단/자유민주국민연합/자유민주시민연대/자유시민정치회의/자유언론국민연합/자유연대/제주4·3진실규명도민연대/프리덤코리아/프리덤칼리지장학회/하늘교회/한반도인권과통일을위한변호사모임/해군사관학교구국동지회/행동하는자유시민

제주지방법원 귀 중

제주4·3사건의 위법한 재심재판과 형사보상결정에 불복하지 않고 직무를 유기하여 막대한 국고손실을 초래한 법무부장관을 규탄한다!

2019년 8월 21일 제주지방법원은 제주4·3사건과 관련하여 1948년 12월 제주도 계엄지구 고등군법회의에서 구 형법 제77조(내란죄) 위반으로, 1949년 7월 고등군법회의에서 국방경비법 제32조(적에 대한 구원통신연락죄) 제33조(간첩죄) 위반으로 징역 1년에서 무기징역에 이르는 형을 선고받고 수감한 오○○ 등 18인의 수형자들이 청구한 구금에 대한 형사보상을 받아들여 무려 총 53억 4천만원의 보상결정을 하였다.

18인의 수형자들 중 무기징역을 선고받아 수감한 자가 1명, 징역 15년이 2명, 징역 7년이 3명, 징역 5년이 2명, 징역 3년이 1명, 징역 1년이 9명이었는데, 이들과 이들 유족은 그 형집행의 근거가 된 수형자명부에 터잡아 자신들은 무고하다고 주장하며 재심을 청구하였고, 제주지방법원은 검사가 공소사실을 특정하지 못하였고 당시 국방경비법상 예심을 거치지 않는 등 검사의 공소제기가 적법하지 않았다는 이유로 이들의 재심을 받아들여 공소기각 판결을 하였다(제주지방법원 2019. 1. 17. 선고 2017재고합4 판결). 이어 이들이 법원의 그 공소기각 판결을 이유로 하여 위와 같이 각 수감한 기간에 대하여 한 형사보상청구를 위 제주지방법원이 인용한 것이다[제주지방법원 2019. 8. 21. 2019코8 결정 등(2019코9 내지 2019코25)].

제주4·3사건은 남로당 제주도당이 주도하여 1948년 5월 10일 실시될 예정인 제헌국회의원선거 및 남한단독정부수립을 방해하기 위해 일으켰던 반란사건으로, 당시 이들 남로당 세력들에 의해 수많은 제주도 양민들이 학살당하고 이를 진압하기 위해 투입된 군·경이 목숨을 희생하는 등 많은 피해를 입힌 역사적 사건이었다.

당시 이와 같은 심각한 범죄행위에 가담하였던 무장유격대 등의 주동자들은 1948년 11월 17일 계엄령이 선포된 이후 1957년 최종 진압될 때까지 적법절차에 따른 군사재판에 의해 엄중히 형사처벌을 받았으나, 아쉽게도 1950년 6·25 전쟁을 거치면서 이들 주동자들에 대한 군사재판 기록들이 대부분 소실되었다.

헌법재판소는 비록 제주 4·3사건 특별법에 따라 희생자를 선정하여 명예회복조치를 하더라도, 남로당 제주도당이 주도하여 대한민국의 건국에 필수적 절차였던 5·10제헌의회선거와 남한의 단독정부수립을 저지하고, 자유민주적 기본질서를 부정하며, 인민민주주의를 지향하는 북한 공산정권을 지지하면서 미군정기간 공권력의 집행기관인 경찰과 그 가족, 제헌의회 의원선거 관련인사·선거종사자 또는 자신과 반대되는 정치적 이념을 전파하는 자와 그 가족들을 가해하기 위하여 무장세력을 조직하고 동원하여 공격한 행위는 우리 헌법의 자유민주적 기본질서에 위배되고 대한민국의 정체성을 훼손하는 것이므로 이 행위까지 포용할 수 없다고 결정한 바 있다.

위 18인의 수형자 사건은 형사소송법 제420조 및 제421조의 재심사유가 없음에도 제주지방법원이 재심개시결정을 한 것에 대해 법무부는 즉시항고를 통해 다툴 수 있었음에도 아무런 조치를 취하지 아니하였고, 이러한 재심판결에 근거하여 후속으로 이뤄진 총액 약 53억 4천만원이라는 거액의 보상결정이 내려진 것에 대하여, 이들 18인의 사안은 (1) '무죄재판을 받을 만한 현저한 사유'가 없는 공소기각의 판결만으로는 형사보상의 대상이 아니라는 점과 (2) 위 제주지방법원이 형사보상법 문언과 그 법리에 반하여 과도한 일급(日給)을 적용함으로써 국고에 거액의 손실을 주는 형사보상결정을 내린 점과 관련하여, 피고발인들은 즉시항고와 같은 방법으로 이의제기를 하여야 함에도 불구하고, 아무런 조치를 취하지 아니하여 각 직무유기를 저질렀다.

형사재판에 따른 구금에 대한 형사보상은 '무죄판결'이 내려진 것을 전제로 할 경우에만 가능하도록 되어 있다(형사보상법 제2조, 제26조). 그런데 위 제주지방법원 재심의 공소기각 판결은 6·25로 군사재판기록이 소실된 상태에서 현재로서 확인할 수 없는 공소의 절차상 이유로 한 것이지, 증거에 의하여 죄 없음이 실체적으로 밝혀진 무죄판결을 한 것이 아니다. 위 18인의 수형자들이 구금된 당시 구 형사보상법에 의하면 공소기각 판결은 아예 형사보상의 대상도 아니었다.

자유민주적 기본질서에 위배되고 대한민국의 정체성을 훼손하는 국사범에 가담한 자로 인정된 이들에게 명확한 증거에 의한 범죄 실체에 대한 판단 없이 한 재심판결을 근거로 국민의 세금으로 위와 같은 거액의 형사보상금을 안겨주는 결정을 내렸는데도, 이에 대하여 공익의 대표자로서 법원에 대한 법령의 정당한 적용을 청구할 직무(검찰청법 제4조 제1항 3호), 검찰사무에 대한 감독직무(같은 법 제8조)를 지는 검찰담당자와 법무부장관은 그 직무를 저버리고 위 재심의 공소기각판결에 대한 항소제기는 물론 위 법원의 형사보상결정에 대한 즉시항고(형사소송법 제14조 제20조)의 방법으로 즉시 다투지 아니한 직무유기의 혐의가 있다.

이에 제주4·3사건의 실체적 진실을 바로 세우고, 위법한 판결을 시정조치할 근거를 제공하며, 또 다시 국민들의 혈세로 4·3수형자들에게 거액의 형사보상금을 지급하는 위법한 사법절차가 재발되는 것을 방지하기 위해서 당시 박상기 전 법무부장관, 검찰관계자 등을 직무유기죄로 고발하는 바이다.

2021년 1월 12일

제주4·3사건재정립시민연대

4·3사건 가짜 희생자에게 국고 지원하려는 제주도청은 각성하라!

제주4·3의 진실을 왜곡하고 수많은 가짜 희생자가 존재한다는 사실을 외면하는 원희룡 제주도 지사와 관계 공무원은 국민의 봉사자로서 자격이 전혀 없다. 조선민주주의인민공화국을 이롭게 하는 반역의 일환이 아니고 무엇이란 말인가?

제주4·3사건은 남로당제주도위원회 인민유격대가 대한민국 건국을 방해하기 위해 제주도 12개 경찰지서를 습격하여 경찰과 공무원, 일반인 등을 무자비하게 학살하면서 시작된 공산폭동 반란이었다. 이후 남로당 제주도위원회는 제주도민을 선동하여 대한민국 건국을 위한 총선거에는 불참하고 조선민주주의인민공화국 수립선거에 52,350명이나 참여하게 하였다. 나아가 대한민국에는 선전포고를 하고 김일성 정권 선거에 반대하는 사람들을 학살, 방화, 약탈을 자행하며 인공기 게양, 적기가를 부르며, 김일성 장군 만세! 조선민주주의인민공화국 만세!를 외치며 9년간이나 대한민국에 항적하였다. 이와 같은 남로당과 그 추종세력들의 만행은 자유민주적 기본질서를 공고히 하려는 헌법질서에 어긋나기 때문에 무고하게 희생된 희생자 반열에 설 수가 없는 것이며, 민중항쟁으로 미화되어서는 안 된다. 대한민국에 항적한 남로당과 그 추종세력을 토벌한 국군과 경찰의 행위는 정당행위였지 절대 국가폭력이 될 수 없다.

어찌 된 일인지 대한민국 대통령, 정부, 국회 그리고 사법부까지 조직적으로 제주4·3의 진실을 은폐하고 있다. 좌편향 허위 보고서인 제주4·3사건진상조사보고서를 진리로 받아들이라고 국민을 겁박하고, 진실을 말하려고 하는 국민들의 입에 재갈을 물리고 있다. 이와 같은 대한민국 법치 파괴 경향에 제주도는 책임을 면할 길이 없다. 4·3의 역사적 사실을 겪고 누구보다 진실을 잘 알고 있을 제주도가 침묵하고 방관하였기 때문이다. 이같은 현실에 주권자 국민은 분노하며 비겁한 우파와 교활한 좌파를 강력하게 규탄한다.

원희룡 제주도지사와 관계 공무원들에게 경고한다.

공무원의 성실의무는 공무원에게 부과된 가장 기본적인 중요한 의무로서 최대한으로 공공의 이익을 도모하고 그 불이익을 방지하기 위하여 전 인격과 양심을 바쳐서 성실히 직무를 수행하여야 하는 것을 그 내용으로 한다.

그런데 제주도지사와 관계 공무원은 대한민국의 공직자 입장에서 위선과 거짓으로 점철된 4·3 역사왜곡을 바로잡기 위해 지도해야 할 직무를 유기하고 불의에 동조하는 과오를 범했다. 게다가 제주도 남로당원과 그 추종세력의 특정 이익을 대변함으로써 국민 전체에 대한 봉사자로서의 의무를 저버렸다. 당신들이 범한 역사왜곡의 경중에 따라 대한민국의 정체성을 파괴한 과오로 처벌될 수 있음은 물론이고 역사는 관련자들의 무책임과 위법을 간과하지 않고 반역자 명단에 올려 부끄러움을 당하게 할 수 있음을 경고한다. 앞으로 왜곡된 4·3역사와 도정을 시정하는 노력을 보이지 않는다면 관계자에 대하여는 형사고발조치 당할 수 있음을 또한 경고한다.

제주도지사와 관계 공무원들은 다음 사항을 이행함으로써 국민 앞에 사죄할 것을 강력하게 촉구한다.

첫째, 대한민국 정체성을 부정하고 진실을 교묘하게 왜곡하는 사악한 행위를 철저하게 규명하여 단속하라!

평화공원 등 제주도내 국가정체성을 훼손하는 전시물 등을 즉각 철거하고 각종 언론 매체 등에 역사왜곡하는 행위들을 중단하라! 국가정체성 회복과 4·3의 진실을 알리는 정의로운 일에 앞장서라! 4·3의 진실규명을 위해 활동하는 애국 시민단체를 지원하라!

둘째, 행정력을 동원하여 가짜 희생자를 발본색원하는 노력을 즉각 추진하라!

거짓 희생자에게 지급되는 국고낭비는 국민의 재산권 침해이다. 가짜 희생자 발굴이 애국시민단체와 시민이 할 일인가? 시민단체가 1,300명, 시민들이 2,000여 명이나 되는 가짜 희생자 명단을 찾아내었다. 앞으로 두고 두고 가짜 희생자를 국민에게 공개함으로써 국가 공권력의 직무유기와 직권남용을 고발할 예정이다. 이제라도 공권력이 가짜 희생자 진상규명에 나선다면 가짜 희생자는 수없이 많이 발굴해 낼 수 있고 가짜 희생자가 발호하지도 못할 것이다. 희생자 부풀리기에 연루된 부패한 공직자들은 엄벌에 처해져야 한다.

셋째, 확인된 가짜 희생자에 대해서는 즉각 행정조치하라!

보증인이 없는 희생자를 파악하여 희생자 명단에서 제외하고, 가짜 희생자의 위패는 즉각 제거하라! 각종 명분으로 지급된 지원금 등은 전액 환수조치하라!

넷째, 가짜 희생자들이 헛된 욕망을 포기하도록 계도하라!

금전에 눈이 어두워 조작과 거짓으로 희생자를 양산하는 행위를 중단시켜라! 진정한 희생자의 기준을 제시하라! 보상이 전제되지 않는 정치적 명예회복의 대상은 남로당의 반역행위에 적극 가담하지 않은 자면 되겠지만 법적 의미에서 보상을 전제로 한 진정한 희생자는 수형자와 같이 귀책사유가 있는 자가 아니며 남로당의 반역행위에 부역하지 않은 무고한 희생자를 말한다.

다섯째, 명백하게 무고한 희생자라는 증명이 없는 한 희생자가 될 수 없다.

4·3사건으로 인하여 사망하였거나 행방불명되었다는 이유만 가지고는 희생자가 될 수는 없다. 대한민국에 항적하는 전투 중에 사망하였으나 시신이 수습되지 않은 자와 북한 등으로 도주한 자 등이 대부분 행방불명이 되었을 가능성이 크다.

여섯째, 국익우선의무를 이행하라!

가해자인 남로당 추종세력을 희생자로 둔갑시켜 대한민국의 정체성을 위태롭게 하는 이유는 도대체 무엇인가? 거짓을 덮고 선거에서 표를 얻기 위함이라면 국민 앞에 무슨 낯짝이 있겠는가? 희생자에 대한 추념만이 있고 공산폭동 반란에 대한 반성과 사죄는 왜 없는가? 이런 물음에 제주도지사 원희룡은 답해야 할 것이다. 원희룡은 이 점을 깊이 성찰하고 공직자로서 국가수호의무를 철저히 수행하여 그간의 과오를 씻기를 강력하게 촉구한다.

제주도 남로당 후예들에게 경고한다.

당신들에게 필요한 것은 반성이고 비양심적 물타기 공작으로 얻는 부상금이 아니다. 진실을 제대로 알지 못하는 국민들이 화해와 상생이란 듣기 좋은 말에 현혹되어 4·3특별법이 통과되고 제주지방법원에서 위법재판이 판을 쳐도 무엇이 문제인지 인지하지 못하고 있는 것이 현실이지만, 조만간 국민이 진실을 알게 될 것이고 그 때는 조작과 거짓에 대해 분노와 반발이 있게 될 것임을 명심하라! 당신들이 부정하게 거두어 들이는 국고는 반드시 환수하게 될 것이며, 그 날이 임하기 전에 스스로 겸비하고 진실하여져서 대한민국 국민의 일원으로 거듭나기를 촉구한다.

제주4·3특별법은 남로당에 부역한 반역자들에게 면죄부를 주고 심지어 위자료까지 안겨주려고 하는 남로당 칭송법이 아닐 수 없다. 대한민국을 파괴하려고 하였던 남로당제주도당 세력에게 특별법은 특별재심 등으로 특권과 혜택을 마구잡이로 베푸는 법치파괴이다. 제2의 남로당 4·3공산폭동 반란을 정당화하는 폭거가 아닐 수 없다. 주권자 국민은 각종 악법을 양산하여 불법국가로 전락하고 있는 대한민국을 불의의 세력으로부터 구해 낼 것임을 천명한다.

2021년 3월 29일

제주4·3사건재정립시민연대 / 폭정종식비상시국연대

국민통합연대/4대강보해체저지국민연합/경기도의사회/공정사회국민모임/국민노동조합/국민의자유와인권을위한변호사모임/나라지킴이고교연합/대구자유공정시민회의/대한민국수호예비역장성단/대한민국애국시민연합/미래대안행동/바른사회시민회의/바른인권여성연합/사회정의를바라는전국교수모임(정교모)/새로운한국을위한국민운동/수도이전반대범시민투쟁본부/신문명정책연구원/원자력살리기국민행동/의정감시단/자유민주국민연합/자유민주시민연대/자유시민정치회의/자유언론국민연합/자유연대/프리덤코리아/프리덤칼리지장학회/하늘교회/한반도인권과통일을위한변호사모임/해군사관학교구국동지회/행동하는자유시민

제주4·3사건 생존 수형인 국가 상대 손배청구 소송에서 국가 보조참가

한변은 오늘 31일 오전 10시 50분 제주4·3사건 수형 생존인들이 대한민국을 상대로 제기한 첫 손해배상 청구 소송(제주지법 2019가합14598)에서 피고 대한민국을 위하여 제주4·3사건재정립시민연대 및 사건 당시 남로당 무장세력에 의해 희생된 경찰공무원 등의 유가족들과 함께 보조참가 신청서를 제출했다.

제주4·3사건 수형 생존인들은 6·25 참화로 재판기록이 소실되고 관련자들도 사망한 상태에서 직무상 범죄에 관한 유죄의 확정판결이 없음에도 불구하고 '진상조사위원회 보고서' 및 재심청구인들의 진술만으로 제주지법으로부터 어이없는 재심개시 결정을 받고, 이어 공소기각 판결 등을 받게 되자, 피구금자에게 주는 형사보상 청구를 넘어 국가의 불법행위를 이유로 한 손해배상 청구를 하였다. 한편 2021. 3. 23. '제주4·3사건 진상규명 및 희생자 명예회복에 관한 특별법(제주4·3사건 특별법)' 전부 개정법까지 제정되어 2021. 6. 24. 시행된다.

그러나 제주4·3사건은 대한민국 건국을 위한 5·10 선거를 방해하여 건국을 부정하고, 자유민주적 기본질서를 파괴하려는 공산(남로당)무장세력이 일으킨 반란이었고, 이러한 반란행위에 주도적으로 가담한 자들은 헌법재판소도 2001년 밝힌 바와 같이 헌법질서를 파괴하려던 자들이므로 그들을 희생자로 보는 것은 위헌이고 위법하다.

만약 이번 손해배상청구소송에서 국가가 패소할 경우 대한민국 건국의 정통성과 자유민주주의 정체성은 파괴되고, 천문학적 규모의 국민 혈세가 남로당(공산당) 폭동자들에게 지급되며, 대한민국을 지키다가 희생되어 호국보훈의 대상이 된 경찰 유가족 등이 거꾸로 감내할 수 없는 정신적 물질적 손해를 입을 우려가 크다.

이에 한변과 제주4·3사건재정립시민연대 및 경찰 등 유가족들은 이와 같은 위헌·위법적인 결과 발생을 방지하기 위해 이번 보조참가신청을 하기에 이르렀다.

2021. 5. 31.

한반도 인권과 통일을 위한 변호사모임(한변)

회장 김태훈

제주지방법원의 4·3수형인
일률적 배상판결은 정의파괴다!

　제주지방법원이 2021년 10월 7일 제주4·3수형인과 유족들의 국가배상청구소송에서 일률적으로 손해배상 기준을 적용한 판결은 대한민국 정체성을 부정하고 국민의 기본권을 침해하는 위법한 재판이었다.

　4·3수형인들은 공산주의 이념에 빠져 북조선인민공화국 건설을 위해 대한민국에 항적함으로써 국가를 위태롭게 했던 범죄행위로 실형을 살았던 자들이다. 이들은 자신들의 범죄로 형집행을 당하였지 국가가 이들에 대해 불법행위를 한 것이 결코 아니다. 재판부는 개별적 피해 사실에 대해 별도로 판단하지 않고 희생자 본인 1억원, 배우자 5,000만원, 자녀 1,000만원으로 일률적으로 배상금을 정함으로써 국민혈세로 위법하게 불법행위자 수형인들에게 시혜를 베푼 것이다. 제주지방법원은 다음과 같은 이유로 위법한 재판을 하였다.

　첫째, 제주지방법원은 **위법한 재심개시결정**을 하였다. 절차상의 하자를 문제삼아 재심을 청구받을 때는 확정판결에 준하는 증거가 있어야 함에도 그러한 증거가 없이 재심개시결정을 하였다.

　둘째, 제주4·3수형인들에게 적용될 근거법에 의하면 **공소기각판결은 형사보상의 대상이 아니다.** 형사보상법 시행전에 형사보상 원인이 발생한 경우에는 무죄판결과 면소판결만 형사보상을 인정하는 구법(의용 형보보상법 제1조 의용 형사보상사무취급규정 제1조)에 의하도록 규정(1958년 형사보상법 부칙)하고 있기 때문이다. 따라서 4·3수형인들에 대한 형사보상결정과 이에 따른 배상판결도 모두 위법하다.

셋째, 국가배상청구소송의 소멸시효는 완성되었다. 권리행사에 지장이 없는 자유대한민국에서 70여년 지난 지금에 와서 소장을 접수받은 경우는 법적안정성을 부정하는 것이다.

넷째, 무고한 수형인이 있다면 **개별적 피해사실을 입증하여 배상을 정해야 타당**하며 이러한 절차를 무시하고 **일률적인 배상을 하는 것은 자기책임원칙에 위반**한다. 일률적 배상 기준 적용은 개별적 피해사실에 대한 입증책임 면제로서 위법하다.

다섯째, 제주법원 판결은 헌법재판소 결정에 위반한다. 헌법재판소는 2000헌마238사건에서 자유민주적 기본질서를 위반한 4·3수형인들을 무제한적으로 포용할 수 없는데 이는 대한민국의 정체성에 심각한 훼손을 초래하기 때문이라고 하였다. 따라서 명예회복 대상은 경미한 위법행위자에 관용을 베풀어 허용할 수 있어도 **배상과 보상의 대상이 되려면 무고한 희생자임을 입증해야 하는 엄격한 조건을 갖춰야** 한다.

4·3수형인은 국민 앞에 사죄와 반성을 하였는가? 이들에 의해 피해 입은 양민과 국가가 이들에 대하여 배상을 청구하였는가? 어떻게 된 일인지 범죄행위를 하였던 자들이 70여 년이 지난 오늘에 와서 형사절차상에 하자가 있었다는 일방적인 주장으로 공소기각판결과 형사보상결정을 받아내고 국가배상청구까지 하는 도저히 상식이 있는 국민으로서는 받아들일 수 없는 일이 법치국가에서 벌어지고 있다.

제주법원의 위법재판에 대하여

법무부는 즉각 불복하여 국민의 주권, 행복추구권, 평등권, 재산권 등이 침해되는 일이 없도록 하라!

우리 국민은 제주법원이 국민의 거듭된 경고를 무시하고 4·3수형인들의 집요한 요구에 이끌려 불법재판을 자행한 반법치행위에 대하여 재판관계자들을 직권남용으로 형사고발하는 등 반드시 책임을 물을 것이다.

사법부는 정치 권력의 시녀에서 벗어나 이 나라에 정의를 회복할 것을 강력하게 촉구한다!

2021년 10월 15일

비상시국국민회의 / 제주4·3사건재정립시민연대

4·3공산폭동을 항쟁으로 왜곡하여
대한민국 정체성 파괴하는 반역행위 규탄한다!

새로 출범하는 윤석열 정부에게 다음 사항을 강력히 촉구한다.

첫째, 정부는 4·3관련 정책을 전면 수정하고 역사의 진실과 정의를 회복하라!

둘째, 4·3특별법과 역사교과서에 4·3의 원인과 성격, 본질을 올바르게 반영하라!

셋째, 헌법재판소는 대한민국 역사상 최고의 반역적 악법인 4·3특별법 전체를 위헌 결정하라!

넷째, 4·3공산폭동·반란에 가담했던 수형자, 교전 중에 사살된 자, 월북자, 도주자 등에 대한 보상금 지급을 반대한다!

다섯째, 제주법원은 재심재판, 형사보상, 국가배상 소송에서 위법재판을 즉각 중단하라!

여섯째, 문재인 대통령은 4·3추념사에 반역적 망언을 중단하고 각성하라!

일곱째, 정부는 4·3관련하여 위법행위한자 전원을 엄중하게 처벌하라!

여덟째, 평화공원, 제주 4·3역사 유적지를 대한민국 정체성에 부합하도록 조성하라!

아홉째, 4·3관련 좌편향 위원 등을 전원 교체하라!

열 번째, 헌재에 접수된 남로당 입장의 행정안전부 장관의 의견서를 철회하고 대한민국 입장의 의견서를 다시 제출하라!

  방어적민주주의를 채택하고 있는 우리 헌법 하에서는 자유의 적에게는 관용을 베풀어서는 안 된다. 자유민주주의를 공격하는데 책임이 있는 희생자는 보상의 대상이 될 수 없다. 보상을 받기 위해 역사를 왜곡하고 있는 인사와 단체들에 대하여 경고한다. 과거 대한민국을 적대하였던 잘못된 행동에 대하여 깊이 반성하고 대한민국 편으로 돌아올 것을 촉구한다.

  윤석열 정부, 4·3관련 국가기관, 각 정당은 공직자로서 사명을 충실하게 수행하여 줄 것을 당부하며, 만약 위헌적인 4·3특별법, 위법한 4·3재심재판 등을 바로잡지 않고 대한민국 정체성을 허무는 일에 또 다시 동조하여 국민을 좌절시킨다면, 우리 국민은 반드시 4·3역사왜곡의 책임을 물을 것임을 엄중히 경고한다.

2022년 4월 2일

제주4·3사건 재정립 범국민대회

4·3 역사왜곡에 책임있는 정치인들은 각성하라 !

남로당의 공산폭동 반란의 역사를 민중항쟁으로 받아들이라는 겁박 앞에 대한민국의 양심은 분노하고 있다. 4·3은 그 원인과 성격이 이미 명백하게 밝혀진 사건이다. 헌법재판소는 2001년 4·3사건은 공산폭동 내란이었다는 결정을 한 바가 있다(2000헌마238). 국회와 정부는 4·3의 원인과 성격을 명백히 밝혀낸 헌법재판소의 결정 취지를 제주4·3사건진상조사및희생자명예회복에관한특별법(이하 4·3특별법) 개정시와 제주4·3사건진상조사보고서 발간시에 전혀 반영하지 않았다.

국민을 더욱 분노하게 하는 것은 제주4·3사건진상조사및희생자명예회복위원회(이하 4·3위원회)가 4·3의 진실에 대하여 그동안 국민을 속여왔다는 사실이다. 4·3위원회는 4·3이 남북 공산주의자들이 대한민국 건국을 막고 공산국가를 건설하기 위한 반란이었다는 사실을 은폐하려고 그 증거가 되는 제주4·3사건자료집 12권(북한·러시아·무장대 자료편)을 지금까지 은닉하여 왔다. 이 자료집 12권으로 태영호 의원의 4·3사건 김일성 지령설은 입증이 가능하며, 4·3사건은 김일성, 남로당이 합세하여 일으킨 공동불법행위였음을 분명하게 확인할 수 있다.

주권자는 국민의 알권리를 침해하고 국가와 국민을 기만한 4·3위원회, 정부, 여야 정치인들의 반국가적 행위를 강력하게 규탄한다!

정부와 여야는 제주4·3사건자료집 12권을 즉시 국민 앞에 공개하여 공산폭동 반란이 민중항쟁으로 왜곡되어 있는 거짓을 시정할 것을 강력하게 촉구한다!

우리의 요구를 무시하고 대한민국의 정체성을 허물기 위해 거짓선동과 전체주의 독재적 행태를 지속한다면 국민의 강력한 저항이 있을 것임을 경고한다!

우리와 뜻을 함께하는 대한민국을 사랑하는 절대다수 주권자 국민은 민족과 민중을 앞세워 자유민주적 기본질서를 무시하여도 좋다는 결단을 한 바가 없다. 헌법재판소는 헌법과 법조적 양심에 기초하여 국가 정체성과 계속성 그리고 헌법원리와 국민의 각종 기본권을 침해하고 있는 4·3 특별법을 위헌 결정하여 역사왜곡 세력에 영합한 모든 국가기관의 헌법 파괴 행위를 중단시키고 국가와 국민의 기본권을 보호하여 줄 것을 엄중하게 명령한다!

2023년 4월 21일

제주4·3사건재정립시민연대

성명서 7 여순사건 제74주기 정부합동추모식 규탄

여순사건 미화하지 말라!

여순사건 74주기 정부추념식[83] 행사를 지켜본 주권자 국민은 분노가 치밀고 절망감을 느낍니다. 행사에서 마땅히 알려야 할 역사적 진실은 사라지고 정의를 외면하는 수사들만 난무한 정부합동추모식을 강력하게 규탄합니다. 여순사건이 어떤 사건이었는지를 상기하고 이 사건을 다룬 여순사건법과 정부추념식의 문제점이 무엇인지 지적하니 이후로 대한민국의 정체성을 훼손하는 반역행위에 부지불식간에 가담하는 일이 없도록 경고합니다.

여순사건은 1948년 10월 19일 여수 14연대가 조선민주주의인민공화국을 지지하여 일으킨 반란사건입니다. 따라서 여순사건이라는 표현보다 '여수14연대반란사건'이 정확한 표현입니다.

1948년 10월 11일 제주도 4·3폭동과 반란이 악화되자 육군본부는 여수 14연대장에게 제주도 4·3폭동과 반란을 진압하라고 명령을 내렸습니다. 이 소식이 남로당에 누설되어 남로당은 군사반란을 일으킬 것을 결정하였고, 14연대 내 남로당 프락치들은 10월 19일 출동명령을 거부하면

---

83 연합뉴스TV, 여수·순천 10·19사건 74주기 합동 추념식, 2022. 10. 19. https://youtu.be/1zyjfa6OP9U

서 남로당계 지창수 상사, 김지회 중위(김일성 직파간첩) 등 좌익 40여 명이 주동하여 제주도 출발을 위해 연병장에 모인 비무장 병력을 장악하였습니다. 이어서 좌익은 반란에 반대하는 14연대 장교 20명과 사병 43명을 죽이고 반란을 일으켜 14연대 군인 2,300여 명을 완전히 반란연대로 만들었습니다. 여수순천을 장악한 남로당 반란군과 여수 조선공산당 600여 명이 무장을 해서 국군이나 우익인사들을 여수에서 1,200여 명, 순천에서 1,100여 명이나 무자비하게 학살하였습니다. 그들은 조선민주주의인민공화국 만세!를 외치고 태극기를 내리고 거리 곳곳마다 인공기(북한기)를 게양해놓고 대한민국을 전복하려고 하였습니다. 여수에서 순천 지역으로 확대된 반란사건은 10월 27일 진압되었습니다.

여수14연대반란사건은 2년 후 1950년 6·25전쟁이 있기 전 국군내 공산좌익을 소탕하는 숙군의 계기가 되었습니다. 제주도에서는 여수14연대반란사건으로 고무된 남로당 제주도당이 10월 24일 소련식혁명투쟁위원회로 개편하면서 대한민국에 선전포고를 하였습니다.

대한민국 국군은 무장반란세력 2,300여 명 및 조선공산당 소속 600여 명과 교전하였고 이들을 색출하는 과정에서 불순분자를 사살했는데, 국군에 의해 사살당한 자는 600여 명이었습니다. 이 사람들을 명예회복하려는 것이 바로 여순사건법[84]입니다.

반란세력의 명예를 회복시키려는 의도를 가진 이 특별법은 적반하장의 악법입니다. 또한 여순반란사건을 추념하겠다는 정부의 방침은 역사의 진실을 외면하는 반역에 해당합니다. 정상적인 국가라면 좌익 반란세력에 대해서는 배상책임을 묻고 그들에 의해 학살당한 수많은 군·경과 우익 국민에 대해서 명예회복을 해주는 법을 제정하고 철저한 진상규명을 통하여 무고한 희생자에 대해서만 추념을 검토해야 할 것입니다.

여순사건법과 정부합동추념식은 다음과 같은 문제점이 있습니다.

첫째, 사건의 정의가 잘못되었습니다. 남로당(공산당)이 일으킨 '여수14연대반란사건'이었음이

---

84 여수·순천10·19사건 진상규명 및 희생자 명예회복에 관한 특별법 (약칭: 여순사건법) 제정 2021. 7. 20. 시행 2022. 1. 21.

명백함에도 제주4·3사건 진압명령을 거부하고, 혼란과 무력충돌이 발생하였다는 식으로 정의함으로써 피아구분이 없는 중립적 개념의 사건으로 호도하고 있습니다. 이념집단인 북한은 남한의 이념을 해체시키려는 공작을 벌이고 있는데 정부는 스스로 여순사건을 이념의 혼란으로 규정함으로써 국민이 이념의 무장해제를 당하게 하고 있으며 정부의 이러한 태도는 여적행위와 다를바 없습니다.

둘째, 사건의 성격이 잘못되었습니다. 제주4·3사건과 더불어 여순사건은 공산폭동 반란 성격의 사건임이 명명백백한 사실입니다. 한덕수 국무총리와 이상민 행정안전부 장관은 추념사에서 반드시 언급해야 할 사실들을 말하지 않았습니다. 북한은 4·3사건이나 여순반란사건을 항쟁, 봉기, 통일운동과 같은 성격으로 규정하고 있으며 좌편향 세력도 북한의 주장과 맥을 같이하고 있습니다. 정부가 항쟁과 봉기와 같은 왜곡된 주장에 침묵하면 직무유기가 된다는 사실을 명심해야 합니다.

셋째, 여순사건법에는 희생자 심사기준이 없습니다. 희생자의 범위를 정함에 있어, 반란에 가담했던 가해자는 제외한다는 기준을 제시하지 않고, 단순 행정기관에 불과한 위원회에 희생자 선정을 포괄적으로 위임하고 있습니다. 권력으로부터 독립성이 보장되지 않은 위원회는 제주4·3사건 특별법의 사례처럼 가해자를 마치 희생자 인양 둔갑시켜 그 범위를 대폭 확대할 우려가 있습니다.

넷째, 추념식에서 반란세력과 부역세력을 정당하게 진압한 군·경에 대해서 국가폭력으로 일반화시켰습니다. 이는 자유대한민국을 수호하려고 생명을 바치신 군·경에 대한 모독이고 주권자 국민의 뜻에 반하는 행위입니다. 공산반란세력에 의해 무고한 양민과 군·경이 학살되었는데 이에 대한 언급은 전혀 없고, 오히려 공산반란세력을 진압한 군·경을 가해자인 것처럼 일반화시켜 매도하는 반역을 자행하였습니다.

다섯째, 반란자들에 대한 배상책임 문제를 다루지 않았습니다. 불법행위를 행한 반란자들에 대하여는 손해배상책임을 물어야 하는데 제주4·3사건의 경우처럼 오히려 가해자가 희생자로 둔갑할 여지가 커지고 있습니다.

여섯째, 바람직한 추념식은 여순반란사건의 역사적 의의를 되새기는 것입니다. 정부가 추념식에서 가장 우선시 해야할 일은 공산주의의 만행과 그 도전을 막아낸 전몰군·경을 추념하는 것입니다. 책임있는 정부인사들이 가해자가 누구이고 피해자가 누구인지에 대한 역사적 진실을 분명하게 밝혀 반공교육의 기회로 삼아야 합니다. 가해자와 무고한 희생자가 구분되지 않는 추념식이라면 폐지해야 합니다.

여순사건법과 정부의 방침은 여순사건에 대한 정의와 성격이 왜곡되었고, 희생자 범위 역시 불명확하며, 반란자들에 대한 배상책임 문제도 규율하지 않고 있어서 반란자를 보상하거나 추념하게 될 소지가 다분하므로 대한민국 정체성을 훼손하는 반헌법적이 아닐 수 없습니다. 우리 국민은 이러한 악법과 정부방침에 강력히 반대하고 규탄합니다. 이러한 역사왜곡에 동조하는 반역행위에 관련된 자들은 반드시 처단될 것임을 경고합니다.

2022. 10. 19.

제주4·3사건재정립시민연대 / 비상시국국민회의

제11연대장 故 박진경 대령에 대한 음해 시도를 규탄한다!

　제11연대 故 박진경 대령 유족회, 제주4·3진실규명을위한도민연대, 제주4·3정립연구유족회, 제주4·3사건경찰유가족회, 제주교육학부모연대, 제주4·3사건재정립시민연대는 2023년 4월 20일 제주도의회가 박진경 대령을 음해하는 안내판을 추도비 주변에 설치하여 달라는 좌파들의 청원을 의결, 오영훈 제주지사에게 의견서를 첨부해 보낸 사실과 관련하여 다음과 같은 성명서를 발표합니다.

　제주4·3사건은 소련과 북한의 한반도 공산화전략과 연계되어 5·10총선거를 방해하기 위해 1948년 4월 3일 남로당(공산당)이 일으킨 공산폭동으로서 1957년 4월 2일 완전히 진압될 때까지 9년간 대한민국에 항적한 반란입니다. 1948년 4월 3일 남로당 제주도당이 제주도 내 경찰지서 12곳을 습격하여 무기를 탈취하고 살인, 방화, 테러, 약탈, 인공기 게양, 김일성 만세!를 부르는 등 9년간 온갖 만행을 자행하였던 사건이었습니다. 따라서 4·3은 공산폭동 반란이었지 민중항쟁이 아니었으며 4·3의 진압은 정당행위였습니다.

　고 박진경 대령은 우리나라 광복과 더불어 국군 창설의 주역으로 일익을 담당하여 헌신하셨고, 남로당 세력이 타지방보다 드셌던 제주도가 공산화되는 것을 막기위해 공비소탕에 불철주야 수도

위민의 충정으로 선두에서 지휘하셨습니다. 박진경 대령은 재임 43일간 제주도민의 민심을 얻고 4·3을 슬기롭게 진압하기 위하여 선 선무공작, 후 진압작전을 전개하였습니다. 남로당은 박진경 대령이 유능한 지휘관임을 미리 알고 있었기에 그의 활약으로 공산폭동 반란이 진압될 것을 두려워한 나머지 1948년 6월 18일 그를 암살했습니다.

박진경 대령은 공비토벌과정에서 적을 일부 사살하고 제주도민을 공산주의자들로부터 보호한 사실은 있어도 주민을 집단학살하거나 희생시킨 사실이 없습니다. 실질적으로 박진경 대령 복무기간에는 선무공작(인민유격대와 주민의 분리)을 우선하였기에 오히려 사망자가 적었습니다. 박진경 대령은 재임기간 4건의 경비대 단독 토벌작전 중 총 14명의 게릴라 사살, 6월 3일 경찰과 경비대 합동 토벌작전으로 11명의 게릴라 사살 등의 토벌 전과가 있을 뿐이며, 반면 남로당 인민유격대는 박진경 대령 제주도 재임기간에만 무고한 주민과 우익 인사 등 총 70명을 학살했습니다.[85] 이런 객관적 사실을 종합해보면, 박진경 대령은 정상적인 토벌작전(대 유격작전)을 효율적이고 성공적으로 실시했다고 평가할 수 있습니다.

1948년 5·10 총선거일에 4·3주동자 김달삼과 오일균 등 군대 내 남로당 프락치들이 비밀 회합하여 정보교환, 무기공급, 토벌작전 사보타주, 탈영병 적극 추진, 특히 '반동의 거두 박진경 연대장'을 암살하기로 합의하였습니다. 공산당 입장에서 박진경 대령은 반동의 거두였다는 뜻이고 이것은 박진경 대령 부임 4일 만에 암살계획을 결정한 것입니다. 박진경 대령은 6월 18일 새벽 문상길 중위의 지시를 받은 손선호 하사 등 일당 8명에 의해 암살당했습니다. 유능한 젊은 장교로 유명을 달리한 박진경 대령은 당시 만 29세였습니다. 박진경 대령의 암살 사건을 주도한 문상길 중위 등은 남로당 세포였고, 문상길 중위와 손선호 하사는 9월 23일 경기도 수색의 한 기슭에서 총살형이 집행됐습니다.

제주4·3사건 당시 제11연대장 박진경 대령이 암살되면서, 암살범 문상길 중위 일당을 체포하는 사건은 숙군의 시초로 볼 수 있습니다. 이어서 여수 14연대 반란 등 계기로 육군본부는 남로당

---

85 濟民日報 4·3 취재반, 『4·3은 말한다』 제3권, 도서출판 전예원, 1995, p419-428

프락치에 대하여 대대적인 숙군을 하게 되며, 이후 군 입대자에 대한 사상검열이 강화되었고, 좌익 혐의자에 대한 검거가 군 전체로 확산되었습니다. 비록 박진경 대령은 젊은 나이에 돌아가셨지만, 숙군의 결과 국군 내의 좌익 세력을 제거할 수 있었으며, 6·25 한국전쟁시기 전쟁 초기의 패배에도 불구하고 군 내부로부터 와해되는 것을 방지할 수 있었습니다. 또한 그의 죽음이 도화선이 되어 남로당 토벌은 적극적으로 전개되었습니다. 1957년 4월 2일 마지막 공비가 검거되면서 마침내 4·3사태는 9년 만에 진압되었습니다. 이것으로 보아 박진경 대령의 죽음은 헛되지 아니함을 볼 수 있습니다. 박진경 대령의 장례는 1948년 6월 18일 국군 최초 육군장으로 엄수되었고, 1950년 6·25 한국전쟁 때 나라에서는 을지무공훈장을 수여했습니다.

그러나 4·3사태가 종결되었다고 방심하고 있는 사이에 제주도에서는 총성 없는 이념전쟁이 계속되고 있었고 4·3 역사가 무참히도 왜곡되고 있습니다. 그 대표적인 사례가 공비를 소탕한 박진경 대령이 불순한 세력의 끊임없는 도발에 의해 양민 학살자로 매도되는 것이라 할 수 있습니다. 심지어 제주도의회까지 박진경 대령을 4·3학살을 주도한 자로 허위사실에 의한 명예훼손을 하는 심각한 사태가 벌어지고 있습니다. 박진경 대령은 작전시 각급 지휘관에게 "100명의 폭도를 놓치는 한이 있어도 한 명의 양민이 희생되어서는 안 된다"는 확고한 지시와 주민들의 민심을 돌리기 위하여 선무공작을 강조하셨습니다. 이것은 채명신 장군 등 당시 부하 군인들이 증언하는 바이기도 합니다. 박진경 대령은 작전 중에 적을 사살한 사실은 있어도 무고한 양민을 학살한 사실이 전혀 없습니다. 따라서 박진경 대령 추모비가 설치되어 있는 장소에 박진경 대령을 음해할 목적으로 안내판을 설치하려는 제주도의회에 대해서는 법적조치가 있을 것임을 경고합니다.

박진경 대령 유족회, 제주4·3사건재정립시민연대 등은 박진경 대령을 음해하는 허위사실 유포, 안내판 설치 등 어떠한 시도에 대하여도 결코 좌시하지 않을 것입니다. 이견을 갖고 있는 단체가 있다면 무엇이 진실과 왜곡인지 토론의 장에서 국민 앞에 소상히 논증할 것을 제안합니다.

제주도민 여러분!

공산화의 위기에서 생명을 바쳐 제주도를 구한 박진경 대령 등 군·경의 숭고한 희생정신을 잊지 말고 기억해야 합니다. 4·3 역사를 왜곡하는 자들은 박진경 대령을 비롯한 애국선열들의 명예를 훼손하는 행위를 중단하십시오. 4·3 초창기에 남로당에 부역했던 많은 도민들이 정부의 선무활동과 계몽 그리고 구호 활동에 힘입어 공산당에 속았음을 뒤늦게 깨닫고 정부에 협조하였던 역사를 잊지 맙시다. 과거의 잘못을 깨닫지 못하고 억울하다고만 생각하는 사람들은 아직 시간이 있을 때 대한민국 품으로 돌이키기를 바랍니다. 4·3같은 비극적인 사태가 두 번 다시 이 땅에서 발생하지 않도록 철저한 안보태세를 확립합시다.

2023년 5월 9일

제11연대 故 박진경 대령 유족회, 제주4·3진실규명을위한도민연대,
제주4·3정립연구유족회, 제주4·3사건경찰유가족회, 제주교육학부모연대,
제주4·3사건재정립시민연대

4·3수형인 무죄 만드는데 앞장 선
한동훈을 규탄한다!

국회는 2023년 7월 27일 본회의에서 1,800여 명의 4·3 일반재판 수형인을 위해 법무부가 직권재심을 청구하도록 4·3특별법 일부개정안을 의결하였다. 대한민국 국회가 남로당 특혜법을 통과시킨 충격적인 사건이다. 현재까지 4천여 명의 4·3 수형인들 중 재심재판을 받은 1천여 명이 예외없이 무죄가 되었다. 추세로 볼 때 나머지 4·3 수형인들도 무죄가 예상된다. 그렇다면 대한민국 건국을 방해한 4·3공산폭동 반역은 누가 일으켰단 말인가? 북한의 민중항쟁설을 대한민국 국회가 관철시켜 준 희대의 대국민 사기극이자 반역사건이 아닐 수 없다.

국가정체성에 손상을 가져올 수 있는 사안은 정치적 중립의 문제도 아니고, 정치적 타협의 대상도 될 수 없다. 한동훈은 법무부장관으로서 2022년 8월 일반재판 수형인 직권재심 확대를 지시하여, 적법한 재판으로 형을 선고받은 제주4·3수형인들이 재심재판에서 무죄를 받을 수 있도록 개입하였다. 헌법과 법률에 따라 재판을 통해 형을 선고받은 4·3수형인을 무죄로 만드는 한동훈의 행위는 법원의 재판을 법무부장관이 무효화시키는 것과 다를 바 없으며, 헌법수호 사명을 다해야 할 법무부가 삼권분립의 원칙을 침해하는 헌정유린 사태가 아닐 수 없다. 한동훈의 지시는 4·3특별법상 근거도 없이 이뤄진 명백한 직권남용으로, 형사처벌과 탄핵사유에 해당한다. 골수 좌익보다 더 좌익적인 한동훈의 방침에 고무된 더불어민주당은 한동훈의 지시 내용과 같은 취지의 개정안을 4·3특별법에 반영하여 국회 본회의에서 통과시킨 것이다.

윤석열 대통령은 대한민국 건국 이래 최대의 악법인 4·3특별법 개정안에 대해 법률안거부권을 행사해야 한다. 대한민국을 변호하는 지위에 있는 법무부는 군사재판, 일반재판 수형인들의 직권재심 권고안이 접수되면 이제라도 거부 의견을 제시해야 한다. 그렇게 함으로써 지금까지 대한민국 정체성을 파괴한 잘못을 바로 잡을 수 있을 것이다. 만약 남로당 특혜법인 4·3특별법을 아무런 문제의식 없이 집행하는 경우, 올바른 역사의식을 가진 국민들의 반발과 저항을 각오해야 할 것이다.

더불어민주당은 대한민국의 체제를 공격하는 반역 정치를 중단하고, 국민의힘당은 정치적 야합으로 국가정체성을 팔아먹는 반역행위를 중단하라!

2001년 헌법재판소는 이미 4·3을 '공산폭동 내란'으로 결정한 바 있으며, 이와 같은 헌재 결정을 무시하는 국가기관들에 의한 헌법파괴 상황이 더 심각해지기 전, 4·3특별법에 대한 헌재의 위헌결정 선고를 강력하게 촉구한다!

한동훈 법무장관은 차기 대권 등 정치적 야망에 들떠서 이성적 판단력을 상실한 채 국가 정체성 파괴 행위를 자행하는지 심히 우려된다. 4·3특별법 개정안 통과를 지켜보는 애국시민들은 여야 정치권의 반헌법적 작태에 대해 개탄하고 있다. 이에 윤석열 대통령에게 간청하는바, 정치적 야심에 들뜬 나머지 국가정체성을 파괴하려고 철없이 날뛰는 법무부장관 한동훈을 즉각 해임할 것을 요구한다!

2023. 8. 2.

대한민국 정상화를 위한 시민단체 연합

참여단체

국민노조, 국민건설노조, 국민의자유와인권을위한변호사모임, 대한역사문화원, 문화마당청광, 미대사관지킴이시민모임, 박진경대령유족회, 사회디자인연구소, ㈔실향민중앙협의회, 자유연대, 자유민주국민연합, ㈔자유수호국민운동, 자유정의시민연합, 전군구국동지연합회, 제주4·3사건경찰유가족회, 제주4·3사건재정립시민연대, 제주4·3역사왜곡반대학부모도민연대, 제주4·3정립연구유족회, 태극기혁명국민운동본부, 프리덤칼리지장학회, 한국NGO연합 등

대한민국 정체성 부정하는
제주4·3사건특별법은 명백한 위헌이다!

국회가 지난 2월 의결한 제주4·3특별법은 대한민국 근본을 부정하고 국민의 기본권을 침해하는 명백한 위헌규정들로 가득찬 유사이래 최대의 악법입니다.

3월 23일 확정되고 6월 24일 시행되는 4·3특별법 중에서 특별재심과 일괄재심 규정은 군법회의에서 공산폭동과 반란에 가담하여 제헌헌법에 근거한 국방경비법 등 위반으로 유죄판결을 받은 수형인에게 무죄와 형사보상을 가능하게 하고 있습니다.

그러나 이는 다음과 같이 헌법에 중대하게 위배됩니다.

첫째, 공산폭동과 반란에 가담하였던 수형자들을 정당화하는 것은 헌법의 자유민주적 기본질서를 부정하는 것이자 대한민국의 정체성(계속성)을 부정하여 국민주권주의에 위반합니다.

둘째, 2001년 헌법재판소 결정과 정면으로 배치됩니다. 헌법재판소는 재판관 전원일치의 의견으로 제주4·3사건은 대한민국 건국을 반대하고 5·10 총선거를 방해할 목적으로 조선민주주의인민공화국 건설을 지지하는 공산무장세력이 주도한 반란 사건임을 분명히 했습니다. 반란행위에 '적극적으로 가담'한 자들은 '모두' 우리 헌법질서를 파괴하려던 자들이므로 희생자로 볼 수 없다고 하였습니다. 국회는 헌재의 결정 내용을 특별법 개정시 반영하였어야 함에도 오히려 위헌성을 가중하는 개정을 함으로써 헌법질서를 농단하였습니다.

셋째, 대한민국의 건국을 부정한 반역자들을 초법적으로 치하하고 위로한다는 것은 정의관념과 평등의 원칙에 위반되고 국민의 재산권 침해입니다. 특별재심은 일반국민에게는 재심이 허용되지 않는 사안에 대해 4·3수형인들에게만 특별히 재심을 허용하여 보상금까지 주겠다는 취지로서, 이러한 특권과 특혜부여는 명백한 위헌입니다.

넷째, 4·3특별법은 대한민국 정체성 부정을 구조적으로 관철시키기 위해 위헌적인 규정들을 상당수 신설하여 국민주권, 행복추구권, 평등권, 재산권, 언론출판집회결사의 자유, 학문의 자유 등 여러 기본권을 심각하게 침해하고 있습니다.

특별법 통과에 찬성한 국회의원과 이를 공포한 대통령은 국익우선의무와 헌법수호책무를 모두 저버린 위헌위법 행위를 하였으며, 이에 대해 법적인 책임을 당연히 져야합니다. 헌법재판소는 법치수호와 주권자 보호를 위해 신속히 제주4·3특별법 효력정지 및 위헌결정을 함으로써 대한민국 헌법과 정의를 수호하는 본연의 임무를 다하여주기를 강력히 촉구합니다.

2021년 5월 11일

– 참여단체 –

대한민국바로세우기국민운동본부(대국본), 폭정종식비상시국연대(비상시국연대), 일사각오구국목회자연합(구국목회자연합), 한반도인권과통일을위한변호사모임(한변), 헌법을생각하는변호사모임(헌변), 국민의자유와인권을위한변호사모임(국변), 제주4·3사건역사바로세우기대책위원회(4·3대책위), 제주4·3사건재정립시민연대(4·3시민연대)

A Joint Statement on the Unconstitutionality of the Jeju 4·3 Incident Special Act

The amendment to the Jeju 4·3 Incident Special Act* that the National Assembly of the Republic of Korea passed on February 26, 2021 has been unprecedentedly full of unconstitutional provisions. The amendment negates the founding principles of our nation and violates people's fundamental rights.(*the Special Act on Discovering the Truth of the Jeju 4·3 Incident and the Restoration of Honor of Victims legislated in 2000)

The amendment was promulgated on March 23 and will be implemented effective from June 24, provisions on special and collective retrials (the Amendment Articles 14 & 15) allow those prisoners who were convicted by court-martial of violating the National Guards Act based on the First Constitution for their involvement in the communist riots and rebellions to plead not guilty and receive criminal indemnity.

However, the amendment gravely violates the Constitution of the Republic of Korea as follows:

First, justifying the prisoners who participated in the communist riots and rebellions is in violation of popular sovereignty by denying the free and democratic order of Korean Constitution and the legitimacy and continuity of the Republic of Korea.

Second, it breaches the 2001 decision of the Constitutional Court. The Constitutional Court made a unanimous decision that the Jeju 4·3 Incident was a rebellion led by communist insurgents in support of the Democratic People's Republic of Korea in the north with the purpose of preventing the Republic of Korea from being established in the south. The justices all agreed that since 'all' of those who 'proactively participated' in rebellious acts attempted to destroy Korean constitutional order, and that they were not considered as victims of the Jeju 4·3 Incident. Nevertheless, the lawmakers in the National Assembly disregarded its decision and added unconstitutionality to the amendment to the Jeju 4·3 Special Act on the contrary.

Third, acquitting and compensating the traitors who violently opposed the founding of the Republic of Korea violates the notion of justice, the principle of equality, and people's property rights. While it is extremely difficult for ordinary people to be allowed to have retrials, the amendment allows the 4·3 prisoners to receive special retrials and be compensated, but such privileges and preferential treatment are deemed unconstitutional.

Fourth, the amendment newly introduces a number of unconstitutional provisions to deny the national identity and bring about change, which seriously infringes on popular sovereignty, the right to pursue happiness, equality, property rights, the freedom of speech, the press, assembly and association, academic freedom, etc.

The lawmakers who agreed to pass the amendment and President Moon who promulgated it shall be legally responsible for it by failing to give priority to national interests and protect the Constitution.

We strongly urge the Constitutional Court to accomplish its mission for the protection of people's fundamental rights and the rule of law by deciding the Jeju 4·3 Special Act as unconstitutional and suspending its effect immediately without any delay.

May 10, 2021

Organizations include:

DKB / Rebuild Korea / Lawyers for Human Rights and Unification of Korea / Constitutional Law Advocates / Lawyers for People's Freedom and Human Rights / Task Force for Correcting the History of the Jeju 4·3 Incident / Jeju 4·3 Incident Redefining Movement by Citizens

헌법재판소 앞 기자회견 사진

박진경 대령 추모비에 설치한 철창감옥을 철거하다!

2022년 3월 11일자 인터넷신문 '제주의소리' 사회면 뉴스에 "...어승생한울누리공원 인근에 설치된 제주4·3 학살 주범 박진경 추도비에 감옥이 설치됐다. 역사의 감옥에 가둬 무고한 도민들을 학살의 구렁텅이로 밀어넣은 죄를 묻겠다는 제주4·3단체와 시민사회의 움직임이다..." 이와 같은 충격적인 음해성 기사가 실려 국민을 분노하게 만들었다.

제주4·3사건재정립시민연대는 '제주의소리' 신문기사 내용이 사실인지 여부를 확인하기 위하여 故 박진경 대령 추도비 설치장소인 제주시 연동 132-2 공설묘지 현장을 방문한 결과 사실로 확인되었다. 이에 대한 대책으로 박진경대령유족회와 제주4·3사건재정립시민연대 등은 2022년 3월 28일 제주 좌파단체들의 만행을 수사기관에 고소·고발과 함께 제주도 보훈지청에 신고하여 보훈지청에서도 제주 좌파단체들을 형사고발하였다. 현재 제주도 경찰서에서 제주4·3관련 16개 좌파 시민단체들을 수사중이며 자진철거를 거부한 문제의 철창감옥은 2022년 5월 20일 14:00 강제철거되었다.

제주4·3사건재정립시민연대

제주 좌파단체가 설치한 철창감옥

제주 보훈지청에서 철창감옥을 제거하고 있다.

미주 한인대회에서 4·3의 진실 알리다 ![86]

한미동맹 70주년을 맞이하여 2023년 8월 12일부터 25일까지 이승만건국대통령기념사업회 주최로 뉴욕을 시작으로 시애틀, 샌프란시스코, LA 등에서 미주 한인대회가 성황리에 개최되었다. 한미동맹재단USA, AKUS, 이북오도민회, 배재학당동문회, 일천만이산가족위원회, 재미해병대전우회 등 수십여 단체가 미주 한인대회에 참석하고 후원하였다.

이동복 전 국회의원은 '이승만과 한미동맹' 이라는 주제로 이승만 대통령께서 대한민국 독립에 결정적 역할을 하신 점을 강조했고, 이규학 전 기독교대한감리회 감독은 이승만 대통령의 생애를 재조명하였으며, 이승만 전집 발간 추진상황을 전했다. 문무일 이승만건국대통령기념사업회 사무총장은 "이승만이 살면 공산당이 죽고, 공산당이 살면 이승만은 죽는다"는 함축적인 내용의 강연을 하였다. 전민정 제주4·3사건재정립시민연대 대표는 '한반도 이념의 갈등, 제주4·3사건의 진실'이라는 주제의 강연을 통해 좌파에 의한 4·3 역사왜곡의 심각성을 알렸다.

---

86 뉴스라인제주, 전민정 대표 "왜 남로당 공산당이 희생자로 둔갑하고 있나?" 직격탄, 2023. 9. 3.

강연에서 전민정 대표는 좌파들이 제기하는 '4·3은 미국의 책임'이라며 '미국 정부의 사과를 요구'하는 주장에 대해 "미국은 사과할 필요없다! 4·3공산폭동을 진압하여 대한민국 건국을 도왔는데, 75년이 지나 이제 와서 왜 남로당 공산당이 희생자로 둔갑하고 있는지? 왜 미국 정부가 사과를 해야 하는지? 좌파의 불순한 선전선동에 대해 미국이 대한민국 정부에 강력하게 항의해야 한다"고 주장했다. 또한 이승만 대통령을 4·3사건의 책임자 및 학살자로 엮으려는 제주 좌파의 음모를 비판하면서 제주4·3사건진상조사보고서의 심각한 좌편향성, 제주4·3특별법의 위헌성, 제주도의 역사왜곡 실태 등을 집중 제기했다.

고국에서 벌어지는 이승만 건국대통령과 미국을 4·3학살의 책임자로 왜곡하는 거짓 선전선동의 실태를 전해들은 한인 교포들의 반응은 놀라움과 분노였다. 이번 미주대회 참석자들은 한인교포들에게 이승만 대통령 선양과 4·3사건의 진실을 알린 성과를 바탕으로 미주 한인단체들과 연대하여 미국 정부에도 4·3의 진실을 알리는 활동을 전개하기로 모색하였다. 좌파들의 역사왜곡이 전방위적으로 확대되는 추세에 비하면 다소 늦었지만 대한민국 수호세력의 활동이 활성화되는 점에서 다행스럽다. 이승만 대통령 명예회복과 4·3 역사왜곡 시정에 국민들의 관심과 참여가 더욱 필요한 때이다.

제주4·3사건재정립시민연대

2023년 8월 13-24일 뉴욕, 시애틀, 샌프란시스코, 로스엔젤레스 등에서 한인대회가 열렸다. 사진은 뉴욕 한인대회 행사 장면

2023년 8월 13일 (일) 오후 5시 KCS 한인봉사센터
뉴욕 한인대회

2023년 8월 15일 (화) Federal Way Performance Art Center
시애틀 한인대회

2023년 8월 17일 (목) Sonesta Silicon Valley Hotel
샌프란시스코 한인대회

2023년 8월 24일 (목) 옥스퍼드 팔레스호텔
LA 한인대회

후원 및 참여단체

김의환 뉴욕총영사, 김광식 뉴욕한인회장, 이청일 뉴욕박정희 기념사업회회장, 홍종학 박정희시념사업회 이사장, 김영덕 뉴욕대한민국 음악재단 이사장, 김홍석 뉴욕목사회장, 전희수 여성목회자연합회 회장, 전병삼 뉴욕장로성가단 단장, 황규복 뉴욕장로연합회회장, 손성대 대한민국 국가조찬기도회회장, 곽우천 뉴욕 대한 체육회회장, 조원훈 뉴욕상록회회장, 유진희 뉴욕광복회회장, 유규현 배제학당대표, 허태돈 인하대학교 동창회장, 마영애 탈북자선교회 회장, 백돈현 배트남참전유공자연합회장, 이정공 조국사랑연합회회장, 노기송 국제장애인선교회회장, 유정학 뉴욕경제인협회회장, 조동현 뉴욕수산인협회회장, 박광민 뉴욕삭품협회회장, 이상호 뉴욕한인네일협회회장, 이병오 뉴욕기술인협회화장, 김길성 뉴욕뷰티써프라이협회 회장, 이명수 뉴욕청과인협회회장, 헨리강 대뉴욕지구한인보험협회회장, 김순규 뉴욕세탁인협회회장, 박희진 뉴욕경찰협회회장, 김성곤 대뉴욕지구한인상공협회소장, 모니카박 재미부동산협회회장

이승만기념사업회오레곤지회(오정방 회장), 일천만이산가족위원회시애틀지회 (회장 김수영), 배재학당동문회 (오수완 회장), 이북오도민회 (양성우 회장), AKUS시애틀(회장 이영윤), 한미자유수호연합 (오준걸 이사장), 자유포럼, 박홍열 (전)타코마한인회장, 유성화 (전)영사, 오준걸 (전)민주평통회장, 심재환 (전)민주평통시애틀협의회 수석부회장, 김정태 목사, 강기성 목사, 일천만이산가족위원회LA지회 (변무성 회장), 박태호 (전)시애틀한인회장, 신광재 (전)민주평통13기 시애틀지회장, 김성태건축, 아카사카일식당, 에버그린합창단 (김경자 회장)

대한민국 해군발전협회(회장 최호섭), 광복회 미서북부지회(회장 윤행자), EB월남전 참전유공자협회(회장 강완식), SF한미노인회(회장 이경희), 북가주 민족중흥회(회장 김지혜), SV한국교민청(부대표 선우진호), 미서부 재향군인회(회장 남중대)

남가주배재동문회(박경수), 미주박정희대통령기념사업회(이재권), 대한민국국가원로회의미서부지회(김향로), 재미해병대전우회서부연합회(박요한), 만희장학재단(박형만), AKUS 한미연합남가주(김영구), 미주근우회(김복임), 일천만이산가족위원회(조선환), 재향군인회미국서부지부(위재국), 일사회(박철웅), 대한역사지키기운동본부(김순희), 미주3.1여성동지회(캐롤리), 남가주광복회(김준배), 미주한인재단LA(이병만), 민족중흥회(양재윤), 한국참전용사비건립재단(노명수), 월남참전국가유공자회(양근수), 참전유공자회(이재학), 월드쉐어USA(강태광), 양지회(천성남), 남가주시니어기독실업인회(임호), 자유민주통일연합(임태랑), 미주성시화운동본부(김재권), 고엽제전우회(유영), 한미축제대단(배무한), Great Korea LA(마유진), USND미국국가방위군(임기수), 새근성미주연합회(강정완), South Bay KSC(최흠규), 김좌진기념사업회(변홍진), 6·25기념사업회(박홍기), 미주한인군목회(최학량), 한국문화회관(이경은), 육군동지회(최만규), 맥아더장군기념사업회(김회창), 미주애국동지(김현), 한미동맹협의회(김현구), David Cho Inc(조인영), Hapa Foundation(김계환), Lee Transco Inc(이광수), Niko Niko Sushi(최광일), Dong One Inc(정환식), 현대한의원(이정순), LAUREN(임헬레나), Mr. Crown Dental(백문순), Parksville Inc(김쥴리), NAVER(김운영), 아주관광(박평식), 총영사, LA한인회, 평통, KBC-TV(최창준), KUMC-TV(마틴최), GLIN-TV(정진철), 은신그린TV, 위드코리아 USA(김영구), 한국일보, 중앙일보, 조선일보, 코리아타운데일리(스포츠서울), CBS-TV(한기형) 등

[참고문헌]

1. 기관자료

국방부 군사편찬연구소, 제주4·3사건 증언록 I , 2002. 8

국방부, 제주4·3사건진상조사보고서 수정안, 2003

국방부 군사편찬연구소, 6·25전쟁사1 전쟁의 배경과 원인, 2004

국방부 군사편찬연구소, 4·3사건 토벌작전사, 대한상사, 2002

국방부 군사편찬연구소, 군사 자문회의, 2002. 5. 24.

국방부 군사편찬연구소, 4·3특별법 관련 회의보고, 2003. 3. 19.

국회 행정안전위원회 법안심사 제1소위원회, 제주4·3사건진상규명및희생자명예회복에관한특별법 전부
  개정법률안 공청회 자료집, 2020. 11. 12.

대검찰청 수사국, 좌익사건실록 제1권, 광명인쇄공사, 1965

대구형무소 재소자인명부, 1950

법무부 교정국, 절망의 고독, 나래원, 1982

법무부 교정본부, 대한민국 교정사 1권, 2010. 5. 31.

부산형무소 재소자인명부, 1950

부산구치소, 부산구치소 100년사, 2021. 10. 28.

안동교도소, 안동교도소 100년사, 2021. 6.

육군본부, 헌병약사, 1969

전사편찬위원회, 한국전쟁사

제주감찰청, 남로당 인민해방군 계도 및 명단, 1948

제주경찰서, 참고인 진술서, 1992. 4. 6.

濟州道警察局, 『濟州 警察史』, 1990. 10.

제주4·3평화재단, 제주4·3사건추가진상보고서 I , 2019

제주4·3사건 진상규명및희생자명예회복에관한특별법 일부개정법률안, 의안번호 20529

제주4·3사건진상규명및희생자명예회복위원회, 제주4·3사건자료집7 [미국자료편①], 2003

제주4·3사건진상규명및희생자명예회복위원회, 제주4·3사건자료집9 [미국자료편③], 2003

제주4·3사건진상규명및희생자명예회복위원회, 제주4·3사건자료집10, [미국자료편④], 2003

제주4·3사건진상규명및희생자명예회복위원회, 제주4·3사건자료집12 [북한·러시아·무장대자료편]

제주4·3사건진상조사및희생자명예회복위원회, 제주4·3사건진상조사보고서, 2003

제주4·3사건진상규명및희생자명예회복위원회, 제주4·3사건진상조사보고서 수정의견 검토자료, 2003. 9.

제주4·3사건처리지원단, 제주4·3희생자심사소위원회 제주4·3현장 방문 및 제9차회의 운영계획, 2002. 5. 31.

제주4·3진상조사보고서작성기획단, 기획단 제12차(3차토의) 회의록, 2003. 2. 25.

제주4·3평화재단, 제주4·3사건추가진상조사보고서 I, 2019

제주4·3평화재단, 제주4·3사건추가진상조사자료집 [미국자료1], 2020

제주4·3희생자심사소위원회, 1차~25차 회의 결과보고 등, 2001-2003

제4대 국회 양민학살사건진상조사보고서, 북제주군 애월면 금덕리 신고분, 1960

진실화해를위한과거사정리위원회, 경북 안동 국민보도연맹 사건 진실규명결정서, 2009. 11. 3.

진실화해를위한과거사정리위원회, 2기진실화해위원회 제1차 학술토론회 자료집, 2021. 9. 29.

2. 단행본

고문승, 박헌영과 4·3사건, 동아문화사, 1989

고문승, 제주사람들의 설움, 신아문화사, 1991. 9.

김대중, 김대중 자서전, ㈜도서출판 삼인, 2023. 5. 15. 초판 6쇄

김동일, 제주4·3사건의 거짓과 진실, 노무현 정부의 제주4·3사건진상조사보고서의 7대 거짓말, 비봉출판사, 2016

김동희, 행정법 I, 박영사, 2006

김영중, 제주4·3사건 문과답, 나눔사, 2022

김영중, 남로당제주도당 지령서 분석, 삼성인터컴, 2014

김영중, 남로당제주도당 지령서 분석, 퍼플, 2017

김영중, 남로당제주도당 지령서 분석, 퍼플, 2023 [제2판]

김영중, 레베데프비망록, 해동인쇄사, 2016

김운석, 북한모집전술문헌집, 서울, 1957

김학성, 국민헌법, ㈜퓨리턴퍼블리싱, 2021. 11. 1.

나종삼, 제주4·3사건의 진상, 아성사, 2013

문창송, 한라산은 알고 있다, 대림인쇄사, 1995

박갑동, 박헌영 그 일대기를 통한 현대사의 재조명, 인간사, 1983

박명림, 한국전쟁의 발발과 기원 1, 나남출판, 2017

박윤식, 대한민국 근현대사 시리즈 2, 1948년 제주4·3사건, 도서출판 휘선, 2011

박윤식, 대한민국 근현대사 시리즈 3, 여수 순천 사건, 도서출판 휘선, 2021

선우종원, 思想檢事, 계명사, 2002. 3. 30. [증보3판]

신동운, 신형사소송법, 법문사, 2012 [제4판]

양정심, 제주4·3항쟁 저항과 아픔의 역사, 도서출판 선인, 2018

이선교, 제주4·3사건의 진상, 도서출판 현대사포럼, 2012

이용우, 자유민주주의를 위한 일념으로, 법률신문사, 2017

이희천, 반대한민국세력의 비밀이 드러나다, 대추나무, 2021

임동원, 혁명전쟁과 대공전술, 탐구당, 1968

제주4·3연구소, 이제사 말햄수다, 제주4·3증언자료집, 1989

제주4·3정립연구유족회, 4·3의 진정한 희생자는 1-8집, 2013-2021

제주4·3진실규명을위한도민연대, 제주4·3진실도민보고서, 도서출판 제주문화, 2018

한나 아렌트, 전체주의의 기원 1, 2, 한길사, 2006

허영, 한국헌법론, 박영사, 2008

현길언, 정치권력과 역사왜곡, 태학사, 2016, 2018

황남기, 헌법, 도서출판 찬글, 2012. 8. 30.

3. 논문

고재우, 濟州4·3暴動의 眞相은 이렇다, 1998. 7. 12.

구충서, 노무현 정부 4·3보고서의 문제점, 제주4·3사건 재조명 국회 세미나 자료집, 2023. 3. 30.

김동일, 제주4·3추념일에 대한 세미나를 준비하면서, 제주4·3추념일 지정의 문제점에 대한 세미나 자료집, 2014. 1. 20.

김영중, 양동안, 현길언, 제주4·3평화기념관 전시물에 나타난 문제점, 제주4·3추념일 지정의 문제점에 대한 세미나 자료집, 2014, 1. 20.

민도(民濤), 1988년 5월호(제주4·3사건 40주년 특집)

박인환, 역사왜곡과 법이념의 전개 과정, 제주4·3사건 재조명 국회 세미나 자료집, 2023. 3. 30.

변종필, 진실 규명과 합리적 절차, 4·3학술 세미나 자료집, 2022. 4. 1.

이주천, 건국 전후 우익청년단체의 활동 재평가: 서북청년회를 중심으로, 대한민국 건국 74주년 기념 학술대회 자료집, 2022. 8. 18.

이희범, 史實 왜곡된《太白山脈》과 4·3사건 문화왜곡한 주범 조정래, 한국논단, 1994. 8.

전민정, 4·3특별법의 위헌성 고찰 1, 제주4·3사건 재조명 국회 세미나 자료집, 2023. 3. 30.

최희수, 제주4·3사건 재심관련 재판의 문제점에 대한 검토, 4·3학술 세미나 자료집, 2022. 4. 1.

4. 판례자료

제주지방법원 2019. 1. 17. 선고 2017재고합4

제주지방법원 2021. 3. 16. 선고 2020재고합1

서울중앙지방법원 2021가단5217342

서울중앙지방법원 2022나41913 손해배상(기)

서울고등법원, 변론조서, 2010누24267 정보공개청구거부처분취소

대판 1976. 4. 27. 선고 75도115, 대판 1979. 9. 11. 선고 79다522, 대판 1980. 1. 29. 선고 79다1896, 대
    판 1985. 7. 9. 선고 84도822

대판 2001. 4. 27. 선고 2001다7216

대판 2002. 2. 26. 선고 2001다73879

대판 2010. 8. 3. 선고 2010두16332

대판 2011. 12. 13. 선고 2011두31260

대판 2020. 7. 9. 선고 2018두45190, 대판 2016. 8. 29. 선고 2014두45956, 대판 2019. 7. 11. 선고
    2017두38874

헌재 1991. 5. 13. 90헌마133

헌재 1992. 4. 28. 90헌바24 전원재판부

헌재 1995. 7. 21. 93헌가14

헌재 1997. 6. 26. 94헌마52

헌재 1997. 10. 30. 96헌바92, 97헌바25·32 전원재판부

헌재 1998. 7. 16. 96헌바35

헌재 2000. 1. 27. 99헌마481

헌재 2001. 4. 26. 98헌바79·86, 99헌바36(병합) 전원재판부

헌재 2001. 9. 27. 2000헌마238·302(병합) 전원재판부

헌재 2004. 10. 21. 2004헌마554

헌재 2006. 7. 27. 2005헌마1189 전원재판부

5. 언론자료

경향신문, 1949. 9. 16.

기자 조갑제의 세계, 한광덕, 제주 4·3사건 왜곡과 박원순씨의 역할, 2011

나정연복음신문, 진정한 "화해와 상생"을 위한 4·3세미나에 초대합니다, 2023. 3. 17.

남선신문, 1948. 4. 25.

남조선 인민대표자대회 중요문헌집, 조선최고인민회의 남조선대의원 선거를 위한 남조선 인민대표자대
회 대표선거 총결에 대하여, 1948. 10. 30.

노력인민, 제96호, 1948. 6. 28.

노컷뉴스, 고창훈 교수, 제주4·3 미국 책임 '증거와 증언' 필요, 2019. 4. 2.

뉴데일리, 박헌영 아들과 손잡은 박원순(역사문제연구소), 2011. 10. 23.

뉴데일리, [르포] 조선공산당 창당기념행사··· 17일 오후 1시, 서울 복판에서 못 믿을 일이 벌어졌다,
2023. 4. 18.

뉴스라인제주, 전민정 대표 "왜 남로당 공산당이 희생자로 둔갑하고 있나?" 직격탄, 2023. 9. 3.

뉴스라인제주TV, [4·3증언] (7) 현태식 전 제주시의회의장, 2023. 2. 27. https://www.youtube.com/
watch?v=Z7PUQofdP2c

뉴스라인제주TV, [4·3증언] (6) 현임종 회장(노형동), 현태식 전 제주시의회의장(연동), 2023. 1. 26.
https://www.youtube.com/watch?v=pEszQKS_kj0

News Jeju, [전문] 문재인 대통령 제주4·3 추념사, 2020. 4. 3.

NEWS FIELD, [전문] 문재인 대통령 4·3희생자 추념일 추념사, 2018. 4. 3.

데일리안, 포털에 제주4·3치면 "원수와의 혈전..." 적기가 음원판매, 2015. 3. 23. https://dailian.co.kr/
news/view/493959

데일리안, 4·3평화공원에 6·25때 남침한 인민군 사단장 위패도... 2015. 3. 30.

동아일보, 전주감옥을 파괴, 1946. 11. 13.

동아일보, 이백여 죄수 탈옥 공주형무소의 불상사, 1947. 8. 31.

동아일보, 1948. 7. 16.

동아일보, 1949. 9. 16.

러시아국립사회정치사문서보관소 수집자료, 조선의 통일을 위해 투쟁하는 남북정당·사회단체 지도자 제
2차 협의회의 회의

로동신문, 소위 귀순 권고를 일축하고 도민 전체가 항쟁에 참가, 1948. 6. 15.

로동신문, 인민공화국 기치 밑에서 남조선 인민유격전 치열, 1949. 1. 28.

로동신문, 제주도 인민무장봉기 1주년, 1949. 4. 3.

로동신문, 남반부 인민들의 무력항쟁은 날이 갈수록 치열화한다, 1949. 7. 17.

로동신문, 제주도 인민유격대 계속 진공, 1949. 12. 18.

로동신문, 남반부 인민들은 이승만 역도들을 반드시 소탕하고야 말 것이다, 1950. 2. 7.

미디어오늘, 태영호 "김일성 제주4·3 지시" 주장에 진상보고서는 '사실과 달라', 2023. 4. 4.

민주조선, 끌려가는 애국자들의 하늘을 찌르는 만세소리, 1950. 9. 6.

법률신문, 헌재, '폐지시까지 유효한 법률로 취급했으므로 합헌', 2001. 4. 3.

법률저널, 국내 첫 북한·김정은에 손해배상 판결 나와, 2020. 7. 7.

산들 바다의 노래, 제주4·3헌정앨범

서울신문, [뉴스를부탁해] "DJ도 제주 4·3은 공산폭동이라고 했다?", 2018. 4. 3.

새조선(제2권 제1호), 제주도 인민항쟁기, 1949. 1. 31.

스페셜 경제, 장순휘, 그람시의 '진지전' 이론으로 본 자유민주체제의 붕괴현상, 2019. 12. 3.

연합뉴스TV, 여수·순천 10·19사건 74주기 합동추념식, 2022. 10. 19. https://youtu.be/1zyjfa6OP9U

영남일보, 1949. 11. 1.

월간조선 뉴스룸, 배진영, 잘못된 신념이 나라를 망친다, 2018. 7.

월간조선 뉴스룸, [이슈] 제주간첩단 ㅎㄱㅎ 수신 '대남 지령문' 보니···, 2023. 2.

월간조선 뉴스룸, "연방형 단일국가는 북측의 '낮은 단계 연방제'와 공통점 지녀", 2023. 3.

오마이뉴스, 제주도의회 4.3특위, '미군정 책임규명' 결의안 의결, 2023. 4. 6.

자유시민저널, 제주4·3희생자 신고·조사 엉터리다, 2002. 7. 3.

제민일보, "한국-북한-제주도 통일연합을", 2002. 4. 3.

제이누리, 원희룡 후보가 밝힌 "나도 4.3유족" 사연은?, 2014. 4. 2.

제주신보, 1954. 4. 24, 1957. 4. 3.

제주의소리, 4.3공세 차단용? 원희룡 "내 집안도 엄연한 피해자", 2014. 4. 2.

제주의소리, 4·3 당시 군사재판 335명 '무죄'...72년 애끓는 유족 恨 풀렸다!, 2021. 3. 16.

제주의소리, '사상검증' 논란 제주 4.3재심 개시에 검찰 "절차적 정당성 확보 과정", 2022. 9. 7.

제주의소리, 제주4·3 수형인명부 피해자 2,530명, 2년 뒤 전원 명예회복 '기대감', 2022. 11. 10.

제주의소리, 제주4.3, 미국 입장 묻는 '워싱턴 인권 심포지엄' 개최, 2022. 12. 5.

제주의소리, 제주4·3피해자 1,000여 명에 '무죄' 선물 안긴 장찬수 판사 "폭삭 속앗수다", 2023. 2. 7.

제주의소리, 죽음마저 죽였던 한국 현대사, 트라우마 해결은 역사의 재판... 그리고 연대, 2023. 7. 20.

제주일보, 4·3희생자·유족 신고 활성화 전망, 2000. 8. 12.

제주일보, 4·3희생자 제2차 마을순회접수, 2000. 10. 10-11.

제주일보, 미군정기 발생한 제주4.3... '미국의 역할과 책임은', 2023. 7. 1.

제주특별자치도 공식 블로그, 빛나는 제주, 제주도, 군법회의 수형인 희생자 신원 확인 위한 홍보 '박차', https://blog.naver.com/happyjejudo/223074221585

조선인민보, 여수 순천사건 애국자 등 7,000여 명을 학살, 1950. 7. 27.

조선일보, [기고] 4.3보고서 반쪽짜리 되나, 나종삼/제주4·3위원회 전문위원, 2003. 10. 14.

조선일보, 김정은 상대 손해배상 승소··· 탈북 국군포로 한재복씨 별세, 2021. 3. 26.

조선일보, 이석기·이정희 안 보인다고 OK?··· 통진당 후신의 국회 입성, 2023. 4. 22.

조선중앙일보, 1949. 3. 17, 1949. 6. 28.

주간조선, 4·3 사건 주동자들 北에선 열사 칭호... 北 교육자료 보니, 2023. 2. 19.

중앙일보, "북한 지령문 13차례받아 이행"... 검찰, 제주 간첩단 3명 기소, 2023. 4. 5.

KBS NEWS, 미 워싱턴서 "제주 4.3 사건, 미국의 책임" 공론화, 2022. 12. 9.

탐라의 봄, 유튜브 채널 : 4.3TV, 대한역사문화원, 대한민국근현대사바로알기

한국일보, 무죄판결자 "전과" 지운다/경찰청/컴퓨터 기록서 삭제키로, 1992. 6. 26.

한라일보, 1998. 11. 24. (연합인용)

한성일보, 1947. 9. 17, 1947. 9. 22.

해방 후 4년간의 남반부 인민들의 구국투쟁, 문화선전성, 1948. 8. 15.

헤드라인제주, 정부 "4.3군사재판 무효화 어려우나, '일괄 재심청구' 대안 검토", 2020. 10. 7.

헤드라인제주, 제주4.3 학살 미국 책임 공론화 포문..."美정부, 해결 나서야", 2022. 12. 10.

호남신문, 1949. 9. 24.

YouTube [생중계] 추미애 전 법무부 장관 대담 및 강연 : 제주 4·3과 기억의 투쟁, 자주독립과 통일운동
　　으로의 4·3 (2023.04.08. 오후)

6. 외국자료

Benjamin Netanyahu, Fighting Terrorrism, Farrar, Straus, and Giroux, 2001

Headquarters National Police, Republic of Korea, 『Daily Intelligence Report』, March 11, 1951

HQ USAFIK, G-2 Periodic Report, No. 964, 1948. 10. 16. (주한미육군사령부, 일일정보보고)

HQ USAFIK, G-2 Periodic Report, 1947. 3. 26. (주한미육군사령부, 일일정보보고) '...Various reports of
　　Leftists on CHEJU-Do state that they comprise from 60 to 80 percent of the population...'

HQ United States Army Military Government in Korea, 1948. 7. 1. (주한미육군사령부 군정청, 브라운
　　대령 보고서)'...It is estimated that between sixty and seventy thousand people on the Island
　　actually joined the South Korean Labor Party...'

7. 기타자료

고원증, 4·3군법회의 관련 고원증 전 법무감실 기록심사과장 증언청취결과, 대담자 국방부 군사편찬연구
　　소 정석균 위원, 2005. 7. 6, 2005. 7. 26.

국사편찬연구회 한국사데이타베이스, '제주도민 대표들, 내무부장관에게 치안확보에 대한 감사장 전달',
　　대한민국사 제12권, 연합신문 1949. 5. 20.

보존자료, 천안소년교도소, 춘천형무소, 서울구치소, 대전교도소

서울중앙지방검찰청 2020형제46910호 국가보안법위반(찬양, 고무 등) 등

이선교, 진정서(노무현 대통령 귀하), 2004. 3. 12.

제주4·3사건진상규명위원회, 경찰출신 증언-1, 제주4·3 증언채록, 2002

한국사데이터베이스, "목포형무소에서 죄수 탈옥사건 발생" 1949. 9. 14.

한국사데이터베이스, "권승렬 법무부장관, 목포형무소 탈옥사건 수습상황과 인권옹호 문제 등에 대하여 담화" 1949. 9. 21.

한광덕, "제주 4·3사건 희생자 신고에 따른 사실조사 및 심의지침(안)"에 대한 의견제시, 2001. 7. 9.

한광덕, 제주4·3사건 희생자 사실조사 및 심의지침에 대한 의견, 2001. 8.

한광덕, 제주4·3사건진상규명및명예회복 위원회(4·3위원회) 활동 내용보고, 2001. 12. 1.

한광덕, 제주4·3사건의 희생자 선정 기준(제안), 2002. 1. 10.

한광덕, 4·3 심사소위원회 관련 증거자료, 2001~2003

한국전쟁전후민간인학살진상규명범국민위원회, 다 죽여라, 다 쓸어버려라, 2003. 12. 31.

형정 통권 제89호, 1962. 2.

4·3특별법, 왜 위헌인가

인쇄일   2024년 3월 26일
발행일   2024년 3월 28일

저 자   전민정
발행처   프리덤칼리지장학회
출판등록 2023. 6. 16. 제 2023-000135호
주 소   서울특별시 영등포구 국회대로 76길 33 중앙보훈회관 501호
전 화   02-737-0717
이메일   fcfkorea@fcf.kr

인 쇄   아름원(02-2264-3334)

ISBN   979-11-987223-1-7

값 30,000원